"十二五"国家重点图书出版规划项目

2014年度国家出版基金项目

国家出版基金项目
NATIONAL PUBLICATION FOUNDATION

周洪宇 总主编

申国昌 副总主编

赵国权 主编

中国教育活动通史

第二卷 秦汉魏晋南北朝

山东教育出版社

图书在版编目(CIP)数据

中国教育活动通史.第2卷,秦汉魏晋南北朝/周洪宇
总主编;赵国权分册主编.—济南:山东教育出版社,2016
ISBN 978-7-5328-9269-3

Ⅰ.①中… Ⅱ.①周… ②赵… Ⅲ.①教育史—
中国—秦汉时代 ②教育史—中国—魏晋南北朝时代
Ⅳ.①G529

中国版本图书馆 CIP 数据核字(2016)第 034042 号

中国教育活动通史

周洪宇 总主编　申国昌 副总主编

第二卷　秦汉魏晋南北朝

赵国权　主编

主　管：山东出版传媒股份有限公司

出版者：山东教育出版社
　　　　（济南市纬一路 321 号　邮编：250001）

电　话：(0531)82092664　传真：(0531)82092625

网　址：www.sjs.com.cn

发行者：山东教育出版社

印　刷：山东临沂新华印刷物流集团有限责任公司

版　次：2016 年 12 月第 1 版第 1 次印刷

规　格：787mm×1092mm　16 开本

印　张：37.75 印张

字　数：560 千字

书　号：ISBN 978-7-5328-9269-3

定　价：82.00 元

（如印装质量有问题,请与印刷厂联系调换）
印厂电话：0539—2925659

总　序

　　教育历史犹如一条由无数支流汇集而成的长河，蜿蜒曲折，绵延不断，奔腾不息，真可谓"千古兴亡多少事，悠悠，不尽长江滚滚流"。汇聚成教育历史大河的支流是多种多样的，既有充满智慧火花的教育思想与办学理念，又有规约办学行为的教育制度与管理规章，也有生动具体鲜活的办学行为与教育活动，这是客观的教育历史展现给我们的真实历史场景。然而，在日后记录的教育史与研究的教育史当中，由于精英教育思想与官方教育制度在历史上留下丰富的史料，后人在研究过程中可以信手拈来，教育史学便只停留在教育思想史与教育制度史这两大领域。因此，在百余年的中国教育史学发展历程中，尽管取得了丰硕的研究成果，如《中国教育通史》《中国教育思想通史》《中国教育制度通史》《中外教育比较史纲》等几套大部头通史以及各种专题史相继面世，但就总体而言，研究重点主要集中在教育思想史和教育制度史两个方面，在长期的研究实践中形成了思维定式，仿佛教育史只包括这两大领域。殊不知，还有更为基础、更为重要的一块研究内容，那就是教育活动史，而长期以来置于被人遗忘的角落。我们意欲本着"史论结合""古为今用"的原则，重点研究教育活动史，以补过往研究之缺失。试图通过大量第一手史料来构筑不同历史时期各类教育活动的轮廓，梳理教育活动历史脉络，力求生动再现活动层面的教育历史，总结不同时期教育活动的特点与规律，找寻历代教育思想和制度的基点与源泉，重塑教育历史的完整图景，重构教育史学的学科格局，并为当今教育教学改革与发展提供重要历史借鉴。

一

所谓教育活动史，是教育者与受教育者以各种方式参与教育过程并进行互动的微观、具体、日常的活动历史，是对教育历史实况的微观回溯与具体展现。通过回归历史现场进而实现对教育历史活动的原生态研究，可以真正体现人的活动是教育的中心这一本旨。从教育学研究来看，最能充分体现教育本质的是人的"教育活动"。究其原因，主要有二：第一，教育活动是教育现象得以存在的基本形式。正如苏联学者休金娜所说："人的活动是社会及其全部价值存在与发展的本原，是人的生命以及人作为个性的发展与形成的源泉。教育学离开了活动问题就不可能解决任何一项教育、教学、发展的任务。"[1] 第二，教育活动是影响人发展的决定性因素。教育是培养人的活动，人是教育的最基本的出发点和归宿，培养人是教育所指向的最高目标。人的活动是教育的中心问题，也是教育最基本的着眼点，促进人的自由、全面发展是教育的最高鹄的。人的发展是主客体相互作用即活动的结果。个体的活动是个体发展的决定性因素。确定教育活动是影响人发展的决定性因素，不仅不排斥教育在人

---

[1] 瞿葆奎主编，吴慧珠等选编：《教育学文集·课外校外活动》，人民教育出版社 1991 年版，第 3 页。

的发展中所起的主导作用，而且为教育在人的发展中的主导作用的发挥指明了努力方向。任何国家的教育学研究，都把对教育活动的研究放在极为重要的地位。

同样道理，教育活动史理应成为教育史学研究的一项极为重要的内容。从某种意义上说，教育活动史既是教育思想史和教育制度史的起源，又是教育思想史和教育制度史存在的前提和基础，还是连接教育思想史与教育制度史的中介和桥梁。教育活动史与教育思想史、教育制度史构成一种倒三角关系，教育活动史是起源、前提和基础，教育思想史和教育制度史是派生物和结果。可以说，教育活动史、教育思想史与教育制度史，三者相辅相成，三足鼎立，缺一不可。如同教育学不研究人们的教育活动就无法进行一样，教育史学不研究教育活动史，仅研究教育思想史和教育制度史，将会缺失其前提和基础，只能是一门"见事不见人""见人不见行"的教育史学。因此，开展教育活动史研究十分必要且非常重要。只有教育活动史、教育思想史与教育制度史三者并存，才有可能构筑完整意义上的教育史学体系。

其实，早在 20 世纪二三十年代，我国第一代教育史学家群体中有不少人已认识到研究教育活动史的重要性，或直接倡导研究教育活动史。王凤喈在其被教育部列为统编大学教材的《中国教育史》"绪论"中明确指出"教育史为记载教育活动之历史"①，研究教育史，不能孤立地研究历史上的教育活动，而是应与政治制度、社会思想乃至社会之全部相联系、比照来进行，应将教育史放到广阔的社会背景中去研究。陈青之在其被商务印书馆列为大学丛书的《中国教育史》中也写道：教育史之内容，包括实际与理论两方面，教育制度、教育实施状况及教育者生活等属于实际方面，政府的教育宗旨、学者的教育学说及时代的教育思潮等属于理论方面。② 雷通群在其《西洋教育通史》中也强调，教育事实"包有两种要素，其一为教育之理论方面，其二为教育之实际方面。前者是关于教育之理想或方案等一种思想或学说，此乃构成教育事实之奥柢者，

① 王凤喈：《中国教育史》，国立编译馆 1945 年版。
② 陈青之：《中国教育史》，上海商务印书馆 1936 年版，第 1 页。

后者是根据上述的思想或学说而使其具体化与特殊化者，例如实地教学、教材、设备、制度等均是。……此种理论或实际，若为某教育家所倡导或实施时，须将其人的生活、人格、事迹等，与教育事实一并考究"①。杨贤江在《教育史 ABC》中也说道："详尽的教育史书，必要对于教育事实之变迁发达分为教育的事实、教育者的活动与教育制度法规等等。"②显而易见，陈青之、雷通群所讲"教育实际"，不仅包括教育制度，而且包括教育实施状况与教育者生活以及人的生活、人格、事迹等，而这些正是典型的人的教育活动，也就是杨贤江所讲"教育者的活动"。对其做历史的研究，正是教育活动史研究的范畴。

也许是早期教育史学家在表述时，习惯于采用源于传统"知与行"范畴的"教育理论与教育实际"的两分法，而且对"教育实际"的表述又多用于教育制度，而少用于教育实施状况与教育者生活以及人的生活、人格、事迹等，因此，后继的教育史学者渐渐在无形中将"教育实际"的内涵逐步狭窄化，最后趋于混淆和消解。久而久之，沿袭下来，以至于习焉不察，司空见惯，因而教育史学界通常认为，教育史就是研究教育思想史与教育制度史，而不包括教育活动史。教育活动史不是独立的研究对象，而是被囊括在教育思想史与教育制度史之中。这样就无形中导致教育活动史长期被学术界忽略与轻视，成为一个被人们长期遗忘的角落和无人开垦的处女地。这个长期未受人关注的学术领地，恰恰是当今教育史最基本的组成部分，也是最核心的研究内容。研究教育活动史，有利于进一步丰富教育史研究内容，拓展研究领域，丰富和完善已有的教育史学科格局；有助于促进教育史学理论与方法的创新，促进学术视野下移；有利于生动展现教育历史的活动图景。研究教育活动史，不仅十分必要，而且非常重要。一方面，有助于形成"以人为本"的教育理念，使人们更加关注教师与学生的生活状况，从而在全社会形成尊师重教的氛围，营造更有利于学生成长与发展的教育环境；另一方面，有助于进一步关注教育活动与实践，关注具体的教育行为和微观的教学活动，

---

① 雷通群：《西洋教育通史》，上海商务印书馆 1934 年版，第 2 页。
② 杨贤江：《教育史 ABC》，见《杨贤江教育文集》，教育科学出版社 1982 年版，第 321 页。

进而更好地激励广大师生投身于教育与教学改革实践当中，以实际行动推动我国教育教学改革向纵深发展。《中国教育活动通史》的编撰与问世，正是顺应这一学术需求和社会需要所做出的实践呼应。

应该看到，教育活动史是与教育思想史、教育制度史并列的，与教育思想史、教育制度史共同构成教育史学研究的三大领域。以往将教育活动史融化在教育思想史和教育制度史中的理解和做法，是不妥当的。那不是重视教育活动史，而是忽视教育活动史，消解教育活动史。对于教育活动史的研究，应该作为一个相对独立的研究领域来予以重视和关注。

教育活动史主要以历史上教育者和受教育者日常的、微观的、感性的、实在的、具体的教育活动的发展及演变历史为研究对象，重点研究人类历史上各种直接以促进人的有价值发展为目的的具体活动以及教育者与受教育者参与教育过程、进行互动的各种方式的发展与演变的历史。具体包括：分析教育史上教师、学生、教育行政管理人员等在教育过程中的内外部活动及其表现形式和特征，探索这些活动发生、发展的规律及作用；研究家庭教育活动、社会教育活动的内容、形式的演变历史及其规律，等等。主要研究各类教育行为史、教育生活史、学校办学史、教学活动史、教师活动史、校长活动史、家庭教育活动史、社会教化活动史、民间教育活动史、教育社团活动史、科技教育活动史、宗教教育活动史、文化教育传播史、海外教育活动史等。教育制度史则主要研究有组织的教育和教学机构体系，包括学校教育制度和教育行政制度的历史发展与变迁，也包括对教育政策和法规产生、发展及演变历史的研究。主要是研究学校教育制度史、教育行政制度史、教育管理史、教育宗旨史、教育政策史、教育法规史、教育立法史等。而教育思想史主要以教育历史上的教育理论思维为对象，研究教育思想形成、发展的历史过程及其主要内容，兼及对教育历史人物评价以及对社会阶层、学术流派、社会团体的教育主张和思想进行研究，并在此基础上，把握教育思想、教育思潮、教育流派发展的特点和规律。主要研究教育概念史、教育范畴史、教育主张史、教育思潮史、教育流派史等。

　　教育活动史的研究重点在于人的微观、具体和日常活动。教育是培养人的活动，人是教育的出发点，也是教育最直接、最基本的着眼点。①因此，要着重研究教育历史上学校教师和学生的日常活动，包括探究教师教学实况、教师生活状况、学生学习生活、校长治校活动等日常的微观的教育情节；探究历史上的家庭家族教育活动，包括家庭发蒙活动、家庭品行教育、家法惩戒活动等家庭教育的一般场景；探究历史上社会教化活动，如乡规民约教育活动、宗教礼仪教育活动、民风民俗传承活动等。

　　具体而言，教育活动史研究重点包括以下几个方面：一是研究学校教育教学活动。主要分析教育史上教师、学生、教育行政管理人员等在教育过程中的内外部活动及其表现形式和特征，探索这些活动发生、发展的轨迹及影响。重点研究教育政策制定活动、官方教育改革活动、学校经费筹集活动、学校日常教学活动、校长日常管理活动、教师日常生活状况、教师选聘考核活动、师生交往互动活动、学生日常学习生活、学生课余生活、学生应试活动、学生教学实习活动、学潮学运活动、学校后勤服务活动等。这些都是基层教育的日常活动，看起来平淡无奇，恰恰能够真实反映不同历史时期的教育教学活动实况。二是研究家庭教育活动。主要挖掘不同历史时期家庭教育活动的内容、形式的演变历史，从中总结出家庭教育活动的规律，从而为当今独生子女家庭提高教育效率提供历史借鉴与启示。重点研究家庭家族教育活动、宗族宗派教育活动、家庭启蒙教育活动、家族家法教育活动、家庭礼仪教育活动、家庭艺术教育活动、家庭婚姻教育活动等，力求展示真实生动的家庭教育历史情景。三是研究社会与民间教化活动。主要研究不同历史时期的社会教化活动、民间教育活动的演变历程，总结不同时期的表现形式与特征，探究社会教育活动的影响及规律。重点挖掘乡规民约教育活动、民风民俗教育活动、宗教礼仪教育活动、民间科技教育活动、民间文艺教育活动、民间武术教育活动、民间社团教育活动、社会各界助学活动、民间

---

　　① 扈中平：《人是教育的出发点》，载《教育研究》1989 年第 8 期。

女子教育活动、民间教育交流活动等。四是研究历代文教政策的形成及其实施过程。主要研究先秦、秦汉魏晋南北朝、隋唐、宋辽金元、明清、晚清、民国、共和国等不同历史时期，重大文教政策的酝酿、制定、出台、颁布过程，以及历代文教政策在学校教育、家庭教育及社会教育中的实施与落实情况。重点从活动的视角，去审视历代文教政策的制定与实施。不同于教育制度史只注重于描述历代教育制度的内容与文本，我们重在研究制度生成之前，教育家与民众的呼吁、官方的重视、制度制定过程、颁布后的反映以及对教育活动的影响等。以上这些就是教育活动史研究的基本思路与主要内容。

二

教育活动，是有目的的人的活动，是教育者与受教育者双向互动的活动，也是一种发展性与基础性活动。教育活动是以人为中心的活动，是基础的实践活动，也是彰显人的个性与自由的活动。自由的有意识的活动，是人性的本真展现。人之所以能够成为现实的、社会历史性的存在，就是因为他是从事实际活动的人，而之所以是从事实际活动的人，就在于他具有自由的有意识的本性，在于他的实践性生存方式，这是人的发展理论的立论基础。① 人性的自由的有意识的活动，就是人的实践活动，也是理想和本真意义上的实践。因此，教育活动史主要展示人的活动，其理论基础是实践唯物主义。实践唯物主义是以科学的实践观为其首要和基本观点的唯物主义，是以实践为基础反映时代精神的唯物主义哲学。② 因为实践是以一定知识和创造性思维能力为基础，被一定欲望和情感所驱动，受一定意志所支配的主体的有计划、有目的的改造客观的活动，实践本身就体现了主体角色与功能。因此，教育活动史的基本特征是主体性、目的性、互动性。主体性，即教育活动史时刻围绕教育的主体——人的活动，研究历史上人的活动是教育活动史的基本任务。目

---

① 陈新夏：《人性与人的本质及人的发展》，载《哲学研究》2010年第10期。
② 肖前、李淮春、杨耕主编：《实践唯物主义研究》，中国人民大学出版社1996年版，第1页。

的性，是事物活动有利于自身生存的意向性特征，世界万物中只有人才具有自觉的有意识的目的性活动特征，而教育活动的最基本特征就是目的性和意向性，呈现历史上促进人有价值发展的有目的活动正是教育活动史的指归。互动性，是指教育活动中主体与客体之间存在着双向、互动、共生的关系，教育活动是教育者与受教育者之间的一种互动与双向活动。教育活动史的基本特征，往往渗透和体现在历史上基层的、民间的、日常的、微观的教育者与受教育者的活动之中。

法国年鉴学派代表人物布罗代尔将历史时段分为三种：长时段、中时段和短时段。其中，长时段是一个"几乎不动的历史时间"①，主要包括地理与生态环境的时间、文化与心态结构的时间、经济与社会结构的时间等，这些都是缓慢流逝和变动的历史；中时段，是社会、人口、经济运动的时间，变化周期相对于前者要快一些；短时段，是政治、军事、人物活动的时间，这种历史所表现的只是表层运动，节奏短促、快速。②教育活动的历史，就是一种长时段历史，往往在数百年之内很难看出其明显的变化。纵观中国教育活动史，不难看出，历史上始终贯穿着统治者与人民大众在强制与被强制、压抑与被压抑、束缚与解放之间的斗争，统治者试图通过强制、压抑、束缚的手段来奴役人民大众，而人民大众努力通过种种方式来反抗强制、压抑和束缚，争取自己的自由而全面发展。马克思曾针对专制制度对人性的压制而主张回归"自由的人，真正的人"③，确立了"把人的世界和人的关系还给人自己"④ 的解放要求，真正实现"个人的全面发展"和"个人的独创的和自由的发展"⑤，倡导在实现个人全面发展基础上彰显人的自由个性。人的一切活动，都是建基于人的本性，表现着人的本性。⑥ 人的本性的展现，不仅包括人的自由发展，而且包括人的全面发展。可以说，一个有个性的人，也是一个全

---

① ［法］布罗代尔：《历史与社会科学：长时段》，承中译，载《史学理论》1987 年第 3 期。
② 何兆武、陈启能：《当代西方史学理论》，上海社会科学院出版社 2003 年版，第 408—409 页。
③《马克思恩格斯全集》第一卷，人民出版社 1956 年版，第 412 页。
④《马克思恩格斯全集》第一卷，人民出版社 1956 年版，第 443 页。
⑤《马克思恩格斯全集》第三卷，人民出版社 1960 年版，第 516 页。
⑥ 高清海：《论人的"本性"——解脱"抽象人性论"走向"具体人性观"》，载《社会科学战线》2002 年第 5 期。

面发展的人；一个全面发展的人，同时应该是一个有个性的人。因为全面发展与自由发展并不矛盾，全面发展指人发展的完整性、统一性及和谐性，自由发展指人发展的自主性、独特性和个别性。自由发展的本质，就是个性发展。个性发展的核心就是人的素质构造的独特性，这主要体现在人的基本素质各要素在发展中体现出的独特性和人的各基本素质和其内部各要素在其组合上呈现出的个性化。具体表现在受教育者身上就是呈现各具特色的个性和特长。全面发展并非要扼杀自主性和独特性，因此，马克思提倡"人的全面而自由的发展"和"个人独创的和自由的发展"，大力倡导人性自由、独立个性。因此，全面发展，就是人的生理素质、心理素质、品德素养和文化素质的全面发展以及各种素质之间的协调发展。人性自由和独立个性，即人的品格，往往体现在人的日常生活中所表现出来的体质能力、精神状态、心理倾向及行为特征之中，反映的是人的个性差异。人的全面发展的过程就是一个追求人的自由、自主、独立、解放、和谐、完善的过程，也是人的自我价值和个人尊严的实现过程，就是将人从受强制、遭奴役、被凝固的人格与人性失衡、扭曲和畸形的状态下解放出来的过程。

由上可知，追求人的个性自由、全面发展，是整个中国教育活动史的一条主线，从某种意义上讲，中国教育活动通史就是一部不断追求人的自由成长而全面发展的历史。同时，我们也十分清楚，中国教育活动史毕竟是世界教育活动史的一个重要组成部分，研究不同历史时期的教育活动，理应从总体史观的视角，将中国不同时期的教育活动放在世界教育大环境中去考察与定位。从中西文化教育交流视角，我们不难看出，中国教育发展史主要经过追求自由、张扬个性从而促进文教发展的三个历史时期：先秦时期是中国人追求自由个性、教育原创的轴心时期；从魏晋到隋唐，进入文教繁荣与再创辉煌时期；近代以来特别是五四新文化运动时期，成为真正思想启蒙、人格解放的重要时期。

纵观世界历史，大致经历两个轴心时代，一是古代轴心时代，二是现代轴心时代。古代轴心时代主要以巴比伦、埃及、印度、中国四个文明古国以及后来崛起的古希腊、古罗马等几大文明为核心。这几大文明均有文字记载的生动的教育活动，这些教育活动孕育了第一个轴心时代的文明、文化和教育。"问渠那得清如许，为有源头活水来"，正是这几大文明发祥地，成为世界教育活动的"源头活水"。然而，四大文明古国只有中国一直延续下来，其他均被历史所湮没。中国不仅创造了古代文明，成为世界文明史上构成第一个轴心时代的核心，而且中国在后来的发展中与西方发达国家共同创建了新轴心时代，成为现代新轴心时代与美国、欧洲、俄罗斯、印度并存的核心成员，并且其地位仅次于美国，堪称现代新轴心时代核心成员。当然，中国在创造自身文明的同时，保持着开放的态势，不断地与其他文明进行交流。中华文明在不断影响世界，世界各地文明也影响过中国，如"东汉魏晋以后的印度，战争以后的日本，十月革命以后的俄罗斯，改革开放以后的韩国"① 以及美国、欧洲的文化教育，在 20 世纪 80 年代以后均对中国产生过一定影响。说明中国属于世界，世界离不开中国。

中国教育活动源远流长。"自有人生，便有教育"②；自有人类活动，便有教育活动。教育活动是人类活动的天然组成部分，并且与人类活动始终相伴随。人类早期教育活动往往融入生产劳动、日常生活与礼仪活动之中，这便铸就了原始社会教育活动的自然性、自在性和自发性。到父系社会时期，由于生产方式的变化，引发了社会结构的转型，相应地，生产活动、生活实践与教育活动也在悄然改变，即随着文字的出现，教育活动逐步从劳动与生活的场域中剥离出来，开始了学校雏形或早期学校教育活动。

先秦时期，尤其是春秋战国时期的教育活动，与西方古希腊罗马时期一样，是世界文化教育原创的轴心时代，形成了以"六艺"教育为核心的自成体系、规范完善、风格独特的教育活动模式，与古希腊罗马时期形成的以军事体育教育活动为中心的西方教育活动模式，共同为世界教育实现人的个性自由与全面发展的价值追寻与教育理想提供了历史范式。这两大教育活动系统，遥相呼应，各具特色，真可谓"横看成岭侧

---

① 易中天：《文明的意志与中华的位置》，浙江文艺出版社 2013 年版，第 6 页。
② 杨贤江：《杨贤江教育文集》，教育科学出版社 1982 年版，第 414 页。

成峰，远近高低各不同"。先秦时期，是中国古代文化教育第一个多元化、大繁荣时期，是教育活动由官方垄断向民间扩展的转型时期，也是中国教育初步探索以促进人的思想自由、个性发展、人格独立为指归的开端。先秦三代拉开了初创文教政策并为教育确立规约的序幕，也为后来历代开展文教政策制定活动奠定了基础。夏商周三代文教政策的缘起与原始宗教和祭祀仪式不无关系，因此，考察中国古代文教政策的形成过程，可以从宗教角度入手，并且呈现夏朝重武、商代重德、周代重人的文教特征。春秋战国时期，私学教育活动堪称先秦教育的一大亮点，尤其是孔子及其弟子以思想自由、精神自由、个性解放为特色的教育活动，成为古代私学活动的先声与样板。稷下学宫，开启了自由讲学、民主论辩、师生和谐的教育活动之风，并为后来的书院讲学之风的形成积累了经验。英国著名学者李约瑟直接称之为"稷下书院"①，将其视为古代书院之源头。春秋战国时期的教育活动明显呈现以追求个性、崇尚自由为主的特征。

秦汉时期，是将统治者意愿极力强加给文化教育的时期，也是中国历史上出现的首个大一统王朝对受教育者人性压抑与束缚的时期，同时受教育者也在反压抑、求解放的抗争中力求实现思想自由、精神独立、个性解放。从文学史、哲学史、文化史、思想史等学术领域，也可观瞻这一时期追求自由民主和个性发展的教育活动特征。如果说秦汉时期教育显现出中央掌控过度、教育内容单一、官学教育活动主导等特点，而魏晋南北朝时期却展现出政权更替频繁、文化环境宽松、思想文化多元、私学活动流行等特征。此时充满生机与活力的中国教育活动，以其入世性与现实性在全世界独树一帜，异彩夺目，引领潮流；相反，西方教育活动则笼罩在了宗教活动的阴霾之中，教会垄断办学权，宗教经典充斥教材之中，一片沉寂，缺乏生机。秦统一全国之后，重用法家治国，实行"以法为教，以吏为师"，打压儒家私学，因此教育活动跌入低谷。西汉吸取秦亡的教训，确立了儒学在文教界的独尊地位，恢复私学教育活

① 李约瑟：《中国科学技术史》第1卷第1分册，科学出版社1975年版，第199页。

动，并启动了中央最高学府——太学的教学与管理活动，博士等教官的日常活动与太学生的学习与社会活动成为当时文教活动的主流。文翁兴学，又拉开了地方官学教育活动的序幕。魏晋南北朝时期是一个战争不断、时局动荡的特殊历史时期，由于分散的政治统治，给文化教育留有较大的发展空间，因此，魏晋南北朝时期成为我国第二个思想大解放时期，文化教育朝着多元化方向发展，努力实现再创辉煌的目标。一方面，儒、释、道三教并存，文化思想多元发展；另一方面，私学与族学蓬勃发展，民间办学活动频繁，促进了民间文化教育的发展与繁荣。社会教育活动以宗教教育为主，特别是道教与佛教教育活动成为当时社会教化的主流。

隋唐时期，是中央集权规约下文教日益繁荣的时期。尽管在科举制度导引下教育活动逐渐呈现出目的性、功利性、规制性、单调性等特点，但在大量的文学作品中亦可体现出士子对个性解放、人格独立、思想自由的向往以及对真善美的价值追求。这一时期中国封建社会再次进入大一统的中央集权时期，教育制度进一步完善，教育观念业已形成，官学教育进一步趋于成熟。隋唐学校教育活动的鲜明特点是受科举取士的直接影响，科举考试犹如指挥棒，将各类学校教育活动导向应试。如学习诗赋之所以成为唐朝学校教育活动的重点内容，就是因为诗赋是科举考试的主要内容之一。官学教育活动多样，除了国子学、太学、四门学的教育活动外，还有中央各部门设立学校的教育活动，以及书学、律学、算学等专门学校的教育活动。各类官学日常教学活动，主要围绕科举考试科目，使得师生日常生活单调乏味，教育集中于智德两方面，缺乏体育活动，也没有丰富的课余活动，可以说是一种程式化的极富目的性的单调生活。书院教育活动初露端倪，私学与家学教育活动尽管没有魏晋南北朝发达，但仍然发挥着对官学教育有益补充的作用。唐朝的民间教育交流活动频繁，日本与新罗等国的留学生在华学习活动异常活跃，可谓史无前例。

宋辽金元时期，是一个科技文化大发展、大繁荣时期。先后兴起的书院自由讲学、民主论辩之风，展现了这一时期学院式教育活动崇尚自由、追求民主、彰显个性的时代特点。宋朝由于长期受到来自北方少数民族建立的政权辽、西夏和金的侵扰，内忧外患，无暇全力顾及文教事业，尽管朝廷掀起三次兴学运动，但总体来看，官学大不如前。因此，书院教育活动十分流行，形成了书院以自由讲学、交流研讨、自主学习、民主管理为特征的教育活动模式，一定程度上彰显了追求思想自由、精神独立的价值取向。宋代以后，科考活动进一步完善，并仍然对各类官学发挥着指挥棒的作用。宋代的社会教育活动包含民间风俗教育活动、民间传艺授徒活动、民间宗教教育活动等，其中道教教化活动和佛教教化活动成为社会教育活动的主流。另外，辽、西夏、金、元的教育活动不可避免地打上了少数民族教育烙印，既保持着本民族的教育特色，又吸引了汉族儒学教育的精华，明显带有民族文化教育融合与兼容的教育个性。

明清时期，是一个受教育者人性受压抑向求取自由解放的转型时期。当专制统治走向极点，使人性受到压抑、自由受到亵渎时，西方传教士来华活动，为中国传统教育活动带来一股新风，从此逐步使古代的教育活动由封闭走向开放，由单一走向多元。可以说，西学东渐，逐步使中国教育走向开放，迈入世界。同时，教育活动也呈现出由人性压抑、自由凝固、人性失衡、个性扭曲开始向追求人性自由、个性解放、人格独立的转变，可以说，是一个由传统封闭向近代开放过渡的转型期。这是非官方教育活动所展现出的初露端倪式的新气象。在主流的官方教育活动中，仍然延续着愈演愈烈的专制集权压制下个性自由丧失的传统模式。因为明清时期的封建集权统治达到了登峰造极的地步，高度的专制与集权政治严重影响到其文教政策的制定，使得这个过程充满政治干预色彩，其结果只能是良莠参半，积极与消极文教政策并存，高压与怀柔兼用。由于朝廷的强烈干预和八股取士的诱导，明清各级官学教育活动始终围绕以服务统治为目的、以四书五经为内容、以严格管束为手段开展活动。私塾教育活动是明清教育活动体系中一支不容忽视的力量，是对官学教育活动的有益补充，在传承文化和启蒙教育方面发挥了不可估量的历史作用。明清私塾在中国教育史上达到了顶峰，塾师的日常生活与社会活动成为这一时期一种特色活动。

晚清时期是一个文化教育转型时期，新旧杂糅，中西交汇，使教育活动呈现出开放多元、异彩纷呈的时代特征。无情的历史并没有留给早熟的文化教育以永远世袭的第一把交椅。近代以来，由于西方国家从 17 世纪开始陆续进入资本主义时代，特别是工业革命将不少国家带入了世界领跑者的行列，相应地，西方国家的教育与科技日新月异，呈现出"数千年来未有之变局"。面对西方先进的教育，中国教育进入一个在被动中借鉴与学习的开放时期。进入近代社会，教育活动呈现出中西融通、开放多元、活动丰富等特点，中国教育活动首次开始被动地走上近代化和国际化的道路。"空山百鸟散还合，万里浮云阴且晴。"随着西方军事步步进逼，中西文化教育开始交锋。在剧烈的碰撞与冲突中，清政府统治体系中开明的官员意识到两种教育的差距，在接纳西方教育的基础上创办了第一批新式学堂，再加上大批西方传教士也借助其军事优势来到中国办起了教会学校，这样在一段时期内出现了新式学堂、教会学校、传统官私学教育活动并存的局面。同时，在洋务运动时期首次开启了官派赴美欧留学活动和政府官员出国考察教育活动，中外教育交流活动更加频繁。

民国时期是现代教育的奠基期、发展期和过渡期，也是一个文化教育的建设时期，教育人士积极探索，奋发有为，开展了诸多有价值的教育活动。1912 年 1 月，中华民国建立，为中国近现代教育带来了新气象，从此进入了摒弃传统、全面与国际教育接轨的新时代。特别是五四新文化运动，拉开了中国教育全面追求民主自由与个性发展的序幕。20 世纪二三十年代，在一批留美欧归国的教育家的推动下，我国掀起了新教育运动，社会各界踊跃参与教育改革实践活动，全国上下出现了空前重视教育的大好局面。可以说，中国历史进入了第三次思想文化教育大解放时期。同时，这一时期也是一个多种教育活动并存的时期，既有公立学校、私立学校、教会学校的教育活动，还有国统区教育、根据地教育、日伪奴化教育活动，呈现出多元化态势。

1949 年 10 月，中华人民共和国成立，确立了以马克思主义为指导的教育体系，教育活动的终极目标是促进人的全面发展和人的个性解放。这一时期的教育活动与教育制度变迁及教育改革实践密切相关，为此，可将新中国教育活动分为建国初期、教育革命、"文化大革命"、改革开放、全面发展等时期。尤其是自 20 世纪 80 年代以来，我国教育进入了又一次思想文化教育大解放时期，邓小平倡导的改革开放政策为中国教育带来了全面的革新，使教育活动步入了一个整体发展的新阶段。义务教育普及变为现实，高等教育和研究生教育的量与质取得双丰收，职业教育得到空前的发展，学前教育备受关注，留学教育快速发展，中国教育真正实现了由借鉴到创新、由落后到繁荣、由封闭到开放的转变。同样，教育活动更加丰富多样。以研究生教育活动为例，主要包括研究生入学考试活动、研究生教学活动、研究生导师选聘活动、研究生日常学习活动、导师与学生相互关系、研究生论文答辩活动、研究生学术交流活动、研究生毕业求职活动等。

在编撰过程中，力争做到"通""特""活"。具体阐释如下：第一，所谓"通"，是指纵通、横通、理通。纵通，就是要八卷本从远古到当今力求前后连贯，脉络清晰，一以贯之。既要体现不同历史阶段的承接性和延续性，又要体现各阶段教育活动的特殊性和差异性。横通，是指将同一时期的学校管理活动、教师教学活动、学生学习活动与制度制定活动、教育交流活动、家族教育活动、社会教化活动联系起来去研究，甚至将我国某个时期的教育活动与西方国家的教育活动联系起来去研究。理通，即坚持"三观"：人本观、总体观和全球观。人本观，就是坚持以人为本的历史观，重点对以人的活动为核心的各种教育行为进行研究。这是这套教育活动通史要努力体现的基本观点，就是要着力体现人的教育活动及各种有价值的教育活动、教育行为、教育追求，尽可能让读者看到人在教育活动中的价值追求。总体观，又称整体观，强调教育活动与社会活动之间的关系，在研究教育活动史时将社会的方方面面与教育联系起来。同时，注意上层和下层之间的关系，将民间教育活动与官方教育活动联系起来，采取全景式研究视角。全球观，在编撰过程中注重采用全球比较的方法，即写某一时期教育活动时，注重和同一时期国外教育活动进行比较，把中国教育活动放在全球视野下来审视，进而体现中国教育活动史的特色。第二，所谓"特"，就是特点、特色。通过转变研究理念，更新研究方法，挖掘第一手史料，转换研究视角，来展现中国教育活动史研究的风格与特色。在研究过程中，努力展示本套通史与教育思想通史、教育制度通史相区别的固有特色。着眼于研究教育者与受教育者在学校教育、家族教育与社会教育中日常的、微观的、具体的活动，大量采取叙事的表述方式，力求给读者以生动鲜活的感觉。第三，所谓"活"，就是力争将主体的活动写活，将教育者与受教育者的实践活动、心理活动及互动活动表述得活灵活现，将其日常生活细节尽可能地描述出来，进而使人的活动得以立体呈现和全方位展现。

总之，教育活动史，主要着眼于整个教育活动过程研究，其研究对象固然包括教育活动的各个方面，但重点是研究教育历史上基层的、具体的、微观的、日常的、民间的教育活动，努力达到"通""特""活"的最终效果，通过生动、形象的表达方式来展示丰富多彩、生动鲜活的教育活动史，以期实现研究重心"下移"的目标，将研究视野逐步向下移动和对外扩散，使教育史学研究从精英向民众、从高层向基层、从经典向世俗、从中心向边缘转移，从而实现对教育活动的原生态研究。以此来弥补原有研究的不足，形成教育思想史、教育制度史、教育活动史三位一体的完整体系。

三

"纸上得来终觉浅，绝知此事要躬行。"研究中国教育活动史是一项开拓性工作，为了编撰好这部通史，全体编撰人员先后举行过九次大型研讨会，讨论了教育活动史研究宗旨、基本原则、研究取向、史料来源、研究方法、表述方式等，达成了以下共识。

（一）研究宗旨：坚持全景式总体史观

总体史观，是一种发端于文艺复兴时期的史学观。后来法国启蒙思想家伏尔泰（Francois Voltaire）在继承总体史观的基础上建构了整体文化史观，特别是 20 世纪法国年鉴学派对总体史观做了理论提升与实践展现。总体史观主张，历史学家要跳出传统只研究政治史和上层精英人物的窠臼，写出自下而上的历史，要把普通群众的日常生活、风俗习惯、生老病死、爱情婚姻等生动展现出来；历史研究要注重跨学科研究方法的运用，广泛借鉴和采用社会学、政治学、人类学、民族学、心理学、社会学等学科的理论和方法。正如我国史学家梁启超所讲："历史是整个的，统一的"，是"息息相通，如牵一发而动全身"。[①] 同样，研究教育活动史，应当将其放在大的社会背景和历史环境中去考察，并对教育活动的不同方面、不同层次进行研究，力求对教育活动历史进行"全景式"总体把握。

（二）研究原则：注重微观、日常、实证研究

除仍然坚持客观性、系统性、创新性以及继承性等原则外，还须坚持以下几个原则：第一，多微观研究，少宏观研究。教育活动史是以具体生动的教育活动为研究对象的，这就要求必须从历史上具体日常的教育活动入手研究，旨在还原生动鲜活的教育历史活动场景。第二，多事实研究，少理论研究。这里的"事实"，是指教育发展史上具体生动的教育活动，即强调对教育活动的实证研究，而且是论从史出的研究，而不是单纯的理论研究或以论代史。要多开展具体生动的事实研究，少进行抽象概括的理论研究。第三，多日常叙事研究，少宏大叙事研究。教育活动史就是把历史上发生过的教育活动再现出来，因此叙事是最好的表述方式。当然，这里的叙事并非指传统的宏大叙事，而是微观日常叙事。第四，多深度描述研究，少浅度描述研究。深度描述原本是人类学、民族学领域的研究方法，能让读者"身临其境地体会其所描述的经历与事件"[②]。浅度描述则不涉及细节，只是简单地报道事实或发生的现象。

（三）研究取向：以问题研究为导向

"问题取向"研究，就是选取问题作为研究方向的一种研究策略、研

梁启超：《中国历史研究法五种》，台北里仁书局 1982 年版，第 202、153 页。

② ［美］诺曼·K. 邓金著，周勇译：《解释性交往行动主义：个人经历的叙事、倾听与理解》，重庆大学出版社 2004 年版，第 107 页。

究思路或研究范式，其目的主要不是学科知识的积累或学科体系的完善，而是增进、更新、深化和拓展对特定问题的认识，从而有助于人们对该问题的了解、评价，并有助于该问题的解决。"问题取向"研究中的问题是指"反映到人们大脑中的、需要探明和解决的教育实际矛盾和理论疑难"，它包括通常所说的存在的不足、缺陷、困难，但更主要的是指引起认知主体疑惑、疑虑或感到疑难的种种现象。它既可以根据研究价值的有无分为"常识问题"和"未决问题"，也可以根据问题探讨的深度不同分为"表象问题"和"实质问题"，还可以根据问题涉及范围的宽窄分为"'大'问题"和"'小'问题"等。① 为此，教育活动史研究应当树立问题意识。问题意识对任何研究来说都是至关重要的。布洛克曾说："一件文字史料就是一个见证人，而且像大多数见证人一样，只有人们开始向它提出问题，它才会开口说话。"因此，"历史学研究若要顺利开展，第一个必要前提就是提出问题"。② 教育活动史研究首先应当将研究的重心转向教育教学的具体问题、微观问题和日常问题。③ 当然，问题的微观化并不等于结论的微小化，而恰好应该做到结论的重大化。要能够通过教育反映出一定时期、一个社会的整体情况。因此，即使在历史发展的某些时段找不到完整史料，也可以就发现的这部分史料进行重点研究，以此来达到"看时代"的目的。

(四) 史料来源：树立大史料观

在研究资料方面，主要秉持地上与地下、史学与文学、书面与口述三结合的大史料观。通常我们强调以史料为依据，凭史料才能说话，而且是"一分证据说一分话"，没有史料就没有历史。戴逸说过："马克思主义不赞成用史料学去代替历史科学，但历史研究必须以史料的收集、整理、排比、考证为基础。史料的突破常常会导致研究的突破，修正或改变人们对重大历史问题的看法。"④ 教育活动史研究理应树立大史料观，

---

① 孙喜亭等：《简明教育学》，北京师范大学出版社 1988 年版，第 2 页。
② [英] 巴勒克拉夫著，杨豫译：《当代史学主要趋势》，北京大学出版社 2006 年版，第 44 页。
③ 周洪宇、申国昌：《新世纪中国教育史学的发展趋势》，载《华东师范大学学报》（教育科学版）2007 年第 3 期。
④ 戴逸：《中国近现代史的研究如何深入》，载《人民日报》1987 年 7 月 17 日。

力争做到：其一，地上史料与地下史料并重。在教育活动史研究过程中，一方面要充分重视地上史料的运用，另一方面要加强地下史料的挖掘、发现、整理与运用。不管是文集、家谱、族谱、年谱、方志、实录、纪事、报纸、杂志、回忆录、传说、歌谣等史料，还是各种文物、图片、绘画、教具、学具等地上实物史料，抑或碑文、石刻、墓壁画、出土礼器等地下史料，都是研究教育活动史的重要史料。其二，正史史料与笔记小说史料并行。正史或官修史籍主要包括正史、编年史、纪事本末、别史、杂史、诏令奏议、传记、史抄、载记、时令、地理、职官、政书、目录、史评等，这些无疑是研究教育活动史的基本史料，但是并不是唯一史料。而且官修史籍大都"事多隐讳"，"语焉不详"，甚至如鲁迅所说"涂饰太厚，废话太多，所以很不容易察出底细来。正如通过密叶投射在莓苔上面的月光，只看见点点的碎影。但如看野史和杂记，可更容易了然了，因为他们究竟不必太摆史官的架子"①。教育活动史的研究视野要下移民间，因此我们必须注重采用非官方的民间史料，如谱录、笔记、类书、小说、日记、信件等。其三，文字记录与口述史料并举。书面史料大都是官方或精英活动的记载，有关民间的、下层的各种具体教育活动的记载是有限的，需要我们在重视文献资料的同时，必须借助口述的方式来完成史料的搜集任务，以口述史料弥补文本史料的不足。其实，借助口述方式来完成史料搜集任务历史上早已有之，如太史公司马迁撰述曹沫（即曹刿）持匕首劫持齐桓公迫使其退还侵鲁土地时就借助过口述史料。② 而现代意义上的口述史学是指"通过有计划的访谈和录音技术，对某一个特定的问题获取第一手的口述证据，然后再经过筛选与比照，进行历史研究"的一种新学科和新方法。③

（五）研究方法："视情而定"，善加选取

古人云："工欲善其事，必先利其器。"方法正确，可使研究工作顺

---

① 鲁迅：《华盖集》，人民文学出版社 1973 年版，第 12 页。

② 王青：《从口述史到文本传记——以"曹刿－曹沫"为考察对象》，载《史学史研究》2007 年第 3 期。

③ 张广智：《西方史学史》，复旦大学出版社 2000 年版，第 331 页。

利达到目的；方法不当，则会事倍功半，甚至徒劳无功。现代教育史学研究理论与方法是一个由研究方法的理论基础、一般研究方法和具体研究方法三个大的方面及其相关层次构成的系统。① 第一，研究方法的理论基础。一方面是指马克思主义的唯物史观、五种社会形态理论等宏观历史理论和经济决定理论、阶级阶层理论、人民群众创造历史理论等中观史学理论；另一方面是指兰克（Leopold Ranke）、斯宾格勒（Oswald Spengler）、汤因比（Arnold Toynbee）、布罗代尔（Fernand Braudel）、勒韦尔（J. Revel）等人的史学理论中值得借鉴的合理因素。第二，一般研究方法。是哲学思维方法在社会历史（包括教育历史）研究中的运用，主要包括历史分析法、比较分析法、逻辑分析法、系统分析法、结构分析法等，其功能是分析社会历史（包括教育历史）现象的内在辩证关系和本质特点，在更深层次上更好地把握教育历史的规律。第三，具体研究方法。是指带有较强技术性和专门性，用来处理和分析教育史料，进行基础研究的方法和技术，其功能为复原教育史实和基本线索，为深入研究打下坚实基础，创造有利条件。具体说来，又可细分为两个方面：一是历史学科一般使用的方法，主要包括历史考证法、文献分析法、口述历史法、历史模拟法等；二是跨学科方法，主要包括田野调查法、个案分析法、心理分析法、计量分析法等。这三个方面属于三个不同的层次，它们各有适用范围和领域，分别处理不同层次的问题。研究方法的理论基础是最高层次，解决的是研究的立场和指导思想问题。一般研究方法是中间层次，解决的是对社会历史（包括教育历史）现象及其原因、本质的认识，以便更好地把握教育历史规律。具体研究方法是最低层次，它所要解决的是教育史料的处理和分析问题，恢复教育史实和基本线索，为深入研究铺平道路。三个方面相辅相成，缺一不可。当然，没有绝对正确合理的方法，旧方法未必无用，新方法未必有效。在选择理论和方法时，必须时刻注意理论、方法与问题的相容性、相适性，也就是做到"视情而定"。

---

① 周洪宇：《对教育史学若干基本问题的看法》，载《河北师范大学学报》（教育科学版）2009年第1期。

（六）表述方式：采取"善序事理"的叙事方式

中国史学家历来重视史学著作的叙事形式（习称"序事"），认为好的叙事方式有助于史学著作内容客观真实与生动形象的表达。他们对"善序事理"多有论述。① 班固称赞司马迁"服其善序事理，辨而不华，质而不俚，其文直，其事核，不虚美，不隐恶"。《晋书》则称陈寿"善叙事"为"奋鸿笔"和"骋直词"。综观古代史学家对"善叙事"的理解，主要有真实、质朴、简洁、含蓄、"闳中肆外"、"史笔飞动"等特点。诚如史学家梁启超所讲："事本飞动而文章呆板，人将不愿看，就看亦昏昏欲睡。事本呆板而文章生动，便字字活跃纸上，使看的人要哭便哭，要笑便笑。"② 丁钢教授则把中国叙事的风格和特点总结为三个方面：一是中国叙事以各部分非同质性、非同位性以及部分之间存在的联结性或对比性的关系，形成结构张力；二是以视角的流动贯通形成整体性思维特点；三是依靠对话和行动，并借助有意味的表象的选择，在暗示和联想中把意义蕴涵于其间。③ 中国教育活动史研究要避免回到"目中无人""见人不见行""见物不见事"的教育史学老路上去，就必须承继和发扬中国传统历史叙事的优点，采取"善叙事理"的叙事方式，在叙事中注意呈现具体过程与日常细节。应该看到，教育历史叙事必须经过研究者对教育历史的感知而进行选择、修饰和重组，因此教育史研究者必须具备必要的体验能力和想象能力，这一点常常成为研究是否取得突破的重要因素。在研究过程中，注重运用叙事和口述等方法，尤其是研究现代教育活动史。叙事与口述研究可弥补教育活动史研究中第一手史料不足的问题，也是教育史研究视野下移的必然选择。而且叙事与口述研究具有其他表述所缺乏的优越性：一是叙事与口述史料的"在场性""生活性""精神性"特征，可以更好地发挥"存史"与"释史"功能；二是叙事与口述方法贴近生活，具有可读性，可以与官方史料形成互补，为

① 瞿林东：《中华文化通志·史学志》，上海人民出版社 1998 年版，第 319—325 页。
② 梁启超：《中国历史研究法补编》，商务印书馆 1934 年版，第 38 页。
③ 丁钢：《叙事范式与历史感知：教育史研究的一种方法维度》，载《教育研究》2009 年第 5 期。

教育政策的制定提供民间的声音，更好地服务于现实；三是叙事与口述史学可以将教育史学工作者从书斋中解放出来，更好地参与、服务并享受生活；四是叙事与口述作品以第一人称的方式讲述故事，融教育于生活之中，极富现实性和鲜活性，通俗易懂，具有大众教育的功能。

综上所述，教育活动史研究，首先，应该以追求全景式总体史为宗旨，对历史上各个方面与层次、不同类型与学段的教育活动进行全面、系统、深入的分析与描述，从而使历史发展过程中丰富多彩的教育活动完整地得到重现；其次，应该以民众的教育生活为研究重点，改变教育史学研究重上层、轻下层，重精英、轻民众，重经典、轻世俗，重中心、轻边缘的传统做法；再次，应该以问题研究为取向，强化问题意识，尤其是要格外关注教育教学的具体问题、微观问题和日常问题；第四，应该树立地上与地下、史学与文学、书面与口述三结合的大史料观，拓宽史料来源，广泛收集、整理与运用史料；第五，应该"视情而定"，选取相应的研究理论与方法，根据不同的目的和具体的任务，选取最合适的研究理论与方法；最后，应采取"善序事理"的叙事方式，尤其要充分地继承和发扬中国传统史学研究中叙事方式的优点，既客观真实又生动形象地将教育活动史的具体过程展现在读者面前。这就是本书作者近年倡导的全景式总体史的、人的教育生活为中心的、问题导向并注重过程和细节的教育史观。

四

中国教育活动史，源远流长，内涵丰富，生动鲜活。通观古今，可归纳出以下几个特征：

第一，独特性。毋庸置疑，任何一个国家和民族的教育活动均有其独到之处和自身特点，而中华民族的教育活动与其他国家和民族的教育活动相比，其特点更加明显，风格更加独特，尤其是中国古代教育活动呈现的是一种缓慢演进的长时段的渐变路径。从有文字可考的商代开始，就有学校教育活动，西周时期不仅学校教育活动进一步规范，而且家庭教育活动已规范成型。自春秋战国始，我国自由灵活的私学教育活动一经兴起便进入兴盛与繁荣状态，并为宋元时期书院的发展做了办学经验的原始积累。汉唐以来太学的创建以及国子学的开办，使得中央官学办学形式更加多样，这些办学形式和教育活动一直在中国持续近千年。而且自从西汉提升儒学在教育领域的独尊地位到 1904 年新学制颁布，与西方教育开始接轨，我国的教育活动始终以儒学经典为主要内容，学校教育以教师指导、学生研习为主；无论官学还是私学，各类学校学生学习的巨大动力就是科举入仕、光宗耀祖，因而形成了以应科举之试而进行的教育活动，将教育与仕途紧紧捆绑在了一起，这种模式固然使教育活动目的陷入单一境地，但是有利于激发平民子弟潜心读书、积极进取，也有助于稳定社会秩序与统治秩序。这种围绕科举指挥棒运转的古代教育活动，在世界上是独一无二的。文艺复兴之后，西方教育活动一改中世纪枯燥乏味的教育活动模式，不少国家陆续采用班级授课制，而我国的明清时期仍然在延续着古代传统的教学活动模式。与西方相比，这种教育活动尤其具有独特之处。

　　第二，人本性。人的发展是教育的出发点和归宿，人的活动是教育的核心和关键。纵观中国教育活动的历史，无论古代还是近现代，无论学校教育还是家庭教育和社会教育，坚持以人为本是一大特色。历代教育活动都时刻围绕教育的主体——人的活动，促进人的有价值发展，正是教育活动的指归。如果一个历史时期营造了良好的育人环境，有利于促进人的健康发展，教育活动就会开展得有声有色，成效卓著；相反，如果统治者通过强权压抑受教育者的自由成长与全面发展，那就会出现强制与被强制、压抑与被压抑、束缚与求解放之间的斗争，师生将通过种种教育活动来反抗强制、压抑和束缚，争取自己的自由而全面发展，最终赢得尊重人的发展的良好环境。总之，追求人的个性自由、全面发展，是整个中国教育活动史的一条主线。从某种意义上讲，中国教育活动通史就是一部不断追求人的自由成长而全面发展的历史。若从全球视角来观瞻中国教育活动，不难看出，追求以人为本的教育活动，大致经过三个追求自由、张扬个性的历史时期，即是中国人追求自由个性、教育原创的轴心时代——先秦时期，坚持以人为本、促进文教繁荣与再创辉煌的多元时代——魏晋到隋唐时期，追求思想解放和人格独立的启蒙时代——五四新文化运动时期。这三个时期，是充分展现中国教育活动人本性特征的黄金时期，也是将追求人本的中国教育活动推向了高潮的三个时期。

第三，开放性。中国古代教育活动是封闭的、专制的，这种结论是用西方教育视角来观察中国而得出的。其实，纵观中国古代教育活动史，不难看出，历代均有开放办学、注重交流的举措，而且给历史留下了生动美好的记忆。东汉年间，我国引入印度的佛教，使得宗教教化活动成为社会教育的一项重要内容。魏晋南北朝以来，一改以儒家教育为主的格局，开始吸纳佛教、道教教育活动，呈现出教育活动的多元化倾向。盛唐时期，吸引了诸如日本、新罗、百济、高丽、波斯、大食、天竺等国的留学生，文化教育交流进入了中国历史上第一个高峰期。明清时期"西学东渐"，为中国教育打开了一扇与西方交流的窗户，东西方文化教育进入了平等交流的新时期，此时西方以科技为主导的教育内容使中国知识阶层开了眼界。近代以来，在被动开放的背景下，中国教育开始步入与国际接轨的新阶段，同时，文化教育交流也进入了第二个高峰期。一方面，大量建立西方式的新学堂，引入班级授课制，广泛开设西学课程，同时开始选派留学生；另一方面，改革教育制度与学校管理方式，改革考试方式，改变了师生的日常生活与教学活动。这些说明中国教育活动从古代到近现代均以开放的姿态出现，从未封闭办学、关门教学，只不过古代的开放是主动的，近代的开放是被动的。

第四，包容性。中国文化教育的包容性，是世界上任何国家和民族无法比拟的。主要体现在：一是对中华民族各地区、各民族文化教育的包容与同化，二是对世界文化教育的包容与吸纳。在以儒家文化为主流的中华文化体系生成过程中，先后经历了魏晋南北朝时期儒学对道教的包容与吸收而出现玄学体系，宋明时期儒学对佛道的包容与融合而形成理学体系，近代洋务运动以来以儒学为主干的传统文化对西方文化的包容与引借而形成的中体西用格局。在中国教育活动演进过程中，也先后出现过春秋战国时期以儒墨道法为主体的私学对各家思想与传导方法包容与吸纳而形成的百家争鸣局面，汉唐时期大一统体制下以儒学为主体的教育活动不断地吸收各个民族、各个流派的优点与长处而形成的多元教育格局，明末清初中国传统文化教育首次以平等的姿态与西方文化教育接触而形成的由西学东渐催生出的实学教育理念与实践，近代以来中国教育在强势的西方文化冲击下以更加宽容的心态被动接纳了西方的教育模式而形成的早期现代化办学实践与教育范式。就近代而言，中国教育活动的包容性，具体体现在不同历史阶段。洋务时期的教育体制与办学实践主要吸纳欧洲的模式，从维新变法、清末新政到民国初年的教育理念与办学实践主要借鉴日本模式，从 20 世纪二三十年代到共和国成立前我国的教育体制与教育活动主要参照美国模式，20 世纪 50 年代新中国的教育管理与教育实践主要学习苏联模式，20 世纪 80 年代以来在全面开放的大背景下我国教育体制与办学活动在自主创新的前提下广泛吸收世界各国的先进经验，从而进入了全面深化教育改革的新时代。总之，中国教育活动史是一部包容特色鲜明的历史。

第五，稳定性。这里的稳定性，主要是指中国古代教育活动。中国是历史悠久的文明古国，漫长的古代社会形成了一种超稳定社会结构。这种社会结构中形成的教育活动自然而然地具有稳定性，其演变极其缓慢，即使有变化，也是一种渐变。有的学校教育活动，譬如官学教学活动，无论中央官学中的国子学和太学，还是地方官学中的府州县学，从汉唐到癸卯学制颁布，其教学内容、学习方式、师生关系等几乎是按照传统模式来运行，其间变化微乎其微；私塾的管理方式与教育活动，塾师的日常生活与教学活动，塾童的学习生活与课余活动等，也是数百年几乎没有变化，始终延续着传统的模式；还有科举选士活动在中国存在将近 1300 年，其间尽管有局部细微的变化，但总体来看是相对稳定的。用法国年鉴学派布罗代尔的"长时段"理论来解释，那就是，这种教育活动与生活方式的演变是一种"缓慢流逝和变动的历史运动"，是一种

"长时段"的运动，这种历史时间是一种"几乎不动的历史时间"。① 只是到近代以来，这种稳定性才被打破，进入了教育大变革时代。

此外，《中国教育活动通史》是一部具有原创性的大型学术著作，试图与已经出版的《中国教育制度通史》《中国教育思想通史》形成互补。全书由中国教育学会教育史分会副会长、华中师范大学教育学院博士生导师周洪宇教授任总主编，华中师范大学教育学院博士生导师申国昌教授任副总主编。各卷分工情况：第一卷（先秦），由曲阜师范大学教育科学学院广少奎教授任分卷主编；第二卷（秦汉魏晋南北朝），由河南大学教育科学学院赵国权教授任分卷主编；第三卷（隋唐五代），由厦门大学教育研究院张亚群教授任分卷主编；第四卷（宋辽金元），由湖北大学历史文化学院郭娅教授任分卷主编；第五卷（明清），由华中师范大学教育学院申国昌教授任分卷主编；第六卷（晚清），由天津大学教育学院李忠教授任分卷主编；第七卷（中华民国），由湖北大学教育学院赵厚勰副教授和宁波大学教师教育学院刘训华副教授任分卷主编；第八卷（中华人民共和国），由华中师范大学教育学院刘来兵副教授、但昭彬副教授和福建师范大学教育学院涂怀京副教授任分卷主编。可以说，这部通史是多学者、多学校、多学科、多团队通力合作的结晶。

本书相关研究内容，得到了国家社会科学基金项目 2013 年教育学一般项目"教育活动史研究与教育史学科建设"（批准号：BOA130117）、国家社会科学基金项目 2013 年一般项目"明清时期学校日常生活研究"（13BZS099）、教育部 2012 年新世纪优秀人才支持计划"明清教育活动史研究"（NCET-12-0873）、教育部 2012 年人文社会科学规划基金项目"明代学校师生日常生活研究"（12YJA880096）、国家社会科学基金 2011 年教育学青年课题"近代社会的学生生活研究"（CAA110102）、中央高校基本科研业务费专项资金 2011 年科研项目"中国教育活动通史研究"、中国博士后科学基金面上资助和特别资助项目"中国近现代教育学者群体的日常生活与学术研究"（编号：2014M560614、2015T80822）等多项

① [法] 布罗代尔：《历史与社会科学：长时段》，承中译，载《史学理论》1987 年第 3 期。

课题的资助。本书的出版，也是这些研究课题最终研究成果的展现。

在本书编撰过程中，先后得到了教育史学界田正平教授、丁钢教授、张斌贤教授、刘海峰教授、杜成宪教授、贺国庆教授、单中惠教授、于述胜教授、徐勇教授、黄书光教授等同仁的关心、支持，尤其是田正平教授、熊贤君教授、周采教授、阎广芬教授、谢长法教授、王雷教授等，亲自参加我们的编撰研讨会，并提出了诸多宝贵意见。山东教育出版社的领导与编辑对本书的出版给予全力支持，特别是陆炎总编、蒋伟编审从本书的策划、研讨、统稿到审校付出了艰辛的劳动，先后北上南下七次组织召开了编撰研讨会，不少专家亲临现场指导。"才微易向风尘老，身贱难酬知己恩"，在此我们表示衷心感谢！

本书的编撰与出版，是教育活动史研究团队多年来跨地域、跨学校、跨学科团结协作、配合默契的结果。"欲穷大地三千界，须上高峰八百盘"，尽管我们在编撰过程中在查找资料和撰写方法方面下了不少功夫，然而，由于学养不丰、学力不足、能力有限，再加上是初创之作，疏漏与谬妄之处难免，恳请方家批评指正。

周洪宇

2015 年 8 月

目　录

导　言

　　继先秦之后的秦汉至魏晋南北朝时期，即从公元前221年秦始皇统一六国到公元589年隋灭南陈再度统一，历时810余年，时间跨度可谓不小，其间至少有33个朝代、194位帝王登台理政，政权频繁更替，各阶层利益及关系错综复杂，政治、经济、文化及宗教等变革加剧，绘就了一幅波澜壮阔的历史画卷，以致在史学领域里颇具权威的"二十五史"中，有《汉书》《后汉书》《南史》《北史》等十三部史书所记载的全是这段历史的辉煌、悲壮及演变，又有《史记》和《隋书》等两部史书则跨时空地对秦汉及南北朝的史实多有记述。可以说，共有十五部史书与这段历史有关。这段历史令人印象深刻的是，除了秦汉近430年的相对稳定外，随后380余年的中国社会一直处于一种剧烈震荡状态，社会经济和社会秩序遭受巨大破坏，文化教育也深受重创，甚至看不到曙光。其实则不尽然，社会的剧烈震荡往往是社会走向文明与进步的征兆，因为阵痛之中往往孕育着新的文化及政治格局，事实上阵痛之后也便促成文化与政治的多元，最终迎来了隋唐盛世。因而，"这是一个绝非'黑暗'可概括的时代，而是一个风流竞逐、异彩纷呈的时代，它是国际色彩丰富的隋唐时代的渊源"①。也因此，史学界普遍认为魏晋南北朝有"继汉开唐"的划时代意义。

然而，无论是两汉的相对稳定，抑或是魏晋南北朝的剧烈震荡，教育始终是全社会所关注的一个话题，因为教育是人类社会特有的一项活动，人不能没有教育，社会各项事业也都需要各类人才来治理。因而，在尊孔崇儒、重教兴学政策的引领下，这一时期无论是官学教育还是私学教育，无论是家庭（族）教育还是女子教育，也无论是少数民族教育还是全社会的教化活动，都开展得十分活跃，可以说是内容丰富，途径多元，亮点纷呈。遗憾的是，以往对这一时期教育的研究，基本上局限于制度性描述和理论性总结，缺乏对制度决策及实施过程、学校管理及教学活动、师生日常生活、家庭（族）及社会教育活动、教育者成长及其教育理论生成过程的研究，而这种研究恰恰又是"影响教育思想史和教育制度史发展过程的关键性因素"②。事实上，对教育活动的研究也是目前中外教育史研究领域里的一个薄弱环节。据此，我们将本着视野下移、关注下层、着眼民间、立足日常生活的原则，将这一时期的教育活动分为文教政策的形成过程及实施、中央官学教育活动、地方官学教育活动、私学教育活动、人才选拔活动、家庭（族）教育活动、社会教育活动、少数民族教育活动等八个部分，并逐一探究其原初的活动场景及进程，为进一步加深了解这一时期教育制度及诸子百家的教育理论做些铺垫。

文教政策是官方意识形态在文教领域的实质性体现，先秦时期虽初见端倪，但这一足以引领各项教育活动进行的文教政策却是从秦朝开始明确制定和颁布的，"书同文""行同伦"以及禁私学、以吏为师等政策的出台，对维护和巩固大秦帝国发挥了重要作用，但其尊法黜儒的一元化政策也把秦朝的教育活动引入到步履维艰的境地，不仅制度化的官学教育活动没有开展起来，作为官学教育重要补充的私学教育活动亦被当作思想一统的障碍而严加遏制，全部教育活

---

① [日] 川本芳昭著，余晓潮译：《中国的历史：中华的崩溃与扩大·魏晋南北朝》，广西师范大学出版社 2014 年版，第 7 页。

② 周洪宇、申国昌：《教育活动史：视野下移的学术实践》，载《教育研究》2010 年第 10 期。

动只能依靠"以吏为师"这种单一的路径来维持着。这种强权政治与教育的高度一体所带来的结果，不能不说是教育的一大悲哀，对人性的发展更是一种桎梏。汉初统治者在经济残破、百业待兴的情况下，充分吸取秦朝灭亡的教训，尝试着"仁政"及"与民休息"的黄老之治，不仅促进了经济发展及社会稳定，尤其是促成了各层次教育活动的恢复。汉武帝即位后，既"独尊儒术"又"表章六经"，儒家思想被推崇为官方哲学，基本上确定了汉以后文教事业发展的价值趋向。虽然"独尊儒术"看似也带有一元化的色彩，但儒家的"仁政"理念及伦理之道，更强调对人或人性的尊重，诸如倡导尊老和孝道、奖励孝悌力田等，这也是社会走向稳定和文明的必然选择，从而也成就了封建社会初期各层次教育活动的繁荣和鼎盛。但进入魏晋南北朝这一思想大解放时期，多元的政治格局，多元的思想文化，各阶层对人性桎梏的反抗及向往自由的抗争，加上佛教、道教的本土化和社会化，致使汉朝的"独尊儒术"政策受到强烈冲击，在文教政策制定时出现一个"阵痛"期，结果使得这一时期的文教政策呈现出多元化色彩。从三国时期的尚法，到两晋及十六国时期的兼容佛道，再到南北朝时期的兼用佛道，文教政策的多元与实施也必然会带来教育活动的诸多新气象，更奠定了封建社会中后期历代王朝制定文教政策的基调。鉴于文教政策对各个时期教育活动起了关键的引领作用，故宜分朝逐次剖析。

官学是历朝历代兴办教育的重头戏。秦的统一虽然结束了春秋战国以来官学衰落、私学兴盛、诸子百家争鸣的活跃局面，但统治者强调"以法为教""以吏为师"，从而形成了一套独具特色的学吏制度，旨在养成事君使民的官吏，以巩固绝对的专制权力，教育活动的社会化色彩比较浓厚，真正的官学教育活动则处于低谷状态。汉朝儒术"独尊"以后，以经学教育为主的官学制度逐步形成，从中央最高学府太学到地方上的郡国学校，从官学的办理到日常事务性管理，从教学内容、教学方式的选择到教师的教、学生的学，小到课内某一经书经句的讲解，大到走出课堂勤工助学、议政参政之举等，都会使人感受到两汉教育活动的规范化和制度化。尤其是太学的创办，开启了中国最高学府的办理和教学活动。相对于西周时期的辟雍来说，受教对象不仅是居特殊地位的王官子弟，还有一般庶民子弟中的佼佼者，盛时规模达三万多人，可谓创中国古代官学办理规模之最。同时，太学生反对宦官专权的参政议政活动，也开了中国古代太学生政治运动的先例。在地方官学教育活动中，以文翁为代表的地方官员有较强的教育担当意识，不仅大力兴办郡国学校，且在公务之余积极参与讲经活动。这样，经学教育活动便成为汉朝官学教育活动的主流。进入魏晋南北朝时期，儒学独尊的局面虽已不复存在，但官学教育活动仍更多地承袭了汉朝经学教育的传统，为经学由汉学向唐学乃至宋学的转型与发展架起了一座桥梁。虽然受政治分野与动荡的影响，官学时兴时废，但在学校建制、教学内容、教学方法上亦有所蜕变、创新和发展。在中央官学办理中，诸如西晋于太学之外又创办了一所最高学府国子学，对五品官以上子弟实施有别于其他官员子弟的教育活动；又如刘宋时创办的儒学馆、文学馆、史学馆和玄学馆，开始实施分科教育活动；再如自三国时期开启创办律学、书学、算学、医学等专科学校的先河，并开始实施实用学科的专门教育活动等。在地方官学办理中，北魏时期的州郡学校教育活动也开展得比较普遍，形成了颇具特色的地方官学教育制度。尤其是依据郡国之大小，确定设学之规模，规定教职及学生之额数和选用标准，无疑是中国地方官学教育活动制度化的肇端。鉴于官学教育属于正统教育，且自汉朝便有明确的中央官学和地方官学之分，故而分为两章来解读。相对而言，史书对中央官学教育活动的记载比较详细，且在秦朝、汉朝、魏晋南北朝三个不同的历史阶段，官学教育活动各有特色，所以分阶段来逐一阐述。史书对地方官学教育活动的记载相对简略，只能借助零碎的记载，从办理情况、教师的选用及教学、学生入学及学习活动等三个方面来逐次透视这一时期地方官学的教育活动情形。

　　私学的出现，不仅是对官学教育活动的重要补充，且更大程度上满足了社会各阶层对教育的需求，因而自春秋之始就表现出强势发展，以至于呈现出"百花齐放"之势。然秦朝的"禁私学""禁游宦"政策，使得春秋以来兴盛多年的私学教育活动被严重遏制，几无起色。汉初统治者为大力发展教育事业，在人力、财力和物力举步维艰的情况下，毅然解除了对私学的禁令，鼓励民间兴办学校。于是，诸多隐士及官员都积极参与私学教育，使得奄奄一息的私学教育活动得以快速复兴，不仅有了蒙学、诵经和专经等三个层次的教育活动，学生也有著录弟子和及门受教之别，且私学规模相对于先秦时期也扩大了许多。想当年孔门弟子有三千之巨，无论是道家、墨家还是法家私学都无与伦比。但到汉朝，门徒成千上万的私学为数不少，诸如蔡玄"门徒堂千人，其著录者万六千人"；又如牟长的弟子"常有千余人，著录前后万人"等。在私学教学活动中，所传授的内容由先秦时期的自家学说，转向统一的以经学为主，兼涉诸子百科，且高业弟子次第相传、师生问辩论难的情况比较普遍，还出现了诸多弟子务工助学的情况，以及匡衡的"凿壁偷光"、孙敬的"悬梁"等自主学习典范，使得汉朝的私学教育活动呈现出生机勃勃之气象。魏晋南北朝时期政局的频繁更替，为私学教育活动的进一步开展提供了良好机遇和巨大的空间，众多学者不慕名利，绝意仕途，或设学于乡里，或就教于都市，或讲学于山林，或隐身于寺庙、道观，私学教育活动真可谓异彩纷呈。当然，私学教材《千字文》的问世，更是这一时期私学教育活动的点睛之笔。尤其是以嵇康为代表的一批反名教的私学大师对思想自由、个性狂放的追逐，使得两汉时期思想一统的私学教育活动传统被颠覆，致使儒学、玄学、佛教、道教等诸家私学并驾齐驱，私学教育活动的多元化开始呈现和定型，这是中国私学发展史上的一大盛事，是值得大书特书的。鉴于各种史书对私学教育活动的记载比较简单，不便于按朝代或时期来系统展示当时私学教育活动的情形，权且从日常管理、教师的教、学生的学、师生关系等四个方面综而述之。

自从中国大地开始出现人类社会组织，便已存在人才选拔活动。从唐尧、虞舜及帝禹的禅让，到夏启之后的世袭，均属特殊阶层特殊职位的传承。此外，基于争霸及基层治理的需求，不拘一格、选贤任能也成为先秦时期人才选拔活动的主旋律。这一传统，也被秦汉及魏晋南北朝时期的统治者所沿袭。更令人欣慰的是，这一时期开始了制度化的人才选拔活动，最大的亮点是汉朝的察举制开其先，魏晋时期的九品中正制继其后，从而构成中国古代人才选拔活动史上两次重大的选拔制度改革。虽然选拔过程中出现过诸如"举秀才不知书，察孝廉父别居"及"上品无寒门，下品无士族"等弊病，但其对巩固封建统治秩序所发挥的作用不可忽视，更为科举制度的创立奠定了政治和实践基础。同时，各个朝代还普遍存在每到皇帝登基、改元，或遭遇战事、自然灾害及异常天象等特殊时期、特殊情况下的征辟人才活动，以及直接从官学生中通过"五经课试"来选拔官员等。鉴于秦朝国祚短暂，尚未形成一套人才选拔活动制度，故不再赘述。同时考虑到汉朝、魏晋及南北朝等不同历史阶段人才选拔活动的特点，故分而论之。

家庭（族）教育活动是中国古代教育活动的重要组成部分，主要承担着包括家庭或家族教育在内的儿童启蒙教育、女子教育以及家学的传承与弘扬活动。事实证明，文化的传承、积累与发展，个体的成长与成材往往离不开家庭（族）教育活动的介入和渗透。先秦时期就很重视家庭教育，尤其是在贵族之家，甚至出现了诸如太任"能胎教""孟母三迁"等经典范例。而在秦汉至魏晋南北朝时期，比之家庭教育更为宽泛的家族教育活动异常活跃，可以说是这一时期教育活动的一个重要特点。此时的世家大族灿若星河，除了帝王家族外，还有名门望族、文化世家等。尤其是通过家庭（族）的一系列教育活动，使得本族名人辈出，诸如汉朝的蔡邕、杨震、班彪、刘向家族，魏晋南北朝的曹操、司马懿、王羲之家族等。为了凸显这一时期家庭（族）教育活动的特殊性，拟采取以家庭（族）带活动的方式，除帝王家族外，再通过剖析蜀郡张霸、会稽孔氏、陈郡谢氏等地方上比较有代表性的三个大家庭（族）的教育活动，来展示一下当时家庭（族）教育活动的实际情形。另外，处于弱势的女子教育活动也秉承西周以降的教育传统，且教育内容、教育方式上也有了明显的进步，甚至出现了班昭、蔡文姬、谢道韫等杰出女性，以及苻坚执政时韦逞之母宋氏使弟子"隔绛纱幔而受业"的女性办学讲学活动。鉴于女子教育活动的特殊性，故将其从家庭（族）教育活动中剥离出来，通过恪守贞节、亲老行孝、文史素养以及顺柔端庄、匡夫勤政之教来专门展示这一时期女子家庭教育活动的场景。

《尚书》云："民惟邦本，本固邦宁。"因而，积极开展对民众的教育活动是中国古代社会治理的一个重要特点，旨在"匡饬风俗""远迩同度"，终使万民归服，使政权得以稳固和长久。早在夏商周三代，就很重视以伦理为核心的社会教育活动。秦始皇统一后，在官学教育活动被弱化的情况下，对民众的社会教化依然给予足够的重视，为此开展了一系列的以"匡饬风俗"为特点的，以普法、生产和民俗为内容的社会教育活动，为后世社会教育活动的开展奠定了基础。汉朝一改秦朝的"以法治国"之策，实施以"仁"治国、以"孝"立国政策。为导民向善，普遍开展了以宣扬儒家伦理为核心的多层面的社会教育活动，包括孝亲尊老教育、劝民农桑教育和民风民俗教育活动等，为两汉盛世发挥了保驾护航的作用。及至魏晋南北朝时期，各个政权为求"远迩同风"，仍秉承秦汉社会教育活动的传统，在尊儒的前提下，通过诏令及帝王亲耕、皇后亲桑的引领，实施了崇儒、农桑及民风民俗整治等多方面的社会教育活动。尤其是佛教、道教在这一时期的传入和发展，又为世人找到了一条精神解脱之路。于是，佛道界人士通过译经讲经、建造寺观、颁行教规等一系列活动，不仅为传统社会教育活动增添了新的形式与内容，还为自己在与儒学的冲突交融中找到了立足之地和发展的巨大空间，成为一支新生的社会教育力量，且在其社会化、本土化的进程中日益占据社会教育活动的主流，从而成为这一时期社会教育活动的最大亮点。鉴于社会教育活动在不同时期所表现出的不同特质，故将秦朝、汉朝、魏晋南北朝三个历史时期的社会教育活动分开叙述。同时，考虑到佛道教化在这一时期所表现出来的强盛发展势头，故单列别叙，借以凸显其在社会教育活动中的重要作用。

先秦时期有诸多少数民族，均属于部族或部落，没有建立其与华夏民族相抗衡的政权组织，其教育活动多侧重于民族自身文化的传承。相比较而言，秦汉及魏晋南北朝时期的少数民族开始建立自己的政权，基于自身民族的强盛和入主中原之需，无论是北方"随草畜牧而转移……逐水草迁徙，无城郭常居耕田之业"或"习射猎"① 的匈奴、鲜卑、羯、氐、羌等族，还是南方有"耕田，有邑聚"或"随畜迁徙，毋常处，毋君长，地方可数千里"② 的蛮、俚、僚等族，无论是在其辖区内抑或是入主中原，其教育活动主要是围绕"汉化"这一主线展开的，都是在与汉文化不断冲突和融合的背景下开展教育活动的。一方面，少数民族统治者诸如前赵的刘渊和刘曜、后赵的石勒、前秦的苻坚和苻融、后秦的姚苌和姚襄、北魏的孝文帝、南越的冼夫人等，一般都具备较深的汉文化修养，他们常以汉文化的继承者自居，不仅自觉地接受儒家文化，更是借用汉族的教育活动形式来推广儒学，从而强力推动各少数民族文化发生质的变化。另一方面，伴随着"世界性的民族大迁移活动"，中国境内的少数民族也通过移民或内迁等方式，与中原一带的汉人交错杂居，最终潜移默化地接受儒家文化。随着各少数民族"汉化"进程的日益加深及多民族文化之间的不断交融整合，隋唐以后，南、北诸少数民族最终消融于以汉族为核心的民族熔炉，族名也逐

---

① 班固：《汉书》卷94上《匈奴传》。
② 司马迁：《史记》卷116《西南夷列传》。

渐在史籍中消失，但它们曾为中国教育活动的发展所做出的贡献却永载史册。鉴于史书对少数民族教育活动的记载少之又少，以及少数民族自身的实际情况，大致分为北方少数民族和南方少数民族两个部分加以梳理，北方少数民族的教育活动突出其自身"汉化"教育、学校教育和民俗教育活动，南方少数民族的教育活动则选择文翁、司马相如和冼夫人等在其辖区对当地少数民族所实施的社会教育活动。

在视野下移的同时，我们还须将视野放大，来窥视一下中国与同时代周边国家之间的教育交流活动。据史书所载，在轴心时代的先秦时期就已存在教育交流活动，不过，多是境内各族或诸侯国之间的教育交流，故被梁启超称之为"中国之中国"。但也不排除中国同境外或周边国家的交往，主要是边疆居民同境外诸民族间一种松散的、自发式的教育文化接触，还有箕子率众东迁朝鲜半岛这种偶发式的文化传播活动等。然由官方介入的、国与国之间的教育文化交流活动则始于秦汉时期，如秦始皇时代的徐福东渡日本，西汉张骞及东汉班超的出使西域等，尤其是东汉时西域僧人将触及精神层面的佛教传入中国，且得到官方的认可和支持等，这一切，都足以说明秦汉时期确实开启了梁启超所谓的"亚洲之中国"中外教育交流活动的序幕。至魏晋南北朝时期，汉文化对周边国家的辐射力、影响力进一步加强和加深，致使高句丽、日本等国对汉文化产生一种"文化依附"现象。但鉴于史书所载教育交流活动的资料较少，以及与其他章节的内在联系，故不再单独设置章目，可关注有关章节的相关叙事。

值得一提的是，本卷在行文过程中充分吸纳了教育史界前辈及同仁的研究成果和智慧，在重庆、武汉、长沙、厦门、济南、深圳等地的书稿讨论会上，教育史界的诸多专家学者提出了许多中肯的编撰和修改意见。尤其是总主编周洪宇教授、副总主编申国昌教授多次不厌其烦地"指点江山"，山东教育出版社的蒋伟编审更为本卷的出版付出了艰辛的劳动，在此一并致以最诚挚的敬意和谢意。

参与本卷教育活动研究与撰写的人员，除主编外，均为近年来中国教育史专业毕业的博士及硕士。分工如下：赵国权（河南大学）承担导言，第一章，第三章，第五章，第七章第三、四节，结语；吕旭峰（浙江大学）承担第二章，参与第三章部分内容；刘晓筝（河南省财专）承担第四章；黄宝权（周口师范学院）承担第六章；刘保兄（河南大学）承担第七章第一、二节，参与第七章第三、四节部分内容；张建东（河南大学）承担第八章。另外，魏娇娇、黄艳娜、闫慈等教育史专业的研究生，也不同程度地参与了资料的搜集等事宜。初稿形成后，各章节作者又根据历次书稿讨论会所形成的纪要和修改建议，进行了认真的修改和规范。全书经由本卷主编多次审阅和修订，假如存在一些问题，多是主编疏忽或督促不力所致，责任均在本卷主编。

赵国权　谨识

2015 年 3 月 20 日

第一章
文教政策的形成及实施

　　文教政策是官方意识形态在文教领域的具体体现，也是引领文教发展的制度性、保障性措施。先秦时期文教政策亦初现端倪，从夏代的重武、商代的事神到西周的重人伦，再到东周时期即春秋战国时期的学术争鸣及重人才选拔，每个时期都有各自的特色，为封建社会文教政策的确立提供了丰富的历史经验。按史学界对历史时期的划分，秦汉至魏晋南北朝时期处于封建社会早期，其间的封建教育自然也处于初创阶段。尤其是，足以引领各项教育活动进行的文教政策自秦朝开始便明确颁布。秦朝的"书同文，行同伦"及"以吏为师"等文教统一措施对维护和巩固封建帝制发挥了重要作用，但其尊法黜儒政策却把教育引入困境。

　　他山之石，可以攻玉。汉初统治者充分吸取秦朝灭亡的教训，在民力、物力和财力极度困乏的情况下尝试着施行"仁政"及"与民休息"的黄老之治,有力促进了当时经济的发展以及社会生活的稳定,尤其是推动了各层次教育活动的恢复。汉武帝即位后,毅然改弦更张,既"独尊儒术"又"表章六经",自此经学教育活动开始一统天下,基本确立了封建社会文教活动的价值趋向。但进入魏晋南北朝时期,多元的政治格局,加上佛教、道教的本土化和社会化,致使文教政策的发展出现一个"阵痛"期,也使得这一时期的文教政策呈现出多元格局,必然带来教育活动的新气象,尤其是为唐宋以后主以儒术、兼用佛道文教政策的确立奠定了基础。

可以说,秦汉至魏晋南北朝时期的文教政策秉承先秦之遗风,经过长期的探索,从尊法黜儒到独尊儒术,再到儒佛道兼用,在中国教育政策发展史上起着承前启后的作用。

第一节　秦朝尊法黜儒文教政策的形成及实施

秦朝自灭六国而建立起中央集权的专制帝国后,为适应帝国统一的需求以及传承以法家思想治国的传统,分别制定了统一文字、统一行为规范以及禁私学、以吏为师等项文教政策,开启中国教育史上文教政策制定及实施的先河。

一、"书同文"以行小篆和秦隶

"书同文"即统一文字,此语最早出现于春秋时期。《礼记·中庸》第二十八章:"今天下,车同轨,书同文,行同伦。"自殷商以降,文字逐渐普及。而作为官方文字的金文,在形制上还是比较一致的。但到了春秋战国时期,各国陶文、帛书、简书及兵器铭文等文字则存在着较大的差异,同一个字不仅写法不同,读音也有差异。比如"马"字,在当时就有9种写法。文字不同一,不利于政府政令的发布及民众对政令的理解,也不利于知识的普及及传递,还会妨碍各地经济、文化教育的交流。于是,秦王朝统一中原的当年就决定要"书同文字"①，令李斯等人负责文字的整理和统一工作。

　　李斯受命后，便以秦之故地通用的大篆为基础，吸取齐鲁等地通行的"古文"
（或称"蝌蚪文"）的优点，改造成一种形体匀圆齐整、笔画简略的"小篆"（或称
"秦篆"），以此作为官方规范的文字（见图1-1，图1-2），其他异体字同时也被废
除。为推行标准文字，李斯作《仓颉篇》、中车府令赵高作《爱历篇》、太史令胡
毋敬作《博学篇》，成为当时人们的识字工具书或儿童识字课本。同时，秦始皇在
出巡期间所留下的刻石，也都是标准小篆。诸如泰山刻石、琅玡台刻石，据说为
李斯亲书所就。琅玡台刻石中还有"器械一量，同书文字"的记载。

图1-1　秦之前金文大篆拓片　　　　　图1-2　李斯改造后的小篆拓片

　　在推行小篆的同时，一位叫程邈的衙吏，起初在一个县里做个小官，专门
负责办理有关文件的抄写。后来，因为犯了罪，被秦始皇关在云阳县（今陕西
淳化县）的一座监狱里。在监狱里，他整天没事做，又不愿虚度光阴，于是想

---

① 司马迁：《史记》卷6《秦始皇本纪》。

起了自己以前抄写文件时小篆体字比较繁杂难写，就萌生了一种改变小篆体字写法的念头，出狱后又搜集研究了几年，对大小篆加以改造，把篆书简化，变圆形为方形，变曲笔为方笔，从而形成一种隶体，即秦隶或称"古隶"，这样一来，汉字就比原来更好书写了。于是，程邈就把自己历经 10 年搜集研究出来的 3000 个隶书字写成一个奏本，上奏给秦始皇。秦始皇看了以后，对程邈十分赞赏，就任命他为御史，命其"定书"。唐代学者张怀瓘在《书断》中说："邈善大篆，初为县之狱吏，得罪始皇，系云阳狱中，覃思十年，损益大小篆方圆之笔法，成隶书三千字。始皇善之，用为御史，以其书便于官狱隶人佐书，故曰隶书。"

不过，也有学者怀疑程邈个人创造隶书的说法，更多的可能性是秦初刚完成统一，国家事务异常繁多，下级吏员因使用篆书，感觉字画多，书写速度还慢，不能满足当时日常事务性工作乃至社会及政治生活的需要，于是便产生和创造了一种较篆书更为简易、书写速度更快的书体，因主要流行于徒隶一类的下层吏员，因此称之为隶书。鉴于一种文字的创造或革新，非一日之功，亦非一人之力所能达到的，程邈应该是在隶书的创造和书写上取得较高成就的一位重要人物。目前所能看到的秦隶，就是 1975 年 12 月在湖北云梦睡虎地秦墓中发现的竹简①上的文字（见图 1-3），已呈现秦隶墨迹，可见秦隶在当时已被官方所使用，由此奠定后世楷书的基础。

---

① 睡虎地秦墓竹简，又称睡虎地秦简、云梦秦简，是指 1975 年 12 月在湖北省云梦县睡虎地秦墓中出土的大量竹简。竹简长 23.1～27.8 厘米，宽 0.5～0.8 厘米，内文为墨书秦篆，写于战国晚期及秦始皇时期，反映了篆书向隶书转变阶段的情况，为研究中国书法以及秦国发展史提供了翔实的资料。

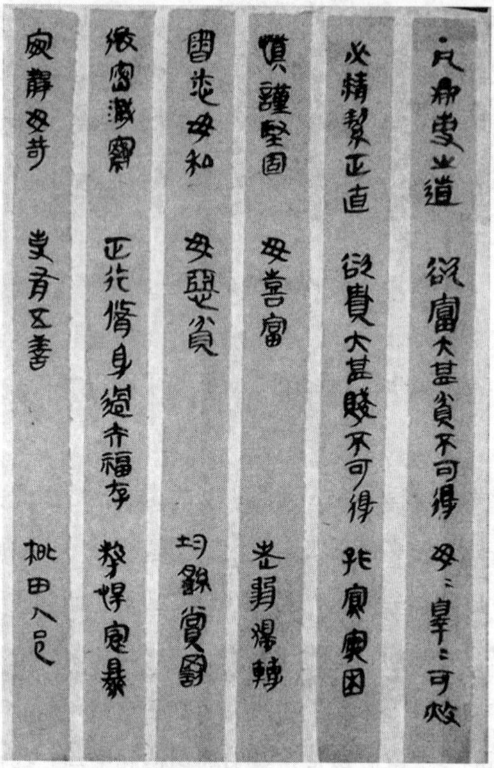

图 1-3　睡虎地秦墓竹简拓片

二、"行同伦"以期"远迩同度"

儒家提倡伦理教化最力，法家对此并不排斥，在力主以法治立国的同时，也十分重视伦理教化。因此，秦统一六国后，便着力实施"行同伦"，即通过定制度、立规范、树典型以及教育、宣传、奖惩等措施，将各国不同的风俗及习惯加以规范，以达到"黔首改化，远迩同度"的目的。秦统治者主要是通过以下几个方面的活动，使得这一政策逐渐完善的。

首先，是发布文告。1978 年，由睡虎地秦墓竹简整理小组编纂出版的《睡虎地秦墓竹简》中所载《语书》，即为秦嬴政二十年（公元前 227 年），南郡（今湖北江陵）一个名为腾的郡守，鉴于当地楚国遗民习俗根深蒂固，对秦国法令多有抵触情绪，为加强地方教化而颁发给所辖各县道的一篇文告。《语书》针对律令在习俗教化及统一方面的意义、颁布文告的目的等加以深刻阐释，指出之所以要"行同伦"，是因为"民各有乡俗，其所利及好恶不同，或不便于民，害于邦",如果没有"法度"来加以约束,必然会使民众"多诈巧"而不能为善。在这种情况下,只有"圣王作为法度,以矫端民心,去其邪避,除其恶俗",才能使普天之下的民众趋于为善,"毋巨于罪"。这可以说是秦朝"行同伦"政策的一个缩影。

其次,是置"三老"以主持地方教化。"三老"即熟悉天地人事者,也就是让那些德高望重、学识渊博的老者出面,协助地方官员主持对民众的风俗教化,此制始自周朝,秦代继续沿用和不断完善。据《汉书》载:秦时"乡有三老、有秩、啬夫、游徼。三老掌教化;啬夫职听讼,收赋税;游徼徼循禁贼盗。县大率方百里,其民稠则减,稀则旷,乡、亭亦如之。皆秦制也。"①《通典》亦称:"秦制,大率十里一亭,亭有长;十亭一乡,乡有三老、有秩、啬夫、游徼。三老掌教化,啬夫职听讼,收赋税,游徼徼循禁盗贼。"②可见,三老与有秩、啬夫、游徼一起同为地方官员,有秩与啬夫一样,职责是"听讼,收赋税",也就是主管地方行政及税收事宜的,类似于今日之乡长,游徼的职责是维护社会治安,类似于今日之派出所所长,三老则是行教化职责的,系地方文教长官,在文字表述上位于有秩、啬夫、游徼之前,可见其位置之重。另据《史记》载,陈胜在攻占陈(今河南淮阳)后,便号令陈国的三老及当地豪杰来商议大事,"三老、豪杰皆曰:'将军身被坚执锐,伐无道,诛暴秦,复立楚国之社稷,功宜为王。'陈涉乃立为王,号为张楚"③。从这里,同样可以看到三老在乡治中所能发挥的巨大作用。正因为三老在民众中有相当大的感召力,又能洞察时局、出谋划策,所以才会被陈胜招来商议大事。

再就是利用出巡之机布告天下民众。秦始皇统一天下后先后五次出巡天下,且多有刻石,其目的除彰显权威和功绩外,主要还是为了"黔首改化,远迩同度"。这五次出巡的情况及刻石在《史记》中都有详细记载。

第一次出巡是在秦嬴政二十七年(公元前220年),即统一六国后的第二年。史载"始皇巡陇西、北地,出鸡头山,过回中"④。秦始皇此次出巡是在秦国故

① 班固:《汉书》卷19上《百官公卿表第七上》。
② 杜佑:《通典》卷33《职官十五·乡官》。
③ 司马迁:《史记》卷48《陈涉世家》。
④ 司马迁:《史记》卷6《秦始皇本纪》。

地，目的在于稳定民心，巩固后方。

第二次出巡是在秦嬴政二十八年（公元前 219 年），秦始皇首次出访六国故地，路途较长，涉足山东半岛及江淮一带。史载"始皇东行郡县，上邹峄山。立石，与鲁诸儒生议，刻石颂秦德，议封禅望祭山川之事。乃遂上泰山，立石，封，祠祀"①。此次除留有邹峄山刻石外，还有泰山刻石、之罘刻石、琅琊台刻石等。如泰山刻石称：

> 皇帝临位，作制明法，臣下修饬。二十有六年，初并天下，罔不宾服。亲巡远方黎民，登兹泰山，周览东极。从臣思迹，本原事业，祗诵功德。治道运行，诸产得宜，皆有法式。大义休明，垂于后世，顺承勿革。皇帝躬圣，既平天下，不懈于治。夙兴夜寐，建设长利，专隆教诲。训经宣达，远近毕理，咸承圣志。贵贱分明，男女礼顺，慎遵职事。②

泰山刻石很明确地告诉民众秦始皇此次出巡的良苦用心，借以宣扬帝王恩威及伦理教化之道，以期"贵贱分明，男女礼顺"，天下太平。又如琅琊台刻石称：

> 维二十八年，皇帝作始。端平法度，万物之纪。以明人事，合同父子。圣智仁义，显白道理……普天之下，抟心揖志。器械一量，同书文字。日月所照，舟舆所载。皆终其命，莫不得意。应时动事，是维皇帝。匡饬异俗，陵水经地。忧恤黔首，朝夕不懈。除疑定法，咸知所辟。方伯分职，诸治经易。举错必当，莫不如画。皇帝之明，临察四方。尊卑贵贱，不逾次行。奸邪不容，皆务贞良。细大尽力，莫敢怠荒。远迩辟隐，专务肃庄。端直敦忠，事业有常。皇帝之德，存定四极。诛乱除害，兴利致福。节事以时，诸产繁殖。黔首安宁，不用兵革。六亲相保，终无寇贼。③

琅琊台刻石进一步宣扬"端平法度"的重要性，称之为"万物之纪"，旨在"诛乱除害，兴利致福"。故要求民众要能体察法度，"明人事""务贞良""务肃庄"。

第三次出巡是在秦嬴政二十九年（公元前 218 年），秦始皇再次出巡山东半

---

① 司马迁：《史记》卷 6《秦始皇本纪》。
② 司马迁：《史记》卷 6《秦始皇本纪》。
③ 司马迁：《史记》卷 6《秦始皇本纪》。

岛，留下之罘刻石，明确提出"定法度"的目的在于"黔首改化"，以期"远迩
同度"，这是其社会教化政策的充分表述。刻石称：

> 大圣作治，建定法度，显箸纲纪。外教诸侯，光施文惠，明以义理。
> 六国回辟，贪戾无厌，虐杀不已。皇帝哀众，遂发讨师，奋扬武德。义诛
> 信行，威燀旁达，莫不宾服。烹灭彊暴，振救黔首，周定四极。普施明法，
> 经纬天下，永为仪则……皇帝明德，经理宇内，视听不怠。作立大义，昭
> 设备器，咸有章旗。职臣遵分，各知所行，事无嫌疑。黔首改化，远迩同
> 度，临古绝尤。①

第四次出巡是在秦嬴政三十二年（公元前 215 年），秦始皇首次北巡至碣石，
留下碣石刻石，继续强化其教化政策，以期"男乐其畴，女修其业，事各有
序"。刻石称：

> 遂兴师旅，诛戮无道，为逆灭息。武殄暴逆，文复无罪，庶心咸服。
> 惠论功劳，赏及牛马，恩肥土域。皇帝奋威，德并诸侯，初一泰平……男
> 乐其畴，女修其业，事各有序。惠被诸产，久并来田，莫不安所。群臣诵
> 烈，请刻此石，垂著仪矩。②

第五次巡游是在秦嬴政三十七年（公元前 210
年），也是秦始皇最后一次巡游，且客死在途中。
此次出巡路线是江浙一带，在会稽山祭大禹后，
留下会稽刻石（见图 1-4），内容依然是化民成俗
之类，尤其是对男女婚姻习俗提出严格要求，称：

> 皇帝休烈，平一宇内，德惠脩长。三十
> 有七年，亲巡天下，周览远方。遂登会稽，
> 宣省习俗，黔首斋庄……饰省宣义，有子而
> 嫁，倍死不贞。防隔内外，禁止淫泆，男女
> 絜诚。夫为寄豭，杀之无罪，男秉义程。妻
> 为逃嫁，子不得母，咸化廉清。大治濯俗，
> 天下承风，蒙被休经。皆遵度轨，和安敦勉，

图 1-4　李斯手书的会稽刻石

----

① 司马迁：《史记》卷 6《秦始皇本纪》。
② 司马迁：《史记》卷 6《秦始皇本纪》。

莫不顺令。黔首脩絜，人乐同则，嘉保太平。①

秦始皇的五次出游，是基于政治治理与民心安抚的需求，通过查看民情和刻石，逐渐形成并向民众传播了他的社会教化政策，其核心是定法度、化民成俗，最终是保佑大秦帝国的平安长久。

三、禁私学以吏为师，以法为教

秦朝尊法黜儒政策具体体现在禁绝私学、以吏为师这两个活动层面，且其形成是建立在具有悠久历史传统基础之上的。

自周平王时秦开始立国，只是被视为戎夷而与中原诸侯国来往甚少。秦穆公三十四年（公元前 626 年），西戎游士由余②奉命前往秦国探虚实，秦穆公亲自接见了他，"示以宫室、积聚"，还当面向由余请教说："中国以诗书礼乐法度为政，然尚时乱，今戎夷无此，何以为治，不亦难乎？"由余听后笑曰：

> 此乃中国所以乱也。夫自上圣黄帝作为礼乐法度，身以先之，仅以小治。及其后世，日以骄淫。阻法度之威，以责督于下，下罢极则以仁义怨望于上，上下交争怨而相篡弑，至于灭宗，皆以此类也。夫戎夷不然。上含淳德以遇其下，下怀忠信以事其上，一国之政犹一身之治，不知所以治，此真圣人之治也。③

在这里，由余把"中国所以乱"的根本原因归罪于中原诸国所倡导的诗书礼乐之教，这就意味着秦国应该吸取中原诸国的教训，努力走自己的发展之路。秦穆公觉得由余确实是个人才，于是就千方百计将其招致过来，还委以上卿，协助自己成就霸业。

战国初期，秦国起用商鞅实施变法。商鞅为法家早期代表人物，他认为法令是统治者意志的根本体现，所谓"法令者，民之命也，为治之本也"④。因此，臣民对于法令必须无条件服从，如有不从者，皆以"乱化之民"而"尽迁之于边城，其后民莫敢议令"⑤。从此开启用严酷的法令来压制非议国政、以身试法

---

① 司马迁：《史记》卷 6《秦始皇本纪》。
② 由余，一作繇余，少康（罕）之第 37 世孙，祖先原为晋国人，因避乱才逃到西戎。
③ 司马迁：《史记》卷 5《秦本纪》。
④《商君书·定分第二十六》。
⑤ 司马迁：《史记》卷 68《商君列传》。

的先河。进而，商鞅认为民间学术及教育活动的活跃会严重威胁思想一统和法令的权威性，主张人们的一切活动尤其是教育活动均以法令为主，所谓"圣人必为法令置官也，置吏也，为天下师"①。凡是通晓法令者，还能得到重用，诸如赵高本来出身卑微，但其精通狱法，于是"举以为中车府令"。

至战国末期，韩非活跃于秦国的政治舞台，将法治理论演绎到极致，认为"奉法者强则国强，奉法者弱则国弱"，故执政者应极力维护法令的权威性，使天下臣民"动无非法"。进而，他认定敢于挑战法令权威、乱上反世者唯独民间私学或"二心私学"，主张对私学要"禁其行""破其群""散其党"。用意很明确，即要求执政者彻底取缔民间私学及学术活动。然后，他提出："明主之国，无书简之文，以法为教；无先王之语，以吏为师。"② 吕不韦继续为秦朝统一制造理论依据，在他看来，"至治之世，其民不好空言虚辞，不好淫学流说。贤不肖各反其质，行其情，不雕其素，蒙厚纯朴，以事其上"③。因此他主张思想上的统一，说："同法令，所以一心也。智者不得巧，愚者不得拙，所以一众也。勇者不得先，惧者不得后，所以一力也。故一则治，异则乱；一则安，异则危。"④ 可以说，商鞅、韩非、吕不韦的法治主张成为秦统一后尊法黜儒政策的理论先导。

基于这种丰厚的尊法黜儒理论积淀，秦统一后在巩固政治基础的同时，也开始思想文化上的钳制活动，标志性事件发生在秦嬴政三十四年（公元前213年）。是年，秦始皇在咸阳宫置酒贺寿，被邀请与会的博士达70余人。其间，仆射周青臣极力称颂秦始皇的丰功伟绩，支持郡县制。他说："以诸侯为郡县，人人自安乐，无战争之患，传之万世，自上古不及陛下威德。"⑤ 博士淳于越听后感到有些不快，由此发难，并批评郡县制不合古制，不仅不值得提倡，还批评周青臣对上阿谀奉承，"非忠臣"。他说："事不师古而能长久者，非所闻也。今青臣又面谀以重陛下之过，非忠臣。"⑥

---

① 《商君书·定分第二十六》。
② 《韩非子·五蠹第四十九》。
③ 《吕氏春秋·审分览第五·知度》。
④ 《吕氏春秋·审分览第五·不二》。
⑤ 司马迁：《史记》卷6《秦始皇本纪》。
⑥ 司马迁：《史记》卷6《秦始皇本纪》。

秦始皇目睹了大臣之间对郡县制有不同的看法，就下令让群臣来讨论。在场的丞相李斯预感到统治者内部思想的不一致会危及政策法令的实施，进而会导致民众思想的混乱，最终会使刚刚建立起来的封建帝制面临灭顶之灾。于是他向"师古"之论发难，指出："五帝不相复，三代不相袭，各以治。非其相反，时变异也。"进而斥责诸生以古非今，以学乱政，蛊惑民众。他说：

> 古者天下散乱，莫之能一，是以诸侯并作，语皆道古以害今，饰虚言以乱实。人善其所私学，以非上之所建立。今皇帝并有天下，别黑白而定一尊。私学而相与非法教，人闻令下，则各以其学议之。入则心非，出则巷议，夸主以为名，异取以为高，率群下以造谤。如此弗禁，则主势降乎上，党与成乎下。禁之便。①

等于说是对"师古"之论下了一道死刑判决书，旨在"别黑白而定一尊"。为杜绝后患，李斯便偏执一端，拿出对付私学的"杀手锏"，给秦王献计说：

> 臣请史官非秦记皆烧之。非博士官所职，天下敢有藏《诗》、《书》、百家语者，悉诣守、尉杂烧之。有敢偶语《诗》《书》者弃市。以古非今者族。吏见知不举者与同罪。令下三十日不烧，黥为城旦。所不去者，医药卜筮种树之书。若欲有学法令，以吏为师。②

李斯提出，除博士官之外，其他人员均不得私藏及议论诗书，除"医药卜筮种树之书"外，其余百家之书均在焚毁之列，只有这样，才能"别黑白而定一尊"，也才能统一思想而使天下稳定。这一足以导致文化大浩劫的建议却得到秦始皇的认可，这一"挟书令"也便成为秦朝禁私学、以吏为师文教政策的肇始，不仅结束了春秋战国以来百家争鸣的局面，还使得当时的私学及弥足珍贵的文献书籍遭受重创。

在当时，不仅私学被禁、大量书籍被焚毁，还出现了历史上有名的"坑儒"事件。秦嬴政三十五年（公元前212年），儒生侯生和卢生未能找到长生不老之药，唯恐秦始皇治罪，不敢面见秦始皇，便在咸阳城内私下非议秦始皇的为人和为政，之后便"人间蒸发"。秦始皇闻之大怒，称："卢生等吾尊赐之甚厚，

① 司马迁：《史记》卷6《秦始皇本纪》。
② 司马迁：《史记》卷6《秦始皇本纪》。

今乃诽谤我，以重吾不德也。诸生在咸阳者，吾使人廉问，或为妖言以乱黔首。"① 于是，秦始皇就将"犯禁者四百六十余人，皆坑之咸阳，使天下知之，以惩后"②。同时还流放了一批儒生。对此，太子扶苏还曾极力谏言，称："天下初定，远方黔首未集，诸生皆诵法孔子，今上皆重法绳之，臣恐天下不安。唯上察之。"③ 秦始皇不仅没有幡然醒悟，还恼羞成怒，将扶苏贬到上郡监蒙恬军。

总的来说，秦朝统一文字、统一行为规范、禁私学以吏为师政策的制定和实施，在一定程度上为稳定政治局势和社会秩序发挥了重要作用，但禁止民间私学、焚书以及过分强调"法教"等举止，却又为社会发展及民众对教育的需求所不容，以致在学校教育上几乎是毫无建树。

第二节　汉朝独尊儒术文教政策的形成及实施

面对秦朝暴政带来的帝国的快速崩溃，汉朝统治者不断进行政策性反思和调整，从最初的亲儒倾向到黄老之治，再到独尊儒术，完成了从崇法到尊儒的过渡，儒术的经世及文教价值得以彰显，尤其是儒学作为官方意识形态开始登上政治舞台而发挥政策引领作用。此时佛教虽已传入，但尚未本土化，道教形成较晚，缺乏一定的政治和社会基础，因而对儒学尚未构成威胁，使得儒学长盛不衰，成为汉朝文教政策的灵魂和支柱。

一、从亲儒到黄老之治的抉择

汉初的统治者吸取秦朝暴政的教训，意识到仁政、仁术的重要性，因而在文教方面呈现出比较明显的亲儒倾向，经过一段时间的发酵，为汉武帝时期尊儒政策的制定与实施奠定了基础。当时，统治者主要是围绕如下几个方面的活动来展开的。

---

① 司马迁：《史记》卷6《秦始皇本纪》。
② 司马迁：《史记》卷6《秦始皇本纪》。
③ 司马迁：《史记》卷6《秦始皇本纪》。

一是布告民众，废除秦法。汉高祖元年（前206年），刘邦率部进入咸阳城，召集诸县士绅，告知："父老苦秦苛法久矣！诽谤者族，偶语者弃市。吾与诸侯约，先入关者王之，吾当王关中。与父老约法三章耳：杀人者死，伤人及盗抵罪。余悉除去秦法。"① 显然是针对秦之"挟书律"而言的，意在安抚民心。汉惠帝四年（前191年），下诏彻底废除挟书律，"三月甲子，皇帝冠，赦天下。省法令妨吏民者，除挟书律"②。可以说，这在一定程度上就为崇儒提供了政策性保障。

二是招用儒士。汉高祖刘邦早年曾有蔑视儒生的举动，《史记》称其："不好儒，诸客冠儒冠来者，沛公辄解其冠，溲溺其中。与人言，常大骂。未可以儒生说也。"③ 甚至"倨床，使两女子洗足"召见儒生郦食其，以示羞辱。好在郦食其不跟他一般见识，且表现出非凡的胆略。刘邦在领略到郦食其的远见卓识后，还是重用了他，封其为"广野君"。还有一位开国元勋陆贾，常在刘邦面前谈论诗书，刘邦不耐烦地说："乃公居马上而得之，安事诗书！"陆贾据理以争，晓之以"文武并用"及"行仁义，法先圣"之理。他说：

> 居马上得之，宁可以马上治之乎？且汤武逆取而以顺守之，文武并用，长久之术也。昔者吴王夫差、智伯极武而亡；秦任刑法不变，卒灭赵氏。乡使秦已并天下，行仁义，法先圣，陛下安得而有之？④

这一番话，让刘邦感到很惭愧，便放下架子对陆贾说："试为我著秦所以失天下，吾所以得之者何，及古成败之国。"于是，陆贾便受命总结秦朝灭亡及历史上多个国家成败的经验教训，建议以儒为宗，"治以道德为上，行以仁义为本"，提出无为而治、轻徭薄赋的治国主张，共著文12篇，诸如"道基""本行""无为""至德""慎微""资质""怀虑"等。开篇为"道基"，在陆贾看来"道"是万物运行的根本，只有奉行"道"才能够达到国治天下平，以此为切入点，对历史进行深入探究。且"每奏一篇，高帝未尝不称善，左右呼万岁，号其书曰《新语》"。陆贾在《新语》阐释的思想对贾谊、董仲舒影响很大，并成为汉

---

① 班固：《汉书》卷1上《高帝纪》。
② 班固：《汉书》卷2《惠帝纪》。
③ 司马迁：《史记》卷97《郦生陆贾列传》。
④ 司马迁：《史记》卷97《郦生陆贾列传》。

朝确立儒家思想统治地位的先声。《四库全书总目提要》卷一称《新语》："崇王道，黜霸道，归本于修身用人……汉儒自董仲舒外，未有如是之醇正者。"此外，文帝时以治《诗》著称的韩婴、精通诸家之学的贾谊被召为博士。晁错善治《尚书》而被迁为博士，如《史记》载：

> 孝文时，天下亡治《尚书》者，独闻齐有伏生，故秦博士，治《尚书》，年九十余，老不可征。乃诏太常，使人受之。太常遣错受《尚书》伏生所，还，因上书称说。诏以为太子舍人，门大夫，迁博士。①

还有孝景帝时，善治《诗》的辕固及长于《公羊春秋》的胡毋生也被任为博士等。窦太后还曾对景帝说过："不通经术知古今之大礼，不可以为三公及左右近臣。"② 景帝之子河间献王刘德，"所得书皆古文先秦旧书，《周官》《尚书》《礼》《礼记》《孟子》《老子》之属，皆经传说记，七十子之徒所论。其学举六艺，立《毛氏诗》《左氏春秋》博士。修礼乐，被服儒术，造次必于儒者。山东诸儒多从而游"③。可见，汉初统治者对儒术及儒士是很青睐的。

三是制定朝仪，即规范官员在上朝时的言行举止。汉初重臣大多出身卑贱，虽武功盖世，但缺乏基本的人文素养及礼仪规范，甚至是"群臣饮酒争功，醉或妄呼，拔剑击柱"④。同时，还有蔑视文人之举，如周勃"不好文学，每召诸生说士，东乡坐而责之：'趣为我语'"⑤。对此，汉高祖甚为忧虑，如此一批居功自傲、素养缺失之臣焉能治国平天下。就在汉高祖五年（公元前202年），博士叔孙通向汉高祖进言："夫儒者难与进取，可与守成。臣愿征鲁诸生，与臣弟子共起朝仪。"汉高祖担心能否奏效，叔孙通解释说："礼者，因时世人情为之节文者也。故夏、殷、周之礼所因损益可知者，谓不相复也。臣愿颇采古礼与秦仪杂就之。"⑥ 于是，叔孙通受命制作《仪品》十六篇，又前往鲁国故地征集儒生30人至长安，加上叔孙通弟子及朝中学者百余人，在野外演习一个多月后礼成，得到汉高祖的认可，"乃令群臣习肆"。汉高祖七年（公元前200年），汉

---

① 司马迁：《史记》卷49《爰盎晁错传》。
② 司马迁：《史记》卷58《梁孝王世家》。
③ 班固：《汉书》卷53《景十三王传》。
④ 司马迁：《史记》卷99《刘敬叔孙通列传》。
⑤ 司马迁：《史记》卷57《绛侯周勃世家》。
⑥ 司马迁：《史记》卷99《刘敬叔孙通列传》。

高祖在新建成的长乐宫升朝，诸侯群臣皆来朝会，按照所定礼仪进殿、奉贺和入宴，一切井然有序。如图1-5所示，汉高祖坐北朝南高高在上，功臣、列侯、将军及其他军官在西列队，向东而立；文官自丞相以下在东列队，向西而立。百官依次奉贺及酒食之后，便是宫廷舞女翩翩起舞，一派祥和气象。汉高祖看后甚是高兴，叹曰："吾乃今日知为皇帝之贵也。"兴奋之余，汉高祖拜叔孙通为太常，赐金五百斤，参与演习的儒生弟子都得到了安置，"悉以为郎"。

图1-5 叔孙通所制朝廷礼仪实施场景（画像石）

四是祭孔。据《汉书》载，汉高祖十二年（公元前195年）"十一月，行自淮南还。过鲁，以大牢祠孔子"①。按古礼规定，用牛、羊、豕三牲祭祀的叫作"大牢"，也称"太牢"，这是一种很隆重的祭祀礼仪，一般只有天子、诸侯才能用大牢祭祀。由此可见，官方对祭孔的重视，尤其是在儒术尚未独尊的情况下使用大牢祭祀孔子，说明儒术有一定的社会基础和影响力，也合乎统治者的需求。这可以说是汉朝帝王祭孔的开始，同时也起到了振兴儒学的作用。

五是举孝悌、力田。汉初推举孝悌、力田者加以奖励，并让他们出面协助地方官员维系社会教化，显然是对儒家孝悌及重教化思想的推崇与传承，且纳入政策范围之内，对文教事业发展影响甚大。如汉惠帝四年（公元前191年）下诏，"举民孝悌、力田者复其身"②。这里所谓的"复其身"，即免除其徭役的意思，也就是鼓励民众既要讲求伦理，又要努力耕作。不仅如此，还对"孝悌、力田"者给予一定的职位和待遇，如汉高后元年（公元前187年）"初置孝悌、力田二千石者一人"③。汉文帝十二年（公元前168年）又下诏称：

> 孝悌，天下之大顺也；力田，为生之本也；三老，众民之师也；廉吏，民之表也。朕甚嘉此二三大夫之行。今万家之县，云无应令，岂实人情？

---

① 班固：《汉书》卷1下《高帝纪》。
② 班固：《汉书》卷2《惠帝纪》。
③ 班固：《汉书》卷3《高后纪》。

是吏举贤之道未备也。其遣谒者劳赐三老、孝者帛，人五匹；悌者、力田二匹；廉吏二百石以上率百石者三匹。

及问民所不便安，而以户口率置三老、孝、悌、力田常员，令各率其意以道民焉。①

文帝后元七年（公元前158年）又"赐诸侯王以下至孝悌、力田，金、钱、帛各有数"，等等。

六是利用黄老之术。在崇儒的同时，统治者也意识到要想用儒术来重建封建秩序，必须首先恢复社会及民众因秦之暴政和秦末战争所斫丧的元气，于是"采儒墨之善，撮名法之要，与时迁移，应物变化，立俗施事，无所不宜，指约而易操，事少而功多"②，崇尚"无为而治"的黄老之学。虽然没有官方明文规定，但从为政者所从事的一系列活动中，便可得以佐证其政策的演变过程。

首先，是执政者对黄老之学的推崇。自汉惠帝、吕后始，汉初几代帝王对黄老之术推崇有加。司马迁对汉惠帝和吕后的"无为"政绩有过评论，称："孝惠皇帝、高后之时，黎民得离战国之苦，君臣俱欲休息乎无为，故惠帝垂拱，高后女主称制，政不出房户，天下晏然。刑罚罕用，罪人是希。民务稼穑，衣食滋殖。"③ 而到"文景之治"时达到鼎盛。据《史记》载：

孝惠、吕后时，公卿皆武力有功之臣。孝文时颇徵用，然孝文帝本好刑名之言。及至孝景，不任儒者，而窦太后又好黄老之术，故诸博士具官待问，未有进者。④

孝文即位，有司议欲定仪礼，孝文好道家之学，以为繁礼饰貌，无益於治，躬化谓何耳，故罢去之。⑤

及孝文即位，躬修玄默，劝趣农桑，减省租赋。⑥

尤其是景帝的母亲窦太后，她对黄老之术更是推崇备至，《史记》有多处记

---

① 班固：《汉书》卷4《文帝纪》。
② 司马迁：《史记》卷130《太史公自序》。
③ 司马迁：《史记》卷9《吕太后本纪》。
④ 司马迁：《史记》卷121《儒林列传》。
⑤ 司马迁：《史记》卷23《礼书第一》。
⑥ 班固：《汉书》卷23《刑法志》。

载，如："好黄帝、老子言，帝及太子诸窦不得不读黄帝、老子，尊其术。"①
"窦太后好老子书，召辕固生问老子书。"②窦太后问老子书，辕固不但没有正面
回答，反而不屑一顾，甚至以一句"此是家人言耳"惹怒窦太后。于是，窦太
后便命他下猪圈"刺豕"，汉景帝觉得辕固没有罪过，所以没有怪罪，反而加以
袒护，并予以重用。史载：

> 固曰："此是家人言耳。"太后怒曰："安得司空城旦书乎？"乃使固入
> 圈刺豕。景帝知太后怒而固直言无罪，乃假固利兵，下圈刺豕，正中其心，
> 一刺，豕应手而倒。太后默然，无以复罪，罢之。居顷之，景帝以固为廉
> 直，拜为清河王太傅。③

直到汉武帝建元元年（公元前140年），汉武帝招贤纳士，儒生赵绾、王臧
等以文学召为公卿后，谏言立明堂、制礼服。但因窦太后"治黄老言，不好儒
术"，于是对赵绾、王臧罗织罪名，迫使二人自杀。可见，当时的儒老之争即所
谓的"儒老相绌"，不仅是学术层面的，更多的是政治层面的博弈。景帝之子、
河间献王刘德，亦"修学好古，实事求是。从民得善书，必为好写与之，留其
真，加金帛赐以招之。由是四方道术之人不远千里，或有先祖旧书，多奉以奏
献王者，故得书多，与汉朝等"④。

同时，汉初重臣在施政活动中也积极推崇黄老之学。诸如曹参，汉初为齐
国相。据史载：

> 天下初定，悼惠王富于春秋，参尽召长老诸生，问所以安集百姓，如
> 齐故诸儒以百数，言人人殊，参未知所定。闻胶西有盖公，善治黄老言，
> 使人厚币请之。既见盖公，盖公为言治道贵清静而民自定，推此类具言之。
> 参于是避正堂，舍盖公焉。⑤

正因为曹参借用盖公所言，用黄老之术治理齐国，所以"相齐九年，齐
国安集，大称贤相"。汉惠帝二年（公元前193年），曹参继萧何之后任汉丞
相，恪守萧何为政时的重要举措，继续推行黄老之术，所谓"举事无所变

---

① 司马迁：《史记》卷49《外戚世家》。
② 司马迁：《史记》卷121《儒林列传》。
③ 司马迁：《史记》卷121《儒林列传》。
④ 班固：《汉书》卷53《景十三王传》。
⑤ 司马迁：《史记》卷54《曹相国世家》。

更，一遵何之约束"。当时，民间流传一首歌谣，称："萧何为法，讲若画一；曹参代之，守而勿失。载其清靖，民以宁一。"① 太史公也称道："参为汉相国，清静极言合道。然百姓离秦之酷后，参与休息无为，故天下俱称其美矣。"②

继曹参之后担任丞相的陈平，少时"本好黄帝、老子之术"，任要职后强调各司其职，当文帝问其一年钱谷及断案数目时，他觉得应该从主管官员那里得到答案，并解释说："宰相者，上佐天子理阴阳，顺四时，下育万物之宜，外镇抚四夷诸侯，内亲附百姓，使卿大夫各得任其职焉。"③ 还有景帝时为太子洗马、武帝时位列九卿的汲黯，在出任东海太守期间，亦以黄老之术治理一方。史载其：

> 学黄老之言，治官理民，好清静，择丞史而任之。其治，责大指而已，不苛小。黯多病，卧闺阁内不出。岁余，东海大治，称之。上闻，召以为主爵都尉，列于九卿。治务在无为而已，弘大体，不拘文法。④

其次，是将黄老著作纳入学校读本。1973 年在长沙马王堆汉墓出土的帛书中发现，与《老子》一书合抄在一起的有《经法》《十六经》《称》和《道原》四篇古佚书，正是《汉书·艺文志》中所记载的《黄帝四经》。同年，在河北定州八角廊西汉中山怀王墓出土大量的竹简残本《文子》，《文子》系老子的弟子文子所著。据清代目录学家孙星衍考证："黄老之学存于《文子》，两汉用以治世，当时诸臣皆能道其说，故其书最显。"⑤ 这不仅表明当时确有黄老之学，且黄老帛书及竹简已成为当时贵族子弟普遍阅读的一种书籍。

再就是编撰《淮南子》一书。淮南王刘安喜欢读书，特好老庄之术，曾"招致宾客方术之士数千人"，诸如苏飞、李尚、左吴、田由、雷被、毛被、伍被、晋昌等号称"八公"，均为黄老学者。在刘安的主持下，集体编撰"《内书》二十一篇，《外书》甚众，又有《中篇》八卷，言神仙黄白之术，亦二十余万

① 班固：《汉书》卷 39《萧何传》。
② 司马迁：《史记》卷 54《曹相国世家》。
③ 司马迁：《史记》卷 56《陈丞相世家》。
④ 司马迁：《史记》卷 120《汲郑列传》。
⑤ 孙星衍：《问字堂集》卷 4《文子序》。

图1-6 《淮南子》书影

言"[1]，合称《淮南子》或《淮南鸿烈》《刘安子》（见图1-6），是汉初黄老之学的集大成之作。从内容上看，除主以道家思想外，还兼收儒家、法家、阴阳家之说，表现出一定的融合倾向，故《汉书·艺文志》将其列为"杂家"。从中可以看出，当时的南方尤其是楚国故地对黄老之学的推崇既普遍又盛行。

由上述可知，汉初的文教政策从形成到实施，带有明显的亲儒倾向。至于黄老之学，在一定程度上多是引领统治者治国之策的一种理念，在具体实施过程中则多涉及儒家的治国之道，那就是仁义之治。如果说黄老之学并非纯粹的老子学说，而是诸家学说兼而有之的话，那么其中儒学的元素则更为突出，实践的结果实为独尊儒术政策的确立奠定了坚实的社会及理论基础。

二、从崇黄老过渡到独尊儒术

汉初的黄老之治对社会经济的恢复及解决民众的休养生息问题确实发挥了积极作用，曾一度出现"文景之治"之盛世，但毕竟是一种权宜之计，同时也滋生并纵容了诸侯及豪门的骄恣与专横，不仅使阶级矛盾激化，而且削弱了中央集权，再加上北方匈奴的不断侵犯，使得雄才大略的汉武帝甚为担忧。是继续"无为"还是积极"有为"，是继续被动地适应社会现实还是积极主动地进行改革，面对如此严峻的形势与挑战，在国家财力日益充足的情况下，汉武帝决然实行"更化"，及时采纳重臣谏言，推出了独尊儒术、罢黜百家的文教政策，在实施上又主要体现在儒术独尊、兴学育才和改革选士制度等项活动之中。

---

[1] 班固：《汉书》卷44《淮南衡山济北王传》。

（一）置儒术于独尊

独尊儒术政策的确立经历了一个比较复杂的过程，是在与黄老之术的博弈中完成的。

汉武帝建元元年（公元前140年），朝廷诏举贤良方正能直言极谏者，对于应诏者没有学派限制。于是，丞相赵绾奏曰："所举贤良，或治申、商、韩非、苏秦、张仪之言，乱国政，请皆罢。"① 其奏明确了学派限制，虽未敢涉及黄老学派，但其用意十分明确，实开"罢黜百家"之先声。尽管得到汉武帝的认可，但因窦太后的反对而未能付诸实施，赵绾等人反被窦太后逼迫自杀。建元五年（公元前136年），汉武帝将儒家经典列为官学必授内容，特"置《五经》博士"，于是经学教育开始独霸官学讲坛。面对儒术的再次挑战，黄老之术亦因窦太后生命垂危而无力回天。建元六年（公元前135年）窦太后崩，推崇儒术的最大障碍就自然消解，于是汉武帝重新起用推崇儒术的武安侯田蚡为丞相，尤其是"绌黄老、刑名百家之言，延文学儒者数百人，而公孙弘以《春秋》白衣为天子三公，封以平津侯"②。可以说，独尊儒术政策初现端倪。

汉武帝元光元年（公元前134年）五月，下诏举贤良曰：

> 朕闻昔在唐虞，画象而民不犯，日月所烛，莫不率俾……呜乎，何施而臻此与！今朕获奉宗庙，夙兴以求，夜寐以思，若涉渊水，未知所济。猗与伟与！何行而可以章先帝之洪业休德，上参尧舜，下配三王！朕之不敏，不能远德，此子大夫之所睹闻也，贤良明于古今王事之体，受策察问，咸以书对，著之于篇，朕亲览焉。③

正是这次诏举，董仲舒、公孙弘等儒生脱颖而出。尤其是董仲舒，少时治《春秋》，汉景帝时为博士，儒学精蕴已烂熟于胸。他在《对贤良策》中，针对汉武帝遇到的理政难题，提出"更化"主张。董仲舒说：

> 琴瑟不调，甚者必解而更张之，乃可鼓也；为政而不行，甚者必变而更化之，乃可理也。当更张而不更张，虽有良工不能善调也；当更化而不更化，虽有大贤不能善治也。故汉得天下以来，常欲善治而至今不可善治

---

① 班固：《汉书》卷6《武帝纪》。
② 司马迁：《史记》卷121《儒林列传》。
③ 班固：《汉书》卷6《武帝纪》。

者，失之于当更化而不更化也。古人有言曰："临渊羡鱼，不如退而结网。"今临政而愿治七十余岁矣，不如退而更化；更化则可善治，善治则灾害日去，福禄日来。①

至于如何通过"更化"达到"善治"，董仲舒提出一个带有原则性的问题，那就是要实现治国指导思想的根本转变，即以儒家思想为基础，实施德政。董仲舒说：

> 《春秋》大一统者，天地之常经，古今之通谊也。今师异道，人异论，百家殊方，指意不同，是以上亡以持一统；法制数变，下不知所守。臣愚以为诸不在六艺之科孔子之术者，皆绝其道，勿使并进。邪辟之说灭息，然后统纪可一而法度可明，民知所从矣。

董仲舒的建议深合汉武帝之意，于是，"诸不在六艺之科孔子之术者，皆绝其道"，独尊儒术政策也便正式确立，如史所称："自武帝初立，魏其、武安侯为相而隆儒矣。及仲舒对策，推明孔氏，抑黜百家。"② 独尊儒术政策的实施又具体体现在如下活动之中。

1. 政务中贯彻德治

统治者既然"独尊儒术"，也必然会在施政过程中积极贯彻儒家的德治理论，事实也是如此。汉初帝王多以"仁孝"治理天下，因而也多以"仁孝"享誉天下。如汉文帝刘恒，在母亲薄太后病卧三年中常常侍候在旁，母亲所服汤药都要亲口尝过后才放心让其服用（见图 1-7）。古代二十四孝中"亲尝汤药"的故事说的就是刘恒。刘恒孝顺母亲的事，在朝野广为流传，人们都称赞他是一个仁孝之子。有诗颂曰："仁孝闻天下，巍巍冠百王。母后三载病，汤药必先尝。"宋人也将其事迹编入启蒙教材《三字经》，称："亲有疾，药先尝，昼夜侍，不离床。"

---

① 班固：《汉书》卷 56《董仲舒传》。
② 班固：《汉书》卷 56《董仲舒传》。

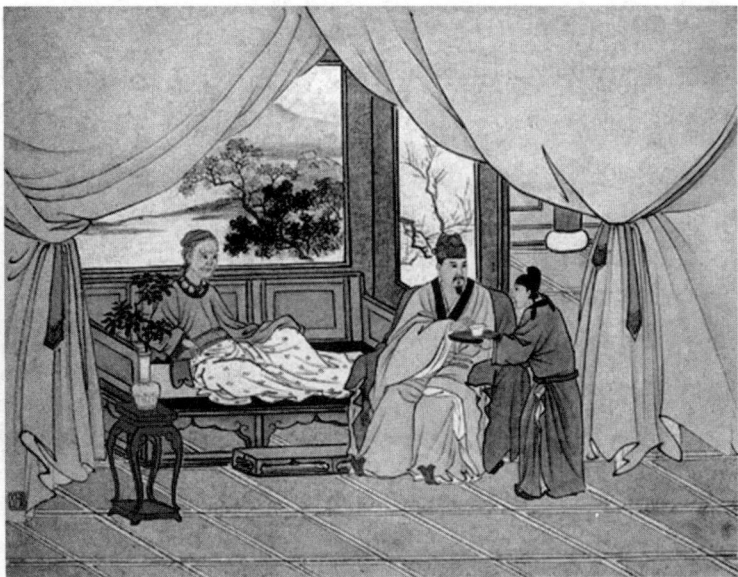

图 1-7　汉文帝亲尝汤药

　　受祖父汉文帝的影响，汉武帝即位当年，即建元元年（公元前 140 年）便下诏，称："古之立孝，乡里以齿，朝廷以爵，扶世导民，莫善于德。然即于乡里先耆艾，奉高年，古之道也。"① 元狩元年（公元前 122 年），汉武帝为嘉奖孝悌、力田及安抚、周济老眊、孤、寡、鳏、独或匮于衣食之人，下诏派遣官员巡视天下，负责嘉赐。元狩六年（公元前 117 年），汉武帝又下诏："谕三老、孝悌以为民师，举独行之君子，征诣行在所。"② 元鼎元年（公元前 116 年），江南一带遭受水灾，汉武帝下诏"遣博士中等分循行，谕告所抵，无令重困。吏民有振救饥民免其厄者，具举以闻"③。

　　汉武帝之后的汉代帝王，多能秉承其以民为本、以儒治国之风范。如其子汉昭帝，嗜好儒经，始元元年（公元前 86 年）曾下诏说："朕以眇身获保宗庙，战战栗栗，夙兴夜寐，修古帝王之事，诵《保傅传》《孝经》《论语》《尚书》，未云有明。"④ 元凤元年（公元前 80 年），又赐予郡国所选有行义者韩福等五人帛匹，不授予职位，诏遣他们回归故里，继续行孝向善，为民表率。诏曰："朕

① 班固：《汉书》卷 6《武帝纪》。
② 班固：《汉书》卷 6《武帝纪》。
③ 班固：《汉书》卷 6《武帝纪》。
④ 班固：《汉书》卷 7《昭帝纪》。

闵劳以官职之事，其务修孝、悌以孝乡里。令郡、县常以正月赐羊、酒。有不幸者赐衣被一袭，祠以中牢。"① 汉昭帝于元平元年（公元前 74 年）四月驾崩，大将军霍光力奏刘询继承帝位，称其"师受《诗》《论语》《孝经》，操行节俭，慈仁爱人，可以嗣孝昭皇帝后，奉承祖宗，子万姓"②。刘询即位后，继续以儒治国，"功光祖宗，业垂后嗣"，史称"宣帝中兴"。

即便是后来篡位的王莽，在摄政前亦积极探究及践行儒学，尤其是孝顺母亲及寡嫂、养育侄子、伺候病重的大伯父等，史学家并没有因为其篡位而忽略对其孝行的赞美。其死后十年才出生的班固，在《汉书》中称其：

> 受《礼经》，师事沛郡陈参，勤身博学，被服如儒生。事母及寡嫂，养孤兄子，行甚敕备。又外交英俊，内事诸父，曲有礼意。阳朔中，世父大将军凤病，莽侍疾，亲尝药，乱首垢面，不解衣带连月。③

元始四年（4 年），身居宰衡高位的王莽又进行多方面的改革，包括建明堂、辟雍，置经学博士等。如史所称：

> 奏起明堂、辟雍、灵台，为学者筑舍万区，作市、常满仓，制度甚盛。立《乐经》，益博士员，经各五人。征天下通一艺教授十一人以上，及有逸《礼》、古《书》《毛诗》《周官》《尔雅》、天文、图谶、钟律、月令、兵法、《史篇》文字，通知其意者，皆诣公车。④

居摄元年（6 年），也即王莽摄政后当年的正月，"祀上帝于南郊，迎春于东郊，行大射礼于明堂，养三老五更，成礼而去"。始建国元年（9 年），王莽登上帝位，极力仿照儒家推崇的周朝礼制来推行新政，还专门设置六经祭酒各一人，"琅邪左咸为讲《春秋》，颍川满昌为讲《诗》，长安国由为讲《易》，平阳唐昌为讲《书》，沛郡陈咸为讲《礼》，崔发为讲《乐》祭酒"⑤。

可以说，推行儒家的德治理论在汉朝历朝中都保持着一种政策上的延续性，没有因为社会的动荡而动摇儒学在安邦治国中的独尊地位。

---

① 班固：《汉书》卷 7《昭帝纪》。
② 班固：《汉书》卷 8《宣帝纪》。
③ 班固：《汉书》卷 99 上《王莽传》。
④ 班固：《汉书》卷 99 上《王莽传》。
⑤ 班固：《汉书》卷 99 中《王莽传》。

2. 大祭孔子，加封孔子及其后裔

帝王祭孔是独尊儒术或尊孔的一种主要表现形式，汉高祖时已开"大牢祠孔"的先例。汉武帝独尊儒术后，孔子的地位虽与日俱增，但主要是表彰孔子整理过的"六经"，至于祭孔则是从东汉开始成为惯例的。不过，在祭孔之前还开有嘉奖孔子后裔的先例。

汉元帝即位后，征用孔子第十三世孙孔霸，"以师赐爵关内侯，食邑八百户，号褒成君，给事中"①。可以说，尊孔活动由此拉开序幕。汉成帝绥和元年（公元前 8 年），根据南昌县尉梅福的建议，"诏封孔子世为殷绍嘉公"，加封孔子后裔孔吉为"殷绍嘉侯"。不过，此时是把孔子及其后裔作为殷商王室后裔加以尊崇的。汉平帝元始元年（1 年），在太傅王莽的策划下，"封周公后公孙相如为褒鲁侯，孔子后孔均为褒成侯，奉其祀。追谥孔子曰褒成宣尼公"②。实开帝王册封孔子之风。

汉光武帝时开始举办祀孔及讲经活动，如建武五年（29 年）十月，光武帝"幸鲁，使大司空祠孔子"③。永平十五年（72 年）三月，汉明帝"幸孔子宅，祠仲尼及七十二弟子。亲御讲堂，命皇太子、诸王说经"④。元和二年（85 年）春，汉章帝"过鲁，幸阙里，以太牢祠孔子及七十二弟子，作六代之乐，大会孔氏男子二十以上者六十三人，命儒者讲《论语》"⑤。当时，孔僖代表孔氏家族致谢，汉章帝问道："今日之会，宁于卿宗有光荣乎？"孔僖回答说："臣闻明王圣主，莫不尊师贵道。今陛下亲屈万乘，辱临敝里，此乃崇礼先师，增辉圣德。至于光荣，非所敢承。"汉章帝听后十分高兴，"遂拜僖郎中，赐褒成侯损及孔氏男女钱帛，诏僖从还京师，使校书东观"。延光三年（124 年）三月，汉安帝亦"祀孔子及七十二弟子于阙里，自鲁相、令、丞、尉及孔氏亲属、妇女、诸生悉会，赐褒成侯以下帛各有差"⑥ 等。汉以后各朝，均遵循加封孔子及嘉奖孔子后裔之制。

---

① 班固：《汉书》卷 81《孔光传》。
② 班固：《汉书》卷 12《平帝纪》。
③ 范晔：《后汉书》卷 1 上《光武帝纪》。
④ 范晔：《后汉书》卷 2《显宗孝明帝纪》。
⑤ 范晔：《后汉书》卷 79 上《儒林列传》。
⑥ 范晔：《后汉书》卷 5《孝安帝纪》。

尤其是在汉朝，因为儒术独尊，孔子的事迹或图像开始出现在墓室内壁画、画像石、画像砖上，仅画像石目前出土有 30 幅左右，分布地区十分广泛，主要是在黄河及长江中下游的陕西、河南、山东、四川及江苏一带，且以山东居多，自然是与孔子的出生地有关。图 1-8 为 2007 年在山东东平县一座汉墓中所出土的彩色壁画"孔子见老子问礼图"，图中孔子、老子二人相对，身着绿色袍服的老子双目微垂，身着黑色袍服的孔子双手拢于胸前，首微扬，面向老子躬身作问礼状。图 1-9 为 1977 年在山东嘉祥县核桃园乡齐山村出土的"孔子见老子图"，图中的老子执曲杖而立，孔子则执见面礼雉鸡恭敬而立，孔子身后是其 19 位弟子，且有颜回、子路、子张的标题，具有很强的层次感和深度感。尤其是在老子和孔子之间，还站着一位手推双轮小车的稚童，似乎在向孔子发问。

图 1-8　山东东平汉墓壁画"孔子见老子问礼图"

图 1-9　山东嘉祥县核桃园乡齐村出土"孔子见老子图"

利用砖石或墙壁，生动形象地记载历史是汉朝文化传承的一个重要特点。尤其是这些砖石或墙壁又出现于墓室之内，说明墓主人是一个深受儒学熏陶的文化人或教师，即便是入土为安之后，还念念不忘圣贤之教诲，还要像圣贤那样继续求学和传道授业。

3. 彰显儒经的功用

因为儒术独尊，儒家经典著作也自然被视为"经"而备受关注，主要是通过帝王诏书、刊行经书、设置经学博士等途径，使读经、治经成为学子生活中不可或缺的重要活动内容。

汉武帝建元五年（公元前 136 年）初即置《五经》博士。元朔元年（公元前 128 年）三月，汉武帝在不足 80 字的立皇后卫氏诏中，竟有两处引用"五经"中《易》《诗》上的文字，诏书曰："朕闻天地不变，不成施化；阴阳不变，物不畅茂。《易》曰:'通其变,使民不倦。'《诗》云:'九变复贯,知言之选。'朕嘉唐虞而乐殷周,据旧以鉴新。其赦天下,与民更始。"①

汉宣帝甘露三年(公元前51年),为进一步统一儒家学说,汉宣帝诏令臣儒在长安未央宫北的石渠阁讲论"五经"异同。参加会议的有学《礼》的闻人通汉、戴圣,学《诗》的张生、薛广德、韦玄成,学《书》的周堪、林尊、欧阳长宾、张山拊,治《易》的梁丘临、施雠,治《公羊春秋》的严彭祖,治《谷梁春秋》的尹更始、刘向等。会议由梁丘临提问,诸儒回答,太子太傅肖望之平奏其议,汉宣帝亲自裁定评判。讲论的奏疏经过汇集,辑成《石渠议奏》一书,并诏"立梁丘《易》、大小夏侯《尚书》、谷梁《春秋》博士"②。能立古文经学博士,可以说是这次会议一个很大的收获,至少说今文经学独霸官学的局面被打破,在一定程度上彰显出今古文经学融合统一的趋向。

汉元帝时,东平王刘宇屡次"通奸犯法",元帝甚是生气,曾敕令东平王的傅相(辅佐东平王之要职),要求对东平王施以"五经"之教,说:

> 夫人之性皆有五常,及其少长,耳目牵于耆欲,故五常销而邪心作,情乱其性,利胜其义,而不失厥家者,未之有也。今王富于春秋,气力勇武,获师傅之教浅,加以少所闻见,自今以来,非《五经》之正术,敢以游猎非礼道王者,辄以名闻。③

汉成帝时,东平王"上疏求诸子及《太史公书》"。成帝征询大将军王凤的意见,王凤则极力反对,认为东平王之举不仅不合"朝聘之义",且书中多"纵横权谲之谋",对诸侯王来说不宜研读,故"不可予"。他说:

> 臣闻诸侯朝聘,考文章,正法度,非礼不言。今东平王幸得来朝,不思制节谨度,以防危失,而求诸书,非朝聘之义也。诸子书或反经术,非圣人;或明鬼神,信物怪;《太史公书》有战国纵横权谲之谋,汉兴之初谋臣奇策,天官灾异,地形厄塞。皆不宜在诸侯王,不可予。

进而,王凤建议汉成帝,要求东平王着重《五经》的学习,认为"《五经》圣人所制,万事靡不毕载。王审乐道,傅相皆儒者,旦夕讲诵,足以正身虞意。

---

① 班固:《汉书》卷6《武帝纪》。
② 班固:《汉书》卷8《宣帝纪》。
③ 班固:《汉书》卷80《宣元六王传》。

夫小辩破义，小道不通，致远恐泥，皆不足以留意。诸益于经术者，不爱于王"①。汉成帝河平元年（公元前28年），还曾派遣谒者陈农求遗书于天下，诏令刘向、任宏、尹贤及李柱国等校书。尤其是刘向校完书后，把为每部书所撰写的内容提要汇编成书，取名《别录》。著录图书603家，计13219卷，分为六大部类、38种，每类之前有类序，每部之后有部序，内容包括：书目篇名、校勘经过、著者生平思想、书名含义、著书原委、学术源流和书的价值等。部序之前、类目之后皆有统计，全书最后还有总计，为中国目录学开山之作。刘歆在父亲《别录》的基础上编纂成《七略》，分别为辑略、六艺、诸子、诗赋、兵书、术数和方技七略。其中"辑略"是诸书总论和分论，系一篇概括性的学术简史，所以《七略》实际上是把书籍分为六大类。而"六艺略"著录易、诗、书、礼、乐、春秋、论语、孝经、小学九类图书，均是儒家经典或与儒家经典相关的著作，被安排在最突出的位置，体现了儒家经典在政治上和学术上的指导作用。如此将儒家的六艺之书列为群书之首，自然就成为天下士人率先修治的内容，其他学术皆属于"小辩"或"小道"，不值得留意和追问。

东汉建初四年（79年）十一月，汉章帝在诏书中，历数所设经学博士，旨在"褒显儒术""尊广道艺"，故亦"欲使诸儒共正经义，颇令学者得以自助"。于是，根据议郎杨终的奏议，仿西汉石渠阁故事，诏集各地名儒于洛阳白虎观，继续讨论五经异同。汉章帝亲自主持会议，由五官中郎将魏应秉承皇帝旨意发问，侍中淳于恭代表诸儒作答，汉章帝亲自裁决。尔后，班固将讨论结果纂辑成《白虎通德论》，又称《白虎通义》，作为官方钦定的经典刊布于世。

4. 统一文字并篆刻石经

伴随儒经地位的提高，阐释和传抄经书便为士人所追捧，但存在问题也不少，诸如阐释中的曲解及传抄中的纰漏等。故自东汉起，厘定经书文字也便提到日程上来。东汉和帝永元二年（90年），学者许慎鉴于当时俗儒说字解经多与古义不合，便开始起草《说文解字》书稿，历时10年，至和帝永元十二年（100年）始成。许慎从"六书"②入手，分析经籍中的字形和字义，共收单字9353个，归纳出汉字540个部首，保存了大部分先秦字体以及汉以前的不少文字训

---

① 班固：《汉书》卷80《宣元六王传》。
② 六书，是指自汉朝始的汉字造字方法，即象形、指事、会意、形声、转注和假借。

诂，基本上能反映出上古汉语词汇的基本面貌，成为当时一部重要的识字教材
或文字工具书。至安帝建光元年（公元 121 年），许慎在病中嘱咐儿子许冲"献
书于帝"，于是许冲作《上说文解字表》向汉安帝陈述缘由。表中写道："慎博
问通人，考之于逵（贾逵），作《说文解字》，六艺群书之诂皆训其意，而天地、
鬼神、山川、草木、鸟兽、昆虫、杂物、奇怪、王制、礼仪、世间人事，莫不
毕载。"可见该书内容甚是丰富，涉及各个学科领域，对古文经学地位的确立与
发展意义重大。当然，书中所引既有以刘歆、贾逵等为代表的古文经师派著作，
又有以董仲舒为代表的今文经师派学说，说明许慎在捍卫古文经学的同时又无
狭隘的门户之见，这对后继经学大师马融、郑玄等影响较大。

尤其是汉灵帝熹平四年（175 年）三月，
议郎蔡邕"以经籍去圣久远，文字多谬，俗
儒穿凿，疑误后学"①，于是会同五官中郎将
堂谿典、光禄大夫杨赐、谏议大夫马日磾、
太史令单飏、议郎张驯和韩说等人，奏求正
定《六经》文字，得到汉灵帝的许可。于是，
汉灵帝诏诸儒参校诸体文字经书，以一家本
为主而各有校记，备列学官所立诸家异同于
后，由蔡邕等书石，将《周易》《尚书》《鲁
诗》《仪礼》《春秋》和《公羊传》《论语》等
经书约 200911 个字，镌刻在 46 方石碑上，立
于洛阳太学门外，于是"后儒晚学，咸取正
焉。及碑始立，其观视及摹写者，车乘日千

图 1-10　熹平石经残石（藏中
国国家博物馆）

余两，填塞街陌"②。这就是有名的"熹平石经"或称"鸿都石经"（见图 1-10）。
这一举措，对纠正俗儒的穿凿附会、臆造别字及维护文字的统一意义重大，同
时在汉字字体由隶变楷的过渡中也起到了桥梁的作用。

（二）兴学以育"贤材"

汉武帝元光元年（公元前 134 年），董仲舒在《对贤良策》中反复强调"任

---

① 范晔：《后汉书》卷 60 下《蔡邕列传》。
② 范晔：《后汉书》卷 60 下《蔡邕列传》。

德教"，谏言汉武帝要实施"礼乐教化"。他说："道者，所由适于治之路也，仁义礼乐皆其具也。故圣王已没，而子孙长久安宁数百岁，此皆礼乐教化之功也……古之王者明于此，是故南面而治天下，莫不以教化为大务。"至于教化的具体对策，董仲舒指出要"立太学以教于国，设庠序以化于邑"；"兴太学，置明师，以养天下之士，数考问以尽其材，则英俊宜可得矣。"① 董仲舒这一设学育材的建议同样为汉武帝所采纳，构成文教政策的一个重要组成部分。于是，元朔五年（公元前124年）六月，汉武帝下诏，"令礼官劝学，讲议洽闻，举遗举礼，以为天下先。太常其议予博士弟子，崇乡党之化，以厉贤材焉"②。充分体现出汉武帝兴学的动机在于崇教化、育贤材。

接着，丞相公孙弘、太常孔臧等重臣联名上奏，建议首先在京城设置学校，为博士官置博士弟子，然后推及四方。汉武帝准奏，当年便设置博士弟子员，标志着封建社会最高学府太学创办的开始。同时"令天下郡国皆立学校官"，表明封建时代官方主办教育活动的全面展开。

此后，汉朝历代帝王均重视兴学教化。诸如初元二年（公元前47年），汉元帝在诏书中强调"国之将兴，尊师而重傅"。建武五年（29年），光武帝自东巡归来，令重建太学，且"幸太学，赐博士弟子各有差"。建初四年（79年），汉章帝在诏书中明示"三代导人，教学为本"，等等。

（三）改革选官制度以招纳贤良

政治上的改弦更张，必然需要大量的通晓儒术的吏治人才，因而改革选官制度、创立察举制以招纳贤良之才同样构成文教政策的一个重要组成部分。

其实，汉初几代帝王，都曾诏举过贤良之士。诸如汉高祖十一年（公元前196年）曾下求贤诏，称"贤士大夫有肯从我游者，吾能尊显之"③。可以说是开汉朝选士之先河，但没有明确选才标准和时限，使属下无所适从。前元二年（公元前178年）十一月发生日食，汉文帝以为预示着会有灾难发生，于是诏"举贤良方正能直言极谏者，以匡朕之不逮"。前元十五年（公元前165年）春，甘肃陇西出现黄龙，于是"诏议郊祀"，九月又"诏诸侯王、公卿、郡守举贤良

---

① 班固：《汉书》卷56《董仲舒传》。
② 班固：《汉书》卷6《武帝纪》。
③ 班固：《汉书》卷1下《高帝纪》。

能直言极谏者，上亲策之"①。可见，汉文帝时诏举的随意性也很大，只因一时的自然现象而引发，以致没有形成一定的制度而稳定下来。

汉武帝即位之初，即于建元元年（公元前 140 年）十一月下诏，"诏丞相、御史、列侯、中二千石、二千石、诸侯相举贤良方正直言极谏之士"②。此举开汉武帝朝选士之先河，且表明学派限制，除儒学之士外，其他学派都有"乱国政"之嫌疑而不予诏举。元光元年（公元前 134 年）五月，汉武帝又诏举贤良，董仲舒、公孙弘等脱颖而出。董仲舒在其《对贤良策》中强调指出要"遍得天下之贤人"，且要"量材而授官，录德而定位"。根据董仲舒的谏言，是年十一月诏"令郡国举孝廉各一人"。此时的孝廉科属于常科，其设立也就意味着汉代选士制度化的开始。为使此项制度顺利实施，元朔元年（公元前 128 年）十一月，汉武帝诏令中二千石、礼官、博士等议论"不举者罪"。于是，有司通过考察古制，结合当时情况，提出谏言，为汉武帝所采纳。

其后，西汉各朝均有诏茂才之举，但均属临时举措。诸如汉昭帝始元二年（公元前 85 年）春，"以宗室毋在位者，举茂才刘辟强、刘长乐皆为光禄大夫"③。汉宣帝元康四年（公元前 62 年），"遣太中大夫（李）强等十二人循行天下，存问鳏寡，览观风俗，察吏治得失，举茂材异伦之士"④。汉元帝初元二年（公元前 47 年）二月，陇西郡地震，急需救灾和治理，于是诏"丞相、御史、中二千石举茂材异等、直言极谏之士"⑤。元帝永光二年（公元前 42 年）三月，"日有蚀之，天见大异，以戒朕躬，朕甚悼焉。其令内郡国举茂材异等、贤良直言之士各一人"⑥ 等。至东汉光武帝朝，秀才科才成为常科。

汉武帝之后的各朝，除贤良方正及常设孝廉、秀才科外，还开有明经、明法、文学、有道及童子科等，从而构成相对完整的察举制度，对儒术独尊及发展学校教育具有重要的导向作用。

从亲儒到黄老之治，再到独尊儒术政策的确立和实施，经历了一个从尝试

---

① 班固：《汉书》卷 4《文帝纪》。
② 班固：《汉书》卷 6《武帝纪》。
③ 班固：《汉书》卷 7《昭帝纪》。
④ 班固：《汉书》卷 8《宣帝纪》。
⑤ 班固：《汉书》卷 9《元帝纪》。
⑥ 班固：《汉书》卷 9《元帝纪》。

到抉择的复杂过程，既表明统治者治国及发展文教事业思路的灵活和与时俱进，同时也表明儒家的仁义之治确实合乎汉朝统治者的实际需要，尤其是对维系封建统治秩序和民众思想的大一统有着不可或缺的作用，开了魏晋南北朝至清末以儒治国的先例。

第三节　魏晋南北朝多元文教政策的形成及实施

自公元 220 年曹操统一北方，曹丕称帝建国，刘备、孙权也接连建立蜀、吴政权，中国历史进入三国鼎立时期。尔后，虽三国归晋，封建帝国再度统一，但"八王之乱""五胡乱华"以及北部陆续建立起来的"十六国"，使得内外之乱一刻没有平息过。晋室南移后，接连出现南朝的宋、齐、梁、陈和北朝的北魏、东魏、西魏、北齐、北周等多个政权的更替和南北对峙。

可以说，这是一个政治和社会剧烈振荡的时期，虽长期"离乱"酿就诸多灾难，但也并非一团漆黑，政治上的多元格局及不均衡发展，给遭受重创的文教事业带来诸多发展的空间和新的气象。尤其是在文教政策引领上，经过一番阵痛和选择，既承袭汉朝尊崇儒术之风，又开启唐宋兼用佛道之先，因而这又是一个"继汉开唐"的时代，在中国教育活动史上留下灿烂的一页。

一、三国的崇儒尚法

魏、蜀、吴三国存在的时间都不算长，前后也就 60 年的时间，其间多以政治和军事博弈为主，没有也不可能形成明确的或一贯的文教政策，但从其施政活动中也可以看出一定的崇儒、尚法、重教的政策倾向。

（一）魏国的崇儒之举

曹魏政权占据中原地带，有着深厚的汉文化底蕴，因而无论是曹操执政期间还是曹丕称帝以后，对文教事业的发展都给予足够的重视，在文教政策的调整上也传承着汉文化的基因，在实施中具体表现在以下三个方面。

1. 极力尊孔崇儒

有学者称，三国之中"崇儒文教政策恢复得最为得力的是魏国"①。事实正是如此，从曹丕、曹睿、曹芳到曹髦，几代帝王都不遗余力地尊孔崇儒。

据《三国志》载，魏文帝曹丕初在东宫，常常召集儒者于肃城门内，"讲论大义，侃侃无倦。常嘉汉文帝之为君，宽仁玄默，务欲以德化民，有贤圣之风"②。尤其是其即位后，又召集诸儒撰集经传，"随类相从，凡千余篇，号曰《皇览》"。皆在提高经学的地位。黄初二年（221年），魏文帝诏令全国，尊称孔子为"亿载之师表"，要求各地修葺孔庙，重开祀孔之制。诏曰：

> 昔仲尼资大圣之才，怀帝王之器，当衰周之末，无受命之运，在鲁、卫之朝，教化乎洙、泗之上，凄凄焉，遑遑焉，欲屈己以存道，贬身以救世。于时王公终莫能用之，乃退考五代之礼，修素王之事，因鲁史而制春秋，就太师而正雅颂，俾千载之后，莫不宗其文以述作，仰其圣以成谋，咨！可谓命世之大圣，亿载之师表者也。遭天下大乱，百祀堕坏，旧居之庙，毁而不修，褒成之后，绝而莫继，阙里不闻讲颂之声，四时不睹蒸尝之位，斯岂所谓崇礼报功，盛德百世必祀者哉！其以议郎孔羡为宗圣侯，邑百户，奉孔子祀。

> 令鲁郡修起旧庙，置百户吏卒以守卫之，又于其外广为室屋以居学者。③

黄初五年（224年）四月，魏文帝又在太学"制五经课试之法，置《春秋谷梁》博士"。可以说，经学教育再度称霸官学讲坛。

魏明帝曹睿即位之初，针对社会上尤其是统治阶层出现的轻儒学而尚浮华现象，乃于太和二年（228年）下诏，称："尊儒贵学，王教之本也。自顷儒官或非其人，将何以宣明圣道？其高选博士，才任侍中、常侍者。申敕郡国，贡士以经学为先。"④ 太和四年（230年）二月，明帝再次下诏强调以经学取士的重要性。诏曰：

> 世之质文，随教而变。兵乱以来，经学废绝，后生进趣，不由典谟。

---

① 李国钧、王炳照总主编：《中国教育制度通史》第2卷，山东教育出版社2000年版，第18页。
② 裴松之注：《三国志》卷2《魏书·文帝纪》。
③ 裴松之注：《三国志》卷2《魏书·文帝纪》。
④ 裴松之注：《三国志》卷3《魏书·明帝纪》。

岂训导未洽，将进用者不以德显乎？其郎吏学通一经，才任牧民，博士课试，擢其高第者，亟用；其浮华不务道本者，皆罢退之。①

魏齐王曹芳嗜好儒经，且多次召集诸儒讲经，并诏令祭孔。如正始二年（241 年）二月，"帝初通《论语》，使太常以太牢祭孔子于辟雍，以颜渊配"②。正始五年（244 年）五月，"讲《尚书》经通，使太常以太牢祀孔子于辟雍，以颜渊配。赐太傅、大将军及侍讲者各有差"③。正始七年（246 年）十二月，"讲《礼记》通，使太常以太牢祀孔子于辟雍，以颜渊配"④。还有，高贵乡公曹髦，为维护经学的权威，于正元三年（256 年）四月亲临太学，与淳于俊、庾峻、马照诸博士一起，由他发问，博士对答，讲论《易》《尚书》《礼记》等。

2. 积极兴学以育才

崇儒必然兴学。早在汉献帝建安七年（202 年）正月，崇尚法术而又深受儒术熏陶的曹操就曾发布命令，提出要对将士实施教化，"置学师以教之"。建安八年（203 年）春，曹操又发布兴学令，原因是自"丧乱已来，十有五年，后生者不见仁义礼让之风"，为此，曹操深感忧虑，"吾甚伤之"。于是，他诏令"郡国各修文学，县满五百户置校官，选其乡之俊造而教学之"⑤。当时，郎中令袁涣也曾向曹操建言要重视教化。他说："今天下大难已除，文武并用，长久之道也。以为可大收篇籍，明先圣之教，以易民视听，使海内斐然向风，则远人不服可以文德来之。"⑥曹操听了之后，自然"善其言"。建安二十二年（217 年），曹操于邺城南修建一所泮宫，开始兴办官学。

受曹操的影响，曹丕称帝后亦积极兴办文教事业，于黄初五年（224 年）创办太学，置经学博士加以训导。魏齐王正始年间，大司农卫尉刘靖上疏，鉴于当时太学"虽有其名而无其人，虽设其教而无其功"的实际情形，力陈崇儒兴学的好处。他说：

夫学者，治乱之轨仪，圣人之大教也。自黄初以来，崇立太学二十余

---

① 裴松之注：《三国志》卷 3《魏书·明帝纪》。
② 裴松之注：《三国志》卷 4《魏书·三少帝纪》。
③ 裴松之注：《三国志》卷 4《魏书·三少帝纪》。
④ 裴松之注：《三国志》卷 4《魏书·三少帝纪》。
⑤ 裴松之注：《三国志》卷 1《魏书·武帝纪》。
⑥ 裴松之注：《三国志》卷 11《魏书·袁涣传》。

年，而寡有成者，盖由博士选轻，诸生避役，高门子弟，耻非其伦，故无学者。虽有其名而无其人，虽设其教而无其功。宜高选博士，取行为人表，经任人师者，掌教国子。依遵古法，使二千石以上子孙，年从十五，皆入太学。明制黜陟荣辱之路，其经明行修者，则进之以崇德；荒教废业者，则退之以惩恶；举善而教不能则劝，浮华交游，不禁自息矣。阐弘大化，以绥未宾；六合承风，远人来格。此圣人之教，致治之本也。①

嘉平元年（249年），征南将军王昶上疏陈治略五事，第一件事便是"欲崇道笃学，抑绝浮华，使国子入太学而修庠序"②。得到齐王曹芳的认可，并"诏书褒赞"。

3. 改革选官制度以求贤纳良

除前文提到的"五经课试法"取士外，魏国还继续沿用两汉察举孝廉的一些做法，并在此基础上进行选官制度改革，创立并实施九品中正制。

值得注意的是，具有政治家胆略和眼光的曹操，对魏国的选贤任能贡献卓越，他曾经四次发布求贤纳良令，逐步形成他的选拔人才政策。

第一次是在汉献帝建安八年（203年），令中强调要论功行赏，做到"不官无功之臣，不赏不战之士"，称："未闻无能之人，不斗之士，并受禄赏，而可以立功兴国者也。故明君不官无功之臣，不赏不战之士；治平尚德行，有事赏功能。"③

第二次是在建安十五年（210年），他提出要"唯才是举"，令曰：

　　自古受命及中兴之君，曷尝不得贤人君子与之共治天下者乎！及其得贤也，曾不出闾巷，岂幸相遇哉？上之人不求之耳。今天下尚未定，此特求贤之急时也……若必廉士而后可用，则齐桓其何以霸世！今天下得无有被褐怀玉而钓于渭滨者乎？又得无盗嫂受金而未遇无知者乎？二三子其佐我明扬仄陋，唯才是举，吾得而用之。④

第三次是在建安十九年（214年），以陈平、苏秦为例，强调用人要用其所

① 裴松之注：《三国志》卷15《魏书·刘馥传》。
② 裴松之注：《三国志》卷27《魏书·王昶传》。
③ 裴松之注：《三国志》卷1《魏书·武帝纪》。
④ 裴松之注：《三国志》卷1《魏书·武帝纪》。

长避其所短，诏称：

> 夫有行之士未必能进取，进取之士未必能有行也。陈平岂笃行，苏秦岂守信邪？而陈平定汉业，苏秦济弱燕。由此言之，士有偏短，庸可废乎！有司明思此义，则士无遗滞，官无废业矣。①

第四次是在建安二十二年（217年），以伊挚、傅说、管仲、萧何、曹参、韩信、陈平及吴起为例，强调用人要不避前嫌、不拘一格。他说：

> 昔伊挚、傅说出于贱人，管仲，桓公贼也，皆用之以兴。萧何、曹参，县吏也，韩信、陈平负污辱之名，有见笑之耻，卒能成就王业，声著千载。吴起贪将，杀妻自信，散金求官，母死不归，然在魏，秦人不敢东向，在楚则三晋不敢南谋。今天下得无有至德之人放在民间，及果勇不顾，临敌力战；若文俗之吏，高才异质，或堪为将守；负污辱之名，见笑之行，或不仁不孝而有治国用兵之术，其各举所知，勿有所遗。②

可以说，曹操是魏国选士理论及实践的奠基者，对中国古代人才学理论贡献颇大。

鉴于两汉察举制度的一些弊端，同时照顾到门阀士族的实际利益，就在魏文帝曹丕即位的当年，即黄初元年（220年），接受吏部尚书陈群的建议，实施"九品官人法"。之后，曹丕不断发布招贤令，诸如黄初二年（221年），下令察举孝廉，"令郡国口满十万者，岁察孝廉一人；其有秀异，无拘户口"。黄初三年（222年），明定察举的条件，"令郡国所选，勿拘老幼；儒通经术，吏达文法，到皆试用"。黄初四年（223年），又诏举"天下俊德茂才、独行君子"③。"九品官人法"的颁布及招贤令的实施，标志着魏国选贤任能政策的正式确立。

为使各等第有一个客观标准，魏明帝曹睿令《人物志》作者刘劭拟定"都官考课法"七十二条，成为划分九品及考核各级官吏的依据。如《通典》所载："魏明帝时，以士人毁称是非，混杂难辨，遂令散骑常侍刘劭作都官考课之法七十二条，考覈百官。其略欲使州郡考士，必由四科，皆有效，然后察举，或辟公府为亲人长吏，转以功次补郡守者，或就秩而加赐爵焉。至于公卿及内职大

① 裴松之注：《三国志》卷1《魏书·武帝纪》。
② 裴松之注：《三国志》卷1《魏书·武帝纪》。
③ 裴松之注：《三国志》卷2《魏书·文帝纪》。

臣，率考之。"① 只是因为过于烦琐而没有得到实施，但对选士的制度化却是一
个很好的促进。

（二）蜀国的崇儒尚法之举

相对于魏国而言，蜀国在发展文教方面则逊色了许多。尽管如此，自公元
221 年刘备称帝建国，围绕兴学重教及选士问题也积极采取了一些措施，在一定
程度上表现出崇儒尚法的倾向。

据史书所载，刘备即位后，"承丧乱历纪，学业衰废，乃鸠合典籍，沙汰众
学，慈、潜并为学士，与孟光、来敏等典掌旧文"②。他在留给刘禅的遗书中，
要求刘禅"可读《汉书》《礼记》，闲暇历观诸子及《六韬》《商君书》，益人意
知"③，说明在治国方面有着重法治的倾向。

后主刘禅即位后，在大臣的辅佐下也能反思历史，积极修德治国，选贤任
能。诸如后主建兴元年（223 年），曾开"举茂才"。建兴五年（227 年）三月，
刘禅下诏，强调帝王"修德"之重要，称："朕闻天地之道，福仁而祸淫；善积
者昌，恶积者丧，古今常数也。是以汤、武修德而王，桀、纣极暴而亡。"④ 是
年，诸葛亮出兵汉中之前，上疏后主，建言用人要略，说："愚以为营中之事，
悉以咨之，必能使行陈和睦，优劣得所。亲贤臣，远小人，此先汉所以兴隆也；
亲小人，远贤臣，此后汉所以倾颓也。先帝在时，每与臣论此事，未尝不叹息
痛恨于桓、灵也。"⑤ 在"小人"和"贤臣"之间，作为帝王必须做出明智的选
择，那就是"亲贤臣，远小人"，如此国家才会"兴隆"，不然的话，江山社稷
就会有"倾颓"之危险。

（三）吴国尊儒崇法之举

自公元 222 年孙权称帝建国，偏安江南，但面对诸多的内忧外患，深受中原
文化影响的吴国统治者也能审时度势，在文教政策上，同样显示出尊儒崇法、
重教兴学、招贤纳士的倾向，还对外来的佛教采取包容态度。

吴帝孙权曾是"郡察孝廉，州举茂才"出身，即位后仍重视儒经及诸子书

---

① 杜佑：《通典》卷 15《选举三·考绩》。
② 裴松之注：《三国志》卷 42《蜀书·许慈传》。
③ 李昉：《太平御览》卷 459《人事部一百》。
④ 裴松之注：《三国志》卷 33《蜀书·后主传》。
⑤ 裴松之注：《三国志》卷 35《蜀书·诸葛亮传》。

的学习，还告诫属下吕蒙、蒋钦等要认真读点书，"以自开益"。当时，自幼以胆量和勇气闻名的吕蒙，不屑于读书，且常借口公务繁多，说没时间去读书。对此，孙权及时反复开导说：

> 孤岂欲卿治经为博士邪？但当令涉猎，见往事耳。卿言多务，孰若孤。孤少时历《诗》《书》《礼记》《左传》《国语》，惟不读《易》。至统事以来，省三史、诸家兵书，自以为大有所益。如卿二人，意性朗悟，学必得之，宁当不为乎？宜急读《孙子》《六韬》《左传》《国语》及三史。孔子言："终日不食，终夜不寝，以思，无益，不如学也。"光武当兵马之务，手不释卷。孟德亦自谓老而好学。卿何独不自勉勖邪？①

可见，孙权奉劝吕蒙读书的内容涉猎百家，虽已突破儒经的局限，以实际需求为依据，但又用孔子的思想加以引领，说明孙权还是崇儒的，只不过不是独尊而已。吕蒙听从孙权的劝说，发愤勤学，成为中国古代将领中以勤补拙、笃志力学的代表，成语"士别三日""刮目相待""吴下阿蒙"等讲的就是吕蒙。

黄武五年（226 年）十月，大臣陆逊建言"施德缓刑，宽赋息调"。孙权回复道："夫法令之设，欲以遏恶防邪，儆戒未然也，焉得不有刑罚以威小人乎？此为先令后诛，不欲使有犯者耳。君以为太重者，孤亦何利其然，但不得已而为之耳。"② 这段话，又能看得出孙权对法令权威的维护，体现出尚法的思想倾向。正因为有这种思想基础，于是就在黄龙二年（230 年）正月创立国学，"诏立都讲祭酒，以教学诸子"③。

吴景帝孙休即位后，仍重视崇儒兴学，于永安元年（258 年）发布办学诏令，鉴于当时吏民"去本就末，不循古道"，以致"伤化败俗"，为"以敦王化，以隆风俗"，主张"置学官，立五经博士，核取应选，加其宠禄，科见吏之中及将吏子弟有志好者，各令就业。一岁课试，差其品第，加以位赏。使见之者乐其荣，闻之者羡其誉"④。永安二年（259 年）三月，又发布劝农教化诏书，旨在"刑罚不用，风俗可整"。永安五年（261 年）十月，孙休想深究典籍、览百

---

① 裴松之注：《三国志》卷 54《吴书·吕蒙传》。
② 裴松之注：《三国志》卷 47《吴书·吴主传》。
③ 裴松之注：《三国志》卷 48《吴书·吴主传》。
④ 裴松之注：《三国志》卷 48《吴书·孙休传》。

家之言，于是就诏集博士祭酒韦曜、博士盛冲"讲论道艺"。

值得一提的是，自孙权始，对外来佛教开始包容与接纳。据《太平广记》载，"时孙权已制江右，而佛教未行"。来自月支的佛教信徒支谦"博览经籍，莫不谙究，世间伎艺，多所综习，遍学异书，通六国语"。因而引起孙权的注意，于是就在召见之日"拜为博士，使辅导东宫，与韦曜诸人共尽匡益"①。同时，还有一位来自西域康居国的僧人康僧会，他为秉承佛旨，弘传佛法，于赤乌十年（247年）来到东吴的都城建业，孙权为其造建初寺。由于孙权的支持，支谦传道江右，康僧会布道江左，使佛教在东吴得以兴盛。

吴末帝孙皓即位后，有废淫祠及佛寺之举，群臣皆以为不可，康僧会更是糅合佛、儒，据理力争，致使孙皓对佛教亦心存敬重，不再有废弃佛寺之念，这对晋以后的尊佛奠定了一定的政治和社会基础。

总而言之，三国时期虽然战争连绵不断，统治者无暇顾及发展教育事业，但对两汉时期业已形成的文教传统还是有所传承的，诸如崇儒重教、兴学育才、招贤纳士等，但也发生一些重大变化：一是在对待儒学问题上，不再是置儒学于独尊的位置，而是以儒学为主，兼采百家之言，尤其是对法家的经邦治国思想有所吸纳，在文教政策上也有所体现；二是在选士问题上，在两汉察举制的基础上又进行了一次重大的选士制度革新，颁布实施了九品中正制；三是对待外来佛教能积极接纳，不仅为佛教信徒立寺传教，还拜为博士，教导贵族子弟，至少说明贵族上层已经看到佛教的社会教化作用，由贵族阶层再向下普及于民众，为后世兼用佛教开了一个很好的先例。

二、两晋及十六国的崇儒兴学及兼容佛道

魏元帝咸熙二年（265年）十二月，司马炎逼迫曹奂退位，改国号为晋，是为西晋。晋愍帝建兴四年（316年），刘曜攻陷洛阳，迫使晋室东迁，镇守建业的司马睿于次年称帝，史称东晋。至晋安帝元熙二年（420年），刘裕称帝，改国号为宋，前后存在150多年。与两晋相伴的还有先后兴起的十六国。在这一时期，无论是司马氏政权还是北方的少数民族政权，在发展文教方面都有类似的

---

① 李昉：《太平广记》卷87《异僧一·康僧会》。

政策性约定，即崇儒兴学，只是表现的力度及发展水平不同。同时，对于佛道也多有提倡。

（一）西晋的崇儒兴学之举

西晋的建立，表明门阀士族在政治上已完全取得统治地位，促使意欲励精图治的晋武帝及时地进行教育重构。由于在同曹魏政权的博弈中，依靠儒家的纲常名教而占据了主动，同样希望继续打名教之牌，扬晋室王威。因而在文教政策方面，较之三国时期崇儒倾向更为明显，在此引领下积极兴教办学，推行纲常教化。史称"未足比隆三代，固亦擅美一时"①。

早在魏元帝咸熙二年（265 年）十一月，时为相国的司马炎就曾令诸郡中正官，根据儒家纲常名教所拟定的"一曰忠恪匪躬，二曰孝敬尽礼，三曰友于兄弟，四曰洁身劳谦，五曰信义可复，六曰学以为己"这六条标准来举荐怀才不遇之士。司马炎称帝后，"广纳直言，开不讳之路"，由驸马都尉傅玄及散骑常侍皇甫陶共掌谏职。傅玄根据古代先贤治理经验，认为帝王安邦治国应该"明其大教，长其义节。道化隆于上，清议行于下，上下相奉，人怀义心"。然秦之后的重"法术"，导致天下"义心亡""贵刑名""贱守节"，以致出现"纲维不摄，而虚无放诞之论盈于朝野，使天下无复清议，而亡秦之病复发于今"的令人担忧的情形。对此，傅玄作《请举清远有礼之臣以敦风节疏》，提出应"举清远有礼之臣，以敦风节"②的建议，深得晋武帝的赞同，称"举清远有礼之臣者，此尤今之要也"。接着，傅玄主张"尊儒尚学"。他说：

> 夫儒学者，王教之首也。尊其道，贵其业，重其选，犹恐化之不崇；忽而不以为急，臣惧日有陵迟而不觉也。仲尼有言："人能弘道，非道弘人。"然则尊其道者，非惟尊其书而已，尊其人之谓也。贵其业者，不妄教非其人也。重其选者，不妄用非其人也。若此，而学校之纲举矣。③

傅玄建议仿照古制，"自士已上子弟，为之立太学以教之，选明师以训之，各随其才优劣而授用之"④。

---

① 房玄龄等：《晋书》卷 91《儒林》。
② 房玄龄等：《晋书》卷 47《傅玄》。
③ 房玄龄等：《晋书》卷 47《傅玄》。
④ 房玄龄等：《晋书》卷 47《傅玄》。

晋武帝重视傅玄等群臣崇儒兴学的建议，于是就在泰始三年（267 年）十二月，加封孔子的二十二代孙孔震为奉圣亭侯，同时"禁星气谶纬之学"，表现出统治者为崇儒而排异的倾向。泰始四年（268 年），晋武帝发布崇儒兴教诏令，旨在"勉励学者，思勤正典"，对那些"好学笃道，孝悌忠信，清白异行者举而进之"，对于"不孝敬于父母，不长悌于族党，悖礼弃常，不率法令者纠而罪之"。可见，儒教因积极进取而视为"正典"，其余百家因无为而被视为"庸末"。这是典型的崇儒举动，崇儒重教政策正式确立。泰始六年（270 年）十一月，"幸辟雍，行乡饮酒之礼，赐太常博士、学生帛牛酒各有差"①。尤其是咸宁二年（276 年）五月，于太学之外诏立国子学，并置国子祭酒、国子博士专以教授皇戚贵族子弟，将皇戚贵族子弟从太学生中分离出来，享受更优质的儒学教育。

同时，晋武帝也不断发布招贤令，诸如泰始四年（268 年）十一月，要求王公卿尹及郡国守相"举贤良方正直言之士"；泰始五年（269 年）十二月，要求州郡"举勇猛秀异之才"；太康九年（288 年）六月，要求内外群官"举守令之才"② 等。

晋惠帝时，国子祭酒兼右军将军裴頠"奏修国学，刻石写经。皇太子既讲，释奠祀孔子，饮飨射侯，甚有仪序"③。裴頠在辅佐帝王尊儒兴学的同时，针对当时学术界有违儒家名教的事实加以抨击，将矛头直接对准何晏、阮籍、王衍等玄学派人物。如《晋书》所载：

> （傅玄）深患时俗放荡，不尊儒术，何晏、阮籍素有高名于世，口谈浮虚，不遵礼法，尸禄耽宠，仕不事事；至王衍之徒，声誉太盛，位高势重，不以物务自婴，遂相放效，风教陵迟，乃著崇有之论以释其蔽。④

但因晋惠帝的昏庸无为，史称其"及居大位，政出群下，纲纪大坏，货赂公行，势位之家，以贵陵物，忠贤路绝，逸邪得志，更相荐举，天下谓之互市焉"⑤。最终导致西晋崇儒兴学政策的实施走向式微。

---

① 房玄龄等：《晋书》卷 3《武帝》。
② 房玄龄等：《晋书》卷 3《武帝》。
③ 房玄龄等：《晋书》卷 35《裴頠》。
④ 房玄龄等：《晋书》卷 35《裴頠》。
⑤ 房玄龄等：《晋书》卷 4《惠帝》。

(二) 东晋的崇儒兴学及尚佛之举

东晋的政治局面比之西晋要复杂得多，如果说西晋是司马氏专权的话，东晋则出现"王与马共天下"的格局。这里的"王"是指王敦、王导兄弟，另外还得到庾、桓、谢等大家族的共同辅佐，司马氏政权才得以苟延残喘。尤其是这些门阀士族热衷于玄学，而玄学在一定程度上又是反名教的，这使儒学所面临的挑战愈加严峻，如史所称："有晋始自中朝，迄于江左，莫不崇饰华竞，祖述虚玄，摈阙里之典经，习正始之余论，指礼法为流俗，目纵诞以清高，遂使宪章弛废，名教颓毁。"① 即便如此，统治者内部还有一批崇儒官员，不断地上疏，请求统治者尊儒兴学，极力维护崇儒兴教政策的权威性。

东晋元帝司马睿即位后，骠骑将军王导鉴于当时"军旅不息，学校未修"的状况，上疏强调兴学之重要，称：

> 夫风化之本在于正人伦，人伦之正存乎设庠序。庠序设，五教明，德礼洽通，彝伦攸叙，而有耻且格，父子兄弟夫妇长幼之序顺，而君臣之义固矣。《易》所谓"正家而天下定"者也。故圣王蒙以养正，少而教之，使化沾肌骨，习以成性，迁善远罪而不自知，行成德立，然后裁之以位。虽王之世子，犹与国子齿，使知道而后贵。其取才用士，咸先本之于学。故《周礼》，卿大夫献贤能之书于王，王拜而受之，所以尊道而贵士也。人知士之贵由道存，则退而修其身以及家，正其家以及乡，学于乡以登朝，反本复始，各求诸己，敦朴之业著，浮伪之竞息，教使然也。故以之事君则忠，用之莅下则仁。

至于如何重教兴学，王导建言要依据前人的做法，建校择名师以教育子弟，他说：

> 诚宜经纶稽古，建明学业，以训后生，渐之教义，使文武之道坠而复兴，俎豆之仪幽而更彰……虞舜干戚而化三苗，鲁僖作泮宫而服淮夷。桓文之霸，皆先教而后战。今若聿遵前典，兴复道教，择朝之子弟并入于学，选明博修礼之士而为之师，化成俗定，莫尚于斯。②

同时，散骑常侍戴邈也鉴于当时"凡百草创，学校未立"的状况，上疏建

---

① 房玄龄等：《晋书》卷91《儒林》。
② 房玄龄等：《晋书》卷65《王导》。

言崇儒兴学：

> 天道之所大，莫大于阴阳；帝王之至务，莫重于礼学。是以古之建国，有明堂、辟雍之制，乡有庠序黉校之仪，皆所以抽导幽滞，启广才思。盖以六四有困蒙之吝，君子大养正之功也。昔仲尼列国之大夫耳，兴礼修学于洙泗之间，四方髦俊斐然向风，身达者七十余人。自兹以来，千载绝尘。岂天下小于鲁卫，贤哲乏于曩时？励与不励故也……今末进后生目不睹揖让升降之仪，耳不闻钟鼓管弦之音，文章散灭，图谶无遗，此盖圣达之所深悼，有识之所嗟叹也。夫平世尚文，遭乱尚武，文武递用，长久之道，譬之天地昏明之迭，自古以来未有不由之者也。

戴邈还针对当时关于兴学的一些非议加以辩驳，说：

> 今或以天下未一，非兴礼学之时，此言似之而不其然。夫儒道深奥，不可仓卒而成。古之俊乂必三年而通一经，比天下平泰然后修之，则功成事定，谁与制礼作乐者哉？又贵游之子未必有斩将搴旗之才，亦未有从军征戍之役，不及盛年讲肆道义，使明珠加磨莹之功，荆璞发采琢之荣，不亦良可惜乎！

鉴于此，戴邈恳请晋元帝"笃道崇儒，创立大业……宜以三时之隙渐就修建"①。王导和戴邈所言，可以说是情真意切，也合乎司马睿的心思，因而司马睿阅后甚是高兴，及时采纳二人的建议，崇儒兴学的文教政策得以维持。就在其即位的当年，即晋元帝建武元年（317年）十一月，"置史官，立太学"②。而后，不断地加以完善，如元帝大兴二年（319年）六月"置博士员五人""皇太子讲《论语》通。太子并亲释奠，以太牢祠孔子，以颜回配"③。大兴三年（320年）"皇太子释奠于太学"④，等等。

晋明帝司马绍本来就"性至孝，有文武才略，钦贤爱客，雅好文辞"⑤。即位后遵从父皇遗训，于太宁三年（325年）八月下诏招纳贤良，要求地方官员将

---

① 房玄龄等：《晋书》卷69《戴邈》。
② 房玄龄等：《晋书》卷6《元帝》。
③ 房玄龄等：《晋书》卷19《礼上》。
④ 房玄龄等：《晋书》卷6《元帝》。
⑤ 房玄龄等：《晋书》卷6《明帝》。

"有能纂修家训，又忠孝仁义，静己守真，不闻于时者……亟以名闻，勿有所遗"①。

晋成帝执政时，有识之士再次掀起崇儒兴学运动。时任国子祭酒的袁环和太常冯怀，鉴于当时"儒林之教暂颓，庠序之礼有阙。国学索然，坟卷莫启，有心之徒抱志无由"的现实，于成帝咸康三年（337 年）上疏劝学，称：

> 臣闻先王之教也，崇典训，明礼学，以示后生，道万物之性，畅为善之道也……孔子恂恂，道化洙泗；孟轲皇皇，诲诱无倦。是以仁义之声，于今犹存，礼让之风，千载未泯。

> 况今陛下以圣明临朝，百官以虔恭莅事，朝野无虞，江外静谧。如之何泱泱之风，漠焉无闻；洋洋之美，坠于圣世乎！古人有言，诗书义之府，礼乐德之则。实宜留心经籍，阐明学义，使讽颂之音，盈于京室；味道之贤，典谟是咏，岂不盛哉！②

晋成帝听后深有感触，于是就"议立国学，征集生徒"。虽然当时士人"尚庄老，莫肯用心儒训"，但毕竟再次强化了儒学的统治地位，使得庄老之学始终不能和儒学平分秋色，更不能超越儒学而代之。

晋孝武帝太元九年（384 年），尚书令谢石鉴于"学校陵迟"及儒教不兴问题，上疏力陈崇儒兴学的意义，要求"兴复国学，以训胄子；班下州郡，普修乡校"，以期"道隆学备"。他说：

> 立人之道，曰仁与义。翼善辅性，唯礼与学。虽理出自然，必须诱导。故洙、泗阐弘道之风，《诗》《书》垂轨教之典。敦《诗》悦《礼》，王化以斯而隆；甄陶九流，群生于是乎穆。世不常治，道亦时亡。光武投戈而习诵，魏武息马以修学，惧坠斯文，若此之至也。大晋受命，值世多阴。虽圣化日融，而王道未备。庠序之业，或废或兴……今皇威遐震，戎车方静，将洒玄风于四区，导斯民于至德。岂可不弘敷礼乐，使焕乎可观！请兴复国学，以训胄子；班下州郡，普修乡校。雕琢琳琅，和宝必至；大启群蒙，茂兹成德。匪懈于事，必由之以通，则人竞其业，道隆学备矣。③

---

① 房玄龄等：《晋书》卷 6《明帝》。
② 沈约：《宋书》卷 14《志·礼一》。
③ 沈约：《宋书》卷 14《志·礼一》。

孝武帝采纳了谢石的建议，甚至"选公卿二千石子弟为生，增造庙屋一百五十五间"①，大有立竿见影之效。但存在问题也不少，诸如"品课无章，士君子耻与其列"等。对此，国子祭酒殷茂上疏称：

> 臣闻弘化正俗，存乎礼教，辅性成德，必资于学。先王所以陶铸天下，津梁万物，闲邪纳善，潜被于日用者也。故能疏通玄理，穷综幽微，一贯古今，弥纶治化。且夫子称回，以好学为本；七十希仰，以善诱归宗。《雅》《颂》之音，流咏千载。圣贤之渊范，哲王所同风。

进而，殷茂建议要纯洁生员队伍，说："窃谓群臣内外，清官子侄，普应入学，制以程课。今者见生，或年在扞格，方圆殊趣，宜听其去就，各从所安。"②即主张所有官员子侄都要入学受教，并严立课程。对于那些在校诸生，凡对学业有抵触情形，或有别的特殊爱好而不愿继续学业的，去留自便，使"各从所安"。孝武帝及时"下诏褒纳"，只是收效甚微。当时，有位北鲁县令李辽，太元十年（385年）曾路过阙里，目睹了孔庙"庭宇倾顿，轨式颓弛"。回京后即刻上表，建议"兴复圣祀，修建讲学"③。虽然受到统治者的重视，但不见实际行动。太元十七年（392年），李辽再次上表，请敕尊孔兴学，表曰：

> 臣闻教者，治化之本，人伦之始，所以诱达群方，进德兴仁，譬诸土石，陶冶成器……愚谓可重符兖州刺史，遂成旧庙，蠲复数户，以供扫洒。并赐给《六经》，讲立庠序，延请宿学，广集后进，使油然入道，发刲琢之功。运仁义以征伐，敷道德以服远，何招而不怀，何柔而不从！所为者微，所弘甚大。④

可见，在东晋，由于老庄之学的冲击以及战事的干扰，崇儒兴学政策的实施异常艰难，但没有因此而中断，始终保持着崇儒兴学政策的延续。

同时，东晋统治者对佛教也采取了认可甚至是尊崇的态度，从东晋元、明二帝起，对佛教的尊崇有加。晋明帝擅长书画，还亲手画如来像。学者习凿齿在其《与释道安书》中有载："唯肃祖明皇帝，实天降德，始钦斯道。手画如来

① 沈约：《宋书》卷14《志·礼一》。
② 沈约：《宋书》卷14《志·礼一》。
③ 沈约：《宋书》卷14《志·礼一》。
④ 沈约：《宋书》卷14《志·礼一》。

之容，口味三昧之旨。"① 晋哀帝更是崇信佛教，多次征召高僧讲经。据《高僧传》载："哀帝好重佛法，频遣两使殷勤征请。潜以诏旨之重，暂游宫阙，即于御筵开讲《大品》。上及朝士并称善焉。"② 此后，哀帝又诏请支遁至京"讲《道行般若》，白黑钦崇，朝野悦服"，诏另一学者于法开"乃出京讲《放光经》"等。简文帝司马昱，少时喜"清虚寡欲，尤善玄言"，但即位后则信奉佛教，不仅建造了波提寺，还对高僧竺法汰甚是敬重，请其讲《放光般若经》，甚至是"开题大会，帝亲临幸，王侯公卿莫不毕集"③。晋孝武帝即位不久，不仅召请高僧竺法义"出都讲说"，还"立精舍于殿内，引诸沙门以居之"④，甚至是从高僧支昙籥受五戒，"敬以师礼"。晋恭帝也同样"深信浮屠道，铸货千万，造丈六金像，亲于瓦官寺迎之，步从十许里"⑤。东晋统治者对佛教的尊崇，多是与个人兴趣有关，但对佛教的社会教化功能有着重要的引领作用。

（三）十六国的崇儒兴学及兼容佛道之举

自公元316年晋室东迁，江淮以北先后出现近二十个政权，史称"十六国"。至公元398年北魏统一北方，纷争不息的局势一直持续了八十多年。其间，虽然政权频繁更换，但在治国决策上，绝大部分政权都有崇儒的倾向，以至于引领着当时文化教育发展的方向。值得注意的是，除前凉、西凉和北燕外，其余皆是少数民族政权，其文明程度远远落后于汉族，面对是"汉化"还是继续"胡化"的两难选择，多数统治者敢于挑战本民族传统，积极改弦更张，在文教政策上表现出明显的汉化特征，推动了民族文化教育的大融合。同时，还有一些执政者对佛道也多有提倡。这一时期文教政策的形成与实施几乎如同汉魏一样，主要体现在以下四个方面。

1. 尊崇儒术，重用儒士

统治者尊崇儒术首先是基于对儒术的嗜好，他们自幼接受汉文化的熏陶，对儒学了如指掌，这是尊崇儒术的原动力所在。如前赵的创立者刘元海（即刘渊），史载其"幼好学，师事上党崔游，习《毛诗》《京氏易》《马氏尚书》，尤

---

① 僧祐：《弘明集》卷12《与释道安书》。
② 释慧皎：《高僧传》卷5《竺道潜》。
③ 释慧皎：《高僧传》卷5《竺法汰》。
④ 房玄龄等：《晋书》卷9《孝武帝》。
⑤ 房玄龄等：《晋书》卷10《恭帝》。

好《春秋左氏传》《孙吴兵法》，略皆诵之，《史》《汉》、诸子，无不综览"①。受其影响，皇太子刘和"好学凤成，习《毛诗》《左氏春秋》《郑氏易》"。后继皇位的刘聪更是："年十四，究通经史，兼综百家之言，《孙吴兵法》靡不诵之。工草隶，善属文，著述怀诗百余篇、赋颂五十余篇。"② 刘渊之侄，即后来夺权称赵的刘曜，可以说是文武双全，史称其"读书志于广览，不精思章句，善属文，工草隶。雄武过人，铁厚一寸，射而洞之，于时号为神射。尤好兵书，略皆暗诵"③。

后赵的建立者石勒，对自己的宿敌刘琨孝顺长辈的做法十分欣赏。因而，当刘琨的侄子刘启被石勒俘获后，不仅没有杀头，还待之以礼，甚至是"赐启田宅，令儒官授其经"。可见，石勒的骨子里面对儒家伦理还是存有一份敬畏之心的。

前燕王慕容皝"尚经学，善天文"。其子慕容俊更是崇儒重礼，内外兼修，处理政务时"未曾以慢服临朝"，闲居之时"亦无懈怠之色"。如史载其"雅好文籍，自初即位至末年，讲论不倦，览政之暇，唯与侍臣错综义理，凡所著述四十余篇。性严重，慎威仪，未曾以慢服临朝，虽闲居宴处亦无懈怠之色"④。南燕王慕容德，史臣称其："崇儒术以弘风，延谠言而励己，观其为国，有足称焉。"⑤ 慕容德的母亲公孙氏和哥哥慕容纳曾在长安居住，但生死未卜，慕容德便派遣平原人士杜弘前去打探，并要求迎回母亲和哥哥。杜弘深知此去凶多吉少，临行之前，除表白自己要以死效忠外，还为年逾 60 的父亲"乞本县之禄，以申乌鸟之情"。黄门侍郎张华觉得杜弘"未行而求禄，要利情深，不可使"。而深受儒学熏陶的慕容德则说："弘为君迎亲，为父求禄，虽外如要利，内实忠孝。"当得知杜弘在甘肃张掖被强盗所杀时，慕容德"悲之，厚抚其妻子"。慕容德以实际行动来表明自己对儒学的青睐。后燕王慕容宝对儒学亦很推崇，"及为太子，砥砺自修，敦崇儒学，工谈论，善属文"⑥。

---

① 房玄龄等：《晋书》卷 101《刘元海》。
② 房玄龄等：《晋书》卷 102《刘聪》。
③ 房玄龄等：《晋书》卷 103《刘曜》。
④ 房玄龄等：《晋书》卷 110《慕容俊》。
⑤ 房玄龄等：《晋书》卷 128《慕容超》。
⑥ 房玄龄等：《晋书》卷 124《慕容宝》。

前秦建立者苻健，曾与百姓约法三章，其中之一就是"修尚儒学"。但其子苻生淫杀无度，罄竹难书，被其堂弟苻坚杀而代之。苻坚自立前秦帝王后，也"颇留心儒学"，为崇儒术，他一方面"禁老庄图谶之学"；另一方面要求宫内宫外士人，甚至是"阉人"及"女隶"等均要修习儒经。如史载："中外四禁、二卫、四军长上将士，皆令修学。课后宫，置典学，立内司，以授于掖庭，选阉人及女隶有聪识者署博士以授经。"苻坚还曾一月之内三次莅临太学，主要是"考学生经义优劣，品而第之"。博士王实称赞其"神武拨乱，道隆虞夏，开庠序之美，弘儒教之风，化盛隆周，垂馨千祀"①。

成汉王李班"谦虚博纳，敬爱儒贤，自何点、李钊，班皆师之，又引名士王嘏及陇西董融、天水文夔等以为宾友"。尤其是当其叔父、成汉建立者李雄病重之际，儒家所提倡的孝行在其身上表现得淋漓尽致，当李雄之子李越等对父病"恶而远之"时，李班却"殊无难色"。如史所载："及雄寝疾，班昼夜侍侧。雄少数攻战，多被伤夷，至是疾甚，痕皆脓溃，雄子越等恶而远之。班为吮脓，殊无难色，每尝药流涕，不脱衣冠，其孝诚如此。"② 可见，李班自李雄有病后，从"昼夜侍侧"到为之"吮脓"，远远胜过李雄的亲生儿子，着实让人感动不已。

其次是积极发挥儒士的作用。如前燕王慕容皝得知平原人士刘赞精通儒学，于是"引为东庠祭酒"，让儿子慕容儁率国胄"束修受业"。慕容皝在览政之暇，亲临听之，"路有颂声，礼让兴矣"③。后赵王石勒在行军作战之时，常招聘儒生，且"令儒生读史书而听之"④。后秦王姚兴执政时，常与学者讲儒论道，以致"儒风盛焉"。如史载：

> 天水姜龛、东平淳于岐、冯翊郭高等皆者儒硕德，经明行修，各门徒数百，教授长安，诸生自远而至者万数千人。兴每于听政之暇，引龛等于东堂，讲论道艺，错综名理。凉州胡辩，苻坚之末，东徙洛阳，讲授弟子千有余人，关中后进多赴之请业。兴敕关尉曰："诸生谘访道艺，修己厉

① 房玄龄等：《晋书》卷113《苻坚上》。
② 房玄龄等：《晋书》卷121《李班》。
③ 房玄龄等：《晋书》卷108《慕容皝》。
④ 房玄龄等：《晋书》卷105《石勒下》。

身，往来出入，勿拘常限。"于是学者咸劝，儒风盛焉。①

其子姚泓被立为太子后，博学善谈论，由尚书王尚、黄门郎段章、尚书郎富允文"以儒术侍讲"，博士淳于岐授之经书。尤其是当淳于岐有病在身之时，姚泓亲自登门拜访，"泓亲诣省疾，拜于床下"。

南燕王慕容德视察齐国故地时，刚好经过晏婴的墓地，于是就对身边的大臣说："礼，大夫不逼城葬。平仲古之贤人，达礼者也，而生居近市，死葬近城，岂有意乎？"随行的晏婴的后代、青州秀才晏谟回答说："孔子称臣先人平仲，贤则贤矣。岂不知高其梁，丰其礼？盖政在家门，故俭以矫世。存居湫隘，卒岂择地而葬乎！所以不远门者，犹冀悟平生意也。"② 而后，慕容德问及山川丘陵、贤哲旧事，晏谟"历对详辩，画地成图"。慕容德赏识晏谟的才能，拜其为尚书郎。

2. 兴办官学培养人才

虽然战事连年不断，十六国的统治者还依然在短暂的稳定期间积极兴办学校，以传承儒学，培育人才。如前赵王刘曜执政时，"立太学于长乐宫东，小学于未央宫西，简百姓年二十五已下十三已上，神志可教者千五百人，选朝贤宿儒明经笃学以教之"③。前秦王苻坚在位期间，亦"广修学官，召郡国学生通一经以上充之，公卿以下子孙并遣受业。其有学为通儒、才堪干事、清修廉直、孝悌力田者，皆旌表之"④。

石勒在为赵王之前，"立太学，简明经善书吏署为文学掾，选将佐子弟三百人教之"。同时，"增置宣文、宣教、崇儒、崇训十余小学于襄国四门，简将佐豪右子弟百余人以教之，且备击柝之卫"⑤。石勒称帝后，诏令从事中郎裴宪、参军傅畅、杜嘏并领经学祭酒，参军续咸、庾景为律学祭酒，任播、崔濬为史学祭酒等。与此同时，石勒还积极兴办地方官学，命郡国立学官，每郡置博士祭酒2人，弟子150人，"三考修成，显升台府"⑥。

---

① 房玄龄等：《晋书》卷117《姚兴》。
② 房玄龄等：《晋书》卷127《慕容德》。
③ 房玄龄等：《晋书》卷103《刘曜》。
④ 房玄龄等：《晋书》卷113《苻坚上》。
⑤ 房玄龄等：《晋书》卷104《石勒上》。
⑥ 房玄龄等：《晋书》卷105《石勒下》。

前燕王慕容皝不仅"立东庠于旧宫,以行乡射之礼",且还每月亲临学校观课,并考试生徒优劣。南燕王慕容德设置学官"简公卿已下子弟及二品士门二百人为太学生"①。后秦王姚苌,立太学,以"礼先贤之后"。南凉王秃发利鹿孤广开言路,于是,祠部郎中史暠上疏说:"今取士拔才,必先弓马,文章学艺为无用之条,非所以来远人,垂不朽也。孔子曰:不学礼,无以立。宜建学校,开庠序,选耆德硕儒以训胄子。"② 秃发利鹿孤听从其建议,设置学校,以田玄冲、赵诞为博士祭酒,"以教胄子"。北燕王冯跋称帝后,曾下诏书兴学,称:

> 武以平乱,文以经务,宁国济俗,实所凭焉。自项丧难,礼崩乐坏,闾阎绝讽诵之音,后行无庠序之教,子衿之叹复兴于今,岂所以穆章风化,崇阐斯文。可营建太学,以长乐刘轩、营丘张炽、成周翟崇为博士郎中,简二千石已下子弟年十五已上教之。③

还有成汉建立者李雄,当时"海内大乱,而蜀独无事"。趁此机会,李雄"乃兴学校,置史官,听览之暇,手不释卷"。前凉集团的张轨,史称其"家世孝廉,以儒学显"。在主凉州期间,他就"征九郡胄子五百人,立学校,始置崇文祭酒,位视别驾,春秋行乡射之礼"。其孙张骏即凉王后,亦"以右长史任处领国子祭酒,立辟雍、明堂而行礼焉"。

3. 不拘一格选拔贤能

为维护和巩固政权,十六国的统治者都非常重视招贤纳士。如北凉王沮渠蒙逊,"擢任贤才,文武咸悦"。成汉王李雄称帝后,"是时南得汉嘉、涪陵,远人继至,雄于是下宽大之令,降附者皆假复除。虚己爱人,授用皆得其才,益州遂定"④。可见,李雄为安抚被征服地的民众,采取"宽大"之策,通过招贤纳才,来维持一方平安。前燕王慕容廆称帝后,为"刑政修明",便积极罗致士人,且"委以庶政",所谓"时二京倾覆,幽冀沦陷,廆刑政修明,虚怀引纳,流亡士庶多襁负归之……于是推举贤才,委以庶政"⑤。后秦王姚苌在位时,右司马尹纬曾建言,让其"布德行仁,招贤纳士"。姚苌不仅采纳其建议,还"赐

① 房玄龄等:《晋书》卷 127《慕容德》。
② 房玄龄等:《晋书》卷 126《秃发乌孤》。
③ 房玄龄等:《晋书》卷 125《冯跋》。
④ 房玄龄等:《晋书》卷 121《李雄》。
⑤ 房玄龄等:《晋书》卷 108《慕容廆》。

诜爵关内侯"。不久，姚苌就"下书令留台诸镇各置学官，勿有所废，考试优劣，随才擢叙"①。

4. 对佛道采取包容态度

十六国统治者虽然倾向于儒学，但对佛道也不完全排斥，甚至看到佛道的教化作用，故有一种亲和举止。如前秦王苻坚曾有禁老庄之举，但对佛教却网开一面，他出游吴越时，"命沙门道安同辇"。这一举动遭到部分大臣的质疑，尚书左仆射权翼还极力规劝。苻坚不为所动，称："安公道冥至境，德为时尊。朕举天下之重，未足以易之。非公与辇之荣，此乃朕之显也。"不仅如此，苻坚还命令权翼搀扶释道安上车，然后对释道安说："朕将与公南游吴、越，整六师而巡狩，谒虞陵于疑岭，瞻禹穴于会稽，泛长江，临沧海，不亦乐乎！"②

后秦王姚兴也积极提倡佛教，广建寺院，不仅支持法显赴印度等国取经，还到长安的逍遥园与龟兹高僧鸠摩罗什一起讲学译经，如史所载：

> 兴如逍遥园，引诸沙门于澄玄堂听鸠摩罗什演说佛经。罗什通辩夏言，寻览旧经，多有乖谬，不与胡本相应。兴与罗什及沙门僧䂮、僧迁、道树、僧睿、道坦、僧肇、昙顺等八百余人，更出大品，罗什持胡本，兴执旧经，以相考校，其新文异旧者皆会于理义。续出诸经并诸论三百余卷。今之新经皆罗什所译。兴既托意于佛道，公卿已下莫不钦附，沙门自远而至者五千余人。起浮图于永贵里，立波若台于中宫，沙门坐禅者恒有千数。州郡化之，事佛者十室而九矣。③

而前燕王慕容皝则对道教多有提倡，且"亲造《太上章》以代《急就》，又著《典诫》十五篇，以教胄子"④。可以说是儒道兼重，尤其是向"胄子"加以灌输，有助于本族的汉化进程。

总之，两晋及十六国时期，重儒兴教依然是统治者所关注的一个主题，但与汉魏时期相比，也发生了一些明显的变化：一是对佛道两教推崇有加，这时的佛道两教虽然规模不大，却有一定的社会和政治基础，尤其是在上层社会，

① 房玄龄等：《晋书》卷116《姚苌》。
② 房玄龄等：《晋书》卷104《石勒上》。
③ 房玄龄等：《晋书》卷117《姚兴上》。
④ 房玄龄等：《晋书》卷109《慕容皝》。

包括帝王在内，不仅好佛法，还参与讲经、受五戒等，甚至还以《太上章》"教胄子"，可以说在一定程度上，佛道两教开始影响着封建社会的政治生活；二是少数民族政权开始活跃于政治舞台，十六国时期多为少数民族政权，虽然自身的文化根基远不如汉族，但在如何治国安邦问题上，却又多能承袭借鉴汉族政权的一些做法，在力保民族传统的基础上，努力推进汉化进程，因而在文教政策上有明显的汉化特征，为后世少数民族政权统治中原进行了有益的尝试。

三、南北朝的崇儒重教及兼用佛道

自刘裕篡东晋建立南朝宋始，至隋灭南朝陈为止，上承东晋、五胡十六国，下接隋唐，前后持续近 170 年之久，虽南北方各有朝代更迭，但因南方主要是汉族士族一统天下，北方统治者则主要是鲜卑族，故南北方长期处于分裂、对峙状态。不过，这种分裂与对峙，主要是就国土及多元政权并存执政而言，但针对如何治国及发展文化教育来说，还是有诸多相通之处的，尤其是一尊前朝崇儒政策，在实施过程中还表现出一些新气象，对唐宋盛世影响颇大。

（一）北朝的崇儒重教及兼用佛道之举

承继五胡十六国之后的北朝，包括北魏、东魏、西魏、北齐和北周五朝，为胡汉融合的新兴朝代。尤其是北魏时的孝文帝，他不仅"雅好读书，手不释卷。《五经》之义，览之便讲，学不师受，探其精奥。史传百家，无不该涉。善谈《庄》《老》，尤精释义"①，且能审时度势，尊重历史的选择，积极推进汉化进程，诸如迁都及改革官制以及婚姻、姓氏、礼乐刑法、胡语胡服等，同时还重视发展文化教育事业，使得整个北朝的政治及文化教育都深深打上了汉化的烙印，在文教政策上同样表现出明显的崇儒重教倾向。

1. 崇经尚儒

北朝统治者的崇经尚儒政策，主要是通过设孔庙、祭孔、褒奖孔子后裔、在国学设置经学博士、讲经及整理儒经与观石经、重用儒士等活动来体现的。

北魏开国皇帝道武帝（太祖）拓跋珪，曾于皇始元年（396 年）规定"尚书郎已下悉用文人"，可以说是"文治"的开始，尤其是开尊经崇儒之风。据《魏

---

① 魏收：《魏书》卷 7 下《高祖纪下》。

书》载，拓跋珪初定中原后，"便以经术为先，立太学，置五经博士，生员千有余人。天兴二年春，增国子太学生员至三千……四年春，命乐师入学习舞，释菜于先圣、先师"①。当时，拓跋珪不仅重用归顺而来的儒士李先，任为经学博士、定州大中正，还不断向李先讨教治国之术。《魏书·李先传》有段二人的经典对话：

> 太祖问先曰："天下何书最善，可以益人神智？"先对曰："唯有经书。三皇五帝治化之典，可以补王者神智。"又问曰："天下书籍，凡有几何？朕欲集之，如何可备？"对曰："伏羲创制，帝王相承，以至于今，世传国记、天文秘纬不可计数。陛下诚欲集之，严制天下诸州郡县搜索备送，主之所好，集亦不难。"太祖于是班制天下，经籍稍集。②

也就是在天兴四年（401 年），拓跋珪"集博士儒生，比众经文字，义类相从，凡四万余字，号曰《众文经》"③。可见，儒士对北魏崇儒政策的确立发挥了智囊作用。北魏明元帝拓跋嗣"礼爱儒生，好览史传。以刘向所撰《新序》《说苑》于经典正义多有所阙，乃撰《新集》三十篇，采诸经史，该洽古义，兼资文武焉"④。拓跋嗣作为少数民族首领，敢于挑战汉族权威，且亲撰《新集》以正视听，其勇气及学识着实让人钦佩。拓跋嗣还于泰常八年（423 年）四月到洛阳，观《石经》。北魏太武帝拓跋焘即位后多次祭祀孔子，如始光三年（426 年）二月，"起太学于城东，祀孔子，以颜渊配"。太平真君十一年（450 年）十一月，"至于邹山……使使者以太牢祀孔子"⑤。

在北魏诸帝中，践行儒学最有力的是北魏孝文帝拓跋宏，他即位时虽然年幼，由太皇太后冯氏把持政权，但对儒学的推崇丝毫没有减弱，即位后的第二年，也即孝文帝延兴二年（472 年）二月，下诏要求规范祭孔之礼制，诏称：

> 尼父禀达圣之姿，体生知之量，穷理尽性，道光四海。顷者淮徐未宾，庙隔非所，致令祠典寝顿，礼章殄灭，遂使女巫妖觋，淫进非礼，杀生鼓舞，倡优媟狎。岂所以尊明神敬圣道者也！自今已后，有祭孔子庙，制用

---

① 魏收：《魏书》卷 84《儒林序》。
② 魏收：《魏书》卷 33《李先》。
③ 魏收：《魏书》卷 2《太祖纪》。
④ 魏收：《魏书》卷 3《太宗纪》。
⑤ 魏收：《魏书》卷 4 下《世祖纪下》。

酒脯而已，不听妇女合杂，以祈非望之福。犯者以违制论。其公家有事，自如常礼，牺牲粢盛，务尽丰洁。临事致敬，令肃如也。牧司之官，明纠不法，使禁令必行。①

延兴三年（473年），拓跋宏诏封孔子二十八世孙孔乘为"崇圣大夫"，且"给十户以供洒扫"。太和九年（485年）一月，又下诏定儒学为"经国之典"，并清除图谶、秘纬之学，诏曰：

> 图谶之兴，起于三季。既非经国之典，徒为妖邪所凭。自今图谶、秘纬及名为《孔子闭房记》者，一皆焚之。留者以大辟论。又诸巫觋假称神鬼，妄说吉凶，及委巷诸卜非坟典所载者，严加禁断。②

太和十三年（489年），"立孔子庙于京师"。太和十四年（490年），太皇太后崩，孝文帝开始亲政革新，继续强化崇儒政策，于太和十六年（492年）二月，"改谥宣尼曰文圣尼父，告谥孔庙"。太和十七年（493年）九月，"幸太学，观《石经》"③。太和十九年（495年），孝文帝又有加封孔子后裔、修饰坟冢等诸多崇儒的举动，如史载：

> 行幸鲁城，亲祠孔子庙。辛酉，诏拜孔氏四人、颜氏二人为官。诏兖州刺史举部内士人才堪军国及守宰治行，具以名闻。又诏赐兖州民爵及粟帛如徐州。又诏选诸孔宗子一人，封崇圣侯，邑一百户，以奉孔子之祀。又诏兖州为孔子起园柏，修饰坟垄，更建碑铭，褒扬圣德。④

继孝文帝之后的几代皇帝，也都秉承崇儒之术，且盛行讲经之风。如北魏宣武帝正始三年（506年）十一月，"帝为京兆王愉、清河王怿、广平王怀、汝南王悦讲《孝经》于式乾殿"⑤。北魏孝明帝正光元年（520年）正月诏曰："建国纬民，立教为本；尊师崇道，兹典自昔。来岁仲阳，节和气润，释奠孔颜，乃其时也。有司可豫缮国学，图饰圣贤，置官简牲，择吉备礼。"⑥正光二年（521年），孝明帝又"车驾幸国子学，讲《孝经》。三月庚午，帝幸国子学祠孔

---

① 魏收：《魏书》卷7上《高祖纪上》。
② 魏收：《魏书》卷7上《高祖纪上》。
③ 魏收：《魏书》卷7下《高祖纪下》。
④ 魏收：《魏书》卷7下《高祖纪下》。
⑤ 魏收：《魏书》卷8《世宗纪》。
⑥ 魏收：《魏书》卷9《肃宗纪》。

子，以颜渊配"①。北魏最后一位帝王孝武帝，史载其"永熙中，复释奠于国学。又于显阳殿诏祭酒刘钦讲《孝经》，黄门李郁说《礼记》，中书舍人卢景宣讲《大戴礼夏小正篇》"②，等等。

北齐文宣帝高洋为崇儒而"修治庙宇""修立黉序"，于天保元年（550 年）六月、八月分别下诏照办此事，诏称：

> 诏封崇圣侯邑一百户，以奉孔子之祀，并下鲁郡以时修治庙宇，务尽褒崇之至。诏分遣使人致祭于五岳四渎，其尧祠舜庙，下及孔父、老君等载于祀典者，咸秩周遗。

> 诏郡国修立黉序，广延髦俊，敦述儒风。其国子学生亦仰依旧铨补，服膺师说，研习《礼经》。往者文襄皇帝所运蔡邕石经五十二枚，即宜移置学馆，依次修立。③

尤其是天保七年（556年），文宣帝高洋命樊逊等11人在东观负责刊定国家收藏的《五经》诸史，刊定的情形被当时的御用画家杨子华用壁画的形式描述了下来，唐代画家阎立本再稿，现存于世的是宋

图 1-11　北齐东观校书图局部一（宋摹本）

摹本残卷。如图 1-11 中，画有三组人物，中心是士大夫四人坐于榻上，榻上有盘盛的菜肴、酒杯、砚台、箭壶、琴等。榻内端坐一人乃是樊逊，正在认真执笔书写；其余三人，一人手执毛笔，一手举着刚写完的书绢似在审阅，另一人是背面，盘膝而坐，琴的一角搭在腿上，一角搭在榻上，伸左手拉住左边一人的腰带；左边此人似乎欲逃酒下榻，一童仆正给他穿靴。榻旁围列女侍，或捧杯，或执卷，或抱凭几，或抱靠垫，或提酒壶，排列有致，顾盼生姿。画中人物神情均极生动，穿着也很潮流，男性内吊背带透过外衣看得一清二楚，既反

---

① 魏收：《魏书》卷 9《肃宗纪》。
② 魏收：《魏书》卷 84《儒林序》。
③ 李百药：《北齐书》卷 4《文宣》。

映了北齐对古代文献整理的史实，又不乏诙谐、随意，给人一种轻松的艺术享受。

图 1-12　北齐东观校书图局部二（宋摹本）

从图 1-12 校书图来看，中间端坐着依然是樊逊，所有人物穿着上显然增多，或许是天气变冷所致。其中一人在看书稿，另一人则掩卷沉思，疑似欲走。几位女侍从也在忙个不停，大家都在为校书而忙碌着，看得出对经书的推崇和对校书的热情。

北齐孝昭帝高演系高洋之弟，即位后颇留心于德治，政治清明，尤其是其尽心践行孝道，母亲有病在身，他焦虑万分，以致"行不正履，容色贬悴，衣不解带"。去南宫探望母亲时，常常是"鸡鸣而去，辰时方还，来去徒行，不乘舆辇"。其悉心服侍母亲，成为千古佳话，如史所称：

> 性至孝，太后不豫，出居南宫，帝行不正履，容色贬悴，衣不解带，殆将四旬。殿去南宫五百余步，鸡鸣而去，辰时方还，来去徒行，不乘舆辇。太后所苦小增，便即寝伏閤外，食饮药物尽皆躬亲。太后常心痛不自堪忍，帝立侍帷前，以爪掐手心，血流出袖。①

北周太祖宇文泰自少"雅好经术"，即位后曾"求阙文于三古，得至理于千载，黜魏、晋之制度，复姬旦之茂典。卢景宣学通群艺，修五礼之缺；长孙绍远才称洽闻，正六乐之坏。由是朝章渐备，学者向风"②。可见，崇儒之策在其执政期间已基本确立。此后的几代周帝，无不遵循太祖之风。周闵帝宇文觉即位当年，百官奏议要"式遵圣道"，孝闵帝准奏。奏议称："帝王之兴，罔弗更正朔，明受之于天，革民视听也。逮于尼父，稽诸阴阳，云行夏之时，后王所不易。今魏历告终，周室受命，以木承水，实当行录，正用夏时，式遵圣道。"③

---

① 李百药：《北齐书》卷 6《孝昭》。
② 令狐德等：《周书》卷 45《儒林序》。
③ 令狐德等：《周书》卷 3《孝闵帝》。

周明帝宇文毓重视"刊校经史""崇尚文儒",史载:"及即位,集公卿已下有文学者八十余人于麟趾殿,刊校经史。又捃采众书,自羲农以来,迄于魏末,叙为《世谱》,凡五百卷云。所著文章十卷。"又"礼貌功臣,敦睦九族,率由恭俭,崇尚文儒,亹亹焉其有君人之德者"①。

周武帝宇文邕于天和元年(566年)五月,不仅"御正武殿,集群臣亲讲《礼记》"。还于当年七月将释奠定为学成之"恒式",诏曰:"诸胄子入学,但束脩于师,不劳释奠。释奠者,学成之祭,自今即为恒式。"② 建德五年(576年),宇文邕还对俘获的齐昌王莫多娄敬显,用儒家的伦理之道处以斩首之刑,他斥责齐昌王说:"汝有死罪者三:前从并走邺,携妾弃母,是不孝;外为伪主戮力,内实通启于朕,是不忠;送款之后,犹持两端,是不信。如此用怀,不死何待。"③ 如此不孝、不忠、不信之人,自然是社会所不能容忍的,宇文邕借用儒家伦理之道将其杀头,实际上也体现出统治者以儒治国的意志和决心。周宣帝宇文赟于大象二年(580年)三月下诏,称孔子之道"作范百王,垂风万叶",诏曰:

> 盛德之后,是称不绝,功施于民,义昭祀典。孔子德惟藏往,道实生知,以大圣之才,属千古之运,载弘儒业,式叙彝伦。至如幽赞天人之理,裁成礼乐之务,故以作范百王,垂风万叶。朕钦承宝历,服膺教义,眷言洙、泗,怀道滋深。且褒成启号,虽彰故实,旌崇圣绩,犹有阙如。可追封为邹国公,邑数准旧。并立后承袭。别于京师置庙,以时祭享。④

加封孔子后裔为"邹国公"就是在这个时候开始的,隋文帝时也承袭这种做法。其用意在于"旌崇圣绩",弘扬儒学,并要求在京师置孔庙,"以时祭享"。

2. 兴学设教,视学重教

崇儒必然重教,且能否汉化而久踞中原也皆在教育,北朝统治者深谙此道,于是对学校教育予以高度关注,具体表现在设学校、置经学博士及弟子、视学

---

① 令狐德等:《周书》卷4《明帝》。
② 令狐德等:《周书》卷5《武帝上》。
③ 令狐德等:《周书》卷6《武帝下》。
④ 令狐德等:《周书》卷7《宣帝》。

等活动上。

北魏道武帝曾于天兴二年（399年），"令《五经》群书各置博士，增国子太学生员三千人"①。为了大力发展官学，北魏太武帝太平真君五年（444年）下诏，禁止私立学校，诏曰：

> 自顷以来，军国多事，未宣文教，非所以整齐风俗，示轨则于天下也。今制自王公已下至于卿士，其子息皆诣太学。其百工伎巧、驺卒子息，当习其父兄所业，不听私立学校。违者师身死，主人门诛。②

由此可以看出，官宦子弟要入太学受业，百工子弟要随其父兄研习家学，除此之外，不容许有私学的存在，包括家塾在内，否则，被聘为师者处以死刑，聘师者满门抄斩。这是一种非常严酷的禁私学举措，不亚于秦朝的禁私学之举，目的主要是为了控制思想。事实上，当时的私学也是普遍存在的，这在私学章节有充分的表述，也说明禁私学是一时之举，并没有明显实际效果。北魏献文帝于天安元年（466年）开始建立地方官学教育制度，要求"立乡学，郡置博士二人、助教二人、学生六十人"③。

北魏孝文帝更是大刀阔斧地发展学校教育，且于太和十六年（492年）还"幸皇宗学，亲问博士经义"④。北魏宣武帝即位后，看到官学日渐衰落之势，便于正始元年（504年）下诏立志兴学，其原因在诏书中说得很明确："古之哲王，创业垂统，安民立化，莫不崇建胶序，开训国胄，昭宣三礼，崇明四术，使道畅群邦，风流万宇。"而当时的实际情况是"自皇基徙构，光宅中区，军国务殷，未遑经建"。对此，宣武帝觉得"有惭古烈"，于是就"敕有司依汉魏旧章，营缮国学"。正始四年（507年）宣武帝再次下诏兴学以崇儒教，诏中称高祖时"德格两仪，明并日月，播文教以怀远人，调礼学以旌俊造"。在"天平地宁，方隅无事"的情况下，宣武帝决心"纂承鸿绪""述遵先志"，于是"敕有司准访前式，置国子，立太学，树小学于四门"⑤。宣武帝还于永平三年（510年）下诏，积极发展算学和医学专科教育，诏曰：

---

① 魏收：《魏书》卷2《太祖纪》。
② 魏收：《魏书》卷4下《世祖纪下》。
③ 魏收：《魏书》卷6《显祖纪》。
④ 魏收：《魏书》卷7下《高祖纪下》。
⑤ 魏收：《魏书》卷8《世宗纪》。

朕乘乾御历，年周一纪，而道谢击壤，教惭刑厝。至于下民之茕鳏疾苦，心常愍之。此而不恤，岂为民父母之意也。可敕太常于闲敞之处，别立一馆，使京畿内外疾病之徒，咸令居处。严敕医署，分师疗治，考其能否，而行赏罚。虽龄数有期，修短分定，然三疾不同，或赖针石，庶秦扁之言，理验今日。又经方浩博，流传处广，应病投药，卒难穷究。更令有司，集诸医工，寻篇推简，务存精要，取三十余卷，以班九服。郡县备写，布下乡邑，使知救患之术耳。①

当时，任城王元澄曾上疏要求修复皇宗学，称"学宫虚荷四门之名，宗人有阙四时之业，青衿之绪于兹将废……愚谓可敕有司，修复皇宗之学，开辟四门之教，使将落之族，日就月将"。对此，宣武帝表示赞同，并下诏称"胄子崇业，自古盛典，国均之训，无应久废，尚书更可量宜修立"②。后因迁都嵩县，都城官学未兴，"绝讲诵之业"，于是宣武帝于延昌元年（512年）四月，又一次下诏兴学，诏曰：

迁京嵩县，年将二纪，虎闱阙唱演之音，四门绝讲诵之业。博士端然，虚禄岁祀；贵游之胄，叹同子衿。靖言念之，有兼愧慨。可严敕有司，国子学孟冬使成，太学、四门明年暮春令就。③

北齐孝昭帝为"敦学校之风"，于皇建元年（560年）八月，"诏国子寺可备立官属，依旧置生，请习经典，岁时考试。其文襄帝所运石经，宜即施列于学馆。外州大学亦仰典司勤加督课"④。要求将石经安置在国子学内，强调对国子生研习经典、定时考核的监督。

北周武帝宇文邕倡导以儒治国，于保定三年（563年）四月莅临太学，立太傅、燕国公于谨为"三老"，还专门为其设宴举办"三老"之礼，并趁机向于谨"问道"。宇文邕对于谨说："猥当天下重任，自惟不才，不知政治之要，公其诲之。"于谨深谙治国之道，从纳谏谈起，进而论及为国之本、治国之道和立身之基。他深情地说：

① 魏收：《魏书》卷8《世宗纪》。
② 魏收：《魏书》卷19中《任城王》。
③ 魏收：《魏书》卷8《世宗纪》。
④ 李百药：《北齐书》卷6《孝昭》。

木受绳则正，后从谏则圣。自古明王圣主，皆虚心纳谏，以知得失，天下乃安。唯陛下念之。

为国之本，在乎忠信。是以古人云去食去兵，信不可失。国家兴废，莫不由之。愿陛下守而勿失。

治国之道，必须有法。法者，国之纲纪。纲纪不可不正，所正在于赏罚。若有功必赏，有罪必罚，则有善者日益，为恶者日止。若有功不赏，有罪不罚，则天下善恶不分，下民无所措其手足矣。

言行者立身之基，言出行随，诚宜相顾。愿陛下三思而言，九虑而行。若不思不虑，必有过失。天子之过，事无大小，如日月之蚀，莫不知者。愿陛下慎之。①

于谨从"木受绳则正"谈到"后从谏则圣"，强调明王圣主要能虚心纳谏，旨在"以知得失"。谈到为国之本，于谨认为关键在于"忠孝"，作为帝王要引领民众主"忠信"。治国之道要本于"法"，所谓"法者，国之纲纪"，也就是说要实施依法治国。至于立身之基，于谨主张要言行一致，做出决策之前要三思而后行，如有过错要能知过必改。因为帝王之过，受害的并非帝王一人，而是整个天下众生。这一番话说得宇文邕口服心服，于是"再拜受之"，即对于谨拜了又拜，既表明于谨言之肯肯、意之切切，又说明宇文邕的度量和治理好国家的决心，还说明帝王周围大臣的言论对文教政策的形成有着不可或缺的推进作用。

3. 招纳贤俊，重用汉族士人

为推进汉化和以儒治国的进程，北朝统治者针对当时任非其人，以及"忠义之道寝，廉耻之节废，退让之风绝，毁誉之义兴"的情况，在崇儒政策引领下，积极招纳贤俊，唯才是举，对汉族士人的重用有所倾斜。

北魏道武帝即位后重视对汉族士人的启用，登国十年（395年）曾"于俘虏之中擢其才识者贾彝、贾闺、晁崇等与参谋议，宪章故实。班赏大臣将校各有差"②。对俘虏而来的贾彝、贾闺、晁崇等人，不仅没有治罪，反加以重用，说明道武帝的大度和求才若渴之情。尤其是皇始元年（396年），道武帝又规定

---

① 令狐德等：《周书》卷15《于谨》。
② 魏收：《魏书》卷2《太祖纪》。

"尚书郎已下悉用文人"，他在诏书中称："帝初拓中原，留心慰纳。诸士大夫诣军门者，无少长，皆引入赐见。存问周悉，人得自尽。苟有微能，咸蒙叙用。"①可见，在用人问题上是不拘一格的，无论长少，关键在于是否有才能，只要有一技之长皆"咸蒙叙用"。

北魏明元帝永兴五年（413年），明元帝亦诏令举才要不拘一格，"分遣使者巡求俊逸，其豪门强族为州闾所推者，及有文武才干、临疑能决，或有先贤世胄、德行清美、学优义博、可为人师者，各令诣京师，当随才叙用，以赞庶政"②。北魏太武帝为"偃武修文"，大规模地启用汉族士人，曾于神𪊨四年（431年）下诏，称：

> 顷逆命纵逸，方夏未宁，戎车屡驾，不遑休息。今二寇摧殄，士马无为，方将偃武修文，遵太平之化，理废职，举逸民，拔起幽穷，延登俊乂。昧旦思求，想遇师辅，虽殷宗之梦板筑，罔以加也。访诸有司，咸称范阳卢玄、博陵崔绰、赵郡李灵、河间邢颖、勃海高允、广平游雅、太原张伟等，皆贤俊之胄，冠冕州邦，有羽仪之用。《诗》不云乎："鹤鸣九皋，声闻于天。"庶得其人，任之政事，共臻邕熙之美。《易》曰："我有好爵，吾与尔縻之。"如玄之比，隐迹衡门、不耀名誉者，尽敕州郡以礼发遣。③

于是，征用范阳卢玄、博陵崔绰、赵郡李灵、河间邢颖、渤海高允、广平游雅、太原张伟等汉族士人数百人，"皆差次叙用"。还要求各地官员遍访隐逸贤俊，"以礼发遣"。延和元年（432年），太武帝再次下诏求贤，表明自己"虚心求贤之意"，要求"以不次之举，随才文武，任之政事"。诏曰：

> 朕除伪平暴，征讨累年，思得英贤，缉熙治道，故诏州郡搜扬隐逸，进举贤俊。古之君子，养志衡门，德成业就，才为世使。或雍容雅步，三命而后至；或栖栖遑遑，负鼎而自达。虽徇尚不同，济时一也。诸召人皆当以礼申谕，任其进退，何逼遣之有也！此刺史、守宰宣扬失旨，岂复光益，乃所以彰朕不德。自今以后，各令乡闾推举，守宰但宣朕虚心求贤之

———————
① 魏收：《魏书》卷2《太祖纪》。
② 魏收：《魏书》卷3《太宗纪》。
③ 魏收：《魏书》卷4上《世祖纪上》。

意。既至，当时以不次之举，随才文武，任之政事。其明宣敕，咸使闻知。①

北魏孝文帝登基后，初置司州（系京师周围地区的治所），急需一批官员，于是对九品中正制多有提倡，所谓"司州始立，未有僚吏，须立中正，以定选举"。接着，时任尚书的陆睿便极力推举尚书右仆射穆亮为司州大中正，坐镇洛阳。延兴二年（472年），孝文帝针对选举中所出现的弊端，下诏称："州郡选贡，多不以实，硕人所以穷处幽仄，鄙夫所以超分妄进，岂所谓旌贤树德者也！今年贡举，尤为猥滥。"为规范选举，并使选举进一步世族化，他要求"自今所遣，皆门尽州郡之高，才极乡闾之选"②。太和十六年（492年），孝文帝不仅"临思义殿，策问秀孝"，且下诏要求选举制度化，即每逢季月甄选一次，等于说是每年有四次选拔活动。如诏曰："王者设官分职，垂拱责成，振网举纲，众目斯理。朕德谢知人，岂能一见鉴识，徒乖为君委授之义。自今选举，每以季月，本曹与吏部铨简。"③

此后，北魏几代帝王都很重视对文人的选用。北魏献文帝自幼"而有济民神武之规，仁孝纯至，礼敬师友"。和平六年（465年）九月，献文帝下诏要求臣属认真履行职责，为朝廷选举贤才，如"举非其人"，将以"罔上"论罪。尤其是，北魏宣武帝以后，要求打破门第限制，做到"才学并申，资望兼致"，"务在得才"。孝明帝熙平二年（517年）正月诏令"选曹用人，务在得才，广求栖遁，共康治道"④。孝明帝孝昌元年（525年）三月再次下诏，要求"第一品以下五品以上，人各荐其所知，不限素身居职"，对推举上来的贤俊"依牒简擢，随才收叙"。另外，还有东魏孝静帝天平二年（535年）九月，齐献武王鉴于当时"治民之官多不奉法"，于是上书孝静帝，"请选朝士清正者，州别遣一人，问疾苦"。天平三年（536年）正月，孝静帝"诏百官举士，举不称才者两免之"⑤ 等。

北齐神武帝高欢是一个深沉大度的帝王，他"轻财重士，为豪侠所宗"。在

---

① 魏收：《魏书》卷4上《世祖纪上》。
② 魏收：《魏书》卷7上《高祖纪上》。
③ 魏收：《魏书》卷7下《高祖纪下》。
④ 魏收：《魏书》卷9《肃宗纪》。
⑤ 魏收：《魏书》卷12《孝静纪》。

用人问题上，他尤强调真才实学，所谓"擢人授任，在于得才，苟其所堪，乃至拔于厮养，有虚声无实者，稀见任用"①。只有名副其实的人才，才会得到重用。高欢的长子文襄帝高澄，亦强调为政要"唯在得人""务得其才"，于是"才名之士，咸被荐擢，假有未居显位者，皆致之门下，以为宾客，每山园游燕，必见招携，执射赋诗，各尽其所长，以为娱适"。文襄帝还曾诏"令朝臣牧宰各举贤良及骁武胆略堪守边城，务得其才，不拘职业"②。其次子文宣帝高洋，更是强调选才既能辅佐皇上，又要"利兼百姓"，甚至是"不避罪辜"。他在天保元年（550年）发布的诏书中称："有能直言正谏，不避罪辜，謇謇若朱云，谔谔若周舍，开朕意，沃朕心，弼于一人，利兼百姓者，必当宠以荣禄，待以不次。"③

北周开国之君宇文泰"轻财好施，以交结贤士大夫"。史书称其："知人善任使，从谏如流，崇尚儒术，明达政事，恩信被物，能驾驭英豪，一见之者，咸思用命。"④ 为推进汉化，他拜苏绰为大行台左丞，领著作兼司农卿，以协助其进行改革，推出《六条诏书》。其中第四条就是关于人才选拔的"擢贤良"，强调人才对治国安邦的重要性，要求淡化门第，唯才是举，"不限资荫，唯在得人"。诏书称：

> 天生蒸民，不能自治，故必立君以治之。人君不能独治，故必置臣以佐之。上至帝王，下及郡国，置臣得贤则治，失贤则乱，此乃自然之理，百王不能易也。今之选举者，当不限资荫，唯在得人。苟得其人，自可起厮养而为卿相，伊尹、傅说是也，而况州郡之职乎？苟非其人，则丹朱、商均虽帝王之胤，不能守百里之封，而况于公卿之胄乎？凡求贤之路，自非一途。然所以得之审者，必由任而试之，考而察之。起于居家，至于乡党，访其所以，观其所由，则人道明矣，贤与不肖别矣。率此以求，则庶无怨悔矣。⑤

宇文泰对苏绰的《六条诏书》甚是喜欢，不仅自己"常置诸座右"，还要

---

① 李百药：《北齐书》卷2《神武下》。
② 李百药：《北齐书》卷3《文襄》。
③ 李百药：《北齐书》卷4《文宣》。
④ 令狐德等：《周书》卷2《文帝下》。
⑤ 令狐德等：《周书》卷23《苏绰》。

"令百司习诵之"。对于地方官员来说，要求烂熟于胸，"非通六条及计帐者，不得居官"。

受宇文泰的影响，之后几代周帝，都倾向于举贤良，唯才是举，量才授官，并明确处罚措施。诸如周闵帝元年（557年）诏曰："帝王之治天下，罔弗博求众才，以乂厥民。今二十四军宜举贤良堪治民者，军列九人。被举之人，于后不称厥任者，所举官司，皆治其罪。"① 周武帝于建德三年（574年）二月"令六府各举贤良清正之人"②，建德四年（575年）十月又"诏诸畿郡各举贤良"③。周宣帝宣政元年（578年），刚即位的宇文赟便推出新政之举措"诏制九条"，布告各个州郡，其中从第五条到第九条均和选士有关。此外，周静帝于大定元年（581年）下诏，提出"帝王设官，惟才是务；人臣报国，荐贤为重"。鉴于"居官之徒，致治者寡"的实际情况，要想"使天下英杰，尽升于朝"，就必须改革选才制度，做到"铨衡陟降，量才而处"。

可以说，北朝统治者在选才任官问题上，思路是非常清晰的，虽然门阀豪强及少数民族自身势力依然强大，但为地方稳定和国家的强盛，基本上都能坚持不拘一格和任人唯贤原则。通过一次次颁行诏书，确保用人政策的稳定和实施。

4. 重视民间的社会教化

重视民间的社会教化是北朝崇儒政策的重要组成部分，也是推进汉化的重要举措。对此，北朝各个时期的执政者都有不同的规定和措施。

北魏太武帝拓跋焘为传承本民族文化，在其即位之初便重视本民族语言文字的改革，所谓"初造新字千余"，并于始光二年（425年）三月下诏将其确定为教化"楷式"，诏称：

> 在昔帝轩，创制造物，乃命仓颉因鸟兽之迹以立文字。自兹以降，随
> 时改作，故篆隶草楷，并行于世。然经历久远，传习多失其真，故令文体
> 错谬，会义不惬，非所以示轨则于来世也。孔子曰，名不正则事不成，此

---

① 令狐德等：《周书》卷3《孝闵帝》。
② 令狐德等：《周书》卷5《武帝上》。
③ 令狐德等：《周书》卷6《武帝下》。

之谓矣。今制定文字，世所用者，颁下远近，永为楷式。①

同时，拓跋焘要求对"尽忠竭节"之人加以表彰，并纳入"常典"，于神䴥三年（430年）下诏，强调"士之为行，在家必孝，处朝必忠，然后身荣于时，名扬后世矣"。进而，提出"有功蒙赏，有罪受诛，国之常典，不可暂废"。只要赏罚分明，"不善者可以自改"。

北魏文成帝拓跋浚为"隆治道"，派尚书穆伏真等三十人巡行州郡，观察风俗，发现地方治理情况不容乐观："入其境，农不垦殖，田亩多荒，则徭役不时，废于力也；耆老饭蔬食，少壮无衣褐，则聚敛烦数，匮于财也；闾里空虚，民多流散，则绥导无方，疏于恩也；盗贼公行，劫夺不息，则威禁不设，失于刑也；众谤并兴，大小嗟怨，善人隐伏，佞邪当途，则为法混淆，昏于政也。"②于是就在太安元年（455年）下诏，称"为治者，因宜以设官，举贤以任职，故上下和平，民无怨谤。若官非其人，奸邪在位，则政教陵迟，至于凋薄"。要求对昏于政者"黜而戮之"，善于政者"褒而赏之"，至于"其不孝父母，不顺尊长，为吏奸暴，及为盗贼，各具以名上"③。如果地方官员敢有隐瞒不报者，必"以所匿之罪罪之"。

北魏孝文帝拓跋宏将"礼教"视为治国之本。针对北人轻视经书的想法，他曾对大臣陆睿、元赞说："北人每言北人何用知书，朕闻此，深用怃然。今知书者甚众，岂皆圣人。朕自行礼九年，置官三载，正欲开导兆人，致之礼教。朕为天子，何假中原，欲令卿等子孙，博见多知。若永居恒北，值不好文主，卿等子孙，不免面墙也。"④可见，"礼教"不仅关系到个人修养，更关系到能否久踞中原的政治性及原则性问题。同时，拓跋宏不断诏令实施伦理及风俗教化，如延兴三年（473年）诏令"力田孝悌、才器有益于时，信义著于乡闾者，具以名闻"⑤。不仅如此，拓跋宏还很重视全民军事教化，既崇文又修武，文武并重。于是，就在太和十六年（492年）下诏称：

> 文武之道，自古并行，威福之施，必也相藉。故三、五至仁，尚有征

① 魏收：《魏书》卷4上《世祖纪上》。
② 魏收：《魏书》卷5《高宗纪》。
③ 魏收：《魏书》卷5《高宗纪》。
④ 魏收：《魏书》卷21上《献文六王》。
⑤ 魏收：《魏书》卷7上《高祖纪上》。

伐之事；夏殷明睿，未舍兵甲之行。然则天下虽平，忘战者殆；不教民战，
可谓弃之。是以周立司马之官，汉置将军之职，皆所以辅文强武，威肃四
方者矣。国家虽崇文以怀九服，修武以宁八荒，然于习武之方，犹为未尽。
今则训文有典，教武阙然。将于马射之前，先行讲武之式，可敕有司豫修
场埒。其列阵之仪，五戎之数，别俟后敕。①

　　为加快汉化进程，拓跋宏还强行让族人及大臣易服装、讲汉话、改汉姓以
及与汉人通婚等。太和十九年（495 年）他下诏禁止士民穿胡服，规定鲜卑人和
北方其他少数族人一律改穿汉人服装。拓跋宏自己带头穿戴汉族服装，并在会
见群臣时，"班赐冠服"。拓跋宏还宣布以汉语为"正音"，称鲜卑语为"北语"，
要求朝臣"断诸北语，一从正音"。他在是年六月的诏书中称："不得以北俗之
语言于朝廷，若有违者，免所居官。"即下令官员上朝时要讲汉话，但 30 岁以上
的官员一时难改，可仍讲鲜卑话，暂不处罚；30 岁以下官员必须严格执行法令，
否则要降职。在朝廷不许说本族方言，否则罢官免职。这似乎有些小题大做，
但从长远来看，却颇具战略眼光和政治意义。太和二十年（496 年）正月，孝文
帝下令改鲜卑复姓为单音汉姓，要求"诸功臣旧族自代来者，姓或重复，皆改
之"。于是，拓跋宏带头将拓跋氏改为元氏，因为北人称土为拓、称后为跋，北
魏统治者认为他们的祖先出于黄帝，以土德王，就姓了拓跋。而土是黄色的，
是万物之元，所以改姓为元。其余鲜卑姓氏也都改为汉姓，如改"拔拔氏为长
孙氏，达奚氏为奚氏，乙旃氏为叔孙氏，丘穆陵氏为穆氏，步六孤氏为陆氏，
贺赖氏为贺氏，独孤氏为刘氏，贺楼氏为楼氏，勿忸于氏为于氏，尉迟氏为尉
氏"等。改姓以后，鲜卑族姓氏与汉姓完全相同。为使鲜、汉两族进一步融合，
拓跋宏还大力提倡鲜卑人与汉人通婚，甚至带头纳范阳卢敏、清河崔宗伯、荥
阳郑羲、太原王琼、陕西李冲等汉族大士族的女儿以充后宫，并亲自为六个弟
弟聘室，六个王妃中除次弟之妻出于鲜卑贵族外，其余都是中原的著名汉族大
士族。通过这种联姻把两族统治者的利益和命运紧密联系在一起，以巩固统治。
在拓跋宏看来，只有推进汉化，才能"风化可新"。否则，"若仍旧俗，恐数世
之后，伊洛之下复成被发之人"。此处的"被发之人"，意即没有教养的人，也

----

① 魏收：《魏书》卷 7 下《高祖纪下》。

有野蛮、不文明之意。可见，这是对能否久踞中原的一种忧患意识。

北齐执政者重视劝农教化，文宣帝高洋于天保元年（550年）八月曾下诏要求"诸牧民之官，仰专意农桑，勤心劝课，广收天地之利，以备水旱之灾"①。

北周文帝宇文泰重视礼乐风俗及劝农教化，在苏绰为其推出的《六条诏书》中，第二条即为"敦教化"，要求对民众实施孝悌、仁顺、礼义教化，称：

> 夫化者，贵能扇之以淳风，浸之以太和，被之以道德，示之以朴素。使百姓蠢蠢，中迁于善，邪伪之心，嗜欲之性，潜以消化，而不知其所以然，此之谓化也。然后教之以孝悌，使民慈爱；教之以仁顺，使民和睦；教之以礼义，使民敬让。慈爱则不遗其亲，和睦则无怨于人，敬让则不竞于物。三者既备，则王道成矣。此之谓教也。先王之所以移风易俗，还淳反素，垂拱而治天下以至太平者，莫不由此。此之谓要道也。

第三条为"尽地利"，要求实施劝农教化。北周武帝宇文邕继位后的第二年，即保定二年（562年）十月，诏令"宣明教化"从自身节俭开始，言辞恳切，让人感动。诏书称：

> 树之元首，君临海内，本乎宣明教化，亭毒黔黎；岂唯尊贵其身，侈富其位。是以唐尧疏葛之衣，粗粝之食，尚临汾阳而永叹，登姑射而兴想。况无圣人之德，而嗜欲过之，何以克厌众心，处于尊位，朕甚恧焉。今巨寇未平，军戎费广，百姓空虚，与谁为足。凡是供朕衣服饮食，四时所须，爰及宫内调度，朕今手自减削。②

建德四年（575年）宇文邕又诏令劝农教化，诏称："今阳和布气，品物资始，敬授民时，义兼敦劝。"③ 同时，宇文邕还因"海内未康"而重视军事教化，曾于天和三年（568年）十月"亲率六军讲武于城南，京邑观者，舆马弥漫数十里，诸蕃使咸在焉"④。建德三年（574年）十二月，又"集诸军讲武于临皋泽"⑤。尤其可贵的是，宇文邕不仅能身先士卒，且善于鼓舞将士之气，如在检阅军队时，他"步行山谷，履涉勤苦，皆人所不堪"。在平齐之战时，他看见一

---

① 李百药：《北齐书》卷4《文宣》。
② 令狐德等：《周书》卷5《武帝上》。
③ 令狐德等：《周书》卷6《武帝下》。
④ 令狐德等：《周书》卷5《武帝上》。
⑤ 令狐德等：《周书》卷5《武帝上》。

名士兵没有穿靴，便"亲脱靴以赐之"。当宴请将士时，他"必自执杯劝酒，或手付赐物"。正因为他能率先垂范，善待将士，"故能得士卒死力，以弱制强"①。

5. 对佛道兼而用之

北朝统治者在崇儒的同时，也对佛道多有提倡。至于佛道孰轻孰重，是否予以毁灭性打击，虽与执政者的爱好有一定的关系，但也不排除作为教化的一种手段而加以利用。这就为佛道教义的传播提供了政策性支撑和较大的发展空间。

据《魏书》载，北魏太武帝拓跋焘最初接触的是道教，在其继位的当年即始光元年（424年），道士寇谦之亲赴魏都平城（今山西大同）献道书于太武帝，并赐给土地建新天师道场，后称"北天师道"。但在始光五年（428年），当拓跋焘平定胡夏国君主赫连昌后，"得沙门惠始……世祖甚重之，每加礼敬"②。受惠始的影响，拓跋焘开始"归宗佛法，敬重沙门"，只是"未存览经教，深求缘报之意"而已。太延五年（439年），拓跋焘夺取凉州后，"徙其国人于京邑，沙门佛事皆俱东，象教弥增矣"③。然在太延六年（440年），拓跋焘又听从寇谦之的进言，开始信奉道术，封寇谦之为国师，改年号为"太平真君"，成为道士皇帝。太平真君三年（442年），拓跋焘"至道坛，亲受符箓，备法驾，旗帜尽青"。太平真君五年（444年）拓跋焘又下诏毁佛，称：

> 愚民无识，信惑妖邪，私养师巫，挟藏谶记、阴阳、图纬、方伎之书。又沙门之徒，假西戎虚诞，生致妖孽。非所以一齐政化，布淳德于天下也。自王公已下至于庶人，有私养沙门、师巫及金银工巧之人在其家者，皆遣诣官曹，不得容匿。限今年二月十五日，过期不出，师巫、沙门身死，主人门诛。明相宣告，咸使闻知。④

在这里，统治者将佛教视之为阻碍"齐政化，布淳德"的"妖孽"，也就是拦路虎，因而要求民众凡与佛教有关的事情皆不许涉足，尤其是"私养沙门"者将处以死罪。

---

① 令狐德棻等：《周书》卷6《武帝下》。
② 魏收：《魏书》卷114《志·释老十》。
③ 魏收：《魏书》卷114《志·释老十》。
④ 魏收：《魏书》卷4下《世祖纪下》。

北魏孝文帝拓跋宏佛道皆好，所谓"史传百家，无不该涉。善谈《庄》《老》，尤精释义"①。可见他更倾向于佛教。《魏书·高祖纪上》对其参与佛寺活动有多次记载，诸如：承明元年（476年）十月，"舆驾幸建明佛寺，大宥罪人"；太和三年（479年）八月，"幸方山，起思远佛寺"；太和四年（480年）正月，"罢畜鹰鹞之所，以其地为报德佛寺"，八月，"幸武州山石窟寺"；太和六年（482年）三月，"幸武州山石窟寺，赐贫老者衣服"；太和七年（484年）五月，再次"幸武州山石窟佛寺"等。拓跋宏频繁出入佛教活动场所，且推出诸多慈善举措，可知佛教对其执政活动的影响不同凡响。其子宣武帝元恪同样"尤长释氏之义，每至讲论，连夜忘疲"。可知，北魏经历了一个从毁佛到尊佛的政策调整过程，这在汉化过程中也是不可避免的一种尝试和探索。

北齐文宣帝高洋对佛教也表现出一定的嗜好，曾于天保十年（559年）正月"如辽阳甘露寺"，二月"于甘露寺禅居深观，唯军国大政奏闻"。因其奉佛，大造佛寺，致使"僧尼溢满诸州，冬夏供施，行道不绝"②。其弟武成帝高湛不仅案头常备佛经《大品般若》，还邀请沙门慧藏入殿讲《华严经》，同时"诏以城南双堂闰位之苑，乃造大总持寺"。甚至还舍宫为寺，即将一些皇家宫殿改为寺院，如河清二年（563年）八月，"诏以三台宫为大兴圣寺"等③。

与北齐几乎处于同一时期的北周，周武帝宇文邕主要是为崇儒汉化，其政策经历了一个从认可、抑佛到毁佛的调整过程。宇文邕曾于天和五年（570年）五月作《二教钟铭》，对佛道二教给予充分肯定，铭文称："弘宣两教同归一揆"，"二教并兴，双銮同振"。④ 不久，考虑到寺院规模及其经济实力强大，占用大量土地及劳动力，影响到政府的财政收入，宇文邕对佛教的态度开始有所改变，从天和至建德的十多年内多次召集儒佛道及各界人士举行御前大辩论。诸如天和三年（568年）八月，"帝御大德殿，集百僚及沙门、道士等亲讲《礼记》"⑤。天和四年（569年）三月，"敕召有德、众僧、名儒、道士、文武百官二千余人，帝御正殿量述三教，以儒教为先，佛教为后，道教最上，以出于无

① 魏收：《魏书》卷7下《高祖纪下》。
② 释道宣：《广弘明集》卷4《叙齐高祖废道法事》。
③ 李百药：《北齐书》卷7《武成》。
④ 释道宣：《广弘明集》卷28《大周二教钟铭》。
⑤ 令狐德等：《周书》卷5《武帝上》。

名之前，超于天地之表故也。时议者纷纭，情见乖咎，不定而散"①。但因三教各执一词，因此悬而不决。后来甄鸾上《笑道论》，道安上《二教论》等书，极力为佛教辩护，驳斥道教。宇文邕对于佛道二教互相攻击极感不快，敕令暂时搁置二教优劣的议论。建德元年（572年）正月，宇文邕"幸玄都观，亲御法座讲说，公卿道俗论难，事毕还宫"②。建德二年（573年）十二月，宇文邕又"集群臣及沙门、道士等，帝升高座，辨释三教先后，以儒教为先，道教为次，佛教为后"③。如此一来，引起佛教界的强烈反应，先后有猛法师、道积等人抗旨直谏。五个月后，即在建德三年（574年）五月，武帝已决心毁佛，召集僧道二众在太极殿辩论，张宾极力斥佛扬道，却被智炫法师论破，宇文邕乃亲自升座，试图加以论难，不料智炫法师应对安详，陈义甚高，宇文邕在盛怒之下离开太极殿。次日，宇文邕下诏废佛、道二教，破毁寺塔，焚烧经像，勒令沙门、道士还俗。当时，被迫还俗的沙门有两万多人，关陇一带的佛寺被破坏殆尽。据《周书》载："丙子，初断佛、道二教，经像悉毁，罢沙门、道士，并令还民。并禁诸淫祀，礼典所不载者，尽除之。"④ 有意思的是，周宣帝宇文赟即位后一反父皇的做法。据史载，大象元年（579年），"初复佛像及天尊像。至是，帝与二像俱南面而坐，大陈杂戏，令京城士民纵观"⑤。周静帝即位后，更是极力平衡三教之间的关系，于大象二年（580年）五月，"复行佛、道二教。旧沙门、道士精诚自守者，简令入道"⑥。这样，使得儒、佛、道三教各得其所，各安其分，各尽其责。

（二）南朝的崇儒重教及兼用佛道之举

继东晋之后，南方先后出现宋、齐、梁、陈四个朝代的更迭。鉴于寒人势力的兴起，各朝统治者为加强皇权，遏制门阀士族特权，以便建立起一套尊卑有序的等级制度，因而对儒家的纲常礼教多有提倡，在文化教育方面同样体现出崇儒重教的政策性趋向。

---

① 释道宣：《广弘明集》卷8《周灭佛法集道俗议事》。
② 令狐德等：《周书》卷5《武帝上》。
③ 令狐德等：《周书》卷5《武帝上》。
④ 令狐德等：《周书》卷5《武帝上》。
⑤ 令狐德等：《周书》卷7《宣帝》。
⑥ 令狐德等：《周书》卷8《静帝》。

1. 恪守崇儒尊孔传统

崇儒尊孔是自汉武帝之后各朝各代的惯例，是其文教政策的核心价值观所在。南朝各代也是如此，在立庙、祭孔、讲经等方面多有重要举措。

以"事继母以孝谨称"的宋武帝刘裕，在即位当年即永初元年（420 年）多次发布的诏书中，"一依旧准""一仍本秩""一依前典"等字眼频频出现，表现出两晋崇儒政策的可持续性倾向，旨在"安国宁民"。其子宋文帝刘义隆，不仅"博涉经史"，且"君德自然，圣明在御，孝悌著于家邦，风猷宣于蕃牧"。因而，刘义隆极力倡导儒术。尤其是在元嘉十四年（437 年）撰《礼论》一篇，就儒家的礼乐之论专门征求御史中丞傅隆的意见。傅隆阅后上表，表曰：

> 原夫礼者，三千之本，人伦之至道。故用之家国，君臣以之尊，父子以之亲；用之婚冠，少长以之仁爱，夫妻以之义顺；用之乡人，友朋以之三益，宾主以之敬让。所谓极乎天，播乎地，穷高远，测深厚，莫尚于礼也。其《乐》之五声，《易》之八象，《诗》之风雅，《书》之典诰，《春秋》之微婉劝惩，无不本乎礼而后立也。①

傅隆依据文帝之意，称"不敢废默，谨率管穴所见五十二事上呈"。表明崇儒政策的基本确立。元嘉十九年（442 年）十二月，刘义隆下诏在阙里修学、整治孔林，并安排孔子后裔掌管洒扫之事。他在诏书中说："阙里往经寇乱，黉校残毁，并下鲁郡修复学舍，采召生徒。昔之贤哲及一介之善，犹或卫其丘垄，禁其刍牧，况尼父德表生民，功被百代，而坟茔荒芜，荆棘弗翦。可蠲墓侧数户，以掌洒扫。"② 于是，"鲁郡上民孔景等五户居近孔子墓侧，蠲其课役，供给洒扫，并种松柏六百株"。宋孝武帝刘骏即位的当年，即孝建元年（454 年）十月，下诏要重建"庙制"，并择地立庙祀孔，诏曰：

> 仲尼体天降德，维周兴汉，经纬三极，冠冕百王。爰自前代，咸加褒述。典司失人，用阙宗祀。先朝远存遗范，有诏缮立，世故妨道，事未克就。国难频深，忠勇奋厉，实凭圣义，大教所敦。永惟兼怀，无忘待旦。可开建庙制，同诸侯之礼。详择爽垲，厚给祭秩。③

---

① 沈约：《宋书》卷 55《傅隆》。
② 沈约：《宋书》卷 5《文帝》。
③ 沈约：《宋书》卷 6《孝武帝》。

宋明帝刘彧更是儒术的忠实践行者，史载：

> 好读书，爱文义。在藩时，撰《江左以来文章志》，又续卫瓘所注《论语》二卷，行于世。及即大位，四方反叛，以宽仁待物。诸军帅有父兄子弟同逆者，并授以禁兵，委任不易，故众为之用，莫不尽力。①

齐高帝萧道成自幼接受儒术的熏陶，史载"儒士雷次宗立学于鸡笼山，太祖年十三，受业，治《礼》及《左氏春秋》"②。因而，萧道成称帝后重视用儒术来引领文教改革，他在建元四年（482年）正月所发布的诏书中称：

> 夫胶庠之典，彝伦攸先，所以招振才端，启发性绪，弘宇黎氓，纳之轨义，是故五礼之迹可传，六乐之容不泯。朕自膺历受图，志阐经训，且有司群僚，奏议咸集，盖以戎车时警，文教未宣，思乐泮宫，永言多慨。今关燧无虞，时和岁稔，远迩同风，华夷慕义。便可式遵前准，修建教学，精选儒官，广延国胄。③

齐武帝萧赜即位后于永明七年（489年）二月下诏，要求重修孔庙，诏曰：

> 宣尼诞敷文德，峻极自天，发辉七代，陶钧万品，英风独举，素王谁匹！功隐于当年，道深于日月。感麟厌世，缅邈千祀，川竭谷虚，丘夷渊塞，非但洙泗湮沦，至乃飨尝之主。前王敬仰，崇修寝庙，岁月亟流，鞠为茂草。今学教兴立，实禀洪规，抚事怀人，弥增钦属。可改筑宗祊，务在爽垲。量给祭秩，礼同诸侯。奉圣之爵，以时绍继。④

齐明帝萧鸾即位后，就祀孔之礼制，于永泰元年（498年）下诏，要求"详复祭秩，使牢饩备礼"，以"克昭盛烈，永隆风教"。诏曰：

> 仲尼明圣在躬，允光上哲，弘厥雅道，大训生民，师范百王，轨仪千载。立人斯仰，忠孝攸出，玄功潜被，至德弥阐。虽反袂遐旷，而祧荐靡阙，时祭旧品，秩比诸侯。顷岁以来，祀典陵替，俎豆寂寥，牲奠莫举，岂所以克昭盛烈，永隆风教者哉！可式循旧典，详复祭秩，使牢饩备礼，钦飨兼申。⑤

---

① 沈约：《宋书》卷8《明帝》。
② 萧子显：《南齐书》卷1《高帝上》。
③ 萧子显：《南齐书》卷2《高帝下》。
④ 萧子显：《南齐书》卷3《武帝》。
⑤ 萧子显：《南齐书》卷6《明帝》。

　　尔后，南梁几代帝王继续沿用南齐尊孔的做法，诸如"少时学周孔，弱冠穷六经"的梁武帝萧衍，即位后为"大修文教""阐扬儒业"，于天监四年（505年）六月诏立孔庙。梁敬帝萧方智于太平二年（557年）正月下诏要求完善祀孔之礼制，诏称：

> 夫子降灵体哲，经仁纬义，允光素王，载阐玄功，仰之者弥高，诲之者不倦。立忠立孝，德被蒸民，制礼作乐，道冠群后。虽泰山颓峻，一篑不遗，而泗水余澜，千载犹在。自皇图屯阻，祀荐不修，奉圣之门，胤嗣歼灭，敬神之寝，簠簋寂寥。永言声烈，实兼钦怆。外可搜举鲁国之族，以为奉圣后。并缮庙堂，供备祀典，四时荐秩，一皆遵旧。①

　　陈文帝陈蒨即位前便"留意经史，举动方雅，造次必遵礼法"。他即位后，益崇尚儒术，励精图治，且卓有成效。如吏部尚书姚察撰文所称：

> 世祖自初发迹，功庸显著，宁乱静寇，首佐大业。及国祸奄臻，入承宝祚，兢兢业业，其若驭朽，加以崇尚儒术，爱悦文义，见善如弗及，用人如由己，恭俭以御身，勤劳以济物，自昔允文允武之君，东征西怨之后，宾实之迹，可为联类。至于杖聪明，用鉴识，斯则永平之政，前史其论诸。②

　　陈蒨之子，即废帝、临海王陈伯宗承袭尊儒传统，于光大元年（567年）十二月，任命祭孔奉祀官，"以兼从事中郎孔英哲为奉圣亭侯，奉孔子祀"。陈后主陈叔宝嗜好读书，当太子时，陈叔宝曾让人把古书中的妙语警策辑录成册，以备他日济世之用。即位后，陈叔宝于至德三年（585年）十一月下诏修孔庙祭孔，诏曰：

> 宣尼诞膺上哲，体资至圣，祖述宪章之典，并天地而合德，乐正雅颂之奥，与日月而偕明，垂后昆之训范，开生民之耳目。梁季湮微，灵寝忘处，鞠为茂草，三十馀年，敬仰如在，永惟怆息。今《雅道》雍熙，《由庚》得所，断琴故履，零落不追，阅笥开书，无因循复。外可详之礼典，改筑旧庙，蕙房桂栋，咸使惟新，芳繁洁潦，以时缩奠。③

---

① 姚思廉：《梁书》卷6《敬帝》。
② 姚思廉：《陈书》卷3《世祖》。
③ 姚思廉：《陈书》卷6《后主》。

是年十二月，孔庙修饰一新，并举行隆重的祭孔典礼，"礼毕，设金石之乐，会宴王公卿士"。

2. 颁兴学诏，积极推动学校建设

南朝各代执政者几乎都颁布有兴学诏书，不断强化教育乃立国治国之本意识，进而助推各级各类学校教育的发展，尤其是南梁还开分科教育活动之风。

宋武帝刘裕针对当时因战事导致的"学校荒废，讲诵蔑闻"的实际情况，于永初三年（422年）正月下诏，认为"古之建国，教学为先"，要求"选备儒官，弘振国学"，由此奠定了宋朝文教政策的基本基调。诏书称"古之建国，教学为先，弘风训世，莫尚于此"。鉴于当时因为战事而导致"学校荒废，讲诵蔑闻，军旅日陈，俎豆藏器，训诱之风，将坠于地"的实际情况，提出要"博延胄子，陶奖童蒙，选备儒官，弘振国学"①。宋文帝刘义隆即位后，重视发展分科及地方官学教育，于是儒学、史学、文学及玄学"凡四学并建"。刘义隆还"车驾数幸次宗学馆，资给甚厚"。元嘉十九年（442年）正月，刘义隆下兴学诏，阐释"教学之为贵"要义，要求地方兴学，诏曰：

> 夫所因者本，圣哲之远教；本立化成，教学之为贵。故诏以三德，崇以四术，用能纳诸义方，致之轨度。盛王祖世，咸必由之……今方隅乂宁，戎夏慕响，广训胄子，实维时务。便可式遵成规，阐扬景业。②

元嘉二十三年（446年）十月，刘义隆又一次下诏，对兴学成果予以肯定，并"赐帛各有差"予以奖励，诏曰："庠序兴立累载，胄子肄业有成。近亲策试，睹济济之美，缅想洙泗，永怀在昔。诸生答问，多可采览。教授之官，并宜沾赉。"③ 宋孝武帝刘骏也在大明五年（461年）下兴学诏，强调教育的"化民成俗"功能，诏曰："今息警夷嶂，恬波河渚，栈山航海，向风慕义，化民成俗，兹时笃矣。来岁可修葺庠序，旌延国胄。"④

南齐时曾三次下诏兴学，要求精选儒官，广施教化。第一次是齐高帝萧道成于建元四年（482年）下兴办国学诏，提出要"精选儒官，广延国胄"。诏称：

---

① 沈约：《宋书》卷3《武帝下》。
② 沈约：《宋书》卷5《文帝》。
③ 沈约：《宋书》卷5《文帝》。
④ 沈约：《宋书》卷6《孝武帝》。

夫胶庠之典，彝伦攸先，所以招振才端，启发性绪，弘宇黎氓，纳之轨义，是故五礼之迹可传，六乐之容不泯。朕自膺历受图，志阐经训，且有司群僚，奏议咸集，盖以戎车时警，文教未宣，思乐泮宫，永言多慨。今关燧无虞，时和岁稔，远迩同风，华夷慕义。便可式遵前准，修建教学，精选儒官，广延国胄。①

第二次是齐武帝萧赜于永明三年（485 年）下诏兴学，提出要"高选学官，广延胄子"，与第一次兴学意味相同，只是语言表述有异。诏曰：

《春秋国语》云："生民之有学斅，犹树木之有枝叶。"果行育德，咸必由兹。在昔开运，光宅华夏，方弘典谟，克隆教思，命彼有司，崇建庠塾。甫就经始，仍离屯故，仰瞻徽猷，岁月弥远。今遐迩一体，车轨同文，宜高选学官，广延胄子。②

第三次是齐明帝萧鸾于建武四年（497 年）下诏，再次强调兴学之重要，提出要"式依旧章，广延国胄"，诏称：

是以陶钧万品，务本为先；经纬九区，学斅为大。往因时康，崇建庠序，屯虞荐有，权从省废，讴诵寂寥，倏移年稔，永言古昔，无忘旰昃。今华夏义安，要荒慕向，缔修东序，实允适时。便可式依旧章，广延国胄，弘敷景业，光被后昆。③

梁武帝萧衍执政时政局趋于稳定，于天监七年（508 年）下诏兴学，提出要"大启庠斅，博延胄子"，诏称：

建国君民，立教为首。不学将落，嘉植靡由。朕肇基明命，光宅区宇，虽耕耘雅业，傍阐艺文，而成器未广，志本犹阙，非所以熔范贵游，纳诸轨度。思欲式敦让齿，自家刑国。今声训所渐，戎夏同风，宜大启庠斅，博延胄子，务彼十伦，弘此三德，使陶钧远被，微言载表。④

天监九年（510 年）三月，萧衍"车驾幸国子学，亲临讲肆，赐国子祭酒以下帛各有差"⑤，并下诏令王公贵族子弟入学受教，诏曰："王子从学，著自礼

① 萧子显：《南齐书》卷2《高帝下》。
② 萧子显：《南齐书》卷3《武帝》。
③ 萧子显：《南齐书》卷6《明帝》。
④ 姚思廉：《梁书》卷2《武帝中》。
⑤ 姚思廉：《梁书》卷2《武帝中》。

经，贵游咸在，实惟前诰，所以式广义方，克隆教道。今成均大启，元良齿让，自斯以降，并宜肄业。皇太子及王侯之子，年在从师者，可令入学。"① 当年十二月，萧衍再次"舆驾幸国子学，策试胄子，赐训授之司各有差"②。可见其对发展官学教育的高度关注。

陈朝虽少有兴学诏书，但执政者对发展学校教育也是很关注的，史书也多有记载，诸如陈宣帝太建三年（571年）八月，皇太子亲释奠于太学，且"二傅、祭酒以下赉帛各有差"等。

3. 重视选才用能

为实施以儒治国，南朝各代都很重视通过荐举或九品中正制来选贤任能，并能随才任用。

宋武帝刘裕登基后的第二年，即永初二年（421年）二月，他亲临延贤堂策试诸州郡秀才、孝廉，"扬州秀才顾练、豫州秀才殷朗所对称旨，并以为著作佐郎"③。宋文帝刘义隆于元嘉十二年（435年）下诏，鉴于"周宗以宁，实由多士；汉室之隆，亦资得人"的历史经验，同时针对"遗才在野，管库虚朝"的现实，要求地方官员于民间荐举贤才，"宣敕内外，各有荐举"。宋武帝刘骏于孝建元年（454年）下诏，明确规定"非才勿举"及赏罚措施，诏曰：

> 首食尚农，经邦本务，贡士察行，宁朝当道。内难甫康，政训未洽；衣食有仍耗之弊，选造无观国之美。昔卫文勤民，高宗恭默，卒能收贤岩穴，大殷季年。朕每侧席疚怀，无忘鉴寐。凡诸守莅亲民之官，可详申旧条，勤尽地利。力田善蓄者，在所具以名闻。褒甄之科，精为其格。四方秀孝，非才勿举，献答允值，即就铨擢。若止无可采，犹赐除署；若有不堪酬奉，虚窃荣荐，遣还田里，加以禁锢。尚书百官之元本，庶绩之枢机，丞郎列曹，局司有在。而顷事无巨细，悉归令仆，非所以众材成构，群能济业者也。可更明体制，咸责厥成，纠核勤惰，严施赏罚。④

大明六年（462年），刘骏下令褒奖有识之士，规定"其有怀真抱素，志行

---

① 姚思廉：《梁书》卷2《武帝中》。
② 姚思廉：《梁书》卷2《武帝中》。
③ 沈约：《宋书》卷3《武帝下》。
④ 沈约：《宋书》卷6《孝武帝》。

清白，恬退自守，不交当世，或识通古今，才经军国，奉公廉直，高誉在民，具以名奏"①。宋明帝刘彧于泰始二年（466年）诏令群臣百官为其"举贤聘逸"，诏曰：

> 朕甫承大业，训道未敷，虽侧席忠规，伫梦岩筑，而良图莫荐，奇士弗闻，永鉴通古，无忘宵寐。今藩隅克晏，敷化维始，屡怀存治，实望箴阙。王公卿尹，群僚庶官，其有嘉谋直献，匡俗济时，咸切事陈奏，无或依隐。若乃林泽贞栖，丘园耿洁，博洽古今，敦崇孝让，四方大任，可明书搜扬，具即以闻，随就褒立。②

齐武帝萧赜执政时，曾于永明八年（490年）四月下诏，要求百官悉心为其荐举贤才，诏曰："公卿已下各举所知，随才授职。进得其人，受登贤之赏；荐非其才，获滥举之罚。"③

梁武帝萧衍在选贤任能问题上亦颇有卓识，即位前就曾上表，要求"设官分职，唯才是务"。萧衍即位后曾多次下诏求贤，明定选才标准及要求。如天监四年（505年）正月，下诏规定选贤年龄及标准，称"今九流常选，年未三十，不通一经，不得解褐。若有才同甘、颜，勿限年次"④。随即选置《五经》博士各一人。天监七年（508年）二月，诏令于州郡县置州望、郡宗、乡豪各一人，专门负责人才选拔。天监八年（509年）五月，诏令从"寒品后门"来选用贤能，诏曰："其有能通一经，始末无倦者，策实之后，选可量加叙录。虽复牛监羊肆，寒品后门，并随才试吏，勿有遗隔。"⑤ 天监十四年（514年）正月，诏令不拘一格地选才，称"若有确然乡党，独行州闾，肥遁丘园，不求闻达，藏器待时，未加收采；或贤良、方正，孝悌、力田，并即腾奏，具以名上"⑥。普通七年（526年），诏定各州郡荐举名额，"凡是清吏，咸使荐闻，州年举二人，大郡一人"⑦。大同二年（536年）三月，针对选举中所存在的问题，诏令百官举才时要"勿有所隐"，诏曰：

---

① 沈约：《宋书》卷6《孝武帝》。
② 沈约：《宋书》卷8《明帝》。
③ 萧子显：《南齐书》卷3《武帝》。
④ 姚思廉：《梁书》卷2《武帝中》。
⑤ 姚思廉：《梁书》卷2《武帝中》。
⑥ 姚思廉：《梁书》卷2《武帝中》。
⑦ 姚思廉：《梁书》卷3《武帝下》。

政在养民，德存被物，上令如风，民应如草……《书》不云乎："股肱
惟人，良臣惟圣。"实赖贤佐，匡其不及。凡厥在朝，各献谠言，政治不便
于民者，可悉陈之。若在四远，刺史二千石长吏，并以奏闻。细民有言事
者，咸为申达。朕将亲览，以纾其过。文武在位，举尔所知，公侯将相，
随才擢用，拾遗补阙，勿有所隐。①

太清元年（547年）正月，又诏令"博采英异"，要求"可班下远近，博采
英异，或德茂州间，道行乡邑，或独行特立，不求闻达，咸使言上，以时招
聘"②。太清二年（548年）五月，再次下诏，认为"为国在于多士"，故要广求
"俊乂"。诏曰：

为国在于多士，宁下寄于得人。朕暗于行事，尤阙治道，孤立在上，
如临深谷。凡尔在朝，咸思匡救，献替可否，用相启沃。班下方岳，傍求
俊乂，穷其屠钓，尽其岩穴，以时奏闻。③

梁武帝如此重视选才任能，并建立了一套较完备的选举制度，对当时文教
事业的发展有着重要的推动作用。对此，《梁书·文学上》赞曰：

高祖聪明文思，光宅区宇，旁求儒雅，诏采异人，文章之盛，焕乎俱
集。每所御幸，辄命群臣赋诗，其文善者，赐以金帛，诣阙庭而献赋颂者，
或引见焉。其在位者，则沈约、江淹、任昉，并以文采妙绝当时。至若彭
城到沆、吴兴丘迟、东海王僧孺、吴郡张率等，或入直文德，通宴寿光，
皆后来之选也。④

梁敬帝萧方智执政时，重启九品中正制，明定中正官的设置及标准，于太
平二年（557年）正月下诏曰：

诸州各置中正，依旧访举。不得辄承单状序官，皆须中正押上，然后
量授。详依品制，务使精实。其荆、雍、青、兖虽暂为隔阂，衣冠多寓淮
海，犹宜不废司存。会计罢州，尚为大郡，人士殷旷，可别置邑居。至如
分割郡县，新号州牧，并系本邑，不劳兼置。其选中正，每求耆德，该悉

① 姚思廉：《梁书》卷3《武帝下》。
② 姚思廉：《梁书》卷3《武帝下》。
③ 姚思廉：《梁书》卷3《武帝下》。
④ 姚思廉：《梁书》卷49《文学上》。

以他官领之。①

南陈政权也多次下诏选贤纳士。如陈武帝陈霸先于永定二年（558 年）十二月，诏令从南梁旧臣及有军勋者中选用人才，称"梁时旧仕，乱离播越，始还朝廷，多未铨序。又起兵已来，军勋甚众。选曹即条文武簿及节将应九流者，量其所拟"②。于是，随才擢用者达 50 余人。陈文帝陈蒨于天嘉元年（560 年）七月诏令属下"进举贤良"：

> 朕以眇身，属当大宝，负荷至重，忧责实深，而庶绩未康，骨怨犹结，仁咨贤良，发于梦想，每有一言入听，片善可求，何尝不褒奖抽扬，缄书绅带……新安太守陆山才有启，荐梁前征西从事中郎萧策，梁前尚书中兵郎王逷，并世胄清华，羽仪著族，或文史足用，或孝德可称，并宜登之朝序，擢以不次。王公已下，其各进举贤良，申荐沦屈，庶众才必萃，大厦可成，使《械朴》载歌，《由庚》在咏。③

陈后主陈叔宝于至德四年（586 年）正月为求"治道"下诏，要求王公以下官员要"各荐所知"。诏曰：

> 尧施谏鼓，禹拜昌言，求之异等，久著前徽，举以淹滞，复闻昔典，斯乃治道之深规，帝王之切务。朕以寡昧，丕承鸿绪，未明虚己，日旰兴怀，万机多寮，四聪弗达，思闻謇谔，采其谋计。王公已下，各荐所知，旁询管库，爰及舆皂，一介有能，片言可用，朕亲加听览，伫于启沃。④

他要求凡"一介有能，片言可用"者皆可荐举，可见是要不拘一格选才的。

4. 兼用佛道

南朝执政者在崇儒的同时，对佛道同样采取兼容的态度，甚至是笃信和尊崇，主要表现在建造寺观、重用僧道、讲经说法等诸项活动上。

宋武帝刘裕在称帝前就与佛教僧侣关系密切，晋安帝义熙十二年（416 年）出兵后秦时，就曾带高僧慧严同行。不久又有沙门释慧义造出"符瑞"之说，称"冀州有法称道人，临终语弟子普严云：'嵩高灵神云：江东有刘将军应天受

① 姚思廉：《梁书》卷 6《敬帝》。
② 姚思廉：《陈书》卷 2《高祖下》。
③ 姚思廉：《陈书》卷 3《世祖》。
④ 姚思廉：《陈书》卷 6《后主》。

命，吾以三十二璧、镇金一饼为信'"①。于是，刘裕遣释慧义往取。慧义于义熙十三年（417年）七月往嵩山，果得此信物。这显然是刘裕为代晋而人为所造的，可见刘裕之仰重佛教，也可以看出佛教在当时已普遍为人们所崇信。刘裕称帝后，对佛教自然青睐有加，只是执政时日不长，未有大的举措。但其子宋文帝刘义隆不仅崇重佛教，且还颇有见识。元嘉十二年（435年），刘义隆与朝臣何尚之等讨论佛教，刘义隆对何尚之说：

> 吾少不读经，比复无暇。三世因果，未辨致怀。而复不敢立异者，正以前达及卿辈时秀，率皆敬信故也。范泰、谢灵运每云六经典文，本在济俗为治耳。必求性灵真奥，岂得不以佛经为指南耶！颜延年之《折达性》，宗少文之《难白黑》，明佛汪汪，尤为名理。并足开奖人意。若使率土之滨，皆纯此化，则吾坐致太平，夫复何事？近萧摹之请制，未全经通即已相示，委卿增损。必有以式遏浮淫，无伤弘奖者，乃当著令耳。②

甚至还对何尚之说："释门有卿，亦犹孔氏之有季路，所谓恶言不入于耳。"③ 刘义隆对佛教的认识体现出刘宋朝尊佛的政策性趋向，之后一些僧侣受到重用，诸如曾著《均善论》的慧琳，"旧僧谓其败黜释氏，欲加摈斥，文帝见论赏之。元嘉中，遂参权要，朝廷大事皆与议焉。宾客辐凑，门车常有数十辆。四方赠赂相系，势倾一时"④。宋孝武帝刘骏也信重佛教，大明四年（460年）就在中兴寺设斋仪，因有一僧人自谓从天安寺来，转瞬即逝，顿觉神奇，遂改中兴寺为天安寺。还为其过世的宠妃殷氏建寺，以妃子新安王之封号为名，称新安寺。但在大明六年（462年），刘骏却使朝官上奏沙门应该礼敬帝王，并准奏下诏执行，却遭到僧侣的抵制。宋明帝刘彧也信重佛教，当其为湘东王时就曾随僧瑾受五戒，即位后在建康建阳门外建兴皇寺，以僧人道猛为寺主，还将湘东王宫改建为湘宫寺。同时，对道教也多有提倡。道士陆修静原在庐山修行。刘骏慕其名，便在京师为其建崇虚馆，欲以"稽古化俗"，虽陆修静"不得已而莅焉"⑤，从中也可以看出，道教的社会教化功能已得到执政者的认可和看重。

---

① 释慧皎：《高僧传》卷 7《释慧义》。
② 僧祐：《弘明集》卷 11《何令尚之答宋文皇帝赞扬佛教事》。
③ 僧祐：《弘明集》卷 11《何令尚之答宋文皇帝赞扬佛教事》。
④ 李延寿：《南史》卷 78《夷貊上》。
⑤ 张君房：《云笈七签》卷 5《经教相承部·宋庐山简寂陆先生》。

相比之下，南齐对道教的推崇更甚，这与道教宗师陶弘景的影响度、道教的高度社会化及皇帝的嗜好有关。齐高帝萧道成称帝后，任陶弘景为相，并"引为诸王侍读，除奉朝请"。他虽在朱门，但"闭影不交外物，唯以披阅为务。朝仪故事，多所取焉"①。齐永明二年（484 年），兴世馆落成，齐武帝萧赜诏令道士孙颖达入主兴世馆，"于是搜奇之士，知袭教有宗，若凤萃于桐，万禽争赴矣。孔德璋、刘孝标等争结尘外之好……门徒弟子数百人，唯陶弘景入室焉。"②永明十年（492 年），陶弘景不迷恋仕途，上表辞禄，"诏许之，赐以束帛，敕所在月给茯苓五斤，白蜜二升，以供服饵。及发，公卿祖之征虏亭，供帐甚盛，车马填咽，咸云宋、齐以来未有斯事"③。

南梁祖辈笃信道教，梁武帝萧衍早年也因结交陶弘景而信奉道教，及其即位后，对陶弘景"恩礼愈笃，书问不绝，冠盖相望"。据《南史》载：

> 弘景既得神符秘诀，以为神丹可成，而苦无药物。帝给黄金、朱砂、曾青、雄黄等。后合飞丹，色如霜雪，服之体轻。及帝服飞丹有验，益敬重之。每得其书，烧香虔受……国家每有吉凶征讨大事，无不前以咨询。月中常有数信，时人谓为山中宰相。④

但不久，萧衍便弃道依佛，几乎要把佛教定为国教，甚至发愿舍身侍佛，并于天监三年（504 年）下诏称：

> 弟子经迟迷荒，耽事老子，历叶相承，染此邪法，习因善发，弃迷知返。今舍旧医，归凭正觉，愿使未来世中，童男出家，广弘经教，化度含识，同共成佛。宁在正法之中长沦恶道，不乐依老子教暂得生天。⑤

梁武帝不仅宣示佛教为正法，自己要"舍事道法，皈依佛教"，还规劝公卿百官"宜反伪就真，舍邪入正"。基本上奠定了南梁崇佛的政策走向。之后，梁武帝诏令建造佛寺，且多次舍身佛门，诸如：大通元年（527 年）三月，"舆驾幸同泰寺舍身"；中大通元年（529 年）九月，"舆驾幸同泰寺，设四部无遮大会，因舍身，公卿以下，以钱一亿万奉赎"；中大通三年（531 年）十月，"幸同

① 李延寿：《南史》76《陶弘景》。
② 张君房：《云笈七签》卷 5《经教相承部·齐兴世馆主孙先生》。
③ 李延寿：《南史》卷 76《陶弘景》。
④ 李延寿：《南史》卷 76《陶弘景》。
⑤ 释道宣：《广弘明集》卷 4《舍事李老道法诏》。

泰寺，高祖升法座，为四部众说《大般若涅盘经》义"。十一月，"幸同泰寺，高祖升法座，为四部从说《摩诃般若波罗蜜经》义"；中大通五年（533 年）二月，"幸同泰寺，设四部大会，高祖升法座，发《金字摩诃波若经》题"①；中大同元年（546 年）三月，"法驾出同泰寺大会，停寺省，讲《金字三慧经》。夏四月丙戌，于同泰寺解讲，设法会"②，等等。其子梁元帝萧绎对道学又有所提倡，并于承圣三年（554 年）九月，"于龙光殿述《老子》义，尚书左仆射王褒为执经"③。

陈朝帝王也多崇信佛教。陈武帝陈霸先曾效仿梁武帝的做法，永定元年（557 年）十月即帝位五天后，便"诏出佛牙于杜姥宅，集四部设无遮大会，高祖亲出阙前礼拜"。永定二年（558 年）五月，陈霸先"舆驾幸大庄严寺舍身"；十月又"舆驾幸庄严寺，发《金光明经》题"；十二月再次"舆驾幸大庄严寺，设无珝大会，舍乘舆法物。群臣备法驾奉迎，即日舆驾还宫"④。陈文帝陈蒨也于天嘉四年（563 年）四月"设无碍大会，舍身于太极前殿"⑤。他还撰写有诸如《无碍会舍身忏文》《妙法莲华经忏文》《金光明忏文》《大通方广忏文》《虚空藏菩萨忏文》《方等陀罗尼斋忏文》《药师斋忏文》《娑罗斋忏文》等忏文，且均是在设斋仪法会时所撰。陈后主陈叔宝于太建十四年（582 年）正月即位十多天后，亦设无碍大会于太极前殿，至九月又"设无碍大会于太极殿，舍身及乘舆御服"⑥。

5. 关注社会教化

南朝各代帝王，在重学校教化的同时也十分关注农桑、伦理、军事等方面的社会教化，这既是其文教政策实施的一个重要组成部分，又是稳定社会秩序的必然选择。

宋文帝刘义隆于元嘉八年（431 年）六月下劝农桑诏，要求地方官员要"宜思奖训，导以良规"。元嘉二十年（443 年）十二月下诏，提出"国以民为本，

---

① 姚思廉：《梁书》卷 3《武帝下》。
② 姚思廉：《梁书》卷 3《武帝下》。
③ 姚思廉：《梁书》5《元帝》。
④ 姚思廉：《陈书》卷 2《高祖下》。
⑤ 李延寿：《南史》卷 9《陈本纪上》。
⑥ 司马光：《资治通鉴》卷 175《陈纪九》。

民以食为天。故一夫辍稼，饥者必及，仓廪既实，礼节以兴"。要求地方官员"务尽敦课，游食之徒咸令附业，考核勤惰，行其诛赏，观察能殿，严加黜陟"。元嘉二十一年（444 年）七月再次下诏，要求诸州郡"尽勤地利，劝导播殖，蚕桑麻榮，各尽其方，不得但奉行公文而已"①。同时，宋文帝对军事教化也很重视，敕建宣武场，要求讲究武事。元嘉二十五年（448 年）二月宣武场建成，刘义隆及时下诏，要求"克日大习众军""肄武讲事"。诏称："安不忘虞，经世之所同；治兵教战，有国之恒典。故服训明耻，然后少长知禁，顷戎政虽修，而号令未审。今宣武场始成，便可克日大习众军。当因校猎，肄武讲事。"② 宋孝武帝刘骏比较看重社会伦理教化，如大明三年（459 年）诏令"孝子、顺孙、义夫、节妇，赐粟帛各有差"；大明四年（460 年）诏令"力田之民，随才叙用。孝悌义顺，赐爵一级"③。

　　齐武帝萧赜于永明三年（485 年）正月下劝农桑诏，要求地方官"明赏罚""劝勤怠""申黜陟"。同时，萧赜也很重视军事教化，永明四年（486 年）正月曾莅临宣武堂讲武，称"今亲阅六师，少长有礼，领驭群帅，可量班赐"④。齐明帝萧鸾很关注劝农教化，于建武二年（495 年）正月下诏，要求对"耕蚕殊众"者奖，对"游怠害业"者罚：

　　　食惟民天，义高姬载，蚕实生本，教重轩经。前哲盛范，后王茂则，布令审端，咸必由之。朕肃宸岩廊，思弘风训，深务八政，永鉴在勤，静言日昃，无忘寝兴。守宰亲民之主，牧伯调俗之司，宜严课农桑，罔令游惰，揆景肆力，必穷地利，固修堤防，考校殿最。若耕蚕殊众，具以名闻；游怠害业，即便列奏。主者详为条格。⑤

　　梁武帝萧衍称帝后多次下诏，重视通过"设教"、移风易俗及为政"便于民"来安定天下。诸如天监三年（504 年）十一月诏曰：

　　　设教因时，淳薄异政，刑以世革，轻重殊风。昔商俗未移，民散久矣，婴网陷辟，日夜相寻。若悉加正法，则赭衣塞路；并申弘宥，则难用为国，

① 沈约：《宋书》卷 5《文帝》。
② 沈约：《宋书》卷 5《文帝》。
③ 沈约：《宋书》卷 6《孝武帝》。
④ 萧子显：《南齐书》卷 3《武帝》。
⑤ 萧子显：《南齐书》卷 6《明帝》。

故使有罪入赎，以全元元之命。今遐迩知禁，囹犴稍虚，率斯以往，庶几刑措。金作权典，宜在蠲息。可除赎罪之科。①

天监十五年（516年）正月下诏称：

观时设教，王政所先，兼而利之，实惟务本，移风致治，咸由此作。顷因革之令，随事必下，而张弛之要，未臻厥宜，民瘼犹繁，廉平尚寡，所以伫流纡而载怀，朝玉帛而兴叹。可申下四方，政有不便于民者，所在具条以闻。守宰若清洁可称，或侵渔为蠹，分别奏上，将行黜陟。长吏劝课，躬履堤防，勿有不修，致妨农事。关市之赋，或有未允，外时参量，优减旧格。②

萧衍还多次"躬耕籍田"，借以引领军民重视农业生产。他在普通四年（523年）二月发布的诏书中称：

夫耕籍之义大矣哉！粢盛由之而兴，礼节因之以著，古者哲王咸用此作。春言八政，致兹千亩，公卿百辟，恪恭其仪，九推毕礼，馨香靡替。兼以风云叶律，气象光华，属览休辰，思加奖劝。可班下远近，广辟良畴，公私畎亩，务尽地利。若欲附农，而粮种有乏，亦加贷恤，每使优遍。孝悌力田赐爵一级。③

陈文帝陈蒨深谙守业之道，即位后不断发布劝农及厉风俗诏书。天嘉元年（560年）三月诏令"守宰明加劝课，务急农桑"；八月再次诏令地方官"劝课"，称：

菽粟之贵，重于珠玉。自顷寇戎，游手者众，民失分地之业，士有佩犊之讥。朕哀矜黔庶，念康弊俗，思俾阻饥，方存富教。麦之为用，要切斯甚，今九秋在节，万实可收，其班宣远近，并令播种。守宰亲临劝课，务使及时。其有尤贫，量给种子。④

同时，鉴于"移风之道未弘，习俗之患犹在"及南梁奢侈亡国的教训，一向"恭俭以御身，勤劳以济物"的陈蒨于同年八月下诏要"淳风"，诏曰：

①姚思廉：《梁书》卷2《武帝中》。
②姚思廉：《梁书》卷2《武帝中》。
③姚思廉：《梁书》卷3《武帝下》。
④姚思廉：《陈书》卷3《世祖》。

汙罇土鼓，诚则难追，画卵雕薪，或可易革。梁氏末运，奢丽已甚，刍豢厌于胥史，歌钟列于管库，土木被朱丹之采，车马饰金玉之珍，逐欲浇流，迁讹遂远。朕自诸生，颇为内足，而家敦朴素，室靡浮华，观览时俗，常所扼腕。今妄假时乘，临驭区极，属当浇季，思闻治道，菲食卑宫，自安俭陋，俾兹薄俗，获反淳风。维雕镂淫饰，非兵器及国容所须，金银珠玉，衣服杂玩，悉皆禁断。①

天嘉三年（562 年）正月，针对"德化不孚，俗弊滋甚"的社会现实，陈文帝甚为忧虑，再次下诏整治，并对有作为者加以褒奖，诏曰：

朕负荷宝图，亟回星琯，兢兢业业，庶几治定，而德化不孚，俗弊滋甚，永言念之，无忘日夜。阳和布气，昭事上玄，躬奉牺玉，诚兼缋敬，思与黎元，被斯宽惠，可普赐民爵一级，其孝悌力田，别加一等。②

根据南北朝时期的文教政策形成过程及实施情况，可以说是基本上承袭了汉魏及两晋以来崇儒重教、兴学育才、选贤任能的遗风，尤其是作为胡汉融合的北朝，为推进本民族的汉化进程，推出诸多重要的教化举措，诸如禁胡语、穿汉服以及初步建立地方官学制度等。而以汉族政权为主的南朝，则在官学体制改革上又有诸多亮点，如实施分馆设教、分科施教等。特别是在对待佛道问题上，虽然南北朝关于佛道政策的持续性不是很强，有毁有建，有亲有疏，有重有轻，但诸多帝王对佛道的特殊嗜好，诸如北魏太武帝的建道场、改年号、聘道士为国师，周武帝的舍宫为寺，梁武帝的"舍身佞佛"以及陈武帝的"舍身"及撰写《无碍会舍身忏文》等诸多忏文，使得佛道得以快速发展。尤其是周武帝宇文邕，还多次举办三教辩论大会，以分清主次和先后，最终确立了"以儒教为先，道教为次，佛教为后"的三教先后排次，这说明佛道已经融入当时的政治及社会生活，对治国安民大有益处，为后世兼用佛道进行了积极的尝试。

总之，从秦朝的尊法，到两汉的独尊儒术，再到魏晋南北朝时期的崇儒及佛道兼用，这是秦汉至魏晋南北朝时期文教政策制定及发展的基本脉络。从尊法到尊儒意味着执政者意识形态的转变，因而具有划时代的意义，但法和儒并

---

① 姚思廉：《陈书》卷 3《世祖》。
② 姚思廉：《陈书》卷 3《世祖》。

不是水火不容的，而是可以相互为用、相辅相成的，以至于成就了后世的"内圣外王"之术，只是要以"内圣"主以或统帅"外王"罢了。从独尊儒术到崇儒及佛道兼用，既是历史的必然选择，也是文化发展及文化多元的必然选择，更是统治之术多元及统治者审时度势的必然选择，以至于成就了文化的繁荣和多元。同时，这一时期的文教政策也探索、引领并最终构建起封建社会初期灿烂的教育文化，为后世教育文化的大发展奠定了坚实的基础，缔造了多元的发展空间。

第二章
中央官学教育活动

　　官学教育活动，从常规化角度上讲始于夏商，至西周时已趋向制度化，且中央官学和地方官学开始并行发展，但春秋战国时期基本不见其活动史载。公元前 221 年，秦的统一结束了春秋以来中央官学衰落的局面。由于在统一过程中法家思想的成功实施，秦统一后依旧以法家思想来治理国家，在"以法为教、以吏为师"的文教政策引领下，使得秦朝的中央官学教育活动独具特色，愈加突出法治教育。两汉时期由于儒学独尊地位的确立，中央官学制度逐步形成，且经学教育活动异常活跃，由此也带来了两汉教育及文化事业的繁荣。魏晋南北朝的 394 年间，中央官学时兴时废，但在建制、教学内容、教学方法以及学校类型上的变革，使得中央官学教育活动在两汉的基础上又有所发展，学校体制和教育活动的多样化成为教育活动史上"继汉开唐"的新时期。由于各个时期的中央官学教育活动各具特色，且情况复杂，不便于归类陈述，故而分朝代详呈如下。

第一节　秦朝中央官学教育活动

早在春秋战国时期，官学教育活动就已衰微，故史书记载少之又少。继而出现的秦朝，由于特殊的政治背景和社会局势，导致官学教育畸形发展，不仅没有明确区分出中央官学与地方官学，且官学教育与社会教育的界限也不甚明朗，因而，在这里权且把秦朝官方支配下的学校教育活动集中加以展现，地方官学教育活动部分则不再赘述。就整体情况来看，秦朝中央官学教育活动最突出的一个特点就是"以吏为师，以法为教"。

一、设吏师及博士，实施"以法为教"

秦统一全国以后，统治者认为，私家学派的存在造成了思想的纷乱，私学所授与"以法为教"的精神相违背，不利于树立政府的威信。如法家集大成者韩非在所著《五蠹》中有云："儒以文乱法，侠以武犯禁，而人主兼礼之，此所以乱也。"而要走向统一，必须相应地要求思想的统一和君主权力的集中与至尊。李斯曾说："私学而相与非法教，人闻令下，则各以其学议之，入则心非，出则巷议……如此弗禁，则主势降乎上，党与成乎下，禁之便。"① 所以，在秦朝，私学教育活动受到官方的禁止。禁废私学后，秦始皇推行"以吏为师，以法为教"的文教政策。统治者对社会实行普遍的法治教育活动，"若欲有学法令，以吏为师"。可见，当时学习的内容就是法令，而只有吏员懂得法令，且也是法令的执行者，民众如有求学法令的，自然要以吏员为师了。可以说，秦在禁止《诗》《书》百家语后，唯一允许学习的就是法令，使维护封建统治的政治、经济、思想、文教等法令妇孺皆知，深入人心。法教的任务由执法的官吏来完成，且几乎是单纯地实行法教，以执法的官吏为师。这样，秦朝又一次把官和师人为地结合了起来。

---

① 司马迁：《史记》卷 6《秦始皇本纪》。

　　秦朝的官学教育活动旨在养成事君的官吏，为秦培养负责文书事务的官吏，以巩固绝对的专制权力。通过强调教育领域的法治，形成了一套学吏制度，使政府有力地控制教育，使教育成为秦巩固统治的工具。"以法为教""以吏为师"，这就是当时官学教育活动的基本特征。秦朝实行的"以吏为师、以法为教"政策虽然忽视了教育的社会作用，但以学室、法吏弟子和博士弟子等形式出现的学吏教育，作为一种官师合一的教育制度依然存在。如果从制度发展史的角度看，"它的吏师制度是变双轨制为单轨制的创始者，而同时确定后世教育之中央集权的倾向"①。

　　据《史记·秦始皇本纪》记载，秦始皇"置酒咸阳宫，博士七十人前为寿"。又载，侯生、卢生曾在一起议论道，"博士虽七十人，特备员弗用"。又《史记·封禅书》所载，秦始皇"即帝位三年，东巡郡县，祠驺峰山，颂秦功业。于是征从齐鲁之儒生博士七十人，至乎泰山下"。依考证，博士即秦朝的吏师。上述史料，说明秦朝不仅设置博士官，而且人数固定，官学博士制度比较完善。博士官制度在秦朝得到了充分的发展，形成了比较系统的编制，人数计有70人之多。并正式参与议政、制礼、出使等重要的政治活动，成为中央政权的重要组成部分，同时兼任教授弟子之职，为国家培养吏治人才，具有了官学的性质。② 据王国维的考证，博士之官设于六国之末，至秦博士有定员为70人，其中不尽是儒者经术之人，"殆诸子诗赋术书方技皆立博士，非徒六艺而已"③。其中较著名的有济南人伏生，燕人卢敖，齐人淳于越，泰山人羊千、叔孙通等。籍贯不详的还有周青臣、鲍白令之、桂贞、沈遂、茅焦等人。

　　"吏，谓博士也。"④ 康有为的《新学伪经考》亦同其说。秦"以吏为师"，当然并非所有的吏都是师，而是指文吏，博士负有为师的职责。秦博士的主要职掌有三：一是"通古今"；二是"辨然否"；三是"典教职"。即作为学者、专家，备顾问，也负责教育，但似乎并无具体的职掌。⑤

①　周予同著：《中国学校制度》（师范小丛书），商务印书馆1931年版，第5页。
②　王志民：《"秦代无教育"说质疑》，载《教育评论》1987年第5期。
③　王国维著：《观堂集林》上册，中华书局1959年版，第175页。
④　崔适：《史记探源》卷3。
⑤　裘士京：《论秦汉博士的职责和考选方式的演变》，载《华东师范大学学报》（教育科学版）2002年第4期。

二、学室内的"史子"教育

秦朝在政府机关附设弟子学习的场所，称为"学室"。学室是个严格管理的学习场所，不准一般人随便出入。《秦律十八种·内史杂》规定："令赦史毋从事官府。非史子殹（也），毋敢学学室，犯令者有罪。"学室的教师由官府中的各级官吏兼任，以保证法律解释的标准性和权威性。在学室中传授法律的教师为"吏师"，由县属令史之类的小吏充任，"令史""御史"是县令的属吏，兼教授培养史子。

"史子"是学室中的学生，即是史的学徒或称弟子，亦称"学僮"。"史子"可以得到政府照顾，免除服役。但有两条规定：一是不准将不合史子要求的人收留下来以逃避服役；二是不准随便给史子除名。由此可见，秦朝的史子有严格的管理和名籍。根据云梦秦律，向吏学习法令者的身份称为"弟子"，秦简《除弟子律》规定："当除弟子籍不得，置任不审，皆耐为侯（候）。使其弟子赢律，及治（笞）之，赀一甲；决革，二甲。除弟子律。"据云梦秦简注释组解释，这是"关于任用弟子的法律。按秦以吏为师，本条是关于吏的弟子的规定"①。《说文·序》载："《尉律》学童十七以上，始试；讽籀书九千字，乃得为吏。又以八体试之，郡移大史并课，最者以为尚书史。"学僮经过学习，年满17岁以后，记诵书文9000字以上，且会用八种字体书写，方为合格。而要成为"吏"，还须通晓当时的律令条文，并能写各种文书，经过一年的试职，合格后方可。由此可见，秦时凡要取得被任用史的资格，必须通过考试，考试内容为颂诵和书写一定数量和规格的文字。据《史记·叔孙通列传》载，"叔孙通之降汉，从儒生弟子百余人"。一个博士，有弟子上百人，可见，在比较高级的官学中，学生数量还是不少的。

学室以政府各种律令政策作为教学内容，使"史子"知法守法。教材大致分为五类：《秦律》被看成是主科教材，要求学僮背诵熟记，以便日后管理和执行。《法律问答》被看成是配合主科的辅助教材，是对国君制订并颁布统一政令的解释。"审理过程"被看成是史子的"实习"教材，内容涉及调查、检验、审

① 睡虎地秦墓竹简整理小组编：《睡虎地秦墓竹简》，文物出版社1978年版，第131页。

讯等程序的文书程式，还特别列举了不同案件的审理办法。"为吏之道"被看成是进行思想品德教育的教材，内容是做官吏应遵守的一些原则和应具备的一些道德品质。另外，还有供学习基础知识、技能训练和识字用的童蒙课本，如李斯的《仓颉篇》、赵高的《爰历篇》、胡毋敬的《博学篇》等。由于年代久远，史书对秦朝官学教育活动记载较少，具体情况模糊难觅。

三、儒生的议政与参政

秦王朝虽然重用法家人物，但也征用、礼遇经生儒士。秦始皇统一六国后，"悉召文学方术士甚众，欲以兴太平"①。因此，咸阳聚集着众多的文人贤士。其中，儒生是一个非常重要的群体，为数众多，颇有政治影响。秦王朝一些重大的政治活动和廷议辩论都有儒生参加。秦朝的儒生能够在秦王朝的政治舞台上颇有影响，主要得益于秦代的博士制度这一平台。

秦朝的博士有 70 人。据考证，70 位博士中，有名可考者 13 人，其中 7 名是儒生。在秦朝有姓名可考的儒生有伏生、叔孙通、淳于越、羊子等。秦初并天下后，儒生参与的第一件大事就是"议帝号"。由丞相王绾、御史大夫冯劫、廷尉李斯等与诸博士商议，如史载：

> 臣等谨与博士议曰："古有天皇，有地皇，有泰皇，泰皇最贵。"臣等昧死上尊号，王为"泰皇"，命为"制"，令为"诏"，天子自称曰"朕"。
>
> 王曰："去'泰'，著'皇'，采上古'帝'位号，号曰'皇帝'。他如议。"②

随即就是"推终始五德之传"。这表明儒生愿意并积极为新政权服务。秦嬴政二十八年（公元前 219 年），秦始皇东巡郡县，为歌颂秦的功业，在泰山举行封禅大典，征集齐鲁儒生、博士 70 人到泰山下参与封禅仪式。史载："祠驺峄山，颂秦功业，于是征从齐鲁之儒生博士七十人，至乎泰山下。"③ 因儒生对具体的封禅礼仪各执一端，众说纷纭，引起秦始皇的不满，于是他便按自己的方式进行了封禅。秦始皇虽没有采用儒生们的封禅意见，但却接受了大臣与儒生们撰写

---

① 司马迁：《史记》卷 6《秦始皇本纪》。
② 司马迁：《史记》卷 6《秦始皇本纪》。
③ 司马迁：《史记》卷 28《封禅书》。

的刻石颂文，如："皇帝躬圣，既平天下，不懈于治，夙兴夜寐。建设长利，专隆教诲。训经宣达，远近毕理，咸承圣志，贵贱分明，男女礼顺，慎遵职事。"① 这些颂文显然体现了儒家的礼制道德，在琅琊刻石中更是体现了儒家的治国之道："维二十八年，皇帝作始。端平法度，万物之纪。以明人事，合同父子。圣智仁义，显白道理。"② 这些封禅、刻石活动都展示了儒生在秦政治活动中的作用，也是儒生试图将儒学施于政治的见证，同时也从一个侧面表现了秦始皇对儒学的认可和利用。

秦嬴政三十四年（公元前213年），秦始皇置酒咸阳。博士70人前去为其祝寿。博士儒生淳于越再次建议秦始皇效法殷周分封子弟功臣。秦始皇让群臣议，因李斯强烈反对，儒生淳于越的建议未被采纳。陈胜、吴广起义以后，秦二世召集博士诸儒生询问对策。博士诸生30余人一致认为"人臣无将，将即反，罪死无赦，愿陛下急发兵击之"。没想到这些忠实可信的劝谏，却让秦二世怒形于色。当问及儒生叔孙通时，其奏对："诸生言皆非也。夫天下合为一家，毁郡县城，铄其兵，示天下不复用。且明主在其上，法令具于下，使人人奉职，四方辐辏，安敢有反者！此特群盗鼠窃狗盗耳，何足置之齿牙间。郡守尉今捕论，何足忧。"③ 这些脱离实际的奉承之语，换来了嘉赏。叔孙通由待诏博士④转为正式博士。通过此事，很多儒生认识到了秦二世的昏庸和秦朝的腐败。从此许多儒生站在秦王朝的对立面来影响秦朝政治。待陈胜、吴广领导农民起义时，孔子八代孙孔鲋也参加了。史载："陈涉之王也，而鲁诸儒持孔氏之礼器往归陈王。于是孔甲为陈涉博士。"⑤ 可见，当时加入起义队伍的儒生不在少数。儒生们加入反秦的队伍后，必定以儒家的观点来抨击秦朝的失政，以唤起更多的反秦力量。而实际反秦的几股势力，都来自深受儒学影响的东方六国之地，这说明了秦王朝的覆灭与儒学的影响有一定的关系。

从以上史实可见，儒生在整个短暂的秦朝，不仅以各种身份和方式参与了秦王朝的许多重大政治活动和议论，而且也成为反秦的重要力量，这不能不谓

---

① 司马迁：《史记》卷6《秦始皇本纪》。
② 司马迁：《史记》卷6《秦始皇本纪》。
③ 司马迁：《史记》卷99《刘敬叔孙通列传》。
④ 博士是古代学官，待诏博士是等待皇帝诏命的博士，相当于准博士。
⑤ 司马迁：《史记》卷121《儒林列传》。

对秦朝政治的重大影响。但是，初登政治舞台的秦朝儒生，在政治上还不成熟，他们只会依据先秦儒学的精神自由议政，未能把儒学与秦朝所面临的主要社会问题结合起来以推动儒学的发展，进而提出一套切实可行的治国方略。

儒生活动导致的后果，就是"焚书""坑儒"。关于"焚书"，《史记·秦始皇本纪》有详细记载，即："史官非秦记皆烧之，非博士官所职，天下敢有藏《诗》《书》、百家语者，悉诣守、尉杂烧之……令下三十日不烧，黥为城旦。所不去者，医药卜筮种树之书。"焚书并没有专门针对某一家学说，而是"百家"之书。儒家著作仅是《诗经》《尚书》，并且所焚之书只是民间私人所藏的书籍，而由博士们掌管的《诗经》《尚书》及诸子百家著作得以完整地保存下来。秦朝焚书的根本原因，就是要建立统一的思想言论，实行愚民政策，"焚百家之言，以愚黔首"。在当时，诸子之学如果散在民间，会形成不同的认识和价值观念，影响到秦朝统一法令政策的实行，不能够统一意识形态。"非博士官所职"皆杂烧之，说明非国家规定的教育机关即博士官所掌之外，任何人均不得收藏哲学思想类书籍；而"若有欲学者，以吏为师"，吏即指博士官，则规定除政府设置的博士为教师外，不允许任何其他形式私学的存在。这种对私学的严厉限制，则是为了加强由中央直接管辖的官学，为专制政权服务。

关于"坑儒"，发生在秦嬴政三十五年（公元前212年）。《史记·秦始皇本纪》对此进行了详述：

> 始皇帝幸梁山宫，从山上见丞相车骑众，弗善也。中人或告丞相，丞相后损车骑。始皇怒曰："此中人泄吾语。"案问莫服。当是时，诏捕诸时在旁者，皆杀之。自是后，莫知行之所在。听事，群臣受决事，悉于咸阳宫。

> 侯生、卢生相与谋曰："始皇为人，天性刚愎自用，起诸侯，并天下，意得欲从，以为自古莫及己。专任狱吏，狱吏得亲幸，博士虽七十人，特备员弗用。丞相诸大臣皆受成事，倚辨于上。上乐以刑杀为威，天下畏罪持禄，莫敢尽忠。上不闻过而日骄，下慑伏谩欺以取容。秦法，不得兼方不验，辄死。然候星气者至三百人，皆良士，畏忌讳谀，不敢端言其过。天下之事无大小皆决于上，上至以衡石量书，日夜有呈，不中呈不得休息。贪于权势至如此，未可为求仙药。"于是乃亡去。始皇闻亡，乃大怒曰：

"吾前收天下书不中用者尽去之。悉召文学方术士甚众，欲以兴太平，方士欲练以求奇药，今闻韩众去不报，徐市等费以巨万计，终不得药，徒奸利相告日闻。卢生等吾尊赐之甚厚，今乃诽谤我，以重吾不德也。诸生在咸阳者，吾使人廉问，或为妖言以乱黔首。"于是使御史悉案问诸生，诸生传相告引，乃自除犯禁者四百六十余人，皆坑之咸阳，使天下知之，以惩后。①

因卢生、侯生讥议秦始皇暴虐成性、滥用刑杀，秦始皇下令严加追究，坑杀那些与讥议、欺骗秦始皇有关的460余人。所坑杀的460余人，是方士还是儒生，《史记》中并未说明，后人的认识便有不同。有人认为所坑杀的是儒生，其重要依据是《史记·秦始皇本纪》中记载扶苏当时的劝谏："诸生皆诵法孔子，今上皆重法绳之，臣恐天下不安。"但"诵法孔子"，未必都是"儒生"。有学者从《史记》对诸生和儒生记载有所不同来断定，所坑杀者不全是儒生，认为司马迁在多处用的是"诸儒生"，而在"坑儒"事件中多次使用的却是"诸生"，如果"诸生"完全等于"诵法孔子"的儒生的话，那么司马迁在"封禅"之事中完全可以直言"诸生"，而他强调的"诸儒生"就没有必要了。我们有理由进一步怀疑"生"在当时是对某一类人的称呼，而不是某一两个人确定的名字。如汉代的贾生就是贾谊，《史记·屈原贾生列传》中记载："贾生名谊，雒阳人也。"可见，"生"并非其名。如果这种推理正确的话，与事件有关的"卢生""侯生"和"石生"也应属于某一类被称为"生"者之中的姓卢、侯、石的某些人，而他们的身份明显是"方士"，而不是"儒生"。可见，被坑的"诸生"不全等于"儒生"。另外，从秦始皇的怒语中又可知，由于被他寄予厚望的卢生的逃跑，自己长生不老梦幻的破灭，而迁怒于所有诽谤过他的人，即所谓的"妖言以乱黔首"者。从卢生与侯生的议论中可以看出，当时社会各个阶层对秦的苛政存在普遍的不满情绪，这其中肯定少不了儒生，少不了方士，当然也少不了对时政不满的其他学派的士人。

可见，秦朝所坑杀的都是那些在秦始皇看来危害其统治秩序的儒生，对于那些肯为秦政权服务的儒生，秦始皇也并未坑杀。总之，"坑儒"纯是一次偶然

---

① 司马迁：《史记》卷6《秦始皇本纪》。

事件，绝非预谋，尽管"被坑杀者中肯定有一部分是儒生，但不是专门针对儒生，更不等于秦始皇摒弃儒学"。因为儒生在"坑儒"之后仍受重用，如在陈胜、吴广起义后，秦二世还召集儒生询问对策。可见，"坑儒"之后，儒生在秦朝并未受到歧视。图 2-1 为当年坑儒之地，位于骊山西麓的洪庆堡村，隆起部分被称为坑儒冢。据史料记载，汉朝曾在此建"慰儒乡"，以表示对儒生的慰怀。唐玄宗时亦在此建"旌儒庙"，命中书舍人贾至撰文勒石，彰祭死难诸儒先贤，并将"慰儒乡"改为"旌儒乡"以示旌表。而今虽为文物保护之地，但亦荒芜不堪。

图 2-1　焚书坑儒遗址

如上可以看出，秦朝的官学教育活动，比之于先秦时期显得有些单薄，缺乏生气与活力，可以说是处在低谷期，不仅官学教育活动还没有从政治活动中独立出来，且教育内容单一，多是政府颁定的法律条文。但其实施的"以法为教"活动，确实为秦国的强大及建立一统天下的大秦王朝起到了积极作用。秦朝儒生的参政议政，也为后世官学生关心政治及积极参政提供了先例和经验。

第二节　汉朝中央官学教育活动

两汉时代，是中国古代教育发展的重要时期。尤其是自董仲舒等人提出独尊儒术、兴太学、重选举的建议被采纳之后，尊儒、教育、选士三者之间紧密地结合起来，确立了儒学在中国封建社会教育中的独尊地位，自此汉朝中央官学便紧紧围绕着儒学展开了一系列的教育活动。

一、官学的办理情形

在"独尊儒术"文教政策的指导下，各门类中央官学纷纷建立，尤其是建立了最高学府太学，还有专门为皇室宗亲子弟开设的宫邸学，为文学、艺术见长者设立的艺术专科学校鸿都门学，中央官学系统已大体形成，为以后历代封建王朝的中央官学教育活动奠定了初步基础。

（一）最高学府：太学

汉高祖时期，太中大夫陆贾主张设辟雍庠序之教，以明人伦。然西汉初年尚无太学的设置。汉文帝时，贾山上书曾提出"定明堂，造太学，修先王之道"的建议，"太学"二字自此见于史册。但贾山所说的太学尚处于理想阶段，就是沿袭三代时期的大学，事实上汉朝太学无论在形式上还是内容上都与古代的大学不同。由于当时国力尚未恢复，统治秩序亦未稳定，这些建议均未能付诸实施。可以说，"贾山的'造太学'还处于理论层面的探讨"①。接着，贾谊继承并发展了陆贾的"教化"理论，认为在中央集权的政治制度下，推行教化的关键在于各级官吏，首次提出了"吏为民之师帅"的观点，并指出"民之治乱在于吏"。贾谊主张政府通过精选一批能够"为民之师帅"的官吏作为推行教化的骨干，认为官吏应该作为人民道德的榜样。② 至此，如何选拔和培养人才的问题被提上了日程。"太学"的概念及其制度在这种探讨过程中逐渐浮出水面。

对太学建立起直接推动作用的是大儒董仲舒。正如班固所言："及仲舒对册，推明孔氏，抑黜百家。立学校之官，州郡举茂材、孝廉，皆自仲舒发之。"③在汉武帝急切地寻求巩固其政权思想的时候，董仲舒在贤良对策中从理论高度阐发了求贤必先养士的道理。董仲舒认为，"夫不素养士而欲求贤，譬犹不琢玉而求文采也"。依其之见，教育是统治阶级重要的工具，君主的重要职责就是实施教化。董仲舒说："承天意以从事，故任德教而不任刑。"又"南面而治天下，莫不以教化为大务。立太学以教于国，设庠序以化于邑，渐民以仁，摩民以谊，

---

① 姜维公著：《汉代学制研究》，中国文史出版社 2005 年版，第 27 页。
② 江铭：《论汉代文教政策的形成》，载《华东师范大学学报》（教育科学版）1983 年第 1 期。
③ 班固：《汉书》卷 56《董仲舒传》。

节民以礼，故其刑罚甚轻而禁不犯者，教化行而习俗美也。"① 董仲舒看到要巩固统治，一定要有贤才，更重要的是培养人才。因此，董仲舒说："养士之大者，莫大乎太学；太学者，贤士之所关也，教化之本原也。臣愿陛下兴太学，置明师，以养天下之士，数考问以尽其材，则英俊宜可得矣。"② 他指出，太学是"贤士之所关""教化之本原"。因此，董仲舒主张，通过教育以得到杰出人才，而兴太学是培养人才的关键、教化的根本。

但汉朝设置太学，究竟起于何时，并无信史可考。学术界以往存在三种不同意见：一种意见是，汉武帝元朔五年（公元前 124 年）创设博士弟子员制，标志着太学的建立；一种意见认为，汉平帝时王莽奏请为博士弟子建筑校舍才能算是太学的建立；第三种意见以为，东汉光武帝将太学和辟雍分立，才算真正有了独立的太学。史载，元朔五年（公元前 124 年），丞相公孙弘"请为博士置弟子员，学者益广"③。对此，《汉书·武帝纪》有赞曰："孝武初立，卓然罢黜百家，表章六经。遂畴咨海内，举其俊茂，与之立功。兴太学，修郊祀……"本始二年（公元前 72 年），汉宣帝在诏书中追忆武帝时的褒赞之语中，有对其"建太学，修郊祀"的肯定，足见，汉朝设置太学，实起源于汉武帝时。

汉武帝采纳了董仲舒兴建太学以培养人才并以此教化天下的建议，责成丞相、太常等实行博士弟子员制度。《汉书》记载了元朔五年（公元前 124 年）汉武帝下诏，命太常寺的礼官们讨论为博士招收弟子，兴办太学。丞相公孙弘牵头，与太常孔臧等人商议后上奏：

制曰："盖闻导民以礼，风之以乐。婚姻者，居室之大伦也。今礼废乐崩，朕甚愍，故详延天下方闻之士，咸登诸朝。其令礼官劝学，讲议洽闻，举遗兴礼，以为天下先。太常议，予博士弟子，崇乡里之化，以厉贤材焉。"谨与太常臧、博士平等议，曰：闻三代之道，乡里有教，夏曰校，殷曰庠，周曰序。其劝善也，显之朝廷；其惩恶也，加之刑罚。故教化之行也，建首善自京师始，由内及外。今陛下昭至德，开大明，配天地，本人伦，劝学兴礼，崇化厉贤，以风四方，太平之原也。古者政教未洽，不备

————
① 班固：《汉书》卷 56《董仲舒传》。
② 班固：《汉书》卷 56《董仲舒传》。
③ 班固：《汉书》卷 6《武帝纪》。

其礼，请因旧官而兴焉。为博士官置弟子五十人，复其身。太常择民年十八以上仪状端正者，补博士弟子。郡国县官有好文学，敬长上，肃政教，顺乡里，出入不悖，所闻，令相长丞上属所二千石。二千石谨察可者，常与计偕，诣太常，得受业如弟子。一岁皆辄课，能通一艺以上，补文学掌故缺；其高第可以为郎中，太常籍奏。即有秀才异等，辄以名闻。其不事学若下材，及不能通一艺，辄罢之，而请诸能称者。臣谨案诏书律令下者，明天人分际，通古今之谊，文章尔雅，训辞深厚，恩施甚美。小吏浅闻，弗能究宣，亡以明布谕下。以治礼掌故以文学礼义为官，迁留滞。请选择其秩比二百石以上及吏百石通一艺以上补左右内史、大行卒史，比百石以下补郡太守卒史，皆各二人，边郡一人。先用诵多者，不足，择掌故以补中二千石属，文学掌故补郡属，备员。请著功令。它如律令。[①]

在这份奏议中，公孙弘拟订创办太学的具体方案：一是建立博士弟子员制度，即在原有博士官的基础上创立太学；二是规定博士弟子的限额、身份及选送方式；三是提出太学管理及制定博士弟子考核的办法。公孙弘建议：太学生一年要进行一次考试，成绩中、上等者可以任官，成绩下等及不勤学者勒令退学。他的提案体现了注重考试的思想，并把养士与选才紧密结合起来。公孙弘拟定的具体方案得到汉武帝的批准，并在当年贯彻实施。自此，汉朝太学正式建立。从"令礼官劝学"来看，太常虽是礼官，但也兼管教育。从"太常议"和"谨与太常（孔）臧，博士平议"来看，太常在太学的创建活动中是直接的参与者。

长安是西汉都城，亦自然是太学的所在地。据《三辅黄图》讲，汉太学"有市有狱"。何清谷据《三辅黄图》卷五《太学》条引《三辅旧事》云："汉太学在长安门东书社门，立五经博士员弟子万余人。学中有市有狱。光武东迁，学乃废。"《汉书·宣帝纪》中也载孝武皇帝（即汉武帝）"建太学，修郊祀，定正朔，协音律"之事。这些都说明了汉武帝修建太学的历史事实，但这种修建可能只是对旧有的学舍进行修缮和扩充而已，没有另外单独大加修建。汉朝太学初建时，只有博士弟子50人，五经博士分经教授，不需固定的校舍。后因政

[①] 班固：《汉书》卷88《儒林传》。

治动乱，太学一度衰落。后来，由于太学生不断增加，就需要修建校舍了。最早大规模地修建太学校舍是在平帝年间，当时为太学生修建了能容万人的校舍。这是我们历史上大规模修建校舍的开始。史载，汉平帝元始三年（3 年），"莽奏起明堂、辟雍、灵台，为学者筑舍万区。作市常满仓，制度甚盛"①。从《太平御览》卷五三四《三辅黄图》的记载中，可以了解王莽所建太学校园的布局及环境设施：太学中有教师住宅及办公室，即"博士之官"或"博士舍"，数量为30 区；有考试场所，即"射宫"，"寺门北出，王于其中央为射宫。门西出，殿堂南向为墙，选士肄射于此中"；有教学场所，即"太学宫"；有专门处理词讼之处，"寺门南出，置令丞吏洁奸宄，理词讼"；有市场，常满仓"之北为会市，但列槐树数百行为隧，无墙屋。诸生朔望会此市，各持其郡所出货物及经书、传记、笙磬、乐器相与买卖。邕邕揖让，或论议槐下"；有学生宿舍，"学士同舍"。校园内沿路都有长廊屋檐，"行无远近，皆随檐，雨不涂足，暑不暴首"。由此可见，王莽执政时，太学得到了大规模的建设，当时的太学规模相当宏大，教学生活设施较为完善，太学已成为汉朝的最高学府。遗憾的是，不久太学校园即毁于西汉末年的战火之中。

据记载，汉武帝"罢黜百家，表彰《六经》"，"兴太学，修郊祀"一事，与马端临在《文献通考》中就公孙弘等为博士官置弟子员奏议中"因旧官而兴焉"所做的注释是相吻合的。注文曰："旧官为博士。旧，授徒之簧舍也。至是，官置弟子员，来者既众，故因旧簧舍而兴修之。"并且马端临还进一步引《说文》注曰："簧，学也。"

太学设立之后得到了不断的发展，昭帝时太学生增至 100 人，宣帝时增至200 人，元帝时增至 1000 人，成帝时则增至 3000 人。这么多的学生，还有一批博士，没有专门的教学居住之所是不可能的。据载，何武等人"学长安，歌太学下"②。《汉书·儒林传》也载王式"诏除下为博士……既至，止舍中，会诸大夫、博士"。由此可以推断，当时太学不仅已经有了校舍，且已有专门的教师宿舍。哀帝时，鲍宣"下廷尉狱"。"博士弟子济南王咸举蟠太学下，曰：'欲救鲍

---

① 班固：《汉书》卷 99《王莽传》。
② 班固：《汉书》卷 64 下《严朱吾丘主父徐严终王贾传》。

司隶者会此下。'诸生会者千余人。"① 这也说明了太学已建有校舍，并且规模不小。

西汉的太学和辟雍是并在一起的。汉之前的学校政教不分，太学与辟雍、明堂合而为一，加之太学设立之初，各项制度均不完善，因此往往也称太学为辟雍。《后汉书·杨李翟应霍爰徐列传》载："明帝时辟雍始成，欲毁太学，太尉赵憙以为太学辟雍皆宜兼存，故并传至今。"《三辅黄图》中所记太学和辟雍方位距离也是一致的。直到王莽执政之时，太学才与辟雍正式分离。根据《白虎通·辟雍》中的解释："辟者，璧也，象璧圆以法天也；雍者，雍之以水，象教化流行也。"辟雍是一种周围环绕着水沟的方形的建筑物，考古工作者在汉长安城南郊发掘出王莽时期所建的明堂、辟雍，便证实了这一点。

东汉迁都洛阳，刘秀重视太学，不仅因为自己曾是太学生，更因为他将太学的教化作用上升到国家层面，所以先于宫殿、明堂、辟雍、灵台而兴建太学，此后又多次增修扩建。光武帝建武五年（29年）② 于洛阳南开阳门外离皇宫八里（今河南省偃师佃庄镇太学村西北）处重建太学，"修宫室，起学宫"。后又扩建校舍，"起太学博士舍，内外讲堂，诸生横巷，为海内所集"③。《后汉书·光武帝纪》注引陆机《洛阳记》称："太学在洛阳城故开阳门外，去宫八里，讲堂长十丈，广三丈。"规模之大，可容数百人一起上课。一时间，各地学子纷纷来太学就读，从而形成了上述"诸生横巷"的盛况。到和帝永元十二年（100年），有赐博士弟子在太学者布三匹之举。一时名儒云集京师，四方学者，咸来听讲，甚至远及边疆地区。如匈奴亦派遣子弟前来就学。汉顺帝刘保即位后，樊准、左雄、翟酺连续上书，奏请改变教育状况，征召儒士，重振儒学。

东汉和帝以后，随着外戚、宦官的交替擅权、政治腐败，教育亦逐渐荒废。至安帝时，"博士依席不讲，朋徒相视怠散，学舍颓敝，鞠为园蔬，牧儿荛竖，

---

① 班固：《汉书》卷72《王贡两龚鲍传》。
② 光武帝建造太学的时间诸书记载不一：《东观汉记》《后汉书·光武纪》《洛阳记》均作建武五年，《资治通鉴》《元河南志》等从之；《后汉书·李通传》记载在建武二年至五年初，李通镇守洛阳期间有"起学宫"的记载，则不排除建造太学在建武初，至五年则修建完毕，工程负责人为李通，工人除了夫役外，据《东观汉记》记载还动员了"诸生、吏子弟及民"自愿参加；《水经注》引汉顺帝阳嘉元年碑文，作建武二十七年作太学，与志不同，《水经注》叙事颇详，以目击得之，以理推之，应以碑文为信；然顺帝时去光武帝时已远，不排除顺帝时建碑人别据不可信史料的可能性。
③ 范晔：《后汉书》卷48《杨李翟应霍爰徐列传》。

至于薪刈其下"①。面对这种凄凉的景象，樊准曾上疏予以批评，顺帝时左雄、翟酺也要求重新修缮校舍。永建四年（129 年），左雄上言建议"宜崇经术，缮修太学"②。永建六年（131 年）翟酺上疏顺帝，言太学"而顷者颓废，至为园采刍牧之处。宜更修缮，诱进后学"，并请求增加甲、乙两科生员及太学生的俸禄。汉顺帝批准了翟酺的建议，诏令扩建太学："乃更修黉宇，凡所造构二百四十房，千八百五十室。"③ 这次扩建前后历时八年，用工徒 11.2 万人，是东汉中叶最大的一次修建太学的工程。太学有博士舍、内外讲堂、学生住宅区，还有商业区和治安管理机构，堪称当时世界上规模空前的高等学府。太学再一次得到大发展，大量吸收公卿子弟为诸生，破格招收了有成就的童子入学。自此，各地负书来学者云集京师，生徒人数猛增。对此，《汉书》记载：

> 初，酺之为大匠，上言："孝文皇帝始置一经博士，武帝大合天下之书，而孝宣论《六经》于石渠，学者滋盛，弟子万数。光武初兴，愍其荒废，起太学博士舍、内外讲堂，诸生横巷，为海内所集。明帝时辟雍始成，欲毁太学，太尉赵憙以为太学、辟雍皆宜兼存，故并传至今，而顷者秃废，至为园采刍牧之处。宜更修缮，诱进后学。"帝从之。酺免后，遂起太学，更开拓房室，学者为酺立碑铭于学云。④

《后汉书》亦载：

> 及光武中兴，爱好经术，未及下车，而先访儒雅，采求阙文，补缀漏逸。先是四方学士多怀协（挟）图书，遁逃林薮。自是莫不抱负坟策，云会京师。范升、陈元、郑兴、杜林、卫宏、刘昆、桓荣之徒，继踵而集。⑤

可知，当时太学的校舍比西汉大得多，足见东汉对太学的重视。汉顺帝死后，梁太后诏令自大将军以下至六百石官员皆遣子受业，并规定每年以春三月、秋九月举行两次乡射大礼，以太学生充当礼生。自此，游学日盛，学生人数猛增至三万多。

太学的建立标志着中国中央官立大学制度的建立，意味着以经学为基本内

---

① 范晔：《后汉书》卷 79 上《儒林列传》。
② 范晔：《后汉书》卷 61《左周黄列传》。
③ 范晔：《后汉书》卷 79 上《儒林列传》。
④ 班固：《汉书》卷 48《杨李翟应霍爰徐列传》。
⑤ 范晔：《后汉书》卷 79 上《儒林列传》。

容的中国封建教育制度的正式确立。

(二)书画专科：鸿都门学

鸿都门学创设于东汉灵帝光和元年（178 年）二月，因校址在洛阳的鸿都门而得名，一所学校设在宫门，是非常引人注目的。

鸿都门学亦称"鸿都学"，是中国古代最早的一所传授书法绘画艺术的专科学校。《蔡邕列传》有较为详细的记载：

> 初，帝好学，自造《皇羲篇》五十章，因引诸生能为文赋者。本颇以经学相招，后诸为尺牍及工书鸟篆者，皆加引召，遂至数十人。侍中祭酒乐松、贾护，多引无行趣势之徒，并待制鸿都门下，喜陈方俗闾里小事，帝甚悦之，待以不次之位。①

鸿都门学的学生由州、郡、三公择"能为尺牍、辞赋，及工书鸟篆者"举送，开设辞赋、小说、尺牍、字画等课程，专习辞赋书画，"意在用文学艺术来对抗太学的腐朽经学"②。由于部分诸生出身寒微，被蔡邕讥之为"有类俳优"，杨赐斥之为"群小"，阳球嗤之为"皆出于微蔑，斗筲小人"，而最高统治者却能"待以不次之位"，"出为刺史、太守，入为尚书、侍中，乃有封侯赐爵者"。这是因为，鸿都门学是东汉中后期外戚和宦官斗争的产物，宦官为了壮大势力以维护自己的统治，对鸿都门学的学生特别优待，他们入学后享有俸禄，相当于正式吏员；毕业后，多给予高官厚禄，或出任地方最高长官刺史、太守，或在朝廷中枢部门任职，甚至封侯赐爵。例如，乐松曾历任侍中、侍中祭酒、奉车都尉等职；"郄俭、梁鹄……各受丰爵不次之宠"③。鸿都门学一时非常兴盛，曾招"至千人焉"。光和元年（178 年）十二月，为了提高鸿都门学的地位，灵帝甚至"诏敕中尚方为鸿都文学乐松、江览等三十二人图象立赞，以劝学者"④。

值得一提的是，汉灵帝开办的"鸿都门学"虽然存在的时间很短，但这个"艺术专科"学校的出现，具有一定标志性意义，在当时和后来都引起诸多争议。以书法、辞赋选拔人才做官，触动世家大族和儒学士大夫利益，围绕"鸿

---

① 范晔：《后汉书》卷 60 下《蔡邕列传》。
② 范文澜著：《中国通史简编》第 2 编，人民出版社 1964 年版，第 150 页。
③ 范晔：《后汉书》卷 54《杨震列传》。
④ 范晔：《后汉书》卷 77《酷吏列传》。

都门学"展开的激烈论争，成为东汉晚期重要的政治事件。

（三）贵族子弟专享学府：宫邸学

宫邸学就是在宫邸之内展开的各种教育教学活动的总称，主要是指安帝时期临朝施政的邓太后在宫廷办起的贵族专门学校。

东汉的外戚都是手掌大权的重臣，地位可说是仅次于皇室。尤其两汉时多有母后听政的情况，故外戚的政治势力极大，曾长期左右朝政。东汉明帝时，出现了专门为外戚集团创办的贵族学校"四姓小侯学"，亦称"四小姓学"。所谓"四姓"，是指外戚樊（光武帝母家）、郭（光武帝后家）、阴（光武帝后家、明帝母家）、马（明帝后家）四氏；"小侯"是因为这四姓都不是列侯，故以此称之。邓太后在诏书中指出："永平中，四姓小侯皆令入学，所以矫俗厉薄，反之忠孝。先公既以武功书之竹帛，兼以文德教化子孙，故能束修，不触罗网。"①这说明东汉时期外戚多有不法之徒，为了加强皇权，最高统治者企图以儒学教化外戚子弟，使之"矫俗厉薄，反之忠孝"，进一步树立正统观念，不致滋事分权。同时，也反映出当时外戚势力非常强大，进而要求在教育上获得特权。东汉明帝永平九年（66年），"显宗为四姓小侯开学于南宫，置《五经》师，酺以《尚书》教授，数讲于御前"②。明帝时，"复为功臣子孙、四姓末属别立校舍，搜选高能以授其业"③。《五经》师中的《尚书》师由名儒张酺担任。据史载，张酺"少从祖父充受《尚书》，能传其业。又事太常桓荣，勤力不殆，聚徒以百数"④。"四姓小侯学"教育子弟接受儒家思想，位得君臣之义、上下之分。且这个学校的师资水平和教师地位、教学设备都比太学好。

四姓小侯学是以诸侯王、外戚及功臣子弟为生源，其学生在待遇方面优厚，相当甚至优于太学生，四姓小侯子弟享有政府官员的待遇，如《后汉书》所载：

> （本初元年）夏四月庚辰，令郡国举明经，年五十以上、七十以下诣太学。自大将军至六百石，皆遣子受业，岁满课试，以高第五人补郎中，次五人太子舍人。又千石、六百石、四府掾属、三署郎、四姓小侯先能通经

① 范晔：《后汉书》卷10上《皇后纪》。
② 范晔：《后汉书》卷45《袁张韩周列传》。
③ 范晔：《后汉书》卷79上《儒林列传》。
④ 范晔：《后汉书》卷45《袁张韩周列传》。

者，各令随家法，其高第者上名牒，当以次赏进。①

四姓小侯学和宫邸学除男性外，女子也可以入学，且入学年龄是从 5 岁开始的。后来，四姓小侯学招生对象有所扩大，不限于此四氏子弟，贵族子弟都可入学，甚至还接受匈奴子弟为留学生。

东汉安帝时，邓太后临朝施政，于安帝元初六年（119 年）专门设立一所贵胄学校，"诏中宫近臣于东观（洛阳宫的殿名）受读经传，以教授宫人，左右习诵，朝夕济济"。因为在东观，亦有"东观学"之称。史载：

> 太后诏征和帝弟济北、河间王子男女年五岁以上四十余人，又邓氏近亲子孙三十余人，并为开邸第，教学经书，躬自监试。尚幼者，使置师保，朝夕入宫，抚循诏导，恩爱甚渥。②

东观学的创办，是因为邓太后已经认识到贵族子弟胡作非为是由于没有受到良好教育的结果。学校建成后，邓太后亲自监试，勉励子弟"上述祖考休烈"，要认真学习。这所贵戚学校学生人数达到七八十人，并专门为学生设置校舍邸第，开展经籍教学。为保证年幼者能顺利学习，还另配师保，照顾和管理其生活。

二、官学的日常管理

有汉一代，不仅中央官学设置较为齐全，且在日常管理上也有诸多有效做法，主要工作涉及师生的选拔、后勤保障及教材的审定和统一等几个方面。

（一）博士及博士弟子的选拔

太学由两汉中央政府直接创办，隶属太常管理。太常原名奉常，是秦旧官，汉景帝时更名太常，王莽新朝改秩宗，东汉时期又恢复了太常的名称。两汉时代，太常作为汉朝国家中央官制体系中的重要职官，列于九卿之首，其职司之一就是主管祭祀礼事，太常属下的机构十分庞大，太常卿不仅主管神事，还兼

---

① 范晔：《后汉书》卷 6《孝顺孝冲孝质帝纪》。
② 范晔：《后汉书》卷 10 上《皇后纪》。

及民政与学校教育①。太常负责管理文教，不仅负责太学的创建活动，博士及博士弟子的选拔、除吏活动也是由其负责的。

在博士的选拔活动中，太常负全权之责。司马彪的《续汉书·百官志》有对太常的注解，称："太常，卿一人……每选试博士，奏其能否。"又《后汉书·朱浮传》注引《汉官仪》，称："博士，秦官也……太常差选有聪明威重一人为祭酒，总领纲纪。"《后汉书·儒林列传上》亦载："及光武中兴……于是立五经博士，各以家法教授，《易》有施、孟、梁丘、京氏；《尚书》欧阳、大小夏侯；《诗》齐、鲁、韩；《礼》大小戴；《春秋》严、颜，凡十四博士。太常差次总领焉。"说明太常直接负责选试博士，公孙弘等人就是通过太常选试官拜博士的。据《汉书》载："时对者百余人，太常奏弘第居下。策奏，天子擢弘对为第一，召入见拜为博士。"又《后汉书·郑范陈贾张列传》载，建武中太常选博士四人，陈元为第一。太常作为选试博士的主要责任人，推荐博士自然也由其负责。如元初四年（117 年），杨震"举荐明经名士陈留杨伦等"。但博士举荐者并不仅为太常，举荐者为朝中公卿的也有许多，同时博士也可以荐举博士，朝廷还常直接征召博士，但都是以学术著称而被征召的。博士的首席西汉时称仆射，东汉时称祭酒，首席博士也由太常推举博士中德高望重者担任。

博士的选拔也有详细的规定。西汉时是用察举或征拜的方法，以明经、贤良为主，由名流充任，不用考试。如公孙弘 60 岁时以贤良征为博士，平当以明经为博士等。另外还有他职调迁，以郎官为主，如元帝时匡衡以郎中迁博士，成帝时翟方进由议郎转博士。宣帝以后，博士选取更加严格，大多都要进行策试考核。据《汉书·匡张孔马传》记载，宣帝时，张禹"试为博士"，这是史书可见第一次通过考试选取博士的记录。《后汉书·百官志》记载，太常"每选试博士，奏其能否"。这些史料都说明博士经过考试方才得任，至少在宣帝之后成为一种制度。

东汉仍以举荐、调迁为主，经过太常试经策而任职博士，还要出具所谓

① 孙毓棠认为汉朝的太常在职掌上"大致可以分为三个方面：一是礼仪祭祀；二是庙寝园陵；三是考试及博士"。但孙毓棠关于汉朝考试及博士职掌没有展开论述。参见孙毓棠所著《孙毓棠学术论文集》，中华书局 1995 年版，第 257 页。

"保举状"，对于举荐者，有了严格的规定："按西京博士，但以名流为之，无选试之法。中兴以来，始试而后用，盖既欲其为人之师范，则不容不先试其能也。"① 如张玄，"举孝廉，除为郎。会《颜氏》博士缺，玄试策第一，拜为博士"②。伏恭，"青州举为尤异，太常试经第一，拜博士"③。《后汉书·朱冯虞郑周列传》记载，建武七年（31 年）朱浮上书称："旧事，策试博士，必广求详选，爰自畿夏，延及四方，是以博举明经，唯贤是登，学者精励，远近同慕。伏闻诏书更试五人，唯取见在洛阳城者。臣恐自今以往，将有所失……凡策试之本，贵得其真，非有期会，不及远方也。"可见，太常选任博士往往不限地域，多人并试，取其最优者。

至于选用标准，西汉在成帝阳朔二年（前 23 年）规定，须"明于古今，温故知新，通达国体"。这一选用标准既包含学识上的要求，也有实践能力的要求，即不仅要求有学识，而且要能灵活运用。东汉按照"保举状"的规定，博士不但要精通《易》《书》《孝经》《论语》等，有渊博的知识，隐居乐道，不求闻达，身无恶疾，还要不与所谓"妖恶交通"，不受王侯赏赐，行经四科（即敦厚、质朴、逊让与节俭），学业足任博士的职责等。此外，还规定年龄必须在 50岁以上。例如杨仁，《后汉书》载："杨仁……建武中，诣师学习《韩诗》，数年归，静居教授。仕郡为功曹，举孝廉，除郎。太常上仁经中博士，仁自以年未五十，不应旧科，上府让选。"④ 总之，汉朝的博士均应做到为人师表，在某一门经学上具有专长。当然也有选择不严、徒有其名的。安帝时，杨震为太尉，因"博士选举，多不以实"，所以特别慎重地举荐杨伦等人为博士。

汉朝太学博士弟子的选拔也由太常负责。太学的学生称"博士弟子"或简称"弟子"，东汉时称"诸生"或"太学生"。博士弟子的人选要求是年满 18 岁，相貌举止端正，学问上"好文学"，道德上"敬长上，肃政教，顺乡里"，并且言行一致。博士弟子的来源：一是由太常直接选送，为正式弟子；二是由地方当局选送京师，从博士受业，为如弟子，对此则有学习态度、品德表现等具体

---

① 马端临：《文献通考》卷 40《学校一》。
② 范晔：《后汉书》卷 79 下《儒林列传》。
③ 范晔：《后汉书》卷 79 下《儒林列传》。
④ 范晔：《后汉书》卷 79 下《儒林列传》。

标准的要求。西汉时期，正式的博士弟子有员额限制，而如弟子没有员额限制，只有资格限制。东汉时期，博士弟子没有弟子与如弟子之分，入太学者统称"太学生"。且博士弟子的来源途径有所增加，顺帝阳嘉元年（132年）太学新成，增加明经下第者补博士弟子，左雄又奏使公卿弟子为诸生。质帝本初元年（146年），又诏使大将军至六百石遣子弟入学。

据《汉书·儒林传》载：

> 为博士官置弟子五十人，复其身。太常择民年十八以上、仪状端正者，补博士弟子。郡国县官有好文学、敬长上、肃政教、顺乡里、出入不悖，所闻，令相长丞上属所二千石。二千石谨察可者，常与计偕，诣太常，得受业如弟子。

可见，由地方选送到太学学习的人首先要到太常处报到，经太常允许后，方能成为博士弟子。对于年龄18岁这一硬性的要求，至西汉末年以后有所放宽，入读年龄出现年少化趋势。如任延，"年十二，为诸生，学于长安，明《诗》《易》《春秋》，显名太学，学中号为任神童"[1]；杜安，"年十三，入太学，号奇童"[2]；杨终，"年十三，为郡小吏，太守奇其才，遣诣京师受业"[3]；邓禹，"年十三，能诵诗，受业长安"[4]；鲁恭，年十五即与其弟鲁丕"俱居太学"[5]；戴封，"年十五，诣太学"[6]；张堪，"年十六，受业长安"[7]，等等。

就博士弟子的除吏而言，武帝建太学时就规定由太常负责。据《汉书·儒林传》载，"一岁皆辄课，能通一艺以上，补文学掌故缺；其高第者可以为郎中，太常籍奏"。颜师古注曰："按名籍而奏。"博士弟子每策试后，策试的高下是由太常决定的，并上报皇帝。

地方政府和官吏向太常推荐的人到达太学后，也有一个复核和复试程序，如果发现弄虚作假，推荐者将要受到处罚。太常在负责博士弟子的选拔和除吏中，必须实事求是，否则会受到处罚。例如，武帝元朔五年（公元前24年）选

---

① 范晔：《后汉书》卷76《循吏列传》。
② 范晔：《后汉书》卷57《杜栾刘李刘谢列传》。
③ 范晔：《后汉书》卷48《杨李翟应霍爰徐列传》。
④ 范晔：《后汉书》卷16《邓寇列传》。
⑤ 范晔：《后汉书》卷25《卓鲁魏刘列传》。
⑥ 范晔：《后汉书》卷81《独行列传》。
⑦ 范晔：《后汉书》卷31《郭杜孔张廉王苏羊贾陆列传》。

择首批太学博士弟子时，山阳（今山东金乡县）侯张当居"坐为太常，择博士弟子故不以实"，张当居当即被定罪，同时受到除国之罚，"完为城旦"。张当居不仅封国被撤销，还被发配做苦工。可见，博士及博士弟子的选拔活动也是由太常负责的，且要严格执行，否则会受到法律的制裁。

（二）官学的后勤保障

为了使太学在太常的直接管理下顺利运作，两汉政府为此提供了必要的后勤保障，这种后勤保障主要是通过大司农和将作大匠来完成的。太学作为教育机构，没有直接的经济收入，其在经济上的开支是由主管国家财政的大司农负责提供的。据《后汉书》载，光武帝建武二年（26 年），李通被"封固始侯，拜大司农。帝每征讨四方，常令通居守京师，镇扶百姓，修宫室，起学宫"①。学宫即太学，起学宫就是建太学。按理说，大司农是主管国家财政的经济官员，并不负责修建事宜，这里所说的"起学宫"是指大司农在经济上提供修建太学所需的费用。可见，大司农在经济上为太学的顺利运行提供了一定的保障。

太学由最初置员 50 人到汉末 30000 余人，其校舍的规模也不断扩大，其校舍的维修与扩建则由将作大匠来负责。据《后汉书·杨李翟应霍爰徐列传》所载：

> 酺之为大匠，上言"孝文皇帝始置一经博士，武帝大合天下之书，而孝宣论《六经》于石渠，学者滋盛，弟子万数。光武初兴，愍其荒废，起太学博士舍、内外讲堂，诸生横巷，为海内所集……而顷者颓废，至为园采刍牧之处。宜更修缮，诱进后学"。帝从之。

顺帝时左雄、翟酺要求重新修缮校舍，结果为顺帝所采纳，于永建六年（131 年）扩建校舍 240 房，共 1850 室。学子们为了歌颂翟酺的功绩，"酺免后，遂起太学，更开拓房室，学者为酺立碑铭于学"②。综上可见，太常是太学的直接管理者，而大司农、将作大匠则为太学的正常运作提供了必要的后勤保障。

太学对太学生的日常生活管理比较松散，实行开放式管理，建有供太学生居住的房舍，太学生们可以在太学内分室而居、偕家室同居，也可以在校外赁屋而居。如王章"为诸生学长安，独与妻居"③；再如翟方进，"欲西至京师受

---

① 范晔：《后汉书》卷 15《李王邓来列传》。
② 范晔：《后汉书》卷 48《杨李翟应霍爰徐列传》。
③ 班固：《汉书》卷 76《赵尹韩张两王传》。

经。母怜其幼，随之长安，织屦以给。方进读经博士，受《春秋》"①；朱祐与光武帝刘秀为少时好友，朱祐学于长安，刘秀去看他，他要先去讲堂听课，然后回家接待刘秀。如史载："祐初学长安，帝往候之，祐不时相劳苦，而先升讲舍。后车驾幸其第，帝因笑曰：'主人得无舍我讲乎？'以有旧恩，数蒙赏赉。"②

（三）教材的审定与统一

经书各有所传，其说各异，为了统一审定五经，汉朝统治者急需对教材和教学内容进行更加严格的审定。对教材实行统一标准、统一管理、统一颁行，最好的办法就是召集诸家权威儒士刻五经于石碑之上，作为标准经文，永久性地保存。与教材审定与统一活动有关的活动是召集石渠阁、白虎观会议及颁布太学石经。

1. 举办石渠阁会议

甘露三年（公元前51年），汉宣帝刘询为了进一步统一儒家学说，专门召集当时的太学博士和名儒在石渠阁召开会议论定五经。是年三月，汉宣帝"诏诸儒讲五经同异，太子太傅萧望之等平奏其

图 2-2　石渠阁会议遗址

议，上亲称制临决焉"③。这是汉朝历史上首次由皇帝发起召开的经学会议，由于地点在皇宫中未央殿北秘藏典籍的石渠阁，史称"石渠阁会议"。会议在此举行，当有翻检书籍的方便。石渠讲论的155篇奏疏经过汇集，辑成《石渠议奏》④。因此，这次活动也被称为"石渠阁奏议"。如图2-2，为石渠阁夯土台遗址，位于西安市柯家寨之西，小刘寨之西南。夯土台遗址东西80米，南北90

---

① 班固：《汉书》卷84《翟方进传》。
② 范晔：《后汉书》卷22《朱景王杜马刘傅坚马列传》。
③ 班固：《汉书》卷8《宣帝纪》。
④ 这部议奏已佚，仅有十余条遗文借助南朝及唐人著作的引用保存了下来。包括《后汉书·舆服志》梁刘昭注、《毛诗正义》与《礼记正义》的唐孔颖达疏中各保存了一条，唐杜佑《通典·礼典》保存了十一条内容，称为"石渠论""石渠议""石渠礼"或"石渠礼议"。

米，高 8 米，其上曾出土"石渠千秋"瓦当。1961 年被列为全国第一批重点文物保护单位，但荆棘丛生，亦远离民众的视野。

据《汉书》记载，"是时，王未就国，玄成受诏，与太子太傅萧望之及《五经》诸儒，杂论同异于石渠阁，条奏其对"①。参加会议的诸儒有《易》博士梁丘临、施雠，《书》博士欧阳长宾、林尊、张山拊、谒者假仓、译官令周堪，《诗》博士张长安、薛广德、淮阳中尉韦玄成，《礼》博士戴圣、太子舍人闻人通汉，《春秋》公羊学博士严彭祖、侍郎申輓、伊推、宋显、许广，《春秋》谷梁学议郎尹更始、待诏刘向、周庆、丁姓、中郎王亥等儒生，他们都是今文经学家，其中如施雠、韦玄成、戴圣、严彭祖、刘向，是垂名于后世的学者。加上萧望之，有姓名可考者 23 人。实际人数当不止此，当时各经在朝的大师基本上都出席了会议。议由梁丘临提问，诸儒回答，太子太傅肖望之平奏其议，宣帝亲自裁决评判。

石渠阁会议的内容，一是讨论"五经同异"，包括文字同异及经义同异；二是评论公羊、谷梁两家得失。会议结果乃立梁丘《易》、大小夏侯《尚书》、谷梁《春秋》博士。从讲论五经同异，然后由皇帝正式裁决的程序看，会议有统一和协调经学的意图。清人马国翰《玉函山房辑佚书·经篇·通礼类》辑有石渠礼论的片断材料，只有部分内容有宣帝的裁决，如"大宗无后，族无庶子，己有一嫡子，当绝父祀以后大宗不？"②戴圣与通汉的意见相反，宣帝下制肯定戴圣的意见。如杜佑的《通典》所载：

> 大宗无后，族无庶子，己有一嫡子，当绝父祀以后大宗不？戴圣云："大宗不可绝。言嫡子不为后者，不得先庶耳。族无庶子，则当绝父以后大宗。"闻人通汉云："大宗有绝，子不绝其父。"皇帝制曰："圣议是也。"③

皇帝在听取各家的意见之后，对各种经说作出自己的判断，选定一个自认为最合理的意见，以此来结束争论。这种裁决并无学术上的论证，仅凭帝王个人的最高权力而下定论，固然可收一时之效，但难以长久维持，而且只能限于某些与社会政治关系密切的问题，不可能对整个经学作出统一的规范。但政治

① 班固：《汉书》卷 73《韦贤传》。
② 张廷玉：《明史》卷 191《薛蕙》。
③ 杜佑：《通典》卷 96《礼》。

的权威变成了经学、思想的权威，经学的学术观点变成了政治的最高法典，其结果是不仅提高了经学的地位，也扩大和加强了儒家礼仪制度对社会的控制力量。

石渠阁会议的《议奏》见于《汉书·艺文志》的，有《书》42 篇、《礼》38 篇、《春秋》39 篇、《论语》18 篇、《五经杂议》18 篇，但都没传承下来。《易》《诗》二经，无议奏，谅系班固失载。《易》博士施雠，《诗》博士韦玄成，都深通经术，不可能没有议奏。梁丘《易》就是在这次会议上作出决定立为博士的，则其有议奏甚明。

《汉书·儒林传》记载，石渠阁会议"议三十余事。望之等十一人各以经谊对，多从《谷梁》。由是《谷梁》之学大盛"。经过这次会议，博士员中增"立梁丘《易》、大小夏侯《尚书》、谷梁《春秋》博士"①，《谷梁春秋》始取得了与《公羊春秋》并重的学术地位。《谷梁传》从此有了专经博士，可以公开设学，有弟子员。如丁姓官至中山太傅，授申章昌，申章昌也征为博士，官至长沙太傅，"徒众尤盛"。范晔在《后汉书·党锢列传》中指出："自武帝以后，崇尚儒学，怀经协术，所在雾会。至有石渠分争之论，党同伐异之说，守文之徒，盛于时矣。"可见，西汉时在儒者专经授受、师法家法严格、各家罕有相通的情况下，没有产生统一的官方经学的条件。

石渠阁会议在经学面临新的形势下召开，采用"论《五经》同类"，"以经议处是非"的方法，对汉初以来流传有序，而所说各类的官方学术作"归于一是"的整齐，无疑是西汉封建统治思想建立过程中的很重要的一环。②

2. 举办白虎观会议

虽然汉宣帝时曾召开"石渠阁会议"加以统一，但是经历王莽新朝的动乱之后，各家的分歧、异议再次出现。汉光武帝刘秀于中元元年（56 年），宣布图谶于天下，把谶纬之学正式确立为官方的统治思想。为了巩固儒家思想的统治地位，使儒学与谶纬之学进一步结合起来，东汉章帝建初四年（79 年）又举行了一次经学会议，专门召集当时的名儒学者讨论五经异同，因为会议地点设在北宫白虎观（未央殿北藏秘书的地方），故史称"白虎观会议"。白虎观会议的

---

① 班固：《汉书》卷 8《宣帝纪》。
② 汤志均著：《西汉经学与政治》，上海古籍出版社 1994 年版，第 224—232 页。

目的及程序模仿石渠阁会议，所谓"如石渠故事"。据《后汉书》载，校书郎杨终建言汉章帝：

> 宣帝博征群儒，论定《五经》于石渠阁。方今天下少事，学者得成其业，而章句之徒，破坏大体。宜如石渠故事，永为后世则。

> 于是诏诸儒于白虎观，论考同异焉。会终坐事系狱，博士赵博，校书郎班固、贾逵等，以终深晓《春秋》，学多异闻，表请之。终又上书自讼。即日赦出，乃得与于白虎观焉。[1]

于是，建初四年（79年）十一月，汉章帝刘炟下诏称：

> 盖三代导人，教学为本。汉承暴秦，褒显儒术，建立《五经》，为置博士。其后学者精进，虽曰承师，亦别名家。孝宣皇帝以为去圣久远，学不厌博，故遂立《大、小夏侯尚书》，后又立《京氏易》。至建武中，复置《颜氏、严氏春秋》《大、小戴礼》博士。此皆所以扶进微学，尊广道艺也。中元元年诏书，《五经》章句烦多，议欲减省。至永平元年，长水校尉（樊）儵奏言，先帝大业，当以时施行。欲使诸儒共正经义，颇令学者得以自助。孔子曰："学之不讲，是吾忧也。"又曰："博学而笃志，切问而近思，仁在其中矣。"于戏，其勉之哉！[2]

从上述史料可知，白虎观会议是汉章帝根据校书郎杨终的建议而下诏召开的一次经学会议。参加会议的人员，据《后汉书·儒林传》及《东观汉记》中可考的有数十人，其中有广平王刘羡、太常楼望、侍中丁鸿、少府成封、屯骑校尉桓郁、卫士令贾逵、玄武司马班固等显要人物。此外，东郡太守张酺、议郎召驯、博士李育等也参加了会议。其他参加者当还有不少，可惜姓名已无可稽考了。他们中间的绝大多数是今文经学家，讨论的是今文经学的问题，只有贾逵、班固等少数人守古文经学。但是《白虎通义》的纂集人班固，以守古文而奉命纂集今文之说，可谓经学史上的异事，值得注意。

此次会议历时月余，会议主题是"考详五经同异"，附带有"扶进微学，尊广道艺"、减省"章句"的目的。在会上，由五官中郎将魏应主持讨论，秉承皇帝的旨意提出问题，诸儒博士发表意见，进行讨论，然后由侍中淳于恭将意见

---

[1] 范晔：《后汉书》卷48《杨李翟应霍爰徐列传》。
[2] 范晔：《后汉书》卷3《肃宗孝章帝纪》。

归纳上奏。章帝亲临现场，议论不决的问题由皇帝决定取舍，诏制裁定。会毕，皇帝命史臣班固将会议的结果撰写为《白虎通义》，作为统一的经说公布。这份诏书阐述了经学流派衍生的客观形势，明确指出欲使诸儒正定经义的目的，即要重点纠正由于墨守先师章句之学而造成的支离、烦琐的弊端，使经学教育摆脱各经师家学的束缚，而统一到正确的轨道上来。可见白虎观议经在形式上是仿效石渠阁议经，也是召集诸儒讲论五经同异，然后由皇帝亲自裁定。但白虎观议经的指导思想和针对性，要比石渠阁议经明确得多。

既然白虎观会议讨论的是官方正宗经学问题，与会者自然是今文经学家占优势。在这次会议上，丁鸿"以才高，论难最明，诸儒称之，帝数嗟美焉。时人叹曰：殿中无双丁孝公"①。又如，博士李育在会上"以《公羊》义难贾逵，往返皆有理证，最为通儒"②。会后，汉章帝将总结会议成果的工作交给了倾向于古文经学而门户观念又不太明显的儒生班固，显然包含有避免各博士家学宗派成见影响的考虑。

不过，白虎观会议没有再变动博士官学，说明统治者的宗旨已不再放在发展博士之学上。但白虎观会议却产生了统一的经学著作，这就是班固根据会议的议奏和皇帝裁定结论撰写成的《白虎通义》，又称《白虎议奏》《白虎通德论》，或简称《白虎通》（见图 2-3）。按清人庄述祖《白虎通义考序》所考证，《白虎通义》杂论经传，六艺并录，傅以谶记，其中以今文经学的观点居多，也采用了《毛诗》《古文尚书》《周官》等古文经学的一些说法。可见，这是融通今文经学、古文经学、各家经学和谶纬之学的产物。但又不同于任何一种经师家说，在结构上不是按经籍和学派类别划分章节，而是从社会生活和政治制度的角度列四十三个条目③，逐项用统治者所裁定的经学观点加以阐述，这样就从形式上突破了章句之学的旧框架。

① 范晔：《后汉书》卷 37《桓荣丁鸿列传》。
② 范晔：《后汉书》卷 79 下《儒林列传》。
③《白虎通义》的 43 个条目为：爵、号、谥、五祀、社稷、礼乐、封公侯、师、五行、三军、诛伐、谏诤、乡射、致仕、辟雍、灾变、耕桑、封禅、巡狩、考黜、王者不臣、蓍龟、圣人、八风、商贾、文质、三政、三教、三纲六纪、情性、寿命、宗族、姓名、天地、日月、四时、衣裳、五刑、五经、嫁娶、绋冕、丧服、崩薨。

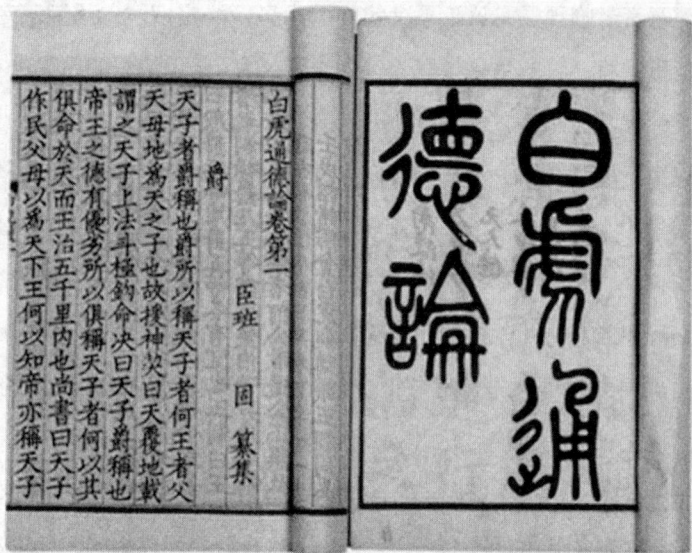

图 2-3　《白虎通德论》书影

　　《白虎通义》只涉及会议谈论到的问题，篇幅只有 10 卷，当然不可能对所有的经学问题作出结论，但它在有关政治制度和人们思想行为规范的一系列重大问题上，代表着凌驾于各学派之上的官方权威的经学观点。因此，《白虎通义》标志着涉及治国方针政策方面的官方经学理论的统一。《白虎通义》作为官方典籍公布天下，同时将之作为太学的教学内容。建初八年（83 年），章帝诏令太学博士在太学生中各选高才生若干，授《古文尚书》《毛诗》《谷梁》《左氏春秋》，"由是四经遂行于世"①。《白虎通义》丰富了太学生的学习内容，承认了古文经学在政治上、学术上的合法地位。不过《白虎通义》不是直接解说经籍的书，其各条目门类庞杂，缺乏内在连贯性，实际上只能算作以经学为论据的名词解释工具书或专题论文集，并不适宜作为教科书使用。所以，尽管《白虎通义》是一部重要的经学著作，在当时具有官方法典性质，其内容也常为后儒所引用，但它在经学传授中始终未能占据一席位置。

　　3. 刊刻石经立于太学

　　自汉武帝以后，学术思想定于一尊，诸子百家治学已难构成与儒学相抗衡的力量，学派之争的重心转移到儒学内部，尊儒是从表彰六经开始的，经学的

---

　　① 范晔：《后汉书》卷 36《郑范陈贾张列传》。

统一也要从六经开始，而要统一经学，首先必须统一经文。在印刷术发明之前，书籍全靠个人手写，抄写过程中无意的笔误和有意的改动都难以避免，经书经多次传抄后，谬误必然越来越多。汉朝经学中学派林立，专经授受，师法家法谨严，致使各家不仅经说不同，所传的经籍本文也各有差异。《汉书·儒林传》记载："自武帝立五经博士，开弟子员，设科射策，劝以官禄。迄于元始，百有余年，传业者浸盛，支叶蕃滋。一经说至百余万言，大师众至千余人，盖禄利之路然也。"

到了东汉中后期，这种现象更是有过之而无不及。由于利路大开，读书人百计钻营，争竞成风。当时经书的底本有许多不同的来源，文本内容与书写字体也有很大差异；根据不同的底本，经学家们又各自有一套理解和发挥。经学的传授也以不同的师法、家法相承递，形成许多门派家数。一时间，经无定本，说无定论，字无正体，歧义纷纭。① 再加上由于党锢之祸使朝政大乱，太学生们不再过问政治，不再以仕途为念，埋头经书。才学之士又折回到已经形式化了的太学，但因经籍"文字多谬"，引起太学生们的一些争执，经学原有的矛盾又被提起。

许多趋炎附势、不学无术之人，为了争夺经学博士的头衔，竟然使用种种卑劣手段扰乱学术之风，以猎取名位和权力。经学成为获取禄利的工具后，还出现了在经籍文字上搞小动作以从中牟利的现象，甚至篡改官方用漆书写的经文。诚如汉灵帝时儒者宦官李巡所言："诸博士试甲乙科，争第高下，更相告言，至有行赂定兰台漆书经字，以合其私文者。"② 议郎蔡邕认为，"经籍去圣久远，文字多谬，俗儒穿凿，疑误后学"③。李巡也建议召集诸儒共刻五经于石，作为标准经文。

熹平四年（175 年），蔡邕"乃与五官中郎将堂谿典，光禄大夫杨赐，谏议大夫马日磾，议郎张驯、韩说，太史令单飏等，奏求正定《六经》文字"④。这一上书得到宦者李巡的支持，李巡"乃白帝，于诸儒共刻《五经》文于石"，以

---

① 黄洁：《〈熹平石经〉与汉末的政治、文化规范》，载《中国文化研究》2005 年第 3 期。
② 范晔：《后汉书》卷 78《宦者列传》。
③ 范晔：《后汉书》卷 60 下《蔡邕列传》。
④ 范晔：《后汉书》卷 60 下《蔡邕列传》。

备太学生徒及四方学子学习研究之用。熹平四年（175 年）三月，汉灵帝准许刻经文于石，"乃诏诸儒正定五经，刊于石碑。为古文、篆、隶三体书法以相参检。树之学门，使天下咸取则焉"①。

首先是正定经文活动。据《后汉书》各传，正定六经的人员除熹平四年（175 年）奏诏正定诸经的蔡邕、堂谿典、杨赐、马日磾、张驯、韩说、单飏外，还有卢植、赵域、刘弘、张文、苏陵、傅桢、孙表等，有 14 人之多。参加这项活动的学者，对汉朝通行的经学各种流派之经书文本反复参检比勘，择善而从，以确定经书的标准文本。《熹平石经》的内容集儒家各家经学精粹于一体，如《尚书》采用了欧阳、大、小夏侯三家的本子，以欧阳《尚书》本为主，而校以大、小夏侯本。然后是选石加工、书碑。由蔡邕等人笔蘸朱砂，"自书丹于碑"，再由工匠依文镌刻在统一定制的巨大石碑上，仅是书写和凿刻的工人就有 300 余人。这场浩大的工程，从汉灵帝熹平四年（175 年）到光和六年（183 年），历时 8 年而成。由于在熹平年间刻制，所以称"熹平石经"，也称"鸿都石经"。熹平石经共 46 块，刻有《鲁诗》《尚书》《周易》《仪礼》《春秋》《公羊传》《论语》等七部经书②。

因系官方巨制，书丹者又是蔡邕等一流的书法大家。如《周易》经石，其结体方正，字字中规入矩，一丝不苟，点画布置之匀称工稳，可谓无懈可击。用笔方圆兼备，刚柔相济，端美雄健，雍容典雅，恢宏如宫殿庙堂。石经碑高一丈有余，宽四尺左右，碑面无纵横界格，系一字隶书直下行文，故又称"一体石经"或"一字石经"。每石行数、每行字数各不相同。经文自右至左，每经自为起讫，先表后里，每经的每篇小题在上，大题在下，占一行。根据王国维考证，每碑一面约 35 行，每行 75 字左右，为标准的四分体隶书，每 10 字约合"建初尺"一尺许，共约 27 万字左右。

石经不易磨损，难以移动，它的突出优点是可以有效地防止私下篡改，也

---

① 范晔：《后汉书》卷 79 上《儒林列传》。
② 有"五经"（不含《鲁诗》和《春秋》）、"六经"和"七经"之说。《汉书》的《灵帝记》《儒林传》等和袁宏的《后汉纪》《水经注》都说是"正定五经"或"刻五经文字于石"。《后汉书》的《蔡邕列传》《吴延史卢赵列传》等则是说"正定六经文字"或"奏定六经文字"。而《隋书·经籍志》则说后汉镌刻七经。《隋书·经籍志》成书于唐时，故称《熹平石经》所刻为七经，即《诗》《书》《礼》《易》《春秋》《公羊传》《论语》七经。这里的七部之说，从王国维的考证。

有利于长期保存，而且展示效果强，可以供多人观看，因此最适宜作为权威文献范本。熹平石经刊立之后，立于洛阳城南开阳门外太学讲堂前，讲堂西面纵行竖立《尚书》《周易》《公羊传》石碑28座，堂前南面横行竖立《礼记》石碑15座，东面纵行竖立《论语》石碑3座。每座碑高约一丈，宽四尺，上有瓦屋覆盖，四边有栏杆护围，开门于南，由河南郡派士卒看守，非常气派。于是"后儒晚学，咸取正焉。及碑始立，其观视及摹写者，车乘日千余两（辆），填塞街陌"①，盛况空前，以至于太学周围的不少人家发现了生财之道，专门为这些人提供食宿赚钱。从"后儒晚学，咸取正焉"及"自后《五经》一定，争者用息"② 等相关的记述来看，其对经学的规范作用也是非常突出的，取得了很大的社会影响。范文澜对此时情形有深刻阐述：

> 五经文字与宦官本来毫不相干。因为太学生在太学争考试等第的高下，往往闹到官府里去争讼。宦官早已被名士们议论政事吓得发狂，乱杀一阵，现在这些太学生又来纠缠经学，扰攘不休，对宦官确是一种可厌的刺激。五经石碑一立，宦官得到清静了。③

"熹平石经"不仅成为当时的标准经书、唯一合法的教科书，也成了当时社会上经学研究者正定文字的权衡。

董卓占据洛阳时，"熹平石经"的书丹者之一蔡邕已不在京师，董卓知其名气大，特意请蔡邕来做官，但蔡邕称病不来，董卓大怒而骂，强令地方官逼他来京。蔡邕不得已再来洛阳，董卓安排他当了太学祭酒，对他十分尊重。初平三年（192年）四月，王允使吕布杀董卓，蔡邕在王允主持的会议上对董卓之死不由自主叹息，"有动于色"，王允勃然大怒，说："董卓国之大贼，几倾汉室。君为王臣，所宜同忿，而怀其私遇，以忘大节！今天诛有罪，而反相伤痛，岂不共为逆哉？"④ 王允指责蔡邕为"天诛有罪而反相伤痛"，是国贼董卓的死党，即下令将蔡邕收捕下狱。蔡邕自己陈辞谢罪，请求免死，愿黥首刖足，在狱中继续汉史的编修工作。太尉马日磾和许多士大夫为蔡邕求情，极力营救，指出

---

① 范晔：《后汉书》卷60下《蔡邕列传》。
② 范晔：《后汉书》卷78《宦者列传》。
③ 范文澜著：《中国通史简编》第2编，人民出版社1964年版，第149—150页。
④ 范晔：《后汉书》卷60下《蔡邕列传》。

蔡邕是旷世奇才，素以忠孝著称，不能随便处死，应让他续修汉史，完成一代大典。王允坚决要杀他，蔡邕闻讯，在狱中自杀，时年61岁。

生当离乱，于诗文、典章、音律、书法等诸多领域无所不逮的蔡邕命运如此，他的石经也在劫难逃。董卓兵败，迁都长安时，火烧洛阳，繁华了100多年的东汉首都成为废墟，太学也由此荒废，石经遭受破坏。到曹魏重建洛阳时，熹平石经已经残缺严重，曹丕下令"扫除太学之灰炭，补旧石碑之缺坏"[①]。西晋"永嘉之乱"后，洛阳再次惨遭破坏，熹平石经"崩坏者已逾太半"。北魏迁都洛阳前，冯熙、常伯夫相继为洛州刺史，公然毁取石经"以建浮图精舍"，石经遭受一场浩劫，其"所存者委于榛莽，道俗随意取之"[②]。自1973年始，中国社会科学院考古研究所洛阳工作队在洛阳偃师县佃庄乡开始发掘汉魏太学遗址，发现石经残石661块，其中内有文字残石96块（如图2-4）；其余565块无字，但其中的87块为经碑的边角残块，分别保存了经碑的一至四个面。[③]

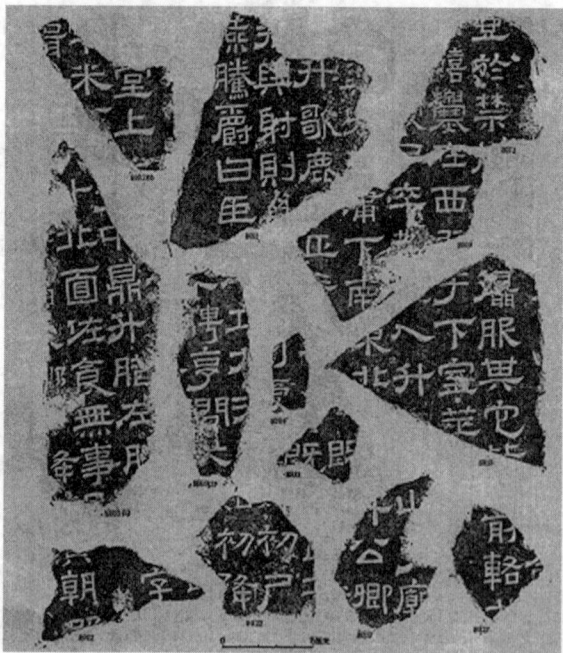

图2-4　太学遗址石经残片

---

① 陈寿：《三国志》卷13《魏书·锺繇华歆王朗传》。
② 司马光：《资治通鉴》卷148《梁纪》。
③ 中国社会科学院考古研究所洛阳工作队：《汉魏洛阳故城太学遗址新出土的汉石经残石》，载《考古》1982年第4期。

对于传统的学术和文化，熹平石经有非常重要的开拓意义。自此以后，魏、唐、宋各代也纷纷效仿刻立石经。历史上共有七次大规模的刊刻，比如三国魏正始年间，用古文、篆、隶三种字体刊刻石经。唐文宗开成二年（837年）起，陆续完成当时全部十二经的刻石，为楷书字体。五代时的蜀国石经，是地方政府唯一刊刻的石经，也是楷书字体。印刷术广泛使用后，石经的实用价值降低，但仍是官方最权威的经籍版本，也是统治者宣扬尊经崇教的体现。北宋仁宗皇佑年间，刻石经于开封府。南宋高宗亲笔书写经文，刻于石碑。清乾隆五十八年（1793年），开始十三经刻石工程，历时12年完成，共刻碑189块。

三、官学的常规教学

汉朝官学不仅日常管理已基本制度化，且由于措施到位，教师的教学活动开展得有声有色，包括官学教师的设置、教师授课和学术研究、帝王视学活动等。

（一）教师设置与学官升迁

汉朝太学的教师均称为"博士"，即"五经博士"。西汉元朔五年（公元前124年），汉武帝应丞相公孙弘之请，正式"为博士置弟子员"，确定五经博士的太学教师身份。在此之前，博士原为通古今、备咨询的顾问官员。汉初置太学时，只有"五经博士"七员，分别为：《诗》齐、鲁、韩三家，《书》《易》《礼》《公羊春秋》四家。自太学设立后，博士始成为专职学官，掌经学传授，同时亦参与政事议论或奉使以及巡视地方政教之类。

各门专经博士的人数与设置，屡有变更和增加。西汉宣帝时，设"五经十二家博士"，除《诗》三家未变，《书》分欧阳、大夏侯、小夏侯，《易》分施、孟、梁丘，《礼》为后氏，《春秋》为公羊、谷梁二家。元帝时又增设京氏《易》，为"五经十三博士"。平帝时，立《乐经》，增博士员各为五员，六经共30位博士。此前立为博士的均为今文经学，这时《左氏春秋》《毛诗》《逸礼》《古文尚书》《周官》等古文经都立为博士。东汉初，立五经十四博士，博士们分别教授《施氏易》《孟氏易》《梁丘易》《京氏易》《欧阳书》《大夏侯书》《小夏侯书》《齐诗》《鲁诗》《韩诗》《大戴礼》《小戴礼》《严氏春秋》与《颜氏春秋》，史称"五经十四博士"①。以后，博士长期保持为 14 人。

东汉前期，朝廷对太学复兴非常重视，光武帝即位后聘请 14 家今文经学大师，专门从事经学的教学、研究与传播，即重立 14 博士。这时朝廷忙于整理国事，恢复经济生产，太学校舍并未兴建，直至洛阳太学建立后，14 博士各以其所专长之一经或一经中之一"家"教授弟子，且学派之间划分极为严格，一位太学博士只负责传授一门儒经。

为了协调教学和管理，在五经博士中往往还设有一位"首席"博士，只有博士中德高望重者方有资格担任。西汉时，博士中领袖名曰博士仆射，东汉时改名为博士祭酒。据《后汉书·百官志》载，时设"博士祭酒一人，六百石。本仆射，中兴转为祭酒"。《通典·职官九》记胡广解释："凡官名祭酒，皆一位之元长。古者，宾客得主人馈，则老者一人举酒以祭地。"祭酒原本只是礼仪活动中被推出的领衔代表，东汉发展成为博士官之首。祭酒人选要求"聪明威重"，其职责是"总领纲纪"。隋唐以后，祭酒才正式成为最高教育行政长官。

太学博士既是官学教师，又是国家官吏，其教师身份尚不十分突出，对其选用、升迁已出现较为明确的制度规定。博士的任用主要有朝廷征召、公卿或博士荐举、察举、以他官迁等几种形式。辟召如吴祐，"太守冷宏召补文学"②。迁调如匡衡，"射策甲科，以不应令除为太常掌故，调补平原文学"③。《史记·儒林传序》司马贞《索隐》引如淳云："《汉仪》：弟子射策，甲科百人补郎中，乙科二百人补太子舍人，皆秩比二百石；次郡国文学，秩百石也。"博士弟子射策丙科任郡国文学，可知太学生是中央及地方官学教师的一大来源。东汉时博士需要通过太常的试策，还有年龄 50 岁以上等要求。

汉朝太学博士、文学秩卑而职尊，仕途通达，升迁容易，且往往超迁，升至卿相者不乏其人。如西汉宣帝时，"选博士、谏大夫通政事者补郡国守相"④。成帝时，"博士选三科，高为尚书，次为刺史，其不通政事，以久次补诸侯太

---

① 太学立五经博士，习庆氏《礼》的学者也有立为博士者，如曹充、董均、曹褒。这里常言的"五经十四博士"，不含庆氏《礼》。
② 范晔：《后汉书》卷 64《吴延史卢赵列传》。
③ 班固：《汉书》卷 81《匡张孔马传》。
④ 班固：《汉书》卷 78《萧望之传》。

傅"①。可见，博士升迁有其惯例。

(二) 教师的教学与研究

中央官学尤其是太学，由于生员较多，教师承担着繁重的教学任务，同时还从事经学研究，教学与研究是并重的，且是相互促进的。

1. 集体授课

太学建立初年，由于学生较少，每位博士的学生只有几名或十几名，所以大多采取个别教学或小组教学的方法。但是随着太学的发展，太学生的人数不断增加，而博士的人数增加有限，于是就出现了经学博士集体传授的形式，教学活动大多采取大班型授课，会集诸生作大型讲演，称"都授"。颜师古注："都授，谓总集诸生大讲授也。"如《汉书·翟方进传》所载："宿儒有清河胡常，与方进同经……方进知之，候伺常大都授时，遣门下诸生至常所问大义疑难，因记其说。"

两汉的太常府、东汉的太学都有专门的讲堂，其规模十分宏大。据史书记载，洛阳太学的内外讲堂长十丈，广二丈，能同时容纳数百名学生听课。图2-5是汉墓出土的墓石上所描绘的一个讲经场景。画面中，先生抚台而坐，前面有一位侍者，左手持便面②，应该是为先生降温所用，显示对先生的敬重；右手持棒，毫无疑问是对不用心听讲弟子进行惩罚用的。然后就是七位弟子列跪奉牍，听师长教诲。此画像石现存于河南南阳汉画像石博物馆内。

图 2-5　汉朝画像石讲经图拓片

2. 高业弟子转相传授

汉朝太学发展到一定规模的时候，师生比例相差悬殊，初始是五经博士教几十、几百个学生，后来经过不断发展，到了东汉时期，太学生的人数更达到

① 班固：《汉书》卷81《匡张孔马传》。
② 便面，属于扇子的一种，出现于先秦两汉时期，形为半规形，似单扇门，又名"户扇"，最早以细竹篾为材，后来多为布锦丝绢。

了三万之巨，而太学博士仅有十几人，在这种情况下，集体授课很难满足学生求学的要求。如董仲舒任博士时，"下帷讲诵，弟子传以久次相授业，或莫见其面"①。马融与弟子郑玄之间的授受关系，《后汉书》有载："融门徒四百余人，升堂进者五十余生。融素骄贵，玄在门下，三年不得见，乃使高业弟子传授于玄。玄日夜寻诵，未尝怠倦。会融集诸生考论图纬，闻玄善算，乃召见于楼上，玄因从质诸疑义，问毕辞归。"② 据清末学者皮锡瑞曾推测："至一师能教千万人，必由高足弟子传授，有如郑康成在马季长门下，三年不得见者。则著录之人，不必皆亲受业之人矣。"③

可以说，汉朝太学创造了一种新的教学组织形式，即采用次第传递的方式进行教学，也就是说，太学博士只对从学时间较长的高业弟子进行传授，再由高业弟子转相传授初学弟子。这种高业弟子代师传授、弟子相传（即高才生教一般学生、老学生教新学生）的教学组织形式和教学活动，弥补了教师的短缺，大大提高了当时的教学效率。

3. 主持辩论与问难

汉朝官学中的互相问难辩论之风十分盛行。这种辩论之风首先体现在博士的教学中，博士在讲经时，互相诘难，讨论经义是主要的形式，也可以说是太学教学的一种重要方式。太学博士在讲学中表现出讨论是非和互相诘难的风气，对于促进经学的发展也起了积极的作用。王充曾说："汉立博士之官，师弟子相呵难，欲极道之深，形是非之理也。"④ 和帝时期，兼通五经的名儒鲁丕也曾上书曰：

> 臣闻说经者，传先师之言，非从己出，不得相让；相让则道不明，若规矩权衡之不可枉也。难者必明其据，说者务立其义，浮华无用之言不陈于前，故精思不劳而道术愈章。法异者，各令自说师法，博观其义。⑤

可见辩难的目的是使经义愈明。当时，这种辩论风气的盛行，与朝廷的大力倡导是分不开的。汉光武帝曾"令群臣能说经者更相难诘，义有不通，辄夺

---

① 班固：《汉书》卷56《董仲舒传》。
② 范晔：《后汉书》卷35《张曹郑列传》。
③ 皮锡瑞著：《经学历史》，中华书局1989年版，第131—132页。
④ 王充：《论衡》卷15《明雩》。
⑤ 范晔：《后汉书》卷25《卓鲁魏刘列传》。

其席以益通者"①。除多次主持各派经师公开辩论外，他还亲临太学，"会诸博士论难于前"，甚至在朝会上建立了按"讲通经义"来排座次的礼仪。侍中戴凭因为善于讲辩，"重座五十余席"，并获得"解经不穷戴侍中"的评语。朝廷征试博士也经常采用辩难的办法。《汉书·杨胡朱梅云传》载，朱云由于能够驳难治《梁丘易》的少府五鹿充宗，即所谓"折其角"而被任命为博士。

4. 博士考核弟子

汉朝太学特别注重考试，因为课堂教学不太严格，教师少，平日的检查也难进行，太学没有规定肄业的年限。所以汉朝首创"岁试"，即以一年一试的考试制度来督促和检查学生的学业，了解学生学习的进度和成绩，只要能通过考试即可毕业，并按成绩高低和通经的多少来授予官职。太学每年试策弟子的考试方法称为"射策"，即"设科射策"。"策"是指教师（主考）所出的试题，教师将预先定好的问题写于策上，称作"策问"；"射"是以射箭的过程来形象描写学生对试题的理解和回答过程。"设科"就是按试题繁简、难易，设为甲、乙两科，进行抽签考试，按学生所取得的实际等第，分别授给不同的官职。应试者从中随意抽取，抽到什么策问，就进行书面回答，叫"对策"。当时规定：在考试中，凡能"通一艺以上，补文学掌故缺；其高第可以为郎中……其不事学若下材，及不能通一艺，辄罢之"②。即奖惩与仕宦是紧密结合的。这种考试方法到王莽时稍有变动，改为甲、乙、丙三科。东汉初年又恢复二科。质帝时，则规定不再分科，岁试只取高第。至桓帝即位后，改为取"高第五十人、上第十六人为郎中，中第十七人为太子舍人，下第十七人为王家郎"③。但不久又改为每两年一考，不再限制名额，仅根据其通经多少来授予不同官职。且已经授官的亦可应试，及格即授予更高官职，不及格的还可以再考。这种考试制度的变化，反映出当时经学已向通材方面发展，打破了师法、家法的限制。

5. 从事学术研究

在朝廷的大力倡导和要求下，学校教师除了完成教学、考试等任务之外，余下时间大部分都花在了研究上。他们潜心治学，著书立说，研究成果颇丰。

---

① 范晔：《后汉书》卷 79 上《儒林列传》。
② 班固：《汉书》卷 88《儒林传》。
③ 马端临：《文献通考》卷 40《学校考一》。

诸如许慎，在担任太尉府祭酒期间，所做的一件最重要的事情就是与群儒去东观典校秘籍。这件事在许冲（许慎之子）《上说文解字表》中有所记载："慎前以诏书校东观，教小黄门孟生、李喜等。"在校书期间，许慎博采众长，"以《五经》传说臧否不同，于是撰为《五经异义》"①。故时人有"五经无双许叔重"之赞誉。

（三）皇帝视学与执经问难

君主视学自古有之，汉朝统治集团把太学看作造就贤才、推行教化这一国策的关键所在，因此十分重视太学的发展。不仅对太学的教育内容、太学博士的选任常常是亲自裁决，还不定期地到太学视学，且已成为一种制度。

帝王驾临太学视察，称为"幸学"，主要目的是提倡尊经崇儒，因此皇帝视学时要举行各种隆重的仪式，幸学的主要内容是皇帝和太学博士、博士弟子们的讲经活动，经常召集博士讲论五经，有时还要考察学生的学业，且与师生欢聚。为了弘扬儒学，每次视学皇帝还要聚众宣讲。如东汉时，自光武帝至汉献帝间的九位皇帝中，除顺帝以外，都曾到过太学视学。光武帝于建武五年（29年）重启皇帝视学活动，建武十九年（43年）"车驾幸太学，会诸博士论难于前"，还"诏诸生雅吹击磬，尽日乃罢"。当时太学盛况是"稽式古典，笾豆干戚之容，备之于列。服方领、习矩步者，委它乎其中"②，呈现一派研习礼乐的兴旺景象。光武帝亲临太学视学，奖励教学成绩突出的博士及弟子，也拉开了洛阳太学发展的序幕。东汉前期，太学教育教学活动的兴盛，主要得益于统治者的重视。

汉明帝刘庄少年时就对儒学痴迷，史载："帝生而丰下，十岁能通《春秋》，光武奇之。建武十五年封东海公，十七年进爵为王，十九年立为皇太子。师事博士桓荣，学通《尚书》。"③ 明帝即位之后，对太学尤为重视，更是经常亲临洛阳太学，主持"养老礼"，并出任"兼职博士"，还亲御讲堂执讲，并执经问难。由于观者甚多，竟把太学围得水泄不通，可谓盛况空前。据史载，就在汉明帝永平元年（58年），王充恰在太学求学期间，正好赶上汉明帝莅临太学视学并行

---

① 范晔：《后汉书》卷 79 下《许慎》。
② 范晔：《后汉书》卷 79 上《儒林列传》。
③ 范晔：《后汉书》卷 2《显宗孝明帝纪》。

三老五更之礼，时推年老博学的李躬为"三老"，曾授明帝《尚书》的桓荣为"五更"。在这之前，王充只是在礼书上看过此类记载，而今目睹了敬老尊儒大典，令其兴奋不已，于是撰作《大儒论》以颂其事。由于明帝视学，致使太学声誉日高，自太子、王侯至功臣子弟，莫不入学受经。如《后汉书·儒林列传下》所载：

> 明帝即位，亲行其礼……坐明堂而朝群后，登灵台以望云物，袒割辟雍之上，尊养三老五更。飨射礼毕，帝正坐自讲，诸儒执经问难于前，冠带缙绅之人，圜桥门而观听者，盖亿万计。

元和二年（85年），汉章帝东巡狩，"幸东郡，引酺及门生并郡县掾史并会庭中。帝先备弟子之仪，使酺讲《尚书》一篇，然后修君臣之礼，赏赐殊特，莫不沾洽"[1]。皇帝亲临地方，鼓励兴学设教，对郡国学校的发展产生了巨大的推动作用。同年，章帝亲赴孔子故里祭奠，回京后又赐"博士员弟子见在太学者布，人三匹"[2]，这对太学博士及弟子都是有力的劝学之举。以后安帝、灵帝、献帝都曾视学太学，不一一赘述。

四、官学生的学习生活

太学的学生初称"博士弟子"，或简称"弟子"，亦称"博士弟子员"。东汉以后时常称"太学生"或"诸生"。汉武帝元朔五年（公元前124年），丞相公孙弘等奏准建太学，为五经博士置弟子50人。《汉书·儒林传》载：

> 昭帝时举贤良文学，增博士弟子员满百人，宣帝末增倍之。元帝好儒，能通一经者皆复。数年，以用度不足，更为设员千人，郡国置《五经》百石卒史。成帝末年，或言孔子布衣养徒三千人，今天子太学弟子少，于是增弟子员三千人。

其后，太学规模逐步扩大，东汉质帝时，梁太后临朝，为了巩固政权，平衡统治阶级各派势力，又提倡儒学，太学再一次受到重视，广招太学生，太学生员数逐渐增加。随着士人源源不断地前来京师就学，而做官的出路又十分有限，故太学生人数积压越来越多，到桓帝时竟高达三万多人。史载当时太学的

---

① 范晔：《后汉书》卷45《袁张韩周列传》。
② 范晔：《后汉书》卷3《肃宗孝章帝纪》。

盛况：

> 顺帝感翟酺之言，乃更修黉宇，凡所造构二百四十房，千八百五十室。
> 试明经下第补弟子。增甲乙之科员各十人，除郡国耆儒皆补郎、舍人。本
> 初元年，梁太后诏曰："大将军下至六百石，悉遣子就学，每岁辄于乡射月
> 一飨会之，以此为常。"自是游学增盛，至三万余生。然章句渐疏，而多以
> 浮华相尚，儒者之风盖衰矣。①

伴随官学生的增多，他们的学习生活或活动亦渐丰富多彩，主要体现在以
下几个方面。

（一）集会与问难辩论

集会是汉朝太学学生特有的一种学习活动。汉朝太学经常举行许多以讨论
经学或演示礼仪为内容的集会活动，这种集会一般由皇帝主持，其教育对象虽
然并不仅限于太学生，且更多的是体现经师之间的切磋和交流，但是它对汉朝
经学教育却产生了较大的影响。

学生之间也经常开展问难辩论活动，这是汉朝太学积极倡导学术研究和争
论的结果。从有关记载看，这种学术活动相当活跃和自由，既可以不受身份、
地点的限制而讨论某一专经，又可以讨论各种专经与学派，对太学的发展和学
风都产生了很大影响。如元帝时讨论《梁丘易》，少府五鹿充宗恃宠而善辩，名
儒朱云即"抗首而请，音动左右。既论难，连拄五鹿君，故诸儒为之语曰：'五
鹿岳岳，朱云折其角。'由是为博士"②。光武帝时，"车驾幸太学，会诸博士论
难于前，（桓）荣被服儒衣，温恭有蕴藉，辩明经义，每以礼让相厌，不以辞长
胜人，儒者莫之及"③。和帝时，鲁丕还曾明确提出关于说经问难的学术规范，
他说：

> 臣闻说经者，传先师之言，非从己出，不得相让；相让则道不明，若
> 规矩权衡之不可枉也。难者必明其据，说者务立其义，浮华无用之言不陈
> 于前，故精思不劳而道术愈章。法异者，各令自说师法，博观其义。④

---

① 范晔：《后汉书》卷 79 上《儒林列传》。
② 班固：《汉书》卷 67《杨胡朱梅云传》。
③ 范晔：《后汉书》卷 37《桓荣丁鸿列传》。
④ 班固：《汉书》卷 25《卓鲁魏刘列传》。

汉朝统治者运用集会辩难的方式解决学术分歧，不仅达到了统一思想的目的，而且把其固定为太学教学的主要方式，也活跃了太学的教学气氛，形成了太学质疑辩难的学风。从某种意义上说，汉朝博士的说经、诘难与争论已成为太学生们学习的基本形式。这不仅有力地促进了经学研究，而且培养了太学的论辩精神。太学辩难的精神，是研究和发展学术所必需的，为当时培养了不少人才。由于博士们参加了汉朝统一教材的两次会议，即石渠阁论经和白虎观会议，他们还经常参加讨论经学的集会，所以博士们具有很浓厚的辩难风气，这种风气也传给了太学的学生。

汉朝太学采用个别专经教学，由于学生入学时已具备一定的经学基础，故教师多用讨论式教学，"师弟子相呵难"。擅长讨论者就能受到师生普遍尊重，并无严格尊卑之分。在朝廷的倡导和教师的影响下，学生之间也经常开展问难辩论活动，涌现出一批能言善辩的高才生。如：井大春"少受业太学，通《五经》，善谈论，故京师为之语曰：《五经》纷论井大春"[1]。丁鸿在太学从桓荣受《欧阳尚书》，也以"善论难"而著称，时人叹曰"殿中无双丁孝公"[2]。由于汉朝太学的校舍较大，太学生一般均住在校内，同学之间可以时常互相质疑问难，发表自己的见解。不论老师之间，还是同学之间，经常互相问难辩论，他们一起讨论，甚者夜以继日。据《东观汉记》载："尹敏与班彪相厚，每相与谈，常晏暮不食，昼即至冥，夜即彻旦。彪曰：相与久语，为俗人所怪，然钟子期死，伯牙破琴，曷为陶陶哉！"[3]《后汉书》所载，孔僖与崔骃同游太学，习《春秋》。因读吴王夫差时事，二人与梁郁儌有一番颇有意思的对话：

僖废书叹曰："若是，所谓画龙不成反为狗者。"

骃曰："然。昔孝武皇帝始为天子，年方十八，崇信圣道，师则先王，五六年间，号胜文、景。及后恣己，忘其前之为善。"

僖曰："书传若此多矣！"

邻房生梁郁儌和之曰："如此，武帝亦是狗邪？"

---

① 范晔：《后汉书》卷 83《逸民列传》。
② 范晔：《后汉书》卷 37《桓荣丁鸿列传》。
③ 萧统：《昭明文选》卷 55《东观汉记·刘峻广绝交论》。

僖、骃默然不对。郁怒恨之，阴上书告骃、僖诽谤先帝，刺讥当世。①

西汉末年，当时的学术发展方向要求突破师法、家法的束缚和古文经、今文经之间的界限，一时出现了许多兼通古今、融合各家的通儒。除了正课之外，还可以随兴趣研究其他专经。东汉后期，更鼓励学生成为通才，通经越多做官越大，故许多学生都兼通数经。他们开始不遵师法或家法，厌弃章句，喜欢涉猎诸家，并自由发表见解，常常互相讨论学问。广采众说，遍注各经，自出新意，著书立说，相互讨论，非西汉初、中期那些只专一经、墨守章句者可比，这种新风气有利于当时学术的发展，对后世谦虚好学、刻苦钻研、自成一家、自由讨论、不随声附和等学风的形成都有积极的影响。一些学生因为在学术上注重是非，所以在讨论经义时，对于有权势的人也不肯让步，从而形成了"重是非，不畏权势"的学风。

善于问难的门生很容易成为经师的高业弟子，并兼领代师授课的责任。如《汉书·儒林传》记载："严彭祖字公子，东海下邳人也。与颜安乐俱事眭孟。孟弟子百余人，唯彭祖、安乐为明，质问疑谊，各持所见。孟曰：《春秋》之意，在二子矣。"又《后汉书·桓荣丁鸿列传》亦载："鸿年十三，从桓荣受《欧阳尚书》。三年而明章句，善论难，为都讲，遂笃志精锐，布衣荷担，不远千里。"可见，严彭祖、颜安乐、丁鸿等均因学业有成，故足以担当协助老师教导其他学子的重任。

(二) 自学与研习

汉朝是封建官学初创时期，尚无严格的学习制度，加之师少生多，自学成为太学生学习生活的主要内容和方式。太学在重视博士讲学的同时，提倡自学，积极鼓励和引导学生自由探讨。太学生可以参加各种社会活动，还可以向校外的某经专家学习，这种培养方式为以后书院教学所继承，成为中国古代教育的一个优良传统。如王充在太学学习的同时又跟班彪学习，又与学者如贾逵、傅毅、杨终等来往较多，这些学者都曾任职兰台（系东汉的皇家图书馆和国家史馆），这也为王充博览群书提供了良好条件。再如，郑玄进太学习今文经学的《易经》和《公羊》学，又向古文经学家学习《古文尚书》《周礼》《左传》。郑

---

① 范晔：《后汉书》卷 79 上《儒林列传》。

玄到了北海郡不久，又辞去吏职，入太学授业。师从曾任兖州刺史的经学博士第五元先，先后学了《京氏易》《公羊春秋》《三统历》《九章算术》等，俱达到了通晓的程度。他师事第五元先后，又从东郡张恭祖学习了《周官》《礼记》《左氏春秋》《韩诗》《古文尚书》等书，其中除《礼记》和《韩诗》外，均为古文经学的重要典籍。郑玄向第五元先和张恭祖学习了今古文经学两大学派的重要经籍后，尚不以此为满足，又从陈球受业，学习了《律令》。在此期间，他还以明经学、表节操为目的，游学于幽、并、兖、豫各地（相当于今山东、河北、河南、山西一带），遍访名儒，转益多师，虚心向他们学习，共同探讨学术问题。读万卷书，行万里路，不辞劳苦，孜孜求道。郑玄网罗众家，遍注群经，泯弃了今古文的界限，于是郑学行而诸今文经说废，使今古文经学得到了统一。郑玄成为汉朝经学的集大成者，当时京师称他为"经神"。郑玄以毕生精力注释儒家经典，据《后汉书·张曹郑列传》记载，"凡玄所注《周易》《尚书》《毛诗》《仪礼》《礼记》《论语》《孝经》……凡百余万言"。事实上，郑玄遍注群经，远远不止这些。据清儒郑珍考证统计，郑玄的著述共约有 60 种之多。今存者尚有《毛诗笺》《仪礼注》《周礼注》等。太学生还可以随自己的兴趣去研究，一些学生除了学习自己的专经以外，兼学其他经学，能通数经。

汉朝太学生的自我研习活动，对于儒家经学的发展是十分有利的，也为当时培养了不少人才，如王充、郑玄等。[①] 除了研究儒家经学外，还有一些太学生努力研究自然科学，如张衡在太学"通五经、贯六艺"，又在课外与同学崔瑗研究天文学、数学而成为科学家。当时，学者马融集诸生考论图纬，有一个历算问题不得解决，听说郑玄擅长历算，乃招见郑玄，郑玄一言便决，众咸骇服。郑玄论一年四季，地在太空中，四游升降，是对天文学的杰出贡献。郑玄喜欢钻研天文学，掌握了"占候""风角""隐术"等一些以气象、风向的变化而推测吉凶的方术。此外，郑玄对术数之学的研究也很有心得，据《太平广记》卷二一五引《玄别传》记载，郑玄 17 岁时，一天正在家读书，忽见刮起了大风，他根据自己掌握的一些方术来推算，预测到某日、某时、某地将要发生火灾，于是立即到县府去报告，让其早做准备，才使得火灾发生时并没酿成大害。因

---

① 姜维公著：《汉代学制研究》，中国文史出版社 2005 年版，第 295—299 页。

此郑玄被当地视为"异人"。汉朝的经学家,特别是今文经学家,大多通"海洛星纬"即天文历算之学,这是中国古代教育活动史值得重视的学术研究倾向。

(三)学业考核与应试

太学创立之初,就明确规定了博士弟子通过课试录用为官的制度与措施:"一岁皆辄课,能通一艺以上,补文学掌故缺;其高第可以为郎中,太常籍奏。即有秀才异等,辄以名闻。其不事学若下材,及不能通一艺,辄罢之,而请诸能称者。"① 在学生的考试中,实际上要真正精通一经,并通过考试,在当时还是相当困难的。以翟方进为例,史载他"经博士受《春秋》。积十余年,经学明习,徒众日广",才"以射策甲科为郎"。② 究其原因,一方面是由于章句烦琐,动辄几十万字,甚至上百万言,因而要读通一经往往需要很长时间。所谓"幼童而守一艺,白首而后能言"③。另一方面,由于官职毕竟有限,每年的毕业名额很少,太学生即使已经读通一经,也很难通过考试。这种情况在西汉中期还不太明显,到西汉后期便逐渐表现出来,东汉则更为突出。东汉初,随着太学人数的增加,而同时录官名额有限,二者之间的矛盾也日益尖锐。

在东汉初年,论难成为选拔博士弟子的主要考试方法之一,博士及甲乙策试,皆各依诸生所习家法,"开五十难以试之,解释多者为上第,引文明者为高说"。如《后汉书·邓张徐张胡列传》所载:

> (徐)防以《五经》久远,圣意难明,宜为章句,以悟后学。上疏曰:"臣闻《诗》《书》《礼》《乐》,定自孔子;发明章句,始于子夏。其后诸家分析,各有异说。汉承乱秦,经典废绝,本文略存,或无章句。收拾缺遗,建立明经,博征儒术,开置太学。孔圣既远,微旨将绝,故立博士十有四家,设甲、乙之科,以勉劝学者,所以示人好恶,改敞就善者也。伏见太学试博士弟子,皆以意说,不修家法,私相容隐,开生奸路,每有策试,辄兴诤讼,论议纷错,互相是非。孔子称'述而不作',又曰'吾犹及史之阙文',疾史有所不知而不肯阙也。今不依章句,妄生穿凿,以遵师为非义,意说为得理,轻侮道术,浸以成俗,诚非诏书实选本意。改薄从忠,

---

① 班固:《汉书》卷88《儒林传》。
② 班固:《汉书》卷84《翟方进传》。
③ 班固:《汉书》卷30《艺文志》。

三代常道，专精务本，儒学所先。臣以为博士及甲、乙策试，宜从其家章句，开五十难以试之，解释多者为上第，引文明者为高说。若不依先师，义有相伐，皆正以为非。《五经》各取上第六人，《论语》不宜射策。虽所失或久，差可矫革。"诏书下公卿，皆从防言。

这种制度最初是由徐防发起的，徐防建议改为每经按章句内容出50道题，侧重考查对官方经学掌握巩固程度，五经各取前六名，但这一改革并未止息学风日下。顺帝阳嘉元年（132年）重修太学，并"增甲、乙科员各十人"，但录取名额增加20人，不过杯水车薪，解决不了根本问题。故桓帝永寿二年（156年），实行改革。新课试法规定：

　　学生满二岁，试通二经者补文学掌故；其不通二经者，须后试复随辈试之，通二经者亦得为文学掌故。其已为文学掌故者，满二岁，试能通三经者，擢其高第为太子舍人；其不得第者，后试复随辈试，第复高者亦得为太子舍人。已为太子舍人，满二岁，试能通四经者，推其高第为郎中；其不得第者，后试复随辈试，第复高者亦得为郎中。满二岁，试能通五经者，推其高第补吏，随才而用；其不得第者，后试复随辈试，第复高者亦得补吏。①

这一课试法的最大特点就是把一年一试延长为两年一试，不中者可待来年再试，直到考取为止。按照这一制度，太学生即使在考试顺利进行的情况下，也需要十年才有可能获得补吏资格。万一有一次考试未能通过，便耽误两年。这虽然缓解了录取名额不足的矛盾，却使大量太学生困于太学。东汉桓帝时，太学生已多达三万余人，而每年包括高、上、中、下四等却只取65人。许多学生"结童入学，白首空归"。由于人数太多，灵帝熹平五年（176年）和献帝初平四年（193年）不得不两次下诏，将年逾六十的洛阳太学学生全部任为太子舍人。可见这时太学的主要作用还是"养士"。

　　正因为太学坚持严格的考试录用标准，所以太学生一般都具有强烈的竞争意识。为了通过考试，他们大多发奋苦读、专心治学，甚至不问世事。这种严格的毕业标准，以及由此所产生的竞争意识和苦读精神，对确保太学的毕业生

---

① 马端临：《文献通考》卷40《学校一》。

都能够精通一经是具有积极作用的。

（四）专心治学及"不交僚党"

由于太学实行考试制度及通经入仕的利禄之路的吸引等原因，多数太学生勤奋好学、孜孜不倦。史载，桓荣"少学长安，习《欧阳尚书》，事博士九江朱普。贫窭无资，常客佣以自给，精力不倦，十五年不窥家园"①。可知，桓荣曾就学于西汉太学，读书极为刻苦，15 年不归家，直到王莽篡位才回到家乡。当时天下大乱，生活艰难，桓荣时常处于饥渴困顿之中，但仍"讲诵不息"，同族桓元卿笑话他，说他这样做是白费气力，桓荣笑而不答。桓荣 60 多岁时，受到刘秀的赏识，拜为议郎，赏钱 10 万，让他入宫教授太子，不久太学博士岗位有了空缺，即任用了桓荣，建武二十八年（52 年）又出任少傅。再如郑玄，"日夜寻诵，未尝怠倦……玄自游学，十余年乃归乡里"②。高凤"专精诵读，昼夜不息。妻尝之田，曝麦于庭，令凤护鸡。时天暴雨，而凤持竿诵经，不觉潦水流麦"③。

有些太学生能够排除外界干扰，闭门苦读，不结交僚党。如鲁恭，"年十五，与母及丕俱居太学，习《鲁诗》，闭户讲诵，绝人间事"，其弟鲁丕"性沉深好学，孜孜不倦"，"遂杜绝交游，不答候问之礼"④；乐恢"闭庐精诵，不交人物"⑤；尹勤"笃性好学，屏居人外，荆棘生门，时人重其节"⑥；魏应"建武初，诣博士受业，习《鲁诗》。闭门诵习，不交僚党，京师称之"⑦。这种闭门读书、不交僚党的学习风气在当时是值得称道的，受人尊敬。像魏应这样的太学生还不乏其人，《后汉书·循吏列传》记载了仇览专心学习之事：

> 览入太学。时诸生同郡符融有高名，与览比宇，宾客盈室。览常自守，不与融言。融观其容止，心独奇之，乃谓曰："与先生同郡壤，邻房牖。今京师英雄四集，志士交结之秋，虽务经学，守之何固？"览乃正色曰："天子修设太学，岂但使人游谈其中！"高揖而去，不复与言。

---

① 范晔：《后汉书》卷 37《桓荣丁鸿列传》。
② 范晔：《后汉书》卷 35《张曹郑列传》。
③ 范晔：《后汉书》卷 83《逸民列传》。
④ 范晔：《后汉书》卷 25《卓鲁魏刘列传》。
⑤ 范晔：《后汉书》卷 43《朱乐何列传》。
⑥ 范晔：《后汉书》卷 46《郭陈列传》。
⑦ 范晔：《后汉书》卷 79 下《儒林列传》。

可见，仇览与符融是同乡，二人在太学的宿舍也紧挨着，但仇览平时很少和符融谈话或来往，即便是符融"宾客盈室"之时也不去凑热闹，而是坚守自己的学业。符融主动去邀请他与诸学子共话语，但他却拒绝"游谈其中"，搞得符融很没面子。后来符融把这些事告诉了学者郭林宗，生性亢直、不喜交结的郭林宗竟然与符融带着名帖到住处拜见仇览，趁机请求留下住宿。领略到仇览的治学境界后，郭林宗很是感叹，并下床向仇览行礼。

（五）交友与交会

两汉官学生来源比较广泛，因此不少志趣相投的学生，在共同的学习生活中自发地组成关系较为密切的团体，最常见的是学习上、生活上互相照应的同窗好友的结交。《论衡·骨相篇》载，汉武帝时，斡太傅为诸生时，闻知博士弟子儿宽后当显贵，遂"通刺儿宽，结胶漆之友，尽筋力之敬，徒舍从宽，深自附纳之。宽尝甚病，斡生养视如仆状，恩深逾于骨肉"。《后汉书·儒林列传上》载，孔僖与崔骃因相友善，"同游太学。习《春秋》，因读吴王夫差时事"，两人废书而叹，议论开来，邻房梁郁傪也来唱和。崔骃因对天文历算比较爱好，与兴趣相同的扶风马融、南阳张衡特相友好。王符"少好学，有志操，与马融、窦章、张衡、崔瑗等友善"[1]。范式"入太学，与张韵、孔篙为友"[2]。何颙"少游学洛阳。颙虽后进，而郭林宗、贾伟节等与之相好，显名太学"[3]。王先谦的《后汉书集解·张皓传》引《益部耆旧传》中记载，张皓游学时"与广陵谭粲、汉中李郁、蜀郡张霸共结为友"。太学生刘陶，"所与交友，必也同志"，"情趣苟同"[4]。符融也常常是"宾客盈室"等。

在生活上，太学生之间互相帮助，极重情谊。如申屠蟠与王子居同在太学，王子居以病危之身相托，王子居死后，申屠蟠"乃躬推辇车，送丧归乡里"[5]。朱晖学于太学，同县张堪名望颇高，十分看重朱晖，"欲以妻子托朱生"，朱晖因自己资望较之为浅，不敢答话，张堪去世后，朱晖知其妻子贫困，"乃自往候

---

① 范晔：《后汉书》卷45《袁张韩周列传》。
② 范晔：《后汉书》卷81《独行传》。
③ 范晔：《后汉书》卷67《党锢列传》。
④ 范晔：《后汉书》卷57《杜栾刘李刘谢列传》。
⑤ 范晔：《后汉书》卷53《周黄徐姜申屠列传》。

视，厚赈赡之"。①

除了根据不同志趣结交朋友外，在太学还形成了一些各具特点的学术派别，先后有以施雠等为代表的今文经学派，以贾逵为代表的古文经学派以及以郑玄为代表的今古文经融合派，还有别开生面的张衡浑天派，被视为异端的王充"元气派"，等等。另外，在学生中还出现过政治宗派集团。西汉末年，刘秀就学长安，受《尚书》，与同学韩子、强华、朱祐、张充、邓禹、严光、高获等亲善。其后刘秀起兵，邓禹献取天下之策，朱祐跟随力战陷阵，强华从关中奉赤伏符，同窗好友为刘秀夺取政权出了不少力。他们中间有的因此而"垂功名于竹帛"，如朱祐从征河北，以为偏将军，封安阳侯，世祖即位后，拜为建义大将军。到东汉后期，政治黑暗，太学生的交游活动更为频繁，所谓"今京师英雄四集，志士交结之秋"。还形成了许多反宦官集团，积极评论时政。

汉朝太学生经常与郡国的生徒上下呼应，进行着炽烈的"浮华"与"交会"活动，即所谓"章句渐疏，而多以浮华相尚，儒者之风盖衰矣"②。这说明诸生已从埋头经书，转而关心政治。"浮华""交会"活动既组织了力量，又以"清议"形式评论时政与人物。侯外庐论及此事时说：

> 在太学中、郡国学中、私人精舍中，学生们的自由交游，已经形成党同伐异的清流，特别在学生数量发达了之后，为了支援外戚以及官僚的抗宦官行动，交游活动更有政治实际的需要了。一方面，"以朋友讲习"，加强了自己的阵线；一方面，以"正人无有淫朋"来相攻击，分清了敌我的壁垒。汉末学生们的交游倾向便是这样的。这样的交游活动，是与汉代传统士风不相同的。传统士风是在皇帝亲临裁决同异之下而埋头章句，今却结交而择正黜邪，明明分出邪与正的两个壁垒，有所择而且有所黜，由交游而发展到政治的斗争了。③

太学生所从事的"浮华""交会"活动，当时的政界还是有不同看法的。曹操曾对孔融手书，大有"破浮华交会之徒"之意："又知二君群小所构，孤为人臣，进不能风化海内，退不能建德和人，然抚养战士，杀身为国，破浮华交会

---

① 范晔：《后汉书》卷 43《朱乐何列传》。
② 范晔：《后汉书》卷 79 上《儒林列传》。
③ 侯外庐著：《中国思想通史》第 2 卷，人民出版社 1998 年版，第 356 页。

之徒，计有余矣。"①

(六) 游学寻师

游学作为古代社会各阶层的一种远道寻师受学的重要文化教育活动，经春秋战国相沿不衰，到了汉朝，游学无论从数量、规模和影响上都超过前代，太学生的游学之风也很盛行。

郑玄入太学授业，从师第五元先，先后学了《京氏易》《公羊春秋》《三统历》《九章算术》等，俱达到了通晓的程度。又从东郡张恭祖学习了《周官》《礼记》《左氏春秋》《韩诗》《古文尚书》等书。还从陈球受业，学习了《律令》。在此期间，他还以明经学、表节操为目的，游学各地遍访名儒，转益多师，共同探讨学术问题。虽然他已学富五车，但并不满足。当他感到关东学者已经无人再可请教了的时候，便通过友人卢植的关系，千里迢迢西入关中，拜扶风马融为师，以求进一步深造。这一年，郑玄33岁。马融为当时经学大师，遍注儒家经典，使古文经学达到了成熟的境地。他的门徒上千，长年追随在身边的就有400余人，其中优秀者亦达50人以上。其为人比较骄贵和讲究，虽然门徒众多，但他只亲自面授少数高才生，其余学生则由这些高才生转相授业。郑玄投学门下后，三年不为马融所看重，甚至一直没能见到他的面，只能听其高足弟子们的讲授。但郑玄并未因此而放松学习，仍旧日夜寻究诵习，毫无怠倦。有一次，马融和他的一些高足弟子在一起研究浑天问题，遇到了疑难而不能自解。有人说郑玄精于数学，于是就把他召去相见。郑玄当场很快就圆满地解决了问题，使马融与在场的弟子们都惊叹不已。自此，马融对郑玄十分看重，郑玄便把平时学习中发现而未解决的疑难问题一一向马融求教，对于篇籍的奥旨寻微探幽，无不精研。郑玄在马融门下学习了七年，因父母老迈需要归养，就向马融告辞回山东故里。马融此时已经感到郑玄是个了不起的人才，甚至会超过自己，他深有感慨地对弟子们说："郑生今去，吾道东矣！"

也有太学生出外游学的，如服虔"少以清苦建志，入太学受业"，刘义庆在《世语新说》中称其为了作注《春秋》，"闻崔烈集门生讲传，遂匿姓名，为烈门人作食。每当至讲时，辄窃听户壁间"。也有诸生先师从名儒，后游学京师或太

---

① 范晔：《后汉书》卷70《郑孔荀列传》。

学。如苍梧广信人士燮，少游学京师，事颍川刘子奇，治《左氏春秋》①。张纮
游学京都，入太学，事博士韩宗，治《京氏易》《欧阳尚书》，"又于外黄从濮阳
闿受《韩诗》及《礼记》《左氏春秋》"②。游学者上至公卿士族子弟，下至曹掾
小吏、贫寒之士，以不同的形式寻师受业，游学的内容以儒经为主兼及其他各
派。总之，游学无论是对学术的发展和传承，抑或是对个人的治学和学业成长，
都不失为一种绝好的方式或途径。

五、官学师生的日常生活

在常规教学之余，汉朝官学师生的课外业余活动也比较丰富，包括太学生
的业余歌舞、勤工俭学以及师生之间的密切交往等活动。

(一) 业余歌舞

汉朝是礼乐兴盛的时代，学生除从师选习五经、必修《论语》和《孝经》
外，还要习演礼乐。如《汉官仪》载："春三月，秋九月，习乡射礼，礼生皆
使太学学生。"建武十九年（43 年），光武帝乘车到太学视学，"诏诸生雅吹击
磬，尽日乃罢"③。当时的太学生在课余时间经常参加这样一些礼乐活动。西
汉宣帝时，何武等学长安，"歌太学下"④，即歌舞于太学舍下。另从《三辅黄
图》中对太学会市中诸生持笙、磬、乐器相与买卖这一记载中也可以看出，太
学生中喜欢演奏乐器的人应该是比较多的，而且，演奏器乐、载歌载舞之类的
活动也是学生课余时间比较常见的文化娱乐方式。因此，才会有学生买卖乐器
的可能。

(二) 勤工助学

太学生是由太常选择"年十八以上，仪状端庄"的官宦子弟充当的，而从
郡国选送的"好文学，敬长上，肃政教，顺乡里，出入不悖"的乡绅子弟，虽
不受名额限制，亦可作为如弟子在太学中"受业为弟子"，只能算作一种旁听
生。据《汉书·儒林传》载："为博士官置弟子五十人，复其身。"说明博士弟

---

① 陈寿：《三国志》卷 49《吴书·刘繇太史慈士燮传》。
② 陈寿：《三国志》卷 53《吴书·张严程阚薛传》。
③ 范晔：《后汉书》卷 37《桓荣丁鸿列传》。
④ 班固：《汉书》卷 64 下《严朱吾丘主父徐严终王贾传》。

子皆有官禄，不出徭赋，享有免役的优待，还有一定的生活补助，而如弟子则费用自理。

由于当时的条件有限，受到资助的太学生有限，故太学中也往往有一些经济拮据的学生。这是因为太学设立之初，将招生对象确定为普通百姓，没有贫富贵贱之分，因此家境贫寒的学生可以入学受业，而且"颇多孤寒之士"。如翟方进，"家世微贱"，因感蔡父之言，西至京师，进太学求学，从博士受《春秋》，"母怜其幼，随之长安，织屦以给"。翟方进"积十余年，经学明习，徒众日广，诸儒称之"①；梁鸿曾在太学就读，他性情孤独，不与人同食。"家贫而尚节介，博览无不通，而不为章句"，"同房先炊已，呼鸿及热釜炊。鸿曰：'童子不因人热者也'。灭灶，更燃火"②；檀敷"少为诸生，家贫而志清，不受乡里施惠"③；郭太"家世贫贱"；陈皇"出于单微"；服虔"少以清苦建志"；高彪"家本单寒，至彪为诸生，游太学"④；王充，少孤，"贫无一亩庇身"，"乡里称孝，后到京师，受业太学"，他"好博览而不守章句。家贫无书，常游洛阳市肆，阅所卖书，一见辄能诵记，遂博通众流百家之言"⑤，等等。

部分太学生为了完成学业，或受人资助，或自食其力依靠自己的劳动来克服生活的困难，坚持完成学业。大多贫家弟子在求学期间，常常利用课余时间勤工俭学，为自己筹备学资以维持生活。通过这种形式完成学业的人很多，比如，太学生儿宽"以郡国选诣博士，受业孔安国。贫无资用，尝为弟子都养，时行赁作，带经而锄，休息辄读诵，其精如此"⑥。颜师古释"都养"一词说："都，凡众也。养，主给烹炊者也。贫无资用，故供诸弟子烹炊也。""带经而锄"说明儿宽不仅为诸弟子做饭，而且季节性地为人佣耕。再如，匡衡"家贫，庸作以供资用"⑦；承宫"为诸生拾薪，执苦数年，勤学不倦"⑧；侯瑾"性笃

---

① 班固：《汉书》卷 84《翟方进传》。
② 李昉：《太平御览》卷 757《器物部二·釜》。
③ 范晔：《后汉书》卷 67《党锢列传》。
④ 范晔：《后汉书》卷 80 下《文苑列传》。
⑤ 范晔：《后汉书》卷 49《王充王符仲长统列传》。
⑥ 班固：《汉书》卷 58《公孙弘卜式儿宽传》。
⑦ 班固：《汉书》卷 81《匡张孔马传》。
⑧ 范晔：《后汉书》卷 27《宣张二王杜郭吴承郑赵列传》。

学，恒佣作为资，暮还辄燃柴以读书"①；桓荣"少学长安，习《欧阳尚书》，事博士九江朱普。贫穷无资，常客佣以自给，精力不倦，十五年不窥家园"②；申屠蟠"家贫，佣为漆工"③；北海人公沙穆，家贫，"来游太学，无资粮，乃变服客佣，为祐赁舂。祐与语大惊，遂共定交于杵臼之间"④。成语"杵臼之交"即由此而来；庾乘家贫，"少给事县廷为门士。林宗见而拔之，劝游学官，遂为诸生佣"⑤，庾乘边为其他学生做佣工，边旁听学习，很快就能讲经论道。但他认为自己出身低微，"每处下座"，太学生和博士都到他那里去辩驳问难，久而久之，太学中竟然因此以"下座为贵"，等等。这是汉朝最常见的一种勤工俭学方式。太学生要从事勤工俭学活动，必须有自由支配的时间，这从另一个侧面说明了太学的管理较为开放。

有的太学生替别人抄写以维持学习生活，如班超早年"家贫，常为官佣书以供养"⑥，后来投笔从戎。东汉、三国之交的阚泽亦有过这种经历，史载其："家世农夫，至泽好学，居贫无资，常为人佣书，以供纸笔。所写既毕，诵读亦遍。追师论讲，究览群籍，兼通历数，由是显名。"⑦

还有的太学生通过古代读书人轻视的商业途径如做生意来筹集生活费用。王莽时，光武帝刘秀当初求学长安，就曾从事过商业活动。史载，"王莽天凤中，乃之长安，受《尚书》，略通大义"。刘秀"受《尚书》于中大夫庐江许子威。资用乏，与同舍生韩子合钱买驴，令从者僦，以给诸公费"。又"尝与（朱）祐共买密合药"⑧。即在资费捉襟见肘之际，为了解决求学期间的经济问题，刘秀与同学合资做生意，并将买来的原材料加工成药丸来出售。太学之西为会市，"但列槐树数百行为隧，无墙屋。诸生朔望会此市，各持其郡所出货物及经书、传记、笙磬乐相与买卖，邕邕揖让，或论议槐下"⑨。可见当时学生中

① 范晔：《后汉书》卷80下《文苑列传》。
② 范晔：《后汉书》卷37《桓荣丁鸿列传》。
③ 范晔：《后汉书》卷53《周黄徐姜申屠列传》。
④ 范晔：《后汉书》卷64《吴延史卢赵列传》。
⑤ 范晔：《后汉书》卷68《郭符许列传》。
⑥ 范晔：《后汉书》卷47《班梁列传》。
⑦ 陈寿：《三国志》卷53《吴书·张严程阚薛传》。
⑧ 范晔：《后汉书》卷1上《光武帝纪》注引《东观记》。
⑨ 李昉：《太平御览》卷534《礼仪部十三·学校》。

做买卖的人比较多，其中家境贫寒、迫于生计者应该是为数不少的。

(三)"师法""家法"与师生关系

关于"师法"和"家法"，颜师古认为，有始师方才有师法，师法是以宗师为源，以弟子逐代相传为流，所以形成各经学流派的固有体系。李贤对《后汉书·左周黄列传》中"诸生试家法"的解释为："儒有一家之学，故称家法。"清人汪之昌说："以学有所本谓之师，以业有专门谓之家。"① 蒋湘南认为，"与家法相别者，师法不过师弟相传，家法则以家学为师法"②。赵春沂的《两汉经师家法考》亦云：

> 六籍之学，盛于汉氏，诸儒必从一家之言，以名其学大抵前汉多言师法，而后汉多言家法。有所师乃能成一家之言，师法者溯其源，家法者衍其流也。夫家法明则流派著，可以知经学之衍别，可以知经文之同异，可以知众儒之授受，可以存周、秦之古谊。汉学之盛，盛于家法也。③

汉朝的经学传授须遵守一定的师、弟子关系，此谓遵从"师法""家法"的规定。清人皮锡瑞在《经学历史》中称：

> 前汉重师法，后汉重家法；先有师法，而后能成一家之言。师法者，溯其源；家法者，衍其流也。师法、家法所以分者，如《易》有施、孟、梁丘之学，是师法；施家有张、彭之学，孟有翟、孟、白之学，梁丘有土孙、邓、衡之学，是家法。家法从师法分出，而施、孟、梁丘之师法又从田王孙一师分出者也。④

可见，西汉重师法，其特征是"溯源"；东汉重家法，其特征是"衍流"，已成为当今学术界的普遍认识。

汉初博士教授经书，俱凭口授，由于口耳相传，难免错误，必遵大师所讲的经说为准绳。以宗师为源，以弟子的逐代相传为流，以形成经学各派内容固定的传授体系。如某一经的大师已"立于学官"，如得到朝廷尊信被立为博士以后，他的经说便为师法。弟子代代相传和研习，在研究和传授的过程中，个别

---

① 汪之昌：《青学斋集》卷16。
② 蒋湘南：《七经楼文钞》卷1。
③ 赵春沂：《两汉经师家法考》，载阮元辑《诂经精舍文集》卷11。
④ 皮锡瑞著：《经学历史》，中华书局1989年版，第136页。

造诣深厚的经师自创一家经说，而且于一定程度上又取得当时或后世学术界的承认。这些学派各有专门的经籍内容和固定的说经方式及风格，就成其家法。今文经学非常强调遵守师法、家法，凡遵守师法、家法的学者都被视为学有渊源的"正学"，而紊乱师法、家法的学者就被视为背叛师教的异端。

　　盛行于西汉的师法为一种观念，即"守师法教授"。西汉朝廷规定博士只能依师法、家法传授，违者罢用。如果发现有人篡改了师法、家法，皇帝就要取消他的博士资格。如西汉孟喜，其父孟卿擅长《礼》与《春秋》，又让孟喜师从田王孙受《易》，致使孟喜学业大长，却又傲慢自耀，虽有取得博士的机会，但没有得到重用，如史载：

　　　　喜好自称誉，得《易》家候阴阳灾变书，诈言师田生且死时枕喜膝，独传喜，诸儒以此耀之。同门梁丘贺疏通证明之，曰："田生绝于施雠手中，时喜归东海，安得此事？"……博士缺，众人荐喜。上闻喜改师法，遂不用喜。[1]

　　但东汉时期奉行的家法则变成了一项制度。博士在传经过程中要恪守家法，否则将受到惩罚，张玄便是个案。据《后汉书·儒林列传》载：

　　　　张玄字君夏，河内河阳人也。少习《颜氏春秋》。兼通数家法。建武初，举明经，补弘农文学，迁陈仓县丞。清净无欲，专心经书，方其讲问，乃不食终日。及有难者，辄为张数家之说，令择从所安。诸儒皆伏其多通，著录千余人……后玄去官，举孝廉，除为郎。会《颜氏》博士缺，玄试策第一，拜为博士。居数月，诸生上言玄兼说《严氏》《宣氏》，不宜专为《颜氏》博士。光武且令还署。

　　"师法"重传授、明本源，"家法"重立说、争派别，这种各以师法、家法的传授，对儒经的专门研究确曾起了很大的促进作用。但由于各立门户，相互攻讦，乃至"说五字之文，至于二三万言"[2]，又造成章句极为烦琐的现象，大大增加了弟子的学习负担。汉末才出现了冲破师法、家法，而培养通才的倾向。

　　汉朝的师法、家法强化了师传体系，将教师与学生紧密地联系起来，开创了汉朝尊师重教的风气。两汉的经学繁盛，使得四方学子离乡背井，千里求师，

---

① 班固：《汉书》卷 88《儒林传》。
② 班固：《汉书》卷 30《艺文志》。

苦志求学，累年不归。加上教学中必须恪守师法和家法的缘故，师长对学生的要求非常严格，学生对师长则十分尊敬。而且，师长与学生的关系不仅仅停留在学业传授这个层面上，而是较之今天的师生关系更为密切，更加复杂。两汉时期的师生关系中既包含着学术继承关系，又包含着政治依附关系。在经学的研习上，师长的学术被视为弟子学术的渊源，弟子的学术被视为师长学术的延伸。诚如扬雄所说："呱呱之子，各识其亲，譊譊浇佻之学，各习其师。"① 京房也说："使弟子不若试师。"② 这些均反映了汉朝师生之间的学术继承关系。这种学术继承关系有些类似于血缘继承关系，师生犹如父子，等级界限分明，学生必须按照师长的要求来受业，完全处于一种被支配的地位。随着两汉社会依附关系的发展，师生之间的政治依附关系也逐渐形成。一些著名的经学大师，门生弟子成百上千乃至上万，渐渐发展为经学集团，师生在政治上相互依存，荣辱与共，发展为政治依附关系。学生一旦著录名籍后，很难与师长脱离关系。由于两汉师生之间这种学术继承关系和政治依附关系的存在，学生忠师、尊师的意识非常强烈，师长对弟子也比较关心，反映出当时学生尊敬师长、师长关心学生的良好风气。

汉朝太学教育讲究师法和家法，这种教育不仅强化了儒家经学的师传关系，甚至促使老师和学生之间形成了一种君臣父子的隶属关系。学生对老师"无犯无隐，左右就养无方，服勤至死，心丧三年"③。儒生们多奉行不悖，如楼望"世称儒宗，诸生著录九千余人。年八十，永元十二年，卒于官，门生会葬者数千人，儒家以为荣"④。乐恢被迫自杀后，"弟子缞绖挽者数百人，众庶痛伤之"⑤。郑玄"遗令薄葬。自郡守以下尝受业者，缞绖赴会千余人"⑥。学生有为老师送葬的义务，如戴封："年十五，诣太学，师事鄮令东海申君。申君卒，送丧到东海，道当经其家，父母以封当还，豫为取妻。封暂过拜亲，不宿而去。还京师卒业。"⑦ 戴封因师丧在身，只"暂过拜亲，不宿而去"。这种远赴师丧的

① 扬雄：《法言》卷7《寡见》。
② 班固：《汉书》卷75《眭两夏侯京翼李传》。
③《礼记·檀弓上》。
④ 范晔：《后汉书》卷79下《儒林列传》。
⑤ 范晔：《后汉书》卷43《朱乐何列传》。
⑥ 范晔：《后汉书》卷35《张曹郑列传》。
⑦ 范晔：《后汉书》卷81《独行列传》。

风气，影响后世甚深。汉朝尊师蔚然成风，与恪守师法家法有着逻辑上的必然联系。还有的太学生不顾病体为老师送葬，甚至客死途中。如任末：

> 友人董奉德于洛阳病亡，末乃躬推鹿车，载奉德丧致其墓所，由是知名。为郡功曹，辞以病免。后奔师丧，于道物故。临命，敕兄子造曰："必致我尸于师门，使死而有知，魂灵不惭；如其无知，得土而已。"造从之。①

汉朝师生关系亦非常融洽，如符融"师事少府李膺。膺风性高简，每见融，辄绝它宾客，听其言论。融幅巾奋褎，谈辞如云，膺每捧手叹息"②。师长除传道授业外，视学生如子弟，荐举为官，导其成名，有的还在生活上给予照顾。如赵典每得朝廷赏赐，必用以资助贫困学生。教师遇到困难，学生全力相救。如：高获"师事司徒欧阳歙。歙下狱当断，获冠铁冠，带铁锁，诣阙请歙"③。史载范升受刑，弟子杨政搭救之事：

> 范升尝为出妇所告，坐系狱。政乃肉袒，以箭贯耳，抱升子潜伏道傍，候车驾，而持章叩头大言曰："范升三娶，唯有一子，今适三岁，孤之可哀。"武骑虎贲惧惊乘舆，举弓射之，犹不肯去。旄头又以戟叉政，伤胸，政犹不退。哀泣辞请，有感帝心，诏曰："乞杨生师。"即尺一出升，政由是显名。④

还有愿为老师舍身替罪的。《后汉书》记载大司徒欧阳歙犯罪后，弟子礼震以死相救的事情：

> 歙在郡，教授数百人，视事九岁，征为大司徒。坐在汝南藏罪千余万发觉下狱。诸生守阙为歙求哀者千余人，至有自髡剔者。平原礼震，年十七，闻狱当断，驰之京师，行到河内获嘉县，自系，上书求代歙死。曰："伏见臣师大司徒欧阳歙，学为儒宗，八世博士，而以臧咎当伏重辜。歙门单子幼，未能传学，身死之后，永为废绝，上令陛下获杀贤之讥，下使学者丧师资之益。乞杀臣身以代歙命。"⑤

即使有较大危险，弟子也在所不辞，如廉范的恩师薛汉因"与楚王同谋，

---

① 范晔：《后汉书》卷79下《儒林列传》。
② 范晔：《后汉书》卷68《郭符许列传》。
③ 范晔：《后汉书》卷82上《方术列传》。
④ 范晔：《后汉书》卷79上《儒林列传》。
⑤ 范晔：《后汉书》卷79上《儒林列传》。

交乱天下"被诛，薛汉的门生中唯独廉范敢于为老师收尸。如史所载：

> 诣京师受业，事博士薛汉……后辟公府，会薛汉坐楚王事诛，故人门生莫敢视，范独往收敛之。吏以闻，显宗大怒，召范入，诘责曰："薛汉与楚王同谋，交乱天下，范公府掾，不与朝廷同心，而反收敛罪人，何也？"范叩头曰："臣无状愚戆，以为汉等皆已伏诛，不胜师资之情，罪当万坐。"[1]

师生之间不仅有学术上的承继关系，而且还有政治上的依存关系。老师得志，学生可能受拔擢。如汉明帝即位后，秉承刘秀遗教，尊崇儒术，对过去教过他的老师，仍"执弟子之礼"，对德高望重的桓荣更是倍加敬重。桓荣80余岁卒，明帝赐葬于洛阳城外首阳山，亲自为其送葬。桓荣为明帝师，"除兄子二人补四百石，都讲生八人补二百石，其余门徒多至公卿"[2]。另外，学生受赏识，老师也可得到重用。桓荣最初也是由于弟子何汤以《尚书》授太子，得到光武帝欣赏，追问其师，才道出师从桓荣，桓荣遂得重用。再如，王式的弟子唐长宾、褚少孙应博士弟子选，"诣博士，抠衣登堂，颂礼甚严。试诵说有法，疑者丘盖不言。诸博士惊问何师，对曰事式。皆素闻其贤，共荐式"[3]。

六、官学生的参政活动

虽然秦朝儒生在当时的政治舞台上发挥了重要作用，但作为学生身份的官学生参政活动则是从汉朝开始的。

太学，作为汉朝兴办的全国最高学府，既是传授知识、研习学问的场所，又被视为封建统治者用以网罗士人和培养、选拔治国人才的重要机构，是后备官吏的培养基地。独尊儒术之后，统治者利用儒学来维持政治思想的统一，重用经术之士，置五经博士，设弟子员。随着太学的发展，太学生的规模不断扩大，人数不断增加，鼎盛时期达到三万人。经师门徒、弟子数量尤为庞大，动辄成百上千，甚至万人。诸生数量增多，形成了儒家士大夫集团。汉质帝时曾明确规定：太学生岁满课试，拜官有差。然而到桓帝时，宦官任人及子弟为官，

---

① 范晔：《后汉书》卷31《郭杜孔张廉王苏羊贾陆列传》。
② 范晔：《后汉书》卷37《桓荣丁鸿列传》。
③ 班固：《汉书》卷88《儒林传》。

布满天下，堵塞了太学生入仕的道路。尤其是，面对东汉皇朝日益衰败的趋势，太学生与官吏士大夫有着学术上的承袭关系和政治上的共同立场和认识，太学生们逐渐形成了一定的声势，在政治上的影响力随之扩大，形成了一股不可忽视的政治力量。

翦伯赞认为，"知识青年，往往出现为革命的先锋，这在中国史上，也是屡见不鲜的。而中国的知识青年第一次出现于政治斗争的前线的，便是东汉末年的太学生"①。汉朝的太学生是政治舞台上一支相当活跃的力量，有时甚至到了主宰天下舆论的地步，他们参与政治活动的形式主要有上书、请愿、讽戒和清议四种②，另外还有武装抗争。

（一）上书

在两汉历史上，有多次太学生上书参与政治的记载，如梅福、终军、孔僖、刘陶等人都曾上书言事，抒发政见，这些上书在当时引起了一定的反响。翦伯赞称这几次太学生运动为"大规模的政治请愿"，"由此看来，当时的太学生是以何等英勇的姿态，出现于东汉末年的历史"；"当时的太学，便变成了小所有者政治活动的中心"③。从桓帝永兴元年（153 年）到延熹五年（162 年），太学生并未俯首于强权之下，而是积极开展斗争，先后三次上书，即讼朱穆、议铸大钱、讼皇甫规三事，与黑暗势力进行了不懈的较量。

桓帝永光元年（153 年），冀州因河水泛滥，"百姓荒馑"，又"盗贼尤多"，朱穆任冀州刺史后，因"奏劾诸郡""举劾权贵"。恰巧宦官赵忠丧父，"僭为玙璠、玉匣、偶人"，这在封建社会乃是超越"天子之制"，该当治罪。《后汉书》载：

> 有宦者赵忠丧父，归葬安平，僭为玙璠、玉匣、偶人。穆闻之，下郡案验。吏畏其严明，遂发墓剖棺，陈尸出之，而收其家属。帝闻大怒，征穆诣廷尉，输作左校。
>
> 太学书生刘陶等数千人，诣阙上书讼穆曰："伏见施刑徒朱穆，处公忧国，拜州之日，志清奸恶。诚以常侍贵宠，父兄子弟布在州郡，竞为虎狼，

① 翦伯赞著：《秦汉史》，北京大学出版社 1999 年版，第 505 页。
② 蒋百幻：《两汉太学之学生生活》，载《史学》1933 年第 2 期。
③ 翦伯赞著：《秦汉史》，北京大学出版社 1999 年版，第 407—408 页。

噬食小人，故穆张理天网，补缀漏目，罗取残祸，以塞天意。由是内官咸共恚疾，谤讟烦兴，谗隙仍作，极其刑谪，输作左校。天下有识，皆以穆同勤禹、稷而被共、鲧之戾，若死者有知，则唐帝怒于崇山，重华忿于苍墓矣。当今中官近习，窃持国柄，手握王爵，口含天宪，运赏则使饿隶富于季孙，呼嚼则令伊、颜化为桀、跖。而穆独亢然不顾身害，非恶荣而好辱，恶生而好死也，徒感王纲之不摄，惧天网之久失，故竭心怀忧，为上深计。臣愿黥首系趾，代穆校作。"帝览其奏，乃赦之。①

朱穆在安平逮捕了宦官赵忠的不法家属，然而赵忠谗言于桓帝，桓帝却不分青红皂白，"征穆诣廷尉，输作左校"，从而引起以宗室"太学书生刘陶等数千人诣阙上书"为朱穆讼冤申辩，书中盛称朱穆"处公忧国"，痛斥宦官"窃持国柄"，并表示愿意"黥首系趾，代穆校作"。因此，桓帝不得已赦免了朱穆。这次活动是汉朝太学生参与政治中人数最多、声势最大的一次。

东汉末年，经济危机加重。桓帝时，有人认为造成危机的原因是"货轻钱薄"，因此建议"改铸大钱"以解民贫困。朝廷把这个建议下交给"四府群僚及太学能言之士"讨论，于是刘陶再次上书桓帝说："盖以为当今之忧，不在于货，在乎民饥。夫生养之道，先食后货。是以先王观象育物，敬授民时，使男不逋亩，女不下机。故君臣之道行，王路之教通。"进而，刘陶一针见血地指出："盖民可百年无货，不可一朝有饥，故食为至急也。"② 如今百姓食不果腹，"就使当今沙砾化为南金，瓦石变为和玉"，又怎能解救危机呢？货币既不是解救百姓贫困的手段，也不是造成民贫的原因，民饥的根源在于苛政。他说："伏念当今地广而不得耕，民众而无所食。群小竞进，秉国之位，鹰扬天下，乌钞求饱，吞肌及骨，并噬无厌。"一旦官逼民反，"虽方尺之钱，何能有救"！因此，铸造大钱不仅解决不了问题，还会产生更多的弊端，"夫欲民殷财阜，要在止役禁夺，则百姓不劳而足"。结果桓帝接受了刘陶的意见，"竟不铸钱"。

汉桓帝延熹五年（162 年），一向"恶绝宦官，不与交通"的议郎皇甫规平羌有功，"论功当封。而中常侍徐璜、左悺欲从求货，数遣宾客就问功状，规终不答"。宦官徐璜、左悺向长期在边关作战的皇甫规勒索钱财，皇甫规置之不

---

① 范晔：《后汉书》卷 43《朱乐何列传》。
② 范晔：《后汉书》卷 57《杜栾刘李刘谢列传》。

理。徐、左敲诈不成，遂诬皇甫规侵没军饷，因而"坐系廷尉，论输左校"。这种颠倒是非的事激起太学生和正直官吏的愤慨，于是，"诸公及太学生张凤等三百余人"发起集会上书，"诣阙讼之"，再次取得胜利，皇甫规"会赦，归家"①。以上几起风波均属于偶发性事件，但由此可以看出，桓、灵时期的太学生已全身心地投入到当时的政治斗争中去，成为政治舞台上不可或缺的重要成员了。

除了这三次上书，还有孔僖上书自辩的例子。汉章帝时，孔僖与崔骃相友善，同游太学，习《春秋》。一次两人同读吴王夫差时事，议论涉及汉武帝，被邻房生梁郁听到并暗中告发，说孔僖和崔骃"诽谤先帝，刺讥当世"。于是，孔僖上书辩道：

> 臣之愚意，以为凡言诽谤者，谓实无此事而虚加诬之也。至如孝武皇帝，政之美恶，显在汉史，坦如日月。是为直说书传实事，非虚谤也。夫帝者为善，则天下之善咸归焉；其不善，则天下之恶亦萃焉。斯皆有以致之，故不可以诛于人也……陛下不推原大数，深自为计，徒肆私忿，以快其意，臣等受戮，死即死耳。顾天下之人，必回视易虑，以此事窥陛下心。自今以后，苟见不可之事，终莫复言者矣。②

汉章帝认为孔僖说得在理，不仅没有治罪，反而任其为兰台令。

东汉初年，在京城发生了一起千余名儒生上书的事件。"及光武中兴，爱好经术"，下至安帝，率多如此。因而，东汉前期诸生的政治地位也是比较高的。刘秀建武年间，大司徒欧阳歙因在汝南太守任内的贪赃行为被发觉下狱，"诸生守阙为歙求哀者千余人，至有自髡剔者"。这"诸生"中有来自郡县的儒生，但大多数为太学生。且欧阳歙上溯八代皆为博士。博士一职自汉武帝立五经博士、置弟子员后，主要职责是在太学教授经义，出身博士世家的欧阳氏，在太学中自然享有崇高的声望。然而这次上书并未奏效，欧阳歙很快被处死。从儒生上书内容看，丝毫未为欧阳歙的赃罪辩解，只是痛惜"学者丧师资之益"，从要求代死的请求来看，欧阳歙被处死他们无话可说。而朝廷之所以快刀斩乱麻，迅速处死欧阳歙，显然也是杜绝太学生由此酝酿更大的风波，以免发生其他事端。

---

① 范晔：《后汉书》卷 65《皇甫张段列传》。
② 范晔：《后汉书》卷 79 上《儒林列传》。

无奈欧阳歙已死，光武帝亦有悔意，"乃赐棺木，赠印绶，赙缣三千匹"①。太学生的声势和威力于此可见一斑，诸生又一次显示了群体的力量。

（二）请愿

太学生除上书言事、陈述政见之外，还集体行动起来，开展请愿运动，以干涉政治。"今世学校，有所谓风潮者，汉世即已有之"②。可以说，西汉后期太学生在政治上已崭露头角，具有较大的影响，最有影响的便是千余名太学生声援因反对丞相孔光而获罪下狱的司隶校尉鲍宣的请愿活动。西汉哀帝时，丞相孔光诬陷具有改良思想的鲍宣。鲍宣下狱激起王咸等太学生的义愤，集合援救，上书皇帝请愿，参加的太学生共 1000 余人，结果取得了一定的胜利。这起政治事件，见于班固《汉书·王贡两龚鲍传》所述：

> 丞相孔光四时行园陵，官属以令行驰道中，宣出逢之，使吏钩止丞相掾史，没入其车马，摧辱宰相。事下御史中丞、侍御史至司隶官，欲捕从事，闭门不肯内。宣坐距闭使者，亡人臣礼，大不敬，不道，下廷尉狱。博士弟子济南王咸举幡太学下，曰："欲救鲍司隶者会此下。"诸生会者千余人。朝日，遮丞相孔光自言，丞相车不得行，又守阙上书。上遂抵宣罪减死一等，髡钳。

丞相孔光负责四时巡视先帝园陵，可能由于职任特殊的缘故，属下官吏获准通行于驰道中道。鲍宣以京师地方最高行政长官的身份，缉查违禁行驰道中的行为，指令吏员制止丞相掾史通行，并没收其车马。鲍宣以行为冒犯宰相受到追究，由御史大夫处理。有关官员到鲍宣府上逮捕其随从吏人，鲍宣紧闭大门，拒绝放行。于是因阻止皇帝使者，不遵守臣下礼节，以大不敬不道的罪名，鲍宣被投入主管司法的廷尉部门的监狱。此事在太学引起了强烈反响，王咸在太学下举旗高呼，顿时千人云集的场面颇为壮观。随即发生了太学生支持鲍宣的请愿活动，太学生在上朝的日子拦截丞相孔光的乘车，同时在皇宫门口集会请愿。于是汉哀帝迫于舆论，不得不从宽处置鲍宣，改为服刑。

鲍宣是"好学明经""常上书谏争，其言少文多实"的直臣。孔光虽属"不敢强谏争，以是久而安"的圆滑之人，但也是博士出身，一代名儒。两人都属

---

① 范晔：《后汉书》卷 79 上《儒林列传》。
② 吕思勉著：《秦汉史》下册，上海古籍出版社 1983 年版，第 719 页。

于为士人所仰慕的官吏。此次事件的重要意义在于，它显示了太学生这一特殊身份的知识群体在政治上的自觉与自信。且他们的强大舆论攻势，迫使皇帝改变了成命，他们自觉有责任去干预，且自信其力量能够干预。

除了太学生的请愿，还有门生的请愿活动。比如，汉顺帝时代，司隶校尉虞诩因与利用权势、贪赃枉法的宦官首领张防抗争被治罪。执政集团上层就此发生争议，汉顺帝犹疑不决，随即发生了为虞诩"诉言枉状"的请愿：

> 于是诩子顗与门生百余人，举幡候中常侍高梵车，叩头流血，诉言枉状。梵乃入言之，防坐徙边，贾朗等六人或死或黜，即日赦出诩。程复上书陈诩有大功，语甚切激。帝感悟，复征拜议郎。数日，迁尚书仆射。①

虞诩最终得以"赦出"，张防等受到惩处，也是一次成功的请愿。不过，与王咸为鲍宣组织的请愿不同，参与者并非太学生，而是"门生百余人"。

（三）讽戒

还有的太学生以古喻今，用讽戒这种形式参与政事。史载崔琦"少游学京师，以文章博通称，初举孝廉，为郎。河南尹梁冀闻其才，请与交。冀行多不轨，琦数引古今成败以戒之，冀不能受。乃作《外戚箴》"②。

东汉桓灵之间，政治日非，民不堪命，太学生的出路也就日益困难。太学生领袖郭泰、贾彪等与一些儒士官僚联合，对宦官进行斗争，要求改良政治，结果发生两次党锢之祸，太学生1000余人被捕，太学生的参政活动达到高潮。他们在斗争中不畏强暴，砥砺名节，明辨是非，对后世官学生参政活动有深远的影响。

（四）清议

所谓清议，即士人之间"激扬名声，互相题拂，品核公卿，裁量执政"③，以品评人物为基本形式而进行政治批评的一种风气，当时称为"清议"。在汉朝，主要是东汉后期在官僚士人中开始流行品评人物这种风气，在当时太学生反宦官斗争中起到了积极的作用，可以说汉朝太学清议是中国古代社会舆论影响政治生活的比较早的史例。

---

① 范晔：《后汉书》卷58《虞傅盖臧列传》。
② 范晔：《后汉书》卷80上《文苑列传》。
③ 范晔：《后汉书》卷67《党锢列传》。

清议最初在颍川、汝南和南阳等地流行，传至京师后，立即在太学中流行开来。汉末以太学为基地，形成了一股足以影响朝政的强大"清议"力量。太学生符融喜欢"清议"，仇览则喜欢闭门治经，《后汉书》载有二人交往与对话的情节，颇能说明问题。至少说明，当时太学已成为官僚士大夫及四方游士聚会议事、"游谈其中"的最佳场所，"清议"由此而风行天下。

另据《后汉书》载：

> 诸生三万余人，郭林宗、贾伟节为其冠，并与李膺、陈蕃、王畅更相褒重。学中语曰："天下模楷李元礼，不畏强御陈仲举，天下俊秀王叔茂。"又渤海公族进阶、扶风魏齐卿，并危言深论，不隐豪强。自公卿以下，莫不畏其贬议，屣履到门。①

可知，郭林宗、贾伟节、贾彪为太学游士，李膺、陈蕃、王畅为搏击宦官的士大夫领袖。太学诸生对他们推崇备至，称他们"天下模楷""不畏强御""天下俊秀"。太学生利用清议，激烈抨击宦官及其爪牙的罪恶，高度赞誉敢于同宦官做斗争的正直官吏，他们"危言深论，不隐豪强"，以至于"自公卿以下，莫不畏其贬议，屣履到门"。清议这种评论政治、臧否人物的议政方式，在太学被推至极致，可以说是，太学生主宰着天下的舆论，如史所载："处士横议，遂乃激扬名声，互相题拂，品核公卿，裁量执政，婞直之风，于斯行矣。"②

在当时如火如荼的反宦官斗争中，郡国学校的生徒也积极与太学生遥相呼应，积极声援，摇旗呐喊，形成了更广泛的舆论力量。太学生、从中央到地方的官僚士大夫和郡国生徒们以太学为讲坛，置生死于不顾，冲锋陷阵，抨击当时宦官掌权的腐朽政治，清议遂风行天下，席卷天下的反宦官斗争就是在这样的攻势和舆论之下形成的，太学生已成为天下舆论的主宰。

太学生的清议有着更深入广泛的影响，使许多官僚都不自安起来，甚至出现"豪俊之夫，屈于鄙生之议"的情形，体现出黑暗政治势力因太学生的议政运动被迫有所收敛。还有的显贵不得不设法跟他们来往，外戚窦武就是显例，受这种清议的影响，他"在位多辟名士……得两宫赏赐，悉散与太学诸生"③。

----

① 范晔：《后汉书》卷 67《党锢列传》。
② 范晔：《后汉书》卷 67《党锢列传》。
③ 范晔：《后汉书》卷 59《窦何列传》。

（五）武装抗争

太学生以"先锋"角色表现出"英勇"的史例，更鲜明地表现于"窦武之难"发生时敢于奋起武装抗争的事件。汉灵帝建宁元年（168年），太傅陈蕃与大将军窦武起用李膺和其他被禁锢的名士，密谋诛杀宦官。宦官集团抢先动作，利用以往对禁军的控制，迅速瓦解了窦武率领的军队，窦武终被杀害。史载：

> 蕃时年七十余，闻难作，将官属诸生八十余人，并拔刃突入承明门。攘臂呼曰："大将军忠以卫国，黄门反逆，何云窦氏不道邪？"王甫时出，与蕃相迕，适闻其言，而让蕃曰："先帝新弃天下，山陵未成，窦武何功，兄弟父子，一门三侯？又多取掖庭宫人，作乐饮宴，旬月之间，赀财亿计。大臣若此，是为道邪？公为栋梁，枉桡阿党，复焉求贼！"遂令收蕃。蕃拔剑叱甫，甫兵不敢近，乃益人围之数十重，遂执蕃送黄门北寺狱。[1]

《后汉纪》亦有记载，称这支临时组成的武装队伍入承明门后，又直抵尚书门："到承明门，使者不内，曰：'未被诏召，何得勒兵入宫？'蕃曰：'赵鞅专兵向宫，以逐君侧之恶，《春秋》义之。'有使者出开门，蕃到尚书门。"[2] 就是在尚书门，陈蕃与宦官王甫发生争执和争斗，但最终"剑士收蕃""执蕃送黄门北寺狱"，最后这80余名"拔刃""入宫"的"诸生"们陷于悲惨结局。吕思勉就此分析说："汉世儒生，不徒主持清议，并有能奋身以赴国难者矣。"[3]

汉朝太学生的参政活动，触犯了宦官的切身利益，使宦党对太学生恨之入骨。东汉中叶以前，朝廷对太学生干预朝政的活动还较为宽容，但自和帝以后，统治者对太学生干政日渐失去耐性，对太学生的镇压也越来越严厉了，一旦机会成熟，就会对太学生残酷迫害，最为有影响的便是东汉末年的两次"党锢之祸"。

第一次党锢之祸是借张成事件爆发的，发生在延熹九年（166年），史载：

> 时河内张成善说风角，推占当赦，遂教子杀人。李膺为河南尹，督促收捕，既而逢宥获免，膺愈怀愤疾，竟案杀之。初，成以方伎交通宦官，帝亦颇讶其占。成弟子牢修因上书诬告膺等养太学游士，交结诸郡生徒，更相驱驰，共为部党，诽讪朝廷，疑乱风俗。于是天子震怒，班下郡国，

① 范晔：《后汉书》卷66《陈王列传》。
② 袁宏：《后汉纪》卷23《孝灵皇帝纪上》。
③ 吕思勉著：《秦汉史》下册，上海古籍出版社1983年版，第720页。

逮捕党人，布告天下，使同忿疾，遂收执膺等。其辞所连及陈寔之徒二百余人，或有逃遁不获，皆悬金购募。使者四出，相望于道。明年，尚书霍谞、城门校尉窦武并表为请，帝意稍解，乃皆赦归田里，禁锢终身。而党人之名，犹书王府。①

因司隶校尉李膺不听赦令，杀了结交宦官且还给桓帝算过命的张成之子，由此轰动了洛阳。宦官集团借此发难，张成唆使弟子牢修上书诬告李膺等人。其中的一大罪状就是"养太学游士，交结诸郡生徒，更相驱驰，共为部党，诽讪朝廷，疑乱风俗"。于是桓帝震怒，"班下郡国，逮捕党人"，他们在收执李膺、林密、陈寔等人的同时，"辞所连及陈寔之徒二百余人，或有逃遁不获，皆悬金购募"。不少太学生被牵连其中。如范滂被捕后，惨遭杀害，"三木囊头，暴于阶下"。范滂受刑前对审讯官说："古之循善，自求多福；今之循善，身陷大戮。身死之日，愿埋滂于首阳山侧，上不负皇天，下不愧夷齐。"② 当时太学生陈寔自行请求随从范滂一起下囚，扬言"吾不就狱，众无所恃"。可见，太学生们并未被吓倒，而是更积极地活动起来。他们和各地士人大肆宣扬，给陈蕃、李膺等那些不畏宦官的正直士大夫加上"三君""八俊""八顾""八及""八厨"等美称，热情赞誉他们的反宦官之举，清议活动再起高潮。

灵帝建宁元年（168年），名士陈蕃为太傅，与外戚大将军窦武共同执政。太傅陈蕃、大将军窦武他们起用李膺及被禁锢的其他名士，并密谋诛杀宦官，因事机泄露，"曹节等矫诏诛武等"，形势危急，陈蕃"将官属诸生八十余人"奋起反抗，几十名太学生在同宦官的斗争中以身殉国。这次"党锢"时间很短，但开创了统治者大规模迫害知识分子的先例。宦官的血腥镇压，激起了士大夫及太学生的强烈义愤，清议的浪潮更为高涨。李膺等200余名官吏被捕入狱，既而虽经赦免，但宣布终身禁锢，不得为官。百余人惨死在狱中，被牵连而死、徙、废、禁的党人达六七百人。李膺等人获释之后，声望更高，宦官集团又兴起株连更广的第二次党锢之祸。

第二次党锢之祸发生在灵帝建宁二年（169年），宦官头子、中常侍侯览为报复张俭，举报张俭残害百姓之事，唆使他人控告张俭"与同乡二十四人别相

---

① 范晔：《后汉书》卷67《党锢列传》。
② 范晔：《后汉书》卷67《党锢列传》。

署号，共为部党，图危社稷"①。灵帝下令收捕，侯览乘机扩大奏捕"党人"范围，大肆搜捕，于是长乐少府李膺、杜密、范滂等百余人被酷刑折磨而死于狱中，妻子皆徙边，其他被牵连的人亦不下六七百人，他们或处死，或流放，或禁锢。但是这些并没有使太学生屈服。宦官集团的株连迫害并未因此罢休，三年后，又把株连范围扩大到太学生身上。

灵帝熹平元年（172年），窦太后崩，在洛阳皇宫朱雀阙赫然出现了几行大字，言"天下大乱，曹节、王甫幽杀太后，常侍侯览多杀党人，公卿皆尸禄，无有忠言者"②。窦太后实为党人之后台，其兄窦武在第一次党锢之祸时为营救党人出了大力，李膺等200余名被捕入狱的党人靠他的求情才免于一死。灵帝即位后，他与陈蕃合谋，立即起用李膺、范滂等党人，图谋诛灭宦官，因事机泄露而被迫自杀。此匿名书以窦太后被幽杀为引子，笔锋直指曹节、王甫、侯览这三个与党人势同水火的大宦官。三人正是酿成第二次党锢的罪魁祸首，以宦官"多杀党人""天下大乱"激励士气，渴望东山再起。短短几句话，凝聚着书写人几多愤慨与希冀。宦官集团对此自然非常警觉，侯览、曹节恼羞成怒，认为乃太学生所为，于是"诏司隶校尉刘猛逐捕，十日一会。猛以诽书言直，不肯急捕，月余，主名不立。猛坐左转谏议大夫，以御史中丞段颎代猛，乃四出逐捕，及太学游生，系者千余人"③。熹平五年（176年）闰五月，永昌太守曹鸾上书"大讼党人言甚方切"，为党人讼冤。灵帝大怒，将曹鸾入狱并拷打致死，"又诏州郡，更考党人门生、故吏、父子、兄弟，其在位者，免官禁锢，爰及五属"④，直到黄巾起义爆发才得以赦免。太学完全被恐怖气氛所笼罩，"时太学诸生三万余人，其持危言核论，以激浊扬清自负者，诛戮禁锢，殆靡孑遗"⑤。这一次"党锢"事件共延续25年，对太学生的残酷镇压使东汉洛阳太学受到极大的冲击。

在宦官的血腥屠杀中，诸生中一部分人不敢直面残酷的斗争，退而自保。比如，曾为太学生领袖的郭太（字林宗），"虽善人伦，而不为危言核论，故宦

---

① 范晔：《后汉书》卷67《党锢列传》。
② 范晔：《后汉书》卷78《宦者列传》。
③ 范晔：《后汉书》卷78《宦者列传》。
④ 范晔：《后汉书》卷67《党锢列传》。
⑤ 马端临：《文献通考》卷40《学校考一》。

官擅政而不能伤也。及党事起，知名之士多被其害，唯林宗及汝南袁闳得免焉。遂闭门教授，弟子以千数"①。屠杀之后，面对同党的血泊，余者噤若寒蝉，对国家政治已不抱任何希望，只好又回到学舍，埋头经书之中。参与政治的热情没有了，对功名利禄的追求却比以往任何时候都要强烈，甚至不择手段。如史载："党人既诛，其高名善士多坐流废，后遂至忿争，更相言告，亦有私行金货，定兰台漆书经字，以合其私文。"②

在这两次党锢事件中，太学生敢于面对现实，视死如归，自觉地把自己与国家的前途和命运结合起来，积极地投身于参政议政活动之中，希望国家免于衰败。然而，太学生手中没有权力，无力左右朝政，最后还是遭镇压。但是，他们为了坚持自己的主张，不畏强暴、保持名节的精神对后世有深远的影响。可以说，汉朝太学生的参政活动开了中国学生运动的先河。

汉朝太学生的参政活动，之所以发展迅猛，且对政局产生巨大的影响力，主要有以下原因：

第一，汉武帝设置太学的目的就是为政府培养人才，因为当时统治人才十分匮乏。然而外戚宦官专权，援引私人，堵塞了诸生的仕进之路。正如朱绍侯所说：

> 反对外戚宦官擅权的营垒，以一部分开明的官僚为主体，还有一些太学生和郡国生徒。他们反对外戚宦官，除了为挽救东汉政权危机的共同出发点外，一个直接原因是外戚宦官专权堵塞了他们的政治出路。外戚的党羽，宦官的爪牙，控制了从中央到地方的政权机构，选举不实的情况更加严重。权门请托，贿赂公行，这不能不引起社会舆论的抨击。时谚说："举秀才，不知书。察孝廉，父别居。寒素清白浊如泥，高第良将怯如鸡。"选举制度混乱，太学生和郡国生徒不能按正常途径进入政治舞台，引起了他们的强烈不满，他们议论政治，品评人物，对外戚宦官进行猛烈的攻击。③

东汉桓灵时，宦官专权，政治腐败，社会矛盾日益尖锐，宦官"父兄子弟

---

① 范晔：《后汉书》卷 68《郭符许列传》。
② 范晔：《后汉书》卷 79 上《儒林列传》。
③ 朱绍侯主编：《中国古代史》，福建人民出版社 1997 年版，第 394 页。

布在州郡，竟为虎狼，噬食小民"①。太学生和郡国生徒不能按照正常的途径进入政治舞台，遂引起他们的愤懑不平。他们为国家前途命运忧虑，为个人的仕途而担心，于是他们就和有着共同儒家理想、信念的正直官僚相结合，与宦官势力进行了坚决的斗争。除此之外，诸生对宦官更有一种人格上的鄙视，尤其是在桓帝、灵帝之际，"主荒政缪，国命委于阉寺，士子羞与为伍，故匹夫抗愤，处士横议"②。因此，诸生对宦官尤为痛恨。

第二，儒家经学教育是汉朝太学教育的基本内容，太学生是深受儒家经学熏陶的群体，"这些本来应该闭门读书的学生，面对腐败政治没有袖手旁观，而是愤然走出校门，呼唤正义，无疑受到了儒家理想主义的影响"③。在儒家倡导的"修身、齐家、治国、平天下"思想影响下，太学生具有强烈的参政意识和入世精神，他们所接受的儒学教育中民本思想的积极因素，也对他们积极的政治意识、正义的情感倾向以及政争中"英勇的姿态"产生了一定的影响。所以，太学生们有思想，善于洞察古今，观微知著。绝大多数太学生对国家民族的前途命运具有强烈的忧患意识以及使命感和责任感。

第三，太学生大多年轻气盛，少年英锐，思想较为先进，言行较为勇敢。由于他们尚未跻身于官场的身份，没有官位升迁黜退之忧，故较少顾忌。他们以未来官僚的身份自居，自觉地将自己与国家的前途、命运结合起来。诸如"王咸举幡"这样的太学生的请愿活动，以青年应有的满腔热情和强烈的社会责任感，过问现实政治问题，通过发表自己见解的方式，来达到影响政治的目的。表现出了青年知识人作为执政集团的后备力量，在进入官场之前即积极主动参与政治活动的社会责任心。太学生中虽然相当一部分人出身于官僚地主阶层，和官僚士大夫有比较密切的关系，但是他们和民间有比较多的接触，对于弊政的危害也有直接的感受。他们以特殊的视角观察到社会矛盾的激化，因而对汉王朝面临的严重危机，可以获得比较清醒的认识。所以，太学生站在社会上下阶层之间的特殊立场，使得他们代表的舆论倾向具有某种公正性。一些人敢于直面现实，对社会的黑暗面、腐败现象敢于揭露，能以极大的热情参与反宦官

① 范晔：《后汉书》卷 33《朱乐何列传》。
② 范晔：《后汉书》卷 67《党锢列传》。
③ 刘泽华主编：《士人与社会（秦汉魏晋南北朝卷）》，天津人民出版社 1992 年版，第 242 页。

斗争。

第四，政治昏暗，激发了太学生的参政热情。"由于太学生中不少人来自地主阶级的下层，对外戚、宦官集团的横行无忌和贪残腐化十分不满，因而不断酝酿着反对当权集团和改良政治的运动。"① 政治黑暗激化了阶级矛盾，东汉政权覆亡的征兆日益明显，诸生则欲力挽衰颓。如翦伯赞所言："太学生为安帝以来风起云涌的农民起义所震动，深感东汉王朝有崩溃的危险。他们认为宦官外戚的黑暗统治是引起农民起义，并且导致东汉王朝衰败的主要原因，所以力图通过清议，反对宦官外戚特别是当权的宦官，挽救东汉统治。"②

由上可知，汉朝中央官学的教育活动可以说是多姿多彩、亮点纷呈。诸如构建中国历史上规模最大的高等学府太学，太学的日常行政管理、常规性教学活动、学生的学习生活、师生的日常业余活动等，不仅制度健全，且各项活动开展得有声有色，效果显著，可以说由秦朝的低谷期一下子步入高峰期。还有，太学生关心政治，积极参政议政，在当时的政治生活中扮演着重要的角色，开启了后世太学生参政活动的先河。因而，汉朝中央官学的教育活动在整个中国教育活动史上占有非常重要的地位，是可圈可点、值得大书特书的。

第三节　魏晋南北朝中央官学教育活动

魏晋南北朝政局纷乱，朝代更迭频繁，战争连绵不断，安定的时间不长，统一的时间更短。受此影响，中央官学教育时兴时废，教育活动似断又续，尽管如此，各朝代中央官学在建制、教学内容、教学组织方面比之汉朝，在艰难、曲折的道路上不仅有所发展，而且呈现出许多新的态势，且又处在汉唐教育发展的高峰期之间，起着承前启后、继汉开唐的重要作用。

---

① 田昌五、安作璋主编：《秦汉史》，人民出版社1993年版，第486页。
② 翦伯赞著：《中国史纲要》，人民出版社1983年版，第177页。

一、各朝官学的办理情况

在崇儒兴教政策的引导下，魏晋南北朝时期无论是哪一位帝王执政，对学校教育都给予一定的关注，在中央官学的办理上突破了单一的太学模式，等级性更加明显，专科教育呈多样化发展。可以说是有诸多亮点的。虽然这一时期各个朝代官学办理情况各有特色，但限于文献记载及朝代较多等，不宜分朝代讲述，只能是综而论之。

（一）时兴时废的最高学府：太学

太学自汉武帝初创，发展态势非常迅猛。但至汉末，因政局动荡而名存实亡。历史步入三国时期，曹魏国基甫定，便积极采取措施举办学校教育，恢复和完善了汉末以来衰落的太学。曹操在称魏王时，为利用学校培养自己的势力，就已开始重视学校教育，他曾感叹道："丧乱已来，十有五年，后生者不见仁义礼让之风，吾甚伤之。"① 于是，建安二十二年（217 年）五月便于邺城（今河北临漳县南）作泮宫，以兴官学。魏文帝黄初元年（220 年）之后，"新主乃复，始扫除太学之灰炭，补旧石碑之缺坏，备博士之员录，依汉甲乙以考课。申告州郡，有欲学者，皆遣诣太学。太学始开，有弟子数百人"②。可见，魏文帝曹丕即位之初便着手太学的恢复。太学的正式建制，则在黄初五年（224 年）。史载："是年四月，立太学，制五经课试之法，置《春秋》《谷梁》博士。"③ 同时，诏令各州郡，有欲学者，皆遣诣太学，这使得太学得到了初步的恢复。其后历魏明帝、废帝（齐王曹芳）、高贵乡公（曹髦）数代，对太学均甚为重视。魏明帝太和二年（228 年）六月，重申了崇儒兴学的国策："尊儒贵学，王教之本也。"④ 魏齐王曹芳每读通一经，即以太牢祭孔子于太学。曹芳在位 15 年，曾先后三次祭孔子于辟雍，足见其对太学的高度重视。至魏元帝景元三年（262 年），太学生已发展到数千人之多。《晋书》记载，嵇康"将刑东市，太学生三千人请以为师，弗许"⑤。由上可知，太学在魏元帝时期有了较大的发展。

---

① 陈寿：《三国志》卷 1《魏书·武帝纪》。
② 陈寿：《三国志》卷 13《魏书·钟繇华歆王朗传》。
③ 陈寿：《三国志》卷 2《魏书·文帝纪》。
④ 陈寿：《三国志》卷 3《魏书·明帝纪》。
⑤ 房玄龄等：《晋书》卷 49《嵇康》。

蜀国刘备于延康元年（221年）登帝位后，也开始恢复学校建设，他看到举国"学业衰废，乃鸠合典籍，沙汰众学"①，于是立太学，置博士学官，许慈、胡潜为博士，教授生徒。当时，巴郡人文立游太学，曾专攻《毛诗》《三礼》。说明蜀地太学也是以儒家经典为主要学习内容的，并且蜀时偏重于古文经学的传授。

吴主孙权十分重视教育，黄龙二年（230年），孙权诏立都讲祭酒，以教学诸子。孙权之子、景帝孙休于永安二年（259年）诏立太学，并"按旧制置学官，立五经博士"②。

由于三国国祚短暂，戎马倥偬，干戈未已，所以太学创办也处在时兴时废阶段。

西晋太学是在曹魏太学的基础上发展起来的。晋武帝"应运登禅，崇儒兴学。经始明堂，营建辟雍，告朔班政，乡饮大射。西阁东序，河图秘书禁籍。台省有宗庙太府金墉故事，太学有石经古文先儒典训。贾、马、郑、杜、服、孔、王、何、颜、尹之徒，章句传注众家之学，置博士十九人。九州之中，师徒相传，学士如林，犹选张华、刘寔居太常之官，以重儒教"③。西晋太学始立于泰始八年（272年）。首先对旧有太学进行了整顿，原太学生有7000余人，品类庞杂，晋武帝诏令通过考试淘汰，剩3000余人。太学置博士19人，由太常博士统理，限六品以下一般贵族子弟入太学。据咸宁四年（278年）的《晋辟雍碑》载，当时太学的生员来自70余县，遍及西晋所辖的各州郡，甚至有来自西域的生员。生员之众，涉及范围之广，较之两汉的太学也毫不逊色。西晋太学生分类很细，设有门人、子弟、散生、寄学等名称。

晋室南渡，统治者重新思考西晋兴亡教训，重视儒学教育，大量兴办学校。晋元帝司马睿于建武元年（317年）采纳了王导的意见，"置史官，立太学"④。于是，就在都城建康（今江苏南京）设立了太学，使办学潮流一时蔚然成风。大兴二年（319年），在贺循的建议下，开始立经学博士。但不久，由于苏峻、

---

① 陈寿：《三国志》卷42《蜀书·杜周杜许孟来尹李谯郤传》。
② 马端临：《文献通考》卷41《学校考二》。
③ 房玄龄等：《晋书》卷75《荀崧》。
④ 房玄龄等：《晋书》卷6《元帝》。

祖约之乱在都城燃起战火，建立不久的太学被毁。国子祭酒袁瓌有感于"儒林之教暂颓，庠序之礼有阙。国学索然，坟卷莫启。有心之徒，抱志无由"①。于是，就上书求立太学，得到朝廷的批准，于咸康三年（337 年）立太学于秦淮之南。史称"国学之兴，自瓌始也"②。然而，永和八年（352 年）又因战事废学。晋孝武帝太元九年（384 年），"增置太学生百人"。太元十年（385 年），增建房150 间，增置太学生百人。东晋与西晋、北朝不同，没有一个与国子学分立、且作为实体而存在的太学。国子学专容贵胄，因此，教育逐渐成为士族高官子弟独享的特权，通过学校"明经射策"入仕之途为之垄断。只有到了南朝梁武帝开设专容寒门俊才的"五馆"之时，这样的情况才略有改变。

值得一提的是，20 世纪 70 年代，中国社会科学院考古研究所洛阳工作队曾在洛河南堤两侧发现了魏晋太学遗址。这个遗址呈长方形，东西宽 150 米，南北长约 220 米，四周有夯土围墙。另发现了一排排长条形房基，布局规整，排列有序，十分密集，相隔只有数米。一座长条形房基往往长数十米，由十间甚至十多间组成，每间面阔约 3.6 米，进深约 4 米。考古发掘表明，魏晋太学遗址应该是东汉太学的重要组成部分，长条形房舍正是沿袭了东汉太学诸生宿舍的结构和形制。

在东晋偏安江南之时，北方和四川地区少数民族纷纷建立自己的政权，史称十六国。在这些政权中，也不乏重视学校教育的，其中以后赵的学校教育制度较为完备。前赵刘曜即帝位后，即"立太学于长乐宫东，小学于未央宫西。简百姓年二十五已下十三已上，神志可教者千五百人，选朝贤宿儒明经笃学以教之"③，并设置崇文祭酒、大司徒等官职，以掌管学校。皇帝又"亲临太学，引试学生之上第者拜郎中"④。后赵羯族人石勒，在建立赵国前便在襄国（今河北邢台西南）立太学，挑选明经善书的官吏任文学掾，择将佐子弟 300 人以教之。

北魏太祖道武帝拓跋珪，"初定中原，虽日不暇给，始建都邑，便以经术为

① 沈约：《宋书》卷 14《礼一》。
② 房玄龄等：《晋书》卷 83《袁瓌》。
③ 房玄龄等：《晋书》卷 103《刘曜》。
④ 王钦若：《册府元龟》卷 228《僭伪部·崇儒》。

先，立太学，置五经博士生员千有余人"①。这是北魏建太学的最早记载。天兴
二年（399 年），又"令五经群书各置博士，增国子太学生员三千人"②。对此，
《文献通考》也有记载："后魏道武帝初定中原，始于平城立太学，置五经博士，
生员千余人。天兴二年，增国子、太学生员三千人。"③

可知，由于政权更替频繁，每一次变革都会带来一番太学的废与兴，且每
一次废兴都不是简单的重复，而是融入诸多政治和文化元素，在一定程度上丰
富了太学的历史。

（二）创建与太学并立的最高学府：国子学

西晋灭吴后，随着国家的统一，统治阶级十分重视发展学校教育。西晋在
中央官学建制上最大的变化，在于除继续举办传统的太学外，另创办了一所旨
在培养贵族子弟能"殊其士庶，异其贵贱"的国子学，从而出现了"二学并建"
的局面，这是中国古代在太学之外另设一所传授同样内容的中央官学的开始。
之所以要创办一所国子学，主要有两个方面的原因：一是魏晋时期严于门阀之
制，士庶界限甚为分明，为了使那些耻于与寒门诸生同列，又热衷玄学轻视儒
术的贵游子弟能进入学校接受正统的儒学教育而办；另一方面，魏晋时期社会
动荡，儒教凋敝，故统治阶级为振兴儒教而办。总之，国子学的首次设立，是
这一时期中央官学办理的最大亮点，也成为后世国子监的开端。

咸宁二年（276 年）夏五月，晋武帝下令立国子学。对此，《宋书》有明确
记载："咸宁二年，起国子学，盖《周礼》国之贵游子弟所谓国子，受教于师氏
者也。"④ 咸宁四年（278 年），"武帝初立国子学"，确定了国子学的学官制度，
"定置国子祭酒、博士各一人，助教十五人，以教生徒。博士皆取履行清淳、通
明典义者，若散骑常侍、中书侍郎、太子中庶子以上，乃得召试"⑤。惠帝元康
三年（293 年），又进一步明确了国子学的入学资格，规定官品第五以上的子弟
方可入学，很明显是为贵族子弟专门求学的地方。综上可知，国子学的建立始
于武帝，定于惠帝。如史载："屋宇起于咸宁二年，教官定于四年，生徒入学之

---

① 魏收：《魏书》卷 84《列传儒林》。
② 魏收：《魏书》卷 2《太祖纪》。
③ 马端临：《文献通考》卷 41《学校考二》。
④ 沈约：《宋书》卷 14《礼一》。
⑤ 房玄龄等：《晋书》卷 24《职官》。

法，实至元康三年而后定也。"①《南齐书·礼志上》也有记载：

> 建武四年正月，诏立学。永泰元年，东昏侯即位，尚书符依永明旧事
> 废学。领国子助教曹思文上表曰："据臣所见，今之国学，即古之太学。晋
> 初太学生三千人，既多猥杂，惠帝时欲辨其泾渭，故元康三年始立国子学，
> 官品第五以上得入国学。天子去太学入国学，以行礼也。太子去太学入国
> 学，以齿让也。太学之与国学，斯是晋世殊其士庶，异其贵贱耳。然贵贱
> 士庶，皆须教成，故国学、太学两存之也，非有太子故立也。"

至此，西晋时太学与国子学两学并存，首次出现在官学系统中。

东晋学校兴废无常。至于国子学，是在成帝平了苏峻、祖约之乱后。成帝
咸康三年（337 年）国子祭酒袁瓌有感于"儒林之教渐颓，庠序之礼有阙，国学
索然，坟卷莫启，有心之徒抱志无由"，于是他上书请求兴学。晋成帝对其奏疏
所言甚感兴趣，"由是议立国学，征集生徒"②。然而，好景不长，穆帝永和八年
（352 年），由于殷浩西征而废学。东晋孝武帝司马曜当政期间，由于淝水之战
后，政局相对稳定，迎来了东晋国学建设的一个高潮。太元九年（384 年），接
受尚书令谢石"请兴复国学，以训胄子"的建议立国学。太元十年（385 年），
建国子学于太庙之南，增造庙屋 155 间，选公卿二千石子弟为生员。相比较而
言，东晋国子学较之西晋已大为衰落，元帝时所设博士只有 9 人，后增至 11 人，
最多时也不过 16 人，国子助教也由西晋的 15 人而减少至 10 人，东晋时的生员
200 多人与西晋时的 3000 余人相差更远。

实际上，晋代的国子学初立时还隶属于太学，其统理由太学博士祭酒兼任，
实际上国子学与太学是一样性质学校的两种类型。《宋书·百官志》"国子祭酒"
条载："晋初复置国子学，以教生徒，而隶属太学焉。"但自东晋孝武帝置国子
学始，太学便并入了国学，太学不复存在。《建康实录》卷九载有孝武帝太元十
年（385 年）春，"尚书令谢石以学校陵迟，上疏请兴复国学于太庙之南"。后引
梁人顾野王《舆地志》云：

> 江宁县东南二里一百步御街东，东逼淮水，当时人呼为国子学。西有
> 夫子堂，画夫子及十弟子像。西又有皇太子堂，南有诸生中省，门外有祭

---

① 吕思勉著：《两晋南北朝史》，上海古籍出版社 1983 年版，第 1335 页。
② 沈约：《宋书》卷 14《礼一》。

酒省，二博士省，旧置博士二人……初，显宗（即晋成帝）咸康三年，立太学在秦淮水南，今东升桥地，对东府城南小航道西，在今县城东七里，废丹阳郡城东，至德观西，其地犹名故学。江左无两学，孝武帝置国学，并入于今地也。

此段文字是为孝武帝太元十年（385 年）立国子学所做的注，"江左无两学"的"两"意为"两立""两存"，就是说江左国子学与太学两个学校不同时存在。成帝咸康三年（357 年）曾立太学于秦淮水南，此时尚无国子学，自孝武帝太元十年（385 年）置国子学开始，旧太学便并入了太庙之南的国学，太学不复存在了。国子祭酒殷茂之言也能说明这一点："自学建弥年，而功无可名。惮业避役，就存者无几……臣闻旧制，国子生皆冠族华胄，比列皇储，而中者混杂兰艾，遂令人情耻之。"[1] 于是就把太学并入了国学，所以才会有"惮业避役""混杂兰艾"的情况。汉魏只有太学，自西晋以来有国子学及太学，号为两学，实则国子学属于太学，祭酒亦只一人，惟博士有所谓太学博士、国子博士。[2] 此后，北齐设国子寺，隋代进而把其改成作为教育管理机构的国子监，唐、宋、元、明、清各代均承其制。

南朝 170 年间，国子学存立总计约 80 余年。宋、齐国子学时或废置，但一旦政治稳定、经济繁荣，必有设立，如元嘉、永明时期，这为梁武帝时期官学的持续发展和儒学复兴做了较好的奠基。刘宋建国之初，于永初三年（422 年）下诏建国学，但由于武帝刘裕不久病逝，未能实施，"宋高祖受命，诏有司立学，未就而崩"[3]。元嘉十九年（442 年），诏令立国子学，不久师生聚集京师，第二年正式开学，这是刘宋设国子学的开始。当时，国子学设国子祭酒 1 人，国子博士 2 人，国子助教 10 人，国子学仍以传授儒学为主。《周易》《尚书》《毛诗》《礼记》《周官》《仪礼》《左传》《公羊》《谷梁》各置一经，《论语》《孝经》合一经，共十经，由 10 名助教分管。国子学兴办数载，成就斐然，文帝曾诏令赐赏教官。梁时的沈约在评说元嘉兴学的时候说："迄于元嘉，甫获克就。雅风

① 沈约：《宋书》卷 14《礼一》。
② 柳诒徵：《南朝太学考》，载《史学杂志》1929 年第 1 卷第 6 期。
③ 沈约：《宋书》卷 14《礼一》。

盛烈，未及曩时，而济济焉，颇有前王之遗典。"① 可见当时国子学办的还是有成效的。元嘉二十七年（450 年），北魏南犯，文帝北伐，战乱再起，元嘉兴学的盛况也随之结束。

南齐建立后也非常重视兴学，建元四年（482 年），齐高帝萧道成采纳了儒学家崔祖思"自古开物成务，必以教学为先……宜太庙之南，弘修文序，司农以北，广开武校"② 的建议，诏令："立国学，以张诸为祭酒，置学生百五十人，取王公以下子孙年十五以上、二十以下，家上都二千里为限。"③ 但国子学创办不足一年就因高帝崩而废。齐武帝继位后，于永明三年（485 年），"诏立学，创立堂宇，召公卿子弟下及员外郎之胤，凡置生二百人。其年秋中悉集"④。国子学的教学内容包括《易》（郑玄注）、《左氏传》（服虔注、杜预注）、《公羊传》（何休注）、《谷梁传》（糜信注）、《孝经》（郑玄注），大体沿袭了南朝宋制，当时的国子祭酒王俭，博通五经，尤善《春秋》。王俭十分重视办学，每十日回国子学一次，考监诸生学业，扭转了沿袭已久的崇尚文章、轻视经术的学风，"由是衣冠翕然，并尚经学，儒教于此大兴"⑤。

梁武帝萧衍建立梁朝后，于天监七年（508 年）诏令兴修国子学，天监九年（610 年），武帝诏令皇太子及王侯之子，"年可从师者皆入学"。国子学设国子博士 2 人，学生入学年限不等，国子生按经分专业学习，故有国子《礼》生、国子《周易》生之分。国子学除学官讲学外，学业有成的学生可参与授课。如周弘正 10 岁通《老子》《周易》，15 岁诏补国子生后，乃于国子学讲《周易》，诸生传习其义。国子学的学习内容除晋人所注的经典外，梁武帝本人所著《孝经义》《孔子正言》等也置学官传授学生。

陈文帝即位后，于天嘉元年（560 年）接受沈不害的建议建立了国子学，其生员皆为王公子弟。国子学在建制上多沿袭梁朝，教学内容深受清谈玄学的影响，教学方法也不过以儒经为谈资进行诘辩而已。陈亦设太学，陈朝立国虽仅 30 余年，而国子学也存在了 30 余年，但这时的儒学却受到了玄、佛、道等极大

---

① 沈约：《宋书》卷 55《臧焘徐广傅隆》。
② 李延寿：《南史》卷 47《崔祖思》。
③ 马端临：《文献通考》卷 41《学校考二》。
④ 萧子显：《南齐书》卷 9《礼上》。
⑤ 李延寿：《南史》卷 22《王昙首传》。

的冲击，官学呈现衰微之势。

北朝自北魏道武帝登国元年（386年）至北周静帝大定元年（581年）的近200年间，也是战事频繁，政局动荡不安，王朝更迭不定。每个王朝的建立之初，都较为重视文化教育。道武帝拓跋珪于登国元年（386年）统一北方，建立了北魏王朝，结束了北方十六国的混乱局面。拓跋珪初定中原，登国三年（388年）始建都邑于平城（今山西大同），即建立一套以传授儒经为主的教育制度，即"以儒经为先"。他置五经博士，学生达1000余人，可见学校规模已相当可观。天兴二年（399年）增国子学生员3000人，并于次年集众博士儒生考论众经，撰成长达4万多字的《众文经》为教材，可见儒学已成为北魏的统治思想与主导学习内容。明元帝时改国子学为中书学，直属中书省。中书学是北魏的独创，始光三年（426年）春，太武帝另立太学于城东，广征儒俊以为学官，并要求贵族子弟皆入太学，由是儒学转兴。延兴元年（471年），北魏的第六位国君孝文帝即位，加速了封建化进程，儒学又得到重视，学制趋于完备。孝文帝于太和十七年（493年）迁都洛阳，进行了一系列改制，史称孝文帝改制，以此推进汉化进程，于是就在太和二十年（496年）又于洛阳立国子学。孝明帝即位后，又诏立国子学，规定三品以上及五品清官子弟选充学生。正光元年（520年），为给来年行释奠礼做准备，孝明帝诏令预先修缮国子学，图饰孔子、颜回像。正光三年（522年）释奠于国子学，始置国子生36人。虽然，国子学的规模比以前大大萎缩，但北魏的兴学建学活动，对促进北魏的汉化，加速民族的融合，还是有一定积极意义的。

北齐在文教政策上仍然实行崇儒兴学政策，在学制上的最大特色是设置了国子寺，负责教胄子，统领学馆。北齐孝昭帝皇建元年（560年），诏国子寺置生员讲学，岁时考试，并移汉魏石经于学馆。国子寺置博士5人，助教10人，学生72人。国子寺由此成为集教学、管理于一体的教育机构，并被隋唐所沿袭。

可见，国子学自晋初创办后，为各个朝代的帝王所关注，从入学资格的确定、教官的设置、教学内容的选择，甚至被赋予统管其他官学的教育行政功能等，都充分说明国子学在国家政治生活中的独特作用，是一般官学所不能替代的，正因为如此，才被后世历代王朝所因袭。

（三）首创皇族子孙学府：皇宗学

北魏曾专门为皇子皇孙设有学校，称为皇宗学，此为北魏首创。与西晋国子学产生的原因相似，北魏皇宗学的产生是官学教育贵族化程度不断加深的必然结果。《北史·儒林上》称"太和中……又开皇子之学"。北魏太和九年（485年），文明皇后下令于中书学、太学之外选闲静之处另置学馆，选博闻之士教育皇子皇孙，此即皇宗学。其令曰："自非生知，皆由学海，皇子皇孙，训教不立，温故求新，盖有阙矣。可于闲静之所，别置学馆，选忠信博闻之士为之师傅，以匠成之。"① 表明统治者通过教育皇子皇孙将国祚永延的愿望。后来在太和十六年（492年），孝文帝曾亲自到皇宗学，问博士经义。皇宗学的建立表明了统治者对培养国家未来最高统治者的重视，以及希望拓跋贵族能够实现汉化、知识化的愿望。

（四）依《周礼》完善贵族初等教育布局：四门小学

四门小学创办于孝文帝时期，最早的记载见于《北史》："迁都洛邑，诏立国子、太学、四门小学。"② 四门小学是依据当时的大儒刘芳的建议而设置的，刘芳则是根据《周礼》四郊小学的制度而提出的。从刘芳的建议来看，四门小学和太学在一起，似国子学在城北、太学在城东旧址，四门小学邻近太学，因为刘芳觉得"四郊别置，相去辽阔，检督难周"。创办的时间，是在太和二十年（496年），史载："太和二十年，发敕立四门博士，于四门置学。"③ 刘芳在给世宗的上表中说：

> 自周已上，学惟以二，或尚西，或尚东，或贵在国，或贵在郊。爰暨周室，学盖有六。师氏居内，太学在国，四小在郊。《礼记》云：周人"养庶老于虞庠，虞庠在国之西郊。"《礼》又云："天子设四学，当入学而太子齿。"注云："四学，周四郊之虞庠也。"案《大戴·保傅篇》云："帝入东学，尚亲而贵仁；帝入南学，尚齿而贵信；帝入西学，尚贤而贵德；帝入北学，尚贵而尊爵；帝入太学，承师而问道。"周之五学，于此弥彰。案郑注《学记》，周则六学。所以然者，注云："内则设师保以教，使国子学焉；外则有太学、庠序之官。"此其证也。汉魏已降，无复四郊。谨寻先旨，宜在四门。案王肃注云："天子四郊有学，去王都五十里。"考之郑氏，不云

---

① 魏收：《魏书》卷21上《献文六王》。
② 李延寿：《北史》卷81《儒林传序》。
③ 魏收：《魏书》卷55《刘芳》。

远近。今太学故坊，基趾宽旷，四郊别置，相去辽阔，检督难周。计太学坊并作四门，犹为太广。以臣愚量，同处无嫌。且今时制置，多循中代，未审四学应从古不？求集名儒礼官，议其定所。①

刘芳的建议被世宗采纳，自此北魏国子学在宫门北，太学在城东洛阳太学旧址，四门小学邻近太学。正始四年（507年）诏曰："今天平地宁，方隅无事，可敕有司准访前式，置国子，立太学，树小学于四门。"② 延昌年间，宣武帝下令修复四门小学学舍，并大选儒生为四门博士，招收四门生员，定员40名。石勒在建立赵国后，增置"宣文、宣教、崇儒、崇训"③ 等十余所小学于襄国四门，选文武官员和豪族子弟100多人受业。石勒还亲自到太学监考，并对优秀者加以褒奖。

（五）兼有研究与教育双重性质的机构：崇文观

崇文观创立于魏明帝青龙四年（236年）。史载，是年"夏四月，置崇文观，征善属文者以充之"④。它既是一所研究性的文学机构，又是一所具有教学性质的专门学校。征召擅长文学之士任职于其中，讲授与研究文学知识。当时名儒王肃就曾在崇文观做祭酒。崇文观立学的动机主要是曹魏父子雅好文学，蜚声文坛，而汉末以来经学逐渐荒废，自然被文学所取代，这种风气经两晋南北朝至隋不改。隋侍御史李谔上书评价当时选才不得其人时，指出："魏之三祖，更尚文词，忽君人之大道，好雕虫之小艺。下之从上，有同影响，竞骋文华，遂成风俗。"⑤

（六）首开专科学校：律学、算学、书学和医学

在中国教育史上，曾先后出现过培养法律、天文历算、书法、绘画、军事以及医学等方面专门人才的专科学校，其中律学、算学、书学和医学等专科学校均是在这一时期创办的，开了专科人才培养的先例，且为后世所因袭。

1. 开办律学

三国时期，律学的创办是曹魏在教育制度建设上的新发展。太和元年（227

---

① 魏收：《魏书》卷55《刘芳》。
② 魏收：《魏书》卷8《世宗纪》。
③ 房玄龄等：《晋书》卷104《石勒上》。
④ 陈寿：《三国志》卷3《魏书·明帝纪》。
⑤ 魏徵：《隋书》卷66《李谔》。

年），尚书卫觊上书刚即位的魏明帝，称"九章之律，自古所传，断定刑罪，其意微妙。百里长吏，皆宜知律"①。以此请示置律博士，以转相教授各官吏法律诉讼之学。魏明帝依其所请，于廷尉属下设律博士。这是中国律学设置的开端，打破了经学一统天下的局面。魏以后的西晋、东晋、宋、齐、梁、陈、北魏、北齐、北周均设有律博士，此皆发源于魏。如，北魏孝文帝时，常景被廷尉公孙良举为博士，"正始初，诏尚书、门下于金墉中书省考论律令，敕景参议"②。当时参加律令考定的还有袁翻、孙绍，律博士侯坚固等。如史载：

> （袁）翻与门下录事常景、孙绍，廷尉监张虎，律博士侯坚固，治书侍御史高绰，前军将军邢苗，奉车都尉程灵虬，羽林监王元龟，尚书郎祖莹、宋世景，员外郎李琰之，太乐令公孙崇等并在议限。③

北魏的律博士隶属廷尉，主要职责是考论、议定律令，以及从事律学教授活动。天监四年（505 年），梁武帝置胄子律博士，向贵胄子弟传授律学知识。

2. 开办算学

魏晋以来算学多在史官，不设在国学，虽置算生博士，但没有列入学官。如殷绍，"好阴阳术数，游学诸方，达《九章》《七曜》。世祖时为算生博士"④。北魏在太学之外开设了算学专科。史载，"范绍，太和初，充太学生，转算生"⑤。孝文帝于太和十七年（493 年）颁布的百官令中，有"尚书算生"之职，列第九品中；还有"诸寺算生"之职，列从第九品下。

3. 开办书学

晋武帝泰始年间，荀勖"立书博士，置弟子教习，以钟、胡为法"⑥。据《大唐六典》记载："书学博士二人，从九品下。书学博士掌教文武官八品已下及庶人子之为生者，以《石经》《说文》《字林》为颛业。余字书，亦兼习之。《石经》三体书限三年业成，《说文》二年，《字林》一年。其束脩之礼、督课、试举，如三馆博士之法。"⑦ 由此可知，晋代除设有学习儒家经典的学校外，还

① 陈寿：《三国志》卷 21《魏书·王卫二刘傅传》。
② 魏收：《魏书》卷 82《常景》。
③ 魏收：《魏书》卷 69《袁翻》。
④ 魏收：《魏书》卷 91《殷绍》。
⑤ 魏收：《魏书》卷 79《范绍》。
⑥ 房玄龄等：《晋书》卷 39《荀勖》。
⑦ 李林甫等：《唐六典》卷 21《国子监》。

设书学这样的专门学校。

4. 开办医学

刘宋时官方首开医学教育。史载,录事参军周朗曾针对时事提出:"凡鬼道惑众,妖巫破俗,触木而言怪者不可数,寓采而称神者非可算……又针药之术,世寡复修,诊脉之伎,人鲜能达。民因是益征于鬼,遂弃于医,重令耗惑不反,死夭复半。今太医宜男女习教,在所应遣吏受业。如此,故当愈于媚神之愚,征艾媵理之敝矣。"① 但这一建议并未被采纳。《唐六典》卷一四《太常寺》"医博士"条下注的记载,却证实刘宋医学教育的存在,称"宋元嘉二十年,太医令秦承祖奏医学,以广教授"。可见,在元嘉二十年(443年),由太医令秦承祖奏置医学。北魏的官职之中有太医博士(七品下)和太医助教(九品中)之设,以推行医学教育。据《宋书·百官志下》载:"太医令,一人;丞,一人。《周官》为医师,秦为太医令,至二汉属少府"。太医令隶属少府,医学教育必属少府所管。但刘宋的医学教育只推行了十年,到元嘉三十年(453年)便罢废。

(七) 开办新型特殊教育机构:学馆

学馆是南北朝时期出现的一种新型中央教育机构,它是以学者的学术专长为特点,由国家主办,主持者由朝廷任命,师生享有一定的待遇。尽管南北朝学馆有明显的时代特征,存在时间较短,又不像国子学有一定的延续性,但它的存在扩大了国家的办学形式,促进了学校教育的发展。南北朝开设的学馆主要有以下几种类型。

四馆:元嘉十五年(438年)宋文帝下令在京师开设单科性四馆,史载文帝:"雅好艺文,使丹阳尹庐江何尚之立玄学,太子率更令何承天立史学;司徒参军谢元立文学;散骑常侍雷次宗立儒学,为四馆。"② 特别是雷次宗开儒学馆于京郊鸡笼山,"聚徒教授,置生百余人。会稽朱膺之、颍川庾尉之并以儒学,监总诸生"③。宋文帝也数临学馆,奖励生徒。儒学馆的开办与发展,在当时是颇有影响的。四馆并列,各就其专业招收生员,并进行专业化的教学、研究。打破了自汉以后儒家经学独霸官学的局面,这是学制上的一大改革,也反映了

---

① 沈约:《宋书》卷 82《周朗》。
② 马端临:《文献通考》卷 41《学校考二》。
③ 沈约:《宋书》卷 93《隐逸》。

当时思想文化领域的实际变化。玄学和文学两馆的成立，正是魏晋以来审美教育社会化的状况在学校教育制度上得到正式的认可，从而突破了汉以来教育内容上的单一经学化的模式。四馆的创建开辟了学校教育制度多样化的新时代，也是东汉时期鸿都门学性质的学校在新的历史条件下的复兴和发展。

总明观：泰始六年（470年），南朝宋明帝鉴于国子学为战争所废，诏令立总明观（又称东观），置祭酒，设儒、道、文、史四科（亦有儒、道、文、史、阴阳五科之说），每科置学士10人，还置有正令史1人、书令史2人、干1人、门吏1人、典观吏2人。停废于萧齐初年，历时15年。从它的设置到废黜都与国子学有关，宋时因为没有国子学而建总明观，齐时是因建国子学而取消总明观。所以说，就性质而言，总明观具有国子学的性质，同时又有四学馆的特点，也就是在国子学内分设四科，一改儒学一统国子学的局面。刘宋后期的总明观虽因国子学的荒废而出现，但它已不是纯粹的教学机构，而是教学、研究、藏书三位一体的机关。总明观作为四科的总管机构，在管理上较之四馆分科教学由两位儒学士总管的做法较为完备。实行了分科教授的制度，发展了分科教学法，这在中国古代教学史上也是一个进步，对以后隋、唐教育也发生了直接的影响。

学士馆：齐武帝继位后，当时的国子祭酒为王俭，他博通五经，重视办学，每隔十日总是要到国子学一次，以考核诸生学业，并且扭转了沿袭已久的崇尚文章、轻视经术的学风。于此时废刘宋之总明馆，王俭在私宅设学士馆，并把原藏于总明馆的儒、道、文、史四部书移于家中。至此，齐朝的官学中又有了学士馆的设置。

五馆：梁武帝萧衍在官学建设方面可谓有所建树，除去太学和律学外，中央官学还有五馆、集雅馆和士林馆。虽都以五经为讲授内容，但却分设并立，令不同出身、不同程度的学生进入不同学校，体现了阶级的差异与等级的严明。同时，不同的学馆解决了不同类型与不同层次学生的就学机会，不乏一定的进步性。梁武帝于天监四年（505年）诏开五馆，并用当时的硕儒平原明山宾、吴郡陆琏、吴兴沈俊、建平严植之、会稽贺蒨五人为博士，各主持一学馆。五馆招生只看成绩，不限门第，每馆学员都多达数百人，五馆学生可相互听课，纳入了竞争机制，使各馆之间不敢有丝毫的懈怠。例如，严植之开讲的时候，由于有条有理，析理分明，吸取了五馆的生员，听讲者逾千人。由于五馆乃国家所开建，由官府选置学官授以经书，生徒则由官方提供伙食，一切费用由国家负责，故五馆学生多出寒门。规定生员射策通明者，委以官任。一时间，好学之士云集京师，出现了鼎盛的局面。可以说，五馆既是梁武帝在中国古代学校制度史上的一项独创，同时也是有别于国子学的一种正式官学。但五馆存在的时间并不长，随着主馆学官的相继谢世或迁任他职，严格意义上的五馆在天监九年（510 年）就不复存在，此后仅存的数馆也逐渐衰微。

集雅馆：天监五年（506 年）五月，梁武帝置集雅馆，主要是招纳远方学生，以授五经。值得说明的是，集雅馆不但是授学之所，同时具有研究性质。五馆与集雅馆都是为庶族地主子弟入学而设立的。

士林馆：大同七年（541 年）十二月，梁武帝又于国学外，在城西设立士林馆，延集学者，其目的是聚集学者讲学。在此讲学的人并不固定于某一个人，只要有学识者都可于馆中讲授。如周弘正、张绾、朱异、贺琛、孔子祛等，都曾讲学于此。士林馆也是集讲学与研究为一体的教育研究机构。但士林馆存在时间也不长，据《梁书》载，侯景"又烧城西马厩、士林馆、太府寺"[①]。此事发生于太清二年（548 年），可见士林馆仅存在七年时间。

麟趾学：北周于明帝时设麟趾学进行文学教育，且学徒颇盛，并不分贵贱，有艺文者皆可预听。当然，麟趾学的创立与明帝本人的雅好文史是分不开的。

露门学：北周设露门学于天和二年（567 年），又称虎门学，是一种小学性质的官方学校。置生 72 人，置博士 4 人，下置大夫、学士若干人。露门学的教学内容并不局限于经术，且颇得官方重视，直到北周灭亡时还仍然存在。

二、太常及祭酒对官学的管理

魏晋南北朝的中央官学沿袭汉制，官学管理事宜主要由主管国家礼仪祭祀的太常兼管。曹丕称帝后，恢复了汉朝的九卿之制，太常属官中增置博士 4 人。两晋时期，太常兼管制仍在实行，在太常所统领的属官中，太学博士在名称上进一步明朗化，与太常博士明确区分开来，"太常有博士、协律校尉员，又统太

---

① 姚思廉：《梁书》卷 56《侯景》。

学诸博士、祭酒及太史、太庙、太乐、鼓吹、陵等令"①。南朝各代太常的名称、职掌大体沿袭旧制。北魏太常的职责一如南朝，主管礼邦及教化，属官中包括各类官学博士。北周的做法稍有不同，设太常卿与少卿共同掌管宗庙祭祀及礼仪教育。到了北齐设置国子寺以后，这种隶属关系才有了变化。

太常对于教育管理的主要工作是对祭酒与博士的考选。博士本来就是太常的属官，太常对博士人选的意见自然分量很重，所以对博士人选进行考选属于太常的常规工作。如郑袤"转太常。高贵乡公议立明堂辟雍，精选博士，袤举刘毅、刘寔、程咸、庾峻，后并至公辅大位"②。郑默"迁太常。时仆射山涛欲举一亲亲为博士，谓默曰：卿似尹翁归，令吾不敢复言"③。山涛想通过太常郑默的关系推荐一人为博士，但知道郑默正直，故不敢开口。成公绥也是由太常征召的，据史载：

> 成公绥，字子安，东郡白马人也。幼而聪敏，博涉经传……少有俊才，词赋甚丽，闲默自守，不求闻达。时有孝乌，每集其庐舍，绥谓有反哺之德，以为祥禽，乃作赋美之，文多不载。
>
> 张华雅重绥，每见其文，叹伏以为绝伦，荐之太常，征为博士。④

太常对官学的管理，主要还有提出官学中博士的设置意见。官学中博士的设置关系到办学方向问题，体现着朝廷对儒学发展方向的引导，这是太常必须予以过问并提出意见的。如，荀崧任太常时就有关于增置博士的上疏：魏与西晋时置博士19人分掌各经，至东晋初减为9人，皆不知掌何经，尤其是"时方修学校，简省博士，置《周易》王氏、《尚书》郑氏、《古文尚书》孔氏、《毛诗》郑氏、《周官礼记》郑氏、《春秋左传》杜氏服氏、《论语》《孝经》郑氏博士各一人，凡九人，其《仪礼》《公羊》《谷梁》及郑《易》皆省不置"。授经不专，势必影响教育质量，荀崧认为博士人员偏少，前代通儒都未有通得失、学而兼之者，时值当今学义甚颓，更不宜令一人总之，"宜为郑《易》置博士一人，郑《仪礼》博士一人，《春秋公羊》博士一人，《谷梁》博士一人"⑤。东晋

---

① 房玄龄等：《晋书》卷24《职官》。
② 房玄龄等：《晋书》卷44《郑袤》。
③ 房玄龄等：《晋书》卷44《郑默》。
④ 房玄龄等：《晋书》卷92《文苑》。
⑤ 房玄龄等：《晋书》卷75《荀崧》。

元帝终于同意增设了《仪礼》《春秋》《公羊》等博士。

魏晋南北朝时期的太常一职所掌过多，不可能有更多的精力来过问官学内部管理事宜，无暇顾及太学的具体管理事务。因而，管理国家教育及官学事宜的责任，则比较多地由西晋始设的国子祭酒担当起来。

"祭酒"这一名称始自战国时期的稷下学宫，作为游学之士的统领，由学术声望最高者担任，如荀子曾三为祭酒。两晋和南朝时国子祭酒选"聪明有威重者"担任。如两晋时任用"德业知名"的阮裕，"博学有才义，为世儒宗"的庾纯，以及"少有清节，历为博士"的庾敳担任国子祭酒。齐时的国子祭酒王俭，史臣称其"长于经礼，朝廷仰其风，胄子观其则。由是家寻孔教，人诵儒书，执卷欣欣，此焉弥盛"①。陈时曾任国子祭酒的周弘正，"特善玄言，兼明释典。虽硕学名僧，莫不请质疑滞"②，被称为"一代之国师"。

据《晋书·职官》云："及咸宁四年，武帝初立国子学，定置国子祭酒、博士各一人，助教十五人，以教生徒。"西晋建立了国子学，设国子祭酒一人。其时国子学还隶属于太学，但太学未设祭酒，国子祭酒便成为两学的实际管理者。《宋书·百官上》载："聪明有威重者一人为祭酒……国子博士二人，国子助教十人……国子，周旧名，周有师氏之职，即今国子祭酒也……自宋世若不置学，则助教唯置一人，而祭酒、博士常置也。"《南齐书·百官》云："国子祭酒一人，博士二人，助教十人。"《隋书·百官上》云：南梁"国学，有祭酒一人，博士二人，助教十人，太学博士八人。又有限外博士员"等。由此可知，魏晋南北朝时期的国子学，其学官主要由国子祭酒、国子博士、国子助教组成。

祭酒进行教育管理活动，主要是代管"训范、总统学中众事"，这条《晋令》的诏令说明祭酒掌管官学教育行政，是国家教育及官学管理的最高行政长官和博士之官长。可以说国子祭酒的地位也是比较显赫的。如《梁书》载，王承于"中大通五年，迁长兼侍中，俄转国子祭酒。承祖俭及父暕尝为此职，三世为国师，前代未之有也，当世以为荣"。国子祭酒的品级职位很高，但是在官学教育不盛的魏晋南北朝，祭酒的实际教育管理工作更多地体现在向统治者建议国家教育行政事宜和参与决策上。

---

① 萧子显：《南齐书》卷39《列传》。
② 姚思廉：《陈书》卷24《周弘正》。

一是推荐、选拔贤良之才。比如"国子祭酒邹湛以缵才堪佐著作，荐于秘书监华峤"①。又如"国子祭酒何胤治礼，又重栖，以为学士，掌婚冠仪"②。

二是整肃学风，兴复秩序。当世风日下、学风不正或政局混乱、学校荒废之时，不乏重学术的国子祭酒上书整肃，对校风的重整起到了一定的作用。东晋国子祭酒袁瓌忧虑国学不兴而上疏请求兴学，称："畴昔陵替，丧乱屡臻，儒林之教暂颓，庠序之礼有阙，国学索然，坟卷莫启，有心之徒抱志无由。"③ 袁瓌担心国学不兴，想学习儒家学术的人无由入学，于是请求兴学："实宜留心经籍，阐明学义，使讽诵之音盈于京室，味道之贤是则是咏，岂不盛哉！若得给其宅地，备其学徒，博士僚属粗有其官，则臣之愿也。"④ 所以有"国学之兴，自瓌始也"的评价。再如，国子祭酒殷茂见国子学教学秩序混乱，"自学建弥年，而功无可名。惮业避役，就存者无几，或假托亲疾，真伪难知，声实浑乱，莫此之甚。臣闻旧制，国子生皆冠族华胄，比列皇储。而中者混杂兰艾，遂令人情耻之"⑤。他上疏要求对学生成分进行限制，请求纯洁官学的学生成分，受到晋烈宗司马曜下诏褒奖。陈时国子祭酒王伯固，"为政严苛，国学有堕游不修习者，重加榎楚，生徒惧焉，由是学业颇进"⑥。由于施行严格的教学管理举措，使学风、校风有所改善。

三是建校复学，兴学立教。一些国子祭酒关注官学的恢复和兴建，在一定程度上改变了学校废置、诸生离散的状况。北魏宣武帝时，国子祭酒刘芳上表提议国子学、太学应遵循古制，国子学建在宫门之左，太学仍建在开阳门汉太学旧址，表曰："今既徙县崧瀍，皇居伊洛，宫阙府寺，金复故趾，至于国学，岂可舛替？校量旧事，应在宫门之左。至如太学，基所炳在，仍旧营构。"⑦ 刘宋时的国子祭酒范泰尽职尽责，曾两次上疏请求兴学立教。

四是履行授课之职，亲自登堂讲说。史载梁时张充："征拜散骑常侍、国子祭酒。充长于义理，登堂讲说，皇太子以下皆至。时王侯多在学，执经以拜，

---

① 房玄龄等：《晋书》卷 48《阎缵》。
② 萧子显：《南齐书》卷 55《孝义》。
③ 沈约：《宋书》卷 14《礼一》。
④ 房玄龄等：《晋书》卷 83《袁瓌》。
⑤ 沈约：《宋书》卷 14《礼一》。
⑥ 姚思廉：《陈书》卷 36《新安王伯固》。
⑦ 魏收：《魏书》卷 55《刘芳》。

充朝服而立，不敢当也。转左卫将军，祭酒如故。"① 萧子显担任国子祭酒，亦亲自给学生讲授《五经义》，史称其"迁国子祭酒，又加侍中，于学递述高祖《五经义》"②。另外，国子祭酒也有在东宫讲学之例，陈时周弘正就曾在东宫讲《论语》《孝经》。史载："太建五年，授尚书右仆射，祭酒、中正如故。寻敕侍东宫讲《论语》《孝经》。太子以弘正朝廷旧臣，德望素重，于是降情屈礼，横经请益，有师资之敬焉。"③

祭酒还参加其他一些社会活动，如南陈至德中，"皇太子入学释奠，百司陪列，（徐）孝克发《孝经》题，后主诏皇太子北面致敬"④。此外，国子祭酒还有议礼以及修撰《礼仪》的职责等。

三、博士的选拔与任用

魏晋南朝时期，对于官学教师的充任条件与标准，各代有所不同，太学和国子学也各异。一般来说，具备德行高尚、精研经典、学识渊博并具有相当的社会赞誉等条件，是给予委任的基本前提。这一时期中央官学最大的变化，是在太学之外另立国子学，学馆教育和专科教育越来越受到统治者的重视，其教师的称谓也因学校名称的差异而有所不同。博士设置呈现出多样化的趋势，随着这一时期经济文化的发展，为适应社会发展变化与统治需要，专精一行一艺的博士官职自晋朝起便纷纷设立起来，这就直接导致这一时期的博士类别增多，诸如国子博士、太学博士、书学博士、律学博士、医学博士、四门博士、仙人博士等。例如，北魏学官继承了汉魏旧章的建制，在中央设有司徒、太常等教育行政长官，负责主持全国的文化教育事业，官学的具体管理事宜则由祭酒负责，教学人员称博士、助教。在《魏书》中出现的北魏学官有国子祭酒、国子博士、国子助教、五经博士、太学祭酒、太学博士、太学助教、中书博士、中书教学博士、四门小学博士、皇宗博士等。此外，没有列入国学学官、而有博士或助教之称号者，有律博士、算生博士、太常博士、太医博士及太医助教、

① 姚思廉：《梁书》卷21《张充》。
② 姚思廉：《梁书》卷35《萧子显》。
③ 姚思廉：《陈书》卷24《周弘正》。
④ 姚思廉：《陈书》卷26《徐陵》。

太史博士、太乐博士、礼官博士、太卜博士等。① 然而，由于这一时期社会动荡，官学无法正常教学，博士形同虚设，失其官守。

汉末董卓之乱后，军阀混战，太学荒废。魏文帝黄初元年（220 年）正式设置博士编制，强化中央官学的教学及其管理。黄初五年（224 年），复置《谷梁》《周易》《尚书》《诗经》《论语》《三礼》《左氏传》诸经博士，称太学博士，其职责主要是行太学教授之职，其阶位要比太常博士低一品，但已可算是专职的教学管理人员。据史籍记载，魏初太学虽设博士教职，但是无所教授，只因兵戎未戢，而学者少。此时太学博士虽有其名，并无其实，一般都是政府部门的官员，从事实际教学的甚少。而且，当时一个比较严重的问题就是太学博士水平普遍不高。魏国太学设博士 19 人，较之东汉的 14 名从数量上看是增加了，但这并不能说明太学整体师资力量的增强。

当时曹操父子崇尚法术，雅好文学，造成了全国从之如风的氛围，而玄学思想亦已初现，并开始进入主流意识领域，社会上轻视儒学的观念大有市场，这不可避免地也影响到太学博士的质量。因此，对中央官学教职人员的甄选与管理就成了令统治者头痛的问题。据《三国志》载：

> 于时太学初立，有博士十余人，学多偏狭，又不熟悉，略不亲教，备员而已。②

> 太学诸生有千数，而诸博士率皆粗疏，无以教弟子。弟子本亦避役，竟无能习学，冬来春去，岁岁如是。③

可见，魏洛阳太学初立之际，制度尚未健全，教师素质甚差。对此，魏统治者及其谋臣屡屡苦思良策，以谋求太学博士整体水平的提高。先是魏明帝在太和二年（228 年）下了一道诏书："尊儒贵学，王教之本也。自顷儒官或非其人，将何以宣明圣道？其高选博士，才任侍中、常侍者。申敕郡国，贡士以经学为先。"④ 明确地提出要"高选博士"，博士一职多以朝廷高级官吏侍中、常侍中精通儒学的人兼而任之，这是第一次对博士的素质和才能提出了可以参照衡

---

① 以上各项官称，除算生博士见于魏收《魏书》卷 91《术艺》。太庙博士见于魏收《魏书》"律历"志及"礼"志外，其余均见于《魏书·官氏》中。
② 陈寿：《三国志》卷 16《魏书·任苏杜郑仓传》。
③ 陈寿：《三国志》卷 13《魏书·锺繇华歆王朗传》。
④ 陈寿：《三国志》卷 3《魏书·明帝纪》。

量的标准。太和四年（230 年）更进一步下诏，要求课试博士，诏曰：

　　　兵乱以来，经学废绝，后生进趣，不由典谟。岂训导未洽，将进用者不以德显乎？其郎吏学通一经，才任牧民，博士课试，擢其高第者，亟用；其浮华不务道本者，皆罢退之。①

　　从实施情况看，魏明帝的诏书得到了较好的贯彻执行，其结果是这时的太学博士多半以侍中、常侍及儒学最优者来充任。这在《通典》中有所记载："按二汉旧事，博士之职，唯举明经之士，迁转各以本资，初无定班。魏及中朝多以侍中、常侍、儒者最优者领之。职虽不同汉氏，尽于儒士之用，其揆一也。"②在实施中，高柔和刘靖也提出了自己对考选太学博士的见解。高柔上疏指出，当时博士"迁除限不过长"，不足以"崇显儒术"，认为"博士者，道之渊薮，六艺所宗，宜随学行优劣，待以不次之位。敦崇道教，以劝学者，于化为弘"③。要求根据博士的学行优劣给以相应的位置，也就是试图通过提高博士的待遇来求得高质量的太学师资。正始年间，刘靖上疏："宜高选博士，取行为人表，经任人师者，掌教国子。"④ 他主张对太学博士"明制黜陟荣辱之路，其经明行修者，则进之以崇德；荒教废业者，则退之以惩恶"。这也从另一个侧面说明魏时太学博士已和两汉时不同，博士多不够标准。诚如史籍所云："自魏晋以来，多使微人教授，号为博士，不复尊以为师。"⑤ 究其原因，主要是一再强调"高选"，却又缺乏具体的措施或执行不力，另外多数有才能的学者为避祸事，对朝廷学官往往坚辞不就，因而博士轻选问题不可能得到根本解决，从而导致博士水平下降。

　　两晋南北朝的统治者对国子博士的选任是相当慎重、严格的。西晋初，社会出现短暂的稳定，初立国子学时，置国子祭酒、博士各 1 人，助教 15 人以教授学生。不久，太学生扩充至 7000 人，一度置博士 19 人。晋初博士人选重于曹魏，要求博士"皆取履行清淳、通明典义者，若散骑常侍、中书侍郎、太子中

① 陈寿：《三国志》卷 3《魏书·明帝纪》。
② 杜佑：《通典》卷 53《礼十三·沿革》。
③ 陈寿：《三国志》卷 24《魏书·韩崔高孙王传》。
④ 陈寿：《三国志》卷 15《魏书·刘司马梁张温贾传》。
⑤ 房玄龄等：《晋书》卷 91《儒林》。

庶子以上，乃得召试"①。对于国子博士的选任条件与标准，两晋和南朝各代大致相同，一般要具备德行高尚、精研经典、学识渊博并具有相当的社会赞誉等条件，符合上述条件者，还必须通过召考，才能加以委任。比如，晋武帝司马炎任用"履行清淳，才高行洁，好古博物，为魏宗英"的曹志为国子博士。② 晋孝武帝司马曜任用自幼勤学儒家经典、知识渊博、对经学造诣很深的车胤，以及善谈论、博涉文史、以儒雅标名的吴隐之等领国子博士。博士的任用，一般由太常推荐。如成公绥，张华雅"每见其文，叹伏以为绝伦，荐之太常，征为博士"③。博士的选任及其主要职责，如《晋书·荀崧》所载：

> 昔咸宁、太康、永嘉之中，侍中、常侍、黄门通洽古今，行为世表者，
> 领国子博士。一则应对殿堂，奉酬顾问；二则参训国子，以弘儒训；三则
> 祠、仪二曹及太常之职，以得质疑。

南朝博士、祭酒为常设官员，宋、齐复立国学，征硕儒为博士、祭酒。宋文帝元嘉十九年（442年）诏"立国子学，以本官领国子博士"④。梁、陈博士需经策试，如陈朝周弘正年十五入国学，半年后就在国学讲授《周易》，被誉为神童，应举博士时有司以其年少、学习时间短为由，拟不允许，博士到洽却认为他虽年少，已能自讲一经，堪为人师表，不仅可以应举，而且无需策试就可以直接为博士，由此可知陈时博士需荐举，且一般是要通过策试的。

四、官学生的课试与管理

魏晋南北朝时期对官学生的管理时轻时重，可能是与政局的动荡有关，政局相对稳定时比较重视，举措得力，政局动荡时则有所疏忽，管理水平及效果大打折扣。在曹魏时期，曹丕不但恢复了太学，而且注重对学生的课试和管理。他令刘劭参照东汉左雄的考课法，于黄初五年（224年）设计制定了"五经课试法"。如史所载：

> 魏文帝黄初五年，立大学于洛阳。时慕学者，始诣大学为门人。满二

---

① 房玄龄等：《晋书》卷24《职官》。
② 房玄龄等：《晋书》卷50《曹志》。
③ 房玄龄等：《晋书》卷92《成公绥》。
④ 沈约：《宋书》卷64《何承天》。

岁，试通一经者，称弟子；不通一经，罢遣。弟子满二岁，试通二经者，补文学掌故；不通经者，听须后辈试，试通二经，亦得补掌故。掌故满二岁，试通三经者，擢高第为太子舍人；不第者，随后辈复试，试通亦为太子舍人。舍人满二岁，试通四经者，擢其高第为郎中；不通者，随后辈复试，试通亦为郎中。郎中满二岁，能通五经者，擢高第，随才叙用；不通者，随后辈复试，试通亦叙用。①

由此可知，根据五经课试法的规定，初入学者为"门人"（预备生），学满两年考试并能通一经者为"弟子"（正式学生），不通罢遣；"弟子"继续在太学攻读经文，每二年或三年增通一经，即予以考试。通二经者可补文学掌故的官缺，未能通过考试者，可随下班补考，补考通过二经者，亦得为文学掌故；文学掌故满两年并能通三经者，擢其高第为太子舍人，不得第者也随下次复试，复试通过者亦为太子舍人；太子舍人学两年并通过四经考试者，擢其高第为郎中，未及格者并听再试，试通亦叙用。这项法令，规定了太学生的学习内容，定期考试制度，便于区分学生的学业程度。安排了仕进的阶梯，对于太学生的稳定和发展起到了一定的积极作用：一方面，学生在校肄业期间，就可以开始做官，年级越高、通经越多，官位也就越高；另一方面，学生每二年读通一经，到通五经为止，共需十年才算太学修业期满，而且学校毕业生不需要经过其他考试就可以担任某种官职。"五经课试法"已把功用扩大到学校教育中，它使东汉时以通经多少来决定官员升迁的考课制度由一种单纯的选举制度扩展到官学的考课制度，使学校教育与文官考试任用统一起来，使学校既培养人才，也选拔人才，有其独到与合理之处，虽然修业时间过长，但是作为从太学选拔人才的有效办法，对于提高和保证太学教学质量是有积极意义的。在教学管理上，魏国还较注重用严格的纪律来约束学生。据杨晨的《三国会要·学校篇》记载，太学生如果不恭肃、慢师、酗酒、好讼，罚饮水三升；对于酗酒闹事、游手好闲的太学生，要求学官或同门应予以检举揭发。

从根本上说，尽管魏太学在师生管理上下了一番功夫，取得了一定的成效，但并未能革除汉末以来"博士倚席不讲"的衰颓之态，实际办学效果不尽如人

---

① 杜佑：《通典》卷 53《礼十三》。

意。对此，史书多有记载：

> 自黄初以来，崇立太学二十余年，而寡有成者，盖由博士选轻，诸生避役，高门子弟，耻非其伦，故无学者。虽有其名而无其人，虽设其教而无其功。①

> 虽有精者，而台阁举格太高，加不念统其大义，而问字指墨法点注之间，百人同试，度者未十。是以志学之士，遂复陵迟，而末求浮虚者各竞逐也。正始中，有诏议圜丘，普延学士。是时郎官及司徒领吏二万余人，虽复分布，见在京师者尚且万人，而应书与议者略无几人。又是时朝堂公卿以下四百余人，其能操笔者未有十人，多皆相从饱食而退。嗟夫！学业沈陨，乃至于此。"②

在这里，100 人考试能通过者不到 10 人，可见学生水平之低；朝廷公卿以下官吏 400 多人能执笔者不到 10 人，学业之凋零可见一斑。总之，魏太学在管理上存在诸多问题，主要表现在：第一，学官遴选不精，生员择取不严。魏太学博士大多并非经明行修、博综经典之辈，虽有博士十余人，但"学多偏狭，又不熟悉，略不亲教，备员而已"。一般学生入学只为逃避徭役，并不以求学为目的。而那些士族子弟又"耻非其伦"，不愿入太学受教。因此，魏太学呈现衰落局面是不难理解的。第二，学官升迁及官员考选制度有弊。当时太学不论学官优劣，在升迁上一律按资排辈，不仅不能弘扬儒学，反而挫伤了教师的积极性。虽然依据"五经课试法"，太学生可由通经考试踏上仕途，但实际上由于一方面举官标准过高，另一方面考试不得法，不念统其大义，而问字指墨法点注之间。因此，绝大多数学生感到前途渺茫，学习积极性也受到影响。

两晋的国子学虽对博士的选拔与生徒的入学资格规定非常严格，但入学后的管理缺乏完备和系统的手段与措施。所谓"考课不厉，赏黜无章。盖有育才之名，而无收贤之实"，完全是外紧内松。晋武帝初太学生有 3000 人，至晋武帝泰始八年（272 年），太学生人数达 7000 余人，但学生质量和规格参差不齐，晋武帝有意整顿太学，淘汰部分学生。有司奏"太学生七千余人，才任四品听留"。晋武帝则下诏规定："已试经者留之，其余遣还郡国。大臣子弟堪受教者，

---

① 陈寿：《三国志》卷 15《魏书·刘司马梁张温贾传》。
② 陈寿：《三国志》13《魏书·锺繇华歆王朗传》。

令入学。"① 经整顿，太学生剩下 3000 余人，限六品以下一般贵族子弟入太学。太学生中，除正式学生（弟子）外，还有门人、寄生、寄生陪住、散生等名称，这可能是程度差异的一种标志。从表面上看，这次整顿太学的主要原因是太学生人数庞杂，良莠不齐，影响了教学秩序，因而用"才任四品听留"的办法来甄别优劣，以便将不合标准者遣还郡国。从加强教学管理看，这种措施是必要的，也是合乎情理的。实际上大臣子弟只是视其"堪受教"与否，并无严格的入学考试。可见晋初整顿太学，人数多杂只是一个方面，而更深层的原因是照顾门阀世族的利益，为其子弟入学创造条件。

在南北朝时期，已开始通过策试的方式作为学生入仕的途径。《隋书》记载陈朝的做法是："陈依梁制，年未满三十者，不得入仕，唯经学生策试得第"②才可以入仕。这是南朝统治者为检验国子学生的学习情况而对其进行的策试，说明统治者对儒学的重视，对学生学习质量的重视。对国子生进行策试入仕的方式主要有口试和笔试两种，也有笔试为主辅以口试的。如，周弘正对国子生袁宪进行策试时，谢岐、何妥在座，场面十分隆重和活跃，如史所载：

> 宪时年十四，被召为国子《正言》生。谒祭酒到溉，溉目而送之，爱其神彩。在学一岁，国子博士周弘正谓宪父君正曰："贤子今兹欲策试不？"君正曰："经义犹浅，未敢令试。"居数日，君正遣门下客岑文豪与宪候弘正，会弘正将登讲坐，弟子毕集，乃延宪入室，授以麈尾，令宪树义。时谢岐、何妥在坐，弘正谓曰："二贤虽穷奥赜，得无惮此后生耶！"何、谢于是递起义端，深极理致，宪与往复数番，酬对闲敏。弘正谓妥曰："恣卿所问，勿以童稚相期。"时学众满堂，观者重沓，而宪神色自若，辩论有馀。弘正请起数难，终不能屈，因告文豪曰："卿还咨袁吴郡，此郎已堪见代为博士矣。"时生徒对策，多行贿赂，文豪请具束脩，君正曰："我岂能用钱为儿买第耶？"学司衔之。及宪试，争起剧难，宪随问抗答，剖析如流，到溉顾宪曰："袁君正其有后矣。"及君正将之吴郡，溉祖道于征虏亭，谓君正曰："昨策生萧敏孙、徐孝克，非不解义，至于风神器局，去贤子远

---

① 沈约：《宋书》卷 14《礼一》。
② 魏徵：《隋书》卷 26《百官上》。

矣。"寻举高第。①

这段文字说明，袁宪在接受策试时，受到老师的多方面问难，但其神色自若，应对灵敏，并最终取得好的成绩，寻举高第。另外，萧映也同样是进行口试而入仕为官的，史载其："年十二，为国子生。天监十七年，诏诸生答策，宗室则否。帝知映聪解，特令问策，又口对，并见奇。谓祭酒袁昂曰：'吾家千里驹也。'"② 但从另一面又说明，此次对国子学生的策试主要是以笔试为主，否则对萧映就不是"特令问策"了。

魏晋南北朝时期，学礼是官学教学管理的重要组成部分。魏晋的官学就很重视学礼，比较而言，南北朝更重视学礼在官学教学管理中的作用。当时，主要是学习释菜之礼和释奠之礼。北魏道武帝天兴四年（401 年），"命乐师入学习舞，释菜于先圣、先师"③。肃宗正光元年（520 年），诏曰："来岁仲阳，节和气润，释奠孔颜，乃其时也。有司可豫缮国学，图饰圣贤，置官简牲，择吉备礼。"④ 可见，释奠之礼是北朝常用的学礼，是重要的教学管理方式。

随着中央官学的多元化、专科教育的出现和地方官学的发展，官学教育管理工作也越来越复杂和专门化。教育管理专门化和独立化的问题便提上了议事日程。北齐时，设置了国子寺，专职训教胄子，统理学官和生员，其教育行政实际具有单独设置的基础。国子寺不仅有师生，保留了国子学的职能，更重要的是它配置了与太常寺等政府部门完全相同的属官，"亦置功曹、五官、主簿、录事员"，具备了明显的行政机构的特点。从职权上看，国子寺主管训教胄子事宜，负责统辖管理国子学、太学和四门学，国子寺已经是一个专门的、独立的教育行政管理机构，使教育管理职能开始从太常寺中分化出来而成为独立的政府机构。这一体制的变革为隋唐国子监的建立奠定了基础。虽然这还不是中国教育行政独立的肇始，却为隋唐所因袭。隋唐继承这一做法，将国子学、太学、四门学、书学、算学、律学一并划归其属，将儒学教育与专科教育合为一体，真正完成了教育管理的独立化。

---

① 姚思廉：《陈书》卷 24《袁宪》。
② 李延寿：《南史》卷 52《梁宗室下》。
③ 魏收：《魏书》卷 2《太祖纪》。
④ 魏收：《魏书》卷 9《肃宗纪》。

五、官学的日常教学

相对于秦汉而言，魏晋南北朝时期官学的日常教学活动也是比较有特色的，诸如重视讲授与辩论、都讲与复讲制度、帝王通过视学活动来强化对官学的管理，以及刊印石经作为标准教材等。

(一) 讲授与辩论

东汉统治集团的衰落，使得中国历史由此进入一个较长的分裂时期。最初是魏、蜀、吴三国鼎立。三国大体沿用汉制，太学内负责教授的是诸位太学博士，太学博士祭酒即是太学博士的长官，必须聪明、有威望。可考证的是孙吴博士祭酒韦昭，韦昭是三国时期的史学家，其才学足以胜任此职。魏之太学博士教授诸经，内容包括：《易》有施、孟、梁丘、京氏四家，《尚书》有欧阳及大、小夏侯三家，《诗》有鲁、齐、韩三家，《礼》有大、小戴两家，《公羊》有严、颜两家。博士主要任务是讲授经义，遇国家疑难之事，备皇帝顾问。曹魏博士还负责测试郎吏，当然主要是经义问答。

魏晋南北朝时期的玄学崇尚清谈、剖析名理，这在一定程度上影响到官学的教学，包括升堂讲授、析义精微，并严格教学管理。讲授经义，主要是实行升堂登座制，即教师登台讲授的制度，讲授方法比较盛行的是讲解法、问答法、讨论法，以及开题解说和置疑诘难法。受玄学清谈和佛家讲经的影响，问答法和辩论法在教学中最为普遍。这些方法不重文字材料的本身，而是重视学生的理解能力，把握微言大义，与当时穷理尽性、寄言出意的教学思维是一致的。

值得注意的是，这一时期官学的教学仍多沿用两汉的专经教授。如魏黄初五年（224 年）立太学，置古文经学《春秋》《谷梁》博士。蜀汉的尹默专精于《左氏春秋》，其子尹宗传其业，为博士。吴置学官，立五经博士。西晋也大致如此，东晋则与此有所不同，采用兼经教授。至元帝时，贺循、荀崧等都建议继续采用专经教授的做法，要求《春秋》三传各置一名博士。十六国也大多采用专经教授，符坚于官学设《礼记》祭酒、《仪礼》祭酒进行教学。此后，这种教学方式直到南北朝时才有一定程度的改变。

当然，魏文帝所置《春秋》《谷梁》博士，学官所立诸经已不是后汉的今文经学而是古文经学了。据王国维考证：

自董卓之乱，京洛为墟，献帝托命曹氏，未遑庠序之事，博士失其官守，垂三十年，今文学日微，而民间古文之学乃日兴月盛。逮魏初复立太学博士，已无复昔人，其所以传授课试者，亦绝非曩时之学。盖不必有废置明文，而汉家四百年学官，今文之统已为古文家取而代之矣。①

可见，此时由于社会动乱日久，博士失其官守，今文经学渐衰，而民间古文经学日益兴盛，到魏初复立太学时，博士所传授课试已不是汉末的今文经学，已被古文经学所取代了。对此，清人皮锡瑞亦认为：

世传十三经注："除《孝经》为唐明皇御注外，汉人与魏晋人各居其半。"郑君笺《毛诗》、注《周礼》《仪礼》《礼记》，何休注《公羊传》，赵岐注《孟子》，凡六经，皆汉人注。孔安国《尚书传》，王肃伪作；王弼《易注》；何晏《论语集解》；凡三经，皆魏人注。杜预《左传集解》，范宁《谷梁集解》，郭璞《尔雅注》，凡三经，皆晋人注。以注而论，魏晋似不让于汉人矣。②

十三经中有三经为魏人所注，三经为晋人所注，可见魏晋在经学研究上是颇有成就的。

晋惠帝元康元年（291年）命皇太子讲《孝经》于崇正殿，如史载：

元康元年冬十二月，上以皇太子富于春秋，而人道之始莫先于孝悌，初命讲《孝经》于崇正殿。实应天纵生知之量，微言奥义，发自圣问，业终而体达。三年春闰月，将有事于上庠，释奠于先师，礼也。越二十四日丙申，侍祠者既齐，舆驾次于太学。③

至于行释奠于太学，通常是由皇帝或太子先行讲经，继行典礼。例如：

武帝泰始七年，皇太子讲《孝经》通。咸宁三年，讲《诗》通。太康三年，讲《礼记》通。惠帝元康三年，皇太子讲《论语》通。元帝太兴二年，皇太子讲《论语》通。太子并亲释奠，以太牢祠孔子，以颜回配。成帝咸康元年，帝讲《诗》通。穆帝升平元年三月，帝讲《孝经》通。孝武宁康三年七月，帝讲《孝经》通。并释奠如故事。穆帝、孝武并权以中堂

---

① 王国维著：《观堂集林》，中华书局 1959 年版，第 189 页。
② 皮锡瑞著：《经学历史》，中华书局 1989 年版，第 163 页。
③ 房玄龄等：《晋书》卷 55《潘岳》。

为太学。①

西晋时期，《书》《诗》《易》《三礼》《春秋左传》《论语》等皆为国子学与太学的教授内容。东晋时一度以王氏《周易》，郑氏《尚书》《毛诗》《周官》《礼记》《论语》及《孝经》，孔氏《古文尚书》，杜氏、服氏《春秋左传》为教授内容。这里值得说明的一点是，西晋时王肃的古文经学占主导地位，东晋时期则是王弼等人的玄学化的经学占了上风，并开始正式列入官学。同时，郑玄的《尚书》《礼记》也列入官学。王肃的古文经学便失去了统治地位。在西晋时期，对《庄子》的研究亦很流行，至于佛学则是从东晋开始才渐成为官学学习内容的。两晋官学的教学内容有经学、玄学和佛学，但儒学是太学和国子学教学的主要内容，占主导地位。南朝玄风大盛，较为质朴的儒学难逃衰落的厄运，但在官学教学中，讲诵儒学的传统始终未断。特别是梁武帝等尊崇儒学，使南朝有短暂的儒学勃兴时期。魏晋南北朝官学的课程设置呈现出前后沿袭的特点，从一个侧面见证了这一时期经学的发展演变，并为隋唐经学的统一奠定了基础。

（二）都讲与复讲

继东汉之后，魏晋南北朝在教学活动中运用了都讲制度和复讲制度。都讲是在教学中，实行一人诵唱经文并问辩诘难，一人讲解经文并答辩解难；复讲是由学生复述教师课堂讲授内容，并由学生提问。北魏时，"自国学之建，诸博士率不讲说，朝夕教授，惟郁而已"②。可见，李郁早晚都要讲说。孝文帝时，祖莹12岁入太学，因其学问好，被选为都讲生。有一次，中书博士张天龙要讲《尚书》，学生已到齐，而祖莹因读书到深夜，起来较晚，仓促之间错把同房生李孝怡的《礼》书拿来入座。他把《礼》书放在面前，背诵了《尚书》三篇，一字不漏。讲完以后，孝怡很奇怪，向博士们说明情况，举座为之震惊。可见，都讲生具有助教的性质，也要讲课。而且教学秩序是严肃的，从祖莹已入座而不敢回去拿《尚书》便可见一斑。

梁武帝萧衍天监年间，国子学除学官讲学外，学业有成的学生可参与授课，如周弘正10岁通《老子》《周易》，15岁招补国子学生后乃于国子学讲《周易》，诸生传习其义。

---

① 房玄龄等：《晋书》卷19《礼上》。
② 魏收：《魏书》卷53《李孝伯》。

（三）帝王视学与褒奖

魏晋南北朝时期承袭了自西周以来帝王"幸学"的传统。汉朝帝王所开创的天子视学，到魏晋南北朝时期又有所发展。这一时期虽然战乱不断，朝代频频更迭，但凡是崇儒尊经的帝王，不论是汉族的还是少数民族出身的，在争得了短暂的和平岁月时，都要仿效汉朝帝王的惯例，进行视学活动，同时对表现突出的师生加以褒奖。

齐王芳每读通一经，即以太牢祭孔子于太学。齐王芳在位 15 年，先后三次前往祭孔。魏高贵乡公曹髦继位后，在政权朝不保夕的情况下，于甘露元年（256 年）亲临太学与诸儒讨论《易经》《尚书》《礼记》等书，"问博士经义"，往复辩论，以提高太学之研究风气。

晋武帝司马炎，于泰始六年（270 年）冬十一月"幸辟雍，行乡饮酒之礼，赐太常博士、学生帛牛酒各有差"①。《宋书》记载晋惠帝司马衷、愍怀太子司马遹、晋明帝司马昭曾到太学讲经，并亲释奠于太学。另外，还有皇太子到太学讲经的记载。如晋元帝大兴二年（319 年），皇太子到太学讲经，行释奠礼，以示对儒学的尊崇。十六国时期的前赵，刘曜即帝位后，"临太学，引试学生之上第者拜郎中"②。后赵石勒曾"亲临大小学，考诸学生经义，尤高者赏帛有差"③。前燕慕容皝，"立东庠于旧宫"，赐官员子弟入学者"高门生"称号，并亲自讲授，听讲的学生逾千人。慕容皝"亲临东庠考试学生，其经通秀异者，擢充近侍"④。其长子慕容儁继位后，又立小学于显贤里，以教胄子。前秦苻坚大兴学校，并亲临太学考学生经义，成绩好的授官。史载：

> 坚亲临太学，考学生经义优劣，品而第之。问难五经，博士多不能对。坚谓博士王实曰："朕一月三临太学，黜陟幽明，躬亲奖励，罔敢倦违，庶几周、孔微言不由朕而坠，汉之二武其可追乎！"实对曰："自刘石扰覆华戎，二都鞠为茂草，儒生罕有或存，坟籍灭而莫纪，经沦学废，奄若秦皇。陛下神武拨乱，道隆虞夏，开庠序之美，弘儒教之风，化盛隆周，垂馨千

---

① 房玄龄等：《晋书》卷 3《武帝》。
② 房玄龄等：《晋书》卷 103《刘曜》。
③ 房玄龄等：《晋书》卷 105《石勒下》。
④ 房玄龄等：《晋书》卷 109《慕容皝》。

祀，汉之二武焉足论哉！"坚自是每月一临太学，诸生竞劝焉。

　　坚临太学，考学生经义，上第擢叙者八十三人。①

　　南朝宋文帝亦于元嘉二十三年（446 年）到国子学亲自"策试诸生"。如《宋书·文帝纪》所载：

　　九月己卯，车驾幸国子学，策试诸生，答问凡五十九人。冬十月戊子，诏曰："庠序兴立累载，胄子肄业有成。近亲策试，睹济济之美，缅想沫泗，永怀在昔。诸生答问，多可采览。教授之官，并宜沾赉。"赐帛各有差。

　　南齐文惠太子萧长懋，"临国学，亲临策试诸生"，问少傅王俭、金紫光禄大夫张绪经义。尤其是，萧长懋还借此机会，"又以此义问诸学生，谢几卿等十一人，并以笔对"②。梁武帝萧衍也非常重视国子学建设，在新兴国子学的天监九年（510 年），武帝就曾两次亲自到国子学视察：一次是三月，"车驾幸国子学，亲临讲肄，赐国子祭酒以下帛各有差"；一次是十二月，"舆驾幸国子学，策试胄子，赐训校之司各有差"③。

　　在北魏国子学和中书学的发达时期，帝王时常到国子学视察并接见学生。太武帝拓跋焘曾幸中书学，在幸中书学时见到了学生李郁，很为他的机敏所惊讶，认为其与众不同，因而记住了他，后来终于提拔他为中书助教博士。文成帝拓跋濬还到中书学策试诸生。据《魏书》记载：李安世，幼而聪悟，11 岁就被选为中书学生。一次，文成帝幸中书学时曾单独接见他并考察其所学。为示重教，孝文帝元宏曾幸宗学，问博士经义。《魏书》还有元宏幸太学、观石经的记载：太和十六年（492 年）四月，孝文帝亲临皇宗学，问博士经义；次年九月又到太学，观看了石经。孝明帝元诩也曾为诸生讲经等，不一一赘述。

　　北周中央设有太学，武帝宇文邕于保定三年（563 年）曾亲自到太学行养老之礼，以示对教育的重视。史载，其"幸太学，以太傅、燕国公于谨为三老而问道焉"④。宣文帝宇文赟也曾幸太学，"行释奠礼"。

---

① 房玄龄等：《晋书》卷 113《苻坚上》。
② 萧子显：《南齐书》卷 21《文惠太子》。
③ 姚思廉：《梁书》卷 2《武帝中》。
④ 令狐德棻等：《周书》卷 5《武帝上》。

魏晋南北朝时期的皇帝视学活动，有的是释奠行礼，以示崇儒之风，如晋武帝、昭明太子、北魏孝明帝、北周宣帝；有的是讲论经义，赏赐学子和学官，如高贵乡公、苻坚、梁武帝、陈后主、北魏孝文帝、北魏孝明帝、北周武帝等。除此之外，相当一部分统治者非常关注当时中央最高学府培养出来的学生是否能够成才，亲自主持选择人才策试，如刘曜、石勒、慕容儁、苻坚、慕容德、宋文帝、文惠太子、梁武帝、北魏文成帝等。尤其是帝王的"幸学"，将官学的学业提高了一个层次，并直接和选拔官吏及赏赐活动结合起来，在当时起了振兴儒学的作用。

（四）刊刻"正始石经"以为官学标准教材

自汉朝熹平四年（175 年），灵帝诏诸儒正定五经，在太学刊刻石碑，使天下奉为准则，是为中国古代最早国定标准教材之始。到了魏正始年间，续刊古文经传《尚书》《春秋》及部分《左氏传》于太学堂西，史称"正始石经"。据郦道元的《水经注》记载：

> 魏正始中，又立古、篆、隶三字石经……魏初，传古文出邯郸淳，石经古文，转失淳法。树之于堂西，石长八尺，广四尺，列石于其下。碑石四十八枚，广三十丈。魏明帝又刊《典论》六碑，附于其次。①

可见，魏所刊刻之石经不止一种，其中正始年间所立石经确系古、篆、隶三体石经。至于魏明帝所刊的《典论》六碑，其事应在太和年间。明帝太和四年（230 年）二月，诏太傅三公曰："以文帝《典论》刻石，立于庙门之外。"② 又据《三国志》云："及明帝立，诏三公曰：先帝昔著典论，不朽之格言，其刊石于庙门之外及太学，与石经并，以永示来世。"③ 但这些石碑后来已无存。魏正始二年（241 年）刊立于洛阳太学讲堂西侧的"正始石经"，碑文用古文、小篆和汉朝隶书三种字体刊刻，亦称"三体石经"。

对于石经的地位，王国维指出："汉魏石经，皆刊当时立于学官之经。"④ 由此可见，石经是当时太学的标准教材。刊刻石经的主要目的是"台省有宗庙太

---

① 郦道元：《水经注》卷 16《穀水》。
② 陈寿：《三国志》卷 3《魏书·明帝纪》。
③ 陈寿：《三国志》卷 4《魏书·三少帝纪》。
④ 王国维：《观堂集林》卷 20《魏石经考三》。

府金墉故事，太学有石经古文先儒典训"①，以弘儒训，以重儒教。此外，石经
文字有校正文献内容与文字、书体之功用。如史载："又建《三字石经》于汉碑
之西，其文蔚炳，三体复宣。校之《说文》，篆隶大同，而古字少异。"② 又"昔
汉世造三字石经于太学，学者文字不正，多往质焉。"③ 碑文刻成后，全国各地
学生纷纷前来校拓，对当时经学文化的保存和发展起到了很大的作用。

魏文帝黄初元年（220 年）所修补之太学石经，经永嘉五年（311 年）的
"永嘉之乱"，悉多崩毁，而魏正始三体石经，虽历晋初永嘉之乱，"王弥、刘聪
入洛，焚毁二学"④，至北魏时"洛阳虽经破乱，而旧《三字石经》宛然犹在。
至（冯）熙与常伯夫相继为州，废毁分用，大至颓落"⑤。可以说，西晋时仍保
有汉魏所遗留之石经。晋惠帝时祭酒裴頠奏立大学，起讲堂，筑门刻石，以写
石经。如此则除保留汉魏石经之外，复添石经一种，宋人王应麟《困学记闻》
列为七石经之一。据史载："（赵）至年十四，诣洛阳，游太学，遇嵇康于学写
石经，徘徊视之，不能去，而请问姓名。康曰：'年少何以问邪？'曰：'观君风
器非常，所以问耳。'康异而告之。"⑥ "季龙虽昏虐无道，而颇慕经学，遣国子
博士诣洛阳，写石经，校中经于秘。"⑦ 可见，晋时太学石经极受士人之重视。
北魏泰常八年（423 年），明元帝到洛阳时就特别观看了作为标准教材的石经。
为了表示对官学的重视，孝文帝迁都洛阳后，于太和十七年（493 年）临幸太
学，观看了石经："壬申，观洛桥，幸太学，观石经。"⑧ 东魏孝静帝四年（537
年）八月，移洛阳汉魏石经于邺。

"正始石经"在每一碑面刻有纵横线条为界格（见图 2-6）。一字三体直下书
刻，每面约 33 行，每行 60 字，每碑行数各不相同。碑面呈长方形。1922 年洛
阳太学遗址出土的一块"正始石经"，两面经文 1800 余字，正面刻《尚书》的
《无逸》《君奭》篇，背面是《春秋》僖公、文公传记。20 世纪 30 年代初，《君

---

① 房玄龄等：《晋书》卷 75《荀崧》。
② 魏收：《魏书》卷 91《江式》。
③ 魏收：《魏书》卷 55《刘芳》。
④ 郦道元：《水经注》卷 16《穀水》。
⑤ 魏收：《魏书》卷 83 上《冯熙》。
⑥ 房玄龄等：《晋书》卷 92《文苑》。
⑦ 房玄龄等：《晋书》卷 106《石季龙上》。
⑧ 魏收：《魏书》卷 7 下《高祖纪下》。

奭》篇的左下角残碑出土，正面下刻"第廿一"三字，背面刻"第八"二字，王国维经推算认为最可能是35碑，马衡根据1922年洛阳太学遗址出土的这块石经推断，"正始石经"应是28碑。1957年西安市许士庙街（为唐时中书内省旧址）附近发现了《尚书·梓材》残碑一段，下刻"正始二年三"及"第十七石"，这两块残碑的记数都证实了28碑的推断是正确的。

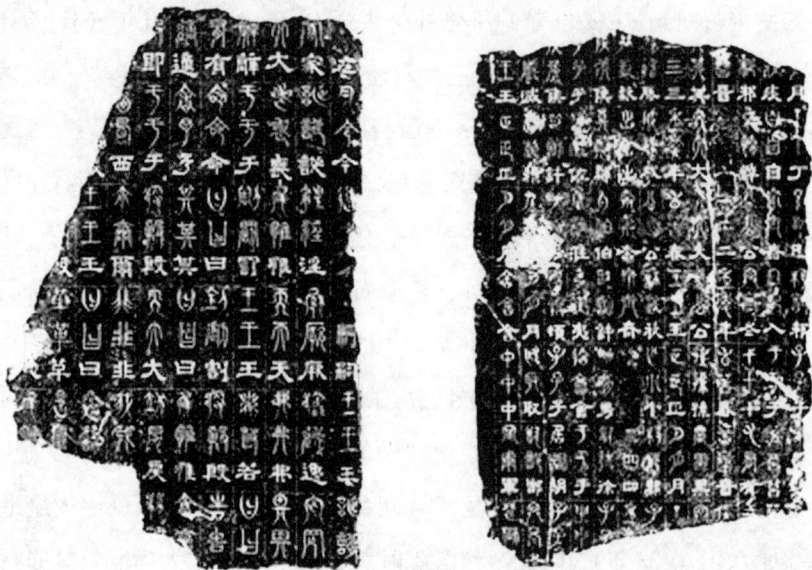

图2-6　正始石经的部分残片

关于"正始石经"碑文出自孰人之手，主要有邯郸淳、卫觊和嵇康三种说法，也有不同的质疑。有学者认为，"正始石经"碑文可能是集体合作书写的。这一集体应分别由擅长于古文、小篆和隶书三种不同字体书写的书法家组成，分工书写上石，总人数当不会少于"熹平石经"的书写者。因原碑损毁严重，自宋以来出土残石均未见有书人姓名，加上《三国志》等文献的阙载，"正始石经"书写人不宜妄加推断。

总之，魏晋南北朝时期的中央官学是在乱中求生存、生存中求发展的，酝酿、产生了多种类型的学校，诸如首立庙学，首置书学、算学、律学等专科学校，首创四门学，首开以传播玄学、史学、文学、阴阳学等内容的正式官学，且一改汉朝太学单一学校模式，形成国子学和太学并立的双轨精英教育体制等。致使学校体制多样化，专科教育活动得到发展。虽然官学教授的主要内容仍为儒经，但北朝官学教育活动更多地承袭了汉朝经学教育的传统，而魏晋、南朝则是从重今文经学教育转向重古文经学教育，并最终破除二者之间的藩篱，还先后设置了律学、书学、算学、医学等一些实用学科。这不仅丰富了封建教育活动的内容，也拓展了教育的职能，使教育进一步适应了社会发展的需求。

第三章
地方官学教育活动

　　地方官学是按地方行政区划而设置的，据史书载，西周时的乡学当属于地方官学建制，且教学科目比较完备，因而教育活动相对比较活跃。而有秦一代，因为禁私学，在"以吏为师，以法为教"的年代，没有明确的地方官学设置（史书只有"学室"的记载，在中央官学部分亦有交代），因而教育活动无从谈起。到了汉朝，地方官学开始起步，尤其是自汉武帝时中央官学即太学创办后，地方官学办理活动开始迈入快车道。即便是魏晋南北朝时期，几乎每一个帝王执政期间，都比较着重办理地方官学。但史书对此记载少而零碎，本章只就史料所涉及的问题综而论之，不再分朝代逐一述说。

第一节　地方官学的办理

两汉时期的地方官学都称之为郡国学，但又分为四级，即郡国曰"学"，县（道、邑、侯、国）曰"校"，乡曰"庠"，聚曰"序"，规制可谓齐备。汉以后政局动荡不已，地方官学受到较大冲击，各朝对地方官学的称呼不一。有幸的是到北魏时，又重建更加完善的郡国学校制度。虽然这一时期的地方官学一路坎坷走来，但在办理过程中还是亮点纷呈的。

一、两汉地方官学的办理

两汉郡国学校有多种称呼，一般称之为学官。如文翁"修起学官于成都市中"。此处"学官"，在颜师古看来，即"学之官舍也"。或称之为"学宫"，如何武为扬州刺史时，外出巡视每到一处，"必先即学宫见诸生，试其诵论，问以得失"①。颜师古注曰："学宫，学舍也。"或称之为校官，如韩延寿为颍川太守时，曾"令文学、校官诸生皮弁执俎豆，为吏民行丧嫁娶礼"②。或合称之为学校官，如《汉书·循吏传》载："至武帝时，乃令天下郡国皆立学校官。"还有称之为黉舍或横舍的，如鲍德为南阳太守时，因"郡学久废"，于是"乃修起横舍"等。另外，一些郡国学校亦有仿西周古制而称之为"泮宫"，据《幸鲁盛典》卷九《汉鲁相史晨奏祀孔子庙碑》载，东汉大臣史晨于建宁元年（168年）四月十一到官后，即"行秋乡饮酒，泮宫复礼"。对此"泮宫"，安作璋等认为"或为孔庙畔之学宫"③。

两汉地方官学究竟从何时开始办理，学术界有不同的看法。由于班固《汉书》中有"至武帝时，乃令天下郡国皆立学校官，自文翁为之始云"的记载，故绝大多数学者认为始自"文翁兴学"。如毛礼锐、沈灌群主编的《中国教育通

---

① 班固：《汉书》卷86《何武》。
② 班固：《汉书》卷76《赵尹韩张两王传》。
③ 安作璋、熊铁基著：《秦汉官制史稿》（下），齐鲁书社1985年版，第135页。

史》中写道："蜀郡太守文翁，对于创建郡国学有倡导之功……此事得到汉武帝的赏识，为了进一步统一全国的政治思想，他诏令天下：'郡国皆立学校官。'虽然郡国学未能普遍设立，但是，作为由朝廷统一管辖的封建社会的地方官学，却由此而产生。"① 熊明安经过大量的史料考证，认为："从时间上来看，河间献王在景帝时设置河间国学，应该早于文翁设立的蜀郡学。如此，地方郡国学就不是'自文翁为之始'，而是献王刘德的河间国学'为之始'。"②

刘德，系汉景帝第三子，景帝前元二年（公元前155年）受封为河间（今河北省河间市一带）王，国都乐城（今献县境内），谥献，故为河间献王。据史书所载，他"修学好古，实事求是。从民得善书，必为好写与之，留其真，加金帛赐以招之。繇是四方道术之人不远千里，或有先祖旧书，多奉以奏献王者，故得书多，与汉朝等"③。可见，刘德好古，不仅求得大量书籍，还罗致一大批文人，所谓"山东诸儒多从而游"，于是便借助诸儒的力量积极兴办郡国之学。据清乾隆《河间县志》记载，刘德在位期间，曾在河间国的都城乐城建日华宫，征请毛苌为博士讲授《毛诗》。除外，他还相继在河间国辖区的武垣（今河间市西南）、中水（今河间市西南）、弓高（今阜城市西南）和今河间市西北诗经村乡诗经村，以及侯井（今东光县）、阿武（今河间市的西南，肃宁县的东南）等县设立学馆，由毛苌轮流去学馆传授《毛诗》。这些学馆实际上就是献王刘德设立的地方官学，据现有史料分析，刘德创办的国学才是汉朝地方官学的开始。④如果说刘德兴学于汉景帝初，那么景帝末年出任蜀郡太守的文翁则兴学于景帝末年。

相对于刘德而言，文翁兴学的影响会更大一些，要不然史书中不会有"自文翁为之始"的记载。据《汉书》所记：

　　文翁，庐江舒人也。少好学，通《春秋》，以郡县吏察举。景帝末，为蜀郡守，仁爱好教化。见蜀地辟陋有蛮夷风，文翁欲诱进之，乃选郡县小吏开敏有材者张叔等十余人亲自饬厉，遣诣京师，受业博士，或学律令。

① 毛礼锐、沈灌群主编：《中国教育通史》第2卷，山东教育出版社1986年版，第92页。
② 熊明安：《古代最早的地方官学辩》，载《教育评论》2010年第4期。
③ 班固：《汉书》卷53《景十三王传》。
④ 熊明安：《古代最早的地方官学辩》，载《教育评论》2010年第4期。

减省少府用度，买刀布蜀物，赍计吏以遗博士。数岁，蜀生皆成就还归，文翁以为右职，用次察举，官有至郡守刺史者。

又修起学官于成都市中，招下县子弟以为学官弟子，为除更徭，高者以补郡县吏，次为孝悌力田。常选学官僮子，使在便坐受事。每出行县，益从学官诸生明经饬行者与俱，使传教令，出入闺阁。县邑吏民见而荣之，数年，争欲为学官弟子，富人至出钱以求之。由是大化，蜀地学于京师者比齐鲁焉。至武帝时，乃令天下郡国皆立学校官，自文翁为之始云。①

从史书记载可知，汉景帝末年，为推广教化，培养人才，实现蜀郡经济文化全面繁荣，新任太守文翁采取了两项发展地方教育的措施：一是选"开敏有材"的郡县小吏张叔等十余人亲自饬厉，遣诣京师，由政府出资，受业于太学博士，或学律令。学成而归，给予高位；二是修学官于成都市中，招各县弟子为学官弟子，除其更徭，高者补郡县吏，次为孝悌力田。这件事在朝中也影响甚大，到汉武帝时，在各地推广文翁兴学的经验，并下令"天下郡国皆立学校官"②。此令一下，也便开始了第一次全国性的兴学活动。于是，包括荆楚在内，全国各郡纷纷开始仿效建学。

到汉元帝时，他"好儒，能通一经者皆复"。即便是这样，能通经为其所用者仍寥寥无几，在这种情况下，汉元帝"更为设员千人，郡国置《五经》百石卒史"。也就是发起了第二次兴学活动，再次明确在郡国设立文学官，并确定其秩级，对地方官学的办理无疑是一针兴奋剂。在甘肃武威磨咀子六号汉墓出土的一批竹简中，在一片竹简背后有"河平□（已无法辨认）年四月四日诸文学弟子出谷五千余斛"的字样。这里的"河平"为汉成帝年号，也就是在公元前27—前25年的武威郡，已置有郡文学及弟子，说明在西汉时武威已办理有郡学。

尤其是在汉平帝元始三年（3年），王莽上书，请求立官学，制定中央和地方的学校系统，要求各级地方政府普遍设学，且明定地方官学学制分为四级：

① 班固：《汉书》卷89《循吏传》。
② 班固：《汉书》卷89《循吏传》。另外，晋代学者常璩所撰《华阳国志》称：文翁为蜀郡守在文帝末年，"孝景帝嘉之，令天下郡国皆立文学。因翁倡其教，蜀为之始也"。《华阳国志校补图注》卷3《蜀志》载曰："张宽，字叔文，成都人也。蜀承秦后，质文刻野。太守文翁遣宽诣博士，东受七经，还以教授。于是蜀学比于齐、鲁，巴、汉亦化之。景帝嘉之，命天下郡国皆立文学。"可见，在景帝时就已下令地方兴学，但在时间上与正史所载有出入，从文帝末到景帝末，时差至少15年以上，故需要进一步考证。

学、校、庠、序。要求学、校置经师一人，序、庠置《孝经》师一人。可以说是第三次下令全国地方兴学。遗憾的是，此项制度并未切实贯彻，地方学校的兴办多取决于地方长官的意愿，或颇为兴盛，或时兴时衰，或徒有虚名。

不过，受文翁兴学的影响，当时确有一些地方官员以兴学为己任，使地方官学得以普遍设立。西汉宣帝年间，韩延寿为颍川太守，所至必聘贤士，以礼相待，修治学官。史载其"令文学、校官诸生皮弁执俎豆，为吏民行丧嫁娶礼"[1]。从韩延寿在颍川太守任上的活动看，昭帝时颍川郡已有了学校和文学官。宣帝元康四年（前62年），韩延寿调任东郡太守。他在当地设立学校，大力推广儒家的礼乐制度，宣扬父慈、子孝、兄友、弟恭等伦理观念。韩延寿为官清廉，"修治学官，春秋乡射，陈钟鼓管弦，盛升降揖让"[2]，深受百姓爱戴。还有一些地方官，往往会利用每年八月例行巡视部属、考察刑政之时（即汉制的"行部"），到学校面见诸生，并试其诵论，问以得失。如历官西汉成帝、哀帝、平帝及新朝王莽四代的何武，曾任扬州刺史，于扬州兴学而广为人知。如史载其：

> 武为刺史，二千石有罪，应时举奏，其余贤与不肖敬之如一，是以郡国各重其守相，州中清平。行部必先即学官见诸生，试其诵论，问以得失，然后入传舍，出记问垦田顷亩、五谷美恶，已乃见二千石，以为常。[3]

东汉时期，儒风流化，从皇帝到县邑小吏，基本都为习经儒者，因而为官在任，对于修缮学官、提倡兴学比较重视，郡国学校得以普遍建立，以至于出现了"四海之内，学校如林，庠序盈门"[4] 的盛况，可以说继汉武帝之后又一次掀起兴办地方官学之高潮。如光武帝建武年间，李忠任丹阳太守，"起学校，习礼容，春秋乡饮，选用明经，郡中向慕之"[5]；寇恂任汝南太守，"修乡校，教生徒，聘能为《左氏春秋》者，亲受学焉"[6]；伏恭，迁常山太守，"敦修学校，教授不辍，由是北州多为伏氏学"[7]；汉章帝建初元年（76年），秦彭迁山阳太守，

---

① 班固：《汉书》卷76《赵尹韩张两王传》。
② 班固：《汉书》卷76《赵尹韩张两王传》。
③ 班固：《汉书》卷86《何武王嘉师丹传》。
④ 范晔：《后汉书》卷40《班彪传附子固传》引班固《东都赋》。
⑤ 范晔：《后汉书》卷21《任李万邳刘耿列传》。
⑥ 范晔：《后汉书》卷16《邓寇列传》。
⑦ 范晔：《后汉书》卷79下《儒林列传》。

"以礼训人，不任刑罚。崇好儒雅，敦明庠序"①；汉和帝永元中，张霸为会稽太守，"表用郡人处士顾奉、公孙松等。奉后为颍川太守、松为司隶校尉，并有名称。其余有业行者，皆见擢用。郡中争厉志节，习经者以千数"。②《华阳国志校补图注》也记载了张霸在任期间兴办会稽郡学的情况，称其"拨乱兴治，立文学，学徒以千数，风教大行，道路但闻诵声，百姓歌咏之"③。汉桓帝永兴元年（153 年），应奉出任武陵（今湖南省常德市武陵区）郡守，他结合当地实际，采取安抚政策，战乱很快平息。地方安静以后，应奉又大兴学校，全面清除陋政。汉献帝初平元年（190 年），孔融因忤董卓，转为议郎，出至黄巾军最盛的青州北海国（东汉郡国名，治所在今山东昌乐西）为相，因颇有政声，时人称他为"孔北海"。孔融在任北海相期间，主要政绩是在建立学校、表显儒术、荐举贤良等方面。

　　不仅发达地区如南阳、南郡、江夏、长沙郡的郡学都已恢复兴旺起来，而且南部最边远落后的九真、桂阳等郡，其历任郡守也很重视办学。如，汉更始帝执政时，任延任九真（今越南中部）太守，建立学校，导之礼仪，后迁任武威太守，"建立校官，自掾史子孙，皆令诣学受业，复其徭役，章名既通，悉显拔荣进之，郡遂有儒雅之士"④。光武帝建武二年（26 年），卫飒为桂阳太守，"郡与交州接境，颇染其俗，不知礼则。飒下车，修庠序之教，设婚姻之礼。期年间，邦俗从化"⑤。汉顺帝时，栾巴为桂阳太守，"以郡处南垂，不闲典训，为吏人定婚姻丧纪之礼，兴立学，以奖进之"⑥。总之，这一时期的郡国学校办理还是有一定成效的，仅就目前所能查阅到的史料加以简单统计，如表 3-1。

---

① 范晔：《后汉书》卷 76《循吏列传》。
② 范晔：《后汉书》卷 36《郑范陈贾张列传》。
③ 常璩：《华阳国志校补图注》卷 10 上《先贤士女总赞论》。
④ 范晔：《后汉书》卷 76《循吏列传》。
⑤ 范晔：《后汉书》卷 76《循吏列传》。
⑥ 范晔：《后汉书》卷 57《杜栾刘李刘谢列传》。

表 3-1　两汉郡国学校办理情况一览①

州	郡国	时间	办理官员及事迹	史料出处
兖州	东郡	汉宣帝	韩延寿："为吏，上礼义，好古教化，所至必聘其贤士，以礼待用……修治学官，春秋乡射，陈钟鼓管弦，盛升降揖让，及都试讲武，设斧钺旌旗，习射御之事。"	《汉书·赵尹韩张两王传》
	陈留郡	东汉初	杨伦："少为诸生，师事司徒丁鸿，习《古文尚书》，为郡文学掾。" 左原："陈留人也，为郡学生。"	《后汉书·儒林列传上》 《后汉书·郭符许列传》
	济阴国	东汉初	魏应："建武初，诣博士受业，习《鲁诗》。闭门诵习，不交僚党，京师称之。后归为郡吏，举明经，除济阴王文学。"	《后汉书·儒林列传下》
	山阳郡	汉章帝建初元年	秦彭："迁山阳太守。以礼训人，不任刑罚。崇好儒雅，敦明庠序。每春秋飨射辄修升降揖让之仪。乃为人设四诫，以定六亲长幼之礼。"	《后汉书·循吏列传》
豫州	汝南郡	约汉宣帝、元帝之时	翟方进："汝南上蔡人也。家世微贱，至方进父翟公，好学，为郡文学。" 寇恂："盗贼清静，郡中无事。恂素好学，乃修乡校，教生徒，聘能为《左氏春秋》者，亲受学焉。"	《汉书·翟方进传》 《后汉书·邓寇列传》
	颖川郡	汉宣帝	韩延寿："于是令文学、校官诸生皮弁执俎豆，为吏民行丧嫁娶礼。百姓遵用其教，卖偶车马下里伪物者，弃之市道。"	《汉书·赵尹韩张两王传》
	鲁国	汉灵帝	"泮宫文学先生、执事、诸弟子合九百七十人……相乐终日。"	《隶释》卷 1
青州	平原郡	汉宣帝	匡衡："射策甲科，以不应令除为太常掌故，调补平原文学。"	《汉书·匡张孔马传》
	北海国	汉献帝建安中	孔融："到郡，收合士民，起兵讲武，驰檄飞翰，引谋州郡……更置城邑，立学校，表显儒术，荐举贤良郑玄、彭璆、邴原等。"	《后汉书·郑孔荀列传》

---

① 参见姜维公：《汉代学制研究》，中国文史出版社 2005 年版。并仅就目前所能查阅到的史料加以统计，以此说明当时地方官学办理情况。

续表

州	郡国	时间	办理官员及事迹	史料出处
冀州	河间郡	汉景帝	河间王刘德："其学举六艺，立《毛氏诗》《左氏春秋》博士。修礼乐，被服儒术，造次必于儒者。山东诸儒多从而游。"	《汉书·景十三王传》
	魏郡	约汉宣帝	盖宽饶："字次公，魏郡人也。明经为郡文学，以孝廉为郎。"	《汉书·盖诸葛刘郑孙毋将何传》
	常山郡	东汉初	伏恭："迁常山太守，敦修学校，教授不辍，由是北州多伏氏学。"	《后汉书·儒林列传下》
	赵国	汉章帝	鲁丕："拜赵相，门生就学者常百余人，关东号之曰'《五经》复兴鲁叔陵'。赵王商尝欲避疾，便时移住学官，丕止不听。"	《后汉书·卓鲁魏刘列传》
徐州	琅琊	汉元帝时	诸葛丰："字少季，琅邪人也。以明经为郡文学，名特立刚直。"	《汉书·盖诸葛刘郑孙毋将何传》
司隶	京兆西	汉昭帝	韩延寿："字长公，燕人也，徙杜陵。少为郡文学。"	《汉书·赵尹韩张两王传》
			杜笃："仕郡文学掾，以目疾，二十余年不窥京师。"	《后汉书·文苑列传》
	左冯翊	汉宣帝	张禹："至长安学，从沛郡施雠受《易》，琅邪王阳、胶东庸生问《论语》，既皆明习，有徒众，举为郡文学。"	《汉书·匡张孔马传》
	右扶风	汉成帝	郑崇："少为郡文学史，至丞相大车属。"	《汉书·盖诸葛刘郑孙毋将何传》
	弘农郡	东汉初	张玄："建武初，举明经，补弘农文学，迁陈仓县丞。"	《后汉书·儒林列传下》
			令狐邵："是时，郡无知经者，乃历问诸吏，有欲远行就师，辄假遣，令诣河东就乐详学经，粗明乃还，因设文学。由是弘农学业转兴。"	《三国志·魏书·任苏杜郑仓传》
	河东郡	汉献帝建安中	杜畿："冬月修戎讲武，又开学官，亲自执经教授，郡中化之。"	《三国志·魏书·任苏杜郑仓传》
幽州	渤海郡	汉武帝	隽不疑："治《春秋》，为郡文学，进退必以礼，名闻州郡。"	《汉书·隽疏于薛平彭传》
	涿郡	汉宣帝	王尊："事师郡文学官，治《尚书》《论语》，略通大义。"	《汉书·赵尹韩张两王传》

州	郡国	时间	办理官员及事迹	史料出处
荆州	南阳郡	东汉初	鲍德："修志节，有名称，累官为南阳太守。时岁多荒灾，唯南阳丰穰。吏人爱悦，号为神父。时郡学久废，德乃修起横舍，备俎豆黻冕，行礼奏乐。又尊飨国老，宴会诸儒。百姓观者，莫不劝服。" 杨俊："迁南阳太守，宣德教，立学校，吏民称之。"	《后汉书·申屠刚鲍永郅恽列传》 《三国志·魏书·和常杨杜赵裴传》
荆州	桂阳郡	光武帝建武二年	卫飒："政有名迹，迁桂阳太守。郡与交州接境，颇染其俗，不知礼则。飒下车，修庠序之教，设婚姻之礼。期年间，邦俗从化。"	《后汉书·循吏列传》
荆州	零陵郡	汉章帝	"汉章帝时，零陵文学奚景于舜祠得笙，白玉管。"	《通典》卷144
荆州	武陵郡	汉桓帝永兴元年	应奉："拜武陵太守。到官慰纳，山等皆悉降散。于是兴学校，举仄陋，政称变俗。坐公事免。"	《后汉书·杨李翟应霍爰徐列传》
扬州	九江郡	约西汉成帝时	梅福："少学长安，明《尚书》《谷梁春秋》，为郡文学，补南昌尉。"	《汉书·杨胡朱梅云传》
扬州	丹阳郡	东汉初	李忠："以丹阳越俗不好学，嫁娶礼仪，衰于中国，乃为起学校习礼容，春秋乡饮，选用明经，郡中向慕之。"	《后汉书·任李万邳刘耿列传》
扬州	会稽郡	汉和帝永元年间	张霸："永元中为会稽太守。表用郡人处士顾奉、公孙松等。奉后为颍川太守，松为司隶校尉，并有名称。其余有业行者，皆见擢用。郡中争厉志节，习经者以千数，道路但闻诵声。"	《后汉书·郑范陈贾张列传》
扬州	庐江郡	汉献帝建安十三年前	刘馥："暨受命……数年中恩化大行，百姓乐其政，流民越江山而归者以万数。于是聚诸生，立学校。"	《三国志·魏书·刘司马梁张温贾传》
益州	蜀郡	汉景帝	文翁："修起学官于成都市中，招下县子弟以为学官弟子，为除更徭，高者以补郡县吏，次为孝悌力田。"	《汉书·循吏传》
益州	犍为郡	汉武帝	"犍为郡文学卒史臣舍人，汉武帝时待诏。"	《经义考》卷237

续表

州	郡国	时间	办理官员及事迹	史料出处
益州	广汉郡	汉顺帝前后	杨厚：卒于家，"乡人谥曰文父，门人为立庙，郡文学掾史春秋飨射常祠之"。	《后汉书·苏竟杨厚列传》
	巴郡	汉灵帝中平五年	张纳："碑阴题名七十有四人……文学主事掾史各一人，从掾位四人，文学掾二人。"	《隶释》卷5
凉州	武威郡	东汉初	任延："造立校官，自掾史子孙，皆令诣学受业，复其徭役。章句既通，悉显拔荣进之，郡遂有儒雅之士。"	《后汉书·循吏列传》
并州	上党郡	汉章帝	魏应："经明行修，弟子自远方至，著录数千人。肃宗甚重之，数进见，论难于前，特受赏赐……明年，出为上党太守，征拜骑都尉，卒于官。"	《后汉书·儒林列传下》
交州	交趾郡	光武帝	锡光："锡光为交趾（今越南北部红河流域），任延守九真，于是教其耕稼，制为冠履，初设媒娉，始知姻娶，建立学校，导之礼义。"	《后汉书·南蛮西南夷列传》
	九真郡	光武帝	任延："守九真（今越南中部），于是教其耕稼，制为冠履，初设媒娉，始知姻娶。建立学校，导之礼义。"	《后汉书·南蛮西南夷列传》

　　尤其是兴办县学，西汉时没有相关兴学活动的记载，东汉时期则有不少地方官员积极兴办县学。如辰阳一带是武陵蛮少数民族比较集中的地区之一，光武帝建武初年，南阳安众人宋均20多岁的时候，任武陵郡辰阳长，见"其俗少学者而信巫鬼，均为立学校，禁绝淫祀，人皆安之"①。据《后汉书·礼仪上》载，永平二年（59年）三月，汉明帝"始帅群臣躬养三老、五更于辟雍，行大射之礼。郡、县、道行乡饮酒于学校，皆祀圣师周公、孔子，牲以犬"。说明当时除郡国学校外，县道的兴学活动同样也很有成效，且成为当时地方教化的一个中心。汉章帝时的杨仁，拜什邡令，其执政期间"宽惠为政，劝课掾史弟子，悉令就学。其有通明经术者，显之右署，或贡之朝，由是义学大兴"。据《三辅决录》记载，桓帝永兴二年（154年），赵岐辟司空掾，迁皮氏长。赵岐在皮氏

---

① 范晔：《后汉书》卷41《第五钟离宋寒列传》。

（治在今山西河津西），"抑强讨奸，大兴学校"。汉桓帝时的刘梁，举孝廉，除北新城长，上任后即发布公告，对本县民众说："昔文翁在蜀，道著巴汉；庚桑琐隶，风移碨磰。吾虽小宰，犹有社稷，苟赴期会，理文墨，岂本志乎！"于是，他"乃更大作讲舍，延聚生徒数百人，朝夕自往劝诫，身执经卷，试策殿最，儒化大行。此邑至后犹称其教焉"①。桓帝末年的溧阳长潘乾，在执政期间主持兴学，汉灵帝光和四年（181年）十月二十一日所立《溧阳长潘乾校官之碑》对此有详细记述："惟泮宫之教，反失俗之礼，构修学宫，未懿招德，既安且宁。干侯用张，笾豆用陈，发彼有的，雅容卑闲，钟磬县矣，于胥乐焉。"②

据考证，两汉时地方设立学校的郡国有39个，大多数学校是东汉时期建立的。39所郡国学分布于13个刺史部，而以扬州、兖州、益州、豫州、冀州、荆州和司隶为最盛，其中扬州刺史部所辖6个郡国全部建立了学校。③

事实上，两汉地方官学尚处于初创阶段，朝廷除了发布几道诏令予以提倡外，很少过问，正如毛礼锐等所言："汉代地方官学的主要任务在于奖进礼乐，推广教化，不是像我们今天所理解的那种进行经常性教学的学校。它没有正规的课程设置，有的学官只有在一年的某些时节召集一些知识分子讲经，也有些知识青年常常自动地、个别地到学官那里去问业。地方官学对中央官学并没有从属的关系，师资也较差。所以从严格意义上说，汉代的学校并没有形成一个真正的系统，却为后代学校制度的进一步发展奠定了初步基础。"④

二、魏晋地方官学的办理

汉末丧乱，业已成规模的州郡县学大多遭到破坏，三国至两晋时期新建学校少之又少，地方官学办理可以说进入低谷期。但也并非毫无建树，而是在夹缝中艰难地生存和发展着。如史所载："逮自魏、晋，拨乱相因，兵革之中，学校不绝。"⑤

魏、蜀、吴三国都曾设有地方官学，史书也有零星记载，但设置时间均不

① 范晔：《后汉书》卷80下《文苑列传》。
② 高文著：《汉碑集释》，河南大学出版社1985年版，第459页。
③ 参见江铭：《两汉地方官学考论》，载《华东师范大学学报》（教育科学版）1986年第1期。
④ 毛礼锐、邵鹤亭、瞿菊农著：《中国古代教育史》，人民教育出版社1979年版，第189页。
⑤ 李百药：《北齐书》卷36《邢邵》。

长。建安八年（203 年），曹操诏令兴办学校，置教学之官，其令曰："郡国各修文学。县满五百户置校官，选其乡之俊造而教学之。庶几先王之道不废，而有以益于天下。"① 曹魏重臣高柔曾高度评价说：

> 昔汉末陵迟，礼乐崩坏，雄战虎争，以战陈为务，遂使儒林之群，幽隐而不显。太祖初兴，愍其如此，在于拨乱之际，并使郡县立教学之官。高祖即位（应为文帝），遂阐其业，兴复辟雍，州立课试。于是，天下之士，复闻庠序之教，亲俎豆之礼焉！②

可见，地方学校自曹操为官时即已开始起步。及曹魏政权建立以后，州设文学从事，郡设文学橡，县设校官橡，以主持地方学校，同时州也设立课试之法，这在一定程度上促进或刺激了地方官学的办理。如济南人刘熹，"魏时宰县，雅好博古，教学立碑，载生徒百有余人"③。又如杜畿，曾任河东太守，在治理地方"皆有章程"，以致"百姓勤农，家家丰实"的情况下，意识到兴办学校的重要性，认为"民富矣，不可不教也"。于是，他"冬月修戎讲武，又开学宫，亲自执经教授，郡中化之"。

蜀汉时，自刘备定益州，便设有"劝学从事""典学从事"以及"师友从事""典学校尉""儒林校尉""师友祭酒"等与管理地方教育相关的官员。于是，这些承载教育使命的官员便积极着手办学，诸如尹默，《三国志·蜀书》称其"知其不博，乃远游荆州，从司马德操、宋仲子等受古学。皆通诸经史，又专精于左氏春秋……先主定益州，领牧，以为劝学从事"。又如谯周，《三国志·蜀书》称其"治尚书，兼通诸经及图、纬……既长，耽古笃学，家贫未尝问产业，诵读典籍，欣然独笑，以忘寝食。研精六经，尤善书札……建兴中，丞相亮领益州牧，命周为劝学从事"。后来，益州刺史董荣在州学中画谯周像，命从事李通颂之曰："抑抑谯侯，好古述儒，宝道怀真，鉴世盈虚，雅名美迹，终始是书。我后钦贤，无言不誉，攀诸前哲，丹青是图。嗟尔来叶，鉴兹显模。"不久，大将军蒋琬领益州刺史，"徙为典学从事，总州之学者。"

孙吴也着重兴办学校，同样在州级行政区设有"师友从事"，郡设"师友祭

---

① 陈寿：《三国志》卷 1《魏书·武帝纪》。
② 陈寿：《三国志》卷 24《魏书·韩崔高孙王传》。
③ 郦道元：《水经注》卷 28《沔水中》。

酒"等官员来负责地方官学的办理。一些地方官员也积极兴办官学，如建安九年（204年），孙瑜任丹阳太守时，重礼聘请学者马普教授将吏子弟数百人。如《三国志·吴书》所载："济阴人马普笃学好古，瑜厚礼之，使二府将吏子弟数百人就受业，遂立学官，临飨讲肄。是时诸将皆以军务为事，而瑜好乐坟典，虽在戎旅，诵声不绝。"

但由于三国时期战事频繁，社会动荡不安，地方官学的办理自然难以形成定规，一般是州郡学校在平靖时就开设，遭逢动乱就可能停闭。

进入两晋时期，地方官学办理相对于三国时期来说渐有起色。西晋统一，乃承魏之制，曾下令于各地郡县普遍设立学校，规定"（县）户千以上，置校官椽一人"①；"诸县率千余户置一小学，不满千户亦立"②。由于大权在地方，虽然朝廷偶尔也有令每县千余户置一小学之类的官令，以法令的形式规定县设学校，但在中央官学都难以自举的年代，地方兴学更是无从谈起，这些官令不过是一纸空文而已。地方官学的兴办主要得力于某些热心于教育的地方官以及地方缙绅的大力支持。如王恂，"恂文义通博，在朝忠正，累迁河南尹，建立二学，崇明《五经》"③。护乌丸校尉唐彬，在边地"兼修学校，诲诱无倦，仁惠广被"④。张轨任凉州刺史时，"征九郡胄子五百人，立学校，始置崇文祭酒，位视别驾，春秋行乡射之礼"⑤。华轶初为博士，后到地方上任留府长史和江州刺史，在地方任职期间，他崇礼重教，且置"儒林祭酒以弘道训"，在兴学教令中说："今大义颓替，礼典无宗，朝廷滞议，莫能攸正，常以慨然，宜特立此官，以弘其事。军谘祭酒杜夷，栖情玄远，确然绝俗，才学精博，道行优备，其以为儒林祭酒。"⑥杜预镇守荆州时，"以天下虽安，忘战必危，勤于讲武，修立泮宫，江汉怀德，化被万里"⑦，等等。

值得一提的是，鄱阳郡的儒学比较有特色。西晋官员虞溥在做鄱阳内史时，针对当地"自汉氏失御，天下分崩，江表寇隔，久替王教，庠序之训，废而莫

---

① 房玄龄等：《晋书》卷24《职官》。
② 李昉：《太平御览》卷534《礼仪部十三·学校》。
③ 房玄龄等：《晋书》卷93《外戚》。
④ 房玄龄等：《晋书》卷42《唐彬》。
⑤ 房玄龄等：《晋书》卷86《张轨》。
⑥ 房玄龄等：《晋书》卷61《华轶》。
⑦ 房玄龄等：《晋书》卷34《羊祜杜预》。

修"的状况，而大力整顿郡学，开办了鄱阳郡学，且广招学徒，学生多达 700 余人。他不仅亲自去郡学主讲，鼓励学生勤奋求学，成大业，立大德，还"作诰以奖训之"。他告诫在学诸生说：

> 文学诸生皆冠带之流，年盛志美，始涉学庭，讲修典训，此大成之业，立德之基也。夫圣人之道淡而寡味，故始学者不好也。及至期月，所观弥博，所习弥多，日闻所不闻，日见所不见，然后心开意朗，敬业乐群，忽然不觉大化之陶己，至道之入神也。故学之染人，甚于丹青。丹青吾见其久而渝矣，未见久学而渝者也……今诸生口诵圣人之典，体闲庠序之训，比及三年，可以小成。而令名宣流，雅誉日新，朋友钦而乐之，朝士敬而叹之。于是州府交命择官而仕，不亦美乎！若乃含章舒藻，挥翰流离，称述世务，探赜究奇，使杨斑韬笔，仲舒结舌，亦惟才所居，固无常人也。然积一勺以成江河，累微尘以崇峻极，匪至匪勤，理无由济也。诸生若绝人间之务，心专亲学，累一以贯之，积渐以进之，则亦或迟或速，或先或后耳，何滞而不通，何远而不至邪！①

可见，虞溥言之恳恳，要求学生要有锲而不舍的毅力，才能够通滞碍、达远大。

当然，西晋承三国弊乱之余，继有八王之乱以及五胡入侵，因而州郡学校亦多受损，虽有王沈、虞溥诸人之兴办，亦仅人存政举、人亡政息而已。

东晋时期崇儒立学，亦设有地方学校。庾亮于东晋咸和九年（334 年）被擢升为都督江、荆、豫、益、梁、雍六州诸军事，领江、荆、豫三州刺史，进号征西将军。他曾在武昌兴学，选置学官，广置校舍，收罗"四府博学、识义、通涉文学经纶者，建儒林祭酒。使班同三署，厚其供给"②。庾亮规定，凡是参佐大将的子弟全都入学学习，他自己的子女也都去接受教育。并批准了所属的临川、临贺两郡修复学校的请求。这一兴学之举，受到了时人的称誉。但咸康六年（340 年）正月，因庾亮病故，加之战乱频繁，其所创办的学校也就随之衰落，尽管有谋士请求"班下州郡，普修乡校"，但也毫无起色。"博学多通，善

---

① 房玄龄等：《晋书》卷 82《虞溥》。
② 沈约：《宋书》卷 14《礼一》。

谈名理"的东阳太守范汪,在任职期间"大兴学校,甚有惠政"①。东晋后期的太元年间,范宁为豫章太守,立乡校,办庠序,效果显著。如史所载:"在郡又大设庠序,遣人往交州采磐石,以供学用,改革旧制,不拘常宪。远近至者千余人,资给众费,一出私禄。并取郡四姓子弟,皆充学生,课续五经。"② 正因为他"改革旧制,不拘常宪",江州刺史王凝之上言弹劾,欲治其罪,孝武帝"以宁所务惟学,事久不判"。即考虑到范宁改制,均是为了兴学设教,故而孝武帝一直拖着不予处理。

　　而十六国时期地方官学的办理,相对于中央官学来说显得没有活力,学校办理的持续性被打乱,但也并非一无是处。如后赵的石勒曾下令设立郡国学官,史称其"命郡国立学官,每郡置博士祭酒二人,弟子百五十人,三考修成,显升台府"③。其子石季龙(或称"石虎")虽"昏虐无道",却"颇慕经学",不仅"遣国子博士诣洛阳写石经,校中经于秘书。国子祭酒聂熊注《谷梁春秋》,列于学官"。他还"下书令诸郡国立五经博士"④,也就意味着要兴办地方官学。前秦王苻坚在位期间,也"广修学官,召郡国学生通一经以上充之,公卿已下子孙并遣受业。其有学为通儒、才堪干事、清修廉直、孝悌力田者,皆旌表之。于是人思劝励,号称多士,盗贼止息,请托路绝,田畴修辟,帑藏充盈,典章法物靡不悉备"⑤。在这里,"学官"是指太学。值得注意的是"郡国学生通一经以上充之",可见当时的郡国学校是比较受重视的,而且可以直接与太学进行衔接,在一定程度上有助于郡国学校的发展,于是才出现了"人思劝励,号称多士"的喜人局面。后秦政权更有兴办地方官学之举,如姚苌在位期间,曾"下书令留台诸镇各置学官,勿有所废,考试优劣,随才擢叙"。这里的"留台",是指迁都之后的故都所在地。这表明姚苌不仅关照故都民众,还希望通过政府的力量来积极推动地方官学的办理,这也是十六国时期地方官学办学活动的一大特色。

　　① 房玄龄等:《晋书》卷75《范汪》。
　　② 房玄龄等:《晋书》卷75《范汪》。
　　③ 房玄龄等:《晋书》卷105《石勒下》。
　　④ 房玄龄等:《晋书》卷106《石季龙上》。
　　⑤ 房玄龄等:《晋书》卷113《苻坚上》。

三、南北朝地方官学的办理

南北朝时期，虽然朝代更替频繁，内乱外患颇多，但统治者都能意识到"建国君民，立教为首"，因而在立足兴办中央官学，包括颇具特色的专科学校外，还积极办理地方官学，尤其是北魏时期还建立了郡国学校制度，这是中国历史上地方官学制度建立的开始，成为这一时期地方官学办理活动中的一大亮点。

南朝行政区划分为州、郡、县三级，但史书并没有办理县级学校的记载，因而，这一时期的地方官学只有州学和郡学。

宋文帝元嘉十九年（442年）十二月，刘义隆曾下诏要求修复鲁郡学舍，称："胄子始集，学业方兴。自微言泯绝，逝将千祀，感事思人，意有慨然。奉圣之胤，可速议继袭。于先庙地，特为营造，依旧给祠置令，四时飨祀。阙里往经寇乱，黉校残毁，并下鲁郡修复学舍，采召生徒。"① 这道诏书，可以说是向全国发出了兴修地方官学的动员令，并要求孔子故里鲁郡"修复学舍，采召生徒"。可见，之前政府关注的是中央官学的办理，而地方官学一直处于荒废状态。圣人故里的学校尚且如此，其他各郡学校更不待言。之后，各地郡守多有兴学举动。如会稽太守、孝武帝刘骏之子刘子尚，在任期间"时东土大旱，鄞县多赠田"。这时，刘子尚不仅"上表至鄞县劝农"，还于大明七年（463年），"又立左学，召生徒，置儒林祭酒一人，学生师敬，位比州治中；文学祭酒一人，比西曹；劝学从事二人，比祭酒从事"②。还有，沈亮为南阳太守时，"边蛮畏服，皆纳赋调，有数村狡猾，亮悉诛之……时儒学崇建，亮开置庠序，训授生徒"③。即便是远在南方边陲的交州（今越南境内）刺史杜慧度，也积极"禁断淫祀，崇修学校"。

南齐时，统治者意识到设教兴学的重要性，曾三次下诏兴学：一是齐高帝萧道成于建元四年（482年）下诏，提出"修建教学，精选儒官"；二是齐武帝萧赜于永明三年（485年）下诏兴学，提出要"崇建庠塾"；三是齐明帝萧鸾于

① 沈约：《宋书》卷5《文帝》。
② 沈约：《宋书》卷80《孝武十四王》。
③ 沈约：《宋书》卷100《自序》。

建武四年（497 年），诏令要"崇建庠序"。但是，三次兴学均是围绕着兴"国学"以养"国胄"展开的，对地方如何办理学校则没有明确指示。但这并不意味着不重视地方学校的办理，相反，三次兴学令不仅为办理地方官学提供了政策保障，还促进了地方官员兴学的积极性。如豫章文献王萧嶷为荆州刺史、南蛮校尉时，曾"于南蛮园东南开馆立学，上表言状。置生四十人，取旧族父祖位正佐台郎，年二十五以下十五以上补之，置儒林参军一人，文学祭酒一人，劝学从事二人，行释菜礼"①。足见萧嶷不仅建学，且明确规定入学资格及职事设置。还有义阳郡守刘悛曾"于州治下立学校"，晋平太守虞愿"在郡立学堂教授"等。

南梁统治者更重视地方学校的办理，梁武帝萧衍虽然崇尚佛教，但又"广开馆宇，招内后进"，不仅"选遣学生如会稽云门山，受业于庐江何胤""命胤选门徒中经明行修者，具以名闻"。尤其是还"分遣博士祭酒，到州郡立学"②。这是南朝首次派遣官吏到地方立学的行为，无疑会大大推动地方官学的办理和提高地方学子入学就读的积极性。于是，地方郡守也多以兴学为己任，如始兴忠武王萧憺，在益州刺史任上"开立学校，劝课就业，遣子映亲受经焉，由是多向方者"③。安成康王萧秀在荆州刺史任内，"立学校，招隐逸"。于是，"处士河东韩怀明、南平韩望、南郡庾承先、河东郭麻"等均被其罗致门下教授诸生。还有后来成为梁元帝的萧绎，他"聪悟俊朗，天才英发，出言为论，音响若钟……工书善画，自图宣尼像，为之赞而书之，时人谓之'三绝'"。正因为他十分推崇孔子，后来为荆州刺史时，便"起州学宣尼庙。尝置儒林参军一人，劝学从事二人，生三十人，加廪饩"④。

相对于宋、齐、梁三代而言，南陈的地方官学办理是最没有起色的，至少史书中几乎看不到这方面的记载，不过学校的设置是客观存在的。如南陈时的陆琼，"天嘉中，以文学累迁尚书殿中郎"，后又"迁新安王文学，掌东宫管记"⑤。这里的"文学"，正是当时郡国学校所设的学官。为更能直观地看到这一

---

① 萧子显：《南齐书》卷 22《豫章文献王》。
② 姚思廉：《梁书》卷 48《儒林》。
③ 姚思廉：《梁书》卷 22《太祖五王》。
④ 李延寿：《南史》卷 8《梁本纪下》。
⑤ 李延寿：《南史》卷 48《陆慧晓》。

时期各朝地方官学的办理情况，仅就所能掌握的史料分朝作一简单统计，如表
3-2 所示。

表 3-2　南朝地方官学一览①

朝代	州	郡	办学者及其事迹	出处
宋	扬州	南鲁郡	文帝诏令："阙里往经寇乱，黌校残毁，并下鲁郡修复学舍，采召生徒。"	《宋书·文帝》
		会稽郡	刘子尚："又立左学，召生徒。"	《宋书·孝武十四王》
			孙法宗："世祖初，扬州辟为文学从事，不就。"	《宋书·孝义》
			姚吟："孝建初，扬州辟文学从事，不就。"	《宋书·孝义》
	雍州	南阳郡	沈亮："时儒学崇建，亮开置庠序，训授生徒。"	《宋书·自序》
	益州	蜀郡	龚颖："好学，益州刺史毛璩辟为劝学从事。"	《宋书·孝义》
	交州	交趾郡	杜慧度："禁断淫祀，崇修学校。"	《宋书·良吏》
齐	司州	义阳郡	刘悛："于州治下立学校。"	《南齐书·刘悛》
	荆州	南郡	萧嶷："于南蛮园东南开馆立学，上表言状。置生四十人。"	《南齐书·豫章文献王》
			"王于荆州立学，以秀之领儒林祭酒。"	《南齐书·王秀之》
	广州	晋平郡	虞愿："出为晋平太守……在郡立学堂教。"	《南齐书·良政》
梁	荆州	南郡	萧秀："立学校，招隐逸。"	《梁书·太祖五王》
			"王初于府置学，以革领儒林祭酒，讲三《礼》，荆楚衣冠听者甚众。"	《梁书·儒林》
			萧绎："为荆州刺史，起州学宣尼庙。尝置儒林参军一人，劝学从事二人，生三十人，加禀饩。"	《南史·梁本纪下》
	益州	蜀郡	萧憺："开立学校，劝课就业。"	《梁书·太祖五王》
陈	荆州	零陵郡	陆琼："天嘉中，以文学累迁尚书殿中郎……迁新安王文学，掌东宫管记。"	《南史·陆慧晓》

① 参见高慧斌：《南朝学制研究》，吉林大学 2005 年博士论文。

北朝地方办学活动较南朝活跃，特别是鲜卑族北魏立国后，为了加速其封建化的进程，迫切需要汉族士人的辅助，因此采取崇儒政策，重视开办各级学校以培养统治人才。

北魏是北朝第一个建国的，早在道武帝拓跋珪时，地方官学就已开始办理，常山太守张恂上任后，便"开建学校，优显儒士，吏民歌咏之。于时丧乱之后，罕能克厉，惟恂当官清白，仁恕临下，百姓亲爱之。其治为当时第一，太祖闻而嘉叹"①。太武帝拓跋焘执政时，秦州刺史薛谨，面对当时"兵荒之后，儒雅道息"的局势，于是立学以兴"儒道"，史称其"谨命立庠，教以诗书。三农之暇，悉令受业。躬巡邑里，亲加考试。于是河汾之地，儒道兴焉"②。

而在献文帝、孝文帝、宣武帝等诸帝年代，地方学校办理是最有成效的，不仅普遍设置州郡学，而且建立了州郡学校教育制度，开启中国古代建立地方学校教育制度的先河。就在北魏天安初年（466年），献文帝拓跋弘有志于发展地方官学教育，曾感叹道："自顷以来，庠序不建，为日久矣。道肆陵迟，学业遂废，子衿之叹，复见于今。朕既纂统大业，八表晏宁，稽之旧典，欲置学官于郡国，使进修之业，有所津寄。"③ 时任相州刺史的李䜣，上疏请求按先典于州郡各立学官，进而为王府培养经艺通明的人才。其疏曰：

> 臣闻至治之隆，非文德无以经纶王道；太平之美，非良才无以光赞皇化。是以昔之明主，建庠序于京畿，立学官于郡邑，教国子弟，习其道艺。然后选其俊异，以为造士。今圣治钦明，道隆三五，九服之民，咸仰德化，而所在州土，学校未立。臣虽不敏，诚愿备之，使后生闻雅颂之音，童幼睹经教之本。臣昔蒙恩宠，长管中秘，时课修学有成立之人，髦俊之士，已蒙进用。臣今重荷荣遇，显任方岳，思阐帝猷，光宣于外，自到以来，访诸文学，旧德已老，后生未进，岁首所贡，虽依制遣，对问之日，惧不克堪。臣愚欲仰依先典，于州郡治所各立学官，使士望之流、冠冕之胄，就而受业，庶必有成。其经艺通明者，贡之王府。则郁郁之文，于是

①魏收：《魏书》卷88《张恂》。
②魏收：《魏书》卷42《薛辩》。
③魏收：《魏书》卷48《高允》。

不坠。①

献文帝采纳了大臣李訢的建议，命当时在朝廷参决大政的高允召集中书省、秘书省大臣商议制定具体实施方案。高允上表议建学制云：

> 臣承旨敕，并集二省，披览史籍，备究典纪，靡不敦儒以劝其业，贵学以笃其道。伏思明诏，玄同古义。宜如圣旨，崇建学校以厉风俗。使先王之道，光演于明时；郁郁之音，流闻于四海。请制：大郡立博士二人，助教四人，学生一百人；次郡立博士二人，助教二人，学生八十人；中郡立博士一人，助教二人，学生六十人；下郡立博士一人，助教一人，学生四十人。②

献文帝对这一建学计划甚是满意，很快就批准了这一方案，并在天安元年（466 年）九月下令立乡学，"郡置博士二人、助教二人、学生六十人"③。这是一个更加完备、意在全国普立学校的安排，且还对学官和生员的资格亦做了规定，高允在表中明确规定博士和助教的资格，"博士取博关经典、世履忠清、堪为人师者，年限四十以上"。此后，作为地方官学，教师称呼也发生了变化，北魏时地方官学教师改称博士和助教，并首次对地方官学教师建制进行统一规划，成为隋唐取法的蓝本。而"助教亦与博士同，年限三十以上。若道业凤成，才任教授，不拘年齿"。学生的资格为"郡中清望、人行修谨、堪循名教者"，但又要"先尽高门，次及中第"④。这样，以历代中央学制为蓝本，依郡县大小将地方学校分为四等，确立了各等地方学校的师生数额，并明确了师生的录取标准。在中国古代，由朝廷颁行这样的地方官学学制，这是第一次。北魏之前只是建立了地方学官，而如此完备的学校制度并未建立。郡国学制的建立，实创始于北魏。史家在记述了这一史实之后，明确指出："郡国立学，自此始也。"⑤

至孝文帝时，基于政治革新的需求，同样着重地方官学的办理。史载："惟高祖孝文皇帝禀圣自天，道镜古今。列校序于乡党，敦诗书于郡国。"⑥ 这里的

---

① 魏收：《魏书》卷 46《李訢》。
② 魏收：《魏书》卷 48《高允》。
③ 魏收：《魏书》卷 6《显祖纪》。
④ 魏收：《魏书》卷 48《高允》。
⑤ 魏收：《魏书》卷 48《高允》。
⑥ 李百药：《北齐书》卷 36《邢邵》。

"高祖"指的就是孝文帝拓跋宏。由于孝文帝对兴办地方官学的高度重视，时任荆州刺史的贾俊，面对"在重山中，民不知学"的情况，他及时"表置学官，选聪悟者以教之"。结果"在州五载，清靖寡事，吏民亦安"①。尤其是西兖州（今山东境内）刺史高祐，他不满足于只是郡国设学，还于县立讲学，党立小学，所谓"以郡国虽有太学，县党宜有黉序。乃县立讲学，党立小学"②。可以说，在他的辖区内就接连办理了三级官学，为其他各郡办学树立了典范。还有，值得一提的是，北魏时郡国设立的学校也有称"太学"的，此当为郡国学校之别称，这也反映了统治者对地方教育的重视，地方学校开始走向稳定和正规。例如，韦彧任东豫州刺史时，以"蛮俗荒梗，不识礼义，乃表立太学，选诸郡生徒于州总教"③。又云西兖州"郡国虽有太学"④ 等。这两处太学均指地方郡国学校。

北齐也注重州郡之学，如齐文宣帝天宝元年（550 年）八月，高洋"诏郡国修立黉序，广延髦俊，敦述儒风"⑤。有意思的是，北齐也承袭北魏郡置太学的做法，并将"太学博士，助教，太学生"列为郡所属官，如《隋书·百官中》谈到"后齐制官"时称：

> 上上郡太守，属官有丞，中正……太学博士，助教，太学生，市长，仓督等员。合属官佐史二百一十二人。上中郡减上上郡五人，上下郡减上中郡五人，中上郡减上下郡四十五人，中中郡减中上郡五人，中下郡减中中郡五人，下上郡减中下郡四十人，下中郡减下上郡二人，下下郡减下中郡二人。

当时郡学虽已普遍设立，但并没有出现如同北魏那样的办学热潮，相反，士流及豪富之家对弟子入学并不感兴趣，以致生源也很缺乏，甚至出现"差逼充员"的情况。如史所载："诸郡并立学，置博士助教授经，学生俱差逼充员，士流及豪富之家皆不从调。备员既非所好，坟籍固不关怀，又多被州郡官人驱

---

① 魏收：《魏书》卷 33《贾彝》。
② 魏收：《魏书》卷 57《高祐》。
③ 魏收：《魏书》卷 45《韦阆》。
④ 魏收：《魏书》卷 57《高祐》。
⑤ 李百药：《北齐书》卷 4《文宣》。

使，纵有游惰，亦不检治，皆由上非所好之所致也。"① 不过，也有一些忠于职守的地方官员，诸如南清河太守苏琼，在任内"每年春，总集大儒卫觊隆、田元凤等讲于郡学，朝史文案之暇，悉令受书，时人指吏曹为学生屋"②。

北周地方官学亦曾设置，如湖州刺史乐逊，上任后目睹辖区"民多蛮左，未习儒风"，于是，他"劝励生徒，加以课试，数年之间，化洽州境"③。潞州刺史柳昂"见天下无事，上表请劝学行礼"。他的建议得到皇帝的首肯，"览而善之，优诏答昂"。"自是天下州县皆置博士习礼焉"④。可见，北周的办学活动不只是停留在州郡层次上，还深入到县一级别。据《周书·孝义》所载："张元，字孝始，河北芮城人也……复丧其父，水浆不入口三日。乡里咸叹异之。县博士杨轨等二百余人上其状，有诏表其门闾。"⑤ 在这里，张元因孝行感动了县博士杨轨等人，且有以杨轨为首的 200 多人为张元请"诏表其门闾"，这 200 多人应该多是县学的职员及生员，不然，史书不会单列博士杨轨而不记其余，说明当时的县学还是有一定规模的。尤其是成都令辛昂上任后，不仅亲自参加祭祀文翁的仪式，还告诫诸生"子孝臣忠，师严友信"之道。如史所载："昂到县，即与诸生祭文翁学堂，因共欢宴。谓诸生曰：'子孝臣忠，师严友信，立身之要，如斯而已。若不事斯语，何以成名。各宜自勉，克成令誉。'昂言切理至，诸生等并深感悟，归而告其父老曰：'辛君教诫如此，不可违之。'于是井邑肃然，咸从其化。"⑥

总之，这一时期地方官学的办理，在中央政府的引领、地方官员的积极努力以及诸多士人的直接参与下，从两汉时期的初步定制，到魏晋时期的低谷发展，再到南北朝时期的地方官学制度的正式确立及办学活动的视野下移，其成效均为史家所认可。但因为政局动荡，政权频繁更替，给地方官学办理所带来的巨大冲击和破坏也是不可否认的历史事实。

---

① 李百药：《北齐书》卷 44《儒林》。
② 李百药：《北齐书》卷 46《循吏》。
③ 令狐德等：《周书》卷 45《儒林》。
④ 令狐德等：《周书》卷 32《柳昂》。
⑤ 令狐德等：《周书》卷 46《孝义》。
⑥ 令狐德等：《周书》卷 39《辛昂》。

第二节　地方官学教师的选用及教学活动

相对于中央官学而言，地方官学教师是一个比较庞大的知识群体，他们不仅承载着繁杂的教学事务，还要协助地方官员实施社会教化。具体这一时期各个朝代及各地是如何设置教师职位的，地方官学教师又是如何开展教学活动的，史书记载甚略，且多是在个人传记中的零星点缀，还有部分碑文中的片段追述，据此从地方官学教师的设置、选用及教学活动等方面加以解读。

一、教职的设置情况

汉朝地方官学教师的设置及称呼各地多有不同，刘德兴学时称之为"博士"，而文翁兴学时则称之为"学官"，他曾"招下县子弟以为学官弟子……常选学官僮子，使在便坐受事。每出行县，益从学官诸生明经饬行者与俱，使传教令，出入闺阁。县邑吏民见而荣之，数年，争欲为学官弟子，富人至出钱以求之"①。一小段文字居然四次谈及"学官"，可见当时"学官"的称呼还是很普遍的。文翁兴学之后，全国各地开始普遍办理地方官学，且汉武帝还下令"天下郡国皆立学校官"。这里的"学校官"应是对教师的泛称，意即指学校的教学管理人员，查《汉书》和《后汉书》，也只出现过这一次，因而没有为地方学校所传承。直至元朝，才出现"提举学校官"说法，即掌管一路州县学校的教育官员。

如果说汉朝中央官学的教师统称为"博士"的话，那么地方官学教师也有一个共通的称号，即"文学"。不过，他们的教师身份尚不十分突出，既是地方官学教师，又是国家官吏。由于"文学"是在郡国一级官学所设，故又称之为"郡国文学"或"郡文学"。诸如盖宽饶、诸葛丰以"明经为郡文学"；梅福"明《尚书》《谷梁春秋》，为郡文学"；隽不疑"治《春秋》，为郡文学"；张禹"至

---

① 班固：《汉书》卷 89《循吏传》。

长安学，从沛郡施雠受《易》，琅邪王阳、胶东庸生问《论语》，既皆明习，有徒众，举为郡文学"。再如匡衡"射策甲科，以不应令除为太常掌故，调补平原文学"①。即为平原郡的"文学"。魏应"建武初，诣博士受业，习《鲁诗》。闭门诵习，不交僚党，京师称之。后归为郡吏，举明经，除济阴王文学"②。这里的济阴王，是指东汉孝明帝刘庄之子刘长，被封在济阴国（今山东定陶附近），魏应即为济阴国的"文学"。张玄"建武初，举明经，补弘农文学"③。这里的"弘农"是一个郡的名称，说明张玄是弘农郡的"文学"或教师。尤其是 1959 年在甘肃武威磨咀子六号汉墓出土的竹简中，有一行文字称"诸文学弟子出谷五千余斛"，与史书所载完全一致。

不过，围绕"文学"这一称呼，史书中关于汉朝地方官学教师又有更多的其他说法，主要有：文学掾，如杜笃"仕郡文学掾，以目疾，二十余年不窥京师"。杨伦、杨由等均曾为"郡文学掾"。文学卒史，如《史记·滑稽列传》中，载有汉武帝巡视北海郡要召见北海太守时，有位"文学卒史王先生者"要与太守同行的一件事情，说明这时地方官学有"文学卒史"的称呼。不仅如此，汉武帝时的儿宽，亦"以射策为掌故，功次补廷尉文学卒史"。1993 年初，江苏省东海县出土的尹湾汉简中，记载了西汉晚期东海郡太守属吏的设置情况，所设卒史 9 人中就有"太守文学卒史"，也即郡文学卒史。五经百石卒史，据《通典·职官九》记载，汉元帝时"郡国置五经百石卒史"，这里的"百石"指的是其所享受的待遇，说明"五经百石卒史"属于属官编制。文学史，如郑崇"少为郡文学史"。文学祭酒，如东汉末年，杜畿为河东太守时聘请乐详"为文学祭酒，使教后进，于是河东学业大兴"。

此外，在碑铭及出土文献中也有汉朝地方官学教师情况的记载，其中有些与正史所载相吻合，还有许多称呼是正史所未提的。尤其是《隶释》所载与汉朝有关的碑记中，大多涉及地方官学的教师设置问题，诸如汉灵帝中平五年（188 年）所立的《张纳碑阴》，所题名的"一郡之吏"的 74 位吏员中，就有文学主事掾 1 人、文学主事史 1 人、文学掾 2 人、文学史 1 人。《学师宋恩等题名》

① 班固：《汉书》卷 81《匡张孔马传》。
② 范晔：《后汉书》卷 79 下《儒林列传》。
③ 范晔：《后汉书》卷 79 下《儒林列传》。

碑记，载有东汉末年蜀郡文学设置及有关人员的姓名，称："其称师者二十人，史二人，孝义掾、业掾各一人，易掾二人，易师三人，尚书掾、尚书师各三人，诗掾四人，春秋掾、议掾、文学孝掾、文学掾各一人，文学师四人。"说明巴蜀郡学（即原来的文翁学堂）的教师是分经进行设置的，诸如《易》《尚书》《春秋》《诗》四经皆有掾，《易》《尚书》有师有掾，可以说教师队伍规模在当时是比较大的。《史晨飨孔后庙碑》中有"并畔宫文学先生、执事诸弟子，合九百七人"的记载，这里出现了"畔宫文学先生"的称呼。还有《中部碑》及《娄寿碑阴》中的"校官祭酒"、《中部碑》中的"校官主事"，等等。

三国时期的州郡县也设立教学之官，多承袭汉朝之制，但也有所更改。曹魏时主要设文学从事一职，以此作为掌管州学的学校官。据《三国志·魏书》载，在正始年间，管辂先是被清河太守华表召为"文学掾"，后又被冀州刺史裴徽"辟为文学从事"。蜀汉时，则设置有劝学从事、典学从事、从事祭酒、师友从事、典学校尉、儒林校尉、师友祭酒等学官，可谓名目繁多，然分工与职掌史书无载。如《三国志·蜀书》所载：尹默，"先主定益州，领牧，以为劝学从事"；谯周，"建兴中，丞相亮领益州牧，命周为劝学从事……大将军蒋琬领刺史，徙为典学从事，总州之学者"；何彦英，"先主定益州，领牧，辟为从事祭酒"；周群，"州牧刘璋，辟以为师友从事。先主定蜀，署儒林校尉"；来敏，"涉猎书籍，善左氏春秋，尤精于仓、雅训诂，好是正文字。先主定益州，署敏典学校尉"；秦宓，"先主既定益州，广汉太守夏侯纂请宓为师友祭酒"，等等。孙吴亦设有师友从事、师友祭酒等教职。

两晋地方官学虽时兴时废，但仍然设有学官来维持正常教学活动，只是称谓不一，有典学从事、劝学从事、儒林祭酒、崇文祭酒、文学掾等。如西晋永嘉时期，张轨任凉州刺史时，"征九郡胄子五百人，立学校，始置崇文祭酒，位视别驾，春秋行乡射之礼"[1]；华轶为江州刺史时，"虽逢丧乱，每崇典礼，置儒林祭酒以弘道训"[2]。西晋的王沉，"少有俊才，出于寒素，不能随俗沈浮，为时豪所抑。仕郡文学掾，郁郁不得志，乃作《释时论》"。东晋的孟嘉，"少知名，

---

① 房玄龄等：《晋书》卷 86《张轨》。
② 房玄龄等：《晋书》卷 61《华轶》。

太尉庾亮领江州，辟部庐陵从事……转劝学从事"①。此外，据宋代赵明诚《金石录》"学生题名"碑记载，当时在东晋以后还设有"典学从事史"一职。

十六国时期，地方官学教师设置出现一大亮点，那就是石勒首次把专以经学为务的博士设到地方官学之中，"命郡国立学官，每郡置博士祭酒二人"②。其侄石季龙（即石虎）继位后，也曾"下书令诸郡国立五经博士"。

到南北朝时期，地方官学教师设置可以分为州、郡、县三级。不过，南朝和北朝也有差异，南朝没有县学设置，故而不存在县学教师设置情况。

南朝地方州级官学，所设教职主要有：儒林参军，如齐高帝之子萧嶷为南蛮校尉时，"于南蛮园东南开馆立学，上表言状……置儒林参军一人，文学祭酒一人，劝学从事二人，行释菜礼"③；梁武帝萧衍为荆州刺史时，"起州学宣尼庙，尝置儒林参军一人，劝学从事二人"。儒林祭酒，刘宋时豫章王刘子尚，在扬州刺史任上"立左学，召生徒，置儒林祭酒一人，学生师敬，位北州治中；文学祭酒一人，比西曹；劝学从事二人，比祭酒从事"④。南齐时豫章王萧嶷于荆州立学，以王秀之"领儒林祭酒"。南梁时的贺革，湘东王萧绎"初于府置学，以革领儒林祭酒，讲《三礼》，荆楚衣冠听者甚众"。文学祭酒，汉朝的文学祭酒为郡级学官，刘宋时始作为州级学官，如刘子尚、萧嶷为地方官时所置"文学祭酒"，从排序来看，其地位要低于儒林祭酒。劝学从事，宋、齐、梁均设此学官。如刘宋时的龚颖，"少好学，益州刺史毛璩辟为劝学从事"⑤。文学从事，如刘宋时的姚吟，"事亲至孝，孝建初，扬州辟文学从事，不就"⑥。虽然姚吟拒绝应征，却说明当时地方官学存在这一职位。至于南朝的郡级官学教师，史书记载不多，如《南史》曾提及梁武帝萧衍曾经为"南郡王文学"。梁武帝时的褚翔，曾"补宣城王文学"。南陈时的陆琼，"天嘉中，以文学累迁尚书殿中郎……迁新安王文学，掌东宫管记"⑦。由此可以看出，郡学教师一般称之为"文学"。

---

① 房玄龄等：《晋书》卷 98《桓温》。
② 房玄龄等：《晋书》卷 105《石勒下》。
③ 李延寿：《南史》卷 42《齐高帝诸子上》。
④ 李延寿：《南史》卷 14《宋宗室及诸王下》。
⑤ 沈约：《宋书》卷 91《孝义》。
⑥ 沈约：《宋书》卷 91《孝义》。
⑦ 李延寿：《南史》卷 48《陆慧晓》。

由于北朝地方官学制度正式建立，教师的设置也比较规范，无论是州学、郡学还是县学，均设置"博士"一职。州学博士如北齐的刘焯，"以儒学知名，为州博士"[①]；房晖远，"齐南阳王绰为定州刺史，闻其名，召为博士"[②]。郡学除设置博士外，还设置助教一职。如北魏献文帝时，为"崇建学校以厉风俗"，诏令按大郡、次郡、中郡、下郡分别设立博士和助教。另据《隋书·百官中》，谈及"后齐制官"时称：

> 上上郡太守，属官有丞，中正……太学博士，助教，太学生，市长，仓督等员。合属官佐史二百一十二人。上中郡减上上郡五人，上下郡减上中郡五人，中上郡减上下郡四十五人，中中郡减中上郡五人，中下郡减中中郡五人，下上郡减中下郡四十人，下中郡减下上郡二人，下下郡减下中郡二人。

这说明，北齐也曾依据北魏的做法，并进一步细化为九郡，即在上上郡、上中郡、上下郡、中上郡、中中郡、中下郡、下上郡、下中郡、下下郡等分别设立博士、助教等教职。至于县学教师，只是北魏学者高祐任兖州刺史时，"乃命县立讲学、党立小学"，但没有言及教职一事。而《周书·孝义》中在谈到孝子张元的孝行时，提到过"县博士杨轨等二百余人上其状，有诏表其门闾"一事，说明北朝时的县学不仅存在，且还有"县博士"一职。

汉以后至南北朝时期的地方官学教师设置，虽然称呼不一，所置人数不等，史书记载有别、有限，但却体现出各朝各代所置教师的灵活性，在一定程度上又保证了地方官学的有效办理及教学活动的正常进行。

二、教师的入职待遇

作为地方官学教师来说，其入职标准、入职途径在各个朝代几乎有相同的规定和做法，只是文字表述有异而已。至于教师的待遇，史料记载虽然不多，但通过个别时期的相关规定，也可以看出地方官学教师在当时具有一定的政治和社会地位。

在两汉时期，对地方学教师不仅要以儒家经说教授官学生徒，还要协助地方官员推行教化，即宣扬礼仪、劝导民众，因而对其基本要求就是通明经学。如《汉书》中所载，诸葛丰"以明经"而为郡文学，梅福因为"明《尚书》《谷梁春秋》"而为郡文学，隽不疑因为"治《春秋》"而为郡文学等，不胜枚举。其入职途径主要有三条：

---

① 李延寿：《北史》卷82《儒林下》。
② 李延寿：《北史》卷82《儒林下》。

一是明经科，察举而进。如西汉的盖宽饶，以"明经为郡文学"。东汉的张玄，"建武初，举明经，补弘农文学"；魏应，"归为郡吏，举明经，除济阴王文学"。同时也强调博学多识，如汉末的苏林，"博学，多通古今字指，凡诸书传文间危疑，林皆训释"。正因为苏林在文字学上造诣深厚，所以在"建安中，为五官将文学"。

二是地方长官辟召。一般是在办理地方官学时缺乏教师，就选取有经学造诣的士人充任教师，如西汉成帝时宰相翟方进的父亲翟公，因为"好学"而为郡文学。西汉学者张禹，曾到长安"从沛郡施雠受《易》，琅邪王阳、胶东庸生问《论语》"。经过多名儒士指教，张禹学业大增，跟随其受教者日多，在乡里小有名气，于是被"举为郡文学"。《后汉书·寇恂传》载，东汉官员寇恂在任汝南太守时，不仅修建乡校，且还"聘能为《左氏春秋》者"入学任教。光武帝时的杜笃，尽管其"不修小节，不为乡人所礼。居美阳，与美阳令游，数从请托，不谐，颇相恨。令怒，收笃送京师"①等，但因其"博学"而为"郡文学掾"。

三是朝廷迁调。有两种情况，或者是朝廷直接诏举的，如汉昭帝始元元年（公元前86年）诏"令三辅、太常举贤良各二人，郡国文学高第各一人"②。或者是从太学生中来选拔的，如汉灵帝熹平五年（176年）规定："试太学生年六十以上百余人，除郎中、太子舍人，至王家郎、郡国文学吏。"③ 按要求，太学博士试策弟子，成绩分为三科，甲科可补郎中，乙科补太子舍人，丙科补郡国文学。

至于两汉地方官学教师的待遇问题，根据史书记载，一般都是享受"百石"待遇，如《史记·儒林传序》司马贞《索隐》引如淳云："《汉仪》：弟子射策，甲科百人补郎中，乙科二百人补太子舍人，皆秩比二百石；次郡国文学，秩百石也。"《汉书·儒林传》亦有"郡国置《五经》百石卒史"的记载。在汉朝，凡是享受"百石"待遇的吏员，多是公府、州郡长官自辟（自行任用）的属吏，为石数分等的最低级属吏。据《后汉书·百官五》云："一百石奉，月十六斛……凡诸受奉，皆半钱半谷。"按汉制，一斛为10斗，那么教师的月俸就是160

---

① 范晔：《后汉书》卷80上《文苑列传》。
② 班固：《汉书》卷7《昭帝纪》。
③ 范晔：《后汉书》卷8《孝灵帝纪》。

斗。如果以"半谷"来算，每斗 2.7 斤，月可得"谷"216 斤，足可供 5 口之家食用。

　　魏晋时期对地方官学教师的选用标准，基本上承袭汉朝的做法，在强调明经的同时，还着重博学多识。如曹魏时的管辂，虽然他"容貌粗丑，无威仪而嗜酒，饮食言戏，不择非类，故人多爱之而不敬也"，但其"明《周易》，仰观风角占相之道，无不精微"，与邻里的关系也处理得非常好，所谓"当此之时，辂之邻里，外户不闭，无相偷窃者"。于是，管辂被清河太守华表辟为文学掾。东晋庾亮在地方任职时，建学校，选择"博学识义、通涉文学经纶者"为儒林祭酒。这一时期地方官学教师的入职途径，几乎是与汉朝一样的，除察举之外，主要有三条途径。第一，朝廷诏举，如王观，"少孤贫励志"，被曹操"召为丞相文学掾"；曾"少为诸生"的高堂隆，先是被曹操"召为丞相军议掾"，后又召为"历城侯徽文学"。第二，地方官员辟召，如西晋的张轨，任凉州刺史时"立学校，始置崇文祭酒"；华轶为江州刺史时，不仅"置儒林祭酒以弘道训"，还亲自对官学诸生说："今大义颓替，礼典无宗，朝廷滞议，莫能攷正，常以慨然。宜特立此官，以弘其事。军谘祭酒杜夷，栖情玄远，确然绝俗，才学精博，道行优备，其以为儒林祭酒。"[1] 东晋庾亮领江州时，提拔孟嘉担任州劝学从事，镇守武昌时又起立讲舍、设儒林祭酒等。第三，友人推荐，如管辂，本被清河太守聘为文学掾。与之相好的孔子 19 世孙、被封为奉圣亭侯的孔曜，亲自到清河郡学找到管辂，向其介绍冀州刺史裴徽（使君），称裴使君"才理清明，能释玄虚，每论易及老、庄之道，未尝不注精于严、瞿之徒也"。希望管辂能到冀州，辅佐裴使君。然后，孔曜又到冀州见裴使君，将管辂推荐给冀州刺史裴使君，称管辂为"骐骥""士雄""士英"等，希望得到裴使君的重用。史书载有两人经典的对话：

　　　　使君言："君颜色何以消减于故邪？"孔曜言："体中无药石之疾，然见清河郡内有一骐骥，拘絷后厩历年，去王良、伯乐百八十里，不得骋天骨，起风尘，以此憔悴耳。"使君言："骐骥今何在也？"孔曜言："平原管辂字公明，年三十六，雅性宽大，与世无忌，可谓士雄。仰观天文则能同妙甘

---

　　① 房玄龄等：《晋书》卷 61《华轶》。

公、石申，俯览《周易》则能思齐季主，游步道术，开神无穷，可谓士英。抱荆山之璞，怀夜光之宝，而为清河郡所录北黉文学，可为痛心疾首也。使君方欲流精九皋，垂神幽薮，欲令明主不独治，逸才不久滞，高风遐被，莫不草靡，宜使辂特蒙阴和之应，得及羽仪之时，必能翼宣隆化，扬声九围也。"裴使君闻言，则慷慨曰："何乃尔邪！虽在大州，未见异才可用释人郁闷者，思还京师，得共论道耳，况草间自有清妙之才乎？如此便相为取之，莫使骐骥更为凡马，荆山反成凡石。"①

这样，孔曜的极力推荐，裴使君的求才若渴，管辂便被辟为"文学从事"。裴使君与管辂相见后，相谈甚欢，据说"清论终日，不觉罢倦。天时大热，移床在庭前树下，乃至鸡向晨，然后出"。除此之外，还有袭父荫而为"文学"的，如毌丘俭的父亲毌丘兴，曾为武威太守，因治理及讨伐有功，被封为高阳乡侯，转任将作大匠。毌丘俭"袭父爵，为平原侯文学"②，后任荆州刺史。至于这一时期地方官学教师的待遇，史书记载不详，如庾亮所选儒林祭酒，"使班同三署，厚其供给"。可见，儒林祭酒的地位等同于地方"三署"官员，且还要"厚其供给"，虽然没有提到具体的数字，但待遇还是很不错的。

十六国时期地方官学教师也多是辟召的，如前凉时期的祈嘉，他"少清贫，好学"。后到敦煌，"依学官诵书，贫无衣食，为书生都养以自给，遂博通经传，精究大义"。学业有成之后，便开门授徒，教授门生百余人。张重华继承君主之位后，便"征为儒林祭酒"③。这些学者在执教的同时，也会配合地方官员做些社会性事务。如西凉武昭王李暠，在酒泉任职时"敦劝稼穑"，郡僚以"年谷频登，百姓乐业，请勒铭酒泉，玄盛许之。于是使儒林祭酒刘彦明为文，刻石颂德"④。

相比较而言，南北朝时期的地方官学教师入职及待遇有所提高，且有制度化的倾向。

首先，在选用教师标准上，强调不拘一格。如刘宋时的龚颖，因"好学"

① 裴松之注：《三国志》卷29《魏书·方技传》。
② 裴松之注：《三国志》卷28《魏书·王毌丘诸葛邓锺传》。
③ 房玄龄等：《晋书》卷94《隐逸》。
④ 房玄龄等：《晋书》卷87《凉武昭王》。

而被益州刺史毛璩辟为劝学从事；孙法宗因"单身勤苦"而被扬州刺史辟为文学从事；姚吟因"事亲至孝"，亦被扬州刺史辟为文学从事。南梁时的綦翔，因"三刻"之内写就"二十韵诗"而"补宣城王文学"；贺革，因"少通《三礼》，及长，遍治《孝经》《论语》《毛诗》《左传》"而被湘东王萧绎辟为儒林祭酒，"讲《三礼》，荆楚衣冠听者甚众"。而在北朝，北齐时的房晖远，"明《三礼》《春秋三传》《诗》《书》《周易》，兼善图纬。恒以教授为务，远方负笈而从者，动以千计"。时为定州刺史的南阳王高绰，"闻其名，召为博士"①。北周时的刘焯，亦因其博学多识，经学造诣颇深而被辟为州学博士，如史载：

> 犀额龟背，望高视远，聪敏沉深，弱不好弄。少与河间刘炫结盟为友，同受《诗》于同郡刘轨思，受《左传》于广平郭懋，尝问《礼》于阜城熊安生，皆不卒业而去。武强交津桥刘智海家，素多坟籍，焯就之读书，向经十载，虽衣食不继，晏如也。遂以儒学知名，为州博士。②

尤其是北魏时期，早在明元帝永兴五年（413 年），拓跋嗣就曾诏令"分遣使者巡求俊逸，其豪门强族为州闾所推者，及有文武才干、临疑能决，或有先贤世胄、德行清美、学优义博、可为人师者，各令诣京师，当随才叙用，以赞庶政"③。也就是说，基本上确定了选择官学教师的标准。受此影响，献文帝议定郡国学校制度时，大臣高允在上表中，就明确地规定了地方官学中博士与助教的条件和年龄限制，如其所言："博士取博关经典、世履忠清、堪为人师者，年限四十以上。助教亦与博士同，年限三十以上。"甚至还规定，如果遇到特殊情况，可以打破这一界限，所谓"若道业凤成，才任教授，不拘年齿"④。

其次，是入职途径。与前朝相比变化亦不大，主要有两条：一是地方长官自行辟除，除刘宋时的龚颖、孙法宗、姚吟外，还有南齐时豫章王萧嶷在荆州立学，乃以王秀之"领儒林祭酒"；南梁简文帝萧纲在任荆州刺史时，"起州学宣尼庙。尝置儒林参军一人，劝学从事二人"；梁湘东王萧绎初于府置学，以贺革"领儒林祭酒"。北魏时的刘兰，瀛州刺史裴植"征兰讲书于州城南馆……生

---

① 李延寿：《北史》卷 82《儒林下》。
② 李延寿：《北史》卷 82《儒林下》。
③ 魏收：《魏书》卷 3《太宗纪》。
④ 魏收：《魏书》卷 48《高允》。

徒甚盛，海内称焉"。且为中山王元英（即拓跋英）所看重，于是，元英就在自家开设学馆，令刘兰"授其子熙、诱、略等"①。二是朝廷调遣的，如梁武帝时的蓁翔，最初为秘书郎，后迁宣城王主簿。中大通五年（533年），梁武帝在乐游苑宴请群臣，还专门让蓁翔与时任宣城王文学的王训来比赛诗文，限时"三刻"。王训才华横溢，史称其"训美容仪，善进止，文章之美，为后进领袖"。而蓁翔亦非平庸之辈，"翔于坐立奏，帝异焉，即日补宣城王文学"②。周武帝平齐后，搜访儒俊，房晖远"首应辟命，授小学下士"。

再就是关于教师的待遇，较前朝有比较明确的规定。如刘宋大明七年（463年），豫章王刘子尚在封地设学后，对所置教职人员的待遇，即："儒林祭酒一人，学生师敬，位比州治中；文学祭酒一人，比西曹；劝学从事二人，比祭酒从事。"③ 在这里，以"儒林祭酒"位比州治中、"文学祭酒"位比西曹、"劝学从事"位比祭酒从事，可以说是把州学官提升到与州属官员治中、西曹、祭酒从事等同的地位。另据《魏书·官氏九》所载，北魏孝文帝太和二十三年（499年）所颁布的官职令中，将"州祭酒从事"定为"八品"，州"文学"定为"从第八品"。也就是说，北朝地方官学教师虽然品位不等，但享受的都是政府官员的待遇，且由地方财政支付其薪俸。

三、教师的教学生活

从史书传记的零星记载，可以感受到这一时期地方官学教师的教学生活是丰富多彩的，无论是所教内容抑或是教学方式，乃至于所肩负的社会使命，都充满着时代特色。

第一，就所执教的内容来说，地方官学教师最为关注的就是儒经，尤其是在汉朝，自汉武帝"独尊儒术"之后，儒经便成为各级官学所教授的内容，地方官学也毫不例外。如河间献王刘德，在其封地因"修学好古"，故而到处收集藏书，"繇是四方道术之人不远千里，或有先祖旧书，多奉以奏献王者，故得书多，与汉朝等"。当时，淮南王刘安亦好书籍，但其"所招致率多浮辩"。而刘

---

① 魏收：《魏书》卷84《刘兰》。
② 李延寿：《南史》卷28《褚裕之》。
③ 沈约：《宋书》卷80《孝武十四王》。

德所得书籍皆古文先秦旧书，诸如"《周官》《尚书》《礼》《礼记》《孟子》《老子》之属，皆经传说记，七十子之徒所论"。刘德不仅获得大量藏书，且还供其封地学校教学使用，史称其"学举六艺，立《毛氏诗》《左氏春秋》博士，修礼乐，被服儒术，造次必于儒者"，以致"山东诸儒多从而游"①。汉宣帝时王尊，自幼"能史书""问诏书行事，尊无不对"。于是，涿郡太守给予王尊"除补书佐，署守属监狱"的差事。后来，王尊称病辞职，转而"事师郡文学官，治《尚书》《论语》，略通大义"②。从王尊在郡学所学习的内容来看，汉朝地方官学教师是以教授经学为主的。

然自魏晋以后，从地方官学教师治学所长而言，可知所教授的内容除经史之外，还兼涉百科，甚至是兼治图纬之学。诸如尹默，《三国志·蜀书》称其自觉学识不博，"乃远游荆州，从司马德操、宋仲子等受古学。皆通诸经史，又专精于《左氏春秋》"。待刘备定益州后，"以为劝学从事"。《三国志·蜀书》还称谯周，早年"治《尚书》，兼通诸经及图纬"，后来又"研精六经，尤善书札"。诸葛亮领益州牧后，召谯周为"劝学从事"。西晋官员虞溥在鄱阳郡任内，不仅"大修庠序，广诏学徒"，且亲自"作诰以奖训之"，称：

> 文学诸生皆冠带之流，年盛志美，始涉学庭，讲修典训，此大成之业，立德之基也……夫工人之染，先修其质，后事其色，质修色积，而染工毕矣。学亦有质，孝悌忠信是也。君子内正其心，外修其行，行有余力，则以学文，文质彬彬，然后为德。夫学者不患才不及，而患志不立，故曰希骥之马，亦骥之乘，希颜之徒，亦颜之伦也。又曰契而舍之，朽木不知；契而不舍，金石可亏。斯非其效乎！③

这段话，可以说是鄱阳郡办学的指导思想，在玄学之风盛行的年代，他极力提倡儒家的伦理教化，无形中也成为当时郡学教师从事教学活动的指南。

十六国时期北方多是少数民族政权，因汉化的需要，地方官学自然要传授以儒术为核心的汉学。如前凉时期的祈嘉，"博通经传，精究大义"，前凉君主张重华将其"征为儒林祭酒"后，依《孝经》作《二九神经》进行传授。据说，

---

① 班固：《汉书》卷 53《景十三王传》。
② 班固：《汉书》卷 76《赵尹韩张两王传》。
③ 房玄龄等：《晋书》卷 82《虞溥》。

"在朝卿士、郡县守令彭和正等,受业独拜床下者二千余人"①。之后的北朝地方官学更是如此,北魏献文帝时,要求郡学博士及助教必须"博关经典",对学生也要定期考核"所通经数"。中央政府有如此要求,地方郡学教师也自然要围绕经学来组织教学活动。因此,孝文帝时的河南尹李平,不仅"简试通儒以充博士",还"图孔子及七十二子于堂,亲为立赞"。当时,有些地方官员看到这些画像便"颇好侵取",于是,李平又"画'履虎尾''践薄冰'于客馆,注颂其下,以示诫焉"②。宣武帝时的弘农太守刘道斌,在所修立的学馆内,"建孔子庙堂,图画形像。去郡之后,民故追思之,乃复画道斌形于孔子像之西而拜谒焉"③。还有,被瀛州刺史裴植聘为州城南馆讲书的刘兰,史书称其"读《左氏》,五日一遍,兼通《五经》……又明阴阳,博物多识,为儒者所宗"④。孝明帝时的徐州刺史萧宝夤,在所立学馆内,常于朔望之日"引见土姓子弟,接以恩颜,与论经义"⑤。北齐时,被定州刺史高绰聘为州学博士的房晖远,"世传儒学……明《三礼》《春秋三传》《诗》《书》《周易》,兼善图纬"⑥。同为北齐州学博士的刘焯,"少与河间刘炫结盟为友,同受《诗》于同郡刘轨思,受《左传》于广平郭懋,尝问《礼》于阜城熊安生,皆不卒业而去。武强交津桥刘智海家,素多坟籍,焯就之读书,向经十载,虽衣食不继,晏如也"⑦。

作为汉族统治者的南朝,地方官学的教学内容一如既往地坚守经学教育传统,如梁武帝时的贺革,"少通《三礼》,及长,遍治《孝经》《论语》《毛诗》《左传》……出为西中郎湘东王谘议参军,带江陵令。王初于府置学,以革领儒林祭酒,讲《三礼》,荆楚衣冠听者甚众"⑧。又如张绾,在豫章内史任内,公务之余便往郡学"述《制旨礼记正言》义,四姓衣冠士子听者常数百人"⑨。由此可以看出,无论是官学教师所讲,抑或是地方官员闲暇之余所授,都没有超出

① 房玄龄等:《晋书》卷 87《凉武昭王》。
② 魏收:《魏书》卷 65《李平》。
③ 魏收:《魏书》卷 79《刘道斌》。
④ 魏收:《魏书》卷 84《刘兰》。
⑤ 魏收:《魏书》卷 59《萧宝夤》。
⑥ 李延寿:《北史》卷 82《儒林下》。
⑦ 李延寿:《北史》卷 82《儒林下》。
⑧ 姚思廉:《梁书》卷 48《儒林》。
⑨ 姚思廉:《梁书》卷 34《张绾》。

经学教育的范围，这与当时所提倡的主流文化是相吻合的。

第二，就教学活动方式来说，主要有讲论辩难、演习礼仪等。首先是讲论辩难，这在私学教学中甚是普遍，地方官学也有此举动。《后汉书·儒林列传下》记载：东汉时的张玄，"少习《颜氏春秋》，兼通数家法"。建武初补弘农文学，他"清净无欲，专心经书，方其讲问，乃不食终日"。尤其是"及有难者，辄为张数家之说，令择从所安"。也就是说，张玄对于有质疑的学生，则为其阐述数家之说，然后让学生加以合理的取舍，以致"诸生以其为通儒，著录有千余人"。接着，又发生了学者徐业与张玄诸生之间问难的情况，史载曰："时右扶风琅邪徐业，亦大儒也，闻玄诸生，试引见之，与语，大惊曰：'今日相遭，真解矇矣！'遂请上堂，难问极日。"

尤其是北魏学者张吾贵，18岁时被举为郡学博士，只因"先未多学，乃从郦诠受《礼》，牛天祐受《易》。诠、祐粗为开发，而吾贵览读一遍，便即别构户牖。世人竞归之"。可以说是学业大进，但对《左传》却少有研究，于是，他"曾在夏学，聚徒千数而不讲《传》"。这件事却遭到诸生的质疑，并私下议论纷纷，认为老师张吾贵"之于《左氏》似不能说"。张吾贵听到这些议论，便对其生徒说："我今夏讲暂罢，后当说《传》，君等来日皆当持本。"也就是说这次暂不讲《传》，来日再论。当时有位学者刘兰，兼通《五经》，五日可读一遍《左氏春秋》，且"推《经》《传》之由，本注者之意，参以纬候及先儒旧事，甚为精悉……兰又明阴阳，博物多识，为儒者所宗。瀛州刺史裴植征兰讲书于州城南馆，植为学主，故生徒甚盛，海内称焉"[①]。张吾贵便慕名专程拜访，向他求教。同时，张吾贵又"兼读杜、服，隐括两家，异同悉举"。一个月后，再次聚集诸生，专门讲《传》，结果"义例无穷，皆多新异。兰乃伏听，学者以此益奇之"[②]。

当然，也有地方官员在政务之余而亲自执经讲授，或带领学生在实践中受教的。如汉初蜀郡太守文翁，不仅兴学，且"每出行县，益从学官诸生明经饬行者与俱，使传教令，出入闺阁。县邑吏民见而荣之，数年，争欲为学官弟子，富人至出钱以求之"。也就是说，他每次出行都带着郡学的学生前往，目的在于

———————————

① 魏收：《魏书》卷84《刘兰》。
② 魏收：《魏书》卷84《张吾贵》。

使其宣传"教令",吏民均以此为荣,争相入学为弟子。文翁还不时登堂为诸生授课,图 3-1 为成都文翁石室墙壁上的画像砖拓片,生动地再现了当时的教学活动情景。图中左方坐于榻上的是文翁,高冠长服,环坐在下面席上的门生都着冠服。当时师徒席间相距仅容一丈,故门生称老师为"函丈"。

图 3-1 汉画像砖讲经图拓片

文翁在榻上讲述,学生则端坐于席上,手捧简册,有一人腰悬书刀(环柄小刀,用来刮改竹简上的字),凝神静听,有的学生额下有须,显然年纪较大,但仍端坐讲堂,毕恭毕敬。① 光武时的常山太守伏恭,在任内"敦修学校,教授不辍,由是北州多为伏氏学"②。桓帝时的北新城(属涿郡)长刘梁,上任后及布告民众说:"昔文翁在蜀,道著巴汉;庚桑琐隶,风移碨碟。吾虽小宰,犹有社稷,苟赴期会,理文墨,岂本志乎!"于是,他"大作讲舍,延聚生徒数百人,朝夕自往劝诫,身执经卷,试策殿最,儒化大行"③;还有刘宽,桓帝时任南阳太守,"每行县止息亭传,辄引学官祭酒及处士诸生执经对讲"④。

而部分地方官学,受教对象多为民众子弟,因而往往会在农闲季节设学授课,如东汉时陈留郡蒲亭亭长仇览,"农事既毕,乃令子弟群居,还就黉学"⑤。曹魏时的河东太守杜畿,任内"冬月修戎讲武,又开学宫,亲自执经教授,郡中化之"。魏略注曰:"博士乐详,由畿而升。至今河东特多儒者,则畿之

---

① 刘志远等著:《四川汉代画像砖与汉代社会》,文物出版社 1983 年版,第 100 页。
② 范晔:《后汉书》卷 79 下《儒林列传》。
③ 范晔:《后汉书》卷 80 下《文苑列传》。
④ 范晔:《后汉书》卷 25《卓鲁魏刘列传》。
⑤ 范晔:《后汉书》卷 76《循吏列传》。

由矣。"①

演习礼仪既是常规教学活动，也是为每年的春秋乡射做准备的，活动的主要内容是奏乐、歌诗、习礼和习射。如汉宣帝时益州刺史王襄，"欲宣风化于众庶，闻王褒有俊材，请与相见，使褒作《中和》《乐职》《宣布诗》，选好事者令依《鹿鸣》之声习而歌之。时氾乡侯何武为僮子，选在歌中，久之，武等学长安，歌太学下"②。可见，歌诗为益州州学的一项教学活动，何武作为州学"僮子"表现尤为突出，以致能"歌太学下"。汉明帝永平十年（67 年），刘庄临幸南阳，来到南阳郡学，并与郡学师生一起奏乐，甚至是以身示范。如史载其"召校官弟子作雅乐，奏《鹿鸣》，帝自御埙箎和之，以娱嘉宾"③。东汉时南阳太守鲍德，上任之初，因郡学久废而"修起横舍，备俎豆黻冕，行礼奏乐"。这里的"豆"属于食器，"黻冕"属于礼服。添置这些什物的目的，也是为了让郡学教师指导学生演习礼仪之用。还有丹阳太守李忠，"起学校，习礼容，春秋乡饮"④ 等。

第三，作为地方政府属吏，几乎所有的教师在教学之余，积极参与地方教化活动，协助地方官员维护社会秩序和稳定，这也是儒者所承载的一种历史使命。主要活动方式有两种：

一是组织诸生参与地方乡射、乡饮酒之礼。此项活动自西周已经定制，即便是秦朝统治期间也没有中断过，汉朝诸儒更是将此项活动发扬光大。如《史记·儒林传》所载，汉高祖刘邦举兵围鲁时，"鲁中诸儒尚讲诵习礼乐，弦歌之音不绝……故汉兴，然后诸儒始得修其经艺，讲习大射乡饮之礼"。《史记·孔子世家》亦称："鲁世世相传以岁时祠孔子冢，而诸儒亦讲礼，乡饮、大射于孔子冢……至于汉两百余年不绝。"司马迁撰写《史记》时，还曾亲自到孔子故里考察过，感慨道："余读孔子书，想见其为人。适鲁，观仲尼庙堂，车服礼器。诸生以时习礼其家。余祗回留之，不能去。"按郑玄注《乡饮酒礼》称："今郡国十月行乡饮酒礼，党正每岁邦索鬼神而祭祀，则以礼属民而饮酒于序，以正

---

① 裴松之注：《三国志》卷 16《魏书·任苏杜郑仓传》。
② 班固：《汉书》卷 64 下《严朱吾丘主父徐严终王贾传》。
③ 范晔：《后汉书》卷 2《显宗孝明帝纪》。
④ 范晔：《后汉书》卷 21《任李万邳刘耿列传》。

齿位之礼。凡乡党饮酒，必于民聚之时，欲其见化知尚贤尊长也。玄冠衣皮弁服，与《礼》异。"《后汉书·礼仪上》亦载曰："汉家郡县乡射祭祀，皆假士礼而行之，乐县笙磬箎俎，皆如士制。"也就是说，乡射、乡饮是对民众实施社会教化的一种重要活动方式，受众者不仅是普通民众，还有地方官学中的教师及生徒。

不仅是在鲁郡，其他郡国之学教师也是如此。汉宣帝时的东郡太守韩延寿，为官清廉，且"好古教化，所至必聘其贤士，以礼待用……修治学官，春秋乡射，陈钟鼓管弦，盛升降揖让，及都试讲武，设斧钺旌旗，习射御之事"①。可见，为了推行社会教化，韩延寿在所修郡学内，每年春秋两季都要举办文、武乡射活动，且购置"钟鼓管弦""斧钺旌旗"等以供诸生演练之用，郡学教师要组织、指导诸生进行操练。据《后汉书·礼仪上》载，汉明帝永平二年（59年）三月，皇帝率群臣在太学行"三老五更"之礼，同时要求郡、县、道行乡饮酒于学校，"皆祀圣师周公、孔子，牲以犬。于是，七郊礼乐、三雍之义备矣"。另据《幸鲁盛典》卷九《汉鲁相史晨飨孔庙碑》所载，汉灵帝时的河南郡守史晨，自建宁元年（168年）四月十一日到官后，便择日率属吏到孔庙拜谒孔子，随同其一起参加仪式的还有郡学文学先生及执事诸弟子，场面十分壮观，如碑文所称：

> 时长史庐江舒李谦敬让，五官掾鲁孔畅，功曹史孔淮，户曹掾薛东门荣，史文阳马琮，守庙百石孔讚，副掾孔纲，故尚书孔立元世，河东太守孔彪元上，处士孔褒文礼，皆会庙堂，国县员冗，吏无大小，空府竭寺，咸俾来观。并畔官文学先生、执事诸弟子，合九百七人，雅歌吹笙，考之六律，八音克谐，荡邪反正，奉爵称寿，相乐终日。

二是为地方官员提供咨询和出谋划策，乃至于在修身治学及仕途等方面提供有益帮助，在一定程度上说是在参政议政。如汉武帝临幸北海郡，要北海太守前往行在相见，有位文学卒史王先生想和太守一同前往，属吏认为这位王先生"嗜酒，多言少实"而不可一同面见汉武帝，而王先生觉得同去定对太守"有益"。于是二人一同前往行在，王先生还交代太守见到汉武帝时如何言语等

————————
① 班固：《汉书》卷76《赵尹韩张两王传》。

等，结果因太守所言甚合汉武帝的口味，二人皆被提升。如史书所载：

> 武帝时，徵北海太守诣行在所。有文学卒史王先生者，自请与太守俱：
> "吾有益于君。"君许之。诸府掾功曹白云："王先生嗜酒，多言少实，恐不
> 可与俱。"太守曰："先生意欲行，不可逆。"遂与俱。行至宫下，待诏宫府
> 门。王先生徒怀钱沽酒，与卫卒仆射饮，日醉，不视其太守。太守入跪拜。
> 王先生谓户郎曰："幸为我呼吾君至门内遥语。"户郎为呼太守。太守来，
> 望见王先生。王先生曰："天子即问君何以治北海，令无盗贼，君对曰何
> 哉？"对曰："选择贤材，各任之以其能，赏异等，罚不肖。"王先生曰：
> "对如是，是自誉自伐功，不可也。愿君对言，非臣之力，尽陛下神灵威武
> 所变化也。"太守曰："诺。"召入，至于殿下，有诏问之曰："何于治北海，
> 令盗贼不起？"叩头对言："非臣之力，尽陛下神灵威武之所变化也。"武帝
> 大笑，曰："于呼！安得长者之语而称之！安所受之？"对曰："受之文学卒
> 史。"帝曰："今安在？"对曰："在宫府门外。"有诏召拜王先生为水衡丞，
> 以北海太守为水衡都尉。传曰："美言可以市，尊行可以加人。君子相送以
> 言，小人相送以财。"[①]

又如东汉术士杨由，"少习《易》，并七政、元气、风云占候"。在任郡文学
掾时，多次为郡守提供灾异咨询。如史所载：

> 时，有大雀夜集于库楼上，太守廉范以问由。由对曰："此占郡内当有
> 小兵，然不为害。"后二十余日，广柔县蛮夷反，杀伤长吏，郡发库兵击
> 之。又有风吹削哺，太守以问由。由对曰："方当有荐木实者，其色黄赤。"
> 顷之，五官掾献橘数包。[②]

曹魏时期的中山恭王曹衮，早年"每读书，文学左右常恐以精力为病，数
谏止之，然性所乐，不能废也"。黄初二年（221 年），曹衮进爵为公，属下官员
皆向他祝贺，曹衮趁机对下属说："夫生深宫之中，不知稼穑之艰难，多骄逸之
失。诸贤既庆其休，宜辅其阙。"防辅相既是曹衮封地的"文学"，又是曹衮身
边的监察官，他对曹衮说："受诏察公举错，有过当奏，及有善，亦宜以闻，不
可匿其美也。"于是，防辅相便联合其他属官上表力陈曹衮之美。曹衮得知这件

---

① 司马迁：《史记》卷 126《滑稽列传》。
② 范晔：《后汉书》卷 82《方术列传》。

事，感到十分吃惊和不安，便责备道："修身自守，常人之行耳，而诸君乃以上闻，是适所以增其负累也。且如有善，何患不闻，而遽共如是，是非益我者也。"①还有蜀汉时的周群，刘璋曾辟以为师友从事，刘备入蜀后署儒林校尉。在是否与曹操争夺汉中的问题上，刘备征求过周群的意见，周群也因此被举为"茂才"，如史所载：

> 先主欲与曹公争汉中，问群，群对曰："当得其地，不得其民也。若出偏军，必不利，当戒慎之！"时州后部司马蜀郡张裕亦晓占候，而天才过群，谏先主曰："不可争汉中，军必不利。"先主竟不用裕言，果得地而不得民也。遣将军吴兰、雷铜等入武都，皆没不还，悉如群言。于是举群茂才。②

由上可以看出，这一时期地方官学教师各朝均有设置，且在北朝时有制度化的趋向，入职资格各朝的规定大同小异，而在特殊时期又不拘一格，且享受与地方基层官员的同等待遇，在一定程度上保证了教师队伍的稳定性。由于教师本身属于官员编制，因而其教学活动也充满社会教化抑或政治色彩，在地方治理及社会稳定方面发挥着不可替代的作用。

第三节　地方官学生的入学及学习生活

相对于中央官学生而言，秦汉魏晋南北朝时期的地方官学生也是一个比较庞大的群体，他们居住分散，成分复杂，至于他们的入学条件及在校学习情况，史书记载甚少，综合查阅到的各种信息，仅从入学资格及学习生活两个方面略述于后。

一、官学生的入学资格

在两汉时期，由于地方官学教师一般都被称为"文学"，故官学生也都被称

---

① 裴松之注：《三国志》卷20《魏书·武文世王公传》。
② 裴松之注：《三国志》卷42《蜀书·杜周杜许孟来尹李谯郤传》。

为文学弟子，或学官弟子、郡学生等。至于哪些阶层的子弟可以进入地方官学就读，却不像中央官学那样有明确的规定，基本上是由地方行政长官自行灵活掌握的，因而就官学生的身份而言，多为当地官吏的子弟。如东汉时的武威太守任延，"造立校官，自掾史子孙，皆令诣学受业"①；什邡令杨仁，任职期间立学，且"劝课掾史弟子，悉令就学"②；桂杨太守栾巴，"兴立学校，以奖进之。虽干吏卑末，皆课令习读"③ 等。当然，除属吏子弟外，还有一部分是比较优秀的平民子弟。如西汉时的涿郡高阳人王尊，史称其"少孤，归诸父，使牧羊泽中。尊窃学问，能史书。年十三，求为狱小吏。数岁，给事太守府，问诏书行事，尊无不对。太守奇之，除补书佐，署守属监狱。久之，尊称病去，事师郡文学官，治《尚书》《论语》，略通大义"④。可知，王尊幼年遭遇不幸，是靠个人的勤奋而受到郡守器重的，又是靠对学业的不懈追求而进入郡学读书的。还有《后汉书·酷吏列传》所载的会稽余姚人黄昌，"本出孤微。居近学官，数见诸生修庠序之礼，因好之，遂就经学"。黄昌家境贫寒，因为居住在郡学附近，天长日久，耳濡目染，对"庠序之礼"有了特殊的兴趣，私下也苦读考究，于是才获得了入学读书的资格和机会。这些子弟入学后，一般都要免除其徭役，如文翁兴学时的"除更徭"、武威太守任延立学时的"复其徭役"等。其次，就官学生的来源地域而言，主要是以本郡子弟为主，包括所辖郊县，如蜀郡太守文翁在成都立学时，"招下县子弟以为学官弟子"，颜师古注曰："下县，四郊之县，非郡所治也。"不过到三国曹魏时期，非本郡子弟也可以到郡学里读书，如曹魏时期琅琊国的即丘县学，"有远方及国内诸生四百余人"。

而在南北朝时期，对地方官学生的入学资格则有了更明确的规定：

一是学子自身的素养。如北魏献文帝时，要求郡学生必须是"郡中清望、人行修谨、堪循名教者"。可见，郡学生既要有好的名望，又要行事谨慎、恪守礼法，还要遵循名教。不过，在北齐时，曾出现过"差逼充员"的现象，即有些"士流及豪富之家"子弟不愿入学读书，但"又多被州郡官人驱使"而不得

---

① 范晔：《后汉书》卷76《循吏列传》。
② 范晔：《后汉书》卷79下《儒林列传》。
③ 范晔：《后汉书》卷57《杜栾刘李刘谢列传》。
④ 班固：《汉书》卷76《赵尹韩张两王传》。

已为之充数，在一定程度上也说明当时地方官学生的素质是参差不齐的，以及招生上的无奈选择。

二是家庭门第。所谓北魏时"先尽高门，次及中第"①。南齐时，萧嶷在荆州刺史任上立学，"取旧族父祖位正佐台郎"以为生徒。南梁时豫章内史张缵，史称其"在郡，述《制旨礼记正言》义，四姓衣冠士子听者常数百人"。这里的"衣冠"，颜师古考证为"士大夫"，说明前去郡学听课的多为郡中大姓及士族子弟。当然，基于社会教化的需求，有些州郡学招生时也没有严格的身份限制，如刘宋时交州刺史杜慧度，为"禁断淫祀"而"崇修学校"，受教对象自然是普通民众。还有兴忠武王萧憺在益州刺史任内，"开立学校，劝课就业，遣子映亲受经焉，由是多向方者"②。

三是年龄。如《南齐书·豫章文献王传》载，萧嶷立学后"置生四十人……年二十五以下十五以上补之"。即规定年龄在15～25岁之间的"旧族父祖位正佐台郎"的子弟均可补为郡学生员。

二、官学生的学习生活

地方官学生入校后，所学内容除常规的经史之学外，还要学习如何习礼、习射，这不仅是对学生的基本素质要求，也是他们参加乡射及乡饮酒之礼所必备的一项基本技能。如东汉时的丹阳太守李忠，以"越俗不好学，嫁娶礼仪衰于中国，乃为起学校，习礼容，春秋乡饮"③。《后汉书·酷吏列传》中的黄昌，因居住在学官附近，经常看到郡学诸生"修庠序之礼"，故而"因好之，遂就经学"。还有，《汉鲁相史晨飨孔庙碑》中所载，"畔官文学先生、执事诸弟子，合九百七人"一同参加官员史晨所主持的祭孔仪式等，足以说明，地方官学生在学习期间是必须习礼和习射的。

郡学生学习到一定期限时，还要接受官方的严格考核，考核优秀的，就可以得到升迁的机会，这对官学生来说具有巨大的诱惑力。西汉文翁兴学时，对那些考核成绩优秀的则"补郡县吏"，次等的为"孝悌力田"，以致"数年，争

① 魏收：《魏书》卷48《高允》。
② 姚思廉：《梁书》卷22《太祖五王》。
③ 范晔：《后汉书》卷21《任李万邳刘耿列传》。

欲为学官弟子，富人至出钱以求之"。东汉时武威太守任延，对郡学生"章句既通，悉显拔荣进之，郡遂有儒雅之士"；什邡令杨仁对辖区官学生中"有通明经术者，显之右署，或贡之朝"；会稽太守张霸，"表用郡人处士顾奉、公孙松等。奉后为颍川太守，松为司隶校尉，并有名称。其余有业行者，皆见擢用"。以至于"郡中争厉志节，习经者以千数，道路但闻诵声"。①北魏宣武帝元恪执政时，为检督州郡学校选拔才学之士，应考功郎中、中正官封轨的请求，"遣四门博士明经学者，检试诸州学生"。与此同时，南安王拓跋桢之子拓跋英（元英）更是向宣武帝奏明"遣四门博士明通五经者"检试诸州学生的缘由及检试计划。他在奏折中称：

> 谨案学令：诸州郡学生，三年一校所通经数，因正使列之，然后遣使就郡练考。臣伏惟圣明，崇道显成均之风，蕴义光胶序之美，是以太学之馆久置于下国，四门之教方构于京邑。计习训淹年，听受累纪，然俊造之流应问于魏阙，不革之辈宜返于齐民，使就郡练考，核其最殿。顷以皇都迁构，江扬未一，故乡校之训，弗遑正试。致使薰莸之质，均诲学庭；兰萧之体，等教文肆。今外宰京官，铨考向讫，求遣四门博士明通五经者，道别校练，依令黜陟。②

这项"三年一校"的检试计划，既整顿了地方"乡校"，大大提升了其教学及人才培养质量，又充分显示了中央政府对办理地方官学的高度重视。北齐时，为了防止郡学生的学业"游惰"和加强对其的"检治"，激发"游学之徒"学习的积极性，规定"诸郡俱得察孝廉，其博士、助教及游学之徒通经者，推择充举。射策十条，通八以上，听九品出身，其尤异者亦蒙抽擢"③。

另外，这一时期的地方官学生除常规学习活动外，还会涉及地方政治生活、交游以及与老师之间的关系等。对此，仅采撷几个片段来说明问题的存在。

一是参与地方政治生活。据《汉书》载：

> 延寿尝出，临上车，骑吏一人后至，敕功曹议罚白。还至府门，门卒当车，愿有所言。延寿止车问之，卒曰："《孝经》曰：'资于事父以事君，

---

① 范晔：《后汉书》卷 36《郑范陈贾张列传》。
② 魏收：《魏书》卷 19 下《景穆十二王》。
③ 李百药：《北齐书》卷 44《儒林》。

而敬同，故母取其爱，而君取其敬，兼之者父也。'今旦明府早驾，久驻未出，骑吏父来至府门，不敢入。骑吏闻之，趋走出谒，适会明府登车。以敬父而见罚，得毋亏大化乎？"延寿举手舆中曰："微子，太守不自知过。"归舍，召见门卒。卒本诸生，闻延寿贤，无因自达，故代卒，延寿遂待用之。其纳善听谏，皆此类也。在东郡三岁，令行禁止，断狱大减，为天下最。①

这段文字说的是东郡太守韩延寿要外出巡防，一位随同出行的"骑吏"因姗姗来迟而受到处罚。而这位"骑吏"正是郡学的学生，他闻知韩延寿是一位贤达之士，想找机会引荐自己，于是就替代门卒随同出行，他迟到的原因是因为父亲来找，却正赶上郡守要出行，不敢进大门见儿子。于是，这位"骑吏"就出门先面见父亲，而后才加入出行队伍。门卒将事情经过向韩延寿述说一番，且引《孝经》为"骑吏"开脱。韩延寿善于听谏，不仅没有责怪门卒和这位郡学生，还很欣赏这位学生的孝心而"待用之"。这件事说明，郡学生在学习期间是可以参与地方政治生活的，甚至还可以得到一些差事。

二是交游，一方面可以以文会友，另一方面可以借以施展自己的才华。如曹魏时期的管辂，《三国志》中载有其别传，称其八九岁时"便喜仰视星辰，得人辄问其名，夜不肯寐"，常对人说："家鸡野鹄，犹尚知时，况于人乎？"在与小伙伴一起玩耍时，也常常是"辄画地作天文及日月星辰"。由于他勤学勤思，学业大进，以至于"每答言说事，语皆不常，宿学者人不能折之，皆知其当有大异之才。及成人，果明周易，仰观风角占相之道，无不精微"。父亲为琅琊即丘长时，管辂已经15岁了，刚好到了入郡学读书的年龄，于是就到即丘县学读书，"始读《诗》《论语》及《易》本，便开渊布笔，辞义斐然。于时簧上有远方及国内诸生四百余人，皆服其才也"。就在这个时候，琅琊太守单子春得知即丘县学中有一贤俊管辂，就想见见管辂，管辂的父亲支持儿子前去拜访太守。管辂自觉"年少，胆未坚刚，若欲相观，惧失精神"，于是先喝"三升清酒"，然后"大会宾客百余人"，而后"论难锋起，而辂人人答对，言皆有余"，被称之为"神童"。如史所载：

① 班固：《汉书》卷76《赵尹韩张两王传》。

琅邪太守单子春雅有材度，闻辂一黉之俊，欲得见，辂父即遣辂造之。大会宾客百余人，坐上有能言之士，辂问子春："府君名士，加有雄贵之姿，辂既年少，胆未坚刚，若欲相观，惧失精神，请先饮三升清酒，然后言之。"子春大喜，便酌三升清酒，独使饮之。酒尽之后，问子春："今欲与辂为对者，若府君四坐之士邪？"子春曰："吾欲自与卿旗鼓相当。"辂言："始读《诗》、《论》、《易本》，学问微浅，未能上引圣人之道，陈秦、汉之事，但欲论金木水火土鬼神之情耳。"子春言："此最难者，而卿以为易邪？"于是唱大论之端，遂经于阴阳，文采葩流，枝叶横生，少引圣籍，多发天然。子春及众士互共攻劫，论难锋起，而辂人人答对，言皆有余。至日向暮，酒食不行。子春语众人曰："此年少盛有才器，听其言论，正似司马犬子游猎之赋，何其磊落雄壮，英神以茂，必能明天文地理变化之数，不徒有言也。"于是发声徐州，号之神童。①

三是为免课役而求师长来庇荫。据《晋书·孝友》载，王裒的门人为安丘令所役使，于是求王裒向安丘令说情，王裒对门人说："卿学不足以庇身，吾德薄不足以荫卿，属之何益！且吾不执笔已四十年矣。"王裒不但没有向安丘令求情，反而支持安丘令的决定，"乃步担乾饭，儿负盐豉草，送所役生到县，门徒随从者千余人"。安丘令得知王裒率门徒前来为"役生"送行，便"整衣出迎之"。见到安丘令，王裒说："门生为县所役，故来送别。"然后，与门生"执手涕泣而去"。

由于学校管理甚严，也曾出现过学生对教师不尊重的情况。如北周权臣宇文护，在与北齐决战时，其母等人被北齐所虏。齐主"乃留其母，以为后图"，便使人修书一封给宇文护。在书信中，谈及宇文护等对受阳学博士成某"谋欲加害"，且都受到家长惩罚一事。信中称：

汝时年十三，共吾并乘马随军，可不记此事缘由也？于后，吾共汝在受阳住。时元宝、菩提及汝姑儿贺兰盛洛，并汝身四人同学。博士姓成，为人严恶，汝等四人谋欲加害。吾共汝叔母等闻之，各捉其儿打之。唯盛洛无母，独不被打。其后尔朱天柱亡岁，贺拔阿斗泥在关西，遣人迎

---

① 裴松之注：《三国志》卷29《魏书·方技传》。

家累。①

总之，这一时期地方官学的教育活动因历史的原因而缺乏可持续性，但从中央到地方政府，亦未曾忽视过地方官学的办理，不仅建立了地方官学制度，且地方官学教师亦被纳入吏员编制，收入有保障，在一定程度上保证了教师队伍的稳定性，从而使他们在教学之余，还能积极参与地方管理事务。地方官学生的入学门槛较低，学习生活比较辛苦，还要定期接受来自上级官方的考核，但也有机会历练政事，在实践中提升自己的处事能力。这一切都为唐宋时期地方官学教育活动的开展提供了经验。

---

① 令狐德等：《周书》卷 11《晋荡公护》。

第四章

私学教育活动

　　先秦时期的私学教育活动异常活跃，学派众多，名师辈出，在中国教育活动史上可谓举足轻重。但秦王朝出于思想与政治统一的需求，采取了"禁私学""禁游宦"以及"以法为教""以吏为师"政策，结束了战国时期诸子"百家争鸣"的局面，而且严重冲击了按照学术自由原则建立起来的私学教育传统，在一定程度上遏制了私学的发展。汉初社会政治、经济、文化等方面都有待恢复发展，政府无力顾及教育，所谓"喟然兴于学。然尚有干戈，平定四海，亦未皇庠序之事也"①。由于人力、财力和物力所限，既无法满足人们的教育需求，也无法在短时间内培养出统治阶级所急需的大量治术人才。在这种举步维艰的情况下，汉朝统治者毅然解除了秦朝对私学的禁令，并鼓励民间兴

——————————

　　① 班固：《汉书》卷88《儒林传》。

办私学。于是，秦时隐匿于民间的儒生学者及其门人弟子，纷纷开办私学讲经授徒，私学得到快速发展。

魏晋南北朝时期政局紊乱，改朝换代的事情频繁发生，一些统治者面对复杂多变的政局，亦无力顾及教育，已有的教育政策也难以延续，从而导致官学教育日渐衰退。在这种情况下，私学教育应运而生，一些知识分子不慕名利，绝意仕途，或设学于乡里，或就教于都市，或讲学于山林，或隐身于寺庙、道观，私学教育活动异彩纷呈，在一定程度上推动了魏晋南北朝时期私学教育的发展，且为各个政权特别是各少数民族政权培养了大批精通儒家经典的治术人才。关于寺庙、道观内及少数民族的私学教育活动，将在少数民族教育及佛道教化部分作详细阐释，此不赘述。

第一节　私学管理活动

相对于先秦时期，秦汉魏晋南北朝时期的私学在办学层次、入学年龄和学习年限、教育内容的选择、教师的构成及经费来源等各项管理活动方面都有较大的提升，具有鲜明的私学教育活动特征；且与同时期官学相比，也呈现出诸多不同之处。

一、办理层次从蒙学、诵经到专经

秦朝虽然采取了各种严厉措施取缔私学，但并未禁绝，一些学者隐匿民间，继续从事着私学教育活动，如齐鲁一带仍然存在私人讲学的传统。如《史记·孔子世家》所载："孔子葬鲁城北泗上……弟子及鲁人往从冢而家者百有余室，因命曰孔里。"刘邦在即帝位之前，曾带兵围鲁时，"鲁中诸儒尚讲诵习礼，弦歌之音不绝"。秦末陈涉起义后，大量的儒生纷纷投奔，如史载："及至秦始皇兼天下，燔《诗》《书》，杀术士，六学从此缺矣。陈涉之王也，鲁诸儒持孔氏礼器往归之。于是孔甲为涉博士，卒与俱死……然而搢绅先生负礼器往委质为臣者何也？以秦禁其业，积怨而发愤于陈王也。"① 这些都表明秦始皇为了加强

---

① 班固：《汉书》卷 88《儒林传》。

中央集权，禁锢人们的思想意识，采取了禁私学、焚书坑儒等极端措施，但私学教育活动一直在持续着，直至秦末战乱之时，私学教学活动仍然在继续传播着儒家学说，具有较强的生命力。

史料中关于秦朝私学的记载少之又少，无从考察当时私学的办学层次及教育教学活动，但从现存的《秦律杂抄》的记载仍可大致推断一二，在其"除弟子律"部分规定："当除弟子籍不得，置任不审，皆耐为侯。使其弟子为赢律，及治（笞）之一甲；决革，二甲。"即规定学校或私学教师如果不适当地将学生除名，或者任用保举学生不当的，都要受到法律处分。对学生实行体罚的，罚一甲；打破学生皮肤的，罚二甲。为提高民众受教育的积极性，对学校或私学的在学学生还给予赋税方面的优待，如可以免除学生的兵役，并且禁止严惩世人为了逃避兵役冒充学生的行为。秦统一六国后，这些规定并没有立即废弃，但随着秦朝严禁私学政策的实施，也逐渐变成了一纸空文。

自汉朝至魏晋南北朝时期，私学教育活动生机勃勃，按其教学内容的深浅程度，可将其划分为三个层次或阶段，即蒙学教育、诵经教育和专经教育。

第一，蒙学教育阶段，其相当于官办小学教育。由于官学教育体系中没有蒙学教育，所以蒙学教育主要是由私学来承担的。施教的场所被称为"书馆""学馆""书舍"等，对学习者主要进行识字、习字、术数和基本行为规范的教育，学童就近入馆学习，人数多少不一，有的书馆只有数名学生，有的有十几名、几十名，多的有百人以上。王充在《论衡·自纪》中，称其"八岁出于书馆，书馆小童百人以上"。对此，王国维解释说："汉时，教初学之所名曰书馆，其师名曰书师，其书用《仓颉》《凡将》《急就》《元尚》诸篇，其旨在使学童识字、习字。"[①] 从教学内容来看，蒙学教育是处于私学教育体系中的一种较低级的教育阶段，是为诵经教育和专经教育打基础的。

第二，诵读教育阶段。学生在接受过蒙学教育之后，就可以进入较高一级的诵读经书的私学继续学习，这是专经教育的过渡和准备阶段。

第三，专经教育阶段。相当于官办大学的层次，通常是由经学大师自立"经馆""精舍""精庐"等讲学授徒，吸引了大批学子前来就读。例如，东汉时

---

① 王国维：《观堂集林》卷4《汉魏博士考》。

经师姜肱"博通《五经》，兼明星纬"，他所建精庐规模庞大，"士之远来就学者三千余人"；经师刘淑"学明《五经》，遂隐居，立精舍讲授，诸生常数百人"①；经师檀敷，"家贫而志清，不受乡里施惠。举孝廉，连辟公府，皆不就。立精舍教授，远方至者常数百人"②；经师李充"立精舍讲授"③。尤其是经学家郑玄，为躲避祸乱，居石窟筑茅庐，讲经授徒多年。图4-1为郑玄在胶州洋河镇艾山隐居的一个石窟书屋。石窟有不太明显的人工开凿的痕迹，顶部为弧形，长、宽、高各约2米，内有石质的书案，对着洞口的石壁上有石刻壁画（后人为纪念郑玄在此读书讲学而刻），在另一侧石壁上刻有模糊的字体。据史料记载，汉灵帝中平年间，郑玄在党锢之祸后，为躲避黄巾军战乱，与弟子一起逃往不其山（今崂山）避难。逃难途中，郑玄发现艾山风景极佳，又有石洞栖身，就在此隐居研经、讲学、授徒三年左右。因其字为"康成"，后人便称此石窟为"康成书屋"。三年后，郑玄赴不其山筑庐，继续授徒讲学，著书立说，且连周围的草木都染上了灵气。如《太平广记·草木三》载："郑司农常居不其城南山中教授。黄巾乱，乃避。遣生徒崔琰、王经诸贤于此，挥涕而散。所居山下草如薤，叶长尺余许，坚韧异常，时人名作康成书带。"

图4-1　艾山郑玄隐居讲学处

另据《崂山志·人物志》载："玄与门人，东入不其山。今山东有村曰书

① 范晔：《后汉书》卷67《党锢列传》。
② 范晔：《后汉书》卷67《党锢列传》。
③ 范晔：《后汉书》卷81《独行列传》。

院，即其教授之处。"可知，由于郑玄在此讲学影响甚大，后人为纪念此事，便就其讲学之地建为"康成书院"，所在村落便名为"书院村"。康成书院为明正德七年（1512 年）所建，2001 年又重修。书院村北不远处的一个小屯，名叫"演礼村"，据传为当年郑玄向山里人传授、演习礼仪的地方。

这样，在众多硕儒的参与推动下，平民百姓的读书热情十分高涨，一时好学之风盛行，两汉私学专经教育呈现出一派繁盛之景象。如范晔在《后汉书·儒林列传下》中所称：

> 自光武中年以后，干戈稍戢，专事经学，自是其风世笃焉。其服儒衣，称先王，游庠序，聚横塾者，盖布之于邦域矣。若乃经生所处，不远万里之路，精庐暂建，赢粮动有千百，其著名高义开门受徒者，编牒不下万人，皆专相传祖，莫或讹杂。

十六国时期后秦国主姚兴积极扶持奖掖儒学，在他的倡导下，当时长安地区聚集了大批硕儒、饱学之士，他们立经馆讲学，四方求学之徒齐聚长安。如："天水姜龛、东平淳于岐、冯翊郭高等皆耆儒硕德，经明行修，各门徒数百，教授长安，诸生自远而至者万数千人。"[1] 前秦凉州大儒胡辩，"苻坚之末，东徙洛阳，讲授弟子千有余人，关中后进多赴之请业"[2]。

南北朝时期立经馆授徒者更多，诸如北朝的马光"少好学，从师数十年，昼夜不息，图书谶纬，莫不毕览。尤明《三礼》，为儒者所宗"，"教授瀛、博间，门徒千数，至是多负笈从入长安"[3]，等等。南齐的沈麟士，在吴差山中开设经馆，讲授经学和老庄之学，门下弟子有数百人。南齐的刘瓛"博通《五经》。聚徒教授，常有数十人"。"儒学冠于当时，京师士子贵游莫不下席受业。"[4] 南齐的杜京产在"宁东山开舍授学"，他还筹集大量资财，邀请名儒刘瓛至精舍讲学，"京产请瓛至山舍讲书，倾资供待。子栖躬自屣履，为瓛生徒下食，其礼贤如此"[5]。私学教师不仅讲学授徒，他们相互之间还进行学术讨论和研究，这样，教师之间可以取长补短，学生也可以充分拓展视野和知识面。

---

① 房玄龄等：《晋书》卷 117《姚兴上》。
② 房玄龄等：《晋书》卷 117《姚兴上》。
③ 李延寿：《北史》卷 82《儒林下》。
④ 萧子显：《南齐书》卷 39《刘瓛》。
⑤ 萧子显：《南齐书》卷 54《高逸》。

这一时期的私学经师，一般教授弟子一经或数经，教学内容与太学类似，而其学生的学习程度并不逊于官学生。如南朝陈代经师周弘正，在国子学做学生时也就15岁，居然还给国子生讲《周易》，就连国子学的博士也称其"虽曰诸生，实堪师表"。这实际上得益于他入国子学之前所打下的基础，才有如此之成就。如史载："年十岁，通《老子》《周易》……十五，召补国子生，仍于国学讲《周易》，诸生传习其义。以季春入学，孟冬应举，学司以其日浅，弗之许焉。博士到洽议曰：'周郎年未弱冠，便自讲一经，虽曰诸生，实堪师表，无俟策试。'"① 又如陈朝经师王元规，"少好学，从吴兴沈文阿受业。十八，通《春秋左氏》《孝经》《论语》《丧服》。梁中大通元年，诏策《春秋》，举高第，时名儒咸称赏之"②。沈文阿为吴兴名儒，"精通《三礼》《三传》"，梁时曾为国子助教，迁五经博士。可知，王元规的成就同样也是早年受业于沈文阿的结果。

二、入学年龄和学习年限灵活

就总体情况来看，这一时期的私学没有明确的入学年龄规定，学生在接受一定阶段的教育后（包括启蒙教育），有能力并想进一步接受教育的生徒，既可以跟随原来的教师学习，也可以另外选择私学大师深造，或通过一定的途径进入相应层次的官学学习。因此，私学的入学年龄没有统一的规定，学习年限也是不固定的，对于不同的私学和不同的学生群体来说，接受私学教育的年龄和学习年限也是有很大差异的。

在两汉时期，私学学生大致在8岁左右入学接受启蒙教育，不仅学习书写、计算的基本知识，还学习待人接物的礼仪。经过大约7年时间的学习，至15岁时结束启蒙教育和诵经教育，尔后进入专经教育阶段，学习儒家经典和伦理规范。同时，地方政府还可以将在私学各教育阶段中表现优异的学生直接保荐进入地方或中央官学继续深造。

据史书所载，两汉时有至少6岁时开始接受启蒙教育的。如《后汉书·皇后纪》记载，邓太后自幼好学，"六岁能《史书》，十二通《诗》《论语》"。可知，邓太后至少从6岁就开始接受教育了，她"志在典籍，不问居家之事"，因

---

① 姚思廉：《陈书》卷24《周弘正》。
② 姚思廉：《陈书》卷33《儒林》。

而学业十分优秀,"诸兄每读经传,辄下意难问"。12岁以后,邓太后"昼修妇业,暮诵经典"。王充同样是6岁开始读书,8岁入书馆习字,学习《论语》《尚书》等儒家经典。

有至少7岁开始接受启蒙教育的。如东汉经师鲁丕,自幼沉静好学,7岁始与其兄鲁恭昼夜诵读不息,勤奋努力,成绩优异;12岁时,兄弟两人一同进入太学深造,仍然潜心学习,为诸儒称赞。张霸,"年数岁而知孝让,虽出入饮食,自然合礼",乡人称其为"张曾子"。在他7岁时就通《春秋》,"复欲进余经,父母曰:'汝小未能也。'霸曰:'我饶为之'"[1]。可以说是一个少见的神童。马援之孙马续,"七岁能通《论语》,十三明《尚书》,十六治《诗》,博观群籍,善《九章算术》"[2]。

有至少8岁开始接收启蒙教育的。如隐士承宫,少年孤苦,"为人牧豕"。8岁时路过同乡徐子盛所办的私学,听到徐子盛给弟子讲授《春秋经》,便激发了承宫的学习兴趣,并有了求学的愿望。于是,承宫恳求徐子盛收其为徒,开始接受启蒙教育。如史所载:

> 承宫字少子,琅邪姑幕人也。少孤,年八岁为人牧豕。乡里徐子盛者,以《春秋经》授诸生数百人。宫过息庐下,乐其业,因就听经,遂请留门下,为诸生拾薪。执苦数年,勤学不倦。经典既明,乃归家教授。[3]

有至少9岁开始接受启蒙教育的。如班固9岁能诵诗作文,16岁时入太学就读。范升9岁进入诵读经书的阶段,"九岁通《论语》《孝经》"。年龄稍大,又进行专经学习。"及长,习《梁丘易》《老子》。"[4]

还有至少12岁、13岁之前开始接受启蒙教育的。如东汉官员左雄,建议顺帝崇尚经术,修缮太学,"征海内名儒为博士,使公卿子弟为诸生。有志操者,加其俸禄。及汝南谢廉,河南赵建,年始十二,各能通经,雄并奏拜童子郎。于是负书来学,云集京师"[5]。在左雄的建议推动下,四方求学者云集京师,学风大盛。朱勃,"年十二能诵《诗》《书》"。他才华出众,马援自愧不如,所谓

---

① 范晔:《后汉书》卷36《郑范陈贾张列传》。
② 范晔:《后汉书》卷24《马援列传》。
③ 范晔:《后汉书》卷27《宣张二王杜郭吴承郑赵列传》。
④ 范晔:《后汉书》卷36《郑范陈贾张列传》。
⑤ 范晔:《后汉书》卷61《左周黄列传》。

"辞言娴雅，援裁知书，见之自失"①。荀爽，"幼而好学，年十二，能通《春秋》
《论语》"。他"耽思经书"，学业优异，连太尉杜乔也赞其"可为人师"②。邓禹，
"年十三，能诵诗，受业长安"③。还有东方朔，据《汉书·东方朔传》载："年
十三学书，三冬文史足用。十五学击剑。十六学《诗》《书》，诵二十二万言。
十九学孙、吴兵法，战阵之具，铤鼓之教，亦诵二十二万言。"可见，东方朔从
13 岁开始接受启蒙教育，直至 19 岁，总共学习了 6 年时间。相对于同时期的学
生来说，东方朔入学接受教育的年龄可谓有些偏大。

魏晋南北朝是门阀地主垄断政权的时期，统治者在文化教育上享有特权，
官学入学有严格的等级身份限制，寒门和平民子弟无多少机会进入官学学习，
只得转而求教于私学大师所开办的没有身份等级限制的私学接受教育。于是，
一些寒微、孤贫、牧羊放豕的孩童得以入学，体现出私学在招生对象上的开放
性和灵活性，这也是这一时期私学快速发展的因素之一。

从史料记载中可以看到，魏晋南北朝时期私学学生的入学年龄与两汉相比
不差上下，基本上也是在 6～13 岁之间。诸如玄学的主要创始人之一王弼，"幼
而察慧，年十余，好老氏，通辩能言"④。东晋书法家王羲之 12 岁时，在其父王
旷的枕中看到前代笔论，他私下习读，其父发现后不仅没有责怪他，反而予以
指导，王羲之书法由此进步神速。由以上史料推断，王弼和王羲之最少在 10 岁
以前就开始接受系统的私学教育了。孔子 22 世孙孔衍，聪敏好学，"年十二，能
通《诗》《书》"⑤。范宣，"年十岁，能诵《诗》《书》"⑥。范乔，9 岁入学接受启
蒙教育，在同辈之中，"言无媟辞。弱冠，受业于乐安蒋国明"⑦。祖莹，8 岁时
就"能诵《诗》《书》，十二为中书学生"⑧。魏晋时期的刘徽，从幼年起就开始
学习《九章算术》。北朝魏、齐官员杨愔幼时不善言谈，不好嬉戏，"六岁学史

---

① 范晔：《后汉书》卷 24《马援列传》。
② 范晔：《后汉书》卷 62《荀韩钟陈列传》。
③ 范晔：《后汉书》卷 16《邓寇列传》。
④ 裴松之注：《三国志》卷 28《魏书·王毌丘诸葛邓钟传》。
⑤ 房玄龄等：《晋书》卷 91《儒林》。
⑥ 房玄龄等：《晋书》卷 91《儒林》。
⑦ 房玄龄等：《晋书》卷 94《隐逸》。
⑧ 魏收：《魏书》卷 82《祖莹》。

书，十一受《诗》《易》，好《左氏春秋》"①。邢邵，"十岁便能属文，雅有才思，聪明强记，日诵万余言"。"乃读《汉书》，五日，略能遍记之……方广寻经史，五行俱下，一览便记，无所遗忘。文章典丽，既赡且速。年未二十，名动衣冠"。族人称颂曰："宗室中有此儿，非常人也。"② 李铉，9 岁入学，"书《急就篇》，月余便通"。且"年十六，从浮阳李周仁受《毛诗》《尚书》，章武刘子猛受《礼记》，常山房虬受《周官》《仪礼》，渔阳鲜于灵馥受《左氏春秋》"③。十六国时期的北凉学官刘昞，14 岁时结束了启蒙教育，识字、习字、学算告一段落，于是进入学习一般经书的阶段，他便拜郭瑀为师学习儒家经典。南朝梁陈之际的马枢，6 岁开始学习儒家学说和《老子》。周弘正，15 岁召补国子生，入学刚半年，就向同学讲授《周易》。根据周弘正入国子学的年龄推断，他在 15 岁以前就已经接受并完成了字书的蒙学教育和初读经书的诵经教育。北周学官斛斯征，"幼聪颖，五岁诵《孝经》《周易》，识者异之。及长，博涉群书，尤精《三礼》，兼解音律"④。可以说，尽管魏晋南北朝时期社会动荡不安，但民间的私学教育活动从未中断过。

　　从上述可知，无论是斛斯征的"五岁诵《孝经》《周易》"，邓太后的"六岁能《史书》"，还是邓禹的"年十三能诵诗"，东方朔的"年十三学书"，这里的学习年岁不完全就是入私学读书的年龄，也许是能够诵读某部经书的年龄，抑或是开始诵读某部经书的年龄，但至少说明他们在六岁之前就已开始接触诵读经书活动了，没有一年半载的时间，是不可能达到"通"的程度的。至于在某个阶段私学学习的年限有多长也不很明确，这要根据个人的努力程度、志向以及家庭所能提供的条件而定。诸如北魏经师刘兰，接受启蒙教育时已经三十多岁，但他勤奋刻苦，三年后就学成收徒开始讲学了。如史所载：

　　　　刘兰，武邑人。年三十余，始入小学，书《急就篇》。家人觉其聪敏，遂令从师，受《春秋》《诗》《礼》于中山王保安。家贫无以自资，且耕且学。三年之后，便白其兄："兰欲讲书。"其兄笑而听之，为立黉舍，聚徒

---

① 李百药：《北齐书》卷 34《杨愔》。
② 李百药：《北齐书》卷 36《邢邵》。
③ 李百药：《北齐书》卷 44《儒林》。
④ 令狐德等：《周书》卷 26《斛斯征》。

二百。兰读《左氏》，五日一遍，兼通《五经》……兰又明阴阳，博物多识，为儒者所宗。瀛州刺史裴植征兰讲书于州城南馆，植为学主，故生徒甚盛，海内称焉。又特为中山王英所重。英引在馆，令授其子熙、诱、略等。兰学徒前后数千，成业者众。①

刘兰可谓大器晚成者，但也不能忽视前期环境熏陶和社会经验积累对其成长的影响，虽然属于个例，在一定程度上也能说明私学招生不分年龄的灵活性。

三、教育内容以经学为主

秦汉魏晋南北朝时期私学各个阶段的教育内容是非常丰富的，但经学教育活动始终是私学教育的主流，同时兼学诸子及社会百科，尤其是还出现了分科教育活动，开后世私学专科教育之风。

（一）蒙学阶段主以基础知识

蒙学阶段的教育内容主要是识字、习字，兼习算术。西汉初，闾里之师在秦字书《仓颉篇》《博学篇》《史籀篇》的基础上，予以扩充合一，断 60 字为章，写成了 55 章的识字课本，仍称作《仓颉篇》，将其作为当时蒙学教育的教材。汉武帝之后陆续又有《凡将篇》《急就篇》《元尚篇》等字书的出现，其中仅《凡将篇》收入的字就超出了以前的《仓颉篇》。此后，私学的蒙学教育内容日渐增多。字书将人们日常生活常用的字汇编在一起，涉及姓氏、衣着、农艺、饮食、器用、音乐、生理、兵器、飞禽、走兽、医药、人事等方面。而《九章算术》则是私学教师教授算术的通用教材。

南北朝时期学者周兴嗣，他在任职员外散骑侍郎时，奉命从王羲之书法中选取 1000 个常用字，以儒学为纲，编成一部有重要影响的儿童启蒙教材《千字文》。全书以"天地玄黄，宇宙洪荒"开头，"谓语助者，焉哉乎也"结尾，共250 句，每四字一句，字不重复，句句押韵，前后贯通，内容涵盖天文、自然、修身养性、人伦道德、地理、历史、农耕、祭祀、园艺、饮食起居等各个方面的知识，很适于儿童诵读。宋明以后，《千字文》与《三字经》《百家姓》一起被称为"三百千"，成为初入私学弟子必读之书。有称"学童三五并排坐，'天

---

① 魏收：《魏书》卷 84《刘兰》。

地玄黄'喊一年"，正是私学教学的真实写照。

在蒙学教育阶段，私学教师一方面要进行识字、习字、算术的教学，另一方面还要对弟子进行日常的行为规范和伦理纲常的教育引导。这两个方面在教学活动中是相互结合、相互渗透的。由于蒙学教育阶段学生大多懵懂无知，没有知识基础。因此，私学体罚现象就比较严重。据王充在《论衡·自纪》中记载："书馆小僮百人以上，皆以过失袒谪，或以书丑得鞭。"因"过失"而要露出皮肉挨打，因"书丑"而要受到鞭笞，且没有例外的，可见当时的体罚还是比较普遍的。经过一段时间的启蒙教育后，学生既可以在原来的私学教师的引导下进入诵读经书阶段的学习，还可以另选私学教师，进入另一个私学继续学习提高。当然，经过初步的扫盲启蒙以后，学生也可以弃学就业。

（二）诵读阶段初涉经书

经过一段时间的启蒙教育后，私学学生可以升入诵经阶段继续学习。王充在《论衡·自纪》中称："充书日进，又无过失。手书既成，辞师受《论语》《尚书》。"诵读经书这一阶段的主要学习内容有《论语》《孝经》《尚书》《诗经》《春秋》等，由各私学教师根据自己的专长来选择所授内容，但无论选择什么，《孝经》和《论语》都是这一学习阶段必学的：一方面它们合乎统治者的需要，突出了孝悌之教；另一方面这两部书的语言简洁流畅，贴近学生的生活实际，适于教学。

一般情况下，这一阶段私学教师实行的是个别教学，重视口授和背诵。教学方式主要是"诵读"，即由教师领读，学生跟读，教师在读经的过程中对经义进行粗略讲解，主要是对学生进行伦理道德教育。教师不要求学生深研经义，只要求他们对经书"粗知文意"或"略通大义"，但一定要达到熟读会背的程度。王充曾在《论衡·自纪》中说自己"日讽千字"。可以说，诵读经书是私学学生每日必做的功课，也是他们学习的基本功。因为诵读经书不仅可以巩固前一阶段识字、习字的成果，提升学生自身的道德修养，还可以为专经阶段的学习做准备。

私学生经过诵经阶段的学习后，大部分人都会中断学业，进入社会谋生，从事农工商等各种活动。只有一少部分学业优异的学生能够继续深造，进入太学或更高一级的私学（经馆）专攻一经或数经。如北齐名医徐之才，史载其

"幼而隽发,五岁诵《孝经》,八岁略通义旨……年十三,召为太学生,粗通《礼》《易》"①。

(三)专经阶段着重研习经史之学

汉朝私学的专经教育一般由硕儒或名师开设主持,教师常常是一边讲学,一边研习学术。而且他们为了专心读书讲学、研习学问以及修身养性,常将自己的讲读场所建于远离尘嚣的幽僻之处,在名山胜水之地建造学舍,供学子学习生活,这类讲读专经的教学场所被称为精舍或精庐。例如,东汉时经师包咸曾客居东海,"立精舍讲授",以教学为生;经师周磐少时游学京城,兼学《古文尚书》《洪范五行传》《左氏春秋》,好礼有德行,"非典谟不言,诸儒宗之"。他事母至孝,母亲死后为母守孝,"服终,遂庐于冢侧,教授门徒常千人"②。

魏晋南北朝时期专经阶段的私学,在教育内容的选择上与两汉相比发生了较大的变化。读书人不再像汉朝士子那样以儒家经典为学习的主要内容,而是学贯经史,很多人甚至兼通经史文诸科学问。诸如蜀汉的尹默,"通诸经史"③。西晋的陈寿,少学儒术,后又钻研历学,"时人称其善叙事,有良史之才"④,最终撰写出《三国志》这样的传世之作。前赵的刘元海,先跟随大儒崔游学习儒家典籍《诗》《书》《易》《左传》等,后又"《史》《汉》、诸子,无不综览"⑤。后秦僧人僧肇,出家前研习诸经,尤其精深老庄之学,是一个集儒、释、道三家学问于一身的高僧。

魏晋南北朝时玄学、佛学、道学盛行,人们的思想意识因受各家各派学说的影响而发生了巨大变化,作为教育内容主体的儒学也随之出现了衰颓之势。《晋书·儒林》称这一时期"宪章弛废,名教颓毁"。《梁书·儒林》也记载此时"三德六艺,其废久矣"。《北史·儒林上》称"自永嘉之后,宇内分崩,礼乐文章,扫地将尽"。赵翼所言当时"所谓经学者,亦皆以为谈辩之资"⑥。可以说,文化思想的活跃也直接影响到了私学的教育活动,除继承并发扬两汉以来的经

---

① 李百药:《北齐书》卷33《徐之才》。
② 范晔:《后汉书》卷39《刘赵淳于江刘周赵列传》。
③ 裴松之注:《三国志》卷42《蜀书·杜周杜许孟来尹李谯郤传》。
④ 房玄龄等:《晋书》卷82《陈寿》。
⑤ 房玄龄等:《晋书》卷101《刘元海》。
⑥ 赵翼:《二十二史札记》卷8《六朝清谈之习》。

学教育外，佛学、道学、玄学等各派学说或与儒家学说相结合，或独立成学，大大扩充了私学教育的内容。还有文史、书法、音乐、科技等方面的学科知识也纳入到了私学教育的范畴，以至于出现了以教授音乐、科技、医学、书法、天文学等专门知识为主的专科教育活动，突破了两汉以来无论官学还是私学均以经学教育为主体的传统。具体来说，主要表现为以下几个方面。

一是经学教育活动。魏晋南北朝时期的传统经学教育活动仍继续存在，但已不再固守两汉的师法、家法传统，也不拘泥于烦琐的章句训诂，儒学在社会上仍然有较大的影响，儒家学者在社会上也具有较高的地位，许多人慕名求师，而博学经籍者也往往借此兴办私学，私学教育活动仍然活跃。例如，三国时的魏"以（董）遇及贾洪、邯郸淳、薛夏、隗禧、苏林、乐详等七人为儒宗"①。尤其是隗禧，"为谯王郎中，王宿闻其儒者，常虚心从学"②。北魏时的刘献之，善《春秋》《毛诗》，四海皆称儒宗，"《五经》大义，虽有师说，而海内诸生，多有疑滞，咸决于献之"③。北朝的熊安生，学识渊博，"学为儒宗"。南朝齐时的刘瓛，博通五经，以儒学冠于当时，聚徒教授，门下常有弟子数十人，"学徒以为师范"。他的弟子中有不少名流学者，范缜就曾在其门下学习多年，严植之也曾聆听其教诲。刘瓛与当时的名儒吴苞俱于褚彦回宅讲授，两人讲学各有所长，以致时人"朝听瓛，晚听苞"④ 等。

鉴于在诸子百家学说之中，儒学是最具有安邦治国功效的伦理政治学说，因此，魏晋南北朝时期各政权的统治者均对儒学采取了重视和提倡的态度，这对私学选择教育内容的影响是不可忽视的。如三国时期，曹魏政权就特别重视儒学教育，面对社会动乱、礼崩乐坏的现实，许多人认为"儒家为迂阔，不周世用"，即不具有济世之用，故不愿学习儒术。而魏明帝曹睿则说："尊儒贵学，王教之本也。"⑤ 他亲自下诏，挑选官吏向当世大儒高堂隆、苏林等人学习。崇尚佛教的梁武帝也很推崇儒学，史称其："亲屈舆驾，释奠于先师先圣，申之以宴语，劳之以束帛，济济焉，洋洋焉，大道之行也如是。其伏曼容、何佟之、

---

① 裴松之注：《三国志》卷 13《魏书·钟繇华歆王朗传》。
② 裴松之注：《三国志》卷 13《魏书·钟繇华歆王朗传》。
③ 李延寿：《北史》卷 81《儒林上》。
④ 萧子显：《南齐书》卷 39《刘瓛》。
⑤ 裴松之注：《三国志》卷 3《魏书·明帝纪》。

范缜，有旧名于世；为时儒者，严植之、贺玚等首膺兹选。"①

这一时期即使是出身游牧民族的帝王也"以经术为先"。北方十六国的统治者均看重儒学维护专制统治的有效性，重视教育，提倡儒学，将其作为维护封建统治、争取民心的思想武器。总体来说，在魏晋南北朝的私学教育活动中，经学教育仍占据着十分重要的位置。

二是文史教育活动。在汉朝，文史学在很大程度上依附于儒学而存在，专门教授史学的私学非常少，可以说是凤毛麟角。东汉才女班昭，博学高才，继承其父兄遗业，撰写完成了《汉书》。《汉书》写成后，当时的学者多未能通，于是收马融等十余人为徒，教授文史学知识。班昭可说是中国古代私学的第一位女教师，因封建社会男女之防大于一切，师生之间男女有别，就以帷帐相隔，教以训读。这也是在特殊的历史环境中出现的特殊的私学教育活动。

至魏晋南北朝时期，文学作为一门独立学科跻身教育之林，私学中也随之出现了文学教育活动。魏文帝曹丕提出了"文章经国之大业，不朽之盛事"② 的观点。《隋书·李谔》记载："魏之三祖，更尚文词，忽君人之大道，好雕虫之小艺。下之从上，有同影响，竞骋文华，遂成风俗。"东晋葛洪认为，"文章之与德行，犹十尺之与一丈"③。北魏孝文帝爱好文学，不仅"雅好读书，手不释卷"，重用名儒，而且"才藻富赡，好为文章，诗赋铭颂，任兴而作。有大文笔，马上口授，及其成也，不改一字。自太和十年已后诏册，皆帝之文也。自余文章，百有余篇"④。南朝梁武帝更是雅好文学，史称其："聪明文思，光宅区宇，旁求儒雅，诏采异人，文章之盛，焕乎俱集。每所御幸，辄命群臣赋诗，其文善者，赐以金帛，诣阙庭而献赋颂者，或引见焉。其在位者，则沈约、江淹、任昉，并以文采妙绝当时。"⑤ 陈后主多才多艺，擅长文学，写下了许多被后人称颂的名篇佳作。可以说，在统治者和社会名流的倡导重视下，文学的地位大幅度提升，在教育领域中文学与儒学在这一时期甚至可以相提并论。此外，南朝各政权选官取士的标准也逐渐向文史倾斜，如《梁书》载："观夫二汉求

① 姚思廉：《梁书》卷48《儒林》。
② 李善注：《文选》卷52《论二》。
③ 葛洪：《抱朴子·尚博篇》。
④ 魏收：《魏书》卷7下《高祖纪下》。
⑤ 姚思廉：《梁书》卷49《文学上》。

贤，率先经术；近世取人，多由文史。二子之作，辞藻壮丽，允值其时。淹能沉静，昉持内行，并以名位终始，宜哉。"① 在主客观因素的推动下，魏晋南北朝时期的官学和私学中均出现了专门教授文史的教师及相关的教育活动。例如，南朝齐之学者沈飈士，曾在私学中讲授陆机的文学作品《连珠》，"重陆机《连珠》，每为诸生讲之"②。齐之经师臧荣绪，则于私学中讲授史学等，史称其："纯笃好学，括东西晋为一书，纪、录、志、传百一十卷。隐居京口教授。"③

三是音乐教育活动。在魏晋南北朝时期，前代由帝王、贵族专用的雅乐逐渐下移并渗入民间，音乐家们汲取了民歌的精华，创作了大量的"俗乐"。音乐从帝王之家走进社会普通民众的生活，民众有了学习音乐的条件和愿望。当时的士子们也出于附庸风雅的需求，将学习音乐看作一种流行风尚。由此，出现了以音乐为主要教学内容的私学教育活动。如三国时的杜夔，史书称其：

> 善钟律，聪思过人，丝竹八音，靡所不能，惟歌舞非所长。时散郎邓静、尹齐善咏雅乐，歌师尹胡能歌宗庙郊祀之曲，舞师冯肃、服养晓知先代诸舞。夔总统研精，远考诸经，近采故事，教习讲肄，备作乐器。绍复先代古乐，皆自夔始也。④

他的弟子邵登、张泰、桑馥等人凭借音乐方面的专业知识入仕，成为主管朝廷音律的官员。但在音律造诣上，弟子还稍有逊色。如史载："弟子河南邵登、张泰、桑馥，各至太乐丞，下邳陈颃司律中郎将。自左延年等虽妙于音，咸善郑声，其好古存正莫及夔。"⑤ 东晋人戴逵多才多艺，不仅擅长绘画，还"善琴书"。南朝刘宋人徐湛之，不仅文采出众，善于尺牍，而且精通乐理，音辞流畅，"伎乐之妙，冠绝一时"，他的私学有弟子千余人，"皆三吴富人之子，姿质端妍，衣服鲜丽。每出入行游，途巷盈满，泥雨日，悉以后车载之"⑥。可知，徐湛之的音乐教育已具有一定的规模，在当时的影响颇大。刘宋时还有数学家祖冲之，博学多才，精通音律，史称其"解钟律，博塞当时独绝，莫能对

---

① 姚思廉：《梁书》卷14《江淹任昉》。
② 萧子显：《南齐书》卷54《高逸》。
③ 萧子显：《南齐书》卷54《高逸》。
④ 裴松之注：《三国志》卷29《魏书·方技传》。
⑤ 裴松之注：《三国志》卷29《魏书·方技传》。
⑥ 沈约：《宋书》卷71《徐湛之》。

者"①。北魏的柳谐，"善鼓琴"，他所奏曲调与手法与众不同。因此"京师士子翕然从学"②。以上这些史料，说明当时的音乐教育活动已经在私学中十分普及。

四是科技教育活动。科技教育内容不仅包括数学、天文学等方面的知识，还讲授传统的经史之学。许多从事科技教育的私学教师本人就兼通文理两方面的知识。如史载：

> 李撰……父仁，字德贤，与同县尹默俱游荆州，从司马徽、宋忠等学。撰具传其业，又从默讲论义理，五经、诸子，无不该览。加博好技艺，算术、卜数、医药、弓弩、机械之巧皆致思焉。③

> 郭琦……少方直，有雅量，博学，善五行，作《天文志》《五行传》，注《谷梁》《京氏易》百卷。④

李撰为三国时期蜀汉官员，初为州书佐、尚书令史。延熙元年（238 年），后主刘禅立太子，以李撰为庶子，迁任仆射，后转任中散中大夫、右中郎将。但在其出仕之前，从师司马徽、宋忠等，不仅具传师传，且"博好技艺"。郭琦未出仕之前，在家乡太原晋阳以教书为业，"乡人王游等皆就琦学"。他在授徒讲学的同时还撰写了一系列的学术著作，利用自己擅长阴阳五行学说的特长，用阴阳五行学说解释儒家经典，写出了《五行传》《谷梁传注》《京氏易传注》等学术著作。古代天文学是以阴阳五行学说为基础的，据此，郭琦结合自己的研究心得，写出了天文学方面的专著《天文志》。西晋隐士郭公精通"五行、天文、卜筮之术"，郭璞跟随他学习，学有所长，预测祸福、除灾转祸之术冠绝一时，世人赞誉郭璞的占卜、预测之术超过了前辈预测术士中的大师京房和管辂。郭璞不仅精通预测、占卜之术，还"好经术"，擅长文学，其"词赋为中兴之冠"⑤，是一位多才多艺的学者，他后来也开办私学招徒讲学。可见当时的私学科技教育活动涉及面之广。十六国初时，精通天文、图谶"兼善经学"的台产，"少专京氏《易》，善图谶、秘纬、天文、洛书、风角、星算、六日七分之学，尤善望气、占候、推步之术"。他虽然隐居商洛南山，但广收门徒，传授并积极推广自己的学术，"泛情教授，不交当世"①。北魏的"儒宗元老"高允，不仅"性好文学"，还"博通经史天文术数"，撰有数学专著《算术》三卷。太武帝神麚三年（430年），高允致仕返乡，以教授为业，远近好学者闻讯竞相投其门下，"受业者千余人"②。

　　五是医学教育活动。中国医学经过先秦和两汉时期的发展，到魏晋南北朝时期，已经建立起一套理论与实践密切结合的完整的中国传统医学体系。魏晋南北朝时期有不少士人精通医学，也有不少名医精通经史学问，医学知识成为当时知识分子喜欢涉猎、学习的一种学问。三国时的名医华佗曾"游学徐土，兼通数经"。当时，虽然培养专门医学人才的学校有官学和私学两种形式，但官办学校教学力量薄弱，影响和作用都不大。因此，当时的医学教育主要是由遍布民间的各种私学承担的。因而，专门进行医学教育活动的私学也较为普及，不少名医通过言传身教带徒弟的方式传授医学知识。华佗就收有吴普和樊阿两名徒弟。吴普不仅学得华佗的药学和医疗学方面的知识，而且学会并掌握了华佗所创的五禽戏保健术。尤其是利用自己所学的医学技能治病救人，吴普为人解除疾患之苦，自己也健身有术，"年九十余，耳目聪明，齿牙完坚"③。而樊阿不仅学会华佗的针灸术，还擅长华佗的食物保健疗法。他坚持服用华佗传下的"漆叶青粘散"，"寿百余岁"。南朝宋时的王微，"善属文，能书画，兼解音律、医方、阴阳术数"④；羊欣"素好黄老，常手自书章，有病不服药，饮符水而已。兼善医术，撰《药方》十卷"⑤。南梁有"山中宰相"之称的道士陶弘景，博识百家，"读书万卷"，有"一事不知"即"深以为耻"。他还"善琴棋，工草隶"，在其精研的学问中，也包括医学，"尤明阴阳五行，风角星算，山川地理，方图产物，医术本草"⑥。北魏的王安道、李亮，年少时曾师从同一位医师，"俱学医药"，王安道"粗究其术"，而李亮后又投师僧坦，专攻方剂，"针灸授药，莫不有效"⑦。北魏医学家崔彧，出身清河士族，曾跟随青州一位"隐逸沙门"学习

---

① 房玄龄等：《晋书》卷95《艺术》。
② 魏收：《魏书》卷48《高允》。
③ 范晔：《后汉书》卷82下《方术列传》。
④ 沈约：《宋书》卷62《王微》。
⑤ 沈约：《宋书》卷62《羊欣》。
⑥ 姚思廉：《梁书》卷51《处士》。
⑦ 魏收：《魏书》卷91《李修》。

医术。这位僧师以《素问》及《甲乙》等医书教授崔彧。崔彧不负师望，学有所得，"遂善医术"，以医术闻名乡里，而且医德出众，他"广教门生"，"令多救疗"病人。他门下弟子赵约、郝文法学成出师后也招徒立学，所教授的弟子也颇有名气。北朝才子徐之才，官至北齐尚书令，他少习经术，通玄学，"少解天文，兼图谶之学"，"博识多闻"，尤"善医术"①。这样，中国传统医学的基础理论和治疗经验，在一批医术高明的医学家和私学大师的推动下，有了明显的发展与进步。

六是书法教育活动。自晋武帝创设"官书学"，"立书博士"，招收学生教习钟繇、胡昭的书法以来，书法便成为当时官学教育的基本内容之一。受此影响，私学也出现了专门教授书法的活动。书学的办学形式如同普通的私学一样，由一位教师教授若干名学生。如东晋女书法家卫铄，曾师从钟繇，尽得其法。她以书法著称于世，世称"卫夫人"。宋代陈思《书小史》引《唐人书评》称其书"如插花舞女，低昂美容。又如美女登台，仙娥弄影；红莲映水，碧沼浮霞"。王羲之年少时曾拜其为师，学习书法技艺。北齐有书"博士"雅称的张景仁，"以学书为业，遂工草隶，选补内书生"②。北周的黎景熙，"尝从吏部尚书清河崔玄伯受字义，又从司徒崔浩学楷篆"③ 等。

总体来说，汉及魏晋南北朝时期私学教育的内容是丰富多彩的，且随着私学层次的提升，教育内容也在加深和增多。如果说汉朝私学教育以经学为主，那么魏晋南北朝时期的私学在以经学为主的前提下又扩展到诸子百家及社会百科，尤其是贴近民众生活的医学知识也成为私学教育的主要内容，为后世私学教育提供了范例。

四、复杂多元的教师构成

古代的官办学校对教师的选拔和任用较为正规，有一定的衡量和奖惩标准，因此教师的构成相对较为简单。而对于私学来说，其情形就比较复杂。这是因为，私学是由个人设立的，私学教师通过讲学授徒而获得一些经济收入，开办私学是当时一些学者、儒生借以谋生的手段，通常情况下不存在由多个教师共同开办私学的情况。因此，私学教师的构成与官学教师相比，具有其特殊性：

① 李延寿：《北史》卷 90《艺术下》。
② 李百药：《北齐书》卷 44《儒林》。
③ 令狐德等：《周书》卷 47《艺术》。

一方面，私学设置的多样化导致了私学教师构成的多样化；另一方面，私学本身的教育程度、教育内容使得掌握各种学问、具有各种身份的知识分子都有可能从事私学教师的职业。大致归纳起来，秦汉至魏晋南北朝时期的私学教师基本上由如下几类学者构成。

图 4-2　王维作伏生授经图（日本大阪市立美术馆藏）

第一，名师巨儒。汉初，国家急需治术人才，多方访求民间的隐逸贤士。文帝时，"求能治《尚书》者，天下亡有"，闻听秦时博士伏生学识渊博，希望他能出山为国效力。但伏生年迈，"年九十余，老不能行"①。于是，大臣晁错奉文帝之命跟随伏生学习《尚书》，即所谓《今文尚书》。图 4-2 为唐代画家王维所作，画面中伏生头著方巾，肩披薄纱，身体瘦弱，盘坐在案几后的蒲团上。他两臂伏案，一手拿着经书，一手指着经书上的内容，目光似乎在看着坐在下面的授课对象晁错，嘴唇微启，似在说教。

图 4-3 为明代画家杜堇所作，方席之上者便是伏生，伏案疾书者即是晁错。除二人之外，还有两人，一位站立的男性应该是过路之人，手中拿着似劳作的工具，路过此地，顺便看个究竟（但不排除是伏生身边之人）；另一位双膝跪地的女子应该是伏生的家人，偎依在伏生身边，主要是为了照顾行动不便的伏生。伏生执教一丝不苟，晁错受教时恭恭敬敬，整个教学场面生动感人，也许这就是当时场景的真实写照吧。

图 4-3　杜堇作伏生授经图（美国大都会博物馆藏）

---

① 班固：《汉书》卷 88《儒林传》。

伏生不仅向晁错授经，而且还执教于"齐鲁之间"，授徒无数。如《史记·儒林列传》所载，伏生"为秦博士……秦时焚书，伏生壁藏之。其后兵大起，流亡。汉定，伏生求其书，亡数十篇，独得二十九篇，即以教于齐鲁之间。学者由是颇能言《尚书》，诸山东大师无不涉《尚书》以教矣"。图 4-4 为南北朝与隋

图 4-4　展子虔作伏生授经图（台北故宫博物院藏）

朝之际画家展子虔所作，表现的是伏生给弟子们讲授《尚书》的情景，有掩卷沉思者，有侧耳听者，有用心看书者，人物神态刻画得十分生动，风神逼真，"神采如生，意度俱足"，给人以一种脱离人间世俗之感。

在这种情况下，一大批隐匿在民间的大师名儒应召入仕，参与朝廷政事。但这些大师名儒入仕以后，由于种种原因，或被当权者排斥打压，政治上不得志；或看破世事不愿卷入政治斗争，他们往往会选择中途退隐，脱离官场，开办私学收徒讲学。如名儒申公曾经"傅太子戊。戊不好学，病申公。及戊立为王，胥靡申公。申公愧之，归鲁退居家教，终身不出门"。可见，申公不容于当权者，被罚做苦役，"胥靡申公"。申公感到受到了侮辱，他辞去博士之职，返乡开设私学，"弟子自远方至受业者百余人，申公独以诗经为训以教"①。经师瑕丘江公，"受《谷梁春秋》及《诗》于鲁申公"。他学识广博，和董仲舒并立于当时，但"仲舒通《五经》，能持论，善属文。江公呐于口，上使与仲舒议，不如仲舒"②。因其不善言辞，不能抒论，遂不为世所用，只能在家以教授为业。东汉名儒马融，早年曾师从"隐于南山，不应征聘，名重关西"的名师挚恂学习儒术，"博通经籍"。先后出任校书郎，诣东观（朝廷藏书处）典校秘书，后召拜郎中、南郡太守及议郎等。以病辞官后，居家教授，因其"才高博洽，为

---

① 班固：《汉书》卷 88《儒林传》。
② 班固：《汉书》卷 88《儒林传》。

世通儒，教养诸生，常有千数"①。

当时的硕学名儒在未从政或任博士之前也一直从事私人教学活动，如汉昭帝时的韦贤，史载其："为人质朴少欲，笃志于学，兼能《礼》《尚书》，以《诗》教授，号称邹鲁大儒。征为博士，给事中，进授昭帝《诗》，稍迁光禄大夫、詹事，至大鸿胪。"② 还有，京兆人杨政，少好学，"善说经书"，有数百人跟随他学习，后官至左中郎将。谢该，南阳章陵人，精研《春秋左氏》，曾有人向他提出"《左氏》疑滞数十事"，谢该对答如流，"该皆为通解之"。他的私学"门徒数百千人"③，后出任公车司马令，拜议郎。

第二，民间隐士。有一部分学者儒生干脆征召不就，他们不愿出仕做官，宁愿以开办私学讲学为生，同时进行学术研究。例如，秦汉时期的隐士黄石公，据皇甫谧《高士传》称："黄石公者，下邳人也，遭秦乱，自隐姓名，时人莫知者。"在下邳隐居期间，撰成《太公兵法》，在急于寻找传承者之际，碰见了张良，并对张良进行多次考验。考验通过后授书一部，即《太公兵法》。对此，《史记·留侯世家》有载：

> 良尝间从容步游下邳圯上，有一老父，衣褐，至良所，直堕其履圯下，顾谓良曰："孺子，下取履！"良鄂然，欲殴之。为其老，彊忍，下取履。父曰："履我！"良业为取履，因长跪履之。父以足受，笑而去。良殊大惊，随目之。父去里所，复还，曰："孺子可教矣。后五日平明，与我会此。"良因怪之，跪曰："诺。"五日平明，良往。父已先在，怒曰："与老人期，后，何也？"去，曰："后五日早会。"五日鸡鸣，良往。父又先在，复怒曰："后，何也？"去，曰："后五日复早来。"五日，良夜未半往。有顷，父亦来，喜曰："当如是。"出一编书，曰："读此则为王者师矣。后十年兴。十三年孺子见我济北，穀城山下黄石即我矣。"遂去，无他言，不复见。旦日视其书，乃《太公兵法》也。良因异之，常习诵读之。

图 4-5 为明代画家李在所作的"圯上授书图"，描绘的就是黄石公向张良授书的场面。黄石公席地盘腿而坐，面前摆放着似竹简书写而成的书籍一部，右

---

① 范晔：《后汉书》卷 60 上《马融列传》。
② 班固：《汉书》卷 73《韦贤传》。
③ 范晔：《后汉书》卷 79 下《儒林列传》。

手在空中比画着，似是在给张良讲授兵书。张良双腿跪地，双手合掌置于胸前，非常认真恭敬地听黄石公讲授，再现了当时私学中一对一授课时的情景。

两汉时期的临济人牟长父子两代，都开办过私学授徒讲学，"长自为博士及在河内，诸生讲学者常有千余人，著录前后万人"。其子牟纡，"隐居教授，门生千人"①。北海安丘的周泽，"少习《公羊严氏春秋》，隐居教授，门徒常数百人"②。东汉陈国

图 4-5　圯上授书图

长平的颍容，"博学多通，善《春秋左氏》"，不应官府的多次征召，办学"聚徒千余人"③。在教学的同时还撰写了五万多字的《春秋左氏条例》。汝南南顿的蔡玄，"学通《五经》"，不应官府征辟，收徒讲学，门生众多，史载其"门徒堂千人，其著录者万六千人"④。

有"关西夫子"之称的学者杨震的父亲杨宝，终其一生隐居教授。史载其："习《欧阳尚书》。哀、平之世，隐居教授。居摄二年，与两龚、蒋诩俱征，遂遁逃，不知所处。光武高其节。建武中，公车特征，老病不到，卒于家。"杨震的儿子杨秉，"少传父业，兼明《京氏易》，博通书传，常隐居教授"。杨秉的儿子杨赐，"少传家学，笃志博闻。常退居隐约，教授门徒，不答州郡礼命"⑤。可以说，杨震祖孙四代皆隐居教授，致力于教育事业，令人敬重。

两汉时期屡征不就、隐居授徒的学者还有："能弹雅琴，知清角之操"的陈留人刘昆，在王莽当政时，他门下弟子有五百人之多，"建武五年，举孝廉，不

---

① 范晔：《后汉书》卷 79 上《儒林列传》。
② 范晔：《后汉书》卷 79 下《儒林列传》。
③ 范晔：《后汉书》卷 79 下《儒林列传》。
④ 范晔：《后汉书》卷 79 下《儒林列传》。
⑤ 范晔：《后汉书》卷 54《杨震列传》。

行，遂逃，教授于江陵"①。擅长《易》的南阳人洼丹，王莽时"常避世教授，专志不仕，徒众数百人"②。承宫曾跟随徐子盛治《春秋》，史载："（其）执苦数年，勤学不倦，经典既明，乃归家教授。遭天下丧乱，遂将诸生避地汉中，后与妻子之蒙阴山，肆力耕种。禾黍将孰，人有认之者，宫不与计，推之而去，由是显名。三府更辟，皆不应。"③ 任安，兼通数经，"还家教授，诸生自远而至。初仕州郡。后太尉再辟，除博士，公车征，皆称疾不就"④。孙期，"少为诸生，习《京氏易》《古文尚书》。家贫，事母至孝，牧豕于大泽中……远人从其学者，皆执经垄畔以追之，里落化其仁让……郡举方正，遣吏赍羊、酒请期，期驱豕入草不顾。司徒黄琬特辟，不行"⑤。高凤，其家世代以农为业，他专心诵读，昼夜不休，一次受妻子所托，看守夏麦以防鸡所食，但因学习经籍过于专注，没有发觉暴雨骤至，以致淹了麦子。他经过多年苦学成为名儒后，隐居西唐山设学教授，太守闻其大名，多次召请不至。后恐难推辞，又假意与寡嫂争产，自败清誉，求得免仕，终身隐居教授。李育，沈思专精，博览典籍，深得班固赞誉，闻名京师，豪门贵戚争相与之结交，李育不堪其扰，故而称病离去，避地隐居教授，有门生数百人。董扶，曾师从杨厚，学习图谶学，学成后"还家讲授，弟子自远而至。前后宰府十辟，公车三征，再举贤良方正、博士、有道，皆称疾不就"⑥。还有，钟皓"善刑律……公府连辟，为二兄未仕，避隐密山，以诗律教授门徒千余人"⑦，等等。

在魏晋南北朝时期，仍有许多学者不愿为官而选择了聚徒讲学，追随他们的学生常常有数十数百甚至上千人。诸如三国魏经师邴原"以操尚称，州府辟命皆不就"。后隐居教授，"一年中往归原居者数百家，游学之士，教授之声不绝"⑧。据《晋书·儒林传》载，济南人刘兆，博学善诱，在他门下受业的弟子有数千人。刘兆在讲学的同时，著述不辍，撰写了百余万言的著作。吴郡的范

---

① 范晔：《后汉书》卷79上《儒林列传》。
② 范晔：《后汉书》卷79上《儒林列传》。
③ 范晔：《后汉书》卷27《宣张二王杜郭吴承郑赵列传》。
④ 范晔：《后汉书》卷79上《儒林列传》。
⑤ 范晔：《后汉书》卷79上《儒林列传》。
⑥ 范晔：《后汉书》卷82下《方术列传》。
⑦ 范晔：《后汉书》卷62《荀韩钟陈列传》。
⑧ 裴松之注：《三国志》卷11《魏书·袁张凉国田王邴管传》。

平，博览群书，很多名士曾跟随他学习。他的三个儿子均以儒学入仕，名动一时。他的孙子范蔚自幼好学，声名远播，向范蔚求学的人也常有百人。十六国时期的凉州经师宋纤，一生不应官府征召，隐居于酒泉南山，笃学不倦，研究儒家经典，聚徒讲学，受业弟子有三千余人。时人仰慕其学问和名望，称之为"人中之龙"。后因推辞官府征召，竟绝食而死。南朝宋时经师雷次宗隐居不仕，在鸡笼山开馆讲学，门下弟子有百人。南朝齐时的徐伯珍，好释氏、老庄，兼明道术。他隐居不仕，长期办学教授，其教学儒、佛、玄、道并宗，门下生徒多达千余人。诸如此类很有个性的塾师，不胜枚举。

第三，致仕官员。一些曾经任职官学教官的学者不愿继续在官学任教，而选择了开办私学授徒讲学。此外，在职官员因为政治或身体等各种原因辞官归里后，也开设私学，投身于教书育人活动。诸如汉朝的董仲舒，在汉景帝时为博士学官，武帝时先后辅佐江都王和胶西王，他在职日久，对官场的潜规则比较熟悉，"恐久获罪"，便称病辞官，一方面设学讲授，一方面著书立说，即所谓"以修学著书为事"。学者王式，昭帝时为昌邑王刘贺经师，刘贺被废，累及王式当死，后免死归家，先后有多人慕名跟随他学习，史称"山阳张长安幼君先事式，后东平唐长宾、沛褚少孙亦来事式，问经数篇"[1]。后张长安、唐长宾、褚少孙三人皆为博士。杨伦，"少为诸生，师事司徒丁鸿，习《古文尚书》。为郡文学掾。更历数将，志乘于时，以不能人间事，遂去职，不复应州郡命。讲授于大泽中，弟子至千余人。元初中，郡礼请，三府并辟，公车征，皆辞疾不就"。杨伦先后三次为官，但均因直言进谏而被罢官，"前后三征，皆以直谏不合"。他去官归乡后，"闭门讲授，自绝人事。公车复征，逊遁不行"[2]。魏应，"以疾免官，教授山泽中，徒众常数百人"。他"经明行修"，声名远播，"弟子自远方至，著录数千人"[3]。

魏晋南北朝时期也有诸多学者离开官场而开学授徒的，诸如东晋天文学家虞喜，曾经为本郡功曹，后来辞官，终生不仕，史称其："喜少立操行，博学好古。诸葛恢临郡，屈为功曹。察孝廉，州举秀才，司徒辟，皆不就。元帝初镇

---

① 班固：《汉书》卷 88《儒林传》。
② 范晔：《后汉书》卷 79 上《儒林列传》。
③ 范晔：《后汉书》卷 79 下《儒林列传》。

江左，上疏荐喜。怀帝即位，公车征拜博士，不就……专心经传，兼览谶纬。
乃著《安天论》以难浑、盖，又释《毛诗略》，注《孝经》，为《志林》三十篇。
凡所注述数十万言，行于世。"① 北魏学官高允因罪免官，还归乡里，"还家教
授，受业者千余人"②，等等。

第四，熟谙佛、道、玄等人士。西汉以后，佛道两教逐渐走向民众的生活，
熟悉佛道的士人也如同玄学家们一样，借助办理私学等各种机会来传播自己的
思想。如西汉的黄老学者河上公，《史记》称其为"河上丈人"。他精通《老
子》，汉文帝读《老子》遇有不解之处，也常派人向他请教，汉相国曹参就是其
再传弟子。司马谈，"学天官于唐都，受《易》于杨何，习道论于黄子"③。今文
易学"梁丘学"的开创者梁丘贺和"施氏学"的开创者施雠"与孟喜、梁丘贺
并为门人"，都跟随田王孙学习过《易》。学官京房，"治《易》，事梁人焦延
寿"，焦延寿"长于灾变"，京房"用之尤精"，而且"好钟律，知音声"，开创
了"京氏易"④。经师严君平，隐居不仕，以卜筮为业。他认为："卜筮者贱业，
而可以惠众人。有邪恶非正之问，则依蓍龟为言利害。与人子言依于孝，与人
弟言依于顺，与人臣言依于忠，各因势导之以善，从吾言者，已过半矣。"他以
卜筮之术作为教化众人之器，教人子行孝，教人弟和顺，教人臣效忠，教恶从
善，且每日只占数人，所得能自养即闭门歇业，余时则讲学教授《老子》《庄
子》和《易》。"得百钱足自养，财闭肆下帘而授《老子》。博览亡不通，依老
子、严周之指著书十余万言。"⑤ 扬雄年少时曾在其门下受业。

东汉学者杨厚的祖父"善图谶学"，遗命子孙要研习图谶之学。杨厚之父杨
统尊其言，"统感父遗言，服阕，辞家从犍为周循学习先法，又就同郡郑伯山受
《河洛书》及天文推步之术"。杨厚秉承祖业、父业，"精力思述"，并因此入仕
为官，后推病辞官，"修黄老，教授门生，上名录者三千余人"⑥。经师薛汉擅长
灾异谶纬之术，世习《韩诗》，"尤善说灾异谶纬，教授常数百人"⑦。杜抚，"少

---

① 房玄龄等：《晋书》卷91《儒林》。
② 魏收：《魏书》卷48《高允》。
③ 班固：《汉书》卷62《司马迁传》。
④ 班固：《汉书》卷75《眭两夏侯京翼李传》。
⑤ 班固：《汉书》卷72《王贡两龚鲍传》。
⑥ 范晔：《后汉书》卷30上《苏竟杨厚列传》。
⑦ 范晔：《后汉书》卷79下《儒林列传》。

有高才，受业于薛汉……后归乡里教授。沈静乐道，举动必以礼。弟子千余人"①。樊英，"少受业三辅，习《京氏易》，兼明《五经》。又善风角、星算，《河》《洛》七纬，推步灾异。隐于壶山之阳，受业者四方而至"②。廖扶，"习《韩诗》《欧阳尚书》"，"专精经典，尤明天文、谶纬，风角、推步之术"，"教授常数百人"③。段翳，"习《易经》，明风角。时有就其学者，虽未至，必豫知其姓名"④。唐檀，"少游太学，习《京氏易》《韩诗》《颜氏春秋》，尤好灾异星占。后还乡里，教授常百余人"⑤。公沙穆，"长习《韩诗》《公羊春秋》，尤锐思《河》《洛》推步之术"。后遂隐居东莱山，"学者自远而至"⑥。许彦，少孤贫，好读书，曾师从沙门法叙受《易》。可见，当时除儒家学者外，部分掌握佛道玄等其他学术的学者也开办私学从事授徒讲学活动。此外，一些术士也通过讲学授徒以扩大影响。例如，东汉的维氾，"妖言称神，有弟子数百人"。其死后，"弟子李广等宣言氾神化不死，以诳惑百姓"⑦。

至魏晋南北朝时期，许多专治《老》《庄》《易》的学者也积极投身私学实践活动，和经学家一样开设私学教授弟子。玄学领袖人物之一的王弼，既通儒术，又精研《易》《老子》。西晋的杨轲"少好《易》，长而不娶，学业精微，养徒数百"⑧。尤其是被称为"竹林七贤"的嵇康、阮籍、山涛、王戎、向秀、刘伶、阮咸，他们都是魏晋名士，更是有一定影响的文学家和教育家。但其思想上多蔑视礼教，崇尚老庄，行为上狂放不羁，嗜酒谈玄，与现实有一定的冲突，故而总是与现实政治格格不入。嵇康就是因为"非汤武而薄周孔"，遭钟会构陷，而被司马昭所杀。刘伶曾作《酒德颂》，放酒纵诞，无视"礼法"。阮籍尝以"白眼"看俗士，其《咏怀》诗揭露了司马氏的暴肆，抒发了"孤鸿号外野"和"终身履薄冰"的忧惧索漠心情，为历代诗家所推崇。他们身上所呈现出的旷达、高雅、孤傲的个性以及知识分子自由清高的理想人格在图4-6《竹林七贤

---

① 范晔：《后汉书》卷79下《儒林列传》。
② 范晔：《后汉书》卷82上《方术列传》。
③ 范晔：《后汉书》卷82上《方术列传》。
④ 范晔：《后汉书》卷82上《方术列传》。
⑤ 范晔：《后汉书》卷82上《方术列传》。
⑥ 范晔：《后汉书》卷82下《方术列传》。
⑦ 范晔：《后汉书》卷24《马援列传》。
⑧ 房玄龄等：《晋书》卷94《隐逸》。

和荣启期》画像砖上得到了充分的表现。

图 4-6　竹林七贤与荣启期南朝砖画（南京博物院藏）

这幅像砖画，是 1960 年在南京西善桥的南朝大墓中发现的。由 200 多块古墓砖组成，分为两幅，上幅自左至右依次为嵇康、阮籍、山涛、王戎，下幅从左到右依次为荣启期、阮咸、刘伶、向秀。人物之间以银杏、松槐、垂柳相隔。荣启期并不是魏晋时期人物，而是春秋时期郕国人，他精通音律，博学多才，但在政治上并不得志，因而老年以后，常常在郊野"鹿裘带素，鼓琴而歌"，并以此自得其乐。之所以与"竹林七贤"画在一起，主要是考虑到他与"竹林七贤"的遭遇有些相似以及人物需要对称的缘故。

画像砖上的嵇康，依然是一个豁达而有文采的人物。据文献记载，嵇康"博综伎艺，于丝竹特妙"，且常"弹琴咏诗，自足于怀"。再看砖画中的嵇康，正在抚琴，微微扬头举眉，有"手挥五弦，目送归鸿"的神情，给人一种旁若无人之感。阮籍是一个不拘小节的人，喜好饮酒，且"嗜酒能啸"，故有"嵇琴阮啸"之说。砖画中的阮籍侧身席地而坐，口作长啸之状，一幅嗳嚅忘形的样子。傍置酒具，酒杯里放着一只木雕小鸭，古人称之为"浮"，只要看对方酒杯中小鸭浮沉的程度，就可以知道对方饮得深浅。山涛有"饮酒至八斗方醉"的记录，砖画中的山涛跪坐于地，衣袖高挽，手举酒杯，面对垂柳而豪饮，典型的嗜酒如命的文士。王戎为人直率，不修威仪。砖画中的王戎坐卧于地，一只肘臂支撑在小桌上，另一只手臂挥舞如意，身旁置酒具，背后是银杏，并配以钱箱、赤腿，姿态懒散悠闲，自得其乐。向秀"雅好老庄之学，庄周著内外数十篇……秀乃为之隐解，读之者超然心悟，莫不自足一时也"①。画中的向秀，闭目倚树凝思，似乎正在领悟老庄哲学的真义。刘伶嗜酒如命，"止则操卮执觚，动则契盍提壶"，大杯小盅，来者不辞。砖画中的他跪坐于地，手持耳杯斟酒，面对垂柳，作饮酒姿势，一副醉意朦胧之态。阮咸通音律，擅弹四弦琵琶，相传这种乐器为阮咸所创造，故又名"阮咸"。画中的阮咸盘腿而坐，面对银杏，挽袖拨阮，完全沉浸在音乐之中。每一位人物都刻画得十分丰满，又都合乎本人的个性特征，同时也是当时知识分子苦闷与憧憬自由心态的再现。

东晋学者郭璞，"好经术，博学有高才，而讷于言论，词赋为中兴之冠。好古文奇字，妙于阴阳算历"。曾师从客居河东"精于卜筮"的郭公学习。郭公"以《青囊中书》九卷与之，由是遂洞五行、天文、卜筮之术，禳灾转祸，通致无方，虽京房、管辂不能过也"。后来，郭璞的门人赵载曾窃取《青囊书》想私自学习，但"未及读，而为火所焚"②。

南朝宋学者何尚之，办私学专门讲授玄学，吸引当时的社会名流学者如东海徐秀、庐江何昙、颍川荀自华、太原孙宗昌、鲁郡孔惠宣等远道来学，成为影响较大的南学学派。何尚之将玄学列为学校的教学科目，是一项创举，对后世教育影响深远。南朝齐之大儒杜京产，"颇涉文义，专修黄老"，"学遍玄儒，博通史子"，在"始宁东山开舍授学"③。陇西人王嘉不和世人交游，脱离凡人的生活，选择深山峭壁开凿洞穴居住讲学，他的弟子也和他一样，凿崖穴居。天文学家郭琦和台产均以天文、五行教授弟子。

第五，民间文人。即民间的一般知识分子，由于经济方面的原因也往往充任私学教师。汉朝重视文化教育事业，在政治上重用知识分子，想入仕必须读书，提高了读书人的社会地位，"士"成为四民之首。这使得大批读书人耻于务

① 房玄龄等：《晋书》卷49《向秀》。
② 房玄龄等：《晋书》卷72《郭璞》。
③ 萧子显：《南齐书》卷54《高逸》。

农从商为工，但能够入仕从政的只是一小部分人。因此，凡得不到从政或任官学教师机会的知识分子，为了谋生只能担任私学教师。如西汉会稽曲阿人包咸，"习《鲁诗》《论语》"。王莽末年，赤眉军作乱，他迁居东海，"立精舍讲授"①。北海安丘人甄宇，"清净少欲。习《严氏春秋》，教授常数百人"。他不仅自己教学，子孙受其影响也全身心地投入到教育事业之中，"传业子普，普传子承。承尤笃学，未尝视家事，讲授常数百人"。甄家子孙传学不绝，世人敬服，"诸儒以承三世传业，莫不归服之"②。

第六，在职官员。一些硕儒名流在入仕从政之前一直从事私人教学活动，即使从政为官，仍然收徒讲学，致仕后又继续从事私学教育活动。如汉景帝时的丁宽，史载其：

> 初，梁项生从田何受《易》，时宽为项生从者，读《易》精敏，才过项生，遂事何。学成，何谢宽。宽东归，何谓门人曰："《易》以东矣。"宽至雒阳，复从周王孙受古义，号《周氏传》。景帝时，宽为梁孝王将军距吴楚，号丁将军，作《易说》三万言，训故举大谊而已，今《小章句》是也。③

可知，丁宽在从政的同时致力于学术研究，著书立说并授徒讲学，"宽授同郡砀田王孙"。张兴，"习《梁丘易》以教授。建武中，举孝廉为郎，谢病去，复归聚徒。后辟司徒冯勤府，勤举为教廉，稍迁博士。永平初，迁侍中祭酒。十年，拜太子少傅。显宗数访问经术。既而声称著闻，弟子自远至者，著录且万人"④。董钧，"永平初，为博士……当世称为通儒。累迁五官中郎将，常教授门生百余人"⑤。丁恭，精研《公羊严氏春秋》，史称其："学义精明，教授常数百人，州郡请召不应。建武初，为谏议大夫、博士，封关内侯。十一年，迁少府。诸生自远方至者，著录数千人，当世称为大儒。太常楼望、侍中承宫、长水校尉樊儵等皆受业于恭。"⑥ 欧阳歙"恭谦好礼让"，建武六年（30年）"拜扬

---

① 范晔：《后汉书》卷79下《儒林列传》。
② 范晔：《后汉书》卷79下《儒林列传》。
③ 班固：《汉书》卷88《儒林传》。
④ 范晔：《后汉书》卷79上《儒林列传》。
⑤ 范晔：《后汉书》卷79下《儒林列传》。
⑥ 范晔：《后汉书》卷79下《儒林列传》。

州牧，迁汝南太守。推用贤俊，政称异迹。"在管理地方事务的同时，"在郡，教授数百人"①。曹曾，曾师从欧阳歙学习《尚书》，后"位至谏议大夫"，仍然讲学授徒，"门徒三千人"。鲁丕，兼通五经，章帝时为议郎，后迁任赵相。他是当世名儒，拜于其门下就学者常有百余人。他在私学中教授《鲁诗》《尚书》，关东一带对其有"五经复兴鲁叔陵"的赞颂之语。有"关西孔子"之称的杨震，少时好学，曾师从太常桓郁学习《欧阳尚书》。杨震从政后也没有中断其教育教学活动。丁鸿，"年十三，从桓荣受《欧阳尚书》，三年而明章句，善论难"。后入仕为官，曾与诸儒论道于白虎观，影响深远，如史所载：

> 肃宗诏鸿与广平王羡及诸儒楼望、成封、桓郁、贾逵等，论定《五经》同异于北宫白虎观……帝亲称制临决。鸿以才高，论难最明，诸儒称之……时人叹曰："殿中无双丁孝公。"数受赏赐，擢徒校书，遂代成封为少府。门下由是益盛，远方至者数千人。彭城刘恺、北海巴茂、九江朱伥皆至公卿。元和三年，徙封马亭乡侯。②

十六国时期凉州经师宋纤，博览经史、诸子百家之书，居官时兼事讲学，家中藏书数千卷，常于政事闲暇之时，与儒士讲经论学，他在兵难之中不废讲诵，成为西凉最负盛名的学者。前凉张重华慕祈嘉之名，征其为儒林祭酒。祈嘉为官后，仍然教授不倦，"在朝卿士、郡县守令彭和正等受业独拜床下者二千余人"③。

东晋学者葛洪，曾"师事南海太守上党鲍玄"④。南朝梁学者、学官崔灵恩精通三礼、三传，遍习《五经》，他在兼任国子博士时仍办学聚徒讲授。崔灵恩讲学精确详细，分析经义深入透彻，为众人所推服，听讲者常有数百人。梁朝五经博士孙挺，"七岁通《孝经》《论语》"。梁武帝时，孙挺任中军参军事，居宅讲《论语》，"听者倾朝"⑤。陈朝经师、学官王元规，"自梁代诸儒相传为《左氏》学者，皆以贾逵、服虔之义难驳杜预，凡一百八十条，元规引证通析，无复疑滞。每国家议吉凶大礼，常参预焉"。他博通经史，尽管从政为官，但仍然

---

① 范晔：《后汉书》卷 79 上《儒林列传》。
② 范晔：《后汉书》卷 37《桓荣丁鸿列传》。
③ 房玄龄等：《晋书》卷 94《隐逸》。
④ 房玄龄等：《晋书》卷 72《郭璞葛洪》。
⑤ 李延寿：《南史》卷 71《儒林》。

吸引"四方学徒，不远千里来请道者，常数十百人"①。陈朝学官沈德威任官学教官时，仍然坚持在私宅授徒讲学，受业者有数百人。如史载："梁太清末，遁于天目山，筑室以居，虽处乱离，而笃学无倦，遂治经业。天嘉元年，征出都，侍太子讲《礼传》。寻授太学博士，转国子助教。每自学还私室以讲授，道俗受业者数十百人，率常如此。"②鲍季详，明《礼》，兼通《左氏春秋》，曾为李宝鼎都讲，后亦自有徒众，"听其离文析句，自然大略可解"，博得众儒的称赞。其从弟鲍长暄，兼通《礼传》，在为官的同时，"恒在京教授贵游子弟"③。北齐官员权会，虽然政务繁忙，但仍"教授不阙"。许多贵族子弟仰慕其学识德行，拜其为师。这些贵族子弟为了求学，有的寄居其宅，有的租赁其邻舍，他们离家求师，为的是能够时刻接受老师的教诲。如史所载：

> 会参掌虽繁，教授不阙。性甚儒懦，似不能言，及临机答难，酬报如响。动必稽古，辞不虚发，由是为儒宗所推。而贵游子弟慕其德义者，或就其宅，或寄宿邻家，昼夜承闻，受其学业。会欣然演说，未尝懈息。④

第七，其他掌握天文、医学、书法、音乐等专门知识与技能的人士。如张仓，"好书律历"，"自秦时为柱下御史，明习天下图书计籍，又善用算律历……故汉家言律历者本张苍。苍凡好书，无所不观，无所不通，而尤邃律历"⑤。晁错，年少时曾师从张恢学习申不害、商鞅的刑名之术，"学申、商刑名于轵张恢生所"⑥。郭躬，精通西汉杜延年所创的"小杜律"，他开办的私学中常有弟子数百人。因明晓法律，后被征召为郡府吏员。张仲景曾跟随同郡张伯祖学习医术，尽得其传，因张仲景医术精妙，被称为"一世之神医"。

魏晋南北朝时期的统治者重视书法教育，在官办教育体系中开设有专门教授书法的"官书学"，聘请善书者教授子弟。受此影响，不少书法家也开办了专门教授书法的私学，招收书法弟子，培养出了许多杰出的书法家。例如，王羲之少年时，曾跟随西晋书法大家卫瓘的侄女卫夫人学习隶书。学成后，他也开

---

① 姚思廉：《陈书》卷33《儒林》。
② 姚思廉：《陈书》卷33《儒林》。
③ 李延寿：《北史》卷81《儒林上》。
④ 李百药：《北齐书》卷44《儒林》。
⑤ 班固：《汉书》卷42《张周赵任申屠传》。
⑥ 班固：《汉书》卷49《爰盎晁错传》。

办学校教授书法。北齐的张景仁，以书法闻名于世，时称"书博士"，他也曾拜师专门学习书法，"以学书为业，遂工草隶，选补内书生。与魏郡姚元标、颍川韩毅、同郡袁买奴、荥阳李超等齐名，世宗并引为宾客"①。

在这一时期，音乐走出了帝王之家，走向了社会，深入到了民间普通百姓的生活之中，成为人们日常学习的内容，而知识分子将学习音乐作为一种风雅的时尚，民众对音乐教育的需求也逐渐高涨。因此，一些擅长音乐的人迎合社会需要，开办了专门教授音乐的私学。如刘宋人徐湛之，不仅擅长写文章，还精通乐理，"伎乐之妙，冠绝一时"，门下弟子多达千人。北魏的柳谐，"善鼓琴"，他在曲调与手法方面皆有独创，吸引了很多人跟他学习，"京师士子翕然从学"②。

同时，一些精通医术、掌握专门医学知识的人士也从事私学教育活动，如北朝李修虽然"少学医术"，但"未能精究"，后又师从"沙门僧坦，略尽其术。针灸授药，罔不有效"③。

当然，以上对私学教师成分的划分只是个大概，因为很多人具有多重身份，在这里只是想说明私学教师成分的复杂性。正因为其来源的多样化，也使得教学内容及教学方式呈现出多元与多彩，大大丰富了这一时期私学教育活动的内涵。

五、私学经费的筹集渠道

因办学主体的不同，学校经费来源也不同，相对于较为稳定、有序的官学经费管理而言，私学经费管理更为灵活。学者们开办私学的经费多来自学生的学费即束脩，也有地方官员和王侯贵族给予的各种援助，还有完全依靠自己的经济能力维持私学开支的。总之，私学经费来源大致可分为以下几种情况：

其一，官方拨付。多是为官者利用自己的优势，由官方拨充经费办学，如东汉官员刘梁，"桓帝时，举孝廉，除北新城长"。他仰慕文翁的兴学之举，"乃

---

① 李百药：《北齐书》卷44《儒林》。
② 魏收：《魏书》卷71《裴叔业》。
③ 李延寿：《北史》卷90《艺术下》。

更大作讲舍，延聚生徒数百人，朝夕自往劝诫，身执经卷，试策殿最，儒化大行"①。还有的情况是塾师办学有盛誉，且遇到办学经费困难时而得到官方资助的，如东汉经师楼望，"少习《严氏春秋》。操节清白，有称乡闾。建武中，赵节王栩闻其高名，遣使赍玉帛请以为师"②。南朝宋学者沈道虔，隐居不仕，没有生活来源，居常无食，但他安贫乐道，以琴书为乐，教授乡里少年，孜孜不倦。他热心教育的举动，感动了地方官员和宋文帝。当地县令大力扶助，"厚相资给"，宋文帝遣使慰问，赐予钱米，这使得沈道虔的授业传道能够延续不断。如史所载："乡里少年相率受学，道虔常无食以立学徒。武康令孔欣之厚相资给，受业者咸得有成。宋文帝闻之，遣使存问，赐钱三万，米二百斛……道虔年老菜食，恒无经日之资，而琴书为乐，孜孜不倦。文帝敕郡县使随时资给。"③南朝梁时的诸葛璩，博通经史，慕名求学者众多，其"性勤于诲诱，后生就学者日至，居宅狭陋，无以容之"，太守张友便为其建造讲舍，改善办学条件。诸葛璩"旦夕孜孜，讲诵不辍，时人益以此宗之"④，其私学规模日益壮大。

其二，私人捐赠。如有"儒宗"之称的三国魏之大儒贾洪，对《春秋》《左传》特精熟，曾三任县令，"所在辄开除厩舍，亲授诸生"⑤。他不仅支持学舍的硬件建设，而且还亲自授学。晋时的范蔚，因博通儒学而至达官，封关内侯。他家累世好学，有藏书7000余卷，"远近来读者恒有百余人"。范蔚不仅欢迎各处来求学读书的人，且为他们提供良好的读书条件，"蔚为办衣食"。陈朝尚书孙场，常常资助教育事业，"常于山斋设讲肆，集玄儒之士，冬夏资奉，为学者所称"⑥。陈朝大儒马枢，隐居教授，鄱阳王"钦其高尚"，"待以师友"，多有馈赠。马枢亦甘于淡泊，"每王公馈饷，辞不获已者，率十分受一"⑦。

其三，收取束脩。有相当一部分知识分子以开办私学作为谋生之途，收取学费，养家糊口。如西汉经学家瑕丘江公，曾拜鲁申公为师，因其不善言辞，不能抒论，所以不为当权者所用，于是在家以收徒教授为生。东汉经师包咸，

① 范晔：《后汉书》卷80下《文苑列传》。
② 范晔：《后汉书》卷79下《儒林列传下》。
③ 李延寿：《南史》卷75《隐逸上》。
④ 姚思廉：《梁书》卷51《处士》。
⑤ 裴松之注：《三国志》卷13《魏书·钟繇华歆王朗传》。
⑥ 姚思廉：《陈书》卷25《孙场》。
⑦ 姚思廉：《陈书》卷19《马枢》。

王莽末年归乡时，在东海界遇赤眉军被拘十余日，他坦然自若，从早至晚诵经不止，赤眉军颇为惊异，后被释放，滞留当地，立精舍收徒讲授为生，光武帝即位后方回归故里。可以说，古代私学不仅为有志于学的学子提供了学习场所，而且也保障了一些仕途不利或不愿入仕的知识分子的基本生活。十六国初期经师杨轲，前赵、后赵官府屡征不就，隐居在陇山，专以养徒讲学为业。师生以前贤颜回为榜样，居陋地，食粗食饮淡水，布衣粗袍，不以为忧，而以学习为乐事。北魏经师徐遵明，常年以讲学为生，史称其："讲学于外，二十余年，海内莫不宗仰。颇好聚敛，与刘献之、张吾贵皆河北聚徒教授，悬纳丝粟，留衣物以待之，名曰影质，有损儒者之风。"① 西魏官员卢辩，博通经籍，"魏太子及诸王等，皆行束脩之礼，受业于辩"②。北齐官员杨愔，因政局动乱，隐居嵩山，变更姓名，自称刘士安，后"又潜之光州，因东入田横岛，以讲诵为业。海隅之士，谓之刘先生"③。

教授书法的私学教师在收授弟子时，也像其他教授儒学的私学教师一样，向学生收取一定的费用，学生入学拜师要"行束脩之礼"。据《周书》记载，当时"入书学者，亦行束脩之礼，谓之谢章"④。北周书法教官冀俊，"善隶书，特工模写"，他不仅认为书法弟子要行束脩之礼，而且认为"书字所兴，起自苍颉，若同常俗，未为合礼"，书法学生还应该"释奠苍颉及先圣、先师"⑤。

其四，自筹自支。有不少私学教师在教育经费极其困难的情况下，忍饥挨饿，克服种种困难而仍讲学不辍。如东汉经师李恂，精研《韩诗》，其门下诸生常常有数百人。他罢官后回乡，以教授为业，"潜居山泽，结草为庐，独与诸生织席自给"。他与学生共同劳动，以此维持学校的日常供给。政府官员敬仰其学识德行，遇到荒年，送给其粮米，支持其办学，但他并没有接受，而是自食其力，捡拾橡果。如史载："时岁荒，司空张敏、司徒鲁恭等各遣子馈粮，悉无所受。徙居新安关下，拾橡实以自资。"⑥ 北齐经师冯伟，学识广博，专精深思，

① 李延寿：《北史》卷 81《儒林上》。
② 令狐德等：《周书》卷 24《卢辩》。
③ 李百药：《北齐书》卷 34《杨愔》。
④ 令狐德等：《周书》卷 47《艺术》。
⑤ 令狐德等：《周书》卷 47《艺术》。
⑥ 范晔：《后汉书》卷 51《李陈庞陈桥列传》。

尤明《礼传》。后居家设学授徒，不交权贵，不应官府征召，既不受权贵和官府的馈赠，"以礼发遣，赠遗甚厚，一无所纳，唯受时服而已"，"岁时或置羊酒，亦辞不纳"；也不收门生弟子的束脩，"门徒束脩，一毫不受"。而是甘于淡泊，自食其力，以教书育人为乐事，"耕而饭，蚕而衣，箪食瓢饮，不改其乐"①。

经费筹措渠道的多元，在一定程度上保证了私学教育活动的正常举行。但就总体来说，所能筹措到的费用有限，使得私学各方面的办学条件都比较简陋，这在一定程度上又影响着私学各项教育活动的开展及教育质量的提高。

总之，从管理角度上来说，这一时期的私学活动较之先秦时期有诸多进步：一是就办学层次而言，先秦时期私学一般不实施启蒙教育，私学大师们更多地是为了培育自己的学派、传播自己的思想而设学授徒的，因而基本上属于学术研究型的。而自两汉以后，除了相当于大学阶段的专经私学外，还有大量的承载启蒙教育任务的私学；二是教育内容的变化，先秦时期私学教学内容基本上以各学派自家学说为主，相对比较分散，而两汉以后则基本上统一于儒家经学之内，且蒙学及专经阶段各有所重，此外还会传授一些实学知识；三是私学教师的构成及经费筹措渠道趋向多元化，使得私学教育活动的内容更加丰富多彩。

第二节　私学教师的教学活动

相对于官学来说，私学教师在教学活动中对教学内容、教材的选用以及教学组织等方面都具有较大的灵活性，且每位私学教师的教学风格也不完全相同，从其教学活动也可窥见其个性及治学态度等。然秦汉魏晋南北朝时期留存下来的教学活动史料不多，从散布在各种史书的资料中，对这一时期私学教师的教学活动可以得到一个大致的印象。

一、主以讲解经书

自汉独尊儒术以后，无论官学或者是私学，经师讲经与解经活动甚是普遍，

---

① 李百药：《北齐书》卷 44《儒林》。

清末学者皮锡瑞在其《经学历史·经学极盛时代》中认为，秦焚书坑儒使得"汉人无无师之学，训诂句读皆由口授，非若后世之书，音训备具，可视简而诵也。书皆竹简，得之甚难，若不从师，无从写录，非若后世之书，购买极易，可兼两载也"。也就是说，汉人要学习儒学必须从师受教，除了经师传授，无书可读。为统一思想，汉朝统治者规定传授经书必须信守师法与家法，师师相传。因此，经师讲经与解经也成为私学教学活动的主要内容。由于私学教师多为一代名儒，他们对儒经都有专门的研究，其讲解活动在一定程度上也具有研究的性质。例如董仲舒，"通《五经》，能持论，善属文"。他不仅精通儒家学说，而且兼习道家、阴阳五行学说及神仙方士之术，十分注重自己的修身力行，是当时的博学君子，许多人慕名拜他为师，其"进退容止，非礼不行，学士皆师尊之"①。

私学教师在讲解经书活动中也逐渐形成了各自的特色，吸引了众多的生徒前来求学。如西汉经师申公，他开设私学授徒，远近弟子慕名而来，多达千人，其中为博士者有十余人。他讲学有自己的独特之处，"独以《诗经》为训故以教，亡传，疑者则阙弗传"。西汉儒生张禹曾经跟随王阳、庸生学习《论语》，"先事王阳，后从庸生"，对《论语》有较深的研究，擅长讲解《论语》，"诸儒为之语曰：'欲为《论》，念张文。'由是学者多从张氏，余家寖微"②。针对汉朝初立之时，"经有数家，家有数说，章句多者或乃百余万言，学徒劳而少功，后生疑而莫正"的情况，儒学大师郑玄"括囊大典，网罗众家，删裁繁诬，刊改漏失，自是学者略知所归"。且郑玄讲学言简意赅，"质于辞训，通人颇讥其繁"。被齐鲁之地的儒生称为"纯儒"③。东汉大儒杨政，学问精深，教学有术，"少好学，从代郡范升受《梁丘易》，善说经书。京师为之语曰：'说经铿铿杨子行'"④。东汉经师张玄，兼通数家学说，他平素清心寡欲，专注于学术研究，可终日不食。远近儒生均佩服其博识多通，其门下著录在册的弟子多达千余人。尤其是张玄讲授问答与众不同，弟子有疑难之处，他不直接给出问题的答案，

---

① 班固：《汉书》卷56《董仲舒传》。
② 班固：《汉书》卷81《匡张孔马传》。
③ 范晔：《后汉书》卷35《张曹郑列传》。
④ 范晔：《后汉书》卷79上《儒林列传》。

而是列举数家之说，让学生自己思考解答疑难。

魏晋南北朝时期私学经师的讲解经书活动也同样丰富多彩。当时的许多私学大师既通儒家经典，又习玄风，集佛、儒、道于一身。南朝宋经师周续之，以儒学著称于世，他擅长《礼记》，开馆招徒讲学，宋武帝曾亲临学馆听讲。南朝梁时经师何佟之"常集诸生讲论，孜孜不怠"[1]。在讲授过程中，"委曲诱诲"不懂的学生，即采取迂回、举例等方法教导学生。因为他教学认真并且讲究一定的方法，所以被学生称为"醇儒"。南朝梁还有一位经师严植之，授课时"讲说有区段次第，析理分明"[2]。因他教学适合学生的实际情况，所以吸引了大批学生向他求学。南朝陈时学官徐孝克，博览史籍，通《五经》，长《周易》，有口才，能谈玄理，是一个兼修佛、儒两家学说的知名学者。他讲学综合佛、儒、道各家思想，博采众家之长。在任梁朝太学博士时，曾游居于钱塘，每日与诸人讨论经义典籍，早讲佛经，晚讲《礼》《传》，教学风格独具特色。还有马枢，"博极经史，尤善佛经及《周易》《老子》义"。他讲学时面对众人的发问，"乃依次剖判，开其宗旨，然后枝分流别，转变无穷，论者拱默听受而已"[3]。

北魏学者徐遵明，所办私学规模宏大，门下弟子和著录者多达万人，他讲学20多年，教学经验丰富，史称其"教授门徒，每临讲坐，先持执疏，然后敷讲。学徒至今，浸以成俗"[4]。即说其在长期的讲解经书活动中，总结出了一套先讲经义、注疏，再阐述义理的教学方法，且在讲解的同时注重引导学生展开辩论，培养学生的自学能力。其教学成效显著，教学模式后来为众学者竞相效仿。经师张吾贵学识博通，其教学"义例无穷，皆多新异"[5]。经师张伟讲课时耐心细致，他对待学生和蔼亲善，富有爱心，学生中"虽有顽固，问至数十，伟告喻殷勤，曾无愠色"[6]。

私学经师因其富有特色的讲解吸引了大批生徒前来求学，同样，如果私学经师讲解没有特色，则会被学生讥讽嘲笑，学生会弃之不学的。如北朝魏经师

① 李延寿：《南史》卷71《儒林》。
② 李延寿：《南史》卷71《儒林》。
③ 姚思廉：《陈书》卷19《马枢》。
④ 李延寿：《北史》卷81《儒林上》。
⑤ 魏收：《魏书》卷84《儒林》。
⑥ 李延寿：《北史》卷81《儒林上》。

樊深虽博学多才，"经学通赡"，但他讲课"多引汉魏以来诸家义而说之"，学生"听其言者，不能晓悟"，认为他教学不能别开新义，没有自己独创的东西。因此，常在背后讥讽他说："樊生讲书多门户，不可解。"史书亦称其："深既专经，又读诸史及《苍》《雅》、篆籀、阴阳、卜筮之书。学虽博赡，讷于辞辩，故不为当时所称。"① 从樊深的遭遇可见，私学要吸引学生求学，教师必须在教学方面有自己的特色，与前人和别人相比，要有所"创新"。除外，还要注意举止、衣饰和语言等方面修养的提高，避免因"音辞鄙拙"，"音革楚夏，故学徒不至"② 等尴尬局面的出现。诸如梁朝的崔灵恩、孙详、蒋显等人，他们均聚徒讲说，但都存在"音辞鄙拙"的问题，从而影响了其教学活动的正常开展。

二、高足弟子代师授业

私学名师门下的及门弟子往往成百上千，单靠私学教师自身的力量来组织教学是不现实的，在这种情况下，私学同太学一样，采取了由高足弟子代师授业的办法，来缓解教师所面临的时间和精力不足问题，代师授业也便成为各时期私学教师所普遍采用的一种辅助性教学形式。诸如董仲舒学术渊博，求教弟子众多，因精力所限而无法满足众人的学习要求。因此，他实施了"下帷讲诵，弟子传以久次相授业"的教学方法。即由高才生或较早入门的学生向程度较差或新入学的弟子转相传授老师所讲的内容。正因为董仲舒办学规模较大，门下弟子众多，因此有些学生在他门下学习多年，却很少有机会能够直接接受他面授讲学，甚至还有部分学生自入学直至毕业都没有见过董仲舒本人，"或莫见其面"③。

名儒马融更是如此，他"教养诸生，常有千数。涿郡卢植，北海郑玄，皆其徒也"。正因为其门生弟子太多，本人又"善鼓琴，好吹笛，达生任性，不拘儒者之节。居宇器服，多存侈饰"。所以，他讲学"尝坐高堂，施绛纱帐，前授生徒，后列女乐，弟子以次相传，鲜有入其室者"④。卢植是马融的高业弟子，

---

① 李延寿：《北史》卷 82《儒林下》。
② 姚思廉：《梁书》卷 48《儒林》。
③ 班固：《汉书》卷 56《董仲舒传》。
④ 范晔：《后汉书》卷 60 上《马融列传》。

"能通古今学，好研精而不守章句"，他"侍讲积年，未尝转眄"，深得马融器重。后学终辞归，也设学教授。郑玄在马融门下学习三年，没有机会直接聆听其教诲，所谓"升堂进者五十余生。融素骄贵，玄在门下，三年不得见，乃使高业弟子传授于玄"①。直至郑玄出师拜别时才见了马融一面，这也是古代私学个别教授的特点之一。

十六国初期经师杨轲，"少好《易》"，"学业精微"，其所创私学规模较大，"养徒数百"。他教学也采取递相宣授的方法，而且只教授入室弟子，然后再由入室弟子教授给其他门徒。如史载："少好《易》，长而不娶，学业精微，养徒数百……虽受业门徒，非入室弟子，莫睹亲言。欲所论授，须旁无杂人，授入室弟子，令递相宣授。"②

三、课堂上问难论辩

问难论辩活动在先秦私学中就已存在，诸如孔子与宰我的关于为父母守孝三年之辩等。但到汉朝出现的今、古文经学的争论，虽然属于儒学内部的流派之争，但对学校教学活动影响甚大。当时最高统治者在太学提倡问难论辩，如汉明帝："中元元年……袒割辟雍之上，尊养三老五更。飨射礼毕，帝正坐自讲，诸儒执经问难于前，冠带缙绅之人，圜桥门而观听者盖亿万计。"又"建初中，大会诸儒于白虎观，考详同异，连月乃罢。"③

受太学的影响，汉朝私学中诘难辩论的教学活动甚是流行，因而所带来的学风、士风也各具特色。如经师严彭祖，"与颜安乐俱事眭孟。孟弟子百余人，唯彭祖、安乐为明，质问疑谊，各持所见。孟曰：'《春秋》之意，在二子矣！'"后来，眭孟死后，"彭祖、安乐各颛门教授。由是《公羊春秋》有颜、严之学"④。名儒扬雄常与刘歆、桓谭在一起辨析疑难，受其影响，门下弟子也盛行论辩问难。即便是晚年免官居家，亦"时有好事者载酒肴从游学，而巨鹿侯芭常从雄居，受其《太玄》《法言》焉"⑤。建安年间，河东人乐详曾向谢该发问

① 范晔：《后汉书》卷 35《张曹郑列传》。
② 房玄龄等：《晋书》卷 94《隐逸》。
③ 范晔：《后汉书》卷 79 上《儒林列传》。
④ 班固：《汉书》卷 88《儒林传》。
⑤ 班固：《汉书》卷 87 下《扬雄传》。

《春秋左氏》中的疑难之处，"条《左氏》疑滞数十事以问，该皆为通解之"①。
河阳人张玄，"少习《颜氏春秋》，兼通数家法"。建武初他考明经入仕，但为人
低调，清净无欲，专心研习经书，与人论辩，没有谁能难倒他，众人皆佩服他
的博学多才，门下仅著录弟子就有一千多人。史载：

> 方其讲问，乃不食终日。及有难者，辄为张数家之说，令择从所安，
> 诸儒皆伏其多通，著录千余人……时，右扶风琅邪徐业，亦大儒也，闻玄
> 诸生，试引见之。与语，大惊曰："今日相遭，真解矇矣！"遂请上堂，难
> 问极日。②

可见，不仅张玄在教学中提倡问难论辩，其弟子在他的言传身教下也擅长
论辩。徐业是当时的大儒，听闻张玄及其诸生之名，恐盛名之下有虚，要和他
们相见交谈验证，一番辩论，结果心服口服，相见恨晚，于是与张玄师生问难
论辩终日。经师魏应"经明行修"，擅长问难论辩，当时诸儒在京师白虎观"讲
论《五经》同异"，汉章帝专门派魏应与诸儒问难论辩，"使应专掌难问"③。郑
玄在马融门下学习时，马融也提倡师生之间、生生之间的问难论辩。郑玄正是
通过参加论辩展示其才华的，而马融也是通过论辩活动认识从未见过面的弟子
郑玄的，并对其才学大加赞赏，如史载："会融集诸生考论图纬，闻玄善算，乃
召见于楼上，玄因从质诸疑义，问毕辞归。融喟然谓门人曰：'郑生今去，吾道
东矣。'"④ 学者王充倡导问难论辩及"疾虚妄"的理性批判精神，反对信师是
古、人云亦云，要求弟子要有求真问实，并发扬"极问""距师"的精神，即使
对孔子等人的圣贤之说也要质疑问难，"非必须圣人教告乃敢言也"，要敢于指
出"五经皆多失实之说"。他还提倡师生之间的相互问难，赞扬、推崇汉朝官学
中博士与弟子相互诘难的教学方法，认为是"极道之深"的有效方法；指出教
师与学生之间的相互问难，可以促使师生共同发展，实现教学相长，是一种磨
砺学问的好方法。王充从追求真理、坚持真理的角度提倡问难论辩，是汉朝儒
师思想批判传统的突出体现。东汉末年，社会动荡不安，政治黑暗，社会批判

---

① 范晔：《后汉书》卷 79 下《儒林列传》。
② 范晔：《后汉书》卷 79 下《儒林列传》。
③ 范晔：《后汉书》卷 79 下《儒林列传》。
④ 范晔：《后汉书》卷 35《张曹郑列传》。

思潮兴起。私学教师王符、仲长统就是这一思潮的代表人物。他们直接继承了王充"疾虚妄"的批判精神，在教学上不仅赞成、推行问难论辩的做法，还提出了"疑思问"的重要命题。在社会批判思潮的推动下，私学教育发生了一系列变化，突破了师法和家法的限制，涌现出了许慎、马融、何休、郑玄等一大批综合诸经、杂糅古今文的经学大师。

魏晋南北朝时期私学继承并发扬了两汉私学问难论辩的学风，各朝统治者也提倡学者之间的论辩问难。如前秦苻坚，自甘露四年（362 年）起，"每月一临太学"，或"考学生经义优劣，品而第之"，或亲临讲论并向博士提问，"问难五经，博士多不能对"①。苻坚以经义出题考试，选拔精通儒学的太学生并授以官职，他还任命硕学名儒担任太学祭酒。后秦姚兴，"听政之暇"，引"耆儒"姜龛等人，"讲论道艺，错综名理"②。北魏学者吕思礼曾受学于徐遵明，他擅长论难，学生非常推崇他，认为他"讲《书》、论《易》，其锋难敌"③。北齐官员、经师权会精研《郑易》，"探赜索隐，妙尽幽微"，博学《诗》《书》《三礼》，"文义该洽，兼明风角，妙识玄象"。虽入仕为官，政务繁忙，但仍教授不止。其平素性情儒雅，不善言谈，"性甚儒懦，似不能言"。但他在教学活动中却诲人不倦，辩才出众，"及临机答难，酬报如响，动必稽古，辞不虚发，由是为儒宗所推……欣然演说，未尝懈怠"④。北齐经师张雕武，雅好古学，精力绝人，辩才过人，为了求学曾不远千里负笈从师。他学通《五经》，尤明《三传》，"弟子远方就业者以百数，诸儒服其强辩"⑤。南朝梁武帝令朱异执《孝经》诵《士孝》章，岑之敬开讲座阐释，梁武帝亲自诘难，岑之敬应声而答，纵横剖释。受此影响，私学教师在教学中，提倡师生之间、生生之间的相互诘难，自由辩论蔚然成风。梁陈间人马枢，"博极经史"，"尤善佛经及《周易》《老子》义"。梁邵陵王萧纶慕其才学，聘请他任学士，马枢讲学时旁征博引，他能同时讲解佛经《维摩》《老子》和《周易》，吸引了众多的听众，"道俗听者二千人"。有问难者，马枢皆能"依次剖判，开其宗旨，然后枝分流别，转变无穷"，从容应对，

---

① 房玄龄等：《晋书》卷 113《苻坚上》。
② 房玄龄等：《晋书》卷 117《姚兴上》。
③ 令狐德等：《周书》卷 38《吕思礼》。
④ 李百药：《北齐书》卷 44《儒林》。
⑤ 李百药：《北齐书》卷 44《儒林》。

有理有据，辩才高明，学识精博，听者都心悦诚服，"拱默听受而已"①。

　　私学教师鼓励学生提出问题，质疑教师所讲，学生也要敢于提出问题，发表自己的看法和见解。教师对此也要机智应变，随时解答或应对学生的问难。如北魏经师孙灵晖，少时灵敏好学，7岁就能"日诵数千言"。魏秘书监惠蔚是孙灵晖之族曾王父，其家书籍众多。孙灵晖学习不求师不访友，"唯寻讨惠蔚手录章疏"。通过自学，他对"《三礼》及《三传》皆通宗旨"。后来，他就学于鲍季详和熊安生。鲍季详、熊安生向其质疑问难，考察其学识，"质问疑滞，其所发明，熊、鲍无以异也"②。他所提的问题以及所阐发的见解，即使是鲍季详、熊安生二人也说不出与其不同的看法，可见其思维之敏捷、学识之渊博。

四、在生活实践中历练

　　这一时期的私学不仅重视课堂内书本知识的学习，还重视理论与实践的结合，注意在实践中教学，让学生获取大量课本之外的知识。如王莽时，陈留人刘昆，少时习礼仪，能弹琴，知乐理，曾开设私学，"教授弟子恒五百余人"。他教学与众不同，每年的春秋两季举行典礼仪式，仿行古礼，在实践中对学生进行教育引导，"每春秋飨射，常备列典仪，以素木瓠叶为俎豆，桑弧蒿矢，以射菟首"。每当刘昆进行实践教学时，县令也率领吏员观礼，推行礼仪教化，所谓"每有行礼，县宰辄率吏属而观之"。正因为这种做法与众不同，或与王莽意愿相悖，于是受到王莽的打击。史载："王莽以昆多聚徒众，私行大礼，有僭上心，乃系昆及家属于外黄狱。寻莽败得免。"③ 广汉梓潼人景鸾，"少随师学经，涉七州之地"④。跟随老师游历各地，通过接触社会学习，将学习书本知识与社会活动结合起来。王充提出将"有效""有证"作为检验认识正确与否的标准，他认为孔子的言行也有不宜效法、赞颂的，对待学习，要理论结合实践，通过实践获取正确的知识，让正确的知识指导人的实践活动。王充的观点得到众多私学教师的赞同和践行。

----

① 姚思廉：《陈书》卷19《马枢》。
② 李百药：《北齐书》卷44《儒林》。
③ 范晔：《后汉书》卷79上《儒林列传》。
④ 范晔：《后汉书》卷79下《儒林列传》。

魏晋南北朝时期的私学也沿袭了两汉教学注重实践的做法。西晋经师张忠，遇永嘉之乱，隐于泰山，依山凿穴而居，"弟子亦以窟居"。他推崇道家学说和修炼之法，"恬静寡欲，清虚服气，餐芝饵石，修导养之法。冬则缊袍，夏则带索，端拱若尸。无琴书之适，不修经典，劝教但以至道虚无为宗"。教导弟子"以形不以言，弟子受业，观形而退"①。他以自己的实践活动作为学生学习的形式和内容，而其弟子也仿效他修身养性。可以说，这是魏晋南北朝时期私学中比较特别的一种教学活动。

南朝刘宋的医学家王微，无意从政，善属文，能书画，兼通音律、医方、阴阳术数，长期钻研医学，对药学十分有研究，尤其精研《本草》。他开设私学招收弟子，常在春秋时节亲自带领门生入山采摘草药，"春秋令节，辄自将两三门生，入草采之"。通过亲身实践辨明药理，以验证《本草》。所谓"欲其必行，是以躬亲，意在取精"②。他重视实践性教学活动的做法为后世医学教育所借鉴。

北朝学者熊安生博通《五经》，"学为儒宗"，专门讲授"三礼"，弟子自远方前来拜师求学者有千余人之多，每年带领弟子到各地游览，边走边讲，寓教于实践活动之中，从之者甚众。当时受其业擅名于后者，有马荣伯、张黑奴、窦士荣、孔笼、刘焯、刘炫等，"皆其门人焉"。

五、用品行感化诸弟子

孔子的言传身教思想对后世学者影响深远。至汉朝，私学大师治学态度严谨认真，很多人不畏强权，不慕禄位，视金钱官位如粪土。他们不仅本身如此，而且在教学活动中也非常注重培养和训练弟子的学风和气节。

经学大师扬雄针对西汉道德衰微的社会现实，特别强调道德教育的重要性。他说："道德仁义礼，譬诸身乎。夫道以导之，德以得之，仁以人之，义以宜之，礼以体之，天也。合则浑，离则散。一人而兼统四体者，其身全乎。"③在他看来，"道德仁义礼"是做人的根本，是人立身行事的准则。因此，他注重对弟子的道德教育，要求弟子与人交必须实践"仁"；办事必须"得其宜"，要按

---

① 房玄龄等：《晋书》卷94《隐逸》。
② 沈约：《宋书》卷62《王微》。
③ 扬雄：《法言》卷4《问道》。

"义"行事，而且决不能"食其言"，要讲"信"。扬雄在教学中，提出并践行"言必有验"的教学原则。他坚持教师所教的内容、所说明的道理，必须与事实相符，必须是经过实践检验是正确的，否则便是虚妄之言，是自欺也是欺人的。他说："君子之言，幽必有验乎明，远必有验乎近，大必有验乎小，微必有验乎著。无验而言之谓妄，君子妄乎？不妄。"①

两汉之际经师严光，早年曾与刘秀同游太学，刘秀即位后，他便隐姓埋名，以授徒讲学为业。刘秀思其贤达，多次遣使重聘而不至。司徒侯霸（字君房）与严光是旧交，受刘秀的委托，亦曾派人给严光送书信让其应聘，如史所载：

> 使人因谓光曰："公闻先生至，区区欲即诣造。迫于典司，是以不获。愿因日暮，自屈语言。"光不答，乃投札与之，口授曰："君房足下，位至鼎足，甚善。怀仁辅义天下悦，阿谀顺旨要领绝。"霸得书，封奏之。帝笑曰："狂奴故态也。"车驾即日幸其馆。光卧不起，帝即其卧所，抚光腹曰："咄咄子陵，不可相助为理邪？"光又眠不应，良久，乃张目熟视，曰："昔唐尧著德，巢父洗耳。士故有志，何至相迫乎！"帝曰："子陵，我竟不能下汝邪？"于是升舆叹息而去。②

可见，即便是刘秀亲自探望，严光也是来个"不起""不应"，不但慢待，还有些漠然，使得刘秀无奈"叹息而去"。不久，刘秀再次请严光进宫，二人"论道旧故，相对累日……因共偃卧，光以足加帝腹上"。第二天，太史奏"客星犯御坐甚急"，刘秀坦然笑曰："朕故人严子陵共卧耳。"这次进宫，刘秀依然想让严光出山，"除为谏议大夫，不屈，乃耕于富春山"。由此可见，严光不仅没有惧怕权势的逼迫，且远离富贵，甘于贫贱生活，淡泊名利，为其弟子及世人作出了表率。

东汉经师包咸学识渊博，光武帝时，太守黄谠想聘请他教授其子，他以"礼有来学，而无往教"加以回绝，以实际行动教导求学者，要尊师重教。黄谠于是遣其子登门求学。经师孙期，家境清贫，他非常孝顺母亲，"牧豕于大泽中，以奉养焉"。他"少为诸生，习《京氏易》《古文尚书》"。因为其品性出众，开办私学，远近求学的人络绎不绝，"皆执经垄畔以追之"。孙期在授徒讲学的

① 扬雄：《法言》卷5《问神》。
② 范晔：《后汉书》卷83《逸民列传》。

同时，影响并改善了乡风、民风，"里落化其仁让"。他的美名传到黄巾军那里，黄巾军便"相约不犯孙先生舍"①。同样的例子还有经师蔡衍，"少明经讲授，以礼让化乡里"②。经师杜抚，"少有高才"，在家乡开设私学授徒讲学，门下"弟子千余人"。他一向是"沈静乐道，举动必以礼"③，以自己的实际行动教育影响着学生要自律克己。经师刘茂，"少孤，独侍母居。家贫，以筋力致养，孝行著于乡里"。后设学教徒，弟子常有数百人。王莽篡位后，刘茂"避世弘农山中教授"④。尤其是郑玄，赴关西拜马融为师，游学十余年，学成东归乡里，设学授徒，追随他学习的弟子多达数百上千人。因其家贫，他"客耕东莱……及党事起，乃与同郡孙嵩等四十余人俱被禁锢，遂隐修经业，杜门不出"。他"假田播殖，以娱朝夕"⑤。一边辛勤劳作，一边讲学著述，遇党祸、遭禁锢仍教学不止。郑玄以自己的实际行动教导学生，不管环境如何，都要注重修身养德，养成浩然正气。还有，东汉大臣张霸，博览五经，在任地方官期间设教兴学，重用文人儒士，以至"郡中争厉志节，习经者以千数，道路但闻诵声"。其子张楷，精通《严氏春秋》《古文尚书》，门徒常百人。因他学识精深，故慕名求教者甚多，甚至使所居之地形成一个商业区，被称为"公超市"。如史所载：

> 宾客慕之，自父党凤儒，偕造门焉。车马填街，徒从无所止，黄门及贵戚之家皆起舍巷次，以候过客往来之利。楷疾其如此，辄徙避之。家贫无以为业，常乘驴车至县卖药，足给食者，辄还乡里。司隶举茂才，除长陵令，不至官。隐居弘农山中，学者随之，所居成市，后华阴山南遂有公超市。五府连辟，举贤良方正，不就。⑥

魏晋南北朝时期，私学教师同样注重在教育活动中以自己的道德品行教育影响学生。如，西晋学者汉广川惠王之后刘兆，"博学洽闻，温笃善诱，从受业者数千人。武帝时五辟公府，三征博士，皆不就。安贫乐道，潜心著述，不出门庭数十年"⑦。西晋经师宋纤在教学的同时，还研习学术，"注《论语》，及为

① 范晔：《后汉书》卷 79 上《儒林列传》。
② 范晔：《后汉书》卷 67《党锢列传》。
③ 范晔：《后汉书》卷 79 下《儒林列传》。
④ 范晔：《后汉书》卷 81《独行列传》。
⑤ 范晔：《后汉书》卷 35《张曹郑列传》。
⑥ 范晔：《后汉书》卷 36《郑范陈贾张列传》。
⑦ 房玄龄等：《晋书》卷 91《儒林》。

诗颂数万言。年八十，笃学不倦"①。他到耄耋之年仍然勤奋好学的精神令人钦佩，为学生树立了学习典范。西晋经师徐苗，少时家贫，他"昼执锄耒，夜则吟诵。弱冠，与弟贾就博士济南宋钧受业，遂为儒宗"，"轻财贵义"，对官府的屡次征召皆不就。如史载："其兄弟皆早亡，抚养孤遗，慈爱闻于州里，田宅奴婢尽推与之。乡邻有死者，便辍耕助营棺椁，门生亡于家，即敛于讲堂。其行己纯至，类皆如此。远近咸归其义，师其行焉。"② 可见，徐苗无论是对兄弟遗孤，还是对乡邻及门生，都能做到仁尽义至，其德行令人敬仰，自然也成为弟子仿效的榜样。

类似的例子还有很多，西晋时经师续咸，精研《春秋》《郑氏易》，"性孝谨敦重，履道贞素，好学"③，门下弟子常有数十人，他以自己的学识德行来感化学生。经师范宣，对官府屡次征召皆不就，而"以讲诵为业"，远近学子"皆闻风宗仰，自远而至，讽诵之声，有若齐鲁"④。经师杨轲"常食粗饮水，衣褐缊袍，人不堪其忧，而轲悠然自得"⑤。他以古者先贤为榜样，以自己的实际行动教导门生要清心寡欲，淡泊名利，追求精神上的富足。经师郭瑀，曾师从郭荷，尽得其业，精通经义。郭荷死后，郭瑀以为"父生之，师成之，君爵之，而五服之制，师不服重，盖圣人谦也。遂服斩衰，庐墓三年"⑥。以自己的实际行动给学生上了一堂生动的伦理教育课。南朝齐时经师臧荣绪，长期隐居于京口，与关康之世号"二隐"。他致力于办学教授，针对当时士人酗酒失德的弊病，常告诫弟子要洁身自好，不要饮酒乱德。北魏学者刘献之，长于《春秋》《毛诗》，经学渊博，时号"儒宗"，海内诸生对《五经》如有疑问存难，均向其请教解疑。他以疾辞官，开办私学，门下弟子有数百人，皆通经之士。他教学遵循儒家传统礼仪，强调孝悌之教，突出对弟子言行举止的德行培养。如史载：

> 时人有从献之学者，献之辄谓之曰："人之立身，虽百行殊途，准之四科，要以德行为首。君若能入孝出悌，忠信仁让，不待出户，天下自知。

① 房玄龄等：《晋书》卷94《隐逸》。
② 房玄龄等：《晋书》卷91《儒林》。
③ 房玄龄等：《晋书》卷91《儒林》。
④ 房玄龄等：《晋书》卷91《儒林》。
⑤ 房玄龄等：《晋书》卷94《隐逸》。
⑥ 房玄龄等：《晋书》卷94《隐逸》。

傥不能然，虽复下帷针股，蹑屩从师，正可博闻多识，不过为土龙乞雨，
眩惑将来，其于立身之道有何益乎？孔门之徒，初亦未悟，见皋鱼之叹，
方归而养亲。嗟乎先达，何自觉之晚也！束脩不易，受之亦难，敢布心腹，
子其图之。"由是，四方学者莫不高其行义而希造其门。①

　　从这些私学大师的身上，可以看到一个学养深厚、品德高尚教师的价值追
求，不仅能够为学生解疑答惑，而且能够起到感化学生品行及易风化俗、美化
社会风气的作用。

六、教之余著书立说

　　秦汉魏晋南北朝的私学教师承袭先秦时期学者著书立说的传统，大都是在
教学的同时，不断总结自己的教学经验和学术研究成果，积极进行著书立说和
学术创新，尤其注重培养学生的学术研究能力。诸如西汉时经师韩婴，精研
《诗》义，成一家之言，传授给淮南贲生，后在燕赵地区再传弟子众多，逐渐形
成了"韩诗"学派。经师京房曾师从孟喜的门人焦延寿习《易》，后设学授徒，
仍钻研《易》学不止，比之其师学说更为精深，开创了"京氏易"。经师严君平
在教授弟子的同时还著有《老子指归》。学者扬雄不仅教授生徒，而且对文字学
深有研究，他续《仓颉篇》编成《训纂篇》，后者成为中国古代的蒙学教材之
一。不仅如此，扬雄还著有《大玄》《法言》《方言》等书。《方言》全称《輶轩
使者绝代语释别国方言》，共13卷9000多字，汇集了从先秦到汉朝的方言。据
应劭《风俗通义序》载，早在秦朝以前，政府在每年的八月都派"輶轩使者"
到各地收集方言，所整理的记录后因战乱而散失。早年受老师严君平的影响，
扬雄对方言甚感兴趣，开始收集整理各地方言，历经27年始成。时人称之为
"悬诸日月不刊之书"，今人亦赞之为中国第一部记录方言的著作，这也是世界
上第一部方言学著作，对古代的语言教育贡献颇大。

　　至东汉，经师伏恭，少时跟随其叔父伏黯学习，得"齐诗学"之传。学成
后，收徒教授，教学中发现伏黯所传章句繁多，就省减浮辞，将"齐诗学"裁
定为20万言。经师桓荣，早年师从九江朱普学习《欧阳尚书》，后设学有"徒众

---

　　① 魏收：《魏书》卷84《儒林》。

数百"。他在为官讲学的同时，发现朱普章句文辞繁多，不利学生学习，就将其删减为23万言，所谓"受朱普学章句四十万言，浮辞繁长，多过其实……减为二十三万言"。其了桓郁继承家学，在教徒中又进一少精简其著述，"郁复删省定成十二万言。由是有《桓君大小太常章句》"①，从而形成研究《尚书》的"桓君学"。经师贾逵勤于著述，在教授弟子的同时，还著有经传义诂及论难百余万言，另撰写有诗、颂、诔、书等九篇，后世称其为"通儒"。经师谢曼卿钻研《毛诗》，"乃为其训"。东海人卫宏，"好古学"，投入谢曼卿门下学习，"因作《毛诗序》，善得《风雅》之旨"，后来又跟随擅长《古文尚书》的杜林学习，"为作《训旨》"。儒生程曾，专习《严氏春秋》，"积十余年，还家讲授。会稽顾奉等数百人常居门下"。他在授徒讲学的同时，"著书百余篇，皆《五经》通难，又作《孟子章句》"②。经师张霸，"博览《五经》，诸生孙林、刘固、段著等慕之，各市宅其傍，以就学焉"③。因《严氏春秋》多有繁辞，张霸将其删减为20万言，更名为"张氏学"。学者王充，"好论说，始若诡异，终有理实。以为俗儒守文，多失其真，乃闭门潜思，绝庆吊之礼，户牖墙壁各置刀笔。著《论衡》八十五篇，二十余万言，释物类同异，正时俗嫌疑"④。书中细说微论，解释世俗之疑，辨明是非之理。尤其是置《儒增》《书虚》《问孔》《刺孟》等篇章，公然挑战经典，向圣贤质疑，实冒天下之大不韪，故被诸多学者所口诛笔伐，视之为"异书"。自《隋书》以下，历代目录书都将王充《论衡》列为无所宗师的"杂家"，近代经学大师刘师培甚至说王充是"南方墨者之支派"。经师马融，"才高博洽，为世通儒"，在授徒讲学的同时，"著《三传异同说》"。编注"《孝经》《论语》《诗》《易》《三礼》《尚书》《列女传》《老子》《淮南子》《离骚》，所著赋、颂、碑、诔、书、记、表、奏、七言、琴歌、对策、遗令，凡二十一篇"⑤。武官张奂，早年游学京师，拜太尉朱宠为师，学《欧阳尚书》。"初，《牟氏章句》浮辞繁多，有四十五万余言，奂减为九万言。"张奂文武全才，后入朝为官，率兵平定乌桓等部叛乱。当敌兵逼近驻所时，"兵众大恐，各欲亡去。奂

① 范晔：《后汉书》卷37《桓荣丁鸿列传》。
② 范晔：《后汉书》卷79下《儒林列传》。
③ 范晔：《后汉书》卷36《郑范陈贾张列传》。
④ 范晔：《后汉书》卷49《王充王符仲长统列传》。
⑤ 范晔：《后汉书》卷60上《马融列传上》。

安坐帷中，与弟子讲诵自若，军士稍安"。党锢之祸起，张奂免官归家，"闭门不出，养徒千人，著《尚书记难》三十余万言"①。可以说，张奂将其毕生所学倾注于教学和著述中。经师洼丹，"学义研深，《易》家宗之，称为大儒"。且"作《易通论》七篇，世号《洼君通》"②。

促进两汉经学教育学风转变的经学大师郑玄，游学近 20 年，回到家乡隐居教授，潜心学术研究。他博通今古文经学，有"经神"之称。鉴于经学内部的今古之争以及界限分明的师法和家法，使得经学教育日益陷入烦琐、支离和教条，偏于古文经学而又不专守一师之说、尊一家之言的郑玄，担当起调和经学内部之争的使命，他参考借鉴众说，倾力遍注群经。《后汉书》称其"括囊大典，网罗众家，删裁繁诬，刊改漏失，自是学者略知所归"。至于他注解过多少部经书，《后汉书》也有交代，称其"所注《周易》《尚书》《毛诗》《仪礼》《礼记》《论语》《孝经》《尚书大传》《中候》《乾象历》，又著《天文七政论》《鲁礼禘祫义》《六艺论》《毛诗谱》《驳许慎五经异义》《答临孝存周礼难》，凡百余万言"③。事实上远不止这些，据清代郑珍《郑学录》考证，郑玄的著述有 60 余种，《后汉书》只是罗列出有代表性的著作。可以说，郑玄的教育著述活动基本上是在这一时期完成的。其著述打破了今古文经学的学派藩篱，消除了各家学派的门户之见，为今古文经学的最终融合做出了重大的贡献。

魏晋南北朝时期的私学大师，在教育教学活动中同样继承了汉以来私学教师着重学术研讨的传统。如三国魏训诂学家、经师孙炎，"受学郑玄之门，人称东州大儒"。他终身从事教学和著述活动，著述颇丰。"作《周易》《春秋例》《毛诗》《礼记》《春秋三传》《国语》《尔雅》诸注，又注书十余篇"④。曹魏时期玄学家何晏，"好老庄言，作道德论及诸文赋著述凡数十篇"。所著《论语集解》，是鉴于世人对《论语》的不同解读而作，诚如《论语集解叙》所言："前世传授师说，虽有异同，不为训解，中间为之训解，至于今多矣，所见不同，互有得失。今集诸家之善，记其姓名，有不安者，颇为改易，名曰《论语集

① 范晔：《后汉书》卷 65《皇甫张段列传》。
② 范晔：《后汉书》卷 79 上《儒林列传》。
③ 范晔：《后汉书》卷 35《张曹郑列传》。
④ 裴松之注：《三国志》卷 13《魏书·钟繇华歆王朗传》。

解》。"① 所著《道德论》《无名记》及《无为论》，如同玄学家王弼一样，均是对老子哲学思想的玄学化诠释，主张"名教出于自然"。而他的《圣人无喜怒哀乐论》则是针对当时"情"与"才"的讨论而写，受汉儒以阴阳善恶分性情的影响，认为只有把"情"去干净之后才可以成为圣人。王弼则不同意这种看法，专作《难何晏圣人无喜怒哀乐论》而加以反驳。

玄学家嵇康生活在混乱的年代，面对社会上各色人群的贪婪、残暴、冷酷与血腥，始终以超脱的襟怀去体味人生，于是著《释私论》，提出"越名教而任自然"的著名论断，表现出他对真、善、美人生境界的美好追求。司马氏违背儒家伦理掌权之后，辽东太守张辽叔作《自然好学论》一文加以附和，文章把"六经"比作太阳，不学就会变成黑夜，因而认为世人对"六经"都是自然而然好学的。针对张辽叔的观点，嵇康作《难自然好学论》加以反驳，认为"六经纷错，百家繁炽，开荣利之途，故奔骛而不觉"，且"六经以抑引为主，人性以从欲为欢。抑引则违其愿，从欲则得自然。然则自然之得，不由抑引之六经，全性之本，不须犯情之礼律"。② 可见，这与其"越名教而任自然"的主张是一致的。魏元帝景元二年（261年），"竹林七贤"之一的山涛由大将军从事中郎迁吏部侍郎，于是举荐嵇康代替自己的位置。不愿出仕的嵇康，因此于次年写下有名的《与山巨源绝交书》。他在文中称："足下见直木，必不可以为轮；曲者，必不可以为桷。盖不欲以枉其天才，令得其所也。不可自见好章甫，强越人以文冕也。今但原守陋巷，教子孙，时时与亲旧叙阔，陈说平生，浊酒一杯，弹琴一曲，志原毕矣。"③ 以此来表明自己的心志，即不愿入仕为司马氏政权服务。

玄学家阮籍擅长散文，最有代表性的当是教育类散文《大人先生传》。据史载："籍尝于苏门山遇孙登，与商略终古及栖神导气之术，登皆不应，籍因长啸而退。至半岭，闻有声若鸾凤之音，响乎岩谷，乃登之啸也。遂归著《大人先生传》。"④ 可见，《大人先生传》是阮籍到河南辉县苏门山拜会学者孙登时所撰。但更重要的是，源于阮籍对司马氏专权的不满，不愿同流合污，但又无力反抗。

---

① 何晏：《论语集解叙》，载严可均《全上古三代秦汉三国六朝文》之《全三国文》卷39。
② 马秋帆主编：《魏晋南北朝教育论著选》，人民教育出版社1988年版，第44页。
③ 欧阳询：《艺文类聚》卷21《人部五·绝交》。
④ 房玄龄：《晋书》卷49《阮籍》。

于是，以自己为原型，以宣扬老庄思想为出发点，塑造了一个生于远古、四海为家、与天地等寿、独求大道的"大人先生"，而将当时所谓的君子比作裤中之"虱"，对旧教育予以猛烈抨击，称：

> 世人所谓君子，惟法是修，惟礼是克。手执圭璧，足履绳墨。行欲为目前检，言欲为无穷则。少称乡党，长闻邻国。上欲图三公，下不失九州牧。独不见群虱之处裤中，逃乎深缝，匿乎坏絮，自以为吉宅也。行不敢离缝际，动不敢出裤裆，自以为得绳墨也。然炎丘火流，焦邑灭都，群虱处于裤中而不能出也。君子之处域内，何异夫虱之处裤中乎！①

还有，南朝齐学者沈麟士，隐居吴差山讲经教授生徒，年逾70仍讲学不止。他在讲授经学、老庄之学的同时，精研周易、老庄学说，著有《周易两系》《庄子内篇训》《老子要略》等。南朝齐学官、梁经师何胤，师从刘瓛，通儒学、佛学，隐居会稽山，教授生徒，著有《毛诗隐义》《礼记隐义》《礼答问》等。

总之，这一时期私学的教学活动在一定程度上传承了先秦时期的教学传统，在此基础上又有所改观，如在弟子日益增多的情况下，诸多私学充分借鉴太学的做法，即请高足弟子次相传授，这在先秦时期几乎是看不到的。对于私学教师来说，既省时省力，又有时间进行学术研究或处理其他社会性事务，可谓一举多得。又如在课内提倡质疑问难，着重学生求异思维和自学能力的培养等，这些做法都是很可贵的。

第三节　私学弟子的学习活动

《中庸》曾将先秦时期学习者的学习活动概括为"博学之，审问之，慎思之，明辨之，笃行之"五个阶段，就是说每个学习者都要通过广泛地学习，勤思多问，谨慎地辨别，踏踏实实地实践才能准确牢固地掌握知识。秦汉至魏晋南北朝时期的私学弟子，也传承了先秦时期私学生的学习传统，但因这一时期

---

① 房玄龄：《晋书》卷 49《阮籍》。

各个朝代私学弟子具有一定的个体差异性，因此他们的学习活动也具有鲜明的个性特点，概括起来大致有以下几种主要的学习活动方式。

一、自由择师受业

自古"圣人无常师"，先秦时期私学生可以自由择师受业，这一学习活动传统也为汉以后私学弟子所弘扬。

汉朝私学弟子跟随一名教师学习一段时间后，可以根据自己的学习情况和兴趣、爱好以及治学方向再次选择教师从教。如西汉政论家贾谊，自幼苦学，于先秦诸子百家之书无所不读，后跟从荀况的高足、秦朝博士张苍研习《春秋左氏传》。不久，他就能以诵《尚书》《诗经》及撰著文章而闻名于河南郡，受到河南郡守、李斯高足吴公的关注，被收为弟子。史学家司马迁，家学渊源甚深，"年十岁则诵古文"。汉武帝元朔二年（公元前 127 年），司马迁随父亲从夏阳迁居长安后，从孔安国学《尚书》，从董仲舒学《春秋》，亦向博士伏生请教过，学业大长。史学家司马谈，推崇黄老之学，对阴阳、儒、墨、名、法诸家的学问皆有研究，曾经跟随杨何学习《易》，跟随黄子学习道论，跟随唐都学"天官"，撰写了《论六家之要旨》等经典著作。经师梁丘贺，今文易学"梁丘学"的开创者，他先跟随京房学习《易》，后又追随田王孙学习，如史载其"从太中大夫京房受《易》……房出为齐郡太守，贺更事田王孙"[1]。大臣张禹，曾到长安投入施雠门下学习《易》，"至长安学，从沛郡施雠受《易》"，又向王阳、庸生请教《论语》。学成后，他也设学授徒。如史载其向"琅邪王阳、胶东庸生问《论语》，既皆明习，有徒众"[2]。经师贾逵，先师从刘歆学习《左氏春秋》，兼习《国语》《周官》，后又跟随涂恽学习《古文尚书》，拜谢曼卿为师学《毛诗》。丁宽最初在梁项生门下学习，但因丁宽"读《易》精敏，才过项生，遂事何"。于是他又选择了学问精深的田何做他的老师。丁宽后来又跟随"周王孙受古义"。东汉时经师范冉，年 18 岁时"到南阳，受业于樊英。又游三辅，就马融通经，历年乃还"[3]。经学家郑玄，曾入太学受业，师事博士第五元先，"通《京

---

① 班固：《汉书》卷 88《儒林传》。
② 班固：《汉书》卷 81《匡张孔马传》。
③ 范晔：《后汉书》卷 81《独行列传》。

氏易》《公羊春秋》《三统历》《九章算术》"①。其中《京氏易》《公羊春秋》都是今文经学的重要典籍。后又跟从名儒张恭祖学习《周官》《礼记》《左氏春秋》《韩诗》《古文尚书》。其中《周官》《左氏春秋》和《古文尚书》又都是古文经学的重要典籍。接着，跟从官员陈球受业，学习《律令》。此时的郑玄可以说是学富五车，但却毫不满足，33岁的他依然西行入关，拜关西大儒、古文经学家马融为师，终于成为汉朝经学的集大成者。

魏晋南北朝私学学生同样具有择师的自由，学生可以向不同的私学教师求教，学习他们不同的思想见解，包括天文学、数学、经史在内的诸学科知识，或进行某一专门学科的深造精修。如南朝宋学官、经师周续之，12岁时入地方官学学习，通《五经》《五纬》，为学中翘楚，后又拜庐山名僧慧远学习《老》《易》。陈朝的吴明彻，跟随一位老师学完"书史经传"后，又师从汝南周弘正，向其学习天文学等方面的知识。

北朝私学生亦盛行自由择师之风，他们多慕私学大师之名而不远千里求学就教，目的是学有所得。因此，私学生如果对教师不满，可以随时辞师另学。或者学精一门之后，再去求教其他方面的专家学者，直至学业有成。总之，谁的学问渊博就跟谁学，谁在哪一方面有专长就跟谁学，打破了两汉以来重师法、家法的樊笼，没有门户之见。如北魏经学家徐遵明，年少求学阶段就曾多次易师，师从王聪、张吾贵、孙买德、唐迁、赵世业等学者。如史载：

> 年十七，随乡人毛灵和等诣山东求学。至上党，乃师屯留王聪，受《毛诗》《尚书》《礼记》。一年，便辞聪诣燕赵，师事张吾贵。吾贵门徒甚盛，遵明伏膺数月，乃私谓其友人曰："张生名高而义无检格，凡所讲说，不惬吾心，请更从师。"遂与平原田猛略就范阳孙买德受业。一年，复欲去之。猛略谓遵明曰："君年少从师，每不终业，千里负帙，何去就之甚。如此用意，终恐无成。"遵明曰："吾今始知真师所在。"猛略曰："何在？"遵明乃指心曰："正在于此。"乃诣平原唐迁，纳之，居于蚕舍。读《孝经》《论语》《毛诗》《尚书》《三礼》，不出门院，凡经六年，时弹筝吹笛以自娱慰。又知阳平馆陶赵世业家有《服氏春秋》，是晋世永嘉旧本，遵明乃往

---

① 范晔：《后汉书》卷35《张曹郑列传》。

读之。①

北魏经师董徵年少好学，先后从师伯阳、高望崇、刘献之等学者，史称其"师清河监伯阳受《论语》《毛诗》《春秋》《周易》，就河内高望崇受《周官》，后于博陵刘献之遍受诸经"②。经过数年学习，"大义精练"，学成后也设学讲授生徒。北朝齐经师李铉，也曾跟随李周仁、刘子猛、房虬、鲜于灵馥、徐遵明等不同的老师学习，最终学有成就，如史载：

> 九岁入学，书《急就篇》，月余便通。家素贫苦，常春夏务农，冬乃入学。年十六，从浮阳李周仁受《毛诗》《尚书》，章武刘子猛受《礼记》，常山房虬受《周官》《仪礼》，渔阳鲜于灵馥受《左氏春秋》。铉以乡里无可师者，遂与州里杨元懿、河间宗惠振等结侣诣大儒徐遵明受业。居徐门下五年，常称高第。二十三，便自潜居，讨论是非，撰定《孝经》《论语》《毛诗》《三礼义疏》及《三传异同》《周易义例》，合三十余卷。用心精苦，曾三冬不畜枕，每至睡时，假寐而已。年二十七，归养二亲，因教授乡里，生徒恒至数百。燕、赵间能言经者，多出其门。③

北魏的算学博士殷绍曾经"游学诸方"，他在游学期间先向"大儒"成公兴学《九章算术》，后又跟僧人释昙影、道士法穆学习，精研《九章算术》之义理。释昙影和法穆两人向他讲授多家研究《九章算术》的理论与成就，不仅言传口授"章次意况大旨"④，而且还亲身进行演算示范。殷绍跟随两人学习前后有四年之久，在两位明师的教导下，后来终于成为数学家。北齐学者熊安生，"少好学，励精不倦。初从陈达受《三传》，又从房虬受《周礼》，并通大义。后事徐遵明，服膺历年。东魏天平中，受《礼》于李宝鼎。遂博通《五经》"⑤。北齐经师刘昼，少年爱学，与儒者李宝鼎是同乡，"受其《三礼》；又就马敬德习《服氏春秋》，俱通大义"⑥。

由于私学大师弟子众多，甚至多达成千上万人。有些弟子为了学到真知，

---

① 魏收：《魏书》卷84《儒林》。
② 魏收：《魏书》卷84《儒林》。
③ 李百药：《北齐书》卷44《儒林》。
④ 魏收：《魏书》卷91《术艺》。
⑤ 令狐德等：《周书》卷45《儒林》。
⑥ 李百药：《北齐书》卷44《儒林》。

教师走到哪儿，他们也负笈相随到哪儿。例如，北魏大臣高允，少年求学时就曾担笈负书，千里追师就业。北齐经师张雕武好学，曾千里从师，学遍《五经》，尤其擅长《三传》。他博闻多识，长于辩论，为诸儒信服。后自己办学，从远方来就读的弟子有百余人。

二、在授徒中求学

授徒中求学，即说有的私学学生一边收徒讲授一边到处求学，亦师亦生。如西汉经学家扬雄，不仅自己设学讲授当教师，而且四处访求学有专长的学者为师。当时蜀中人士严君平，"雅性淡泊，学业如妙，专精大《易》，耽于《老》《庄》……著《指归》"。扬雄敬服他的才行，拜其为师从学。此外，扬雄还曾跟随临邛人林闾学文字音韵，并学有所成。王莽时，大学者刘韵的儿子刘棻曾拜扬雄为师，专门学习古文奇字①。扬雄在进行语言文字教育活动的同时，还撰写了专门研究语言文字的《方言》一书。经师梁项生在跟随田何学习《易》的同时，自己还授徒讲学，丁宽师从他学习，"宽为项生从者"②。

东汉时经师郑兴，"少学《公羊春秋》，晚善《左氏传》，遂积精深思，通达其旨，同学者皆师之"③。因他学识精深，同学以他为师，他就一边自己学，一边教其他人。学者庾乘，早年曾为县衙门卒，名儒郭太见其是可造之才，"劝游学官"。庾乘就辞职到太学受雇于诸生，边干活边学习，"后能讲论"。但他自感身份低微，每至讲学时常择下席就座。而学中诸生以至博士都认为他经术造诣颇深，有很多问题要向他请教，也坐在他的下首，"皆就雠问，由是学中以下坐为贵"④。

十六国时期前凉学官祈嘉，初在敦煌学宫修习学业，后又到西凉等地游学并教授学生，其门下弟子有百余人。

三、在游学中求教

游学中求教，即通过周游天下来获得学问，这是自孔子以后历代学者所倡

---

① 班固：《汉书》卷 87 下《扬雄传》。
② 班固：《汉书》卷 88《儒林传》。
③ 范晔：《后汉书》卷 36《郑范陈贾张列传》。
④ 范晔：《后汉书》卷 68《郭符许列传》。

导的一种学习活动。求学者在不同学者、不同地域之间的活动，活跃了思想，推动了学术的繁荣。无论汉魏，抑或南北朝时期，几乎所有的名师大儒都有游学的经历。

西汉时经师、今文诗学"鲁诗学"的开创者申公，吕后时曾经在长安游学，与楚元王子刘郢共同师从于浮丘伯，"吕太后时，申公游学长安，与刘郢同师"。大臣陈平，少时家贫，"好读书，治黄帝、老子之术。有田三十亩，与兄伯居。伯常耕田，纵平使游学"①。陈平在兄长的扶助下，不问稼穑，一心求学。史学家司马迁在读万卷书的同时，父亲让其行万里路。对此，《史记》和《汉书》均有记载，称："二十而南游江、淮，上会稽，探禹穴，窥九疑，浮于沅、湘；北涉汶、泗，讲业齐、鲁之都，观孔子之遗风，乡射邹、峄；厄困鄱、薛、彭城，过梁、楚以归。"② 这次出游，可以说是司马迁为准备写《史记》所进行的一次实地考察，他亲自采访，获得许多第一手材料。比如，他到曲阜瞻仰孔子墓，还和当地的儒生在一起揽衣挽袖，一步一揖，学骑马、射箭、行古礼等礼仪，以此表达对孔子的怀念。这样就保证了《史记》所选史料的真实性和科学性，也是《史记》实录精神的一种具体体现。经师翟方进，少年失父，为生活所迫，到太守府当一名小吏，在屡次被辱后，他发愤图强，"欲西至京师受经。母怜其幼，随之长安，织屦以给"。翟方进到处拜师求学，习《春秋》十余年，学识精深，博得众人称赞，许多学生慕名求学，"经学明习，徒众日广，诸儒称之"③。大臣张禹曾经到长安游学，"从沛郡施雠受《易》，琅邪王阳、胶东庸生问《论语》"，他遍访名师，学有所长，对《易》和《论语》的研习特别精深。当时，"诸儒为之语曰：'欲为《论》，念张文。'由是学者多从张氏，余家寝微"④。

自光武帝平定天下以后，东汉民众好学之风大盛，私学发展迅速，遍布于城乡各处。许多人为了跟随名师学习，不远万里求学就教，许多大师名儒也兴建精庐授徒讲学，甚至有的私学大师的门人弟子多达万人。如史所载：

> 自光武中年以后，干戈稍戢，专事经学，自是其风世笃焉。其服儒衣，

---

① 班固：《汉书》卷40《张陈王周传》。
② 班固：《汉书》卷62《司马迁传》。
③ 班固：《汉书》卷84《翟方进传》。
④ 班固：《汉书》卷81《匡张孔马传》。

称先王，游庠序，聚横塾者，盖布之于邦域矣。若乃经生所处，不远万里之路，精庐暂建，赢粮动有千百，其者名高义开门受徒者，编牒不下万人。①

如学者程曾，游学长安长达十多年，专心学业，学成后返家开设私学讲学。如史载："受业长安，习《严氏春秋》，积十余年，还家讲授，会稽顾奉等数百人常居门下。"② 不仅程曾本人有游学经历，他的门生也是客居求学。名儒马融也曾游学，他最初追随隐居在南山的老师学习儒学。"京兆挚恂以儒术教授，隐于南山，不应征聘，名重关西，融从其游学，博通经籍。"③ 郑玄离家投入马融门下学习长达十余年，"自游学，十余年乃归乡里"④。他在《戒子书》中说："游学周、秦之都，往来幽、并、兖、豫之域，获观乎在位通人，处逸大儒，得意者咸从捧手，有所受焉。遂博稽《六艺》，粗览传记，时睹秘书纬术之奥。"⑤儒生礼震，仰慕名儒欧阳歙的学识，专门到汝南投其门下学习。儒生景鸾，"少随师学经，涉七州之地"⑥。经师杨仁，建武中"诣师学习《韩诗》，数年归，静居教授"⑦。学者崔骃的儿子崔瑗，"锐志好学……年十八，至京师"游学，与马融、张衡相识友好，"瑗因留游学，遂明天官、历数、《京房易传》、六日七分，诸儒宗之"⑧。学者邓禹，少年时离家赴长安求学，"时光武亦游学京师，禹年虽幼，而见光武知非常人，遂相亲附，数年归家"⑨。学者仲长统，"少好学，博涉书记，赡于文辞。年二十余，游学青、徐、并、冀之间"⑩。科学家张衡，"少善属文，游于三辅，因入京师，观太学，遂通《五经》，贯六艺"⑪。儒生范冉，早年曾做过县中小吏，"年十八，奉檄迎督邮，冉耻之，乃遁去。到南阳，受业于樊英。又游三辅，就马融通经，历年乃还"⑫。名医华佗也有游学经历，他早年

---

① 范晔：《后汉书》卷 79 下《儒林列传》。
② 范晔：《后汉书》卷 79 下《儒林列传》。
③ 范晔：《后汉书》卷 60 上《马融列传》。
④ 范晔：《后汉书》卷 35《张曹郑列传》。
⑤ 范晔：《后汉书》卷 35《张曹郑列传》。
⑥ 范晔：《后汉书》卷 79 下《儒林列传》。
⑦ 范晔：《后汉书》卷 79 下《儒林列传》。
⑧ 范晔：《后汉书》卷 52《崔骃列传》。
⑨ 范晔：《后汉书》卷 16《邓寇列传》。
⑩ 范晔：《后汉书》卷 49《王充王符仲长统列传》。
⑪ 范晔：《后汉书》卷 59《张衡列传》。
⑫ 范晔：《后汉书》卷 81《独行列传》。

曾"游学徐土，兼通数经。晓养性之术，年且百岁而犹有壮容，时人以为仙"①。另外，少数民族经师尹珍，自感出生于偏荒之地，不知礼仪，"乃从汝南许慎、应奉受经书图纬"，学成后还乡里教授，"于是南域始有学焉"②。

两晋时期经师杜夷寄寓于汝、颖之间十载，其间他勤奋刻苦，闭门苦读，足不出户，终于学有所成。40多岁时杜夷返乡设学，门下生徒多达千人。东晋时，出身世族的佛学家、净土宗始祖慧远，年少时曾随舅父在许昌、洛阳两地游学，遍访名师，博涉儒学，旁通老庄。21岁时前往太行山聆听释道安讲《般若经》，深感"儒道九流学说，皆如糠秕"，于是弃儒道而从佛，随从道安法师修行，24岁时开始升座讲经说法。经师宋纤，"少有远操，沈靖不与世交，隐居于酒泉南山。明究经纬，弟子受业三千余人"③。其门下弟子为了追随他，不惜离乡背井。东晋道教学者葛洪，四处访学道家神仙导养之法，史称其"寻书问义，不远数千里崎岖冒涉，期于必得，遂究览典籍，尤好神仙导养之法"，先后师从郑隐和南海太守鲍玄，"悉得其法焉"④。

十六国时期的后秦王姚兴重视文教，听闻大儒胡辩在洛阳讲学，为了鼓励关中儒生出关，访学大儒，特别下旨关卡放行，为游学学子提供方便。如史载："兴每于听政之暇，引毚等于东堂，讲论道艺，错综名理。凉州胡辩，苻坚之末，东徙洛阳，讲授弟子千有余人，关中后进多赴之请业。兴敕关尉曰：'诸生谘访道艺，修己厉身，往来出入，勿拘常限。'于是学者咸劝，儒风盛焉。"⑤于是，姜毚、淳于岐、郭高等皆者儒大师，也率领弟子教授长安，"各门徒数百"。后秦苻坚鼓励并为儒家学者到长安办学提供条件，结果"诸生自远而至者万数千人"。凉州经师郭瑀，早年曾游学张掖，"东游张掖，师事郭荷，尽传其业"⑥。他师从略阳（今甘肃庄浪西南）大儒郭荷，成为精通经义、善属文、多才多艺的学者，后开办私学讲学，门下著录弟子多达千余人。

南北朝时期梁儒生范缜，年少好学，听说大儒刘瓛设学授徒，就离家求师。

---

① 范晔：《后汉书》卷82下《方术列传》。
② 范晔：《后汉书》卷86《南蛮西南夷列传》。
③ 房玄龄等：《晋书》卷94《隐逸》。
④ 房玄龄等：《晋书》卷72《葛洪》。
⑤ 房玄龄等：《晋书》卷117《姚兴上》。
⑥ 房玄龄等：《晋书》卷94《隐逸》。

刘瓛门下有许多贵族子弟,范缜跟随其学习数年,不与其他学生攀比,而是勤奋刻苦,"去来归家,恒芒屩布衣,徒行于路"①,因此博得了刘瓛的赞赏。北魏学官高允,年少时曾入沙门为僧,不久还俗,他一心向学,追随老师"千里就业"②,担笈负书,不辞辛苦,终于博通经史、天文、术数之学,尤其精通《春秋公羊传》。北齐儒生冯伟,少年时跟从李宝鼎游学,"李重其聪敏,恒别意试问之"③,他学习融会贯通,尤其擅长《礼传》。北齐儒生刘昼,"少孤贫,爱学,负笈从师,伏膺无倦"。后又离乡入都,博览群书,"恨下里少坟籍,便杖策入都……恣意披览,昼夜不息"④。北齐经师李铉,学识广博,"以乡里无可师者,遂与州里杨元懿、河间宗惠振等结侣诣大儒徐遵明受业。居徐门下五年,常称高第"。27岁回归故乡,"教授乡里,生徒恒至数百。燕、赵间能言经者,多出其门"。36岁时父死服孝期满后,李铉又到京师游学,"以乡里寡文籍,来游京师,读所未见书"⑤。北齐经师张雕武,少好学,"雅好古学。精力绝人,负箧从师,不远千里"⑥。北齐儒生邢峙,"少好学,耽玩坟典,游学燕赵之间,通《二礼》《左氏春秋》"⑦。北周经师沈重,天性聪颖,"专心儒学,从师不远千里,遂博览群书,尤明《诗》《礼》及《左氏春秋》"⑧。北周学官樊深,"弱冠好学,负书从师于三河,讲习《五经》,昼夜不倦"。后为避难,樊深"改易姓名,游学于汾晋之间,习天文及算历之术"⑨。还有北周经师乐逊游学于徐遵明,即便是在"寇乱"四起、"学者散逸"之时,亦"志道不倦"。史载:"年在幼童,便有成人之操。弱冠,为郡主簿。魏正光中,闻硕儒徐遵明领徒赵魏,乃就学《孝经》《丧服》《论语》《诗》《书》《礼》《易》《左氏春秋》大义。寻而山东寇乱,学者散逸,逊于扰攘之中,犹志道不倦。"⑩ 可知,游学实乃经师学业成长中不可或缺的一个重要环节。

①　姚思廉:《梁书》卷48《儒林》。
②　魏收:《魏书》卷48《高允》。
③　李百药:《北齐书》卷44《儒林》。
④　李百药:《北齐书》卷44《儒林》。
⑤　李百药:《北齐书》卷44《儒林》。
⑥　李百药:《北齐书》卷44《儒林》。
⑦　李百药:《北齐书》卷44《儒林》。
⑧　令狐德等:《周书》卷45《儒林》。
⑨　令狐德等:《周书》卷45《儒林》。
⑩　令狐德等:《周书》卷45《儒林》。

四、打基础的诵抄训练

鉴于所授经书有限，私学教师一般都会要求学生对某些经典著作熟练地背诵，并能准确无误地抄写教材。如东汉儒生延笃，"少从颖川唐溪典受《左氏传》，旬日能讽之，典深敬焉。又从马融受业，博通经传及百家之言，能著文章，有名京师"①。东晋经师范宣，"年十岁，能诵《诗》《书》"。他"手不释卷，以夜继日，遂博综众书，尤善《三礼》"，且"常以讲诵为业，谯国戴逵等皆闻风宗仰，自远而至，讽诵之声，有若齐、鲁"②。

南朝梁儒生王筠，"幼年读《五经》，皆七八十遍。爱《左氏春秋》，吟讽常为口实，广略去取，凡三过五抄余经及《周官》《仪礼》《国语》《尔雅》《山海经》《本草》，并再抄子史诸集皆一遍。未尝请人假手，并躬自抄录，大小百余卷"③。南朝梁经师何佟之重视读写基本功训练，为后续的学习打下了坚实的基础。史载其："少好《三礼》，师心独学，强力专精，手不辍卷。读礼论三百余篇，略皆上口。"④

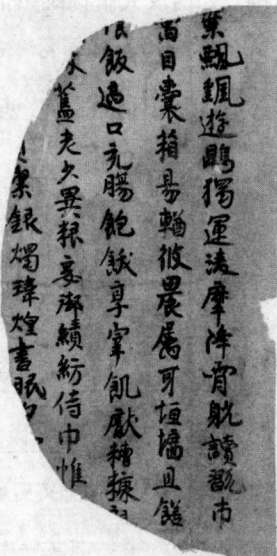

图4-7　麹氏高昌时期学生习书《千字文》残片（吐鲁番博物馆藏）

尤其是在吐鲁番巴达木1号台地115号唐墓墓道填土内，发现了麹氏高昌时期（499—640年）《千字文》写本残片（见图4-7），存本共5行18句，近70字，文字偶有错讹。据专家考证，应是当地学生的习字本。《千字文》编定于南朝梁代，可能是在南朝末年即取代汉朝的《急就章》，而成为当时最为通行的童蒙习字范本。难能可贵的是，这一写本出现于西北边陲的麹氏高昌王国，说明这个时期《千字文》已经传到新疆并广为流行。

---

① 范晔：《后汉书》卷64《吴延史卢赵列传》。
② 房玄龄等：《晋书》卷91《儒林》。
③ 姚思廉：《梁书》卷33《王筠》。
④ 李延寿：《南史》卷71《儒林》。

五、研习中的思维训练

先秦时期学者不仅强调好学，还要求弟子善思，这不仅因为"心之官则思"，还在于"尽信书，则不如无书"。因而在读书学习的同时，必须学会思考或思维，这是学生所必备的一项学习能力，只有具备一定的思维力，才能做到"述而又作"。

受此影响，在秦汉魏晋南北朝时期，曾涌现出许多善于动脑、勤于思考的案例。如西汉大儒扬雄少而好学，博览群书，因"口吃不能剧谈，默而好深湛之思"①。东汉经师李育，少习《公羊春秋》，沉思专精，博览群书，学识高明，"深为同郡班固所重"②。西晋经师杜夷，以儒学著称于世，他寡欲少求，闭门潜心研习学问，熟读精思，"十载足不出门"③。董景道，少而好学，勤学多思，"明《春秋三传》《京氏易》《马氏尚书》《韩诗》，皆精究大义"④。

南朝齐梁之际的陶弘景，自幼勤奋好学，10岁时得葛洪的《神仙传》，昼夜研读，勤学精思。后又向孙游岳学习道家符图经法，游历名山，寻师访药，成为一位颇有建树的道家学者。后虽入仕为官，仍"闭影不交外物，唯以披阅为务"。他以"一事不知，以为深耻"精神勉励自己，"读书万余卷。善琴棋，工草隶"⑤。因而，他在文史研究方面成绩卓著，在天文、历法、地理、博物、数学、医学、药学、冶金学和炼丹术等方面都有很高的造诣。南朝梁时的贺革，"年二十，始辍末就文受业，精力不怠。有六尺方床，思义未达，则横卧其上，不尽其义，终不肯食。通《三礼》，及长遍治《孝经》《论语》《毛诗》《左传》，为兼太学博士"⑥。可见，贺革治学成就，在一定程度上也得益于其善于思考。

据《北齐书·儒林》中所载，北齐时学者李铉，学深精思，勤奋刻苦，"曾三冬不畜枕，每至睡时，假寐而已"。儒生冯伟，师从李宝鼎学成后还乡，"闭门不出将三十年，不问生产，不交宾客，专精覃思，无所不通"。经师马敬德，

---

① 班固：《汉书》卷87上《扬雄传》。
② 范晔：《后汉书》卷79下《儒林列传》。
③ 房玄龄等：《晋书》卷91《儒林》。
④ 房玄龄等：《晋书》卷91《儒林》。
⑤ 姚思廉：《梁书》卷51《处士》。
⑥ 李延寿：《南史》卷62《贺玚》。

少好儒术，曾负笈追随大儒徐遵明学《诗》《礼》，但只是略通大义而不专精。于是专注于《春秋左氏》，"沉思研求，昼夜不倦"，博得众人称誉。

六、博学之余通经史

两汉私学要求弟子既要博学，又要专精一经或数经，有的学生皓首不能穷一经，而有的学生不仅精通数经，而且学有专长。例如司马迁，就曾从董仲舒、孔安国等经学大师广泛学习儒家典籍，深得儒家学说的精髓。东汉学者桓谭，好音律，善鼓琴，能著文，博学多通。他遍习五经，尤好古文经学。经师任安，史载："（其）少游太学，受《孟氏易》，兼通数经。又从同郡杨厚学图谶，究极其术。时人称曰：'欲知仲桓问任安。'又曰：'居今行古任定祖。'学终，还家教授，诸生自远而至。"[1] 文字学者许慎，少时曾跟随贾逵学习古文经学，博通经籍，时人对他有"五经无双许叔重"的颂语。他不仅经学根基深厚，而且精研《史籀》《仓颉》《训纂》等字书及贾逵等人的文字之说，撰写出了后世文字学研究的经典著作《说文解字》。经师魏朗，少为县吏，为兄报仇，被迫离乡外逃，"从博士郤仲信学《春秋图纬》，又诣太学受《五经》"[2]，后成为受人推崇的饱学之士。

魏晋南北朝时期的私学则要求学生先打下广博的学习基础，然后再精习一门或两门知识，尤其是要求经史兼通。如三国蜀时学者董扶，"少从师学，兼通数经，善《欧阳尚书》"[3]；尹默，远游荆州，"从司马德操、宋仲子等受古学。皆通诸经史，又专精于《左氏春秋》"[4]。南朝齐时的司马筠，"孤贫好学，师事沛国刘瓛，强力专精，深为瓛所器异。既长，博通经术，尤明《三礼》"[5]；经师崔灵恩，"少笃学，从师遍通《五经》，尤精《三礼》《三传》"，其聚徒讲学，虽不善言谈，但能"解经析理，甚有精致"[6]，博得京师众儒称赞；经师孔佥，"少师事何胤，通《五经》，尤明《三礼》《孝经》《论语》，讲说并数十遍，生徒亦

---

① 范晔：《后汉书》卷 79 上《儒林列传》。
② 范晔：《后汉书》卷 67《党锢列传》。
③ 裴松之注：《三国志》卷 31《蜀书·刘二牧传》。
④ 裴松之注：《三国志》卷 42《蜀书·杜周杜许孟来尹李谯郤传》。
⑤ 李延寿：《南史》卷 71《儒林》。
⑥ 姚思廉：《梁书》卷 48《儒林》。

数百人"①；经师沈峻，曾师事大儒沈麟士，"麟士卒后，乃出都，遍游讲肆，遂博通《五经》，尤长《三礼》"②。

另据《魏书·儒林》中所载，北魏时学者如李业兴，"博涉百家，图纬、风角、天文、占候无不详练，尤长算历"。后撰写成《戊子历》，并在北魏得到推广应用；经师梁祚，"笃志好学，历治诸经，尤善《公羊春秋》、郑氏《易》，常以教授"；经师刁冲学习专心，"不舍昼夜，殆忘寒暑。学通诸经，偏修郑说，阴阳、图纬、算数、天文、风气之书莫不关综，当世服其精博"；学官李同轨，"学综诸经，多所治诵，兼读释氏，又好医术"等。

北齐、北周时一些学者也是如此，如北齐时的鲍季详，甚明《礼》，又兼通《左氏春秋》，因他讲经条理分明，许多人慕名拜其为师，"听其离文析句，自然大略可解"③；学官邢峙，从小好学，"耽玩坟典，游学燕、赵之间，通《二礼》《左氏春秋》"，其为人"方正纯厚，有儒者之风"④；学官马敬德少好儒术，曾经师从徐遵明学习《诗》《礼》《左氏春秋》，他勤奋好学，昼夜不倦，尤其精通《左氏春秋》，后教授于燕、赵之间，从学者甚多，河间郡王也来受教，后入官学讲授《春秋》；学官张雕武，"遍通《五经》，尤明《三传》，弟子远方就业者以百数，诸儒服其强辨"⑤。北周时的沈重，性聪悟，"专心儒学，从师不远千里，遂博览群书，尤明《诗》《礼》及《左氏春秋》"⑥；学者熊安生，跟随多位教师先后学习《三传》《周礼》《礼》，"遂博通《五经》"。但他特别擅长《三礼》，"专以《三礼》教授，弟子自远方至者千余人。乃讨论图纬，捃摭异闻，先儒所未悟者，皆发明之"⑦。

七、闲暇时的自主学习

自主学习，是指在学生具有吸收接纳新事物的能力，且又没有接受教育者指导的情况下自己掌握某种知识和技能的学习活动，这在古代私学生中甚是普

---

① 李延寿：《南史》卷71《儒林》。
② 李延寿：《南史》卷71《儒林》。
③ 李百药：《北齐书》卷44《儒林》。
④ 李百药：《北齐书》卷44《儒林》。
⑤ 李百药：《北齐书》卷44《儒林》。
⑥ 令狐德等：《周书》卷45《儒林》。
⑦ 令狐德等：《周书》卷45《儒林》。

遍。因为他们有充裕的时间进行自主学习，故而可以根据自己的实际情况，有目的、有选择地进行某方面知识的学习，既可以把精力都放到专门的学问上，也可以通过自学拓宽知识面，其学习效果比直接跟师学习还要好一些。而且学生通过自学活动可以培养主动学习的习惯，在自主安排学习时间、学习进度、学习内容，且节省学费、交通费的情况下，又可以提高自己的学习能力，不失为一种有效的学习活动。

自主学习的风气在汉朝及魏晋南北朝时期还是比较盛行的。曾开创今文诗学"鲁诗学"的西汉经师申公，在教学活动中提倡学生通过自学解答疑问。西汉学者扬雄在跟随严君平学习的同时，不拘于一家之言，利用业余时间博览群书，后以文才闻名于世。还有匡衡"凿壁偷光"的故事可谓家喻户晓。《太平御览》引《西京杂记》云："匡衡凿邻家壁，偷光读书。"《艺文类聚·杂文部一》称："匡衡凿壁，引邻家火光，孔中读书。"匡衡幼年时期，由东海郡逃荒至今日山东邹城城关杨下村，因家贫，晚上读书没有蜡烛照明，于是白天干活，夜晚凿壁借邻居杨老太纺线灯光读书。后匡衡被封为丞相，为报杨老太借灯读书之恩，专程探望，此时杨老太已故去。"凿壁偷光"这一成语便由此而来。当时，同村有个大户人家，家中有很多藏书，匡衡就到他家去做雇工，不要报酬，只求借书一读。如《太平广记·俊辩一》所载："邑人大姓文不识，家富多书，衡乃为其佣作，而不求直。主人怪而问之，衡曰：'愿得主人书，遍读之。'主人感叹，资给以书，遂成大学。"

东汉时大儒郑玄在马融门下学习，虽然三年未见老师一面，没有机会亲耳聆听马融的教诲，但他"日夜寻诵，未尝怠倦"[1]。经过勤奋自学，终于成为当时的硕儒。学者王充"好博览"，但受经济条件所限，无钱买书，于是就"常游洛阳市肆，阅所卖书，一见辄能诵忆，遂博通众流百家之言"[2]。他居家教授后，倡导博学，鼓励学生自学，认为古今之事、诸子百家之言，均有助于补阙勘误，使人通明博见。他反对死守一经、照本宣科地学习前师之言，注重培养学生的批判、论衡和思考能力，要求学生"不徒耳目，必开心意"。还有孙敬，据《艺文类聚·杂文部一》载其"好学，闭户读书，不堪其睡，乃以绳悬之屋梁，人

---

① 范晔：《后汉书》卷35《张曹郑列传》。
② 范晔：《后汉书》卷49《王充王符仲长统列传》。

曰闭户先生"。《太平御览·人事部四》载其"好学，晨夕不休，及至眠睡疲寝，以绳系头悬屋梁，后为当世大儒"。孙敬勤奋好学，废寝忘食，经常在读书时用一根绳子一头牢牢地绑在房梁上，一头与头发绑在一起，假如打盹，头一低，绳子就会牵住头发，头皮就会被扯痛，这时马上就变得清醒了，可以再继续读书学习。与先秦时期苏秦的"锥刺股"合为"悬梁刺股"一语，成为后世发奋求学的典范。

西晋时学者皇甫谧，年少时不爱学习，整日嬉戏游玩，在其婶母的开导督促下，20 岁时才开始发愤学习，即使在从事农业劳动时，也带上书籍研习。经过长期的刻苦努力自学，他终于博通经史，学识高明，成为当时学术界颇负盛名的一位学者。皇甫谧中年时半身麻木，右腿肌肉萎缩。为治病，他服食丹药中毒，反应强烈，痛苦不堪。为解除自身病痛，进行自我治疗，他花费了很多精力自学医学知识，亲身试验针法、药性，后根据自己的研究所得撰写了多部医学论著，其中《甲乙经》成为后世针灸临床治病和撰写医书的指南，也是中国古代培养针灸医师的一部重要教材，并流传到日本、朝鲜等国，对世界针灸学的发展产生了深远的影响。经师傅玄，幼年丧父，"少孤贫，博学善属文，解钟律"①。他刻苦自学，擅长乐府歌行，精通音律，经过不懈努力，成为一位学识渊博的学者。经师杜夷，家境贫寒无力求师，于是博览经籍百家之书，潜心钻研算历图纬，"居甚贫窭，不营产业，博览经籍百家之书，算历图纬靡不毕究"②，后以儒学闻名于世。

东晋时书法名家王羲之，最初是拜东晋女书法家卫铄门下，学习钟繇一派所传书法，经过一段时间的学习后，他遍游天下，寻访观摩李斯、曹喜、蔡邕、张旭、钟繇、梁鹄之等历代书法名家的真迹，对比之下，他自觉过去所学书法不得要领，是"徒费年月耳"，随后潜心自学，开创了"飘若浮云，矫若惊龙"③的"真草"书体。学官车胤，"家贫不常得油，夏月则练囊盛数十萤火以照书，以夜继日焉"。其苦读不止，"恭勤不倦，博学多通"④。《三字经》上"如囊萤"

---

① 房玄龄等：《晋书》卷 47《傅玄》。
② 房玄龄等：《晋书》卷 91《儒林》。
③ 房玄龄等：《晋书》卷 80《王羲之》。
④ 房玄龄等：《晋书》卷 83《顾和袁瑰江逌》。

的故事说的就是他。另据《太平御览》引《宋齐语》称："孙康家贫，常映雪读书。"《艺文类聚·天部下》亦载曰："孙康家贫，常映雪读书，清介，交游不杂。"说的是学者孙康，由于家贫而无法点灯夜读，令他觉得光阴虚掷，甚是可惜。一个冬夜，雪下得特别大，他从睡梦惊醒，发现窗外似乎有一些光亮，原来是雪映射出的微光。于是他倦意顿消，翻身起来，取出书卷，来到院子里借着那雪映出的微光如饥似渴地读了起来。正是凭借这种苦学精神，才使他成为学富五车的一代名士，《三字经》中的"如映雪"说的就是他。还有学者葛洪，13 岁丧父，家境清贫而好学，以砍柴所得换取纸笔，日间劳动，夜晚抄读。经常外出寻书问义。为了求学，他甚至不远千里跋涉。经过不懈的刻苦自学，他精通经史，兼通术数，而对于政府的征召，皆固辞不就，成为东晋时期对中国古代医学发展贡献最大的医学家。

南朝宋、齐时经师顾欢，幼时家贫无力受学，他就常常站在学舍的墙壁外听讲，夜晚没有灯烛照亮，就点燃谷糠借着火光苦读。经过坚韧不拔的努力，他终于成为博通经世的学者。后隐居在天台山开馆讲学，生徒常有近百人，成为当时的私学名师，名士顾恺之曾经让自己的儿子及孙子跟随他学习。南朝齐时学者徐伯珍，少孤贫而好学，没有钱买纸、笔，他就用竹枝在地上练习书写。山洪暴发，淹没了他的住宅，他将自己捆绑在床上，仍然诵读不辍。南朝齐学者沈麟士，早年家贫，无力求学，以织帘为生，边织帘边诵书，人称"织帘先生"。但苦于无书可读，他特意到京城繁华之地，在书坊遍读经史子集，经过刻苦自学，终于成为博学之士。后来，他隐居在吴差山讲经教授，门下弟子有近百人。为了跟随他学习，诸多弟子也在山中造屋而居，一时蔚然成市。所谓"吴差山中有贤士，开门教授居成市"。沈麟士的弟子沈峻，"至峻好学……师事宗人沈麟士，在门下积年，昼夜自课。睡则以杖自击，其笃志如此。遂博通《五经》，尤长《三礼》"[1]。南朝梁时的孔子祛，"少孤贫好学，耕耘樵采，常怀书自随，投闲则诵读。勤苦自励，遂通经术，尤明《古文尚书》"[2]。南朝梁时学者刘峻，刻苦好学，经常彻夜不眠，没钱买灯烛，就烧麻炬照明，终成博学名士。尔后，他长期在东阳紫岩山讲学，吴、会两地慕名求学者甚众。

---

① 李延寿：《南史》卷 71《儒林》。
② 姚思廉：《梁书》卷 48《儒林》。

北魏时学者祖莹，12岁为中书生，除了完成学校的日常学业之外，他刻苦自学，甚至到了废寝忘食的程度，史载其："好学耽书，以昼继夜，父母恐其成疾，禁之不能止。常密于灰中藏火，驱逐僮仆，父母寝睡之后，燃火读书，以衣被蔽塞窗户，恐漏光明为家人所觉。由是声誉甚盛，内外亲属呼为'圣小儿'。尤好属文，中书监高允每叹曰：'此子才器，非诸生所及，终当远至。'"[1]学者徐遵明一心向学，曾随乡人毛灵和等远赴山东求学。至上党，师从屯留王聪，"受《毛诗》《尚书》《礼记》"。又师事张吾贵，在其门下"伏膺数月"，辞师跟随孙买德学习。一年后又辞师离去。此后，居于蚕舍。"读《孝经》《论语》《毛诗》《尚书》《三礼》，不出门院，凡经六年，时弹筝吹笛以自娱慰。"[2]农学家贾思勰，从古籍文献中搜集资料学习农业知识，并访问经验丰富的老农，通过自己的观察、试验，成为一个具有广泛农业知识的学者，撰写出了农业专著《齐民要术》。

虽然古代私学生的读书环境比较简陋和艰苦，但皆勤奋好学，珍惜每一寸光阴，涌现出了诸如匡衡、孙敬、车胤、孙康等勤学典范，这是难能可贵的，值得后世学子深思和借鉴。

八、务杂工以助学业

在这一时期，有相当一部分私学生如同官学生一样，过着以工助学的求学生活，所从事的工种依据自身条件而定，有做佣工的，有躬耕自给的，有以物换物的，不一而足。如西汉的匡衡，好学然家庭贫困，为了继续学业，他给人做佣工换取所需费用，所谓"庸作以供资用"。东汉时的卫飒，家境贫寒，但他求学意志坚定，为了完成学业，常受雇佣于他人换取报酬以维持生计。经师承宫，少时家贫，因喜欢听塾师徐子盛讲《春秋》，"遂请留门下，为诸生拾薪。执苦数年，勤学不倦。经典既明，乃归家教授"[3]。这里的"拾薪"，应该是给同学捡拾烧火做饭或取暖所用的木柴，以此换取一些生活及学习费用。经师李恂因事免官后，回归故里，设学授徒，弟子通过劳动即所谓的"织席"来维持生

---

① 魏收：《魏书》卷82《祖莹》。
② 魏收：《魏书》卷84《儒林》。
③ 范晔：《后汉书》卷27《宣张二王杜郭吴承郑赵列传》。

活，"潜居山泽，结草为庐，独与诸生织席自给"①。经师桓荣，少年时到长安拜博士朱普学习《欧阳尚书》，因"贫窭无资，常客佣以自给，精力不倦，十五年不窥家园"②。他勤奋刻苦，边工边读，其坚韧和顽强的治学精神令人赞叹。

三国时魏国学者隗禧，少好学。为避战乱，他客居荆州，每日耕稼之余，诵习不止，"不以荒扰，担负经书，每以采稆余日，则诵习之"③。可见，隗禧是通过自己"耕稼"及"采稆"来维持生活，并且利用劳动之余来研习经书。魏晋时期学者皇甫谧，少年时跟随乡师攻读儒家经典，因家境贫寒，他一边勤奋学习，一边躬自稼耕，在耕作时也带着经书，刻苦不怠，博览百家典籍，成为博学之人，屡征不就，以著述为务。

东晋时学者葛洪，"少好学，家贫，躬自伐薪以贸纸笔，夜辄写书诵习，遂以儒学知名"④。他通过"伐薪以贸纸笔"，还研习《孝经》《论语》《诗经》《周易》和诸史百家之言，在医学、军事和天文学等方面均有著述，是晋以前道教理论的集大成者，受到后世道家学者的推崇。十六国时期前凉学官祈嘉，少年时清贫好学，他为了完成学业，一边打工一边学习。"依学官诵书，贫无衣食，为书生都养以自给，遂博通经传，精究大义"⑤。这里的"都养"，是指给同学做饭菜，以此赚得费用。他学成后，开设私学，因性情温和，教人孜孜不倦，故门下弟子常有百余人。

北魏经师刘兰，聪敏好学，但家境贫寒，30多岁才开始入学读书，但"家贫无以自资，且耕且学"⑥。因其勤奋刻苦，三年后就立学舍讲学，弟子有200人。北齐学者李铉因家贫无力求学，他就春夏务农，为研习经书做好物质上的准备，冬季农闲时节入学就读。如史载其"家素贫苦，常春夏务农，冬乃入学"⑦。

由上述可知，这一时期私学生的学习活动在学习方式和学习内容方面发生了较大的变化，如学习方式上着重对经书的诵读和抄写训练，学习内容上兼涉

---

① 范晔：《后汉书》卷51《李陈庞陈桥列传》。
② 范晔：《后汉书》卷37《桓荣丁鸿列传》。
③ 裴松之注：《三国志》卷13《魏书·钟繇华歆王朗传》。
④ 房玄龄等：《晋书》卷72《葛洪》。
⑤ 房玄龄等：《晋书》卷94《隐逸》。
⑥ 魏收：《魏书》卷84《儒林》。
⑦ 李百药：《北齐书》卷44《儒林》。

百家，注重经世致用等。尤其是在家庭贫困，不足以支撑自己入学读书的情况下，出现了私学生的务工助学活动，既解决了学费和生活问题，又能使自己顺利地完成学业，为后世学子助学提供了范例。

第四节　私学中的师生关系

　　师生关系是指教师和学生在教育、教学活动中形成的相互关系，包括师生彼此所处的地位、作用及对待彼此的态度。良好的师生关系是古代私学教育教学活动顺利实施的必要条件，直接影响着教育教学活动的效果。秦汉魏晋南北朝私学的教育教学活动是在一定的师生关系维系下进行的，师生之间不仅在学术上互相学习，政治上相互依附，而且他们之间感情深厚，情比父子，在经济方面也互相援助，既传承了先秦时期私学师生关系的传统，又为后世私学中师生关系的稳定和发展提供了经验。

一、仕途上相互依附

　　如同先秦时期的私学一样，私学教师有推荐弟子入仕的传统，既为学生提供从政发展的平台，也为本学派的发展积蓄实力。同时，学生也可以凭借恩师的名望和地位顺利进入仕途，在一定程度上可以为恩师"保驾护航"，从而构成仕途上的相互依附关系。如汉初大儒叔孙通，在被汉高帝拜为太常后即为跟随他的 100 多位弟子请官，"诸弟子儒生随臣久矣，与臣共为仪，愿陛下官之"。在他的请求下，汉高帝将其弟子"悉以为郎"①。西汉大臣张禹，曾开办私学，门下弟子众多。因其学术精深，被举为郡文学，后为博士，历官光禄大夫、给事中直至丞相。"师高弟子强"，经他荐举成就的弟子众多，其中成就显著者，有"淮阳彭宣至大司空，沛郡戴崇至少府九卿"②。其中的彭宣，师事张禹学习《易》。而张禹因善说《论语》，曾经为太子师，"以帝师见尊信，荐宣经明有威

---

　　① 司马迁：《史记》卷 99《刘敬叔孙通列传》。
　　② 班固：《汉书》卷 81《匡张孔马传》。

重，可任政事"①。彭宣在老师的荐举下，顺利踏入仕途。西汉儒生梁丘贺，"从太中大夫京房受《易》"。"宣帝时，闻京房为《易》明，求其门人，得贺。"② 西汉经师、学官辕固生，是今文诗学"齐诗学"的开创者，孝景帝时为博士，他在齐教授《诗》，"诸齐以《诗》显贵，皆固之弟子也"③。同是齐人的胡母生为景帝博士，擅长《公羊春秋》，"仲舒著书称其德。年老，归教于齐，齐之言《春秋》者宗事之，公孙弘亦颇受焉"④。他的弟子公孙弘后来位高显贵，与老师的培养举荐是密切相关的。

东汉时经师钟兴，少时拜名儒丁恭为师，学习《公羊严氏春秋》。丁恭向朝廷荐举自己的学生钟兴，说他"学行高明"。光武帝召见面试，"问以经义，应对甚明"。因之授以郎中之职，钟兴得以入仕为官。他入仕后，政绩显著，后因教授皇太子有功，光武帝欲封赏他，钟兴固辞不受，言称"自以无功，不敢受爵"。他不忘师恩，上表请求封赏自己的授业之师丁恭。皇帝于是移封丁恭。而世称大儒的丁恭，则与其门下弟子同朝为官，"太常楼望、侍中承宫、长水校尉樊儵等皆受业于恭"⑤。古文经学大师贾逵，兼通古今，弟子随其学习古文经籍，后均获千乘王国郎之衔，所谓"皆拜逵所选弟子及门生为千乘王国郎"⑥。世传《欧阳尚书》之学的沛郡桓氏，自东汉经师、学官桓荣由弟子何汤引荐入朝为官教授太子刘起，为光武帝和明帝所敬重，"显宗即位，尊以师礼，甚见亲重"。在他的荐举下，其门徒多至公卿。其子桓郁，"敦厚笃学，传父业，以《尚书》教授，门徒常数百人"。后桓郁"经授二帝，恩宠甚笃，赏赐前后数百千万，显于当世。门人杨震、朱宠，皆至三公"。桓郁的儿子桓焉，"明经笃行……入授安帝"，"弟子传业者数百人，黄琼、杨赐最为显贵"⑦。可见，桓氏祖孙相继为帝师，其门生弟子也多由其荐举入仕获高官显爵。可谓"父子兄弟，代为帝师，其受业者皆至卿相，显名当世。"⑧

---

① 班固：《汉书》卷 71《隽疏于薛平彭传》。
② 班固：《汉书》卷 88《儒林传》。
③ 班固：《汉书》卷 88《儒林传》。
④ 班固：《汉书》卷 88《儒林传》。
⑤ 范晔：《后汉书》卷 79 下《儒林列传》。
⑥ 范晔：《后汉书》卷 36《郑范陈贾张列传》。
⑦ 范晔：《后汉书》卷 37《桓荣丁鸿列传》。
⑧ 范晔：《后汉书》卷 79 下《儒林列传》。

当然，私学弟子从政为官后也可以向朝廷举荐自己的老师。汉武帝时，曾跟随申公学习《诗》的弟子众多，入仕者也不少，其中为博士者就有十多人。史载："弟子为博士者十余人：孔安国至临淮太守，周霸至胶西内史，夏宽至城阳内史，砀鲁赐至东海太守，兰陵缪生至长沙内史，徐偃为胶西中尉，邹人阙门庆忌为胶东内史。其治官民皆有廉节，称其好学。学官弟子行虽不备，而至于大夫、郎中、掌故以百数。言诗虽殊，多本于申公。"① 申公的弟子"言诗虽殊"，但都受申公言传身教的影响，"其治官民皆有廉节"。申公的不少弟子也开设私学授徒，"申公卒以《诗》《春秋》授，而瑕丘江公尽能传之，徒众最盛。及鲁许生、免中徐公，皆守学教授"②。在申公诸弟子中，王臧、赵绾入仕为官后，不忘老师的教导之恩，向朝廷举荐自己的恩师。称："请立明堂以朝诸侯，不能就其事，乃言师申公。于是上使使束帛加璧，安车以蒲裹轮，驾驷迎申公，弟子二人乘轺传从。"③ 经自己弟子的举荐，朝廷拜经师申公为太中大夫，议事于明堂。东汉经师、学官桓荣则是由弟子何汤引荐入朝的，给光武帝讲说《尚书》，颇受光武帝所敬重，后为博士，历官太子少傅、太常。

还有一种情况，即使学生没有特意引荐老师，但只要学生品行学识出众，为众人所赞，那么老师就有可能被征召。如西汉经师王式便是如此，其弟子唐生、褚生"应博士弟子选，诣博士，抠衣登堂，颂礼甚严，试诵说有法，疑者丘盖不言。诸博士惊问：'何师？'对曰：'事式。'皆素闻其贤，共荐式。诏除下为博士"④。这样，王式因教导弟子有方便得以入仕。

此外，私学弟子还可荐举同门为官，施雠"与孟喜、梁丘贺并为门人"，梁丘贺出仕为官后极力赞扬施雠的才学，"于是贺荐雠：'结发事师数十年，贺不能及。'诏拜雠为博士"⑤。施雠由此担任学官。

正因为有如此密切的政治依附关系，一旦教师受惩处，弟子也会受到株连。如东汉经师、官员李膺，虽学识精深，德行高洁，声明卓著，"教授常千人"。后因党锢之祸，其"门生、故吏及其父兄，并被禁锢"。当时，侍御史景毅之子

① 司马迁：《史记》卷121《儒林列传》。
② 班固：《汉书》卷88《儒林传》。
③ 班固：《汉书》卷88《儒林传》。
④ 班固：《汉书》卷88《儒林传》。
⑤ 班固：《汉书》卷88《儒林传》。

也曾"为膺门徒，而未有录牒，故不及于谴。毅乃慨然曰：'本谓膺贤，遣子师之，岂可以漏夺名籍，苟安而已！'遂自表免归，时人义之"①。当然，在性命攸关的紧要关头，为明哲保身，会有一部分弟子与老师脱离师生关系。如西汉学者吴章，善治《尚书》，因与王莽之子谋反，被王莽"磔尸东市门"，由于吴章"为当世名儒，教授尤盛，弟子千余人"，王莽则视其弟子为"恶人党，皆当禁锢，不得仕宦"。在这种情况下，吴章的弟子纷纷"尽更名他师"②。这说明中国古代封建社会师生之间是休戚相关、荣辱一体的。

二、学业上亦师亦友

这一时期的私学师生，在长期共同的学习和生活中，形成了一种比单纯的"传道授业"更亲密的师生关系，他们互为师，结为友。从某种意义上说，师生之间就像朋友一样，不太计较对方的身份、地位、年龄和名气，可以就某一问题较为平等地展开讨论，各抒己见，取长补短。如东汉经师荀淑，安帝时入仕为官，后去职还乡授徒，"当世名贤李固、李膺等皆师宗之"③。李膺则"性简亢，无所交接，唯以同郡荀淑、陈寔为师友"④。荀淑与李膺两人都是当时的名士，性情相投，正所谓君子相交淡如水，他们之间是一种亦师亦友的关系。三国时诸葛亮在"建安初与颍川石广元、徐元直、汝南孟公威等俱游学，三人务于精熟"，"博陵崔州平、颍川徐庶元直与亮友善"⑤。诸葛亮与他的这些同窗好友经常一起探讨问题，互相启迪，形成了一种互为师友的关系。

当然，部分名师门下弟子众多，加上"师者为尊"，故而师生之间多年互不相见的情况也是比较普遍的。如马融"弟子以次相传，鲜有入其室者"，以致弟子郑玄也难得与其见上一面。及门弟子如此，那么著录弟子更是如此，一生也难得见上老师一面，使得部分弟子与老师之间的关系名不副实，谈不上有什么亲密无间、亦师亦友的师生关系。

---

① 范晔：《后汉书》卷 67《党锢列传》。
② 班固：《汉书》卷 67《杨胡朱梅云传》。
③ 范晔：《后汉书》卷 62《荀韩钟陈列传》。
④ 范晔：《后汉书》卷 67《党锢列传》。
⑤ 裴松之注：《三国志》卷 35《蜀书·诸葛亮传》。

三、情感上如同父子

私学教师与弟子之间的感情深厚，甚至情比父子。私学弟子遵循"一日为师，终身为父"的古训，老师死后，还会为之守孝三年。例如，西汉学者扬雄，学行出众，闻名乡里，不少人"载酒肴从游学"，千方百计要拜他为师，跟随他学习。但他因"口吃不能剧谈"，而"默而好深湛之思"，不肯轻易收徒。巨鹿人侯芭，为了拜他为师，长期"从雄居"，专门跟着扬雄学习《太玄》《法言》。扬雄死后，"侯芭为起坟，丧之三年"①。东汉儒生蜀郡繁人任末，听说老师去世，便去奔丧，不幸半路暴死，"奔师丧，于道物故"。临终时，遗命曰："必致我尸于师门，使死而有知，魂灵不惭；如其无知，得土而已。"② 东汉经师楼望，操节清白，闻名乡里，"世称儒宗"。他去世时，"门生会葬者数千人，儒家以为荣"③。郑玄是汉朝经学集大成者，他去世时，"自郡守以下尝受业者，缞绖赴会千余人"④。东汉经师、学官桓荣，曾随朱普学习《欧阳尚书》。朱普死后，他奔丧于九江，负土成坟，守孝留教于当地，弟子多达数百人。王莽末年，桓荣因避战乱入山谷中，虽衣食无着，仍讲论不息，师生患难与共。如史所载："朱普卒，荣奔丧九江，负土成坟，因留教授，徒众数百人。莽败，天下乱。荣抱其经书与弟子逃匿山谷，虽常饥困而讲论不辍。"⑤ 东汉官员孔昱，灵帝时"以师丧弃官"⑥。弟子为给老师服丧宁肯舍弃官禄，即使是父子这样的骨肉之亲也不过如此。

魏晋南北朝时期也不乏为师守孝这样的事例，如十六国时期凉州经师郭瑀，游学张掖，跟随大儒郭荷学习。郭荷死后，郭瑀服孝守墓三载，以父子之礼送别授业恩师。如史载："礼毕，隐于临松薤谷，凿石窟而居，服柏实以轻身，作《春秋墨说》《孝经错纬》，弟子著录千余人。"⑦ 前凉王张天赐仰慕其学识品格，派孟公明礼聘其出山辅政。然郭瑀专心著述，不愿出仕，"遂深逃绝迹"。孟公

---

① 班固：《汉书》卷 87 下《扬雄传》。
② 范晔：《后汉书》卷 79 下《儒林列传》。
③ 范晔：《后汉书》卷 79 下《儒林列传》。
④ 范晔：《后汉书》卷 35《张曹郑列传》。
⑤ 范晔：《后汉书》卷 37《桓荣丁鸿列传》。
⑥ 范晔：《后汉书》卷 67《党锢列传》。
⑦ 房玄龄等：《晋书》卷 94《隐逸》。

明就拘捕了郭瑀弟子，迫使其出仕。郭瑀叹曰："吾逃禄，非避罪也，岂得隐居行义，害及门人！"不得已"乃出而就征"①。郭瑀爱生如子，为了救弟子而被迫出仕，实在难能可贵。北魏时经师常爽，教学有方，对学生奖勉有加，专心讲学20余年，弟子事之如严君，尊称其为"儒林先生"。北魏经师张伟学通诸经，设学讲授，门下弟子常有几百人。他教学孜孜不倦，循循善诱，对愚顽者悉心教导，耐心解答学生疑问。尤其是更注重在德行方面的教导，爱生如子，弟子深受感化，师生之间和谐融洽，弟子事之如父。如史所载："伟学通诸经，讲授乡里，受业者常数百人。儒谨泛纳，勤于教训，虽有顽固不晓，问至数十，伟告喻殷勤，曾无愠色。常依附经典，教以孝悌，门人感其仁化，事之如父。"②南朝经师刘瓛，"不以高名自居"，"学徒敬慕"，"及卒，门人受学者并吊服临送"③。还有，《梁书·儒林》所载，大儒严植之家庭经济困难，"妻子困乏。既卒，丧无所寄，生徒为市宅，乃得成丧焉"。为了给恩师办理丧事，弟子将自己的屋宅卖掉以筹集经费，如果师生之间情义浅薄，是绝对做不到这一点的。

有些弟子在自己的师长遇到危难时，不畏艰险，将生死置之度外，表现出了重情义的高贵品质。诸如王莽执政时的学者云敞，曾师事同县学者吴章，王莽将吴章"磔尸东市门"，并将其弟子视为"恶人党"，不许其"仕宦"，诸多弟子纷纷"更名他师"，唯独时为大司徒掾的云敞，竟敢"自劾吴章弟子，收抱章尸归，棺敛葬之，京师称焉"④。东汉经师杨政曾经随范升学习《梁丘易》，杨政善说经书，自己设学教授，门下弟子有数百人。世人以"说经铿铿杨子行"赞颂他。后来，其师范升"尝为出妇所告，坐系狱"，杨政怀抱范升三岁幼子，等候在光武帝车驾必经之路，不顾自身安危，恳求光武帝顾及孤儿而赦免其师。如史载："政乃肉袒，以箭贯耳，抱升子潜伏道傍，候车驾，而持章叩头大言曰：'范升三娶，唯有一子，今适三岁，孤之可哀。'"即使官兵"举弓射之，犹不肯去；旄头又以戟叉政，伤胸，政犹不退"。经其再三"哀泣辞请"，最终"有感帝心"，下诏"乞杨生师"⑤。光武帝被其师生情谊所感动，下令释放范升。东

---

① 房玄龄等：《晋书》卷94《隐逸》。
② 魏收：《魏书》卷84《儒林》。
③ 萧子显：《南齐书》卷39《刘瓛陆澄》。
④ 班固：《汉书》卷67《杨胡朱梅云传》。
⑤ 范晔：《后汉书》卷79上《儒林列传》。

汉汝南名儒欧阳歙，因事入狱，他的学生四处奔波求助，"诸生守阙为歙求哀者千余人，至有自髡剔者"。门下弟子有一位叫礼震的，时年17岁，虽然年少，但为了解救老师的危难，急奔京师，自缚投官，宁愿以死代之。史载：

> 平原礼震，年十七，闻狱当断，驰之京师，行到河内获嘉县，自系，上书求代歙死。曰："伏见臣师大司徒欧阳歙，学为儒宗，八世博士，而以臧咎当伏重辜。歙门单子幼，未能传学，身死之后，永为废绝，上令陛下获杀贤之讥，下使学者丧师资之益。乞杀臣身以代歙命。"①

不幸的是，礼震奏书上递时，欧阳歙已经死于狱中。光武帝感于其师生情谊深厚，赐棺木厚葬其师，授其官职。

有些弟子为报师恩竟有以身试法，为恩师复仇的。如三国曹魏时的夏侯惇，"夏侯婴之后也。年十四，就师学，人有辱其师者，惇杀之，由是以烈气闻"②。蜀汉时的张钳，甚至为恩师之子复仇。史载其："师事犍为谢衷。衷死，负土成坟。三年，衷子为人所杀，钳复其雠，自拘武阳狱。会赦，免。当世义之。"③由此，张钳也被史书称之为"义士"。

四、生活上互相帮扶

私学学生成分复杂，既有经济条件比较好的富家子弟，也有食不果腹的寒门弟子，对于那些经济条件不佳仍一心向学的生徒，私学教师就从经济上供养资助他们，帮助其完成学业。如叔孙通被汉高帝拜为太常，"赐金五百斤"。叔孙通"皆以五百斤金赐诸生"④。建武中，东汉经师包咸"入授皇太子《论语》"，显宗感念包咸的教导，因他生活清贫，常常给予一些赏赐并增加了他的俸禄，而包咸却将得到的赏赐和薪俸分送给自己门下的穷苦学生，以助学为乐事。所谓"以咸有师傅恩，而素清苦，常特赏赐珍玩束帛，俸禄增于诸卿，咸皆散与诸生之贫者"⑤。

三国魏经师邴原，其蒙师因其孤苦，免除他的束脩之资，以助其上学。如

---

① 范晔：《后汉书》卷79上《儒林列传》。
② 裴松之注：《三国志》卷9《魏书·诸夏侯曹传》。
③ 常璩：《华阳国志》卷10中《广汉士女》。
④ 司马迁：《史记》卷99《刘敬叔孙通列传》。
⑤ 范晔：《后汉书》卷79下《儒林列传下》。

史载：

> （原）十一而丧父，家贫，早孤。邻有书舍，原过其旁而泣。师问曰："童子何悲？"原曰："孤者易伤，贫者易感。夫书者，必皆具有父兄者，一则羡其不孤，二则羡其得学，心中恻然而为涕零也。"师亦哀原之言，而为之泣曰："欲书可耳！"答曰："无钱资。"师曰："童子苟有志，我徒相教，不求资也。"于是遂就书。一冬之间，诵《孝经》《论语》。自在童龀之中，巍然有异。

之后，邴原外出游学，"单步负笈，苦身持力，至陈留则师韩子助，颍川则宗陈仲弓，汝南则交范孟博，涿郡则亲卢子幹"。临别之时，"师友以原不饮酒，会米肉送原"①。因邴原贫苦，他的众多老师和朋友都从生活上帮助他。另据《三国志·蜀志》记载，学者来敏的父亲来艳是汉灵帝时司空，他家财力充裕，以助学为乐事，资助了很多生徒。"好学下士，开馆养徒众。"② 南朝经师沈道虔虽然生活十分清苦，但对于别人资助其的衣物钱财，他并不自用，反而赠送给更需要帮助的弟子，史称其：

> 冬月无复衣，戴颙闻而迎之，为作衣服，并与钱一万。及还，分身上衣及钱悉供诸兄弟子无衣者。乡里年少，相率受学。道虔常无食，无以立学徒。武康令孔欣之厚相资给，受业者咸得有成。③

在私学中不仅有教师资助学生的事例，也有弟子供养教师的个别情况。如汉代经师伏生的再传弟子儿宽，"为人温良，有廉智，自持，而善著书、书奏，敏于文，口不能发明也"。他"行常带经，止息则诵习之"，但其"贫无资用，常为弟子都养，及时时间行佣赁，以给衣食"④。这种供养，在一定程度上也可说是一种学费支付，因为有相当一部分私学教师是靠学生的学费来养家糊口的，而经济条件比较好的或"清介有志操"的教师，会拒绝门生馈赠，这在南北朝时期比较普遍。如南朝梁学者顾协，在京为官时，"有门生始来事协，知其廉洁，不敢厚饷，止送钱二千，协发怒，杖二十，因此事者绝于馈遗。自丁艰忧，遂终身布衣蔬食"⑤。南朝陈学者姚察，"自居显要，甚励清洁，且廪锡以外，一

---

① 裴松之注：《三国志》卷11《魏书·刘二牧传》。
② 裴松之注：《三国志》卷42《蜀书·杜周杜许孟来尹李谯郤传》。
③ 李延寿：《南史》卷75《隐逸上》。
④ 司马迁：《史记》卷121《儒林列传》。
⑤ 姚思廉：《梁书》卷30《顾协》。

不交通。尝有私门生不敢厚饷，止送南布一端，花綀一匹。察谓之曰：'吾所衣著，止是麻布蒲綀，此物于吾无用。既欲相款接，幸不烦尔。'此人逊请，犹冀受纳，察厉色驱出，因此伏事者莫敢馈遗"①。

由此可见，这一时期私学中的师生关系趋向微妙与复杂化，尤其是在仕途上的相互依附关系更为紧密，这在两汉时期表现得尤为明显，往往因为派系或党争而荣辱与共。魏晋以后，由于朝代更替频繁，加上政治斗争的残酷，诸多私学大师往往会远离政治，过着躬耕授徒的平淡生活，在这种情况下，师生之间在感情上的依靠有所加重，诸多弟子不仅资助授业恩师，还会在老师谢世后守孝三年，甚至出现为老师复仇之举。当然，也有相当一部分私学教师，在条件许可的情况下，也对弟子予以帮扶，资助其完成学业。

总之，春秋时期的私学是因官学衰落而出现的，承载着官学未尽之教育重任。秦汉以后，无论官学兴盛或衰微，私学都一如既往地发挥着无可替代的育人作用。尤其是两汉时期统治者鼓励私人办学，魏晋南北朝时期政权更替对官学的冲击等，都为私学的发展提供了巨大的空间，也使得私学教育活动空前活跃，无论是私学的管理和教学活动，抑或私学生的学习生活及师生关系的建构，较之先秦时期的私学都有巨大的进步，为唐宋时期私学的繁荣奠定了基础。

---

① 姚思廉：《陈书》卷 27《姚察》。

第五章
人才选拔活动

　　虽然先秦时期是一个需要人才而又人才辈出的时代，但由于列国纷争不已，选官不仅多途，且随意性和临时性都比较大，可以说尚未形成具有普遍性的从士林中选拔官员的制度。不过，基于政治、军事和外交的需求，人才选拔活动显得异常活跃，后却因秦并六国而一度趋于沉寂。其实，秦始皇在称帝之前是礼贤下士、广揽人才的。秦统一后，各级官吏多以军功受封，所谓"有军功者，各以率受上爵"。秦始皇也不再广纳贤士，不但没有虑及如何建立一套人才选拔制度，反而通过"坑儒"等事件来打压人才，人才选拔活动也毫无起色，故不再叙述。进入两汉及魏晋南北朝时期，先秦时期的"礼贤下士"及"任人唯贤"的选才传统得以彰显，唯才是举、不拘一格的选才观念普遍被认可。更令人欣慰的是，这一时期开启了制度化的人才选拔活动，汉朝的察举贤良开其先，魏晋时期的九品官人继其后，构成中国古代人才选拔活动史上两次重大的制度性改革，使得这一时期的人才选拔活动颇有声色。且其选才标准，又在一定程度上影响着各个层次教育活动的开展。

第一节　两汉的人才选拔活动

西汉王朝的建立者刘邦出身于农民家庭，为稳定和巩固政权，他既想规避秦朝灭亡的教训，又想进行新的政治革新，自然需要大量通晓儒术的吏治人才，于是就特别重视人才的选拔和任用，甚至发出"贤士大夫有肯从我游者，吾能尊显之"[1] 的呼吁，可见其求才若渴，由此也吹响了两汉人才选拔活动的号角。按《文献通考·选举一》所言："汉制，郡国举士，其目大概有三：曰贤良方正也，孝廉也，博士弟子也。"关于"博士弟子"，无论是汉朝太学的"试策"弟子或是魏晋时期的"五经课试"，成绩优异的官学生均可直接步入仕途，包括对官学教师的征辟等，前文官学部分均有交代，此不赘述。除此之外，就选拔人才的标准及方式而言，两汉时期普遍实施的人才选拔活动主要有以才高征辟、以时政特招和以德行察举贤良三项。

一、以才高征辟不拘一格

征辟，就是征召名望显赫的人士出来做官，皇帝征召称"征"，官府征召称"辟"。一般来说，在开国之初会因急需各类人才而实施征辟，标准是不拘一格的，但要有才，凡其才能够为人主或统治者所用的皆在征辟之列，且不拘泥于形式，或路遇，或属下举荐，或自荐等，随时招用。在这方面，刘邦做得非常出色，他在平定彭越叛乱之后，曾慷慨高歌："大风起兮云飞扬，威加海内兮归故乡，安得猛士兮守四方。"他在征战中所得到的"猛士"，均来自社会各个阶层。

---

[1] 班固：《汉书》卷1下《高帝纪》。

张良为路遇而被刘邦征辟。他曾拉起百人队伍矢志抗秦，后因自感身单势孤，难以立足，在率众往投景驹（自立为楚假王的农民军领袖）的途中，正好遇上刘邦率领义军在下邳一带发展势力，两人一见如故。张良多次以《太公兵法》进说刘邦，刘邦不仅多能领悟，还常常采纳张良的谋略，知遇之恩让张良决然跟随刘邦闯天下，且帮助刘邦"运筹帷帐中，决胜千里外"，与萧何、韩信一起被誉为"汉初三杰"。

郦食其为自荐而被刘邦征辟的。他"好读书，家贫落魄，无以为衣食业，为里监门吏"。后来听说刘邦起兵反秦，年逾花甲的郦食其便来投奔。刘邦出身农民，看不起儒生，门人称其"不好儒，诸客冠儒冠来者，沛公辄解其冠，溲溺其中。与人言，常大骂。未可以儒生说也"。郦食其听后甚是愤怒，改口说自己不是儒生，而是高阳酒徒。于是，刘邦准许进见，如史所载：

> 郦生至，入谒，沛公方倨床使两女子洗足，而见郦生。郦生入，则长揖不拜，曰："足下欲助秦攻诸侯乎？且欲率诸侯破秦也？"沛公骂曰："竖儒！夫天下同苦秦久矣，故诸侯相率而攻秦，何谓助秦攻诸侯乎？"郦生曰："必聚徒合义兵诛无道秦，不宜倨见长者。"于是沛公辍洗，起摄衣，延郦生上坐，谢之。郦生因言六国纵横时。沛公喜，赐郦生食，问曰："计将安出？"郦生曰："足下起纠合之众，收散乱之兵，不满万人，欲以径入强秦，此所谓探虎口者也。夫陈留，天下之冲，四通五达之郊也，今其城又多积粟。臣善其令，请得使之，令下足下。即不听，足下举兵攻之，臣为内应。"于是遣郦生行，沛公引兵随之，遂下陈留。①

刘邦从"倨床使两女子洗足而见郦生"，接着"辍洗，起摄衣，延郦生上坐"，到"沛公喜，赐郦生食"，再到"遣郦生行，沛公引兵随之"。这么短的时间内，刘邦对郦食其的态度发生了几次明显的改变，从看不起到委以重任，既说明郦食其的"才高"，也说明刘邦用人的大度。

陈平是经过同乡魏无知引荐而被征辟的。他"少时家贫，好读书，治黄帝、老子之术"。先是在魏王咎属下任太仆，因受猜疑而投奔项羽，项羽对他赐金封职，却因司马欣背楚降汉一事而迁怒于陈平，从此陈平出的计谋也不再被采纳。

---

① 司马迁：《史记》卷97《郦生陆贾列传》。

也就是说，项羽对陈平也起猜忌之心，这让陈平很没有安全感，于是他挂印封金，偷偷地出逃。恰好同乡魏无知在刘邦帐下供职，在魏无知的引荐下，刘邦立即封陈平为都尉，以督察汉王属下的大将。一个逃兵居然被任为都尉，还要督察有功的大将，这让周勃、灌婴等人十分不解，甚至到刘邦处告状，不但怀疑陈平是否有才，还称陈平"居家时盗其嫂；事魏王不容，亡而归楚；归楚不中，又亡归汉。今大王尊官之，令护军。臣闻平使诸将，金多者得善处，金少者得恶处。平，反复乱臣也，愿王察之"。即说陈平不仅与嫂子私通，还反复易主，在监理军务时收受诸将贿赂，简直是一个反复无常的乱臣和小人，不应该得到重用。刘邦心里有点不踏实，于是先后找来魏无知、陈平问话。史书有载：

> （魏无知）对曰："臣之所言者，能也；陛下所问者，行也。今有尾生、孝已之行，而无益于胜败之数，陛下何暇用之乎？今楚、汉相距，臣进奇谋之士，顾其计诚足以利国家耳。盗嫂、受金又安足疑乎？"汉王召平而问曰："吾闻先生事魏不遂，事楚而去，今又从吾游，信者固多心乎？"平曰："臣事魏王，魏王不能用臣说，故去事项王。项王不信人，其所任爱，非诸项即妻之昆弟，虽有奇士不能用。臣居楚闻汉王之能用人，故归大王。裸身来，不受金无以为资。诚臣计画有可采者，愿大王用之；使无可用者，大王所赐金具在，请封输官，得请骸骨。"①

可见，魏无知向刘邦推荐，是因为陈平有"能"，系"奇谋之士"，"足以利国家耳"，至于陈平"盗嫂受金"之事，在用人之际又有什么关系？陈平的一番表白，也足以表明追随刘邦的真心。刘邦听后，不仅不再生疑，还连连道歉，随即对陈平"厚赐，拜以为护军中尉，尽护诸将，诸将乃不敢复言"。

"萧何月下追韩信"的故事可谓人尽皆知。韩信"家贫无行，不得推择为吏，又不能治生为商贾，常从人寄食"。可见，韩信的家境甚是贫寒，甚至"母死无以葬"。后来参加反秦起义队伍，先是投奔项羽做了一个郎中，韩信多次给项羽献计，项羽均不予采纳。后经夏侯婴的推荐，投奔刘邦，拜治粟都尉，即掌管粮食生产事宜，得不到重用。萧何与韩信多所交往，深知其才能，所谓"数与萧何语，何奇之"。当韩信弃职逃跑后，萧何来不及告知刘邦，就立即骑

---

① 班固：《汉书》卷40《张陈王周传》。

马追去。刘邦得知，便责备萧何：逃跑的不只是韩信一个人，为何单独去追韩信。

> 何曰："诸将易得，至如信，国士无双。王必欲长王汉中，无所事信；必欲争天下，非信无可与计事者。顾王策安决。"王曰："吾亦欲东耳，安能郁郁久居此乎？"何曰："王计必东，能用信，信即留；不能用信，信终亡耳。"王曰："吾为公以为将。"何曰："虽为将，信不留。"王曰："以为大将。"何曰："幸甚。"于是王欲召信拜之。何曰："王素慢无礼，今拜大将如召小儿，此乃信所以去也。王必欲拜之，择日斋戒，设坛场具礼，乃可。"王许之。①

依萧何所言，刘邦"欲争天下"非用韩信不可，并且要拜为"大将"，还要"择日斋戒，设坛场具礼"方可。刘邦不愧王者风度，对萧何所言一一照办，后来感慨道："连百万之众，战必胜，攻必取，吾不如韩信。"

汉武帝即位时，虽然只有 16 岁，却有着非凡的胆识和魄力，就像汉高祖刘邦那样，选人不拘一格，敢于起用出身低微、没有名望、年纪轻轻而又有特殊才能者。他曾说："何世无才，患人不能识之耳，苟能识之，何患无人。"② 于是，他广征人才，武将如卫青、霍去病等。卫青出身奴婢，其母卫媪（丈夫姓卫，随夫姓）在平阳侯家做奴婢时，与县吏郑季私通而生下卫青。史载其"少时归其父，其父使牧羊。先母之子皆奴畜之，不以为兄弟数"。可见生父郑季及家人对卫青颇不友好，甚至是虐待。后来，卫青同母异父的姐姐卫子夫"得入宫幸上"，卫青才得以接触汉武帝，拜为建章监、侍中，后又拜为车骑将军。霍去病是卫青的外甥，同样也是奴婢出身，是平阳侯家女奴卫少儿与平阳县小吏霍仲孺的私生子，因"善骑射"，18 岁便被征为天子侍中，不久再被征为"骠姚校尉"，随卫青击匈奴于漠南，"与轻勇骑八百直弃大军数百里赴利，斩捕首虏过当"，因此被封为"冠军侯"。东方朔是一个诙谐豁达、不拘小节之人。汉武帝即位之初，他便上疏自荐，称自己：

> 臣朔少失父母，长养兄嫂。年十三学书，三冬文史足用。十五学击剑。十六学《诗》《书》，诵二十二万言。十九学孙、吴兵法，战阵之具，钲鼓

---

① 班固：《汉书》卷 34《韩彭英卢吴传》。
② 司马光：《资治通鉴》卷 19《汉纪十一》。

之教，亦诵二十二万言。凡臣朔固已诵四十四万言。又常服子路之言。臣朔年二十二，长九尺三寸，目若悬珠，齿若编贝，勇若孟贲，捷若庆忌，廉若鲍叔，信若尾生。若此，可以为天子大臣矣。臣朔昧死再拜以闻。①

从这段话可以看出东方朔的狂妄和自信，虽有些夸饰，但其文辞不逊，颇得汉武帝的称誉，"命待诏公车"，后任常侍郎、太中大夫等。另有学者主父偃，出身贫寒，早年"学长短纵横术，晚乃学《易》《春秋》、百家之言"。在齐受到儒生的排挤，于是北游燕、赵、中山等诸侯国，但都未受到礼遇。元光元年（公元前 134 年），主父偃抵长安，"诸侯宾客多厌之"。后直接上书汉武帝，当天就被召见，"所言九事，其八事为律令，一事谏伐匈奴"。汉武帝见其确有学识，便与徐乐、严安同时拜为郎中，不久又迁为谒者、中郎、中大夫，一年之内升迁四次，足见汉武帝的胆魄。据古代志怪小说《汉武故事》记载，有一天汉武帝至郎署视察，"见一老郎，鬓眉皓白"，便问其何时为郎？又为何年龄这么大了还是个郎？这位老者对汉武帝说："臣姓颜名驷，以文帝时为郎。文帝好文而臣好武，景帝好老而臣尚少，陛下好少而臣已老，是以三叶不遇也。"可以说是既生不逢时，又怀才不遇，汉武帝感慨万千，"由是擢为会稽都尉"，即让其协助太守掌管军务。由此也可以窥见汉武帝用人的不拘一格。

对有才能的俘虏，汉统治者亦能破格加以重用。如元狩二年（公元前 121 年），匈奴昆邪王将不愿降汉的休屠王杀死，并强迫休屠王的王后和太子金日磾投降汉朝。起初，汉武帝让金日磾在马厩养马，身份是俘虏加奴隶。有一日，汉武帝阅马时见金日磾不仅容貌端正，且所养之马肥壮，召而问之，甚是喜欢，"即日赐汤沐衣冠，拜为马监，迁侍中、驸马都尉、光禄大夫。日磾既亲近，未尝有过失，上甚信爱之，赏赐累千金，出则骖乘，入侍左右"②。

当然，汉统治者不仅重视征辟文武之才，也很重视经济及科技人才的破格提拔和重用。如徐伯本是一位普通的水工，元光六年（公元前 129 年），汉武帝采用了大臣郑当时开凿漕运的建议，征召徐伯来主持这项工程，"悉发卒数万人穿漕渠，三岁而通"。东郭咸阳是盐商出身，孔仅是冶铁商出身，"皆至产累千金"，汉武帝征用二人为"大农丞，领盐铁事"，即主管盐铁专卖事务，以便为

① 班固：《汉书》卷 65《东方朔传》。
② 班固：《汉书》卷 68《霍光金日磾传》。

朝廷聚拢钱财。还有桑弘羊，乃"洛阳贾人之子"，13 岁那年"以心计"被汉武帝征为"侍中"等。

无论是皇帝下诏征聘，抑或是官府辟召，对被征辟的人来说并不具有强制力，而是一种礼请，故被征辟者可以应聘，也可推辞不就。如东汉的蔡玄，学通《五经》，"征辟并不就"。张衡"连辟公府，不就"。还有檀敷，"少为诸生，家贫而志清，不受乡里施惠。举孝廉，连辟公府，皆不就。立精舍教授，远方至者常数百人。桓帝时，博士征，不就"[1]。杨厚，"不应州郡、三公之命，方正、有道、公正特征，皆不就……本初元年，梁太后诏备古礼以聘厚，遂辞疾不就。建和三年，太后复诏征之，经四年不至"[2] 等。

二、因时政特诏贤良方正

"贤良"即有才能、德行好，"方正"即正直，查史书所载，多并称为"贤良方正"。诏举"贤良方正"之人，主要是表示统治者广开直言之路，在关键时刻能够及时指正朝政得失，以便更好地治理国家。之所以要开设这么一个科目，依照董仲舒的"天人感应"说，认为各种灾异都是上天对人世帝王的谴告，灾异降临，表明帝王有过，必须进行自我检讨，并下诏书求贤，征求意见，匡正过失。因此，始自汉朝的诏举"贤良方正"活动多是在日月之蚀、冰雹虫害、瘟疫流行之际进行的，当然也不排除帝王登基、改年号等特殊历史时期而诏举的情况。由于是在非正常情况下举行，又是由帝王直选，所以诏举"贤良方正"又称之为"特举"或"特科"，其最大的特点是因时政所需而特招。

"贤良方正"的诏举程序分三步：首先，由皇帝颁布诏令。其次，依据诏令，由公卿诸侯王、三公、将军、中二千石、州牧、郡守等中央和地方上的高级官吏举荐人选，被举荐者可以是在职官员，也可以是离任官员和民间隐逸。要求每位官员每次可举荐一人，彼此可以重复，即允许多名官员同时举荐同一个人，并送至朝廷。再就是皇帝亲自策问，分别高下，按等第授官，高者可为"九卿"者。每诏贤良对策者常达百数人，有时策问一策即出结果，有时策问二策、三策，如董仲舒即连对三策，而授以江都相。在汉朝所有选才科目中，皇

---

① 范晔：《后汉书》卷 67《党锢列传》。
② 范晔：《后汉书》卷 30 上《苏竟杨厚列传》。

帝对"贤良方正"一科极为重视，主要有以下几种情况：

第一，因日食而诏举。汉文帝二年（公元前178年）十一月发生了日食，汉文帝认为预示着会有灾难的发生，于是下诏自检过失，又要"举贤良方正能直言极谏者，以匡朕之不逮"。他在诏书中说：

> 朕闻之，天生民，为之置君以养治之。人主不德，布政不均，则天示之灾以戒不治。乃十一月晦，日有食之，适见于天，灾孰大焉！朕获保宗庙，以微眇之身托于士民君王之上，天下治乱，在予一人，唯二三执政犹吾股肱也。朕下不能治育群生，上以累三光之明，其不德大矣。令至，其悉思朕之过失，及知见之所不及，匄以启告朕。及举贤良方正能直言极谏者，以匡朕之不逮。①

诏书中所提及的"直言极谏者"，说明所要诏举的"贤良方正"必须具备公正无私的品德，只有无私才能无畏，无畏才敢于直言，甚至把自己的性命都置之度外，于是就有"文死谏"一说，这是文臣尤其是谏官忠君的最高境界。

此后，几乎历代汉帝在"日食"之际都会诏举贤良之才。如永光二年（公元前42年）三月，"日有蚀之，天见大异"，汉元帝再次诏令郡国举"贤良直言之士各一人"②。元延元年（公元前12年）发生日食，七月发生陨石坠落，汉成帝担心会有意外发生，于是下诏令"公卿大夫、博士、议郎其各悉心，惟思变意，明以经对，无有所讳。与内郡国举方正能直言极谏者各一人，北边二十二郡举勇猛知兵法者各一人"③。元寿元年（公元前2年）正月初一发生日食，汉哀帝诏公卿大夫"陈朕之过失，无有所讳。其与将军、列侯、中二千石举贤良方正能直言者各一人"④。

东汉建武六年（30年）九月日食，光武帝下诏令举贤良方正，诏曰："吾德薄不明，寇贼为害，强弱相陵，元元失所。《诗》云：'日月告凶，不用其行。'永念厥咎，内疚于心。其敕公卿举贤良方正各一人。百僚并上封事，无有隐讳。"次年三月，再度日食，以致"避正殿，寝兵，不听事五日"。光武帝经过

① 班固：《汉书》卷4《文帝纪》。
② 班固：《汉书》卷9《元帝纪》。
③ 班固：《汉书》卷10《成帝纪》。
④ 班固：《汉书》卷11《哀帝纪》。

反思之后，下诏称："比阴阳错谬，日月薄食。百姓有过，在予一人，大赦天下。公、卿、司隶、州牧举贤良、方正各一人，遣诣公车，朕将览试焉。"① 桓帝时，"日有食之"，于是在延熹八年（165 年）正月下诏，令"公、卿、校尉举贤良方正"。五月，太尉杨秉临终前所推荐的"贤良"人选刘瑜，至京师上书，诚恳桓帝"开广谏道，博观前古，远佞邪之人，放郑、卫之声，则政致和平，德感祥风矣"。随后"更策以它事，瑜复悉心对八千余言"，于是"拜为议郎"。

第二，因地震而诏举。如建始三年（公元前 32 年）十二月，白天发生日食，晚上发生地震，未央宫有强烈震感，朝野一片恐慌，汉成帝于是诏令"举贤良方正能直言极谏之士"。诏曰：

> 盖闻天生众民，不能相治，为之立君以统理之。君道得，则草木、昆虫咸得其所；人君不德，谪见天地，灾异娄发，以告不治。朕涉道日寡，举错不中，乃戊申日蚀、地震，朕甚惧焉。公卿其各思朕过失，明白陈之。汝无面从，退有后言。丞相、御史与将军、列侯、中二千石及内郡国举贤良方正能直言极谏之士，诣公车，朕将览焉。②

本始元年（公元前 73 年）四月，琅琊地震，汉宣帝"诏内郡国举文学高第各一人"。本始四年（公元前 70 年）四月，再次地震，"或山崩水出"，汉宣帝下诏称：

> 盖灾异者，天地之戒也。朕承洪业，奉宗庙，托于士民之上，未能和群生。乃者地震北海、琅邪，坏祖宗庙，朕甚惧焉。丞相、御史其与列侯、中二千石博问经学之士，有以应变，辅朕之不逮，毋有所讳。令三辅、太常、内郡国举贤良方正各一人。③

汉元帝初元二年（公元前 47 年）二月，陇西郡地震，急需救灾和治理，于是汉元帝诏令丞相、御史、中二千石等官员举"直言极谏之士，朕将亲览焉"④。

汉顺帝执政时，政局本不稳定，阳嘉二年（133 年）又有地动、山崩等异常现象的发生。朝廷为此特下诏书，要求士人指出时政弊端，提出良策。于是，

---

① 班固：《汉书》卷 1 下《光武帝纪》。
② 班固：《汉书》卷 10《成帝纪》。
③ 班固：《汉书》卷 8《宣帝纪》。
④ 班固：《汉书》卷 9《元帝纪》。

汉顺帝就属下所推举的李固、马融、张衡等"敦朴之士"使之对策，所对之问是"当世之敝，为政所宜"。

李固，出身于官僚家庭，其父李郃长于河图、洛书、风星之学，汉安帝时做过太常、司空，少帝时做过司徒。李固"少好学，常改易姓名，杖策驱驴，负笈从师，不远千里，遂究览坟籍，为世大儒"。他在太学读书时，从不因父亲的高位而傲视同窗，所谓"每到太学，密入公府，定省父母，不令同业诸生知其为郃子也"。他不急于功名，当时的司隶校尉五次推举他为"孝廉"，益州刺史又举他为"茂才"，还有官府连连召他去做官的，他均婉言谢绝。阳嘉二年（133年），已到而立之年的李固主动出山应对贤良策问，将矛头直接对准宦官与外戚专政，他说：

> 天下之纪纲，当今之急务也。夫人君之有政，犹水之有堤坊。堤坊完全，虽遭雨水霖潦，不能为变。政教一立，暂遭凶年，不足为忧。诚令堤防穿漏，万夫同力，不能复救；政教一坏，贤智驰骛，不能复还。今堤防虽坚，渐有孔穴。譬之一人之身，本朝者，心腹也，州、郡者，四支也，心腹痛则四支不举。故臣之所忧，在腹心之疾，非四支之患也。苟坚堤防，务政教，先安心腹，整理本朝，虽有寇贼、水旱之变，不足介意也；诚令堤防坏漏，心腹有疾，虽无水旱之灾，天下固可以忧矣。又宜罢退宦官，去其权重，裁置常侍二人方直有德者省事左右，小黄门五人才智闲雅者给事殿中。如此，则论者厌塞，升平可致也！①

李固最后提出要"罢退宦官，去其权重"，所对最切合主题。因而，对策的结果是，汉顺帝以李固为第一，拜为议郎；马融"博通经籍，美文辞，对奏，亦拜议郎"；唯独张衡没有升职，史称其"善属文，通贯《六艺》，虽才高于世，而无骄尚之情；善机巧，尤致思于天文、阴阳、历算，作浑天仪，著《灵宪》。性恬憺，不慕当世；所居之官辄积年不徙"。

建和元年（147年）四月，京师洛阳发生地震，汉桓帝即"诏大将军、公、卿、校尉举贤良方正、能直言极谏者各一人。又命列侯、将、大夫、御史、谒者、千石、六百石、博士、议郎、郎官各上封事，指陈得失。又诏大将军、公、

---

① 司马光：《资治通鉴》卷51《汉纪四十三》。

卿、郡、国举至孝笃行之士各一人"① 等。

第三，因干旱、蝗灾等农业灾害而诏举。如建初五年（80 年）二月，不仅有日食发生，且干旱无雨，汉章帝下令诏举"直言极谏、能指朕过失者各一人"。诏曰："朕新离供养，愆咎众著，上天降异，大变随之。《诗》不云乎：'亦孔之丑。'又久旱伤麦，忧心惨切。公卿已下，其举直言极谏、能指朕过失者各一人，遣诣公车，将亲览问焉。其以岩穴为先，勿取浮华。"② 在这里，出现了"以岩穴为先"的要求，也就是说要注意诏举民间隐士。永元六年（94年），水旱频发，汉和帝诏令"三公、中二千石、内郡守相举贤良方正、能直言极谏之士各一人。昭岩穴，披幽隐，遣诣公车，朕将悉听焉"③。永初五年（111年）闰三月，发生蝗灾，汉安帝下令诏举"举贤良方正、不道术、达于政化、能直言极谏之士"。诏称：

> ……蝗虫滋生，害及成麦，秋稼方收，甚可悼也。朕以不明，统理失中，亦未获忠良以毗阙政。传曰："颠而不扶，危而不持，则将焉用彼相矣。"公卿大夫将何以匡救，济斯艰厄，承天诫哉？盖为政之本，莫若得人，褒贤显善，圣制所先。"济济多士，文王以宁。"思得忠良正直之臣，以辅不逮。其令三公、特进、侯、中二千石、二千石、郡守、诸侯相举贤良方正、不道术、达于政化、能直言极谏之士各一人，及至孝与众卓异者，并遣诣公车，朕将亲览焉。④

第四，因各种原因造成的火灾而诏举。如元光五年（公元前 130）辽东高庙和长陵高园殿发生了火灾，汉武帝征召贤良文学，公孙弘之前已被诏举为博士，因出使匈奴没有效果，汉武帝很不高兴，所谓"上怒，以为不能，弘乃移病免归"。这次汉武帝诏举贤良文学，淄川国（汉初封国）再次推举公孙弘应诏，公孙弘有些担心，对淄川国王说："前已尝西，用不能罢，愿更选。"但"国人固推弘"，公孙弘无奈地再次应诏。汉武帝对前来应诏者说：

> 盖闻上古至治，画衣冠，异章服，而民不犯；阴阳和，五谷登，六畜

---

① 范晔：《后汉书》卷 7《孝桓帝纪》。
② 范晔：《后汉书》卷 3《肃宗孝章帝纪》。
③ 范晔：《后汉书》卷 4《孝和孝殇帝纪》。
④ 范晔：《后汉书》卷 5《孝安帝纪》。

蕃，甘露降，风雨时，嘉禾兴，朱草生，山不童，泽不涸；麟凤在郊薮，龟龙游于沼，河洛出图书；父不丧子，兄不哭弟；北发渠搜，南抚交阯，舟车所至，人迹所及，跂行喙息，咸得其宜。朕甚嘉之，今何道而臻乎此？子大夫修先圣之术，明君臣之义，讲论洽闻，有声乎当世，敢问子大夫：天人之道，何所本始？吉凶之效，安所期焉？禹、汤水旱，厥咎何由？仁、义、礼、智四者之宜，当安设施？属统垂业，物鬼变化，天命之符，废兴何如？天文、地理、人事之纪，子大夫习焉。其悉意正议，详具其对，著之于篇，朕将亲览焉，靡有所隐。

针对汉武帝提出的五个方面的问题，公孙弘逐一作对，如针对"仁、义、礼、智四者之宜，当安设施"一问，公孙弘说：

臣闻之，仁者爱也，义者宜也，礼者所履也，智者术之原也。致利除害，兼爱无私，谓之仁；明是非，立可否，谓之义；进退有度，尊卑有分，谓之礼；擅杀生之柄，通壅塞之涂，权轻重之数，论得失之道，使远近情伪必见于上，谓之术。凡此四者，治之本，道之用也，皆当设施，不可废也。得其要，则天下安乐，法设而不用。不得其术，则主蔽于上，官乱于下。此事之情，属统垂业之本也。

策问结束之后，太常"奏弘第居下"，而汉武帝看了之后，则"擢弘对为第一。召见，容貌甚丽，拜为博士，待诏金马门"。汉武帝对公孙弘没有什么成见，且能刮目相看，实在是令人钦佩。

第五，出现其他自然现象时诏举。如前元十五年（公元前165年）春，甘肃陇西出现"黄龙"，于是汉文帝"诏议郊祀"。九月，又"诏诸侯王、公卿、郡守举贤良能直言极谏者，上亲策之"①。晁错等百余人应对，汉文帝首先发问：

昔者大禹勤求贤士，施及方外，四极之内，舟车所至，人迹所及，靡不闻命，以辅其不逮。近者献其明，远者通厥聪，比善戮力，以翼天子。是以大禹能亡失德，夏以长楙。高皇帝亲除大害，去乱从，并建豪英，以为官师，为谏争，辅天子之阙，而翼戴汉宗也。赖天之灵，宗庙之福，方内以安，泽及四夷。

---

① 班固：《汉书》卷4《文帝纪》。

今朕获执天子之正，以承宗庙之祀，朕既不德，又不敏，明弗能烛，而智不能治，此大夫之所著闻也。故诏有司、诸侯王、三公、九卿及主郡吏，各帅其志，以选贤良明于国家之大体，通于人事之终始，及能直言极谏者，各有人数，将以匡朕之不逮。

二三大夫之行，当此三道，朕甚嘉之，故登大夫于朝，亲谕朕志。大夫其上三道之要，及永惟朕之不德、吏之不平、政之不宣、民之不宁，四者之阙，悉陈其志，毋有所隐。上以荐先帝之宗庙，下以兴愚民之休利，著之于篇，朕亲览焉。观大夫所以佐朕，至与不至。书之，周之密之，重之闭之。兴自朕躬，大夫其正论，毋枉执事。乌乎，戒之！二三大夫其帅志毋怠！[1]

此番发问中，汉文帝既讲明诏举贤良对治国安邦的重要性，又要求"有司、诸侯王、三公、九卿及主郡吏"等官员为朝廷举荐贤良之士的道理，接着要求应对者就其所讲所问发表对策。晁错自谦以"草茅臣，亡识知"作对，他针对汉文帝所讲到的"明于国家大体""通于人事终始""直言极谏""吏之不平、政之不宣、民之不宁"以及"悉陈其志，毋有所隐"等关键问题逐一作对。尤其是在回应"直言极谏"问题时，晁错拿春秋五霸为例，对"方正之士"和"直言极谏之士"进行了解读，如其对曰：

臣闻五伯不及其臣，故属之以国，任之以事。五伯之佐之为人臣也，察身而不敢诬，奉法令不容私，尽心力不敢矜，遭患难不避死，见贤不居其上，受禄不过其量，不以亡能居尊显之位。自行若此，可谓方正之士矣。其立法也，非以苦民伤众而为之机陷也，以之兴利除害，尊主安民而救暴乱也。其行赏也，非虚取民财妄予人也，以劝天下之忠孝而明其功也。故功多者赏厚，功少者赏薄。如此，敛民财以顾其功，而民不恨者，知与而安己也。其行罚也，非以忿怒妄诛而从暴心也，以禁天下不忠不孝而害国者也。故罪大者罚重，罪小者罚轻。如此，民虽伏罪至死而不怨者，知罪罚之至，自取之也。立法若此，可谓平正之吏矣。法之逆者，请而更之，不以伤民；主行之暴者，逆而复之，不以伤国。救主之失，补主之过，扬

① 班固：《汉书》卷49《爰盎晁错传》。

主之美，明主之功，使主内亡邪辟之行，外亡骞污之名。事君若此，可谓直言极谏之士矣。此五伯之所以德匡天下，威正诸侯，功业甚美，名声章明。举天下之贤主，五伯与焉，此身不及其臣而使得直言极谏补其不逮之功也。今陛下人民之众，威武之重，德惠之厚，令行禁止之势，万万于五伯，而赐愚臣策曰"匡朕之不逮"，愚臣何足以识陛下之高明而奉承之！

晁错的一番话，既表达了自己的见解，又维护了汉文帝的威严，汉文帝听后自是兴奋不已，于是"唯错为高第，由是迁中大夫"。

第六，帝王登基、改年号之际诏举。汉武帝即位当年，即于建元元年（公元前 140 年）十一月下诏，令丞相、御史、列侯、中二千石、二千石、诸侯相"举贤良方正直言极谏之士"。当时，丞相赵绾极力推行独尊儒术，为张扬儒术及重用儒士，于是奏曰："所举贤良，或治申、商、韩非、苏秦、张仪之言，乱国政，请皆罢。"[1] 言外之意，就是除儒学之士外，其他学派都有"乱国政"之嫌疑而不予诏举，汉武帝欣而准奏。元光元年（公元前 134 年）五月，汉武帝再次诏举贤良，称："今朕获奉宗庙，夙兴以求，夜寐以思，若涉渊水，未知所济。猗与伟与！何行而可以章先帝之洪业休德，上参尧舜，下配三王。朕之不敏，不能远德，此子大夫之所睹闻也，贤良明于古今王事之体，受策察问，咸以书对，著之于篇，朕亲览焉。"[2] 于是董仲舒、公孙弘等脱颖而出。

董仲舒，史载其"少治《春秋》"，孝景时曾为博士，也不过是一个闲职，并未受到重视。于是他开办私学，"下帷讲诵，弟子传以久次相授业……进退容止，非礼不行，学士皆师尊之"。汉武帝诏举贤良后，董仲舒便积极应对，且连对三策，系统地提出"天人感应""大一统"理论和"罢黜百家，独尊儒术"的建议，史称《天人三策》或《贤良对策》，被班固全文收入《汉书》之中。尤其是每策所答均为汉武帝所想，故被汉武帝所采纳，从此奠定了儒学复兴的政治基础，开两千多年儒学正统之先声。董仲舒也因此深受汉武帝的器重，令其任江都易王刘非国相。不过，元光五年（公元前 130 年），辽东高庙和长陵高园殿发生了火灾，喜谈神秘莫测之事、灾异之说的董仲舒便推说其意，撰成《灾异之记》，尚未上书给皇帝，却遭主父偃的嫉妒，以其内有讽刺时政之意而告发，

① 班固：《汉书》卷 6《武帝纪》。
② 班固：《汉书》卷 6《武帝纪》。

被武帝打入大狱。虽不久即赦免其罪，复为中大夫，但再也不敢谈论灾异之事。

公孙弘，史载其"少时为狱吏，有罪，免。家贫，牧豕海上。年四十余，乃学《春秋》杂说"。汉武帝诏举贤良时，公孙弘已经 60 岁，他在花甲之年以"贤良"被征为博士。他的一句"非学无以广才，非志无以成学"是其勤奋治学经验的高度概括。可见，被征之人，无论年龄大小，只要合乎统治者要求，均可平步青云。

还有汉昭帝时的王吉，"少好学明经，以郡吏举孝廉为郎，补若卢右丞，迁云阳令"。不久"举贤良为昌邑中尉"。时为昌邑王的刘贺（汉武帝之孙）贪酒好色，喜欢游猎，不问政事，致使百姓劳役过重，怨声载道。王吉就趁机上疏力谏，称："大王不好书术而乐逸游，冯式撍衔，驰骋不止，口倦乎叱咤，手苦于箠辔，身劳乎车舆；朝则冒雾露，昼则被尘埃，夏则为大暑之所暴炙，冬则为风寒之所偃薄。数以奭脆之玉体犯勤劳之烦毒，非所以全寿命之宗也，又非所以进仁义之隆也。"恳请刘贺改邪归正，"承圣意"以社稷为重。刘贺虽然知过不改，所谓"不尊道""放从自若"，却对王吉礼敬有加，还下令褒奖，称："寡人造行不能无惰，中尉甚忠，数辅吾过。使谒者千秋赐中尉牛肉五百斤，酒五石，脯五束。"①

即便是王莽执政时，鉴于当时"百官改更，职事分移，律令仪法，未及悉定"的实际情况，为了"因汉律令仪法以从事"，便于新朝建国三年（11 年），诏令公卿、大夫、诸侯、二千石等各级官员"举吏民有德行、通政事、能言语、明文学者各一人"。等于说要诏举德行、政事、言语、文学四个方面的"贤良"之士，与前代相比较而言，进一步细化了诏举的标准。

东汉延光三年（125 年）九月，顺帝即位后亦诏举"贤良方正能直言极谏之士各一人"。汉安元年（142 年）二月改元，汉顺帝又诏"大将军、公卿举贤良方正、能探赜索隐者各一人"② 等。

当然，也有不愿意被特招为"贤良方正"的人士，如东汉安帝时期的南阳人樊英，"少有学行，名著海内，隐于壶山之阳，州郡前后礼请，不应。公卿举贤良、方正、有道，皆不行。安帝赐策书征之，不赴"。永建二年（127 年），汉

---

① 班固：《汉书》卷 72《王贡两龚鲍传》。
② 范晔：《后汉书》卷 6《孝顺孝冲孝质帝纪》。

安帝又"以策书、玄纁，备礼征英"。樊英依然称病拒绝应征，安帝很是无奈，于是"诏切责郡县，驾载上道"。等于说是让地方官员采取强制措施，樊英不得已到了京城，但依然"称疾不肯起，强舆入殿，犹不能屈"。安帝令太医为其治疗，每天好吃好喝地招待他。等其身体好转后，安帝便为其"设坛，令公车令导，尚书奉引，赐几杖，待以师傅之礼。延问得失，拜五官中郎将"。但不久，樊英又称疾病加重，安帝只好"诏以为光禄大夫，赐告归，令在所送谷，以岁时致牛酒"[1]。安帝对待樊英的态度不可谓不诚，但樊英一再推却，大概是自以为难以担当重任，且担心"及后应对无奇谋深策，谈者以为失望"，因而他坚辞不就。

虽然诏举的起因不一，但帝王所问、诸儒所对基本内容，都是事关安邦治国的重大问题，这也是诏举贤良的初衷所在。

三、重德行察举各级吏员

在中国古代人才选拔活动史上，曾有三次重大的制度性改革，第一次就是汉初的察举制度。因此，无论是汉朝抑或是中国历史上制度化的人才选拔活动，严格来说应该是从察举制的形成开始的。

（一）察举制的肇始

察举人才活动从何时开始，这在学术界是有争议的，有人认为应该从汉高祖发布求贤令开始，有人认为应该从汉文帝诏举贤良方正开始，还有人认为应该从汉武帝开设孝廉、茂才科开始。争议本身至少说明这样一个问题：作为制度化的人才选拔活动必须有一个酝酿和不断实践、完善的过程。汉高祖十一年（公元前196年），也就是在灭秦后的第十一个年头，苦于治国之才严重不足的汉高祖刘邦下求贤诏：

> 盖闻王者莫高于周文，伯者莫高于齐桓，皆待贤人而成名。今天下贤者、智能，岂特古之人乎？患在人主不交故也，士奚由进！今吾以天之灵、贤士大夫定有天下，以为一家。欲其长久，世世奉宗庙亡绝也。贤人已与我共平之矣，而不与吾共安利之，可乎？贤士大夫有肯从我游者，吾能尊

---

① 司马光：《资治通鉴》卷51《汉纪四十三》。

显之。布告天下，使明知朕意，御史大夫昌下相国，相国酂侯下诸侯王，御史中执法下郡守，其有意称明德者，必身劝，为之驾，遣诣相国府，署行、义、年。有而弗言，觉，免。年老癃病，勿遣。①

这道诏书，既表明求才的目的在于汉朝江山的长治久安，同时又能使个人"尊显之"。为此，诏书中还规定了选才的程序和基本要求，即由地方长官亲身荐举"明德者"遣送至相府，并注明被荐之人的品行、仪表和年龄。如果地方官有才不举，一旦发现，将要面临罢职丢官的处罚。虽然没有明确选才的具体标准，没有规定时间期限，也没有指出朝廷对被荐之人如何考核和任用等，但选才活动的思路比较清晰，活动制度化已初现端倪。汉文帝时诏举"贤良方正"，虽然不常进行，但至少有了比较具体的选才标准，那就是"贤良方正"，甚至又进一步细化为"贤良方正直言极谏""贤良文学"等。因而在科目的设置上，为察举人才指明了方向。于是，就在建元元年（公元前140年），诏举"贤良方正直言极谏之士"时，汉武帝遇到了董仲舒，董仲舒在对策中强调要"遍得天下之贤人"，对贤达之士要"量材而授官，录德而定位"。他说：

今之郡守、县令，民之师帅，所使承流而宣化也。故师帅不贤，则主德不宣，恩泽不流……臣愚以为使诸列侯、郡守、二千石各择其吏民之贤者，岁贡各二人以给宿卫，且以观大臣之能。所贡贤者有赏，所贡不肖者有罚。夫如是，诸侯、吏二千石皆尽心于求贤，天下之士可得而官使也。遍得天下之贤人，则三王之盛易为，而尧舜之名可及也。毋以日月为功，实试贤能为上，量材而授官，录德而定位，则廉耻殊路，贤不肖异处矣。②

从董仲舒这段话可以看出，在明定选才主体的情况下，要求各级官员"岁贡各二人"，即每年都要举荐两位贤者，且"所贡贤者有赏，所贡不肖者有罚"，选才活动的制度化基本成型。于是，汉武帝根据董仲舒的建议，元光元年（公元前134年）十一月，诏"令郡国举孝廉各一人"，由于孝廉科属于常科，其设立也就意味着汉朝选士或察举人才活动制度化的开始。为使此项活动能够顺利、有序地进行下去，针对有才不举的官员如何来处罚问题，汉武帝于元朔元年（公元前128年）十一月专门诏令中二千石、礼官、博士等来进行讨论。他们通

① 班固：《汉书》卷1下《高帝纪》。
② 班固：《汉书》卷56《董仲舒传》。

过考察古制，结合当时的实际情况，提出如下谏言：

> 古者，诸侯贡士，一适谓之好德，再适谓之贤贤，三适谓之有功，乃加九锡；不贡士，一则黜爵，再则黜地，三而黜爵地毕矣。夫附下罔上者死，附上罔下者刑，与闻国政而无益于民者斥，在上位而不能进贤者退，此所以劝善黜恶也。今诏书昭先帝圣绪，令二千石举孝廉，所以化元元，移风易俗也。不举孝，不奉诏，当以不敬论。不察廉，不胜任也，当免。[1]

这里的"劝善黜恶"，意在勉励在职官员要积极为朝廷察举贤才，对于"不举孝""不察廉"的官员要以"不敬"免职论处，因而带有一定的强制性。而对那些被举之人，如果"不奉诏"或"不胜任"者，同样以"不敬"免职论处。

这样，有司的谏言使选才活动进一步细化和规范化了，自然也被汉武帝所采纳，成为汉朝选官活动的主要途径。仅就两汉时期所察举的孝廉来说，一旦被察举为孝廉后，会被派到各级机构去任职。据不完全统计，两汉时期见于史载的孝廉总共有307人，而任职情况可考者计有183人。其中：① 由孝廉拜官授职者（包括郎官）为159人，占87%。授中央属官的约占69.8%，主要是任光禄勋、少府、太仆、将作大匠和城门都尉；授地方官吏的约占30.2%，郡国长官的高级助手约占5%，县级官员约占20.8%。② 察举孝廉后又被辟除者16人，占9%。③ 举孝廉后再被察举者（多为茂材）8人，占4%。[2]

（二）察举孝廉

察举制既不同于先秦时期的世袭制或以军功封爵制，也不同于隋唐时革新的国家开科取士、专凭试卷的科举制，而是由地方长官在辖区内分年随时考察选取人才，再推荐给上级或中央政府，经过试用考核后再任命官职。察举的科目自西汉逐渐增多，大致分为两大类：一是制科，如前文所述的贤良方正等；二是常科或岁科，如孝廉、茂才、明经、明法、童子科等。在岁科中，最为人关注的、最规范的、最常进行的就是察举孝廉活动。

"孝廉"有"孝子廉吏"之意，按颜师古所注："孝，谓善事父母者；廉，谓清洁有廉隅者。"因为是官员选拔，因而常将其并称为"孝廉"，这是汉朝也是所有封建王朝对官吏的普遍要求。在汉朝举"孝廉"之后升迁较快，凡"孝

---

[1] 班固：《汉书》卷6《武帝纪》。
[2] 黄留珠：《两汉孝廉制度考略》，载《西北大学学报》（社会科学版）1985年第4期。

廉"出身的官吏更被认为是"正途"或"清流",因而很被世人看重。察举孝廉活动始于汉武帝元光元年（公元前134年），"令郡国举孝廉各一人"。自此之后，察举孝廉成为经常性的一项选官活动。

察举孝廉的主体或单位是郡国，由于皇帝寝陵所在各县归太常管辖，这样中央政府中的太常也有察举孝廉的特权。如西汉时的朱博，史载其"杜陵人也。家贫，少时给事县为亭长，好客少年，捕搏敢行。稍迁为功曹，伉侠好交，随从士大夫，不避风雨。是时，前将军望之子萧育，御史大夫万年子陈咸以公卿子著材知名，博皆友之矣"。朱博虽然家境不好，但其"好客""好交"，做事果断敏捷，不怕吃苦，因而颇得他人好感。因当时"诸陵县属太常，博以太常掾察廉，补安陵丞"①。

察举孝廉的名额起初也是按郡国平均分配的，无论郡国大小，每年各举1~2名。虽然比较容易操作，但对一些人口较多及文化教育发展水平比较高的郡国来说，就显得有些不太公平。直到永元五年（93年），汉和帝才意识到"大郡口五六十万举孝廉二人，小郡口二十万并有蛮夷者亦举二人"的不均衡，于是就让诸公卿来商议这个问题如何来解决，司徒丁鸿及司空刘方便上疏建议称：

> 凡口率之科，宜有阶品，蛮夷杂错，不得为数。自今郡国率二十万口岁举孝廉一人，四十万二人，六十万三人，八十万四人，百万五人，百二十万六人。不满二十万，二岁一人。不满十万，三岁一人。②

汉和帝十分赞同丁鸿及刘方的建议，于是就开始按照郡国人口的比例来察举孝廉。这样，人口多的郡国就可以察举更多的孝廉，如南阳郡，时有244万人，每年可以察举孝廉12人之多，其他的大郡都受益颇多。永元十三年（101年），汉和帝又考虑到边远郡国人口稀少的实际情况，对察举比例作了适当的调整，他在诏书中称："幽、并、凉州户口率少，边役众剧，束脩良吏，进仕路狭。抚接夷狄，以人为本。其令缘边郡口十万以上，岁举孝廉一人；不满十万，二岁举一人；五万以下，三岁举一人。"③ 在这里，提出了察举孝廉中要做到"以人为本"，这是难能可贵的，两次调整察举孝廉名额，正是"以人为本"理

---

① 班固：《汉书》卷83《朱博传》。
② 范晔：《后汉书》卷37《桓荣丁鸿列传》。
③ 范晔：《后汉书》卷4《孝和孝殇帝纪》。

念的实质体现。从此，各地察举孝廉的名额有了政策性的依据。

察举孝廉的标准，就名称来看，重在德行表现，其实也是对所有官员的基本素质要求。在主以德行的前提下，还要有所擅长，察举时的标准各有不同，主要有以下几点：

一是因"孝"被举。由于"孝"为做人之本，汉朝也是以"仁孝"治天下的，因而"孝"是察举官员的基本条件，只要有这方面特殊事迹者，均可被举为孝廉，被举者多为普通士人，带有明显的社会教化色彩。如西汉时的刘茂，史称其"少孤，独侍母居。家贫，以筋力致养，孝行著于乡里"[①]。再加上他"能习《礼经》，教授常数百人"，因而在哀帝时，被察举为孝廉。东汉时的张霸，史称其"年数岁而知孝让，虽出入饮食，自然合礼，乡人号为'张曾子'"[②]。能将其与孔子的大弟子曾参作比，可见其孝行有过人之处。加上他善治《春秋》，因而被察举为"孝廉光禄主事"。更有古代二十四孝之一"行佣供母"的江革，史称其：

少失父，独与母居。遭天下乱，盗贼并起，革负母逃难，备经阻险，常采拾以为养。数遇贼，或劫欲将去，革辄涕泣求哀，言有老母，辞气愿款，有足感动人者。贼以是不忍犯之，或乃指避兵之方，遂得俱全于难。革转客下邳，穷贫裸跣，行佣以供母，便身之物，莫不必给。建武末年，与母归乡里。每至岁时，县当案比，革以母老，不欲摇动，自在辕中挽车，不用牛马，由是乡里称之曰"江巨孝"。[③]

其孝行感动了地方官员，郡守曾经以礼招聘，但江革"以母老不应"。待其母亲病死，守孝期满，郡守再次"遣丞掾释服，因请以为吏"。至汉明帝永平初年，江革"举孝廉为郎，补楚太仆"。汉章帝时，太尉牟融又举江革为"贤良方正"。尤其是汉章帝，对江革的孝行和廉洁甚是推崇，不仅"迁五官中郎将""转拜谏议大夫"，还诏令居住地的地方官员要善待"巨孝"江革，诏曰：

谏议大夫江革，前以病归，今起居何如？夫孝，百行之冠，众善之始也。国家每惟志士，未尝不及革。县以见谷千斛赐"巨孝"，常以八月长吏

① 范晔：《后汉书》卷81《独行列传》。
② 范晔：《后汉书》卷36《郑范陈贾张列传》。
③ 范晔：《后汉书》卷39《刘赵淳于江刘周赵列传》。

存问，致羊酒，以终厥身。如有不幸，祠以中牢。

二是因"廉"被举。只有为官才可以说"廉"，因而被举者均为基层官吏，遗憾的是史书记载不多，如汉和帝时的忠臣清官韩棱，"数荐举良吏应顺、吕章、周纡等，皆有名当时"。根据《后汉书补遗·应顺》所载，应顺"少给事郡县，为吏清公，不发私书，举孝廉"。《隶释》中所载汉朝碑文，也有相关的信息。如：《司隶校尉鲁峻碑》称，鲁峻"佐职牧守，敬恪恭俭，州里归称，举孝廉，除郎中"；《凉州刺史魏元丕碑》称，魏元丕"其仕州郡也，躬素忠謇，犯而勿欺，兼综宪法，通识百典，举孝廉，除郎中"；《卫尉衡方碑》载，卫衡"仕郡，辟州举孝廉，除郎中"；《成皋令任伯嗣碑》载，任伯嗣"仁而有威，仕極州，郡举孝廉，除郎中"等。

三是因善行或义行被举。凡是为家庭、家族或社会做出的有益之举，堪为人表，事迹突出者均可被举为孝廉，等于是将"孝廉"这一基本察举标准泛化到社会生活的方方面面，不失为社会教化的一种重要手段。如东汉时的魏霸，父母双亡后"兄弟同居，州里慕其雍和"，因家庭内部兄弟和睦相处而被"举孝廉"，官至太常。冯绲，"家富好施，赈赴穷急，为州里所归爱"，因其乐善好施、周济贫困而"初举孝廉，七迁为广汉属国都尉，征拜御史中丞"[1]。张禹，史载其父张歆卒于汲县令任上，"汲吏人赙送前后数百万，悉无所受"。不但不收受礼物，还"以田宅推与伯父，身自寄止"。因其不贪恋财物，"性笃厚节俭"，于是在永平八年（65年）"举孝廉"[2]。吴祐，"及年二十，丧父，居无檐石，而不受赡遗。常牧豕于长坦泽中，行吟经书"。其父生前好友想给他找个差事，但其"辞谢而已，守志如初"[3]。因其安贫乐道而被举为孝廉。尹勋，家世非常显赫，"伯父睦为司徒，兄颂为太尉，宗族多居贵位者"。生活在这样一个家族里，尹勋身上应该有一种盛气凌人的气势，但恰恰相反，"勋独持清操，不以地埶尚人"。因其富贵不骄而"州郡连辟，察孝廉，三迁邯郸令，政有异迹"[4]。

① 范晔：《后汉书》卷38《张法滕冯度杨列传》。
② 范晔：《后汉书》卷44《邓张徐张胡列传》。
③ 范晔：《后汉书》卷64《吴延史卢赵列传》。
④ 范晔：《后汉书》卷67《党锢列传》。

四是因经学造诣或博学被举。自汉武帝"独尊儒术"之后，经学便成为学校教育及个人治学的主要内容，因而对经学是否精通，是否博学多识就自然成为衡量孝廉的一个重要标准，这也是思想一统的重要手段。据《汉书》《后汉书》所载，此类选拔活动甚是活跃，诸多知名学者因此而被举为孝廉。如西汉的鲍宣，"好学，明经，为县乡啬夫，守束州丞。后为都尉、太守功曹，举孝廉为郎，病去官，复为州从事"①。京房，善治《易》，初"为郡史，察举补小黄令"。后又"好钟律，知音声"，于初元四年（公元前 45 年）"以孝廉为郎"②。东汉的杨仁，"建武中，诣师学习《韩诗》，数年归，静居教授。仕郡为功曹，举孝廉，除郎"③。延笃，"少从颍川唐溪典受《左氏传》，旬日能讽之，典深敬焉。又从马融受业，博通经传及百家之言，能著文章，有名京师"。因而"举孝廉，为平阳侯相"④。服虔，"少以清苦建志，入太学受业。有雅才，善著文论，作《春秋左氏传解》，行之至今。又以《左传》驳何休之所驳汉事六十条"。因而"举孝廉，稍迁，中平末，拜九江太守"⑤。许慎，"性淳笃，少博学经籍，马融常推敬之，时人为之语曰：《五经》无双许叔重"。因此"为郡功曹，举孝廉，再迁除洨长"⑥。还有，应劭"少笃学，博览多闻。灵帝时举孝廉，辟车骑将军何苗掾"⑦，等等。

在两汉有史记载的 307 名孝廉中，有明确资历记载的为 234 人，大体可分为儒（儒生）、吏（州郡吏）、儒吏（兼有儒生及州郡吏双重身份者）、故官（曾入仕为官者）、处士（儒生之外不曾有公职者）五种。如表 5-1 所示⑧，精通经术的儒生有 75 人，占 32.1%，比例最高。如果加上儒吏，几乎近半数。由此可见，当时由经术举为孝廉普遍为世人所看重。

① 班固：《汉书》卷 72《王贡两龚鲍传》。
② 班固：《汉书》卷 75《眭两夏侯京翼李传》。
③ 范晔：《后汉书》卷 79 下《儒林列传》。
④ 范晔：《后汉书》卷 64《吴延史卢赵列传》。
⑤ 范晔：《后汉书》卷 79 下《儒林列传》。
⑥ 范晔：《后汉书》卷 79 下《儒林列传》。
⑦ 范晔：《后汉书》卷 48《杨李翟应霍爰徐列传》。
⑧ 黄留珠：《两汉孝廉制度考略》，载《西北大学学报》（社会科学版）1985 年第 4 期。

表 5-1　两汉时期孝廉资历分布情况

资历类别	儒	吏	儒吏	故官	处士
孝廉数	75	58	31	10	60
百分比	32.1	24.8	13.2	4.3	25.6

五是因家庭门第而举。由于察举自身的特殊性，有名望的世家大族子弟很容易因自身的特殊地位而被举为孝廉，可以说是出身比德行更为重要。如袁术，史载其"司空逢之子也。少以侠气闻，数与诸公子飞鹰走狗，后颇折节。举孝廉，累迁至河南尹、虎贲中郎将"[1]。曹操"少机警，有权数，而任侠放荡，不治行业，故世人未之奇也"。因其父亲曹嵩曾为司隶校尉，灵帝时又擢拜大司农、大鸿胪，代崔烈为太尉，因此在 20 岁时"举孝廉为郎，除洛阳北部尉，迁顿丘令"[2]。

即便是正常察举的孝廉，因为家庭的影响，出身官僚贵族之家的孝廉居多。在可考的两汉时期 307 名孝廉中，能确定其家世的有 184 人，大致可分为官僚贵族、富豪、平民和贫民四类。如表 5-2 所示[3]，出身于官僚贵族之家的占 69.6%，如果加上富豪之家的 6%，那么富贵之家的孝廉就占到 75.6%，足见家庭背景对举孝廉的影响还是比较大的。

表 5-2　两汉时期孝廉家世分布情况

家世情况	官僚贵族	富豪	平民	贫民
孝廉数	128	11	29	16
百分比	69.6	6	15.8	8.7

由于察举孝廉为定期、定额举荐，朝廷一般不再进行考核，而是根据惯例直接授予一定官职。这样一来，朝廷既不能得知所举荐孝廉是否名副其实，无法做到量才授官，也在一定程度上放大了地方官员选才的权力，很容易导致一些官员专权和营私舞弊。这一弊端至东汉时期愈加突出，于是，对被举荐上来

① 范晔：《后汉书》卷 75《刘焉袁术吕布列传》。
② 裴松之注：《三国志》卷 1《魏书·武帝纪》。
③ 黄留珠：《两汉孝廉制度考略》，载《西北大学学报》（社会科学版）1985 年第 4 期。

的孝廉开始有了考核的趋向，就像诏举贤良方正一样进行策问。如汉明帝（显宗）时的宋意，"少传父业，显宗时举孝廉，以召对合旨，擢拜阿阳侯相"①。汉安帝时的胡广，"少孤贫，亲执家苦。长大，随辈入郡为散吏"。当时太守急于求才，在"大会诸吏"之际发现胡广是个人才，遂察举为孝廉。"既到京师，试以章奏，安帝以广为天下第一，旬月拜尚书郎，五迁尚书仆射。"②

　　尤其是至汉顺帝时，尚书令左雄针对察举孝廉中存在的诸多问题，提出要加以整改，他在上书中强调"宁人之务，莫重用贤，用贤之道，必存考黜"。顺帝对其所言予以肯定，但因"宦竖擅权，终不能用"。至阳嘉元年（132年），左雄再次上书顺帝，称：

> 郡国孝廉，古之贡士，出则宰民，宣协风教。若其面墙，则无所施用。孔子曰"四十不惑"，《礼》称"强仕"。请自今孝廉年不满四十，不得察举，皆先诣公府，诸生试家法，文吏课笺奏，副之端门，练其虚实，以观异能，以美风俗。有不承科令者，正其罪法。若有茂才异行，自可不拘年齿。③

　　左雄的这次上书，明确地提出了两个很重要的问题：一是察举孝廉的年龄，要求原则上必须是年满40周岁，有"茂才异行"者则可以放宽年龄限制；二是各地所举孝廉，都要参加由公府组织的考试，原系儒生的按所习家法考经学，原系吏员的考试公文奏章的写作，最后在端门（即皇宫南面正门）由尚书判定取舍，不按规定察举的要依法惩处。汉顺帝对左雄的建议十分满意，并诏令尚书省议决，却遭到尚书省官员胡广、郭虔、史敞等人的反对，他们联名上书，强调"选举因才，无拘定制"，但又拿不出更合理的办法来解决察举中出现的问题。于是，汉顺帝于是年十一月正式下诏："令郡国举孝廉，限年四十以上，诸生通章句，文吏能笺奏，乃得应选。其有茂才异行，若颜渊、子奇，不拘年齿。"④

　　就在汉顺帝下诏的第二年，广陵郡察举一名孝廉徐淑，因年龄不到40岁，

---

① 范晔：《后汉书》卷41《第五钟离宋寒列传》。
② 范晔：《后汉书》卷44《邓张徐张胡列传》。
③ 范晔：《后汉书》卷61《左周黄列传》。
④ 范晔：《后汉书》卷6《孝顺孝冲孝质帝纪》。

引起主审官的怀疑，徐淑为自己辩解说："诏书曰'有如颜回、子奇，不拘年齿'，是故本郡以臣充选。"左雄为维护诏令的权威，反问道："昔颜回闻一知十，孝廉闻一知几邪?"① 这一有点刁难性的反问，让徐淑无以对答，结果尚未参加考试就被遣回广陵郡。这样，察举孝廉不仅有了较为严格的年龄限制，又加入了考试的成分，"孝子廉吏"的本义被淡化，且会压制未满40岁的年轻才子由此步入仕途，但却成为科举制度创立的前奏。

(三) 察举茂才

察举茂才（茂材，古时"才"与"材"相通）。西汉时本称之为"秀才"，至东汉，为避光武帝刘秀讳，改作"茂才"。班固在作《汉书》时，为避讳，有意将"秀才"写作"茂材"。

察举茂才活动始于汉武帝元封五年（公元前106年）。据史载，是年"初置刺史部十三州"，急需大批文武官员，然当时的局势是"名臣文武欲尽"，在这种情况下，汉武帝急忙下诏，称：

> 盖有非常之功，必待非常之人，故马或奔踶而致千里，士或有负俗之累而立功名。夫泛驾之马，跅弛之士，亦在御之而已。其令州郡察吏民有茂材、异等，可为将、相及使绝国者。②

颜师古注曰："茂，美也。茂材者，有美材之人也。"既然所求是"非常之人"，也就是说只要能够建功立业即可，甚至可以不拘小节，由此拉开了选拔"异等"之士活动的序幕。以后西汉诸帝均有诏书来督促和指导茂材的察举，如始元二年（公元前85年）春，汉昭帝"以宗室毋在位者，举茂才刘辟强、刘长乐皆为光禄大夫"③。元康四年（公元前62年），汉宣帝诏"遣太中大夫（李）强等十二人循行天下，存问鳏寡，览观风俗，察吏治得失，举茂材异伦之士"④。初元二年（公元前47年）二月，陇西郡地震，急需救灾和治理，于是汉元帝诏"丞相、御史、中二千石举茂材异等、直言极谏之士，朕将亲览焉"⑤。永光二年（公元前42年）三月，有日食发生，汉元帝诏"令内郡国举茂材异等、贤良直言

---

① 范晔：《后汉书》卷61《左周黄列传》。
② 班固：《汉书》卷6《武帝纪》。
③ 班固：《汉书》卷7《昭帝纪》。
④ 班固：《汉书》卷8《宣帝纪》。
⑤ 班固：《汉书》卷9《元帝纪》。

之士各一人"①。建昭四年（公元前35年）四月，汉元帝再"遣谏大夫博士赏等二十一人循行天下，存问耆老、鳏、寡、孤、独、乏困、失职之人，举茂材特立之士"②。由上述可知，西汉察举茂材比较随意，往往是在灾害发生等特殊情况下下诏察举的，或者是派员"循行天下"时顺便察举，与诏举贤良方正活动很类似，因而也被称为"特科"。

至东汉光武帝朝，茂材科由特科变为常科，与孝廉一样成为定制，如建武十二年（36年）八月诏令所定：

> 三公举茂才各一人，廉吏各一人。左右将军岁察廉吏各二人。光禄岁举郎、茂才、四行各一人，察廉吏三人。中二千石岁察廉吏各一人，廷尉、大司农二人。将兵将军岁察廉吏各二人。监御史、司隶、州牧岁举茂才各一人。③

这道诏书至少明确了三个方面的问题：一是察举茂材的主体，既有三公、光禄、监御史、司隶等中央官员，也有州牧等地方官员；二是察举茂材的时间，要求每年都举荐一次；三是察举茂材的名额，要求每年、每官只能察举一人。这样，各级官员在察举茂材时就可以做到有章可依了，察举茂材活动也便得以常规化。

鉴于孝廉由郡国察举，茂材由州牧及中央官员察举，州的行政级别又高于郡国。因而，就察举顺序来说，是先郡国后州，那些已经被举为孝廉的人，还可以再次参加茂材的察举。如西汉的师丹，"治《诗》，事匡衡。举孝廉为郎。元帝末，为博士，免。建始中，州举茂才，复补博士，出为东平王太傅"④。东汉的皇甫嵩，"少有文武志介，好《诗》《书》，习弓马。初举孝廉、茂才"⑤。还有陈重，"少与同郡雷义为友，俱学《鲁诗》《颜氏春秋》"。太守张云想察举陈重为孝廉，陈重却高风亮节，想把荣誉让给好友雷义，太守没有答应，依然察举陈重为孝廉，次年又察举雷义为孝廉，二人俱在郎署共事。不久，陈重又被

---

① 班固：《汉书》卷9《元帝纪》。
② 班固：《汉书》卷9《元帝纪》。
③ 杜佑：《通典》卷13《选举一》。
④ 班固：《汉书》卷86《何武王嘉师丹传》。
⑤ 范晔：《后汉书》卷71《皇甫嵩朱俊列传》。

"举茂才，除细阳令"①。东汉末年的孙权，更是"郡察孝廉，州举茂材"等。

就其待遇或社会地位而言，茂材要高于孝廉，因而世人更看重茂材，甚至是举孝廉之后公府辟而不就，但察举为茂材后，则会很愉快地上任。如东汉时的王畅，"少以清实为称，无所交党。初举孝廉，辞病不就。大将军梁商特辟举茂才，四迁尚书令，出为齐相"②。范式，"少游太学"时与同乡张劭为生死之交，后到京师，受业太学时与素不相识的诸生陈平子为"托死"之交，感动着当地民众和官员，于是，"长沙上计掾史到京师，上书表式行状，三府并辟，不应"。不久"举州茂才，四迁荆州刺史"③。还有，东汉末年的张既，"为人有容仪，少小工书疏"，16 岁时便为郡小吏。"后历右职，举孝廉，不行"。曹操为司空时曾辟其为官，却被拒绝，再后"举茂才，除新丰令，治为三辅第一"④。一般来说，被察举为茂材后，所任官职以县令居多，也有任郡守、中郎将及博士的。

虽说察举茂材必是"非常之人"，但从被察举出来的茂材来说，除了有"才"、有"能"外，德行也是要优先考虑的。如孙权等许多士人，先举为孝廉，然后举为茂材，先举为"孝廉"本身就足以说明德行的重要，有了好的德行，才为后来的升迁打下良好的基础。如果德行不好的话，未必就能升迁高就。如西汉元帝时的陈汤，"少好书，博达善属文"。但其"家贫，丐贷无节，不为州里所称"。可以说在乡里名声不好，后到长安求官，得到一个"太官献食丞"的差事。几年后，富平侯张勃与陈汤相识，非常欣赏陈汤才能。于是就在初元二年（公元前 47 年），汉元帝诏列侯举荐茂材，张勃便举荐陈汤为茂材。陈汤在待迁之际，却发生了一件事，即"父死不奔丧"。这是汉朝为官之一忌，系不孝之罪。于是"司隶奏汤无循行，勃选举故不以实，坐削户二百，会薨，因赐谥曰缪侯。汤下狱论"⑤。无论是举荐者张勃，还是被举者陈汤均受到严惩。这说明，德行是为官者必备的条件，察举茂材等于是察举官员，因而亦重德行。

---

① 范晔：《后汉书》卷 81《独行列传》。
② 范晔：《后汉书》卷 56《张王种陈列传》。
③ 范晔：《后汉书》卷 81《独行列传》。
④ 裴松之注：《三国志》卷 15《魏书·刘司马梁张温贾传》。
⑤ 班固：《汉书》卷 70《傅常郑甘陈段传》。

（四）察举明经等

两汉时期，对经学有造诣者，本可以通过察举贤良方正、孝廉、茂材等活动步入仕途，偏又单独开设一个明经科，以此专门察举精通经学之士，这与经学在当时的政治地位是分不开的，借以引领士人苦读经书。

察举明经活动在西汉时就比较盛行，如孔安国"以明《谷梁春秋》为博士、部刺史"；龚遂"以明经为官，至昌邑郎中令，事王贺"。因龚遂"为人忠厚，刚毅有大节"，上任后"内谏争于王，外责傅相，引经义，陈祸福，至于涕泣，蹇蹇亡已。面刺王过，王至掩耳起走"①。可见龚遂既懂经术，又有书生之气，在昌邑王刘贺面前毫无遮掩，直言相劝，直说得刘贺"掩耳起走"。眭弘，史载其"少时好侠，斗鸡走马"，及长则好读书，"从嬴公受《春秋》，以明经为议郎，至符节令"②。还有韦玄成，"少好学，修父业，尤谦逊下士。出遇知识步行，辄下从者，与载送之，以为常。其接人，贫贱者益加敬，由是名誉日广。以明经擢为谏大夫，迁大河都尉"③ 等。在这些史料中，尚无法看出是一种规范的察举活动。唯独翟方进，在太学发奋苦读十余年，以致"经学明习，徒众日广，诸儒称之"。先是以射策甲科为郎，23 岁时"举明经，迁议郎"。既然是"举明经"，说明设置了"明经科"。按翟方进 23 岁举明经，应该是在汉成帝建始二年（公元前 29 年）就开始了察举明经的活动。另据《汉书·霍光金日磾传》载，金日磾的后人金钦"举明经，为太子门大夫。哀帝即位，为太中大夫给事中"。哀帝之前的执政者为汉成帝，说明在汉成帝时确实存在"明经科"，只不过还没有成为定制而已。

东汉时明经成为正式的察举科目，如张玄，"少习《颜氏春秋》，兼通数家法。建武初，举明经，补弘农文学，迁陈仓县丞……后玄去官，举孝廉，除为郎"④。说明明经的政治地位略低于孝廉，察举明经后可以为地方官学教师，虽然享受官员待遇，但毕竟不完全是官员。戴凭，"习《京氏易》。年十六，郡举明经，征试博士，拜郎中"⑤。这至少说明，察举明经的年龄较孝廉而言是比较

① 班固：《汉书》卷 89《循吏传》。
② 班固：《汉书》卷 75《眭两夏侯京翼李传》。
③ 班固：《汉书》卷 73《韦贤传》。
④ 范晔：《后汉书》卷 79 下《儒林列传》。
⑤ 范晔：《后汉书》卷 79 上《儒林列传》。

宽松的。魏应，"少好学。建武初，诣博士受业，习《鲁诗》。闭门诵习，不交僚党，京师称之。后归为郡吏，举明经，除济阴王文学"①。到汉章帝时，则明确规定各地按人口察举明经的数额，诏令"郡国上明经者，口十万以上五人，不满十万三人"②。虽然没有时间限制，但至少规定了察举的名额限制。汉质帝时还有一项规定，即"令郡国举明经，年五十以上、七十以下诣太学"。即让年龄50～70岁的被举明经者到太学里去做事，应该是从事教学工作，也许是暂时不好安排的权宜之计。但至少看得出，所举明经年龄最大的应该在70岁以上。

除贤良方正、孝廉、茂材及明经外，还会举办明法、明阴阳灾异、察廉、光禄四行、孝悌力田、勇猛知兵法及童子科等科目的人才选拔。

"明法"即选拔通晓律令的人才，起初作为特科中的重要科目。汉武帝元光元年（公元前134年），令举"四科人才"，其中第三科即"明习法令，足以决疑，能案章覆问，文中御史"，这是察举"明法"人才活动的开始。两汉时期因通晓律令而以明法入仕、位至高官者不乏其人，如郑宾位至"御史"，陈咸、陈忠位至"尚书"，吴雄位至"司徒"等。

"明阴阳灾异"科的设置，与汉代官员对灾异的认识有关，总觉得阴阳灾异与国家政治有密切关系，所以设立"明阴阳灾异"一科来选拔有关人才。一般来说，大都在发生天地灾异的年份才开科，如汉元帝初元三年（公元前46年），因"阴阳错谬，风雨不时"，令"丞相、御史举天下明阴阳灾异者各三人"。汉安帝永初二年（108年），因"京师及郡国四十大水，大风，雨雹"，于是下诏令"百僚及郡国吏人，有道术、明习灾异阴阳之度璇机之数者，各使指变以闻"。

"察廉"就是察举廉吏的意思，只有低级官员才具备被举的资格，被举后，按原职升补，与孝廉一样也是汉代察举岁科之一。察举廉吏活动大约在汉武帝时期就开始了，元朔元年（公元前128年）冬十一月，有司奏议中提到"不察廉，不胜任也，当免"，汉武帝准奏，说明有察廉之举动。而后便有平当"察廉为顺阳长、枸邑令"；赵广汉"察廉为阳翟令"；张敞"察廉为甘泉仓长，稍迁太仆丞"；萧望之"察廉为大行治礼丞"；王嘉"察廉为南陵丞，复察廉为长陵尉"；黄霸"复察廉为河南太守丞"；尹赏"以郡吏察廉为楼烦长"等。这都是

---

① 范晔：《后汉书》卷79下《儒林列传》。
② 范晔：《后汉书》卷3《肃宗孝章帝纪》。

西汉时期的察举活动，凡是察举察廉的，都可以升迁，而《后汉书》则全无记载，说明到东汉时察廉活动已经被淡化。

察举"光禄四行"活动始于永光元年（公元前43年）春二月，汉元帝曾下诏，令"丞相、御史举质朴、敦厚、逊让、有行者，光禄岁以此科第郎、从官"①。这里的"质朴、敦厚、逊让、有行"指的是四种品行，也是"光禄四行"的选拔标准，从"岁以此科第"而言，也属于常科，举主为丞相、御史，被举者为光禄勋的属官。如东汉时的吴祐，"以光禄四行迁胶东侯相"；范滂，"少厉清节，为州里所服，举孝廉，光禄四行……迁光禄勋主事"② 等。

"孝悌力田"，包含两层意思：一是有孝悌的德行；二是能努力耕作的人。无论是做人还是做事，这都是值得提倡的两种品质。察举孝悌力田的目的，在于推行社会教化，此项察举活动最早始于汉惠帝四年（公元前191年）春正月"举民孝悌力田者"，此时察举制还没有确立。吕后临朝称制，特设"孝悌力田"官一人，秩二千石，可见其地位甚高。汉文帝时，"孝悌力田"与"三老"同为郡县中掌管教化的乡官。此后"孝悌力田"成为察举的特科之一，所谓"文景守而不变，故下有常业，而朝称多士"。

"勇猛知兵法"即指作战勇猛又熟知兵法，能率军作战，设置此科的目的就在于选拔军事方面的将才。察举"勇猛知兵法"活动始于汉成帝元延元年（公元前12年），是年发生日蚀，汉成帝恐天下有变，下诏令"北边二十二郡举勇猛知兵法者各一人"。自此之后，汉朝频开此科，只是名目略有不同。例如，平帝元始二年（2年）诏"举勇武有节明兵法，郡一人，诣公车"；安帝永初五年（111年），因"灾异蜂起，寇贼纵横，戎事不息，百姓匮乏，疲于征发，重以蝗虫滋生"。说明此时天灾人祸频发，社会动荡不已，于是"诏三公、特进、九卿、校尉，举列将子孙明晓战阵任将帅者"；顺帝永和三年（138年），诏令大将军、三公等举"刚毅武猛有谋谟任将帅者各二人"；灵帝中平元年（184年），"诏公卿，举列将子孙及吏民，有明战阵之略者诣公车"等。由此可见，察举"勇猛知兵法"活动主要是在"灾变不息，盗贼众多"的时期进行的，且以东汉为多。

---

① 司马光：《资治通鉴》卷28《汉纪二十》。
② 范晔：《后汉书》卷67《党锢列传》。

　　"童子科"是为选拔才能优异的儿童而设，年龄要求在12~16岁，条件是能"博通经典"。察举"童子科"活动最早可追溯到汉初，当时萧何在他起草的吏律中曾提议，学童"能讽书九千字以上，乃能得为史"，即成绩优异的可任尚书、御史等官职。到东汉时，尚书令左雄积极改革察举制，奏请皇帝"征海内名儒为博士，使公卿子弟为诸生。有志操者，加其俸禄"①。并且，左雄还将年方12岁、"各能通经"的谢廉、赵建"奏拜童子郎"。正因为如此关注儿童的成才，太学中就自然汇聚了诸多"神童""奇童"和"圣童"。如西汉时的任延，"年十二，为诸生，学于长安，明《诗》《易》《春秋》，显名太学，学中号为'任圣'"②；张堪，"年十六，受业长安，志美行厉，诸儒号曰'圣童'"③。东汉时的杜安，"少有志节，年十三入太学，号奇童"④；黄香，"年十二……博学经典，究精道术，能文章，京师号曰'天下无双江夏黄童'"⑤；司马朗，年"十二，试经为童子郎，监试者以其身体壮大，疑朗匿年，劾问。朗曰：'朗之内外，累世长大，朗虽稚弱，无仰高之风，损年以求早成，非志所为也。'监试者异之"⑥ 等。

　　此外，还有察举"义士"的举动。如西汉末年的刘茂，因王莽执政而弃官，避世弘农山中教授生徒。刘秀称帝后，出山"为郡门下掾"。又遇到赤眉军"二十余万众攻郡县，杀长吏及府掾史"。这时，刘茂"负太守孙福逾墙藏空穴中，得免"。建武三年（27年），光武帝下诏"求天下义士"，孙福便极力向光武帝推荐刘茂，说："臣前为赤眉所攻，吏民坏死，奔走趣山。臣为贼所围，命如丝发，赖茂负臣逾城，出保盂县。茂与弟触冒兵刃，缘山负食，臣及妻子得度死命，节义尤高。宜蒙表擢，以厉义士。"于是，刘茂在曾被察举为孝廉之后，再次被征，"拜议郎，迁宗正丞"。

　　总之，两汉时期的选才活动，与这一时期文教政策的基调是一致的，除在战争时期唯才是举、不计德行外，其他时候，无论是察举贤良方正，抑或是察

① 范晔：《后汉书》卷61《左周黄列传》。
② 范晔：《后汉书》卷76《循吏列传》。
③ 范晔：《后汉书》卷31《郭杜孔张廉王苏羊贾陆列传》。
④ 范晔：《后汉书》卷57《杜栾刘李刘谢列传》。
⑤ 范晔：《后汉书》卷80上《文苑列传》。
⑥ 裴松之注：《三国志》卷15《刘司马梁张温贾传》。

举孝廉、茂材等,德行始终是选官的基本要素。尤其是进行了历史上第一次选士制度改革,确立了察举制度,使得这一时期的人才选拔活动逐渐制度化和规范化。尽管所察举出来的人才会有一部分存在一些问题,甚至名不副实。"举秀才,不知书;察孝廉,父别居;寒素清白浊如泥,高第良将怯如鸡。"这是《全汉三国晋南北朝诗》中的一首反映汉桓帝和汉灵帝时用人方面名实不符的童谣,因为两汉是依照德行和才能来举荐人才的,难免会有一些营私舞弊和鱼目混珠之人,单凭这首歌谣就否定两汉时期的选才活动,自然不是历史唯物主义者所为。尤其是在汉顺帝执政时,统治者已经意识到了选才活动中的一些弊端,并"诸生试家法,文吏课笺奏",追加了考试这一元素,促使了隋唐科举制度的诞生。

第二节　魏晋的人才选拔活动

魏晋是中国历史上政权更迭颇为频繁的时期,因而人才选拔活动也颇为活跃,除因战事的需要"唯才是举"征辟人才外,还借用两汉时期的察举人才制度广纳贤良,尤其是为维护门阀士族自身的利益,在察举制的基础上创立九品中正制。人才选拔活动的活跃,也带来了人才思想的繁荣,在一定程度上引领着人才选拔活动的实施。

一、行征辟唯才是举

如同两汉一样,魏晋时期的帝王将相在特殊情况下,均能恪守"唯才是举"原则,不拘一格地选招所需要的各类人才。尤其是在三国时期,有论者以为曹操得"天时",孙权得"地利",刘备得"人和",其实不尽然,他们都是靠人才作用的发挥而鼎立对峙的。当时所涌现出的诸多英雄豪杰,无不是通过"唯才是举"而被选用的。可以说,由于政权更替及战事需求,征辟是这一时期主要的人才选拔活动。

孙吴的孙策即位后,周瑜向其推荐"江东二张",即彭城人张昭和广陵人张纮。张昭"少好学，善隶书，从白侯子安受《左氏春秋》，博览众书，与琅邪赵昱、东海王朗俱发名友善。弱冠察孝廉，不就，与朗共论旧君讳事，州里才士陈琳等皆称善之"。后来刺史陶谦"举茂才，不应"。这让陶谦下不了台，将其拘捕，幸亏赵昱等好友"倾身营救，方以得免"。汉末大乱，张昭即由彭城（今徐州）南渡避乱，在扬州过着隐居生活。孙策便派人前去礼请，张昭坚持不出。无奈，孙策亲自登门拜访，几番请求之后，张昭同意出山，孙策当即任命张昭为长史、抚军中郎将。临行前，孙策还与张昭一起登堂拜见张昭的母亲，"如比肩之旧"①。对敌营中的太史慈，孙策也是以诚信将其招纳过来。太史慈，"少好学，仕郡奏曹史"。他擅长射箭，"猿臂善射，弦不虚发"。后投奔扬州刺史刘繇，还自告奋勇担当先锋大将，但没有得到刘繇的重用，在一次巡逻中反被孙策活捉。孙策"素闻其名，即解缚请见，咨问进取之术"。并诚恳地对太史慈说："诚本心所望也。明日中，望君来还。"这位"以信义为先"的青州名士，于第二天中午，带着手下的千余军士前来投奔，"策大悦，常与参论诸军事"②。诸葛瑾，史载其"少游京师，治《毛诗》《尚书》《左氏春秋》。遭母忧，居丧至孝，事继母恭谨，甚得人子之道"。可以说很符合东汉征辟或察举孝廉的条件，但却没有机会被征辟。汉末避乱江东，当时孙策已死，恰好孙权姊婿弘咨与诸葛瑾相识，觉得诸葛瑾是个贤良之辈，于是将诸葛瑾推荐给孙权，雄姿英发的孙权对他以礼相待，"与鲁肃等并见宾待，后为权长史，转中司马"③。

　　三国之中，蜀国力量最小，却能偏安西南一隅，这与蜀主刘备在征战及定都后善于选拔重用贤达之士是分不开的。尤其是"三顾茅庐"后得到诸葛亮，成为千古佳话。诸葛亮，汉司隶校尉诸葛丰之后，父诸葛珪曾为泰山郡丞，东吴大臣诸葛瑾之弟。诸葛亮8岁时父母双亡，跟随叔父、豫章太守诸葛玄一起生活。诸葛玄死后，他便"躬耕陇亩，好为《梁父吟》。身长八尺，每自比于管仲、乐毅，时人莫之许也。惟博陵崔州平、颍川徐庶元直与亮友善，谓为信然"。正当诸葛亮怀才不遇之时，好友徐庶向刘备推荐了他，并称诸葛亮为"卧龙"。刘备也正苦于缺乏深谋远虑的谋士，便让徐庶将其请来，徐庶则说："此

① 裴松之注：《三国志》卷52《吴书·张顾诸葛步传》。
② 裴松之注：《三国志》卷49《吴书·太史慈传》。
③ 裴松之注：《三国志》卷52《吴书·张顾诸葛步传》。

人可就见，不可屈致也。将军宜枉驾顾之。"也就是说，诸葛亮不是一般人士，必须由刘备亲自去请，于是便有了"三顾茅庐"的典故。当时刘备 47 岁，诸葛亮年仅 27 岁，因此刘备三顾茅庐，关羽、张飞的怨言最多，刘备却大喜过望，对他们说："孤之有孔明，犹鱼之有水也，愿诸君勿复言。"①

诸葛亮出山后，表现出杰出的政治和军事才能，且在如何选拔人才问题上有自己独到的见解，尤其是在《知人》一文中，他认为人的情况很复杂，好坏悬殊，情貌有差，要想"知人"有一定的难度，故必须具有去伪存真的眼力。对此，他提出应该从志、变、识、勇、性、廉、信等七个方面来考察一个人是否合乎选拔人才标准，如其所言："一曰问之以是非而观其志；二曰穷之以辞辩而观其变；三曰咨之以计谋而观其识；四曰告之以祸难而观其勇；五曰醉之以酒而观其性；六曰临之以利而观其廉；七曰期之以事而观其信。"② 根据这"知人"七法，诸葛亮很善于发现和选用人才，使得刘备身边聚集了一大批勇武贤达之士。如许靖，早年汝南太守刘翊"举靖计吏，察孝廉，除尚书郎，典选举"。后入蜀为蜀郡太守，时与蔡邕、孔融齐名。刘备入川之时，许靖仓促投降。而刘备觉得许靖名不副实，不想用他。诸葛亮则很看重许靖的才能，便劝说刘备，许靖不仅不可不用，还可以用其招纳更多的人才。于是，拜年已 70 岁的许靖为司徒。许靖本来做过"选举"事务，担任司徒一职后，尽心尽力，成效显著，所谓"靖虽年逾七十，爱乐人物，诱纳后进，清谈不倦"③。还有姜维，"少孤，与母居。好郑氏学。仕郡上计掾，州辟为从事"。后来为曹魏天水太守属下的将军，诸葛亮出兵祁山时，姜维为太守所猜疑，被迫投降了诸葛亮。诸葛亮对其军事才能了如指掌，在写给留府长史张裔、参军蒋琬的书信中说："姜伯约忠勤时事，思虑精密，考其所有，永南、季常诸人不如也。其人，凉州上士也。"又说："姜伯约甚敏于军事，既有胆义，深解兵意。此人心存汉室，而才兼于人。"④ 于是奏请刘禅"辟维为仓曹掾，加奉义将军，封当阳亭侯，时年二十七"。

---

① 裴松之注：《三国志》卷 35《蜀书·诸葛亮传》。
② 陶宗仪：《说郛》卷 9 下《新书·知人性第三》。
③ 裴松之注：《三国志》卷 38《蜀书·许麋孙简伊秦传》。
④ 裴松之注：《三国志》卷 38《蜀书·姜维传》。

相比较而言，曹魏时期的人才选拔活动更是有声有色，有条有理。这与曹操卓越的人才选拔理念是密切相关的。他针对当时选拔人才活动中存在的诸多弊端及争议，如"议者或以军吏虽有功能，德行不足堪任郡国之选，所谓'可与适道，未可与权'"等，同时也为开创新的政治局面，大胆革新选人策略。

一是论功行赏，将激励机制引入选才活动。建安八年（203年），曹操在求贤令中首次提出选人的基本标准，认为"未闻无能之人，不斗之士，并受禄赏"，要求论功行赏，所谓"不官无功之臣，不赏不战之士"。主张凡是被选拔出来的人，均"可以立功兴国者也"。当然，曹操并非不重德行，而是要看实际情况，所谓"治平尚德行，有事赏功能"。也就是说，在国家稳定时期，要把德行放在第一位，在国难时期，就要论功行赏，"使贤者食于能则上尊，斗士食于功则卒轻于死"，只有将二者有机地结合起来，才能实现"天下治"。这一求贤令对举国选拔人才是一个重要的引领。建安十二年（207年）二月，曹操班师还邺，并下令："吾起义兵诛暴乱，于今十九年，所征必克，岂吾功哉？乃贤士大夫之力也。天下虽未悉定，吾当要与贤士大夫共定之；而专飨其劳，吾何以安焉！其促定功行封。"① 从这段话可以看出，曹操没有居功自傲，他把胜利成果归功于一批"贤士大夫之力"。这些贤士大夫之所以能聚集在曹操身边，靠的就是曹操的知人善任和赏罚分明。为犒劳和激励这些"贤士大夫"，同时也招募更多的贤士大夫的加盟，曹操"大封功臣二十余人，皆为列侯，其余各以次受封"。

二是唯才是举，把"才"作为选才的主要标准，其他条件可以不予考虑。建安十五年（210年），曹操在诏令中明确提出"唯才是举"的选人原则。他认为"自古受命及中兴之君"，无不是"得贤人君子与之共治天下"的结果。那么如何得到或者选拔出贤人君子，首先要走出宫室，到民间察访求贤，所谓"及其得贤也，曾不出闾巷，岂幸相遇哉？"其次是要"唯才是举"，不求全责备，不拘泥于已仕未仕，不拘泥于贫富，不拘泥于德行，诸如像姜子牙那样的"被褐怀玉而钓于渭滨者"，像陈平那样的"盗嫂受金而未遇无知者"均可"得而用之"②。建安十九年（214年），曹操在求贤令中又进一步明确提出选才时要用其

① 裴松之注：《三国志》卷1《魏书·武帝纪》。
② 裴松之注：《三国志》卷1《魏书·武帝纪》。

所长避其所短，因为"有行之士未必能进取，进取之士未必能有行"。他拿陈平、苏秦为例，说："陈平岂笃行，苏秦岂守信邪？而陈平定汉业，苏秦济弱燕。由此言之，士有偏短，庸可废乎！"①

三是不避前嫌，选用度外之人。建安二十二年（217 年），曹操第四次发出求贤令，可见其求贤若渴。在曹操看来，不管这个人之前做过什么，或者是世人如何评价他们，但只要能为国建功立业，则都在选拔之列。他还举出很多例子供下属选才时参考，如"昔伊挚、傅说出于贱人，管仲，桓公贼也，皆用之以兴。萧何、曹参，县吏也，韩信、陈平负污辱之名，有见笑之耻，卒能成就王业，声著千载。吴起，贪将，杀妻自信，散金求官，母死不归，然在魏，秦人不敢东向，在楚则三晋不敢南谋"。并将所要选拔的人才分为三类：第一类是"至德之人"，即地方上的德高望重之人，有感召力，平日可协助地方官治理一方，遇有战事则能率众"临敌力战"；第二类是"文俗之吏"，其"高才异质，或堪为将守"；第三类是懂得"治国用兵之术"之人，无论是其"负污辱之名，见笑之行"，或有"不仁不孝"之举，均能为时政所需。曹操要求属下，就这三类人"各举所知，勿有所遗"②。

依照曹操确立的选才原则，寒门出身的杜畿、郭嘉、杜袭等，名门之后的钟繇、华歆、司马懿等，均被曹操收入麾下。如杜畿，"京兆杜陵人也。少孤，继母苦之，以孝闻。年二十，为郡功曹，守郑县令"。后因避乱，弃官客居荆州。建安年间，自荆州北上到了许昌，尚书令荀彧将其推荐给曹操。其实荀彧与杜畿并不认识，杜畿到许昌后见到侍中耿纪，两人彻夜长谈。荀彧与耿纪是近邻，即所谓的"比屋"。杜畿与耿纪的言谈，都被荀彧听到了，觉得杜畿有远见卓识，非等闲之辈。第二天早上，荀彧派人传话"有国士而不进，何以居位？"耿纪觉得言之有理，便赶忙安排杜畿与荀彧相见。荀彧见到杜畿，一番交谈，"知之如旧相识者，遂进畿于朝"。曹操也没有丝毫慢待，"以畿为司空司直，迁护羌校尉，使持节，领西平太守"③。又如司马懿，"少有奇节，聪明多大略，博学洽闻，伏膺儒教。汉末大乱，常慨然有忧天下心"。建安六年（201

---

① 裴松之注：《三国志》卷 1《魏书·武帝纪》。
② 裴松之注：《三国志》卷 1《魏书·武帝纪》。
③ 裴松之注：《三国志》卷 16《魏书·任苏杜郑仓传》。

年），司马懿被郡中推举为上计掾。当时，曹操正任司空，得知司马懿的名声后，便派人召他到府中任职。司马懿见汉朝国运已微，不想在曹操手下做事，便借口自己有风痹病，身体不能起居为由加以拒绝。曹操不信，派人夜间去刺探消息，只见司马懿躺在那里，一动不动，真像染上风痹一般。建安十三年（208年），曹操为丞相以后，使用强制手段辟司马懿为文学掾。曹操曾对使者说，"若复盘桓，便收之"。这一次，司马懿确实有些担心，无奈只得入府就职。

在不避前嫌的问题上，曹操也做得很出色。如徐翕、毛晖两人，先是在曹操部下为将，兖州叛乱之后背叛了曹操，后又被曹操活捉，按律必斩无异，但具有政治家胸怀的曹操不但不杀他们，也不追究其叛逃之罪，反而又加以重用，任其为郡守。魏种和曹操是故交，曹操还曾推举他为孝廉。兖州叛乱时，曹操以为魏种不会抛弃自己，还对部下说："唯魏种且不弃孤也。"但让曹操意想不到的是，魏种居然也离他而去，这让曹操十分恼火，说："种不南走越、北走胡，不置汝也。"发誓若魏种向北逃不到胡地，向南逃不到越地，一定会抓住他，绝不与他干休的。可后来，真正活捉魏种之后，却又改口说："唯其才也！"非但不追究其逃跑之罪，反而"释其缚而用之"，任其为河内太守。① 还有"建安七子"之一的陈琳，原在袁绍手下使典文章，曾为袁绍起草过讨伐曹操的檄文，不仅大骂曹操，称其"赘阉遗丑，本无令德，僄狡锋侠，好乱乐祸"；"乘资跋扈，肆行酷烈，割剥元元，残贤害善"；"迷夺时权，杜绝言路，擅收立杀，不俟报闻"，"历观古今书籍，所载贪残虐烈无道之臣，于操为甚"。同时大骂曹操的先辈，称其"祖父腾，故中常侍，与左悺、徐璜并作妖孽，饕餮放横，伤化虐民。父嵩，乞丐携养，因赃假位，舆金辇璧，输货权门，窃盗鼎司，倾覆重器"② 等。曹操打败袁绍后捉到陈琳，按常理，即便不杀他，也要狠狠地羞辱一番。曹操没有这样做，只是对陈琳说："卿昔为本初移书，但可罪状孤而已，恶恶止其身，何乃上及父祖邪？"陈琳解释说："矢在弦上，不得不发。"曹操"爱其才"而不咎，任命陈琳为军谋祭酒，掌管文书事务。从这件事可以看出，作为一个政治家，没有宽阔胸襟是不行的。

据史书记载，两晋时期的执政者也很重视征辟贤达之士。西晋泰始四年

---

① 裴松之注：《三国志》卷1《魏书·武帝纪》。
② 裴松之注：《三国志》卷6《魏书·董二袁刘传》。

(268 年)，晋武帝曾发布诏令，要求地方长吏凡"有好学笃道，孝弟忠信，清白异行者，举而进之；有不孝敬于父母，不长悌于族党，悖礼弃常，不率法令者，纠而罪之"①。这是基于地方社会教化的需要而发布的诏令，也为地方官员选拔人才确定了基本的原则和条件。于是，诸如左思、陆机等一代英才在地方官员的举荐下脱颖而出。如陆机，史书称其"少有异才，文章冠世，伏膺儒术，非礼不动"。孙吴降晋后，陆机"退居旧里，闭门勤学，积有十年"。晋武帝太康末年，陆机到洛阳，拜谒了太常张华。张华"素重其名，如旧相识"，于是将其推荐给太傅杨骏，遂"辟为祭酒……累迁太子洗马、著作郎"②。东晋明帝司马绍遵循祖训，于太宁三年（325 年）八月下诏招纳贤良，要求地方官员将"有能纂修家训，又忠孝仁义，静己守真，不闻于时者……亟以名闻，勿有所遗"③。这道诏书与晋武帝时的选才诏书没有多大差别，不同的是对选才的主体即地方官员来说带有一定的强制性。至东晋孝武帝时，中书侍郎郗超为国举荐人才，不记私仇之事确实也令人钦佩不已。太元二年（377 年），北方的苻坚势力逐渐强大起来，屡次侵犯晋朝边境，于是"朝廷求文武良将可以镇御北方者"，当朝宰相谢安便推荐自己的侄子谢玄出来应诏。谢玄"少颖悟，与从兄朗俱为叔父安所器重……及长，有经国才略，屡辟不起"。后被桓温辟为掾，与郗超一起在恒温部下做事，但两人因性情不合，话不投机，平日争论较多，互不相让。郗超与谢安之间也常有不愉快的事情发生。针对谢安荐举侄子一事，本来就触犯了不得举亲的忌讳，招来满朝文武的非议，如果郗超借题发挥一番，足以使谢安下不了台。但郗超没有借机大加数落，而是站在谢安、谢玄一边："安违众举亲，明也。玄必不负举，才也。"就是说，谢安超脱世俗偏见，举贤不避亲，这是明智之举。谢玄也不会辜负叔父的举荐，因为他有能力胜任此职。郗超还谈到和谢玄在一起共事的情形，说："吾尝与玄共在桓公府，见其使才，虽履屐间亦得其任，所以知之。"在郗超的坚持下，孝武帝决定征用谢玄，拜建武将军、兖州刺史，领广陵相，监江北诸军事。谢玄击退前秦进攻后，又进号"冠军将

① 房玄龄等：《晋书》卷 3《武帝》。
② 房玄龄等：《晋书》卷 54《陆机》。
③ 房玄龄等：《晋书》卷 6《明帝》。

军，加领徐州刺史"①。郗超的不计前嫌之举被史学家们所称道，称其有"旷世之度"。

与两晋同期的十六国执政者，时有因特殊需要而临时招聘人才的。如前赵王刘曜在位时，因"灾异特甚"，便诏令"公卿各举博识直言之士一人"，时为大司空的刘均极力推举台产。据史载，台产"少专京氏《易》，善图谶、秘纬、天文、洛书、风角、星算、六日七分之学，尤善望气、占候、推步之术。隐居商洛南山，兼善经学，泛情教授，不交当世"。可以说很符合刘曜的选才条件，于是他亲自主持面试。史称："曜亲临东堂，遣中黄门策问之，产极言其故。曜览而嘉之，引见，访以政事。产流涕歔欷，具陈灾变之祸，政化之阙，辞甚恳至。曜改容礼之，署为博士祭酒、谏议大夫，领太史令。至明年而其言皆验，曜弥重之，转太中大夫，岁中三迁。"②后燕王慕容盛征伐高句丽后，为稳定辽西局势，"引见百辽于东堂，考详器艺，超拔者十有二人"。后秦王姚兴，凡属下"一言之善，咸见礼异。京兆杜瑾、冯翊吉默、始平周宝等上陈时事，皆擢处美官"③。

还有前秦王苻坚，他胸怀大志，体察下情，知人善任。在其急于用人之际，尚书吕婆楼推荐了自己的同乡王猛。王猛家境贫寒，所谓"少贫贱，以鬻畚为业"。但又"瑰姿俊伟，博学好兵书，谨重严毅，气度雄远，细事不干其虑，自不参其神契，略不与交通，是以浮华之士咸轻而笑之。猛悠然自得，不以屑怀。少游于邺都，时人罕能识也。惟徐统见而奇之，召为功曹。遁而不应，遂隐于华阴山"。后来，得到东晋北伐将军、荆州刺史桓温的重用，令做军谋祭酒，桓温退兵之后，王猛拒绝与之南下，继续隐居读书。苻坚得知王猛的情况后，便让吕婆楼去礼请，两人谈论甚为投机，犹如当年刘备遇见诸葛亮一样，如史所称："一见便若平生，语及废兴大事，异符同契，若玄德之遇孔明也。"④于是，苻坚诏令王猛为中书侍郎，专管朝中机密事宜，不久转迁始平令。

---

① 房玄龄等：《晋书》卷 79《谢安》。
② 房玄龄等：《晋书》卷 95《艺术》。
③ 房玄龄等：《晋书》卷 17《姚兴上》。
④ 房玄龄等：《晋书》卷 114《苻坚下》。

二、承汉制察举贤良

自汉代开辟的察举贤良活动，至魏晋时期依然是选拔官员的一个重要途径，基本做法和两汉时期没有大的差别，只是因为政局的不稳定，使得这一人才选拔活动时断时续。

据史书所载，三国时期诸多人物都是孝廉、秀才出身，如王烈，"察孝廉，三府并辟，皆不就"；杨阜，"察孝廉，辟丞相府，州表留参军事"。蜀国的许靖，"颍川刘翊为汝南太守，乃举靖计吏，察孝廉，除尚书郎，典选举"。孙吴的朱俊，"少好学，为郡功曹，察孝廉，举进士"；孙权，"郡察孝廉，州举茂才，行奉义校尉"；朱治，"初为县吏，后察孝廉，州辟从事，随孙坚征伐"等，几乎都为汉末地方官员所推举。

魏蜀吴三国之中，唯独魏文帝曹丕发布过察举孝廉的诏书，就是在黄初二年（221 年），"令郡国口满十万者，岁察孝廉一人；其有秀异，无拘户口"①。诏书所言虽然没有汉朝那么具体，但其制度化的色彩不容忽视，尤其是"其有秀异，无拘户口"的规定，只要是"秀异"之才，即便是非本地户口也可以被举，显示出制度的灵活性，比之汉朝有所放宽。第二年，魏文帝考虑到"十室之邑，必有忠信，若限年然后取士，是吕尚、周晋不显于前世也"这一实际问题，于是又诏"令郡国所选，勿拘老幼；儒通经术，吏达文法，到皆试用"②。比之汉朝又在年龄上完全放宽了，所谓"勿拘老幼"，即不限年龄，且也加进考试的元素，儒生试"经术"，吏员试"文法"，合格者皆可得以入仕。黄初四年（223 年）五月，发生"有鹈鹕鸟集灵芝池"一事，魏文帝下诏曰："此诗人所谓污泽也。曹诗'刺恭公远君子而近小人'，今岂有贤智之士处于下位乎？否则斯鸟何为而至？其博举天下俊德茂才、独行君子，以答曹人之刺。"③ 虽然起因有些荒诞，但借机诏举"俊德茂才、独行君子"，却能为国家招揽大批人才。史书所载孝廉中，能表明为曹魏时所举的孝廉不多，其中就有王基。王基"少孤，与叔父翁居。翁抚养甚笃，基亦以孝称"。因而，在其 17 岁时就被东莱郡召为府

---

① 裴松之注：《三国志》卷 2《魏书·文帝纪》。
② 裴松之注：《三国志》卷 2《魏书·文帝纪》。
③ 裴松之注：《三国志》卷 2《魏书·文帝纪》。

吏，但因非其所好而辞职，"遂去，入琅邪界游学"。黄初年间各地举荐孝廉，于是王基被"察孝廉，除郎中"①。之后的魏明帝时期，选才活动也是比较频繁的，如太和二年（228年）十月，"诏公卿近臣举良将各一人"；太和四年（230年）十二月，"诏公卿举贤良"；青龙元年（233年）三月，"诏公卿举贤良笃行之士各一人"。尤其是青龙四年（236年），魏文明诏"欲得有才智文章、谋虑渊深、料远若近、视昧而察、筹不虚运、策弗徒发、端一小心、清脩密静、乾乾不解、志尚在公者，无限年齿，勿拘贵贱，卿校已上各举一人"②。在这里，把选拔的人才分为十类，且不限年龄，不分贵贱，要求"卿校已上各举一人"，虽没有指明是否每年都要进行一次，但却在家庭出身问题上大大降低了举荐的条件，使得寒门出身的贤良之士得以步入仕途。

在曹魏时期的士阶层中，由于九品官人的影响，普遍存在浮华相向的问题，影响了被举人才的质量。早在太和年间，司徒董昭就曾上书指出："窃见当今年少，不复以学问为本，专更以交游为业；国士不以孝悌清脩为首，乃以趋势游利为先。合党连群，互相褒叹，以毁誉为罚戮，用党誉为爵赏，附己者则叹之盈言，不附者则为作瑕衅。"③魏明帝对此也深为忧虑，且专门下诏称："兵乱以来，经学废绝，后生进趣，不由典谟。岂训导未洽，将进用者不以德显乎？其郎吏学通一经、才任牧民、博士课试、擢其高第者，亟用；其浮华不务道本者，皆罢退之。"④这里，魏明帝将经学视为德行之本，要求必以经学为本，凡"不务本"者皆不任用。至景初元年（337年），吏部尚书卢毓又上书，指出察举活动中存在的问题："今考绩之法废，而以毁誉相进退，故真伪浑杂，虚实相蒙。"⑤魏明帝觉得很有道理，"纳其言，即诏作考课法"。散骑常侍刘劭具体负责制定考课法细则，作《都官考课法》共72条，魏明帝让大臣来商议，黄门侍郎杜恕上书极力赞成，希望州郡察举依此而做。他说：

明试以功，三考黜陟，诚帝王之盛制也。然历六代而考绩之法不著，关七圣而课试之文不垂，臣诚以为其法可粗依，其详难备举故也。语曰：

① 裴松之注：《三国志》卷27《魏书·徐胡二王传》。
② 裴松之注：《三国志》卷27《魏书·徐胡二王传》。
③ 裴松之注：《三国志》卷14《魏书·程郭董刘蒋刘传》。
④ 裴松之注：《三国志》卷3《魏书·明帝纪》。
⑤ 裴松之注：《三国志》卷22《魏书·桓二陈徐卫卢传》。

"世有乱人而无乱法。"若使法可专任，则唐、虞可不须稷、契之佐，殷、周无贵伊、吕之辅矣。今奏考功者，陈周、汉之云为，缀京房之本旨，可谓明考课之要矣。于以崇揖让之风，兴济济之治，臣以为未尽善也。其欲使州郡考士，必由四科，皆有事效，然后察举，试辟公府，为新民长吏，转以功次补郡守者，或就增秩赐爵，此最考课之急务也。臣以为便当显其身，用其言，使具为课州郡之法，法具施行，立必信之赏，施必行之罚。至于公卿及内职大臣，亦当俱以其职考课之。①

可见，杜恕的意思是州郡察举人才应先按四科标准来进行，待符合征辟条件后再向上推荐，并"试辟公府"。然诸多大臣则极力反对，如司隶校尉崔林认为，"若大臣能任其职，式是百辟，则孰敢不肃，乌在考课哉！"司空掾傅嘏认为："本纲未举而造制末程，国略不崇而考课是先，惧不足以料贤愚之分，精幽明之理也。"还有大臣说刘劭"不得其本而奔趋其末"。这样，"都官考课法"就在一片质疑反对声中被尘封了。该法虽然没有实施，但对当时的人才选拔活动还是有一定影响的，至少会让执政者在选拔人才时，既考察品行，又考查经术，并与考试有机结合起来，方能选拔出真正的人才。诚如征南将军王昶在《陈治略五事》中所言："考试犹准绳也，未有舍准绳而意正曲直，废黜陟而空论能否也。"②

两晋时期的统治者也时常发布察举贤良、秀才诏书，比较积极的是晋武帝。他在泰始四年（268年）十一月、泰始五年（269年）十二月、泰始七年（271年）六月、泰始八年（272年）二月、太康九年（288年）正月及六月等，接连多次发布诏书，令王公卿尹及郡国守相"举贤良方正直言之士"，令州郡"诏举勇猛秀异之才"，"诏公卿以下举将帅各一人"，"诏内外群官举任边郡者各三人"，令"内外群官举清能，拔寒素"及"内外群官举守令之才"等。③ 在这里，晋武帝明确规定选才的主体，"贤良方正"由王公卿尹及郡国守相来负责，"勇猛秀异之才""将帅"或"守令"等由州郡负责，且可以"拔寒素"，说明寒门出身的人也有被举的机会。只是没有确定选拔的时限，带有一定的随意性。不

---

① 司马光：《资治通鉴》卷 73《魏纪五》。
② 裴松之注：《三国志》卷 27《魏书·徐胡二王传》。
③ 房玄龄等：《晋书》卷 3《武帝》。

过，察举的程序还是比较规范的，《晋书》中详细地记载了郗诜、阮中被举为贤良方正时与晋武帝的对策过程。

史载，济阴学者郗诜，"博学多才，瑰伟倜傥，不拘细行，州郡礼命并不应"。晋武帝泰始中"诏天下举贤良直言之士"，太守文立举荐郗诜应选。晋武帝连出三策，总共提出了 15 个问题令对：

> 诏曰："盖太上以德抚时，易简无文。至于三代，礼乐大备，制度弥繁。文质之变，其理何由？虞、夏之际，圣明系踵，而损益不同。周道既衰，仲尼犹曰从周。因革之宜，又何殊也？圣王既没，遗制犹存，霸者迭兴而翼辅之，王道之缺，其无补乎？何陵迟之不反也？岂霸德之浅歟？期运不可致歟？且夷吾之智，而功止于霸，何哉？夫昔人之为政，革乱亡之弊，建不刊之统，移风易俗，刑措不用，岂非化之盛歟？何修而向兹？朕获承祖宗之休烈，于兹七载，而人未服训，政道阙述。以古况今，何不相逮之远也？虽明之弗及，犹思与群贤虑之，将何以辨所闻之疑昧，获至论于谠言乎？加自顷戎狄内侵，灾害屡作，边氓流离，征夫苦役，岂政刑之谬，将有司非其任歟？各悉乃心，究而论之。上明古制，下切当今。朕之失德，所宜振补。其正议无隐，将敬听之。"
>
> 策曰："建不刊之统，移风易俗，使天下洽和，何修而向兹？"①
>
> 策曰："自顷夷狄内侵，灾害屡降，将所任非其人乎？何由而至此？"

结果，郗诜"以对策上第，拜议郎"。郗诜不仅有才华，还是个大孝子，史载："诜母病，苦无车，及亡，不欲车载柩，家贫无以市马，乃于所住堂北壁外假葬，开户，朝夕拜哭。养鸡种蒜，竭其方术。丧过三年，得马八匹，舆柩至冢，负土成坟。"后来即将赴任雍州刺史时，晋武帝于东堂会送，问其"自以为何如？"郗诜很是得意地说："臣举贤良对策，为天下第一，犹桂林之一枝，昆山之片玉。"

陈留学者阮种，"弱冠有殊操，为嵇康所重。康著《养生论》，所称阮生，即种也"。郡察其为孝廉，辟"为公府掾"。晋武帝泰始中"诏天下举贤良直言之士"，于是由太保何曾举其为贤良。晋武帝出策令对，策曰：

---

① 房玄龄等：《晋书》卷 52《郗诜》。

在昔哲王，承天之序，光宅宇宙，咸用规矩乾坤，惠康品类，休风流衍，弥于千载。朕应践洪运统位，七载于今矣。惟德弗嗣，不明于政，宵兴惕厉，未烛厥猷。子大夫韫韣道术，俨然而进，朕甚嘉焉。其各悉乃心，以阐喻朕志，深陈王道之本，勿有所隐，朕虚心以览焉。

尔后，晋武帝又接连发问几个问题，史载"又问政刑不宣，礼乐不立"；"又问戎蛮猾夏"；"又问咎征作见"；"又问经化之务"；"又问：将使武成七德，文济九功，何路而臻于兹？凡厥庶事，曷后曷先？"等。结果，阮种"与郤诜及东平王康俱居上第，即除尚书郎"。然大臣中对阮种等所对持有异议，称"对者因缘假托"。晋武帝再次"更延群士，庭以问之"，诏曰：

前者对策各指答所问，未尽子大夫所欲言，故复延见，其具陈所怀。又比年连有水旱灾眚，虽战战兢兢，未能究天人之理，当何修以应其变？人遇水旱饥馑者，何以救之？中间多事，未得宁静，思以省息烦务，令百姓不失其所。若人有所患苦者，有宜损益，使公私两济者，委曲陈之。又政在得人，而知之至难，唯有因人视听耳。若有文武隐逸之士，各举所知，虽幽贱负俗，勿有所限。故虚心思闻事实，勿务华辞，莫有所讳也。[1]

阮种再次应对，晋武帝亲自阅览对策，"又擢为第一，转中书郎"。阮种入职后"进止有方，正己率下，朝廷咸惮其威容。每为驳议，事皆施用，遂为楷则"。

广陵学者华谭是作为"秀异之才"被举送的，史载其："期岁而孤，母年十八，便守节鞠养，动劳备至。及长，好学不倦，爽慧有口辩，为邻里所重。扬州刺史周浚引为从事史，爱其才器，待以宾友之礼。"晋武帝太康年间，被刺史嵇绍举为秀才，别驾陈总亲自为其饯行。按当时的规定，"举秀才，必五策皆通，拜为郎中，一策不通不得选"[2]。因而，华谭到洛阳后，晋武帝亲自策问，连发五策：

策之曰："今四海一统，万里同风，天下有道，莫斯之盛。然北有未羁之虏，西有丑施之氐，故谋夫未得高枕，边人未获晏然，将何以长弭斯患，混清六合？"

① 房玄龄等：《晋书》卷 52《阮种》。
② 虞世南：《北堂书钞》卷 79《秀才》。

又策曰："吴、蜀恃险，今既荡平。蜀人服化，无携贰之心；而吴人越睢，屡作妖寇。岂蜀人敦朴，易可化诱；吴人轻锐，难安易动乎？今将欲绥静新附，何以为先？"

又策曰："圣人称如有王者，必世而后仁。今天成地平，大化无外，虽匈奴未羁，羌、氐骄黠，将修文德以绥之，舞干戚以来之，故兵戈载戢，武夫寝息。如此，已可消锋刃为佃器，罢尚方武库之用未邪？"

又策曰："夫法令之设，所以随时制也。时险则峻法以取平，时泰则宽网以将化。今天下太平，四方无事，百姓承德，将就无为而义。至于律令，应有所损益不？"

又策曰："昔帝舜以二八成功，文王以多士兴周。夫制化在于得人，而贤才难得。今大统始同，宜搜才实。州郡有贡荐之举，犹未获出群卓越之伦。将时无其人？有而致之未得其理也？"①

华谭所对，在场者无不交口称赞，史称"时九州秀孝策无逮谭者"。华谭的同乡，时为廷尉的刘颂叹曰："不悟乡里乃有如此才也！"博士王济起初"于众中嘲之"，和华谭一番对话后"甚礼之"。于是，华谭"寻除郎中，迁太子舍人、本国中正"。秀才对策，自此成为定制。

至东晋，察举贤良、秀才活动依照西晋之例。就在晋元帝即位当年，即太兴元年（318年），不仅因为登基、改元，且灾害连连。是年夏四月"日有食之""西平地震"；六月又遭遇大旱。以往在多事之秋，帝王都会下诏举荐人才。晋元帝也是如此，就在这年的七月，诏令："州牧刺史，当互相检察，不得顾私亏公。长吏有志在奉公而不见进用者，有贪惏秽浊而以财势自安者，若有不举，当受故纵蔽善之罪，有而不知，当受暗塞之责。"② 要求地方官员有"志在奉公而不见进用者"必举，不然将以"故纵蔽善之罪"严惩，如有"贪惏秽浊而以财势自安者"也要及时察明处理，不然也会追究其"暗塞之责"。此后，历代晋帝都很注意诏举孝廉及贤良方正。如虞喜，"少立操行，博学好古。诸葛恢临郡，屈为功曹"。此后，政府曾多次征辟，"察孝廉，州举秀才，司徒辟，皆不就"。怀帝时，"公车征拜博士，不就"。到东晋明帝太宁中，"与临海任旭俱以

---

① 房玄龄等：《晋书》卷52《华谭》。
② 房玄龄等：《晋书》卷6《元帝》。

博士征，不就"。晋明帝又针对他们两人亲下诏书，称："夫兴化致政，莫尚乎崇道教，明退素也。丧乱以来，儒雅陵夷，每览《子衿》之诗，未尝不慨然。临海任旭、会稽虞喜并洁静其操，岁寒不移，研精坟典，居今行古，志操足以励俗，博学足以明道，前虽不至，其更以博士征之。"结果，虞喜仍然称病不赴。至晋成帝咸和末，诏"公卿举贤良方正直言之士"，太常华恒举荐虞喜为"贤良"，但"会国有军事，不行"。虽然虞喜屡征屡辞，但也可以从中看出统治者对人才的渴望和尊重。虞喜虽然为在野学者，但朝廷如有"博议不能决"时，往往会"遣就喜谘访焉，其见重如此"①。

由于战乱等客观原因，东晋初年州郡所举孝廉及秀才有不加策试的规定。如元帝时，"扬州岁举二人，诸州各一人。时以天下丧乱，务存慰勉，远方孝、秀，不复策试，到即除署"②。不过，这只是一时的权宜之计，待"既经略粗定，乃诏试经"，且规定"有才不中举者，免其太守"。如此要求，不仅地方官员惧怕失官，被举者也担心受到牵连，以致"其后孝、秀莫敢应命，有送至京师，皆以疾辞"。为改变这种状况，尚书孔坦建议：被举孝廉、秀才如学校研习五年后，再行擢用。晋元帝便采纳了孔坦的建议，"乃诏孝廉申至七年，而秀才如故"。即孝廉被举7年后仍需策试，而秀才不再策试。直到晋安帝义熙七年（411年），鉴于"诸州郡所遣秀才、孝廉，多非其人"的情况，位在诸侯王之上的大臣刘裕上表天子，"申明旧制，依旧策试"。

据史料记载，十六国时期也在延续着察举人才活动。如后燕王慕容盛征伐高句丽后，不仅立其子辽西公慕容定为太子，还"命百司举文武之士才堪佐世者各一人"。后秦王姚兴即位后，"令郡国各岁贡清行孝廉一人"。后赵王石勒执政时，令"群僚及州郡岁各举秀才、至孝、廉清、贤良、直言、武勇之士各一人"③。后来，石勒欲营建邺宫，廷尉续咸上书劝止，石勒恼羞成怒，声称要杀续咸，中书令徐光急忙上前劝解，致使石勒不仅收回成命，还再次下书，令"公卿百僚岁荐贤良、方正、直言、秀异、至孝、廉清各一人，答策上第者拜议

---

① 房玄龄等：《晋书》卷91《儒林》。
② 杜佑：《通典》卷14《历代制中》。
③ 房玄龄等：《晋书》卷105《石勒下》。

郎，中第中郎，下第郎中。其举人得递相荐引，广招贤之路"①。在这里，虽然各朝对所举人才称呼不一，但至少有选才主体、"岁荐"及名额的规定，说明选才活动还是有制度及规范化元素的。当然，这一时期也有不应征者，如敦煌学者索袭，史载其："虚靖好学，不应州郡之命，举孝廉、贤良方正，皆以疾辞。游思于阴阳之术，著天文地理十余篇，多所启发。不与当世交通，或独语独笑，或长叹涕泣，或请问不言。"② 可见，如此一位"不与当世交通，或独语独笑，或长叹涕泣，或请问不言"的另类学者，不应征也在情理之中，何况为数也不多。

三、维士族九品官人

曹魏统治者在各阶层不拘一格察举各类人才的同时，又不得不屈从于日益崛起的门阀士族，为维系门阀士族的特权，也基于对察举人才活动存在问题的反思和批判，就在魏文帝曹丕即位的当年，即黄初元年（220年），吏部尚书陈群建议实施"九品官人法"③。九品官人法也叫"九品中正制"，是指各州郡中正官按照九个品级（或等级）来品评所举士人，并以其"品状"上报朝廷，作为吏部授官的重要依据的一种选官制度。对此，《三国志》及《通典》均有记载。《三国志》称，曹丕"及即王位，封群昌武亭侯，徙为尚书。制九品官人之法，群所建也"④。《通典》则称："吏部尚书陈群以天朝选用不尽人才，乃立'九品官人之法'，州郡皆置中正，以定其选，择州郡之贤有识鉴者为之，区别人物，第其高下。"⑤ 清代学者赵翼论及"九品中正"时称："魏文帝初，定九品中正之法：郡邑设小中正，州设大中正。由小中正品第人才以上大中正，大中正核实以上司徒，司徒再核，然后付尚书选用。此陈群所建白也。"⑥ 这样，继汉代察举制之后，又一项新的选官制度诞生了，从此也拉开了用"品状"来选拔人才活动的序幕。其活动实施主要分为三个步骤。

---

① 房玄龄等：《晋书》卷105《石勒下》。
② 房玄龄等：《晋书》卷94《隐逸》。
③ 班固评价历史人物以九等分优劣：上上、上中、上下、中上、中中、中下、下上、下中和下下。陈群对此稍作变通，且以一二三四五六七八九为序列，取代上上、上中等称呼。
④ 裴松之注：《三国志》卷22《魏书·陈群传》。
⑤ 杜佑：《通典》卷14《选举二·历代制中》。
⑥ 赵翼：《廿二史札记》卷8《九品中正》。

　　第一步，设置中正官。即设置掌管对某一地区人物进行品评的负责人，按规定州设大中正官，掌管州中数郡人物之品评，各郡则另设小中正官。中正官的任命，最初由各郡长官推举产生，所谓"择州郡之贤有识鉴者为之"。晋以后则改由朝廷"三公"之一的司徒来选任，其中郡的小中正官可由州中的大中正官推举，但仍需经司徒任命。在一般情况下，州郡的大、小中正官是由司徒举荐的本郡现任中央官员来兼任，有时司徒或吏部尚书也会直接兼任某一州的大中正官，目的是为了保证中央对选举活动的直接控制，避免他人对中正事务的干扰。另外，大、小中正官还都配有名为"访问"的属员，具体负责察访士人事宜，一般人物也可由属员来品第。如《晋书》所载，西晋时的孙楚为太原中都人，与同郡的王济"友善"，王济为本州大中正时，需要品评孙楚，他便对"访问"说："此人非卿所能目，吾自为之。"即不用"访问"代劳，而是亲自对孙楚进行品评，称孙楚"天才英博，亮拔不群"。

　　第二步，品评人物。中正官上任后，主要职责就是负责品评和他同籍的士人，包括本州和散居其他各郡的士人。品评活动主要包括三项内容：一是个人家世，即家庭出身和背景，即指祖、父辈的资历仕宦和爵位高低等情况，这些材料被称为"簿阀"，是中正官必须详细掌握的。二是行状，即对个人品行及才能作出总的评价，称之为"状"，相当于品德评语，一般都很简括，如王济评价孙楚"天才英博、亮拔不群"等。三是定品，即确定品级，中正对被举人物作出高下的品定称之为"品"。定品原则上依据的是行状，家世只作参考。但晋以后完全以家世来定品级。出身寒门者行状评语再高也只能定在下品；出身豪门者行状不佳亦能位列上品，从而导致"上品无寒门，下品无士族"现象的出现。

　　第三步，按品授官。中正官将评议结果上交司徒府复核批准，然后送吏部作为选官的根据。中正评定的品第又称"乡品"，与被评者的仕途密切相关，任官者其官品必须与其乡品相适应，乡品高者做官的起点（又称"起家官"）往往为"清官"，升迁也较快，受人尊重；乡品低者做官的起点往往为"浊官"，受人轻视，升迁也慢。另外，官员品第高低还与待遇息息相关，如所占土地数目、亲属受益以及所应有的"衣食客及佃客"等，如史所载：

　　　　其官品第一至于第九，各以贵贱占田。品第一者占五十顷，第二品四十五顷，第三品四十顷，第四品三十五顷，第五品三十顷，第六品二十五顷，第七品二十顷，第八品十五顷，第九品十顷。而又各以品之高卑荫其亲属，多者及九族，少者三世。宗室、国宾、先贤之后及士人子孙亦如之。而又得荫人以为衣食客及佃客，品第六巳上得衣食客三人，第七第八品二人，第九品及举辇、迹禽、前驱、由基、强弩、司马、羽林郎、殿中冗从武贲、殿中武贲、持椎斧武骑武贲、持鈠冗从武贲、命中武贲武骑一人。其应有佃客者，官品第一第二者佃客无过五十户，第三品十户，第四品七户，第五品五户，第六品三户，第七品二户，第八品第九品一户。①

不过，中正官所定的品级须送到吏部核查，核查时也会予以变更。如西晋学者霍原，"燕国广阳人也。少有志力，叔父坐法当死，原入狱讼之，楚毒备加，终免叔父。年十八，观太学行礼，因留习之。贵游子弟闻而重之，欲与相见，以其名微，不欲昼往，乃夜共造焉。山居积年，门徒百数，燕王月致羊酒"。霍原可以说是孝行及能力兼备，其父好友、同郡刘岱曾想举荐他，未果而病笃，临终嘱托其子刘沈说："霍原慕道清虚，方成奇器，汝后必荐之。"元康中，刘沈做了燕国的大中正，便推举霍原为二品。但司徒不同意，将其降为六品。刘沈不服，上书陈述缘由，于是"诏下司徒参论"，最终"奏为上品"②。还有安定士人张轨，"家世孝廉，以儒学显……少明敏好学，有器望，姿仪典则，与同郡皇甫谧善，隐于宜阳女几山"。爱好奖掖人才、时任中书监的张华"与轨论经义及政事损益，甚器之"。然安定郡的中正并没有为张轨定品，便以安定中正"蔽善抑才"为由，"乃美为之谈，以为二品之精"③。

尤其是中正官之设不是临时性的，而是常设官员，要不停地评议人物，包括已仕官员和未仕士人，且三年要考核一次。中正官对所评议的人物也可随时予以升品或降品，一个人的品位升降后，官品及居官之清浊也往往随之而变动。如西晋时的车骑长史韩预，在梁州刺史杨欣遭遇家丧之际，"强聘其女为妻"。时为中正官的张辅则将韩预的官品由二品降为四品，并申报吏部予以更改，史称"贬预以清风俗，论者称之"④。

---

① 房玄龄等：《晋书》卷26《食货》。
② 房玄龄等：《晋书》卷94《隐逸》。
③ 房玄龄等：《晋书》卷86《张轨》。
④ 房玄龄等：《晋书》卷60《张辅》。

由上可知，虽然九品官人活动始于曹魏，但在两晋时期开展得甚为活跃。如"爱乐人物，敦儒贵才"的西晋官员何攀，曾"为梁、益二州中正，引致遗滞"，即不失时机地举荐那些"遗滞"的贤达之士。东晋明帝司马绍即位后，曾于太宁三年（325 年）八月下诏，要求州郡中正注意举荐那些孙吴时"将相名贤之胄"，诏称："吴时将相名贤之胄，有能纂修家训，又忠孝仁义，静己守真，不闻于时者，州郡中正亟以名闻，勿有所遗。"① 晋明帝之所以这样做，一是说明这些"将相名贤"家族还依然强盛，是一支不可忽略的政治势力，需要争取他们的支持；二是他们的后人多能保持"书香"传统，贤达隐逸之士众多，因而特下此诏书。

十六国时期也有按照"九品官人法"来选拔人才的做法。如后赵王石勒在执政期间，"清定五品，以张宾领选。复续定九品。署张班为左执法郎，孟卓为右执法郎，典定士族，副选举之任"② 等。

由于"九品官人"活动多为门阀士族所把持，出现"上品无寒门，下品无士族"的现象也在所难免，这也为诸多学者所诟病。如晋武帝时任尚书左仆射的刘毅，上书力陈"九品官人"之弊端，要求"罢中正，除九品"。他说：

> 立政者，以官才为本，官才有三难，而兴替之所由也。人物难知，一也；爱憎难防，二也；情伪难明，三也。今立中正，定九品，高下任意，荣辱在手。操人主之威福，夺天朝之权势。爱憎决于心，情伪由于己。公无考校之负，私无告讦之忌。用心百态，求者万端。廉让之风灭，苟且之欲成。
>
> ……由此论之，选中正而非其人，授权势而无尝罚，或缺中正而无禁检，故邪党得肆，枉滥纵横。虽职名中正，实为奸府；事名九品，而有八损。或恨结于亲亲，猜生于骨肉，当身困于敌雠，子孙离其殃咎。斯乃历世之患，非徒当今之害也。是以时主观时立法，防奸消乱，靡有常制，故周因于殷，有所损益。至于中正九品，上圣古贤皆所不为，岂蔽于此事而有不周哉，将以政化之宜无取于此也。自魏立以来，未见其得人之功，而生雠薄之累。毁风败俗，无益于化，古今之失，莫大于此。愚臣以为宜罢

---

① 房玄龄等：《晋书》卷 6《明帝》。
② 房玄龄等：《晋书》卷 105《石勒下》。

中正，除九品，弃魏氏之弊法，立一代之美制。①

时任司空卫瓘等大臣亦上表，要求"宜省九品，复古乡议里选"。有意思的是，刘毅上书不久，又被司徒推举为青州大中正，于是"青州自二品已上凭毅取正"。

可见，当时九品官人活动还是有序进行的，并没有因为一些朝廷要员的反对而终止。至于后人评判，褒贬不一，多是贬多褒少。客观来说，较之汉制察举人才活动而言，九品官人活动也有它的优势和明显的进步之处，如选拔活动的主导权由地方长官转移到专职选拔人才的中正官手里，使得人才选拔活动开始走向独立化和专门化轨道；又如举荐人才的标准由分科考察转向分等定品，在一定程度上呈现出量化的趋向；还有选才活动的导向由民间舆论转向官方定夺，中央政府对选拔人才活动的控制力度进一步加强，大有益于统治者政治权力的集中。因而，九品官人不仅比之察举人才活动多了一份成熟，更给隋唐科举取士活动的创立提供了思路和经验。

第三节　南北朝的人才选拔活动

这一时期的人才选拔活动基本上在承袭魏晋时期的做法，察举贤良和九品官人两项选才活动同时并举，且以察举贤良为主，兼用九品官人之法。但相比较而言，面向所有阶层和人群的察举贤良活动更为盛行，而竭力维系门第等级的九品官人活动则有弱化的趋势，但无论是察举贤良还是九品官人，活动中的亮点着实不多，或者说没有实质性的改革，但其淡化门第、唯才是举的理念及实践，对当时的学风和士风有着重要的引领作用，还是值得我们关注的。

一、袭前制察举贤良

南朝的宋、齐、梁、陈均为汉族政权，开国帝王都是寒门出身，虽然已身

---

① 房玄龄等：《晋书》卷 45《刘毅》。

为贵族，但特别需要寒门势力的支持，而九品官人活动会把寒门子弟挡在上品官以外，无法进入权力的各层机构充分发挥作用，而只有通过察举的方式，才有可能使寒门子弟有出人头地的机会，因此南朝统治者对察举贤良活动尤为关注，可以说自汉以后再度出现复兴的趋势。察举的人才包括贤良方正、孝廉、秀才等，当时察举活动的开展情况，有如下表现。

第一，察举活动的主体。在南朝，察举活动的主体依然是地方最高长官和中央要员。但在梁武帝天监七年（508年）二月，却又诏令"于州郡县置州望、郡宗、乡豪各一人，专掌搜荐"①。这里所设的"州望、郡宗、乡豪"，类似先秦时的"三老"，他们德高望重，博学多识，有感召力，但其职责并非协助地方官员执掌教化，而是专门负责各自所在州、郡、乡的人才察访和举荐事宜的，说明南梁统治者对人才选拔活动的高度重视，这是南朝人才选拔活动中的一个重要变化。

第二，察举活动的视野。南朝各代察举视野继续下移，首先是下移至民间隐逸和布衣百姓。宋武帝刘裕执政时，曾诏令"力田善蓄者，在所具以名"。意思是勤奋耕作、善于畜牧的均可被征用，带有社会教化的意图。宋文帝刘义隆针对"遗才在野"而又"管库虚朝"的情况，于元嘉十二年（435年）下诏，要求各级官员于民间"举尔所知"。梁武帝时，为"博采英异"，于天监十四年（514年）正月诏令："若有确然乡党，独行州间，肥遁丘园，不求闻达，藏器待时，未加收采；或贤良方正、孝悌力田，并即腾奏，具以名上。当擢彼周行，试以邦邑，庶百司咸事，兆民无隐。"②诏令指出，无论是"肥遁丘园，不求闻达"的隐士抑或是"藏器待时，未加收采"的怀才不遇者，均被纳入举荐的范围。尤其是涉及"孝悌力田"，即无论是敬重父兄者的"孝悌"，还是善于耕种者的"力田"，指的都是普通民众，也都被纳入到举荐的对象。

其次是下移至宗教人士。如刘宋时的慧琳，"旧僧谓其败黜释氏，欲加摈斥，文帝见论赏之。元嘉中，遂参权要，朝廷大事皆与议焉。宾客辐凑，门车常有数十辆。四方赠赂相系，势倾一时"③。还有，道教茅山派代表人物之一的

---

① 姚思廉：《梁书》卷2《武帝中》。
② 姚思廉：《梁书》卷2《武帝中》。
③ 李延寿：《南史》卷78《夷貊上》。

陶弘景，《梁书》称其："幼有异操。年十岁，得葛洪《神仙传》，昼夜研寻，便有养生之志……读书万余卷。善琴棋，工草隶。"① 20 岁时，被齐高帝萧道成任为相，还"引为诸王侍读，除奉朝请"。他"虽在朱门，闭影不交外物，唯以披阅为务。朝仪故事，多取决焉"。但他并不看好已获得的功名利禄，于齐武帝永明十年（492 年）上书辞归，隐居于江苏句容的句曲山（即茅山）华阳洞，从孙游岳受符图经法，成为一名道士，并遍历名山，寻访仙药。陶弘景 36 岁时梁代齐而立，梁武帝萧衍早年便与陶弘景认识，称帝之后，想让陶弘景出山为官，辅佐朝政。陶弘景于是画了一张画：有两头牛，一个自在地吃草，一个带着金笼头，被拿着鞭子的人牵着鼻子。梁武帝一见，便知其意，虽不勉强其入朝为官，但平日书信不断，常以朝廷大事与他商讨，所谓"国家每有吉凶征讨大事，无不前以咨询。月中常有数信，时人谓为山中宰相"②。

第三，察举人才的标准及额度。依前朝之制，察举时恪守以"才""能""德"取人的原则，举荐额度各朝不一。据《通典·选举二》载，"宋制，丹阳、吴、会稽、吴兴四郡岁举二人，余郡各一人"。这里提及的"丹阳、吴、会稽、吴兴"四郡，在当时的政治经济生活中占有非常重要的位置，文化教育也较发达，因而享受到优惠政策，比其他郡每年都要多察举一人。孝建元年（454 年），宋孝武帝刘骏下诏明确规定要"非才勿举"。大明六年（462 年），刘骏下令要求举荐有识之士，包括"其有怀真抱素，志行清白，恬退自守，不交当世，或识通古今，才经军国，奉公廉直，高誉在民，具以名奏"③。普通七年（526 年），梁武帝诏定各州郡荐举"清吏"名额，即"州年举二人，大郡一人"。太清元年（547 年）正月，梁武帝又诏令"博采英异"，要求"或德茂州闾，道行乡邑，或独行特立，不求闻达，咸使言上，以时招聘"④。天嘉元年（560 年）七月，陈文帝陈蒨诏令属下"进举贤良"，标准是"或文史足用，或孝德可称"。陈后主陈叔宝为求"治道"，诏令凡"一介有能，片言可用"者皆可荐举，真可谓不拘一格降人才。

———————————

① 姚思廉：《梁书》卷 51《处士》。
② 李延寿：《南史》卷 76《陶弘景》。
③ 沈约：《宋书》卷 6《孝武帝》。
④ 姚思廉：《梁书》卷 3《武帝下》。

　　第四，被举者的年龄限制。对此史料记载不多，梁初规定"年二十有五方得入仕"，即至少得 25 岁才有被举的资格。天监四年（505 年）正月，梁武帝萧衍在诏书中又称："今九流常选，年未三十，不通一经，不得解褐。若有才同甘、颜，勿限年次。"① 这里的"九流"明显是指各派学术人士，主要是经学人士，选拔治经人士属于"常选"，但在年龄上有所限制，即 30 岁以下应聘的，如果不精通一经，则不得"解褐"（即脱去布衣而为官之意）。也就是说被举者，至少是在 30 岁以上，但又规定假如"才同甘、颜，勿限年次"，显示出一定灵活性。依此规定，当时便选置五经博士各一人。南陈依梁制，规定"凡年未三十，不得入仕"。但有两类人除外：一是国学生可以"策试得第"；二是"有高才、异行、殊勋，别降恩旨叙用者，不在常例"②。

　　第五，对被举者的策试情形。按魏晋惯例，南朝各代对被举孝廉、秀才者要加以策试，多由帝王亲自主持策试或参与策试。据《通典·选举二》载，刘宋时"凡州秀才、郡孝廉，至皆策试，天子或亲临之"。如宋武帝刘裕登基后的第二年，即永初二年（421 年）二月，他亲临延贤堂策试诸州郡所推举的秀才和孝廉，结果"扬州秀才顾练、豫州秀才殷朗所对称旨，并以为著作佐郎"③。

　　关于如何策试秀才，南齐时尚书都令史骆宰曾提议，依照西晋时策问秀才的做法，"策秀才格，五问并得为上，四、三为中，二为下，一不合与第"④。即根据答题对数多少来评判等第，而尚书殿中郎谢超宗则持不同意见，他认为："片辞折狱，寸言挫众，鲁史褒贬，孔论兴替，皆无俟繁而后秉裁。夫表事之渊，析理之会，岂必委牒方切治道。非患对不尽问，患以恒文弗奇。必使一通峻正，宁劣五通而常；与其俱奇，必使一亦宜采。"谢超宗之言虽然很有道理，但是不易操作，齐明帝萧鸾还是采纳了骆宰的谏言，使秀才策试得以客观和量化。南梁时期，也规定察举士人必须经过试策才能步入仕途。如岑之敬，"年十六，策《春秋左氏》、制旨《孝经》义，擢为高第"。御史觉得不可，乃上奏称："皇朝多士，例止明经，若颜、闵之流，乃应高第。"梁武帝看了岑之敬的策对，

　　① 姚思廉：《梁书》卷 2《武帝中》。
　　② 杜佑：《通典》卷 14《选举二》。
　　③ 沈约：《宋书》卷 3《武帝下》。
　　④ 杜佑：《通典》卷 14《选举二》。

对御史说："何妨我复有颜、闵邪？"于是，又召岑之敬面试，"令之敬升讲座，敕中书舍人朱异执《孝经》，唱《士孝章》，武帝亲自论难。之敬剖释纵横，应对如响，左右莫不嗟服。乃除童子奉车郎，赏赐优厚"①。又如张正见，"幼好学，有清才……太清初，射策高第，除邵陵王国左常侍"② 等。

第六，选拔活动中的责任追究。为保证选才活动的严肃性，南朝统治者也对荐举者与被荐举者加以规定，如有不实，则要受到严惩。孝建元年（454年），宋武帝刘骏下诏明确规定"四方秀孝，非才勿举"，且"纠核勤惰，严施赏罚"，如积极悉心察举，且所举人才确实非常优秀的则赏，否则受罚。永明八年（490年）四月，齐武帝萧赜下诏要求各级官员各举所知，如"进得其人，受登贤之赏；荐非其才，获滥举之罚"③。

北朝虽为少数民族政权，但为了汉化和以汉治汉，需要取得广大汉族士人的支持，于是也普遍开展察举人才活动，包括察举贤良、孝廉和秀才等，实施情况体现在如下几个方面。

第一，察举活动的主体。依前制，北朝察举活动分别由中央和地方两级官员来组织实施。如北魏永兴五年（413年），明元帝诏令"分遣使者巡求俊逸，其豪门强族为州闾所推者……各令诣京师，当随才叙用，以赞庶政"④。延和元年（432年），太武帝亦下诏称："朕除伪平暴，征讨累年，思得英贤，缉熙治道，故诏州郡搜扬隐逸，进举贤俊……自今以后，各令乡闾推举，守宰但宣朕虚心求贤之意。既至，当时以不次之举，随才文武，任之政事。"⑤ 至孝文帝时，规定凡是地方郡守举荐的人才，送至中央后还要经过有关部门的考核，然后才能授予官职。于是，太和十五年（491年）四月，孝文帝诏诸州举秀才，次年他就亲"临思义殿，策问秀孝"，且下诏提出选举活动中的责任分担问题。诏曰："王者设官分职，垂拱责成，振网举纲，众目斯理。朕德谢知人，岂能一见鉴识，徒乖为君委授之义。自今选举，每以季月，本曹与吏部铨简。"⑥ 也就是说，

① 姚思廉：《陈书》卷34《文学》。
② 姚思廉：《陈书》卷34《文学》。
③ 萧子显：《南齐书》卷3《武帝》。
④ 魏收：《魏书》卷3《太宗纪》。
⑤ 魏收：《魏书》卷4上《世祖纪上》。
⑥ 魏收：《魏书》卷7下《高祖纪下》。

仅凭帝王"一见鉴识"不可能全面了解一个人的才能到底如何，必须依据"设官分职"来进行责任分担，要求每年的季月即三月、六月、九月和十二月，由功曹史和吏部官员来具体负责"铨简"。这一规定，使得察举活动得以规范和有序。

第二，察举人才的标准。以"才""能""识""清正""直言正谏"为标尺，体现出唯才是举原则。如北魏皇始元年（396年），道武帝拓跋珪提出"尚书郎已下悉用文人"，也就是要用读书人。他在诏书中甚至强调"苟有微能，咸蒙叙用"。可见，只要有一技之长皆"咸蒙叙用"。永兴五年（413年），明元帝派遣大臣到各地访求"俊逸"，要求被地方举荐的士人或"有文武才干、临疑能决，或有先贤世胄、德行清美、学优义博、可为人师者"，均可"诣京师，当随才叙用"①。依此标准，北魏太武帝曾于神麚四年（431年），下诏征用"范阳卢玄、博陵崔绰、赵郡李灵、河间邢颖、渤海高允、广平游雅、太原张伟等"一大批所谓"贤俊之胄，冠冕州邦，有羽仪之用"的汉族士人，并要求"如玄之比，隐迹衡门、不耀名誉者，尽敕州郡以礼发遣"②。于是，征用卢玄、崔绰等汉族士人数百人，"皆差次叙用"。孝文帝时，针对察举活动中所出现的"猥滥"问题，于延兴二年（472年）下诏指出："州郡选贡，多不以实，硕人所以穷处幽仄，鄙夫所以超分妄进，岂所谓旌贤树德者也！今年贡举，尤为猥滥。"为进一步规范察举活动，他要求"自今所遣，皆门尽州郡之高，才极乡闾之选"③。也就是说要注意两个问题：一是门第，尽可能选择门第高的；二是才能，应该是乡闾最优秀的，即所谓的"硕人"。而"硕人"一般都是"穷处幽仄"，远离闹市，过着隐居生活，要求地方官员不能急于求成，"超分妄进"，而应该深入民间，细心查访，只有察举出真正的贤才，才能达到"旌贤树德"之目的。

至东魏时，鉴于当时一些"治民之官多不奉法"的情况，齐献武王高欢于天平二年（535年）九月，奏请孝静帝"选朝士清正者，州别遣一人，问疾苦"。这里的"清正"之士，应该是指为官清廉，主持正义，怜悯百姓的官员，以此"问疾苦"可以起到除暴安良的作用。高欢即位后，一再强调选人要着重真才实

① 魏收：《魏书》卷3《太宗纪》。
② 魏收：《魏书》卷4上《世祖纪上》。
③ 魏收：《魏书》卷7上《高祖纪上》。

学，所谓"擢人授任，在于得才，苟其所堪，乃至拔于厮养，有虚声无实者，稀见任用"①。高欢之子文襄帝，亦强调为政要"唯在得人""务得其才"，还下诏"令朝臣牧宰各举贤良及骁武胆略堪守边"者。高欢次子文宣帝高洋，在天保元年（550 年）发布的诏书中，称要诏举"有能直言正谏，不避罪辜，謇謇若朱云，谔谔若周舍，开朕意，沃朕心，弼于一人，利兼百姓者"②。

北周时，周武帝也曾诏"令六府各举贤良清正"，"诏诸畿郡各举贤良"等。周宣帝宇文赟在其"诏制九条"中提出"或昔经驱使，名位未达，或沉沦蓬荜，文武可施，宜并采访，具以名奏"。在这里，无论是"昔经驱使"抑或是"沉沦蓬荜"，都是天涯沦落者，又怀才不遇，周宣帝诏令地方官员要细心"采访"。

第三，被举者年龄及资历。这方面可以说是不拘一格的，北魏道武帝在初拓中原用人之际，凡"诸士大夫诣军门者，无少长，皆引入赐见"③。即在年龄上，可以"无少长"。孝昌元年（525 年）三月，北魏孝明帝诏"令第一品以下五品以上，人各荐其所知，不限素身居职。令必使精辩器艺，具注所能"④。即无论已仕或未仕，均可被察举。北齐文襄帝诏令察举贤良可"不拘职业"⑤，即不管从事什么职业，只要堪为国家所用的均可被举。北周开国之君宇文泰亦强调要淡化门第，唯才是举。他在《六条诏书》中称："今之选举者，当不限资荫，唯在得人。"周宣帝宇文赟在"诏制九条"中，提出对"孝子顺孙、义夫节妇"不仅要"表其门闾"，更要从中来选拔"才堪任用者"。在这里，首先看重的是其德行，也算是一种资历，之所以这样做，在于他们的德行足以号召民众以其为训，带有明显的社会教化色彩。

第四，察举的额度。北魏时几无规定，有明文定制的是在北齐和北周两朝。齐后主高纬执政时，太上皇高湛于天统三年（567 年）下诏，要求各级官员举荐人才，诏曰："京官执事散官三品已上各举三人，五品已上各举二人，称事七品已上及殿中侍御史、尚书都检校御史、主书及门下录事各举一人"⑥。可见，北

① 李百药：《北齐书》卷 2《神武下》。
② 李百药：《北齐书》卷 4《文宣》。
③ 魏收：《魏书》卷 2《太祖纪》。
④ 魏收：《魏书》卷 9《肃宗纪》。
⑤ 李百药：《北齐书》卷 3《文襄》。
⑥ 李百药：《北齐书》卷 8《后主》。

齐是按照官品的大小来决定所举荐名额的。周宣帝执政时，在宣政元年（578
年）的"诏制九条"中，规定按州郡的大小来决定所举名额，诏称："州举高才
博学者为秀才，郡举经明行修者为孝廉，上州、上郡岁一人，下州、下郡三岁
一人"①。

第五，对被举者的策试情形。对被举孝廉、秀才加以考试，前朝亦有惯例。
北朝各代对孝廉和秀才的考试都有明确规定，一般来说是孝廉考经，秀才试策，
由中书省负责考试，有时帝王也会主持考试。如北魏时的邢峦，史载其"少而
好学，负帙寻师，家贫厉节，遂博览书传。有文才干略，美须髯，姿貌甚伟。
州郡表贡，拜中书博士，迁员外散骑侍郎，为高祖所知赏"。既然高祖孝文帝喜
欢邢峦，有司便奏请邢峦"策孝秀"，孝文帝则说："秀孝殊问，经权异策。邢
峦才清，可令策秀。"② 于是，邢峦参加了由孝文帝主持的秀才考试，职兼黄门
郎。至于考试办法，依照西晋惯例及南齐的做法，需要对策五道，根据答题情
况分别给予等第。如北魏熙平元年（516 年），孝明帝"初听秀才对策，第居中
上已上，叙之"。孝明帝神龟年间，21 岁的邢臧"举秀才，问策五条，考上第，
为太学博士"。至于孝廉考试，北魏时试以章句十条，同样是根据答对题数来判
定等级的。

北齐时，由中书省策秀才，考功郎中策廉良，帝王也微服参与策试。如史
载："天子常服，乘舆出，坐于朝堂中楹，秀孝各以班草对。字有脱误者，呼起
立席后；书有滥劣者，饮墨水一升；文理孟浪者，夺席脱容刀。"③ 从"呼起立
席后"到"饮墨水一升"，再到"夺席脱容刀（即佩饰性的小刀）"，足见考试是
很严格的，要求考生必须认真对待。

北齐有位学者马敬德，地方及中央主持的秀才、孝廉考试都参加了，很能
说明当时的"秀孝"策试情况，如史载其：

> 少好儒术，负笈随大儒徐遵明学《诗》《礼》，略通大义而不能精。遂
> 留意于《春秋左氏》，沉思研求，昼夜不倦，解义为诸儒所称。教授于燕、
> 赵间，生徒随之者众。河间郡王每于教学追之，将举为孝廉，固辞不就。

---

① 令狐德等：《周书》卷 7《宣帝》。
② 魏收：《魏书》卷 65《邢峦》。
③ 杜佑：《通典》卷 14《选举二》。

乃诣州求举秀才。举秀才例取文士，州将以其纯儒，无意推荐。敬德请试方略，乃策问之，所答五条，皆有文理。乃欣然举送至京。依秀才策问，唯得中第，乃请试经业，问十条并通。擢授国子助教，迁太学博士。①

可见，马敬德无意于郡举孝廉，要求州举其为秀才，但又不符合举秀才的要求。于是，马敬德便请求以秀才的标准试以策问，结果"所答五条，皆有文理"。这样，马敬德就获得了诏举秀才的资格而被送至京城应试，但在中书省的秀才考试中只得了个"中第"。对此，马敬德感到不满意，又请试孝廉试，身为"纯儒"的他大显身手，所"问十条并通"，由此步入最高学府的大门，成为一名经学博士。

第六，选拔失职的责任追究。北魏献文帝时规定，对那些不认真履行职责而"宽惰，不祗宪旨，举非其人，愆于典度"的官员，将以"罔上"论罪，且要处以极刑，所谓"罔上必诛"。孝庄帝即位初，诏求"德行、文艺、政事强直者"，要求县令、郡守、刺史"皆叙其志业，具以表闻"。如果"得三人以上，县令、太守、刺史赏一阶；举非其人者，黜一阶"②。东魏天平三年（536年）正月，孝静帝诏百官举贤良时，亦规定所"举不称才者两免之"，即举者免官，被举者不予任用，遣回原籍。北周孝闵帝元年（557年）的诏书中也规定："被举之人，于后不称厥任者，所举官司，皆治其罪。"③

二、兼九品中正人物

两晋时期的九品官人活动，使得门第等级观念已经融入人们的社会生活，门阀士族势力虽然在减弱，但依然不会放弃来之不易的政治地位和奢侈生活，寒门出身的统治者自然要贵族化，一般士人更想通过品第来提升自己的社会地位，统治者也需要寒门庶族的支持，这样，九品官人活动在南北朝时期就有了得以继续进行的政治和社会基础。

南朝的九品官人活动，基本上是遵从两晋时期的做法。

首先，是设置大小中正官，如刘宋时的宋明帝，因其好围棋，便"置围棋

① 李百药：《北齐书》卷44《儒林》。
② 杜佑：《通典》卷14《选举二》。
③ 令狐德等：《周书》卷3《孝闵帝》。

州邑，以建安王休仁为围棋州都大中正，（王）谌与太子右率沈勃、尚书水部郎庾珪之、彭城丞王抗四人为小中正，朝请褚思庄、傅楚之为清定访问"①。有意思的是，宋明帝因个人所好而专门设置州邑，州置大中正，邑置小中正，还置有"清定访问"。所用小中正王谌、沈勃、庾珪之、王抗四人以及"清定访问"的褚思庄、傅楚之两人都是当时的围棋高手。南梁时，梁敬帝于太平二年（557年）正月下诏，进一步要求"诸州各置中正，依旧访举"。

其次，是明确中正官的职责和任用标准，如梁敬帝时，针对当时选官的混乱状况，要求地方官员"不得辄承单状序官，皆须中正押上，然后量授，详依品制，务使精实"。对于中正官人选，提出"每求耆德，该悉以他官领之"②，即不许地方长官兼领中正之责，必须另选"耆德"之人专门负责人才选拔事宜。

再就是照顾到寒门士人的利益，如天监八年（509年）五月，梁武帝诏令，要求"虽复牛监羊肆，寒品后门，并随才试吏，勿有遗隔"③。

北朝虽然是少数民族政权，但在汉化过程中也逐渐接受了门第及等级观念，极力追求士族制度化，而采用九品官人法来选拔人才，这也正是强化士族制度化的重要手段。因此，北朝统治者对九品官人活动也情有独钟，其做法与南朝几乎一样，只是史书记载不多，总而言之，主要表现为以下三个方面。

一是遍设中正官。北魏早在拓跋焘执政时，就有中正官之设，所谓"世祖时，崔浩为冀州中正，长孙嵩为司州中正，可谓得人"。如崔浩上任后，"荐冀、定、相、幽、并五州士数十人，各起家为郡守"④。孝文帝即位后，刚刚设置的司州（京师周围地区的治所）急需一批官员，于是下诏"立中正，以定选举"。还提出中正官人选必须是"德望兼资者"，即德高望重之人才可以胜任，要求"公卿等宜自相推举，必令称允"⑤。于是，时任尚书的陆睿便极力推举尚书右仆射穆亮为司州大中正，坐镇洛阳品第人才。另据《通典·选举二》所载，北魏时"州郡皆有中正掌选举，每以季月，与吏部铨择可否……及宣武、孝明之时，州无大小，必置中正"。可知，当时中正官设置还是很普遍的，且能正常进行铨选活动。

① 李延寿：《南史》卷 49《王谌》。
② 姚思廉：《梁书》卷 6《敬帝》。
③ 姚思廉：《梁书》卷 2《武帝中》。
④ 杜佑：《通典》卷 14《选举二》。
⑤ 魏收：《魏书》卷 27《穆崇》。

二是对曹魏所定的"三年一清定"之制进一步规范，太和十八年（494 年）九月，孝文帝在其诏书中说：

> 三载考绩，自古通经，三考黜陟，以彰能否。朕今三载一考，考即黜陟。欲令愚滞无妨于贤者，才能不拥于下位。各令当曹，考其优劣为三等。六品已下，尚书重问；五品已上，朕将亲与公卿论其善恶。上上者迁之，下下者黜之，中中者守其本任。①

在这里，孝文帝提出了"三考黜陟"的做法，"考"的目的就是要"行黜陟"，也就意味着官员的官位和品位或升或降。至于如何来"考"，由谁来负责这项工作，诏书中则没有提到中正官，而是让中央负责人事的功曹史来行使这一使命，要求根据优劣分为三个等次，即上上、中中和下下。凡所涉及的官员，六品至九品的由尚书"重问"，五品以上的则由皇帝亲自负责，召集三公九卿大臣一起来评议。凡被评议为"上上者迁之，下下者黜之，中中者守其本任"。孝文帝之所以这么做，就是为了达到"愚滞无妨于贤者，才能不拥于下位"的目的，也就是要为真正有才能的人开辟一条晋升的绿色通道。其子宣武帝元恪即位后，继续行考陟之法，"任事上中者，三年升一阶；散官上第者，四载登一级"②。

三是放宽门第限制，针对当时"中正所铨，但存门第，吏部彝伦，仍不才举。遂使英德罕升，司务多滞"的选拔弊端，宣武帝于正始二年（505 年）下诏强调"任贤明治，自昔通规；宣风赞务，实惟多士"。即要求打破门第限制，提出品第人才要以"才学并申，资望兼致"③ 为原则，等于说是进一步强化了政府对选材活动的指导和目标调控。

总之，自汉魏至南北朝时期的人才选拔活动，不仅有声有色，且已规范化和制度化，对当时学校、社会及家庭的教育活动有着极重要的引领作用。虽然在选拔过程中会出现诸如"举秀才不知书，察孝廉父别居"及"上品无寒门，下品无士族"等之类的弊病，但其对巩固和稳定统治秩序所发挥的作用不可忽视，更为隋唐时期科举制度的创立奠定了实践基础，因而在中国教育活动史上是值得一提的。

① 李延寿：《北史》卷 3《魏本纪》。
② 杜佑：《通典》卷 19《职官一》。
③ 魏收：《魏书》卷 8《世宗纪》。

第六章
家庭（族）教育活动

　　家庭（族）教育是中国古代教育文化的重要组成部分，它主要承担着包括家庭（族）教育在内的启蒙教育、女子教育及家学的传承与弘扬。事实证明，文化的传承、积累与发展，人才的培养与成长往往离不开家庭、家族的影响。在秦汉至魏晋时期，除帝王之家外，世家大族灿若星河，有的是凭借政治势力及功臣外戚身份，从而把持朝政，子孙相继，遂成大族；有的是，经师后裔凭借累世经学，世守术业，数十百年，浸成士族；有的是凭借经济力量，要挟选举，进身仕途，蔚为豪族。在这里，主要解读一下帝王及名门望族之家子弟的教育活动情况，同时鉴于女子教育的特殊性，亦单列分述于后。

第一节　皇子教育活动

皇族是古代一个特殊的群体，众皇子们生长于宫廷，有着高贵的血统和优厚的生活条件。作为未来的统治者，他们注定要为臣民树立良好的榜样，为了保持皇位世代顺利相继，帝位永固，历代帝王都十分重视皇族尤其是太子或皇子的教育。在中国历史上，尤其是有作为的皇帝对皇子的教育往往都是非常看重的。

皇子教育活动可谓由来已久，早在春秋之时，国君便为太子专设东宫，以此作为教育太子的场所。关于对皇子尤其是太子教育的重要性，学者贾谊如是说：

> 天下之命，悬于太子。太子之善，在于早谕教与选左右。心未滥而先谕教，则化易成也。夫开于道术，知义理之指，则教之功。若其服习积贯，则左右而已矣。夫胡越之人，生而同声，嗜欲不异，及其长而成俗也，累数译而不能相通，行有虽死而不相为者，则教习然也。臣故曰："选左右，早谕教最急。夫教得而左右正，则太子正矣，太子正而天下定矣。"①

魏晋南北朝是中国玄学盛行的时期，士大夫阶层对当时社会上出现的种种弊端和恶劣风气心感痛惜，但又对此无能为力，纵情酒色，终日谈玄论道，无所作为，此风必然会影响到皇室子孙。对于帝王来说，他们在分裂割据的年代都面临着同样的难题：众皇子长期生活在深宫，几乎与外界隔绝，养成了养尊处优、唯我至上的恶习，缺乏独立生活的实际能力和治国安民的经验。对此现象，《南齐书·武十七王》中有一段精辟的论述：

> 民之劳逸，随所遭遇，习以成性，有识斯同。帝王子弟，生长尊贵，薪禽之道未知，富贵之图已极。昭年稚齿，养器深宫，习趋拜之仪，受文句之学，坐蹑搢绅，傍绝交友，情伪之事不经耳目，忧惧之道未涉胸衿。

---

① 《新书·保傅》。

虽卓尔天悟，自得怀抱，孤寡为识，所陋犹多。

而这些皇室子孙一旦继位，"处地虽重，行己莫由，威不在身，恩未接下，仓卒一朝，艰难总集，望其释位得矣"①。这段话道出了当时的皇子教育活动往往重视礼仪和文化知识的传授，导致皇子们长期与社会隔绝，既孤陋寡闻，又缺乏治国安邦之才能。如晋惠帝就是这样的一个典型例子，他继位后听说天下荒乱，百姓饿死，竟然荒唐地问道："何不食肉糜？"②成为后世笑柄。

另外，王室内部为了争权夺利，往往同室操戈，上演了一幕幕互相残杀争斗的悲剧，严重影响了皇室内部团结和政权稳定。所以，秦汉和魏晋南北朝时期的帝王们对于太子和皇子们的教育多十分重视，且主要集中在对皇子们多种才能素养的培养上，培养他们的为人处世之道和为政之道，在方法上则注意因材施教，在他们中间出现了不少皇子教育的典型和代表。总的来看，这一时期皇子的教育活动主要包括以下几个方面。

一、设侍讲专门授教

"侍讲"在古代一般有三层含义，第一层含义为从师听其讲学。如《后汉书》称卢植"少与郑玄俱事马融，能通古今学，好研精而不守章句。融外戚豪家，多列女倡歌舞于前。植侍讲积年，未尝转眄，融以是敬之。学终辞归，阖门教授"③。第二层含义为官名。汉朝开始有此称号，但以此名官则最早起源于魏明帝。唐代以后开始作为一个官职名称固定下来，或称为侍讲、侍读、学士等，由文采卓著者任之。第三层含义是指为皇帝或太子讲学之人。此处所谈到的侍讲指的是第三层含义。

秦汉至魏晋南北朝作为中国历史上朝代更迭较为频繁的时期，皇帝为了更好地培养接班人，使本朝江山永固，除了躬身教子之外，还广招天下贤才教育皇太子，这些人在当时被称为"侍讲"，主要任务是给皇太子讲课、伴读或辅导功课。侍讲享有很高的荣耀，除了能受到朝廷特殊的礼遇之外，还会被授予一定的官职。如东汉时的桓荣，"建武十九年，年六十余，始辟大司徒府。时，显

---

① 萧子显：《南齐书》卷40《武十七王》。
② 房玄龄等：《晋书》卷4《惠帝》。
③ 范晔：《后汉书》卷64《吴延史卢赵列传》。

宗始立为皇太子，选求明经，乃擢荣弟子豫章何汤为虎贲中郎将，以《尚书》授太子。世祖从容问汤本师为谁，汤对曰：'事沛国桓荣。'帝即召荣，令说《尚书》，甚善之。拜为议郎，赐钱十万，入使授太子。"① 后光武帝又拜桓荣为博士。

能胜任侍讲的人，要具备一定的条件。事实证明，秦汉至魏晋南北朝时期能够被选为侍讲的人一般要具备两个方面的条件：一是德行高尚；二是学识渊博。《后汉书》就载有光武帝给皇太子选择侍讲一事：

> 恽遂客居江夏教授，郡举孝廉，为上东城门候。帝尝出猎，车驾夜还，恽拒关不开。帝令从者见面于门间。恽曰："火明辽远。"遂不受诏。帝乃回，从东中门入。明日，恽上书谏曰："昔文王不敢槃于游田，以万人惟忧。而陛下远猎山林，夜以继昼，其于社稷宗庙何？暴虎冯河，未至之戒，诚小臣所窃忧也。"书奏，赐布百匹，贬东中门候为参封尉。后令恽授皇太子《韩诗》，侍讲殿中。②

从中可以看出，光武帝之所以选择郅恽作为皇太子的侍讲，正在于郅恽能做到直言敢谏，并精通《韩诗》。还有，东汉桓帝时侍讲赵典，"少笃行隐约，博学经书，弟子自远方至"③。证明赵典之所以能够成为侍讲，主要在于他"少笃行隐约，博学经书"。《魏书》亦记载了大臣冯元兴成为侍讲的过程："元兴居其腹心，预闻时事，卑身克己，人无恨焉。家素贫约，食客恒数十人，同其饥饱，曾无吝色，时人叹尚之。及太保崔光临薨，荐元兴为侍读。尚书贾思伯为侍讲，授肃宗《杜氏春秋》于式乾殿，元兴常为摘句，儒者荣之。"④ 冯元兴成为侍讲的一个很重要的条件是，他虽家境贫困，但待其食客同饥饱，显示出很高的道德风尚。西魏侍讲乐逊，"年在幼童，便有成人之操。弱冠，为郡主簿。魏正光中，闻硕儒徐遵明领徒赵、魏，乃就学《孝经》《丧服》《论语》《诗》《书》《礼》《易》《左氏春秋》大义。寻而山东寇乱，学者散逸，逊于扰攘之中，犹志道不倦"⑤。魏废帝二年（553年），召令乐逊教授诸子。他在馆六年，与诸

---

① 范晔：《后汉书》卷 37《桓荣丁鸿列传》。
② 范晔：《后汉书》卷 29《申屠刚鲍永郅恽列传》。
③ 范晔：《后汉书》卷 27《宣张二王杜郭吴承郑赵列传》。
④ 魏收：《魏书》卷 79《冯元兴》。
⑤ 令狐德等：《周书》卷 45《儒林》。

儒分授经业，主讲《孝经》《论语》《毛诗》及服虔所注《春秋左氏传》。北齐的张雕，"家世贫贱，而慷慨有志节，雅好古学。精力绝人，负箧从师，不远千里。遍通《五经》，尤明《三传》，弟子远方就业者以百数，诸儒服其强辨。魏末，以明经召入霸府，高祖令与诸子讲读"① 等。

能够担当皇子侍讲之人，享有很高的荣耀。如东汉的桓荣，光武帝刘秀大呼"得生几晚！"称其"此真儒生也"。于是乃令其"入使授太子"。"以是愈见敬厚，常令止宿太子宫。"尤其是当桓荣有病卧床不起时，"太子朝夕遣中傅问病，赐以珍馐、帷、帐、奴婢"。不仅如此，太子刘庄还对桓荣说："如有不讳，无忧家室也。"桓荣病愈后，仍"复入侍进"。刘庄即位后，对桓荣"尊以师礼，甚见亲重，拜二子为郎"。当时，桓荣年逾80，自以为衰老无用，多次上书告老还乡。汉明帝刘庄不仅对其"辄加赏赐"，且"尝幸太常府，令荣坐东面，设几仗，会百官骠骑将军东平王苍以下及荣门生数百人，天子亲自执业，每言辄曰：'大师在是。'既罢，悉以太官供具赐太常家，其恩礼若此"。永平二年（59 年），汉明帝又拜桓荣为"五更"，对桓荣更是礼遇有加，无论是生前还是死后。如史所载：

> 每大射养老礼毕，帝辄引荣及弟子升堂，执经自为下说。乃封荣为关内侯，食邑五千户。荣每疾病，帝辄遣使者存问，太官、太医相望于道。及笃，上疏谢恩，让还爵士。帝幸其家问起居，入街下车，拥经而前，抚荣垂涕，赐以床茵、帷帐、刀剑、衣被，良久乃去。自是诸侯将军大夫问疾者，不敢复乘车到门，皆拜床下。荣卒，帝亲自变服，临丧送葬，赐冢茔于首山之阳。除兄子二人补四百石，都讲生八人补二百石，其余门徒多至公卿。②

侍讲除了给皇子讲授知识和做人之道外，他还有一个非常重要的任务，就是向皇帝及其皇子们进言劝谏。如光武帝时的郅恽，在郭皇后被废后，曾多次向皇帝和皇子进言劝诫：

> 恽乃言于帝曰："臣闻夫妇之好，父不能得之于子，况臣能得之于君乎？是臣所不敢言。虽然，愿陛下念其可否之计，无令天下有议社稷而

---

① 李百药：《北齐书》卷 44《儒林》。
② 范晔：《后汉书》卷 37《桓荣丁鸿列传》。

已。"帝曰："恽善恕己量主，知我必不有所左右而轻天也。"后既废，而太子意不自安，恽乃说太子曰："久处疑位，上违孝道，下近危殆。昔高宗明君，吉甫贤臣，及有纤介，放逐孝子。《春秋》之义，母以子贵。太子宜因左右及诸皇子引愆退身，奉养母氏，以明圣教，不背所生。"太子从之，帝竟听许。①

由于郅恽的进谏言之有理，皇帝较为信服，皇太子也听从了他"引愆退身，奉养母氏"的建议。汉明帝时的桓郁，为桓荣之子，"敦厚笃学，传父业，以《尚书》教授，门徒常数百人"。永平十五年（72年），桓郁"入授皇太子经，迁越骑校尉，诏敕太子、诸王各奉贺致礼。郁数进忠言，多见纳录"②。又如赵典，汉桓帝欲广开鸿池，赵典进谏曰："鸿池泛溉，已且百顷，犹复增而深之，非所以崇唐、虞约己遵孝之爱人也。"③ 汉桓帝采纳了他的建议而停止"广开鸿池"，这说明侍讲的劝诫在帝王心里还是较有分量的。

侍讲在给皇子讲授之际，通常会举行仪式，以显示侍讲活动的重要性。特别是在后齐时，侍讲活动很有讲究。对此，《隋书·礼仪四》有较为详细的记载：

> 后齐将讲于天子，先定经于孔父庙，置执经一人，侍讲二人，执读一人，摘句二人，录义六人，奉经二人。讲之旦，皇帝服通天冠、玄纱袍，乘象辂，至学，坐庙堂上。讲讫，还便殿，改服绛纱袍，乘象辂，还宫。讲毕，以一太牢释奠孔父，配以颜回，列轩悬乐，六佾舞。行三献礼毕，皇帝服通天冠、绛纱袍，升阼，即坐。宴毕，还宫。皇太子每通一经，亦释奠，乘石山安车，三师乘车在前，三少从后而至学焉。

由此可以看出，后齐侍讲对帝王的讲经活动是很庄重的，讲经之前要做一些准备活动，包括在孔庙确定需要讲哪一部经书以及职事分工等。讲经之日，帝王要更换服饰，到太学听讲。讲完之后，要释典孔子。这属于比较隆重的侍讲讲经活动，尤其是在讲经时，将礼仪教育融会贯通到讲经的全过程之中，会收到较为明显的教育效果。

---

① 范晔：《后汉书》卷29《申屠刚鲍永郅恽列传》。
② 范晔：《后汉书》卷37《桓荣丁鸿列传》。
③ 范晔：《后汉书》卷27《宣张二王杜郭吴承郑赵列传》。

二、日常生活中的相机而教

在日常生活中，借助一些事情或事件相机而教，这是这一时期皇子教育活动的一个重要特点。

第一，教皇子团结和睦。古代的皇帝大多儿女众多，他们之间由于立嗣、官位封赏、封地等原因，很容易导致内部矛盾。加之外界矛盾的侵扰，如果不能很好地教育诸多皇子团结和睦，往往会使国家政权削弱或瓦解。所以，秦汉魏晋南北朝的历代统治者都很重视对皇子的团结和睦教育。如何化解皇子之间的矛盾，维护整个宫廷内部的稳定，就构成了当时皇子日常教育活动的重要内容。

前燕天王吕光临终前，不无忧虑的告诫皇子们说："……今外有强寇，民心未宁，汝兄弟辑睦，则贻厥万世。若内相图，则祸不旋踵。"[1] 教诲皇子们，在外患侵陵和人心未稳的不利情况下，兄弟之间要和睦相处，不要互相争斗，否则会招致祸患和灾难。

尤其是北魏时期吐谷浑的首领阿豺，他有子女多达 20 人，纬代是其长子。他担心死后诸子不团结，临死前将诸子弟召集到一起告之曰："先公车骑舍其子虔，以大业属吾，岂敢忘先公之举而私于纬代！其以慕璝继事。"表达出他没有偏袒长子纬代的意思。为了让皇子们明白团结和睦的重要性，阿豺对诸子曰："汝等各奉吾一支箭，将玩之地下。"俄而，阿豺命母弟慕利延曰："汝取一支箭折之。"慕利延一下子就折断了，阿豺又说："汝取十九只箭折之。"这一下，任凭慕利延怎么使劲也折不断，于是，阿豺趁机说："汝曹知不？单者易折，众则难摧，戮力一心，然后社稷可固。"[2] 言毕而死，这可以说是他对子女留下的最后教诲。阿豺通过一支箭容易折断，而一捆箭不易折断的事实，教诲子弟要团结一致，以使社稷稳固长久。这个故事成为以后皇帝教子团结和睦的一个典范。

齐高帝萧道成，在临终前也特别立下遗言，告诫未来的继承者萧赜注意维护宗族和睦。他说："宋氏若不骨肉相图，他族岂得乘其哀弊，汝深戒之。"[3] 萧

---

① 李昉：《太平御览》卷 125《偏霸部九》。
② 李延寿：《北史》卷 96《吐谷浑》。
③ 萧子显：《南齐书》卷 35《高帝十二王》。

道成希望萧赜能吸取刘宋亡国的教训，千万避免"骨肉相图"的悲剧，不断增强家族的凝聚力，从而使皇位能世代延续。正因为这样，齐武帝萧赜执政时，其同胞兄弟萧嶷在处理其家族内部事务中很注意礼仪规范，经常教育子弟要时时以和睦为第一要务。萧嶷临终时，召其子萧子廉、萧子恪说："吾无后，当共相勉励，笃睦为先。"并教育诸子不能互相欺侮："才有优劣，位有通塞，运有富贫，此自然之理，无足以相凌侮。"要他们"勤学行，治闺庭，尚闲素，如此足无忧患"①。

第二，教皇子勤俭节约。帝王之家的子弟往往长期过着衣来伸手、饭来张口的养尊处优的奢靡生活，他们很难知道人间尚有"疾苦"二字，故古往今来，皇子皇孙们沦为骄奢淫逸之徒和亡国败家之辈的可谓不乏其人。正因为皇室子孙生活条件优厚奢华，为从长远计，古代帝王们大都将勤俭节约列为皇子教育的重要内容。

曹操一生主张节俭，倡导勤俭之风，写下了《内诫令》要诸子恪守。更重要的是，曹操以自己的言行举止和实际行动对诸子进行节俭教育，如从来不用装饰美丽的箱子，不用银制品，不用香薰房屋，被子一盖就是十年。在他的带动和影响下，"后宫衣不锦绣，侍御履不二采。帷帐屏风，坏则补纳，茵蓐取温，无有缘饰"②，一改东汉的奢靡之风。曹操在临终前留下遗言，要求葬礼简办，不要浪费奢侈。在曹操的影响下，曹家形成了良好的节俭家风。如曹操之子曹衮，不但少年好学，为人谦逊，且一生性尚俭约，常教敕妃子、宫女纺织及治家之事。后曹衮身染重病，自知来日无多，遂敕令诸子要他们以戒骄奢为要，并要丧事从简，他说：

> 汝幼小，未闻义方，早为人君，但知乐，不知苦。不知苦，必将以骄奢为失也。

> 吾寡德忝宠，大命将尽。吾既好俭，而圣朝著终诰之制，为天下法。吾气绝之日，自殡及葬，务奉诏书。③

东汉光武帝刘秀在临死前，也立下简约丧葬的遗诏："朕无益百姓，皆如孝

---

① 李延寿：《南史》卷42《齐高帝诸子上》。
② 裴松之注：《三国志》卷1《魏书·武帝纪》。
③ 裴松之注：《三国志》卷20《魏书·武文世王公传》。

文皇帝制度，务从约省。刺史、二千石长吏皆无离城郭，无遣吏及因邮奏。"①

南朝宋太祖刘裕出身贫寒，未发迹时，生活相当贫苦，盖的是布被子，连苍蝇拂子也是自己用牛尾巴做的。后来，他登基做了皇帝，再也不用像以前为生活犯愁了。但是，他却不肯把以前盖过的布被和牛尾巴做的苍蝇拂子扔掉，而是嘱咐他的女儿彭城公主小心收藏好，将来留给子孙，教他们千万不要忘本，这显然对诸皇子是极好的身教。宋文帝刘义隆，史称其"聪明仁厚，雅重文儒，躬勤政事"，又"性存俭约，不好奢侈"，故他训诫子弟也以去骄奢、崇节俭为要。有一次，宫中要举行宴会，他让诸子先不要吃东西，说到时候宴会自会送吃的东西来。但到了上午，食物还没有送来，诸子饥肠辘辘，但都不敢说话。这时刘义隆不失时机地教育儿子们说："汝曹少长丰佚，不见百姓艰难，今使尔识有疾苦，知以节俭期物。"② 他的本意就是要借这个机会让儿子体验一下挨饿的滋味，认识到百姓的疾苦，从而让他们懂得节俭的道理。

齐高帝萧道成第二子萧嶷，膝下无子，收养有萧子廉、萧子恪等二子，他对其养子的教育一向十分严格，他以汉朝以来王公子弟因骄奢放纵而身败名裂的历史教训来告诫其养子："凡富贵少不骄奢，以约失之者鲜矣。汉世以来，侯王子弟以骄恣之故，大者灭身丧族，小者削夺邑地，可不戒哉！"希望诸子"勤学行，守基业，修闺庭，尚闲素"。认为"如此无足忧患"。③ 这段话可谓切中当时帝王子弟的普遍弊病，针对性极强。齐武帝萧赜也很重视对其子孙的节俭教育。文惠太子生活尚奢，齐武帝"履行东宫，见太子服玩过制，大怒，敕有司随事毁除，以东田殿堂为崇虚馆"④，可见他对太子节俭教育的重视程度。

第三，教皇子懂得礼法与孝友。对皇子的礼法和孝友教育同样为这一时期的帝王所重视。因为，在他们看来，良好的家风对于维护整个家族昌盛不衰是至关重要的。对寒门家族而言，尽管可以凭借一时的军功业绩而飞黄腾达，但往往家族内部会自相残害而使家族分崩离析。在秦汉魏晋南北朝时期，随着社会政治的变动，寒门势力不断抬头，皇族们努力强化对其子弟的家族教育，提

---

① 范晔：《后汉书》卷1下《光武帝纪下》。
② 李延寿：《南史》卷2《宋本纪中》。
③ 李延寿：《南史》卷42《齐高帝诸子上》。
④ 萧子显：《南齐书》卷21《文惠太子》。

升家族的礼法与孝友意识，目的在于维护内部的团结，使家族长盛不衰。

曹操共有二十多个儿子，在"本是同根生，相煎何太急"的王室斗争中，曹操迫切希望诸子要重敬重慈，相安无事。因此，曹操常教育诸子应具有仁慈之心、孝顺之情，以父子、君臣等伦理纲常要求他们"居家为父子，受事为君臣，动以王法从事"①。曹操之子曹衮，少好学，年10余岁便能为文。在曹魏王室的明争暗斗中，曹衮很注意教子谨慎以实现自我保护。他对帝王子弟的弊端有着比较清醒的认识，所谓"夫生深宫之中，不知稼穑之艰难，多骄逸之失"。因此，他常教导诸子要注意谨慎处理各种人际关系：

> 接大臣，务以礼。虽非大臣，老者犹宜答拜。事兄以敬，恤弟以慈。兄弟有不良之行，当造膝谏之。谏之不从，流涕喻之。喻之不改，乃白其母。若犹不改，当以奏闻，并释国土。与其守宠罹祸，不若贫贱全身也。②

南朝齐高帝萧道成自称"本布衣素族"，寒门武将出身的他目睹了刘宋皇族的残酷倾轧，并寻机篡夺了刘宋政权，因而深知寒门家族风尚的弊病。他建立齐朝后，非常重视对家人孝友之道的教育，主要是利用儒家礼法仪范来改造其家族门风，希望通过孝悌、伦理方面的教育，使皇室子弟逐步养成恪守礼法制度的习惯和品格，以避免家族内部骨肉相残的悲剧。萧道成第五子萧晔，"母罗氏，从高帝在淮阴，以罪诛。晔年四岁，思慕不异成人，每恸吐血。高帝敕武帝曰：'三昧至性如此，恐不济，汝可与共往，每抑割之。'三昧，晔小字也。故晔见爱"③。萧晔年幼如此苦孝，可见萧道成一贯以此教导子弟。萧道成第九子萧铉，"初，铉年三四岁，高帝尝昼卧缠发，铉上高帝腹上弄绳，高帝因以绳赐铉。及崩后，铉以宝函盛绳，岁时开视，流涕呜咽。人才甚凡，而有此一至"④。又如萧道成第十六子萧铿，"生三岁丧母。及有职，左右告以早亡，便思慕疏食自悲。不识母，常祈请幽冥，求一梦见。至六岁，遂梦见一女，云是其母。铿悲泣向左右说容貌衣服事，皆如平生，闻者莫不欷歔"⑤。萧道成教子孝亲如此，让世人敬佩。此外，还有齐武帝萧赜之子萧子良，"幼聪敏。武帝为赣

① 裴松之注：《三国志》卷19《任城陈萧王传》。
② 裴松之注：《三国志》卷20《魏书·武文世王公传》。
③ 李延寿：《南史》卷43《齐高帝诸子下》。
④ 李延寿：《南史》卷43《齐高帝诸子下》。
⑤ 李延寿：《南史》卷43《齐高帝诸子下》。

县令时，与裴后不谐，遣人船送后还都，已登路，子良时年小，在庭前不悦。帝谓曰：'汝何不读书?'子良曰：'娘今何处，何用读书?'帝异之，即召后还县"①。萧子良年幼知孝，这显然得益于其家族教育，而萧赜尊重幼子的感情，可谓因势利导，颇得育子之道。后来萧子良与其兄文惠太子等"甚相友悌"，处处体现出仁厚孝义的品性。齐武帝第十一子萧子罕，"母乐华有宠，故武帝留心。母尝寝疾，子罕昼夜祈祷。于时以竹为缴照夜，此缴宿昔枝叶大茂，母病亦愈，咸以为孝感所致……当时以为美谈"②。由此可见，萧赜对诸子的教育颇有成效。

还有，北魏拓跋宏教育其弟拓跋禧要戒骄戒躁。他说："周文王小心翼翼，聿怀多福。如有周公之才，使骄且吝，其余无足观。汝等宜小心畏惧，勿有骄怠。"他还教育其弟赵郡王幹不要自恃皇亲，胡作非为："汝，我之懿弟，当聿修厥德，光崇有魏，深思远图，如临深履薄。若恃亲重，不务世政，国有常宪，方增悲感。"③ 诸如此类记载甚多，不一一赘述。

三、政事中的治国安邦之教

作为帝王之子，未来或治一国，或治一州一郡，可谓肩负重任，因而教育皇子如何治国安邦成为一项最主要的教育活动。

第一，严明守法教育。帝王操持着生杀大权，只有依法办事才能造福于民众，对此历代帝王为江山稳定的长久考虑，都很重视对子女的依法行事教育。如三国时期的曹操在临终前给家人留下遗嘱，告诫家人："吾在军中执法是也。至于小忿怒，大过失不当效也。"④ 他也认识到自己一生中犯有许多大大小小的错误，如因疑心病而错杀了不少人，故告诫家人不要仿效他的"小忿怒""大过失"，以免使子弟重蹈自己的覆辙。作为一位君主，曹操能放下架子，向家人主动暴露自己的缺点，让他们从中吸取教训，是十分难得的。曹操还告诫家人："天下尚未安定，未得遵古也。葬毕，皆除服。其将兵屯戍者，皆不得离屯部。

---

① 李延寿：《南史》卷 44《齐武帝诸子》。
② 李延寿：《南史》卷 44《齐武帝诸子》。
③ 魏收：《魏书》卷 21 上《献文六王》。
④ 严可均：《全三国文》卷 3《遗令》。

有司各率乃职。敛以时服，无藏金玉珍宝。"① 嘱咐家人在天下尚未安定的情况下，自己的丧事不能遵循古制来执行。这是他一生经历的总结，话语不长，但给人以深刻的启示。

曹植自幼聪慧好学，深得曹操的欢心，并有意栽培他。但曹植"任情而行，不自雕励，饮酒无节"，常贪杯误事，蔑视法度。一次，曹操离邺城外出，曹植竟私开王宫的大门，乘车到只准帝王本人才可以行走的"驰道"上跑了一圈。执法严明的曹操，根本没有想到自己如此看重的儿子曹植竟然会任性而为，以身试法。于是，就在建安二十二年（217 年）发布诏令，称曹植为"儿中最可定大事"的，然"自临淄侯植私出，开司马门至金门，令吾异目视此儿矣"。本来曹操对曹植寄予厚望，由于曹植此次违法乱纪，致使曹操大怒，"公车令坐死，由是重诸侯科禁"②，从此改变了对曹植的看法和态度，曹植也由此失去了父亲的宠爱，以致后来曹丕被立为世子。曹操执法严明而不问亲疏，对于其他子弟是一次生动的法治教育，起到了杀一儆百的作用，收到了良好的效果。

第二，处世公正教育。由于皇子的特殊身份和地位，稍有不慎也会给自己带来杀身之祸。因此，教子公正、谨慎构成了皇子教育的重要环节。曹丕在《诫子》一文中，告诫诸子要做到不以权谋私，坚持任官的标准："父母于子，虽肝肠腐烂，为其掩避，不使乡党士友闻其罪过。然行之不改，久矣人自知之，用此任官，不亦难乎？"③ 在他看来，父母对孩子的缺点不能一味庇护，关键在于引导孩子勇于改过自新，如此长大后才能担当大任。

十六国时期西凉的开国君主李暠，时常告诫诸子要公正审案，做到"蠲刑狱，忍烦扰，存高年，恤丧病，勤省案，听讼诉。刑法所应，和颜任理。慎勿以情轻加声色，赏勿漏疏，罚勿容亲"④。由于生活在战火频仍的十六国时期，江山随时可能会易主。因此，从维护江山永固的目的出发，李暠要求皇子要认识到守成艰难，要懂得治国从政之道，尤其是身为人主，当处世审慎，小心行事，诸如"节酒慎言，喜怒必思，爱而知恶，憎而知善，动念宽怒，审而后

---

① 裴松之注：《三国志》卷 1《魏书·武帝纪》。
② 裴松之注：《三国志》卷 19《魏书·任城陈萧王传》。
③ 严可均：《全三国文》卷 7《诫子》。
④ 房玄龄等：《晋书》卷 87《凉武昭王》。

举"。李暠还告知儿子要审慎用人，称："众之所恶，勿轻承信。详审人，核真伪，远佞谀，近忠正。"①

南朝的宋文帝刘义隆教育其弟刘义恭要缜密从事，称："凡事皆应慎密，亦宜豫救左右，人有至诚，所陈不可漏泄，以负忠信之款也。古人言：'君不密则失臣，臣不密则失身。'或相谗构，勿轻信受，每有此事，当善察之。"② 针对其弟不太熟悉审案的情况，刘义隆告诫弟弟审案前要与刘湛等人商量，不可独自裁决，审案时要"虚怀博尽，慎无以喜怒加人"，"不可专意自决，以矜独断之明也"。史载其曰：

> 若事异今日，嗣子幼蒙，司徒便当周公之事，汝不可不尽祗顺之理。苟有所怀，密自书陈。若形迹之间，深宜慎护。至于尔时安危，天下决汝二人耳，勿忘吾言。

> 汝神意爽悟，有日新之美，而进德修业，为有可称，吾所以恨之而不能已者也。汝性褊急，袁太妃亦说如此。性之所滞，其欲必行，意所不在，从物回改，此最弊事。宜应慨然立志，念自裁抑。何至丈夫方欲赞世成名而无断者哉！今粗疏十数事，汝别时可省也。远大者岂可具言，细碎复非笔可尽。③

言辞之中既有对刘义恭的赞誉，又有对他"性褊急"的担忧，所论及的为政之道，具有很强的针对性和指导性，对其弟及后世的执政者有一定的借鉴作用。

北魏孝文帝拓跋宏是推行汉化政策的代表，他对家族子弟的教育也处处体现出汉文化的特征，教育其弟拓跋禧要以审慎的态度审案："汝等国之至亲，皆幼年任重，三都折狱，特宜用心。夫未能操刀而使割锦，非伤锦之尤，实授刀之责。皆可修身慎行，勿有乖爽。"④ 拓跋宏的弟弟高阳王拓跋雍任相州刺史时，拓跋宏教诫他要以身作则，为众人作出表率。他指出："为牧之道，亦难亦易。其身正，不令而行，故便是易；其身不正，虽令不从，故便是难。又当爱贤士，

---

① 房玄龄等：《晋书》卷 87《凉武昭王》。
② 沈约：《宋书》卷 61《武三王》。
③ 沈约：《宋书》卷 61《武三王》。
④ 魏收：《魏书》卷 21 上《献文六王》。

存信约，无用人言而轻予夺也。"①

第三，善待下属教育。大多数的皇子都拥有大批的追随者，只有获得下属的支持才能不断提升自己的从政能力，并在各种博弈中占据主动，因此皇帝还会经常教导皇子要善待自己的下属，与下属和谐相处。汉高祖刘邦在《手敕太子文》中称："……汝见萧、曹、张、陈诸公侯，吾同时人，倍年于汝者，皆拜，并语于汝诸弟。"②

西凉国君李暠常告诫诸子要善待下属，不能刚愎自用，还要从善如流，所谓"耳目人间，知外患苦；禁御左右，无作威福。勿伐善施劳，逆诈亿必，以示己明，广加咨询，无自专用，从善如顺流，去恶如探汤"，又"富贵而不骄者，至难也。念此贯心，勿忘须臾"③。进而认为，作为君主要有一种危机感，"居元首之位，宜深诫危殆之机"④。李暠临终前还教育子弟"勿令居人之上，专骄自任"，对子弟的教育可谓用心良苦。

第四，居安思危教育。出于对国事、家事、天下事的考虑，历代帝王还会经常给皇子们灌输居安思危的观念，使其树立危机和忧患意识，既能保护自己不受伤害，又能治理和造福天下众生。如江夏王刘义恭自幼涉猎文义，但骄奢不节，在他离京赴任的前一夜，宋文帝刘义隆以一位兄长的身份写信对他进行劝诫：

> 汝以弱冠，便亲方任。天下艰难，家国事重，虽曰守成，实亦非易。隆替安危，在吾曹耳，岂可不感寻王业，大惧负荷。今既分张，言集无日，无由复得动相规诲，宜深自砥砺，思而后行。开布诚心，厝怀平当，亲礼国士，友接佳流，识别贤愚，鉴察邪正，然后能尽君子之心，收小人之力。⑤

告知刘义恭"天下艰难，家国事重，虽曰守成，实亦非易"的道理，希望他以国事为重，礼贤下士，公平待人，如此才可"尽君子之心，收小人之力"。

南朝梁武帝萧衍长于文学，精通音律，尚佛教。在他的影响下，梁国佛教

---

① 魏收：《魏书》卷21上《献文六王》。
② 严可均：《全汉文》卷1《手敕太子文》。
③ 房玄龄等：《晋书》卷87《凉武昭王》。
④ 房玄龄等：《晋书》卷87《凉武昭王》。
⑤ 沈约：《宋书》卷61《武三王》。

盛行。但他不希望儿子陷溺其中，并教育儿子要时刻居安思危，不能整日谈佛论道。当时，其子多次上书，请求他讲论佛学，他说："《书》云：'一日二日，惟日万机。'今复过之。"讲明自己身负重任，无暇讲佛论道，并告诫诸子也不能一味坐而论道，应认识到稼穑之艰难："汝等未达稼穑之艰，安知天下负重。"如果一味地谈论佛事，而不忧国事，会导致亡国的。他说："殷鉴不远，在于前代。吾今所行虽异曩日，但知讲论，不忧国事，则与彼人异术而同亡。"又说："汉世浑并，贾谊亦且流恸；魏室无虞，杨阜犹云可悲。况今爪牙腹心不二之臣，又论道帷幄之士，四聪不开，八达路壅，王侯虽多，维城靡寄，昼不夕惕，如履霜刃，以朽索驭六马，岂足为喻。"① 在他看来，当今"率土未宁，菜食者众"，所以"数术多事，未获垂拱，岂得坐谈！须道行安民，乃当议耳"。只有等到国定民安，才能够谈论佛学之道。因此，他一再告诫儿子："庸主少君，所以继踵颠覆，皆由安不思危，况复未安者邪！"② 萧衍的这种认识可能来源于他对自己醉心佛事的批判和反思，希望诸子不要步他之后尘。

第五，以史为鉴教育。为了避免皇子们重蹈历史之覆辙，少走弯路，历代帝王也非常重视教育皇子要从历史中吸取经验教训，并能以史为鉴。如曹魏时的曹丕，费尽周折当上了皇帝，很珍视这一来之不易的主政机会，也希望自己的皇位能永久传承下去。因此，他十分推崇贾谊等人的家庭教育理念，认为良好的早期教育对子弟的成长具有很大的影响。为了更有效地教育皇子，曹丕曾作《典论·论周成汉昭》和《诫子》等论著，以历史上皇帝教子的得失为例，认为周成王有周昭为保傅，吕尚为太师，"故咳笑必合仁义之声，观听必睹礼父之容，弘践履之义，隆太平之化"③。他们正是从小受到正面的教育，懂得为人君的道理，所以执政后能长治久安。而汉昭帝则相反："父非武王，母非邑姜，体不承圣，化不胎育，保失仁父之德，佐无隆平之治，所谓'生深宫中，长妇人手矣'。"④ 其结果与周成王刚好相反。所以曹丕认为，皇子的成长与择师关系极大，于是亲自挑选了当时有名的"笃学大儒"郑称为太子师傅，希望他能对

① 严可均：《全梁文》卷5《荅皇太子请御讲敕》。
② 严可均：《全梁文》卷5《荅皇太子请御讲敕》。
③ 严可均：《全三国文》卷8《论周成汉昭》。
④ 严可均：《全三国文》卷8《论周成汉昭》。

太子产生积极有益的影响。

西凉政权的建立者李暠，鉴于诸子幼年时没有受到良好的教育，对历史也不太了解，同时自己很推崇诸葛亮的训诫思想及大臣应璩的奏疏，常抄之以训诸皇子，希望他们了解历史，从中总结经验，所谓"古今成败，不可不知。退朝之暇，念观典籍。面墙而立，不成人也"；"古今之事不可不知，苟近而可师，何必远也。览诸葛亮训励，应璩奏疏，寻其始终，周孔之教尽在其中矣"。[1] 据此，"为国足以致安，立身足以成名。质略易通，寓目则了，虽言发往人，道师于此。且经史道德如采菽中原，勤之者则功多，汝等可不勉哉！"[2] 在他的谆谆教导下，其子李歆、李恂先后继位为西凉国主，其余诸子也多"弱年受仕"，身居要职。正因为这样，李暠被后世称之为"开国化家"之楷模。

宋文帝刘义隆，针对其弟刘义恭性格急躁的特点，在写给刘义恭的《诫江夏王义恭书》中，告诫他要像古代先贤那样去做事："礼贤下士，圣人垂训；骄侈矜尚，先哲所去。豁达大度，汉祖之德；猜忌偏急，魏武之累。《汉书》称卫青云：'大将军遇士大夫以礼，与小人有恩。'西门、安于，矫性齐美；关羽、张飞，任偏同弊。行己举事，深宜鉴此。"[3]

第六，在历事中磨练。历代帝王对皇子都寄予厚望，故而会有意创造条件来历练皇子处理国事的能力，使其在实际的历练中学会治国策略。如光武帝刘秀，针对皇太子所关心的问题，以自己的实际行动来为皇太子做出了榜样。如《后汉书·光武帝纪》所载：

> 帝在兵间久，厌武事，且知天下疲耗，思乐息肩。自陇、蜀平后，非儆急，未尝复言军旅。皇太子尝问攻战之事，帝曰："昔卫灵公问陈，孔子不对，此非尔所及。"每旦视朝，日昃乃罢。数引公卿、郎、将讲论经理，夜分乃寐。皇太子见帝勤劳不息，承间谏曰："陛下有禹、汤之明，而失黄、老养性之福，愿颐爱精神，优游自宁。"帝曰："我自乐此，不为疲也。"

曹操在每次出征时，总是把后方之事委托给太子曹丕处理。如建安十六年（211年），曹操率大军入潼关攻打马超、韩遂的军队，便令曹丕留统后方，总理

---

[1] 房玄龄等：《晋书》卷87《凉武昭王》。
[2] 房玄龄等：《晋书》卷87《凉武昭王》。
[3] 沈约：《宋书》卷61《武三王》。

朝中事务。曹植在23岁时被封为临淄侯，不久即被曹操召回邺城主政，原因在于曹操要亲自统帅大军讨伐孙权，这是曹操对儿子的考验和信赖，对于他的执政能力是一个很好的锻炼。曹植受令后激动不已，写下了著名的《东征赋》，称："登城隅之飞观兮，望六师之所营。幡旗转而心异兮，舟楫动而伤情。顾身微而任显兮，愧任重而命轻……"决心好好锻炼自己处理政事能力，以不负父亲的重托。

十六国时期的姚苌效仿曹操的做法，每次出征时把军国大事交给其子姚兴来处理，如史载："苌之在马牧，兴自长安冒难奔苌，苌立为皇太子。苌出征时，常留统后事。及镇长安，甚有威惠。与其中舍人梁喜、洗马范勖等讲论经籍，不以兵难废业，时人咸化之。"①姚兴继位后，也按照父皇的做法，在自己出征或出游时，留太子姚泓总领政务。遇有特殊情况，则让姚泓代行国君之权，自行处置，无需提前呈报。

南朝齐武帝萧赜，永明六年（488年）在准备庭审丹阳郡囚徒以及南北二百里内的刑狱之时，认为太子作为皇帝的接班人，应通晓这方面的事宜，于是便将审问之事全权交给文惠太子萧长懋处理。同时，还多次赋予其重任予以磨练，如史载：

> 世祖年未弱冠而生太子，为太祖所爱……宋元徽末，随世祖在郢。世祖还镇盆城拒沈攸之，使太子劳接将帅，亲侍军旅。除秘书郎，不拜。授辅国将军，迁晋熙王抚军主簿。事宁，世祖遣太子还都。太祖方创霸业，心存嫡嗣，谓太子曰："汝还，吾事办矣。"处之府东斋，令通文武宾客。敕荀伯玉曰："我出行日，城中军悉受长懋节度。我虽不行，内外直防及诸门甲兵，悉令长懋时时履行。"②

南朝梁武帝在培养昭明太子萧统时，常"使省万机，内外百司奏事者堵塞于前"，史称：

> 太子自加元服，帝便使省万机，内外百司奏事者填塞于前。太子明于庶事，每所奏谬误巧妄，皆即辨析，示其可否，徐令改正，未尝弹纠一人。

---

① 房玄龄等：《晋书》卷117《姚兴上》。
② 萧子显：《南齐书》卷21《文惠太子》。

平断法狱，多所全宥，天下皆称仁。①

北朝诸帝也有类似的教育活动。如北魏太武帝拓跋焘15岁为太子时，被封为东平王，在其父拓跋嗣生病期间，便命他总摄百官臣僚，处理政务。北齐神武帝高欢有高澄、高洋、高演等诸子，在他们年龄尚小的时候，因不知道几个儿子的才能如何，高欢很想考一考他们治乱的本领，于是想了个各使之"治乱丝"的主意。唯独高洋"抽刀斩之"，且边斩边说"乱者须斩"②。高欢对高洋的做法甚是称赞，认为此子将来必有作为。事实证明，高欢的判断是正确的，高洋后来继皇帝位，为文宣帝，史称其："初践大位，留心政术，以法驭下，公道为先。或有违犯宪章，虽密戚旧勋，必无容舍，内外清靖，莫不祗肃。至于军国几策，独决怀抱，规模宏远，有人君大略……"至少在北齐建立初期，高洋充分展示了自己的治国才能，为政权及社会的稳定发挥了重要作用，这显然是高欢用心教育和培养的结果。

四、学业上的劝勉之教

作为肩负社稷重任的皇子，要"文能安邦，武能定国"，因此，对皇子进行学业方面的劝勉也是皇子教育的一项重要活动。

汉高祖刘邦夺取天下后，对太子学识浅薄、不思进取的状况深感担忧，临终前亲自撰《手敕太子文》，以自己的亲身经历现身说法，对太子进行勤学教导。他说："吾遭乱世，当秦禁学，自喜，谓读书无益。洎践祚以来，时方省书，乃使人知作者之意，追思昔所行，多不是。"③刘邦对自己的言行举止进行了深刻的反省，并进一步指出："吾生不学书，但读书问字而遂知耳，以此故不大工，然亦足自辞解。今视汝书，犹不如吾。汝可勤学习，每上疏宜自书，勿使人也。"④可谓言辞恳切，对诸子读书予以严格要求，甚至是每次上疏文本都须自己亲自去写，不可由别人替代。光武帝刘秀也十分重视对皇室子孙的教育，史载其"幼蒙鞠诲，圣敬之跻，及储官诞育，复亲抚诰，日省月课，实劳神

① 李延寿：《南史》卷53《梁武帝诸子》。
② 李百药：《北齐书》卷4《文宣》。
③ 严可均：《全汉文》卷1《手敕太子文》。
④ 严可均：《全汉文》卷1《手敕太子文》。

虑"。他还提出"诚宜准古，立师傅以训导太子"，认为"训导正则太子正，太子正则皇家庆，皇家庆则人幸甚矣"①。刘秀如此费神地对皇子进行教导，在中国教育活动史上实属少见。

三国时的曹操，可以说是三国群雄中教育子女最有成效的一个。他的儿子曹丕、曹植等皆文武双全；曹彰刚毅威猛，为一员猛将；曹冲虽然 13 岁时就夭折了，却是一位罕见的神童。这都得益于曹操的教导。建安十九年（214 年）七月，曹操率军南征孙权，派儿子曹植留守魏都邺城，并给曹植留下了一封书信《诫子植》，对他进行勉励和教诲。信中说："吾昔为顿邱令，年二十三。思此时所行，无悔于今。今汝年亦二十三矣，可不勉欤？"② 曹操以自己青年时代的亲身经历勉励曹植，要他像自己当年那样，趁青春年少干下一番惊天动地的事业，表明了曹操对曹植的殷切希望和严格要求。针对曹彰善射御而不重文才的特点，曹操侧重于对其文才的培养。他对曹彰说："汝不念读书慕圣道，而好乘汗马击剑，此一夫之用，何足贵也。"曹操尝问诸子所好，使各言其志。曹彰毫不犹豫地说："好为将。"曹操问："为将奈何？"曹彰回答说："被坚执锐，临难不顾，为士卒先；赏必行，罚必信。"③ 对此，曹操要求他学习《诗》《书》等典籍，希望他能够文武兼备，具有全面的治国才能，以备将来担当重任。但在后来的观察中，发现曹彰确实是一个将才，便不再勉强其学文，开始让他带兵征伐，为曹魏立下了赫赫战功。蜀国的刘备深知儿子刘禅德才均不能服众，对此深以为虑，在临终前写了《遗诏敕刘禅》，告诉他说："丞相叹卿智量，甚大增修，过于所望。审能如此，吾复可忧！勉之，勉之！"接着，他对刘禅要读的书做了指点，认为"可读《汉书》《礼记》，闲暇历观诸子及《六韬》《商君书》，益人意智"④。

十六国时期的后赵王石勒，其子石弘"幼有孝行，以恭谦自守，受经于杜瑕，诵律于续咸"。石勒认为这样不妥，所谓"今世非承平，不可专以文业教也"。也就是说，在非太平之世，仅仅精通经文是不够的，必须做到文武兼备。

① 魏收：《魏书》卷 62《李彪》。
② 裴松之注：《三国志》卷 19《魏书·任城陈萧王传》。
③ 裴松之注：《三国志》卷 19《魏书·任城陈萧王传》。
④ 裴松之注：《三国志》卷 32《蜀书·先主传》。

于是，石勒令"使刘征、任博授以兵书，王阳教之击刺"①。还有西凉政权的建立者李暠，经常教诲儿子要虚心向学，所谓"古今成败，不可不知"②，要求他们"退朝之暇，念观典籍"，只有知晓"古今成败"之道，才能深谙治国之术。

南朝时齐武帝萧赜还时常辅导其子萧长懋研习《左氏春秋》等儒家经典，希望将其培养成为文武兼备的皇位继承人，因而萧长懋具有很好的文化素养，深得士大夫群体的尊重。另据《南史》载："西阳王大钧，字仁博，简文第十四子也。性厚重，不妄戏弄。年七岁，武帝尝问读何书，对曰学《诗》。因令讽诵，即诵《周南》，音韵清雅。帝重之，因赐王羲之书一卷。"③ 从中我们可以看出梁简文帝萧纲对儿子学业的关切和重视，并予以与学习相关的物质上的奖励，大有助于增强皇子读书学习的兴趣。萧纲还时常告诫诸子说："汝年时尚幼，所缺者学。可久可大，其唯学欤。"并引用《论语》中孔子所言"吾尝终日不食，终夜不寐，以思，无益，不如学也"等，来让诸皇子明白"学"的重要性。他还对诸皇子说："若使墙面而立，沐猴而冠，吾所不取。"认为不学无术，或像沐猴戴冠那样虚有仪表，是不可取的。

北齐神武帝高欢，其子高涣"虽在童幼，恒以将略自许"。高欢对此大加赞赏，"壮而爱之"，还从"将略"上对高涣进行重点栽培，以致长大后的高涣"力能扛鼎，材武绝伦"。高涣常对左右曰："人不可无学，但要不为博士耳。"④

总之，基于对国家长治久安、皇位继承等重大问题的考虑，历代帝王都很重视对皇族子孙的教育，无论是设侍讲专门讲经授教，或者是结合日常生活而随时随地施教，无论是劝勉读书治学，或者是施以国事政事之教，都取得了明显的教育效果。通过这些皇子即位后的执政情况来看，他们的综合素养，对文化的传承、民族的融合、社会的进步都发挥了积极的促进作用。

---

① 房玄龄等：《晋书》卷 105《石勒下》。
② 房玄龄等：《晋书》卷 87《凉武昭王》。
③ 李延寿：《南史》卷 54《梁简文帝诸子》。
④ 李百药：《北齐书》卷 10《高祖十一王》。

第二节　文化世家的教育活动

"世家"原指古代那些世袭爵位的贵族，或因政治上的优势而世代为官的家族。后来，其涵义被扩大和延伸，遂出现有"经学世家""中医世家""文化世家""梨园世家"等说法。人们对于"世家"的理解，既强调了世家地位与影响的重要，又包含了家族、家世的意味。后来被人们理解为世代为官的家族，即贵族势要之家，因此遂有门阀或世族之称。汉唐之后，随着政治体制的演变，虽然世家大族始终以科举入仕为依归，但世家的含义已偏重于传世久远或家族兴旺了。

文化世家，作为一个规范的名称在史书上尚不多见。像人们通常习称的经学世家、梨园世家等，强调的不是政治权势，而是文化的传承，即所谓的家学渊源。因此，所谓文化世家，是指自古以来对中国文化发展作出杰出贡献或在家学传承上有典型表现的那些家族，其主要特点：一是某种文化在大族中代代传承，形成家学；二是大族中文化名人辈出，使大族更为显赫。

一个家族从普通家族成长为文化世家需要家学的介入，以至在家学及私学兴盛的两汉、魏晋南北朝时期，出现诸多文化世家，诸如汉朝的蔡邕世家、文翁世家、张皓世家、张霸世家、杨震世家、班彪世家、刘向世家等，以及魏晋南北朝时期的王羲之世家、颜之推世家等，鉴于其中一些家族的教育活动在本书其他章节已有所涉及，在此主要选择几个有代表性的家族来分析这一时期文化世家的教育活动情况。

一、蜀郡张霸家族的教育

张霸，字伯饶，东汉蜀郡成都人，7岁通《春秋》，尤善《严氏公羊春秋》，同时博览《五经》。张楷，张霸之子，字公超，通《严氏春秋》《古文尚书》，门徒常百人。张霸父子二人均以博学、高行为世人所重，经过长达数年的经营，为张氏家族树立了以礼治家、以学术传家的良好家风，成为当时远近闻名的文化世家。《后汉书》中这样评价张霸父子："霸贵知止，辞交戚里。公超善术，所舍成市。"① 较好地总结了张霸、张楷这一经学世家教育活动的特点。

（一）勉励向善之教

鼓励孩子勤奋研习、积极向善是张霸家族教育活动的主要内容。张霸虽非出身于富贵之家，但父母却知书达理、与人为善，使幼年的张霸受到了良好的家庭教育。张霸自小就聪颖懂事，并表现出了高远的志向，在他 7 岁通《春秋》后，就想再研习其他经书，父母不以为然地说："汝小未能也。"而张霸却说："我饶为之。"② 意思是说，自己习读经书的本领已经绰绰有余了，完全有能力研习其他经书。因张霸是家中的长子，父母就以"伯饶"作为他的字，以此来鼓励张霸读书向学。

天资聪颖加上后天的努力，以及父母的教诲，张霸很快成为东汉时期颇有影响的儒学大师和经学家，史载其"年数岁而知孝让，虽出入饮食，自然合礼，乡人号为'张曾子'"③。即说张霸年纪很小就懂得以礼待人，孝敬父母，爱护弟妹，具备了君子所应具有的良好德行，备受时人的推崇，被尊奉为"张曾子"。这里的"曾子"是指孔子的学生曾参，他作为孔门弟子中深得孔子礼义精髓之人，事亲至孝。由于曾参坚持躬行儒家的伦理道德规范，深受孟子的推崇，被历代封建统治者尊奉为"宗圣"。时人把张霸比于曾参，可见张霸从小就深受儒家思想的熏陶和影响，表现出了儒家高尚的道德风范，张霸把这种良好的道德风范通过家族教育传递给了他的后人。

张霸曾官至会稽太守，其地势偏僻遥远，盗贼时有出没，"郡界不宁"，对当地造成了很大的困扰和危害。为了整顿当地治安，张霸采用儒家说教和怀柔的方式来解决问题，"乃移书开购，明用信赏，贼遂束手归附，不烦士卒之力"，不费任何兵力就使当地的盗贼甘心归附。童谣曰："弃我戟，捐我矛，盗贼尽，吏皆休。"这反映了张霸与人为善、以礼相待的儒家风范，对家人也是一个极好的教育。长期置身仕途的张霸，没有官场勾心斗角、尔虞我诈的坏习气，始终保持着儒者的风范，影响到周围民众及家人，对其产生崇敬和膜拜之情，这无

---

① 范晔：《后汉书》卷 36《郑范陈贾张列传》。
② 范晔：《后汉书》卷 36《郑范陈贾张列传》。
③ 范晔：《后汉书》卷 36《郑范陈贾张列传》。

疑对家族子弟产生了良好的教化作用。当时有歌谣唱曰："城上乌，哺父母，府中诸吏皆孝子。"真实地反映了张霸当时教化家人和世人的成效。

张霸虽官至太守，但他一生廉洁正直，做官期间仅靠俸禄维持家中生计。由于为官清廉，又没有其他的经济来源，致使家中贫困，死后留给儿子们的家产也只有经书而已。张霸经常教导家人要勤俭持家，万不可营不义之财。每当生活陷入困境之时，他就会让儿子张楷到山中采药卖钱以贴补家用。后来，张楷"家贫无以为业，常乘驴车至县卖药，足给食者，辄还乡里"①，丝毫不为物质利益所诱惑，很明显是受到了父亲张霸的影响。张楷成名之后，在家授徒讲学，吸引了大批的士人前来问学求道。由于求学拜访的人太多，车马充斥街道，致使交通阻塞，以致"徒从无所止，黄门及贵戚之家皆起巷次，以候过客往来之利"②。来张楷家求学的人过多，找不到歇息的地方，一些人看到有利可图，就趁机在张楷家附近修建房舍，专候求学者住宿，以便从中谋利。张楷鄙视这些人利用他讲学而牟取私利的不仁行为，果断率领家人搬离而另择居地。张霸病死前，还曾留下遗言教训诸子说："昔延州使齐，子死嬴、博，因坎路侧，遂以葬焉。今蜀道阻远，不宜归茔，足藏发齿而已。务遵速朽，副我本心。人生一世，但当敬畏于人，若不善加己，直为受之。"③反映了张霸豁达的人生观和生死观，教育子弟要做到"敬畏于人"，要有善行，至于死后之事，在张霸看来是没有任何意义的。"诸子承命"，将其就近葬于河南滑县。张霸的言行无疑对教育子弟向善起到了积极的作用，也形成了家族以礼治家的风尚。

（二）为人处世之教

深受儒家道德观念影响的张霸，长期为官，深谙为官之道，主张为人处世要做到顺其自然，知耻而止，急流勇退，以明哲保身。张霸在任会稽太守期间，经常对家人及下属说："太守起自孤生，致位郡守。盖日中则移，月满则亏。老氏有言：'知足不辱。'"④张霸明确地告诉家族子弟，自己之所以能够在出身低微、没有依靠的情况下，做到会稽太守的位置，靠的就是顺其自然、知足常乐，

---

① 范晔：《后汉书》卷36《郑范陈贾张列传》。
② 范晔：《后汉书》卷36《郑范陈贾张列传》。
③ 范晔：《后汉书》卷36《郑范陈贾张列传》。
④ 范晔：《后汉书》卷36《郑范陈贾张列传》。

功成而身退。因此，张霸在任太守十年后，就以病为由辞官返乡。但由于其才华和影响，又被重新征用，拜为议郎，迁侍中。期间曾有朝廷达官贵人拉拢他，被他婉言拒绝了，被众人讥为不识时务。后来张霸又被封为"五更"，即熟悉金、木、水、火、土等事宜者，意指知识渊博、德高望重之人，此称号一般赐给那些虽然年老但仍在为朝廷效力且德行高尚的官员，以达到教化国民的目的。

张霸的儿子张楷继承了父亲的衣钵，世守家学，尤善《严氏春秋》和《古文尚书》。但与父亲不同的是，张楷一生都未曾步入仕途，终生从事他挚爱的学术和教育事业，他选择在家授徒讲学，吸引了大批士人登门拜访、游学，致使居处人口日益增多，逐渐形成了热闹的集市，时人称之为"公超市"。如《后汉书》所称，"学者随之，所居成市"。

古代士人大多信奉"学而优则仕"，认为士人求学大多是为了入仕为官，真正有才华而甘于隐居的人不多，有的人即使隐居也大多是屡遭挫折后的无奈之举。而张楷却坚定地选择了一生隐居，体现了他淡泊名利、清静无为的处世风格。张楷本来有很多出仕的机会，但他一次次地选择远离官场，隐居讲学，安贫乐道，恬淡清静。这与其父亲张霸从小灌输给他的人生哲学是分不开的。

二、会稽孔氏家族的教育

据《元和姓纂》记载，会稽郡孔氏家族乃孔子之后裔，到南北朝时逐渐发展成为文化世家大族。《晋书·孔愉》记载："孔愉，字敬康，会稽山阴人也。其先世居梁国。曾祖潜，太子少傅，汉末避地会稽，因家焉。祖竺，吴豫章太守。父恬，湘东太守，从兄侃，大司农。俱有名江左。"① 孔愉，"与同郡张茂字伟康、丁潭字世康齐名，时人号曰'会稽三康'"。这表明，孔氏家族在南迁前已具有相当高的文化水准和社会地位，成为儒学世族。由于其家族对文化传承的高度重视，使该家族成为魏晋南北朝时期会稽郡兴盛一时的文化世族，甚至超过了汉晋以来会稽郡一些传统的文化世族，如虞、贺、魏、谢等家族。孔氏家族历代人物皆重视家族文化的传承，成为魏晋南北朝时期很有影响力的文化世家，家族历代人才辈出。有学者统计，东晋时期南人任侍中者共有17人，孔

---

① 房玄龄等：《晋书》卷78《孔愉》。

氏就有 6 人；南人任仆射者共有 10 人，孔氏就有 3 人；另有多人出任吴兴、会稽等江东核心地区的郡守、内史等。

在家族文化传统上，自晋宋以降，孔氏家族成为江东传统的维护者。《宋书・顾琛传》载："先是，宋世江东贵达者，会稽孔氏恭，季恭子灵符，吴兴丘渊之及琛，吴音不变。"此处的"吴音不变"，表明会稽孔氏所代表的是江东本土家族，他们不愿与侨人文化合流，在文化上表现出较为明显的保守色彩。具体来说，孔氏家族的教育活动主要表现在以下几个方面。

（一）廉直从政之教

会稽孔氏家族依仗文化和学术起家，成为在政治领域内较为活跃的文化世族。为保持家族世代兴盛的局面，教子如何从政成为会稽孔氏家族教育活动的主要内容之一。

第一，从政要秉正不挠。纵览会稽孔氏家族的相关史籍，可以发现该家族在从政风格上显示出共同而鲜明的特征，"古之遗直"贯穿于整个魏晋南北朝时期孔氏家族教育活动的始末。在所载孔氏人物传记中，总会看到诸如"守正""秉正""清正""方正""强正""刚正""匡正""强直""方直""正直""抗直""直亮"等字眼，其中显示出来的是会稽孔氏家族从政生涯和经历中所共同坚守的品格，也是孔氏家族对从政子弟进行教育的主要内容，要求家族子弟在从政中要养成为官清廉刚正的品格，并在家族内部形成一种传统。

孔氏家族在政治上崛起的关键性人物，应推两晋之交的孔愉。他在为政时坚持秉公执政的风格，勇于坚守自己的底线，从不向强权势力妥协。当时，随着东晋政权的逐渐稳定，司马睿试图对皇权进行强化，遂引发了"王敦之乱"，造成了政局的动荡不安。对司马睿的此种行为，孔愉提出了反对和批评意见。《晋书》本传载曰："于时刁协、刘隗用事，王导颇见疏远。愉陈导忠贤，有佐命之勋，谓事无大小皆宜咨访。由是不合旨，出为司徒左长史，累迁吴兴太守。"① 从当时的社会大局来看，孔愉的这一建议显然是代表了东晋时期门阀政治集团的根本利益，他之所以庇佑王导，实非出于私情，他的建议如果被采纳，将可以大大缓解统治集团内部的斗争，遗憾的是没有被采纳，反而触犯了司马

---

① 房玄龄等：《晋书》卷 78《孔愉》。

睿，遭到了排挤。

至晋成帝时，孔愉官至尚书左仆射，此时王导显示出了"愦愦之政"的诸多弊端，孔愉上书朝廷对其提出了严厉的批评，认为"奸吏擅威，暴人肆虐"。王导"闻而非之，于都坐谓愉曰：'君言奸吏擅威，暴人肆虐，为患是谁？'愉欲大论朝廷得失，陆玩抑之乃止"。后来，王导以赵胤为护军，孔愉得知，力加劝止。他对王导说："中兴以来，此处官者，周伯仁、应思远耳。今诚乏才，岂宜以赵胤居之邪！"王导并不为之所动，然孔愉依然坚持自己的意见，"由是为导所衔"。孔愉之前因庇护王导而遭司马睿所忌，后来又因批评王导而"为导所衔"，表明孔愉从政的风格和态度前后始终是保持一致的，皆以大局、公心为重，也即所谓"守正"者也。何法盛在《晋中兴书·会稽孔录》亦称孔愉，"其秉正不挠，皆此类也"。

孔愉诸子在父亲的教育和影响下，从政皆有父风，如其子孔汪"好学有志行"，晋孝武帝时任侍中，"时茹千秋以佞媚见幸于会稽王道子，汪屡言之于帝，帝不纳。迁尚书太常卿，以不合意，求出"。又载："汪既以直亮称，安国亦以儒素显。"孔安国为孔愉第三子，官至尚书仆射，晋安帝曾下诏称其"贞慎清正"，也以直道著称。① 孔愉之侄孔坦，尤具孔愉之风。据《晋书·孔愉》载，"坦少方直，有雅望"。司马睿任其为尚书郎，"时典客令万默领诸胡，胡人相诬，朝廷疑默有所偏助，将加大辟。坦独不署，由是被谴，遂弃官归会稽"。晋成帝咸和初年，孔坦迁尚书左丞，"深为台中之所敬惮"，对诸多政事提出谏诤之言。如史所载：

> 坦在职数年，迁侍中。时成帝每幸丞相王导府，拜导妻曹氏，有同家人，坦每切谏……及帝既加元服，犹委政王导，坦每发愤，以国事为己忧。尝从容言于帝曰："陛下春秋既长，圣敬日跻，宜博纳朝臣，咨诹善道。"由是忤导，出为廷尉，怏怏不悦，以疾去职位。②

还有孔愉之从弟孔群，也表现出了和孔愉、孔坦一致的从政风格。《世说新语·方正》载曰："苏峻时，孔群在横塘为匡术所逼。王丞相保存术，因众坐戏语，令其劝酒，以释横塘之憾。群答曰：'德非孔子，厄匡人。虽阳和布气，鹰

---

① 房玄龄等：《晋书》卷78《孔愉》。
② 房玄龄等：《晋书》卷78《孔愉》。

化为鸠，至于识者，犹憎其眼。'"孔群斥责苏峻降将匡术，表明了自己士大夫的清白立场，其抨击的矛头显然直接指向了王导及其弊政。受此影响，孔愉的另一位侄子孔严在晋哀帝隆和年间、晋废帝太和年间也多有谏诤之言。《晋书·孔愉》载孔严"多所匡益"，《晋中兴书》也称其"在朝多所匡正"，可见其从政风格和其叔父如出一辙。

孔氏族人不仅对王导政权表现出"守正""匡正"的从政品格，对东晋前期另一位参与执政并与王导家族争权夺利的颍川庾氏家族，同样以公心待之，并不曲意阿附。史载孔坦因仗义执言得罪王导后，一度"怏怏不悦"，庾氏乘机与孔坦相交，多加笼络，孔坦则至死保持"守正"。《世说新语·方正》载其事曰："孔君平疾笃，庾司空为会稽，省之，相问讯甚至，为之流涕。庾既下床，孔慨然曰：'丈夫将终，不问安国宁家之术，乃作儿女子相问！'庾闻，回谢之，请其话言。"孔坦死前尚对庾冰以"安国宁家之术"相告，可见二人平时相处之严正程度。《晋书》本传也记载孔坦临终前与庾亮修书一事，希望他能够以国事为重，努力经营，实现"四海一统"的宏愿。

可以说，东晋时期孔氏家族入仕者在从政上表现出秉正刚直的风格，这主要源于孔氏家族成员的长期坚守和传承，长期以来已然形成了独具孔氏家族特色的家风。在此期间，孔氏家族处在司马皇权、琅邪王氏、颍川庾氏等强权豪门激烈斗争的氛围之下，即便如此，孔氏家族皆以公心、公理为处理政事的原则和标准，绝不阿附求宠，趋炎附势，表现出方正直言、勇于批评与谏诤的特点。虽然，孔氏家族难免会遭受挫折和打击，但从未退却和让步，表现出了凛然可敬的刚正风格，这种从政态度和心态，表明儒家忠义思想对孔氏家族产生了非常深刻的影响。

南朝宋以降，孔氏家族入仕者仍然保持了"秉正不挠"的从政风格，且多有出任御史中丞者，而此职位主要是具体负责督察、考核或弹劾朝臣，这需要任此职者具有刚正不阿的品格和素质。事实证明，孔氏族人可谓堪当此职。《宋书·孔琳之》载，孔琳之为人"强正有志力"，晋末桓玄一度专断朝政，"桓玄时议欲废钱用谷帛"，"玄又议复肉刑"，孔琳之认为此皆关乎国计民生，至关重要，故上书以为不可行。"玄好人附悦，而琳之不能顺旨，是以不见知。"① 刘裕建宋后，孔琳之任御史中丞，"明宪直法，无所屈挠"。他曾上奏弹劾刘裕的亲信重臣尚书令徐羡之，认为他行事亏违宪典，要求免除徐羡之官位，故徐羡之托孔琳之弟孔遽"解释琳之，停寝其事。琳之不许。遽之固陈，琳之谓曰：'我触忤宰相，正当罪止一身耳尔，汝必不应从坐，何须勤勤邪！'自是百僚震肃，莫敢犯禁"②。在孔琳之的影响下，孔琳之之孙孔觊，《宋书》称其"少骨梗有风力，以是非为己任"。宋孝武帝大明年间，孔觊亦任御史中丞一职，"尤不能曲意权幸，莫不畏而疾之"。时兰台令史皆三吴富室子弟，孔觊"蓬首缓带，风貌清严，皆重迹屏气，莫敢欺犯"③。

南朝齐时的孔稚珪、梁时的孔休源等都曾任过御史中丞，且多有弹劾上奏之举。如《梁书》本传称孔休源"除给事黄门侍郎，迁长兼御史中丞，正色直绳，无所回避，百僚莫不惮之"。后来他出任南郡太守时，"在州累政，甚有治绩，请托不行"。陈朝时，孔奂出任御史中丞，《陈书》本传载："初，世祖在吴中，闻奂善政，及践祚，征为御史中丞，领扬州大中正。奂性刚直，善持理，多所纠劾，朝廷甚敬惮之。深达治体，每所敷奏，上未尝不称善，百司滞事，皆付奂决之。"④ 本传还称其"性耿介，绝请托，虽储副之尊，公侯之重，溺情相反，终不为屈"。陈后主为太子时，曾提议以江总为太子詹事，孔奂则认为江总华而不实，"由是忤旨"，因此屡遭后主排抑，"其梗正如此"。《陈书》本传末，称孔奂"謇谔在公，英飚振俗，详其行事，抑古之遗直矣"⑤。这恰恰表明，孔氏族人在任御史中丞之时，很好地秉承了"秉正不挠"的优良家风。

第二，处事要务实。孔氏家族除教育子弟从政要"秉正不挠"外，还表现出另一个显著的特点，即对家族子弟的务实说教，遂使孔氏家族很少有浮华轻薄之徒。可以说，孔氏族人在从政的过程中，都显示出崇尚实干、反对务虚的一致作风，他们每为官一处，皆能造福于民，这也在家族中形成了一种传统。据《晋书》本传载，孔愉晚年出任会稽内史期间，"句章县有汉时旧陂，毁废数

① 沈约：《宋书》卷 56《孔琳之》。
② 沈约：《宋书》卷 56《孔琳之》。
③ 沈约：《宋书》卷 84《孔觊》。
④ 姚思廉：《陈书》卷 21《孔奂》。
⑤ 姚思廉：《陈书》卷 21《孔奂》。

百年。愉自巡行，修复故堰，溉田二百余顷，皆成良业"①。孔愉之子孔汪任广州刺史时，"甚有政绩，为岭表所称"。孔严任全椒令，"在官有惠化，及卒，市人若丧慈孝亲焉"。晋哀帝时，孔严任职尚书，东海王奕"求海盐、钱塘以水牛牵埭税取钱直，帝初从之，严谏乃止"。后孔严出任吴兴太守，"善于宰牧，甚得人和"②。这些在别人看来，属于一些琐碎之事，但在孔严看来，却是关乎民生之大事，显示出他务实的作风。

孔严后人延续了家族务实从政的作风，如孔坦在任廷尉卿时，据《初学记》引《会稽后贤记》载："狱多囚系，坦到官，躬执辞状，口辩曲直，小大以情，不加楚挞，每台司录狱，无所顾问，皆面决当时之事。"表明孔坦在处理政务时，颇为认真干练，事必躬亲，显示出很强的处事能力。

在南朝时期，孔氏族人在从政时多重实务。如孔季恭之子孔灵符，据《宋书·孔季恭传》载："山阴县土境偏狭，民多田少，灵符表徙无赀之家垦其湖田。"后孝武帝"从其徙民，并成良业"。故史称"悫实有材干，不存华饰，每所莅官，政绩修理。"③孔季恭之孙孔琇，以"有吏能"称。他任乌程令期间，厉行法治，"县中皆震肃"；其迁尚书左丞，"又以职事知名"；后出任临海郡，"在任清约"；在吴兴郡，亦"治称清严"。孔休源"明练治体，当官理务，不惮强御"，他在任建康狱正时，"及辨讼折狱，时罕冤人。后有选人为狱司者，高祖尚引休源以励之"。在主政荆州时，"甚有治绩，平心决断，请托不行。高祖甚嘉之"。可见，孔休源善于处理政事，且治绩显著，当时很少有人能和他匹敌，也因此得到了皇帝的推崇和嘉奖。

在孔氏族人的影响和教育下，陈朝的孔奂也颇有才干。他在任晋陵太守期间，"清白自守，妻子并不之官，唯以单船临郡，所得秩俸，随即分赡孤寡，郡中号曰神君"。当地富人殷绮以衣物相赠，孔奂拒之曰："太守身居美禄，何为不能办此，但民有未周，不容独享温饱耳。劳卿厚意，幸勿为烦。"后来，孔奂屡迁要任，依然"在职清俭，多所规正"④。

---

① 房玄龄等：《晋书》卷 78《孔愉》。
② 房玄龄等：《晋书》卷 78《孔愉》。
③ 沈约：《宋书》卷 54《孔季恭》。
④ 姚思廉：《陈书》卷 21《孔奂》。

从东晋到南朝末年，孔氏族人入仕者，均表现出了清正廉明、理事练达的作风，形成了鲜明的家风，与魏晋南北朝时期社会上盛行的以"朝隐"为高、不尚实务的风气形成了鲜明的对比，这显然是孔氏家族内部家族教育的结果。

第三，熟谙典章制度。作为儒学世族的孔氏家族，必然会要求自家子弟通晓典章制度，这是从政者所必须具备的基本素养。事实上，这一教育活动也是很有成效的。如东晋时的孔坦，在选举和礼制方面颇有建树，敢于仗义执言。据《晋书·孔愉传附孔坦传》载："先是，以兵乱之后，务存慰悦，远方秀、孝到，不策试，普皆除署。至是，帝申明旧制，皆令试《经》，有不中科，刺史、太守免官。大兴三年，秀、孝多不敢行，其有到者，并托疾。帝欲除署孝廉，而秀才如前制。"针对这种人才选拔活动中所存在的问题，孔坦上奏指出，对秀、孝如不加考核，"偏加除署，是为肃法奉宪者失分，侥幸投射者得官，颓风伤教，惧于是始"。由此，他建议，无论秀、孝，"一皆策试"，"可申明前下，崇修学校，普延五年，以展讲习，均法齐训，示人轨则"，即对已推举的秀、孝提供补修的机会。此建议得到了晋元帝的采纳，有力地推动和完善了晋代考试制度和儒学教育的恢复。又载，晋成帝"刻日纳后"，恰遇尚书左仆射王彬病故，"议者以为欲却期"。孔坦则认为："婚礼之重，重于救日蚀。救日蚀，有后之丧，太子堕井，则止。纳后盛礼，岂可以以臣礼而废！"这表明了孔坦对王导专权的不满，又显示了他维护礼制严肃性的坚定决心。

孔严也颇通礼制，且坚持原则。据《晋书·孔愉传附孔严传》载，晋哀帝践祚，"议所承统，时多异议。严与丹杨尹奂龢议曰：'顺本居正，亲亲不可夺，宜继成皇帝。'诸儒咸以严议为长，竟从之"。隆和元年（361年），哀帝以"天文失度……欲依鸿祀之制，于太极殿前庭亲执虔肃"。孔严上书谏曰：

> "鸿祀虽出《尚书大传》，先儒所不究，历代莫之兴，承天接神，岂可以疑殆行事乎！天道无亲，唯德是辅，陛下祗顺恭敬，留心兆庶，可以消灾复异。皆已蹈而行之，德合神明，丘祷久矣，岂须屈万乘之尊，修杂祀之事！君举必书，可不慎欤！"帝嘉之，而止。[1]

此外，南齐时的孔稚珪对礼法制度也颇为通晓。据《南齐书》本传载，齐

---

① 房玄龄等：《晋书》卷78《孔愉》。

武帝永明年间，孔稚珪官至廷尉，专门负责处理法律事务。孔稚珪经过调查，指出了当时法律实施中所存在的诸多弊端，如"律文虽定，必须用之；用失其平，不异无律"，而"法吏无解，既多谬僻，监司不习，无以相断"，以致冤案多有。这和当时的社会风气下滑是息息相关的。孔稚珪认为，"古之名流，多有法学"，而"今之士子，莫敢为业，纵有习者，世议所轻。良有空勤永岁，不逢一朝之赏，积学当年，终为闾伍所嗤"①。可见，法律事务在当时不是很受重视。而法律在国家治理中的重要性又是不言而喻的，为此，孔稚珪建议齐武帝将法律训练作为任官的必备条件之一，甚至主张"国学置律助教，依《五经》例，国子生有欲读者，策试上过高第，即便擢用，使处法职，以劝上流"。众所周知，南朝士族人物大多鄙薄实务，为学重清谈义理，对有关吏事的法律制度尤为轻视。孔稚珪的这一建议，实为切中时弊，他提出"课业宦流"，在国子学中立律学，可谓有识之见。孔稚珪之所以有此卓识，超乎同侪之上，正得益于其精擅典制、重视实务的家族文化传统的熏染。

南朝梁代的孔休源以精悉典制而深得梁武帝宠信；梁、陈之际的孔奂颇为熟悉典章制度。两人皆曾任尚书议曹郎（或为郎中、或为侍郎），具体负责国家的朝仪典制，这形成了孔氏族人任职的又一显著特色。这一家族风尚的形成，显然和孔氏家族内部的教育活动是分不开的。

（二）传承儒学之教

事实上，受社会主流文化的影响，孔氏家族自汉朝以来便尊奉儒学，恪守儒家伦理道德观念，并以儒术来经营家族事业，形成了代代有儒术传人的良好传统，也出现了许多在历史上有影响的经师。

孔氏家族中有据可考的最早的经师当为孔冲。据《晋书》载，许孜"孝友恭让，敏而好学。年二十，师事豫章太守会稽孔冲，受《诗》《书》《礼》《易》及《孝经》《论语》。学竟，还乡里。冲在郡丧亡，孜闻问尽哀，负担奔赴，送丧还会稽，蔬食执役，制服三年"②。由此可见，孔冲所授涉及诸经，说明他是一位学识广博的"通儒"，又从许孜对孔冲的尊崇之情可以看出，孔冲应具有较高的德行，深得弟子敬服。孔冲作为孔氏家族的第三代南徙的移民，表明该家族在南徙前就已经具有相当高的文化水平。

入晋后，孔氏家族虽然没有出现像孔冲这样杰出的的学者，但仍然保留了习经尚儒的家族传统。如《隋书·经籍志二》著录载有"《晋咸和咸康故事》四卷，晋孔愉撰"，可见孔愉对晋代旧典颇有研习。又如《晋书·孔愉传》载，孔冲之孙孔坦"通《左氏传》，解属文"；孔愉之子孔安国"以儒素显"；孔奕之后人孔沈被誉为会稽"四族之俊"，"有美名"。孔愉之孙孔季恭，于晋安帝义熙八年（412年）出任会稽内史，"修饰学校，督课诵习"，推广儒学教育。可见，自汉末孔潜南徙，其嫡传的三支孔恬、孔冲、孔奕之后人，皆有一定的儒学修养。据《梁书·孔休源传》载，孔休源乃孔冲八世孙，少时从"吴兴沈驎士受经，略通大义"，太尉徐孝嗣见其策文称曰："董仲舒、华令思何以尚此，可谓后生之准也。"对其评价可谓极高。于是，"琅邪王融雅相友善，乃荐之于司徒竟陵王，为西邸学士……与南阳刘之遴同为太学博士，当时以为美选"。《梁书·儒林》亦载有出自会稽孔氏家族的儒者，其中："孔佥，少师事何胤，通《五经》，尤明《三礼》《孝经》《论语》，讲说并数十遍，生徒亦数百人。历官国子助教，三为五经博士，迁尚书祠部郎。"可见孔佥学识渊博，可谓通儒。南朝陈时的孔奂也颇有学养，《陈书》本传载其"好学，善属文，经史百家，莫不通涉"。沛国的刘显，每次与孔奂讨论，都颇为叹服。孔氏家族在经学研究方面代代传承，且每代均不乏杰出之人，这显然是孔氏家族重视儒学教育的结果。

孔氏家族不仅重视经术的传承，而且在家族内部重视倡导儒家伦理，强调孝义践履。其中孔愉、孔安国父子曾相继为太常，掌管国家礼仪，作为国家礼仪的执行者，他们或以身作则，教育家族子弟恪守礼制、奉行孝道，或毫不犹豫地弹劾和纠正那些不守孝制的朝臣，以改变和挽救世风，表现出了儒学世家的风范。《晋书》本传载孔愉事迹称：

> 及苏峻反，愉朝服守宗庙。初，愉为司徒长史，以平南将军温峤母亡遭乱不葬，乃不过其品。至是，峻平，而峤有重功，愉往石头诣峤，峤执愉手而流涕曰："天下丧乱，忠孝道废。能持古人之节，岁寒不凋者，唯君一人耳。"时人咸称峤居公而重愉之守正。

孔愉通过秉持孝道而抑制当时重臣温峤，意在整饬当时的世风，为天下世人及家族子弟做出了表率，这也反映出了家族"守正"之传统。《世说新语·德行》载孔愉之子孔安国云："孔仆射为孝武侍中，豫蒙眷接烈宗山陵。孔时为太常，形肃羸瘦，著重服，竟日涕泗流涟，见者以为真孝子。"注引《续晋阳秋》亦称其"少而孤贫，能善树节，以儒素见称"。可知，孔安国任太常期间，常以孝道律己，被称为"真孝子"。孔愉和孔安国父子二人在孝道礼制上，表现出了惊人的相似之处，可谓父子相承，如出一辙，其家教之严正可见一斑。

　　受前辈的影响，梁、陈之时的孔休源和孔奂同样表现出尊老重孝的品质。如《梁书》所载："休源年十一而孤，居丧尽礼，每见父手所写书，必哀恸流涕，不能自胜，见者莫不为之垂泣。"再如《陈书》称孔奂"数岁而孤，为叔父虔孙所养"。后遇侯景之乱，孔奂"寻遭母忧，哀毁过礼。时天下丧乱，皆不能终三年之丧，唯奂及吴国张种，在寇乱中守持法度，并以孝闻"。这样的例子在孔氏家族中还是很多的，说明孔氏家族教育在孝友方面取得了较为明显的成效，也成了孔氏家族的传统和象征。

（三）玄化和通达之教

　　魏晋时期玄风昌炽，处于如此文化氛围中的孔氏家族，尽管家风较为保守，但也不可避免地受到此风气的影响，家族教育也表现出了玄化和通达的特征。

　　《世说新语·言语》载有孔坦与一位9岁小男孩杨修相遇的场景，称："梁国杨氏子，九岁，甚聪慧。孔君平诣其父，父不在，乃呼儿出，为设果。果有杨梅，孔指以示儿曰：'此是君家果。'儿应声答曰：'未闻孔雀是夫子家禽。'"孔坦作为国之大臣，对于国家大事一贯严正不苟，但私下在家里，则颇具玄趣，甚至和9岁小儿斗嘴。和孔坦相比，南齐时期的孔稚珪表现出更浓的玄化色彩，据《南齐书》本传载：

> 稚珪风韵清疏，好文咏，饮酒七八斗。与外兄张融情趣相得，又与琅邪王思远、庐江何点、点弟胤并款交。不乐世务，居宅盛营山水，凭机独酌，傍无杂事。门庭之内，草莱不剪，中有蛙鸣。或问之曰："欲为陈蕃乎？"稚珪笑曰："我以此当两部鼓吹，何必期效仲举。"

《南史》本传[1]又载："王晏尝鸣鼓吹候之，闻群蛙鸣，曰：'此殊聒人耳。'曰：'我听鼓吹，殆不及此。'晏甚有惭色。"[2] 孔稚珪当时所交之人如何点、何

---

[1]《南齐书》为"孔稚珪"，《南史》为"孔珪"，实为一人。
[2] 李延寿：《南史》卷49《孔珪》。

胤等皆为玄化隐逸之名士，可见孔稚珪玄化色彩非常明显。《南史·隐逸上》载："会稽孔珪尝登岭寻欢，共谈《四本》。"此处所说的"四本"，指的是才性同、才性异、才性合、才性离之论，属于玄学的最基本的问题。加之孔稚珪身上所表现出来的清疏、好文咏、好饮酒的习气，可以看出玄学在孔氏家族教育中占据着一定的分量。

魏晋时期的玄学家们普遍喜欢饮酒，对酒当歌、把酒谈吐、醉酒不羁成为魏晋名士所崇尚的风格。孔氏家族子弟也难免要受到此风气的影响。如《晋书》载，孔群"有智局，志尚不羁"，指出孔群是当时一个颇具性情的名士，在他的身上体现魏晋名士的生活方式是好饮酒。《世说新语·任诞》载曰：

> 鸿胪卿孔群好饮酒。王丞相语云："卿何为恒饮酒？不见酒家覆瓿布，日月糜烂？"群曰："不尔，不见糟肉，乃更堪久。"群尝书与亲旧："今年田得七百斛秫米，不了麹蘖事。"

由上可见，孔群确实十分好酒，达到了痴狂的地步。其实，孔氏家族一直有饮酒的传统和习惯。据《晋书》载，孔严祖父孔奕为全椒令，"时人有遗其酒者，始提入门，奕遥呵之曰：'入饷吾两罂酒，其一何故非也？'检视之，一罂果是水。或问奕何以知之，笑曰：'酒重水轻，提酒者手有轻重之异故耳。'"①孔奕对酒的特性有如此细致的了解和认识，可以推断与其善饮酒有着密切的关系。

在孔群的影响下，子孙也多耽酒。如刘宋时孔群的五世孙孔觊，其耽酒的程度与孔群相比有过之而无不及。《宋书》称：

> 为人使酒仗气，每醉辄弥日不醒，僚类之间，多所凌忽，尤不能曲意权幸，莫不畏而疾之。不治产业，居常贫罄，有无丰约，未尝关怀。为二府长史，曲签咨事，不呼不敢前，不令不敢去。虽醉日居多，而明晓政事，醒时判决，未尝有壅。众咸云："孔公一月二十九日醉，胜他人二十九日醒也。"世祖每欲引见，先遣人觇其醉醒。②

后来，孔觊据浙东反宋明帝，兵败被俘，临死求酒曰："此是平生所好。"可见其酗酒程度远胜于其先祖孔群，加之前面所提到的孔稚珪"饮酒七八斗"，

---

① 房玄龄等：《晋书》卷 78《孔愉》。
② 沈约：《宋书》卷 84《孔觊》。

可以看出，孔氏家族历经六朝之兴替，其家族耽酒之风一直未衰。这是因为，当时魏晋之玄风与酒的关系甚密，《世说新语·任诞》所载东晋名士所言可以为证："三日不饮酒，觉形神不复相亲。""酒正使人人自远。""名士不必须奇才，但使常得无事，痛饮酒，熟读《离骚》，便可称名士。"可见，在魏晋南北朝时期，酒是当时玄风不可或缺的因素，它是展现玄境，成为名士所必须具备的条件之一。处在这一时代背景下的孔氏家族，其族人耽酒成风，使酒成为孔氏门风中率真任性的象征物，显然也与家族教育引导不无关系。

（四）传递家学之教

孔氏家族子弟大多具备一定的文艺修养，包括文学、书法上等均有一定造诣，形成的家学传统需要通过教育活动来传递，事实上这种传递的效果也是非常明显的。史载孔汪"好学有志行"，孔坦"解属文"，晋宋之际的孔宁子在宋文帝时"以文义见赏"，是当时知名的文士之一。特别是孔琳之，《晋书》称其"以草书擅名"，《宋书》本传载其"好文义，解音律，能弹棋，妙擅草书"。其书法成就得到了时人及后世的赞誉和肯定，南齐王僧虔在《论书》中评价他说："孔琳之书，天然绝逸，极有笔力，规矩恐在羊欣后。"称其风格"放纵快利，笔道流便"。唐代书法评论家张怀瓘在《书断》中，将孔琳之的隶、行、草三体皆列为"妙品"，其风格师法王献之，尤精擅草书，时有"羊（欣）真孔草"之说法。这表明孔琳之的书法在当时达到了较高的艺术境界。

齐、梁以降，孔氏家族的文学水平较之前代有了明显的提高。《南齐书》本传载孔稚珪，"少学涉，有美誉"，太守王僧虔"见而重之，引为主簿"，后被萧道成任为骠骑将军和记室参军。尤其是他"好文咏"，与当时的文士张融等人交往甚密，其代表作《南山移文》被誉为六朝骈文的代表作之一，为唐人所师法。除此之外，齐、梁间以文闻名的孔氏家族的学者还有孔广、孔逭。据《南史·文学》载，"时又有会稽孔广、孔逭皆才学知名"：

> 广，字淹源，美容止，善吐论。王俭、张绪咸美之。俭常云："广来使人废簿领，匠不须来，来则莫听去。"绪数巾车诣之，每叹云："孔广使吾成轻薄祭酒。"仕至扬州中从事。

> 逭，抗直有才藻，制《东都赋》，于时才士称之。陈郡谢瀹年少时游会稽还，父庄问："入东何见，见孔逭不？"见重如此。著《三吴决录》，不传。

文中所提到的王俭、张绪、谢庄父子皆为当时知名文士，他们对孔广、孔逭的才学如此赏识和推崇，说明此二人的文学水平是相当高的。

孔氏家族至陈朝，在文学方面有成就者有孔范、孔奂、孔绍安等。《南史·恩幸》载，"范少好学，博涉书史"，被陈后主任为都官尚书，他"与江总等并为狎客，范容止都雅，文章赡丽，又善五言诗，尤见亲爱"。虽然孔范蒙蔽后主罪不可赦，但其文才过人却是不争的事实。而孔奂也"善属文"，《陈书》本传载其"有集十五卷，弹文四卷"。孔绍安为孔奂之子，《旧唐书·文苑》载其："少与兄绍新，俱以文词知名。十三，陈亡入隋，徙居京兆鄠县。闭门读书，诵古文集数十万言，外兄虞世南叹异之。绍新尝谓世南曰：'本朝沦陷，分从湮没，但见此弟，窃谓家族不亡矣。'"隋炀帝大业十二年（616 年），孔绍安官至监察御史，唐高祖时命其撰《梁史》，可惜未成而亡，"有文集五卷"。孔绍安被其兄孔绍新称之为家族的希望，实不为过。除孔绍安外，《隋书·文学》还载其家族子弟孔德绍，"有清才""专典书檄"，等等。

由此可见，在整个魏晋南北朝时期，孔氏家族在文学艺术上代不乏人，形成了"重文"的家风。在频繁的政权更迭中，孔氏家族始终以文自恃，鼓励家族子弟尚文重教。正是赖于孔氏家族在文化上的成就，方使家族在动乱的魏晋南北朝时期长盛而不衰。而孔氏家族子弟之所以能在文学艺术上有较大的成就并非偶然，与孔氏家族始终重视家族教育是分不开的。虽然现在很难找到孔氏家族教育活动的具体素材和事迹，但从其在文化艺术上的延续性可以看出，他们对家族教育是较为重视的，其家族教育也是较为成功的。

三、陈郡谢氏家族的教育

唐朝诗人刘禹锡在其《乌衣巷》中，就曾提到当时显赫的王氏和谢氏两个大家族，称"旧时王谢堂前燕，飞入寻常百姓家"。以王、谢为代表的乌衣豪门，原是北方的中朝衣冠。东晋时期，陈郡谢氏以谢鲲起家，尔后其子谢尚，从子谢奕、谢万等陆续出任西中郎将、豫州刺史等地方军政要职，谢氏家族兴起。当谢万被废为庶人后，在会稽东山隐居的其兄谢安为了家族的利益，毅然出仕。凭借他的声望和能力，迅速进入权力中枢，后任简文帝顾命大臣，使陈郡谢氏继续处在上升时期。直到当权的桓温病死后，谢安才独掌朝政，谢氏子弟也因此纷纷担任军国要职，陈郡谢氏进入强盛时期。淝水之战中，谢安，其弟谢石及谢玄、谢琰等子侄辈都为国立功。战后谢安被封为庐陵郡公，谢石被封为南康公，谢玄被封为康乐公，谢琰被封为望蔡公。谢氏家族一门四公，当世莫比，可谓盛极一时。东晋末年晋孝武帝开始扩张皇权，谢安、谢玄等遭到排挤，先后解职并死去，这标志着谢氏家族的强盛时期已经过去。尽管如此，谢氏家族的声望与地位当时仍维持在一个较高水平上。此后，经孙恩、卢循农民起义的打击以及晋末宋初皇权重振的冲击，谢氏家族开始走向衰落，这个过程一直延续到南朝末年。

总体来说，谢鲲、谢安、谢弘微是谢氏家史上的三座里程碑。谢鲲父谢衡有三子：谢鲲、谢裒、谢广。其中，谢广不见于史书记载。谢鲲子谢尚，乃是陈郡谢氏兴起过程中的一个重要人物。谢裒有六子：谢奕、谢据、谢安、谢万、谢石、谢铁。其中，最有成就的是谢安，其次为谢奕、谢万、谢石等，这表明陈郡谢氏的家族体系在日益发展，其家族影响也日渐扩大。谢奕、谢据、谢安等的子侄辈人数不断增加，其中谢奕子谢玄、谢安子谢琰连同其父辈谢安、谢石都参加了淝水之战，其时间大体在东晋中后期。谢玄、谢琰之后，也即晋末宋初这段时期，谢氏见于史书的人数剧增，形成了一个庞大的体系。其中影响较大、常见于史书乃至文学书籍记载的有谢混、谢惠连、谢灵运、谢弘微等。但宋之后，虽然仍有谢奕的后代谢超宗、谢几卿等，但谢据、谢万、谢石、谢铁的后代人数急剧减少乃至绝迹，只有谢安的后代见于史书的人数规模仍较大，自成一个族系。

谢氏家族如此兴盛辉煌，且人才辈出，有声有色的教育活动是最不可或缺的促成因素，主要体现在如下几个方面。

（一）玄儒兼修之教

在儒学盛行的汉朝，以言行合于五经为雅，悖于五经为俗。在庄老玄学流行的魏晋六朝则以高蹈出尘、任情背礼为雅，以尘务经心、拘挛礼法为俗，尤喜不理政务、任诞放达的处世价值取向。谢氏家风的精神底蕴是庄老心态，这种心态的结构是重情轻礼。在两晋及南朝谢氏家族史上，除了谢衡为硕儒，末世孙谢贞受儒学熏陶外，少有人再为好儒学者。

第一，追逐玄风教化。谢氏家族的"雅道相传"的名士家风，以及老庄的心态，在其行为上表现为：适情悦意的生活理想，隐逸的处世态度，讲究风神仪表，向往山水风月，爱好文学。可以说，谢氏家族不仅是政治贵族，更是精神贵族。

可能很少有人想到世代心仪庄老的谢氏家族的兴起竟然始于儒学。西晋的谢鲲是谢氏家风的开启者，也是谢氏家族中第一个在《晋书》里有传的人物。谢鲲祖父为谢缵，任魏典农中郎将，"其父谢衡，以儒素显，仕至国子祭酒"①。谢衡在当时精通儒术，熟谙礼仪，且为人严谨，循规蹈矩。时代变迁，历史弄人，在魏晋之际玄风渐起的情况下，身为国师的硕儒谢衡信奉儒教显然已不为士流所重，他所开创的儒学家风也不可避免地要发生轨迹的改变，使儿子谢鲲成了一位信奉庄老、放荡任诞的"达士"。谢鲲一改家风，崇尚玄学，"鲲少知名，通简有高识，不修威仪，好《老》《易》，能歌，善鼓琴，王衍、嵇绍并奇之"②。谢鲲虽放达，但也不是不以事物营心。晋明帝在东宫召见他，问曰："论者以君方庾亮，自谓何如？"谢鲲答曰："端委庙堂，使百僚准则，鲲不如亮。一丘一壑，自谓过之。"③这样的回答既表明了自己在为官上虽然不如庾亮，但在纵情于山水上却比他强，有名士风范。谢鲲因规劝王敦效忠于晋室，不要加害东晋名臣，被王敦派到地方做郡守，莅政清肃，百姓爱之，后死于任上。

谢氏家族从之前的搢绅变为风流名士，实际上是受到了"八王之乱"和"元康之放"的影响，也是谢氏家风变迁的外部因素。元康是晋惠帝的年号，正当"八王之乱"泛滥不止之际。士人们一方面受到时局的刺激，另一方面又难以改变时局，于是就接续了曹魏正始以后的风气，或清谈玄虚以自远，或任诞放达以自免。《晋书》本传载应詹上书称："元康以来，贱经尚道，以玄虚宏放为夷达，以儒术清俭为鄙俗。"鄙薄儒学，崇尚道家，摆落礼教，任性放纵，成为当时士林中人所共同追求的风尚，而西晋初期那一丁点儿儒学复兴的光景，都在"八王之乱"中被扫荡殆尽了。更有甚者还做出各种各样惊世骇俗有悖情理之举。如《晋书·五行上》曰："惠帝元康中，贵游子弟相与为散发裸身之饮，对弄婢妾。逆之者伤好，非之者负讥。"这种胡作非为和乱七八糟的现象，

---

① 房玄龄等：《晋书》卷49《谢鲲》。
② 房玄龄等：《晋书》卷49《谢鲲》。
③ 房玄龄等：《晋书》卷49《谢鲲》。

在当时并不能违逆和批评，否则就会伤情面，被嘲笑，这就是所谓的"元康之放"。这种风气一直持续到西晋灭亡，到东晋仍然余风未息。当时谢、王两大家族的成员所以能够得到任用，除父兄辈的余荫外，与此风也大有关系。

谢鲲就在这种风气中度过了他的青少年时代，且在当时表现出众，成为名动一时的"达士"。谢鲲开启的名士家风由其子侄辈传承下来，其中首先是谢尚、谢奕和谢万，他们都任诞风流，且都做过将军，是谢安的平辈兄弟。谢安兄弟六人，谢奕是大哥，他们共同开创了谢氏家族的名士家风。

在谢鲲的教育和影响下，谢鲲的儿子谢尚也成为当时的名士，被王导称为"小安丰"，安丰即"竹林七贤"之一的王戎，因其进爵安丰县侯而得名。谢尚也喜欢玄学，是当时一位"妖冶"而风雅的纨绔名士。不同的是，谢尚在情、礼冲突中已不完全否定礼，如同阮籍等人那样纵情悖礼，而是要调和情与礼之间的关系，并认为礼须服从于情，以礼循情，而不是以情殉礼。这种观点代表了当时名士的心态，是谢氏子弟长久遵从的一条原则，即扬情抑礼。后来，谢尚曾任江夏、义阳、随三郡军事，在江夏时，竟一改往常的风流习气。他本讲排场，重衣饰，前往江夏为官时却颇为清简，史称其："为政清简，始到官，郡府以布四十匹为尚造布帐。尚坏之，以为军士襦袴。"[1] 即下令把上任之前郡府为他准备的一顶乌布帐拆毁，为军士做衣服，深得官兵的拥戴。

谢奕放诞不羁，很早就闻名于士林。谢奕之弟谢安隐居会稽，喜欢清谈，且以其为代表的各界名士经常游处于东山会稽一带，"出则渔弋山水，入则言咏属文"[2]，开创了一种世人瞩目的文化风气，亦即享誉后世的"东山风度"。其实，东山风度的核心是崇尚虚无玄远，是包括谢氏家族在内的名宗大族最为推崇的一种精神时尚，对其宗族子弟影响甚大，尤其对其孙子谢混的影响最大。谢混生活在东晋朝廷最为混乱的年代，为避免家族卷入政治风波，谢混与侄儿们躲在乌衣巷中饮酒清谈，赋诗作文，过着平静而温情的生活。父兄的光芒不再和风云激荡的现实社会，使这位昔日的纨绔子弟变得冷静和孤恃，整日和其族侄谢瞻、谢灵运、谢弘微、谢晦等在他们居住的地方乌衣巷诗酒风流，互相切磋和交流，对家族子弟进行教育和熏陶。

---

① 房玄龄等：《晋书》卷 79《谢尚》。
② 房玄龄等：《晋书》卷 79《谢安》。

　　还值得一提的是谢万，他也是谢氏家族一位名士，聪慧俊秀，善于炫耀，又讲究容止，留意衣饰，喜好标新立异，头上常佩戴白纶巾，风流潇洒，不同凡俗，为人放诞。史载，谢万的岳父王述也是一位世家子弟，因在士林知名较迟，故有人说他"痴"。谢万有一次去拜访他，头戴白纶巾，乘着平肩舆（一种由四人抬杠的轻便轿子），不用通报，径直进入前厅，对泰山大人没头没脑地说："人言君侯痴，君侯信自痴？"即"都说你痴，你真的痴吗？"魏晋时名士不很严格遵守长幼之礼，有的儿子甚至当面直呼父亲的名字，所以王述并不生气，倒是很欣赏女婿的率直脾气，悠然自得道："非无此论，但晚合耳。"也就是说，我哪里是痴，我不过是大器晚成而已。谢万的做法无疑会给家族子弟带来一定的影响。

　　不仅如此，谢万还颇有文才，喜欢品评士人，曾著有《八贤论》，虽现已不存，但从其他史料中可以得知，他比较了渔父、屈原、季主、贾谊、楚老、龚胜、孙登、嵇康等八位古人，称为"八贤"。其中渔父、季主、楚老、孙登是隐者，屈原、贾谊、龚胜、嵇康是显者或入世者。经过比较分析，四位显者都不得善终，四位隐者却得尽天年。因此，谢万得出了一个结论：隐者为优，显者为劣。谢万的结论是从严酷、血腥的历史事实中得出来的，也是八王之乱以来刀光剑影的现实生活投下的阴影，反映和透露出谢万对庄老思想的服膺和对遁世生活的向往。谢万虽然有很强烈的归隐和遁世心态，但他却像谢鲲及其他谢氏子弟一样，无论对"隐"多么神往，对隐者多么崇奉，都不可能与官场和仕途一刀两断，不顾家族门第的兴旺延续，弃置贵族子弟的优越生活，而去憔悴山林，贫贱肆志。可以说，谢氏家族子弟既普遍向往隐逸生活，又不能不面对现实而去做官，以致入仕后对政务表现出漫不经心的消极怠工心态。

　　因此，性格疏狂的谢万在成为统领三军的将军后就表现出了上述文化心理结构。东晋升平二年（358年），桓温对谢万委以重任，任命他为西中郎将、豫州刺史，兼领淮南太守，此时已辞官归乡但仍很关心国事的王羲之，对此甚为忧虑和担心，便写信给桓温，认为以谢万的才学和放荡不羁的天性去统帅大军不合适，建议他收回成命，但没被桓温采纳。王羲之还亲自写信给谢万，劝他在军中不可任性放达，应与将士同甘共苦，厉行节约，但谢万并未听从他的规劝。率领大军的谢万，不改平时风流任诞的名士习气，态度矜持高傲，整日饮酒长啸，从不把军务放在心头，不关心广大将士的身家性命，更不抚慰和鼓励官兵。三哥谢安听说后，托人捎信给谢万叮嘱他说："汝为元帅，诸将宜数接对，以悦其心，岂有傲诞若斯而能济事也！"也就是说，你谢万身为将领，受命北征，事关国家兴衰、将士生命，务应慰勉将士，他们才乐于听命。否则一味诞傲，怎能服众心、打胜仗？谢万向来听从三哥的话，但他只是敷衍行事，根本没有把战争和将士放在心上，最终致使战争惨败。显然，这与谢万的性格是分不开的。谢万的做法对谢氏家族产生了一定的影响，他的经历本身对家族子弟就是一种启迪和教育。

第二，注着重儒学教化。谢氏对宗族子弟的教育，除了玄学风操外，也很注重儒家礼仪。如据《晋书》本传所载，谢安"虽处衡门，其名犹出万之右，自然有公辅之望，处家常以仪范训子弟"①。以往人们谈谢安之家教，多讲其重自然、倡玄风，而对其以"仪范"训导子弟则重视不够。所谓"仪范"，正是指儒家礼仪。这段史料足证谢安很重视儒学伦理教育，只是在教育方式上比较顺随人性，而不是一味苛责。谢安之弟谢石，在淝水之战后上书朝廷，要求兴学传教："于时学校陵迟，石上疏请兴复国学，以训胄子，班下州郡，普修乡校。疏奏，孝武帝纳焉。"②

谢安之族弟谢尚，针对西晋末的动乱丧亡情况，更是提出了一个礼制方面的现实问题，即有的人与父母乖离，父母存亡不知，是否可以结婚？是否可以做官？许多人认为，做官理政事，婚姻继百世，无伤事理。谢尚则从情的角度出发，认为各种典章制度都是依据人情制定的，婚姻是孝之大者，不可禁绝，与父母乖离，方寸即乱，怎能理政务？主张礼须服从情，如史载其所言：

> 典礼之兴，皆因循情理，开通弘胜。如运有屯夷，要当断之以大义。夫无后之罪，三千所不过。今婚姻将以继百世，崇宗绪，此固不可塞也。然至于天属生离之哀，父子乖绝之痛，痛之深者，莫深于兹。夫以一体之小患，犹或忘思虑，损听察，况于抱伤心之巨痛，怀切恒之至戚，方寸既乱，岂能综理时务哉！有心之人，决不冒荣苟进。冒荣苟进之畴，必非所求之旨，徒开偷薄之门而长流弊之路。或有执志丘园、守心不革者，犹当

---

① 房玄龄等：《晋书》卷 79《谢安》。
② 房玄龄等：《晋书》卷 79《谢安》。

崇其操业以弘风尚，而况含艰履戚之人，勉之以荣贵邪？①

由上可知，谢尚要求子弟都做一个"有心之人"，即言行要合乎儒家礼法。

随着东晋王朝的覆灭，原本布衣出身的以刘裕为代表的刘氏家族建立了新的王朝，对那些旧有的门阀贵族既不能完全得罪，又要注意提防。刘宋王朝最不能容忍东晋那种"主威不树，臣道专行"的局面。在南朝，不论当时世家大族的官位看起来多么华贵显赫，真正掌握实权的却是那些以军功起家的寒人将领，所以当时的门阀士族在政治上虽然有一定影响，但实际上已处于次要地位。受上述诸因素的影响，社会上长期存在和盛行的风气开始发生变化和转移，尤其是清谈玄学和任达放诞之风在东晋后期已逐渐式微，甚至不合时宜了，而儒家礼法则开始逐步抬头。

生活在如此环境中的谢氏家族，为了使家族能够兴盛和延续下去，必然需要调整家族原有的名士家风，这样才能使家族更好地适应当时的社会环境。谢氏子弟在入宋后有不少人被杀，就是这种冲突所带来的恶果，而只有那些能够做到自我调节的族人，才能够立住脚跟，有一番作为。虽然谢衡是以硕儒起家的，但此后的谢氏子弟始终心仪庄老，名士家风，任情风流。而随着时代精神的转换和政治环境的变化，谢氏族人又不能不表面上向儒学有所倾斜和靠拢。

谢混在乌衣之游中曾经写信激励的五位族侄，此时都由晋入宋，其中尤以谢晦、谢灵运、谢弘微最具有代表性。这三人各得谢混之一风节，如谢晦得谢混的干进（表现在党附刘毅以求进取），谢灵运得谢混的疏狂（表现在戏弄刘裕），谢弘微得谢混的谨慎（表现在警戒族侄），而这又正是谢氏家风的三个重要侧面，由此可见谢混在传承谢氏家族传统中所发挥的重要作用。而这三位族侄也都时刻牢记着族叔"风流由尔振"的期许，各自以不同方式为重振风流而努力，甚至让世人可以清楚地看到礼法精神在谢氏宗族内的传承。如谢弘微："性严正，举止必循礼度，事继亲之党，恭谨过常。伯叔二母，归宗两姑，晨夕瞻奉，尽其诚敬。内外或传语通讯，辄正其衣冠。奴仆之前，不妄言笑。由是尊卑大小，敬之若神。"又载："弘微少孤，事兄如父。友睦之至，举世莫及。"②可以说，谢弘微一改前人的散诞作风，在长辈面前总是衣冠整齐，在婢仆面前

---

① 房玄龄等：《晋书》卷79《谢尚》。
② 李延寿：《南史》卷20《谢弘微》。

不苟言笑。哥哥谢曜喜欢臧否人物，谢弘微总是拿别的话题岔开，不肯言人短长。谢弘微平生素淡官职，曾被任为太子中庶子，兼侍中，但生怕权势太重，为人所嫉，便坚辞侍中一职，这便是他的"止足"之道。且在为侍中时，谢弘微每有上书，必亲手撰写，事后将草稿焚毁，唯恐别人看到。谢弘微死前，曾把家人叫到床前，反复叮嘱，说家中有两箱文件，死之后要把刘湛请来，把文件当面烧毁，万勿私自打开。原来，箱子里装的全都是宋文帝平时写给他的手书，其中有很多机密之事，其谨慎程度可见一斑。宋文帝为失去这位忠谨可靠的臣子感到十分痛惜，诏命千人为他营葬。谢弘微可谓是谢氏家风在南朝时期转变的关键，即从任情放诞转向"止足"和"内情外礼"。谢弘微作为谢氏传统在"新朝"的一个变体，有效地调节了自己的文化心理结构，以适应新的环境，避免了谢晦、谢灵运那样的结局，同时，他这种变异了的精神与行为模式又被传承下去，维持谢氏门户于不坠，而始终得以"王谢"并称。可以说，谢弘微是刘宋以后谢氏家族最重要的一员。

（二）奉亲至孝之教

孝原本是儒家思想的中心命题之一，至汉末三国以后，由于士族制度的发展，社会上展开了"忠君"与"孝亲"谁先谁后问题的争论，其结果是"忠君"思想从汉朝的第一位退居第二位，孝于双亲和祖宗成了天下人的首要责任。在魏晋南北朝，孝悌并不是儒家的独有属性，不但谢氏家族，当时一些超凡脱俗、纵情越礼的风流名士，许多都以至孝闻名，如阮籍、王戎等。有人把这种现象归结为儒家伦理的影响，认为这是当时延续门第阀阅之需。但最根本的原因还在于，魏晋以来的玄学名士改造了庄老之学，他们普遍重自然情感，重自我，因而也必重父子之情和兄弟之谊。正如《晋书·庾纯》所载庞札之论，所谓"父子天性，爱由自然；君臣之交，出自义合"。这说明自然之爱当然高于作为伦理规范的"义"。上述便是六朝时期谢氏家族所处的社会环境。由于社会舆论的提倡和谢氏家人的天性，实践孝和以孝为本的治家思想一直贯穿于谢氏家族的十四代人中，舍身奉亲、悌于宗族的事例史不绝书。

据《陈书·孝行》载，"谢公家传至孝"。这里的"谢公"是指谢安。"传"字表明"至孝"，也是谢安留下的传统。然谢安之孝行未见于史载，其"悌"却有明文见证，即谢万去世后，谢安曾长达十年不听音乐。另据《南史》所载，谢尚在父亲病逝后，极为哀痛，嚎啕不已，"幼有至性，七岁丧兄，哀恸过礼，亲戚异之"。谢玄亦为人至孝，时人称之为"谢孝"。

谢弘微是刘宋以后维持谢氏家族门户于不坠的重要人物，他有效地调节了家族的处世风格，使谢氏家族的族风向"奉亲"的方向发展，为家族子弟树立了榜样。晋末谢混被杀后，家中无人主事，家事便托付给年轻老成、办事严谨的谢弘微。谢混祖父谢安、父亲谢琰均为公爵，一门两封，十分富有。谢弘微当时刚20出头，接过这么重的担子，深感叔母托付之重，信赖之深，于是兢兢业业，一丝不苟地管理家业，即使一文钱、一尺布的收支，他也一笔笔地记在账上，清楚明白。谢弘微共替叔母当了近十年的管家，把整个大家庭管理得井然有序。之后，谢弘微把这一切归还给谢混的妻子晋陵公主，公主十分感动，亲戚朋友无不赞叹，有的甚至为之流涕。又过了十多年，晋陵公主也去世了，撇下一笔巨大的财产。亲友甚至外人都认为谢弘微劳苦功高，应该分得一份。然而谢弘微非但分文不取，还拿出自家钱财为公主营葬。谢弘微的妻儿受其影响，也无一人计较财产。谢混的大女婿是个赌徒，见谢弘微豁达大度，不看重钱财，竟把妻妹和别人应得的一份拿去偿还赌债。有亲戚为之感到不平，劝说谢弘微不能过分慷慨，天下任何事都该有个规矩，理应自取的也不必推辞。谢弘微只是笑而不答。还有人当面讥笑他，说谢家的累世财产，竟都充当了某人的赌资，这不是拿着金银财宝往海里扔吗？天下竟有如此不公道的事！为自己名声清白，家中妻小跟着受穷，恐怕也不足为训吧。谢弘微正色道："亲戚争财，为鄙之甚，今内人尚能无言，岂可导之使争。今分多共少，不至有乏，身死之后，岂复见关。"① 意思是，天下最可鄙薄的事情，莫过于亲戚争夺钱财。连我家妻子都不计较，我岂能领这个头？我即使分文不取，恐怕也不至于饿死。财产乃身外之物，身死之后，有何相关。谢弘微表现出来的清高和超脱对谢氏族人是很好的教育。

受谢弘微的影响，作为一位放诞不拘的狂者，谢灵运之曾孙谢几卿却非常笃诚知孝。史载，其父谢超宗被流放时，"几卿年八岁，别父于新亭，不胜其恸，遂投于江。超宗命估客数人入水救之，良久涌出，得就岸，沥耳目口鼻，

---

① 李延寿：《南史》卷20《谢弘微》。

出水数斗，十余日乃裁能言。居父忧，哀毁过礼"。不仅如此，谢几卿之兄谢才卿早逝，他对侄儿谢藻更是精心抚养教育，从读书、结婚到出仕，都费尽心血。如史所载："几卿虽不持检操，然于家门笃睦。兄才卿早卒，子藻幼孤，几卿抚养甚至。及藻成立，历清官，皆几卿奖训之力焉。"① 当然，谢几卿的行为具有典型性，体现了一些名士的内心苦闷与人格分裂。因为在门阀政治的背景下，任何个人都是家族的一分子，家族是个人的依托，唯有家族兴旺强大，个人才会生活得有尊严。

　　谢氏子弟在梁、陈以孝行闻名于世的当是谢蔺、谢贞父子。谢蔺是谢安的八世孙，生活于梁时的一位大孝子。当他年仅 5 岁时，便已经懂得并践履孝道。每次吃饭时，总是等父母开始吃才会拿起碗筷。舅父为他取名为"蔺"，希望他在家为孝子，事君必定会成为蔺相如那样的忠臣。谢蔺 20 多岁的时候，父亲谢经去世，他昼夜哭泣，茶饭不进。朝廷得知后为了旌表他的孝行，特征辟他为法曹行参军。梁太清元年（547 年），谢蔺奉命出使西魏，老母阮氏因挂念儿子忧愁而疾。至谢蔺安然返回时老母已经离世。生性至孝的谢蔺，见母亲为了自己的安危担忧而死，更觉罪孽深重，无法自赎，痛不欲生，直至呕出鲜血，不省人事。连续数天悲哀难以消减，水米不进。一个多月后，竟悲痛而死，年仅 38 岁。谢蔺的孝行感动了谢氏家族，对家族子弟产生了很大的震动。

　　谢蔺的儿子谢贞在父亲的耳濡目染下，也自幼践行孝道。谢贞的祖母阮氏，老年时患有风眩症，每隔一二日就要发作一次，不能吃饭。谢贞见祖母不吃，自己也强忍饥饿，侍奉于身边，当时谢贞年仅 7 岁。之所以这样，与母亲的教诲是分不开的，史称"母王氏授以《论语》《孝经》，读讫便诵"②。父亲谢蔺去世时，谢贞才 14 岁，他对父亲的离世极度悲伤，多次哭至昏厥。家人眼看谢蔺已经为老母悲痛而死，怕谢贞也走上这条不归路，便请来了华严寺的禅师前来为他说法。禅师开导他说：你这份孝心着实可贵，不愧为孝子之后。不过你也该知道你是谢家的独苗，无兄无弟，你母亲此生就指望你了。倘若你有个三长两短，那么你那寡母还指靠谁呢？岂不使她更绝望？这又哪里合于孝的真谛，故还望你能抑悲节哀。谢贞认为这番话入情入理，于是强压伤悲，吃了一点稀饭，

① 李延寿：《南史》卷 19《谢灵运》。
② 李延寿：《南史》卷 74《孝义下》。

身体渐渐康复了。如史所称："丁父艰，号顿于地，绝而复苏者数矣。初，父蔺以忧毁卒，家人宾客复忧贞，从父洽、族兄皓乃共请华严寺长爪禅师为贞说法。仍譬以母须侍养，不宜毁灭，乃少进饘粥。"[1]

后来，侯景叛乱发生，谢贞一家在战乱中失散，谢贞逃到江陵，后被西魏掳掠到魏都长安。他的母亲王氏在宣明寺出家暂避兵难。局势稍微稳定后，谢贞赶回建康，将母亲接回家中，尽心奉养。后来谢贞被北周王朝所礼遇，成为周武帝爱弟赵王宇文招的侍读。赵王见谢贞常独自垂泪，觉得很奇怪，多方打听后，得知是因牵挂思念远在南方的老母，甚为感动。周武帝也被谢贞的孝心所感动，同意放谢贞南归，同阔别 20 余年的老母相见。至德三年（585 年），老母病逝，谢贞循惯例暂时离职。但丧假尚未到期，朝廷却一再催促他返职。当时他仍深陷丧母哀痛，坚辞不还，而朝廷却一再催逼。最终，原本身体衰弱的谢贞，经过一番折腾，不久也去世了。谢贞家传至孝，为天下士大夫所仰慕，也为谢氏族人树立了榜样。

上述诸人诸事，或孝于父母，或友于兄弟，或慈于子侄，皆各禀家风，出于天性。在谢氏家族，父子不睦、骨肉相残的事是从来没有的，这充分反映了谢氏家族的内在精神风貌，也是谢氏家族内部进行长久教育所产生的效应。

（三）相机劝诫之教

谢氏家族很注意对家族子弟进行相机而教，在实际生活实践中随时接受教育。如谢安的兄弟们大都在外做官，没有太多的时间教育子女，因此，谢安对子侄辈的成长非常关心，经常利用各种场合和机会随机对家族子弟进行教育。他的主要做法是依据《老子》一书中所谓的"不言之教"，常常带子侄们到处游山玩水，与他们谈玄说理，品诗赏文，以其名士行为作示范，有时也会略加点拨，很少板起面孔正面说教，用这种"不言之教"传递着家风。具体来说，主要表现在如下活动之中。

第一，借机引导为人处事。据《晋书》载，谢安子侄近 20 人，而"尤彦秀者，称封、胡、羯、末"。其中，"封"为谢韶，为谢万之子；"胡"即谢朗，谢据之子；"羯"即谢玄，谢奕第三子；"末"即谢琰，是谢安的小儿子。他们四

---

[1] 李延寿：《南史》卷 74《孝义下》。

个当中，谢安最疼爱的是谢朗。谢朗自小就十分聪颖，善于玄言。因此谢安经常把他带在身边，让他应接名士，开阔其眼界，增长其见识。某日，大书法家王献之来访，谢安让谢朗在一边奉陪。恰巧另一位名士也来访，而王献之平时鄙夷此人，便把座位移到一边，不屑和这位名士坐在一起。他们走后，谢安对谢朗说：王献之是名家子弟，为人过于矜持，有损于自然之致。显然，谢安是在告诫侄儿为人还是自然一点为好，不要用任何形式拘禁和束缚自己。还有一次，谢朗不知道曾经爬到房屋上去熏老鼠的人就是自己的父亲谢据，就跟着别人取笑起来。谢安假托把过错引到自己的身上，以开导谢朗。这种教育方式的可贵之处在于：在谢朗面前，谢安主动地"分担"了谢朗的过错，既提醒了谢朗，又减轻了他的内疚感，最大限度地减少了对他的伤害。

当然，谢安对其他子侄的成长也给予很高的期望。一次，谢安谓诸子侄曰："子弟亦何豫人事，而正欲使其佳？"谢玄答曰："譬如芝兰玉树，欲使其生于庭阶耳。"谢安甚以为是，非常高兴。确实，他希望诸子侄皆有"芝兰玉树"的品格。这道出了谢安心里真实的想法。在当时极重门阀的氛围中，企求家族俊美子弟层出不穷是当时士人的一般心理，谢安自然也无法免俗，期望子侄们为官为宦，仕途顺遂，延续祖祚，光耀门庭。但谢安同时还希望他们应具有名士的气质，而不要沦为名缰利锁拘挛的俗物，这反映了谢安家族追求庄老思想的态度和家风。但是，在当时的时代背景下，谢安力求超脱而又不能完全超脱，终究不能不食人间烟火，反映了魏晋名士的矛盾心态。而针对"好著紫罗香囊"的女孩子味十足的少年谢玄，谢安看在眼里，急在心里，但他既不大声训斥，也不强行夺取，而是采用打赌的办法来解决问题。这样做，既纠正了谢玄的不足，又充分尊重了他的人格，保护了他的自尊。谢安这种平等慈爱、宽厚温和、尊重子弟的教育态度，使谢氏子弟能在自由宽松的家族环境中得到良好的教育，茁壮成长。尽管他们生活在高门士族的家庭环境，在政治、经济、文化诸方面均享有特权，生活无忧无虑，但他们既不嗫嗫嚅嚅、怯弱孤僻，也不任性娇气、趾高气扬，而是自尊自强、精神独立、本性率真。

谢安去世以后，其子谢琰也在战场上战死，谢氏家族失去了往日的荣耀和风光，这时迫切需要谢氏子弟有人站出来重振家风。此时，在家族中影响较大的是谢混，在失去了父兄的光芒照耀和风云激荡的现实影响下，这位昔日的纨绮子弟变得冷静下来，每日带领众侄儿躲在乌衣巷中饮酒清谈，吟诗作文，期待着振兴家族的机会出现。当时，谢混的族侄有十几个，其中他最为欣赏的是谢瞻、谢灵运、谢晦、谢曜、谢弘微五人。这五人才华各异，被谢混认为是振兴谢氏家族的后起之秀和希望所在，谢混常对众族侄说"风流由尔振"，觉得自己有责任像祖父谢安那样去引导教育子侄们。因为他们少不更事，尚不知道人世政局的险恶，应时常对他们加以警戒和提醒。如谢灵运为人疏狂，好臧否人物，谢混认为这会给他自己或家人带来麻烦，自己又不便多说，于是就托付年纪较长、办事谨慎的谢瞻去开导他。有一次外出游玩，谢混故意让谢瞻和谢灵运同乘一车。果然，谢灵运一上车，便对当时的名人高官说长道短起来，谢瞻见此旁敲侧击道："世无完人，各有短长。令尊大人在世时，士林中不也有褒贬之词吗？所以还是以不轻易评价人物为好。"这番话说得谢灵运哑口无言，从此有所收敛。如史所载：

> 灵运父瑛，无才能。为秘书郎，早年而亡。灵运好臧否人物，混患之，欲加裁折，未有方也。谓瞻曰："非汝莫能。"乃与晦、曜、弘微等共游戏，使瞻与灵运共车；灵运登车，便商较人物，瞻谓之曰："秘书早亡，谈者亦互有同异。"灵运默然，言论自此衰止。①

义熙元年（405年），谢混被擢升为中书令，这是一个要职。当时还不满30岁的谢混，认为到了"乌衣之游"该结束的日子了。为了实现家族的振兴，谢混写了一首《诫族子》，分别赠送给上述提到的他最寄予厚望的侄子，作为对他们今后的指导。开头四句为：

> 康乐诞通度，实有名家韵。
> 若加绳染功，剖莹乃琼瑾。

这是写给康乐公谢灵运的，当时谢灵运21岁，刚刚走上仕途，为大司马参军。谢混曾说他"博而无检"，故告诫谢灵运：你放诞通达，有名家子弟的风韵，倘能够自我约束，再加陶染，就会犹如美玉般从石璞中脱身而出，通体光滑。谢混接着说：

> 宣明体远识，颖达且沈俊。
> 若能去方执，穆穆三才顺。

---

① 沈约：《宋书》卷56《谢瞻》。

"宣明"是谢晦的字,当时年方16岁,尚未出仕。谢混曾说他"自知而纳善不周",故告诫他:你具有远见卓识,聪颖明达,沉毅果断,若能够再圆通一些,从善如流,那么就可以立于天地人三才之中了。再接下去是:

阿多标独解,弱冠篡华胤。

质胜诚无文,其尚又能峻。

"阿多"是谢曜的小名。谢混曾说他"仗才而持操不笃",故告诫他:你很有独立见解,年纪轻轻就继承了祖上事业,不过你的性格过分率真质直,应善于掩饰,文质彬彬,达到崇高脱俗的境界。写给谢瞻的是:

通远怀清悟,采采标兰讯。

直辔鲜不踬,抑用解偏客。

"通运"是谢瞻的字。谢混曾说他"刚躁负气",所以告诫他:直道而行往往跌跤,应当克制自己,消除偏激狭隘之情。接下来的四句是写给谢弘微的:

微子基微尚,无倦由慕蔺。

勿轻一篑少,进往必千仞。

谢弘微年龄最小,仅有14岁,却修养最高,连谢混都敬称他为"微子",认为他完美无缺,故诗中只有称赏鼓励:你有深远的情志,仰慕蔺相如的为人,孜孜进取。不要轻视一筐土少,积少成多,必会堆为万丈高山。你只要百尺竿头不断向前,就会鹏程万里,前途无量。最后四句是全诗总结,是对"亲侄"们的共同勉励和希望:

数子勉之哉,风流由尔振。

如不犯所知,此外无所慎。

全诗虽有称赏,有警戒,也有重振风流的宏愿,但骨子里却隐含着一种乱世危言,而不像谢安当年与子侄们逍遥东山、戏谑谈笑的轻松无虑。表达了谢混及其侄儿们此时复杂的心情,使他们既不甘心家族盛世的逝去而要再振风流,又畏惧风云变幻刀光剑影而悉心庄老。① 在谢混的教育下,他寄予厚望的五个族侄中,若论事功,则谢晦称首;若论文学,则谢灵运为先;若论处世,则谢弘微最优。

---

① 萧华荣著:《华丽家族——六朝陈郡谢氏家传》,三联书店1999年版,第123页。

第二，借机引导重义轻利。魏晋士人重视品质修养，讲究雅量和礼节，对贪恋财物者与傲慢浮躁者也就大加挞伐。山涛是晋武帝最宠信的大臣之一，但晋武帝每次赏赐给他的礼物都很少。谢安就拿这件事去问家族子弟何以如此，侄儿谢玄认为，也许是接受礼物的人需要不多，使得给礼物的人忘记了礼少。这可谓道出了谢安的良苦用心，他希望子弟能学习山涛的优秀品质，即人生在世，对财物不要有太多的欲望。

第三，借机引导谈玄辩难。清谈是两晋士人的风尚。士人们往往一有机会，便相互驳难，以谈论玄理争胜。谢安是当时清谈的名士，在适当的场合，他也有意识地训练子弟的清谈能力。有一次，名僧支遁来访，谢安见到支遁十分高兴，便有意让谢朗锻炼一番。于是说："支公，这次不劳我本人上阵，让小侄与你清谈一通如何？"说罢，便令人叫来谢朗与支遁展开玄谈。谢朗当时年方10岁有余，大病初愈，身体还很虚弱。但他毕竟血气方刚，好胜心切，也很想在这位大名士前一显身手。于是他们二人一大一小，往复辩难起来，互不相让，相持不下，"遂至相苦"。王夫人曾两次派人传话让谢朗回去，谢安却坚持把他留下。无奈中，王夫人只好亲自将儿子抱走。如史载，称谢朗：

> 总角时，病新起，体甚羸，未堪劳，于叔父安前与沙门支遁朗论，遂至相苦。其母王氏再遣信令还，安欲留，使竟论。王氏因出云："新妇少遭艰难，一生所寄惟在此儿。"遂流涕携朗去。安谓坐客曰："家嫂辞情慷慨，恨不使朝士见之。"[①]

不过，谢安见侄儿有如此的玄理与辩才，感觉家族后继有人了，心中自然是十分高兴。还有一次，谢安和李弘度共赏说，其间，李弘度悲愤地陈说了把他的伯父李重与乐广相比之不妥：赵王篡逆，乐广见风使舵，亲授玺绶以求荣；伯父李重正派方直，服毒自杀以尽忠。他入情入理的陈说，维护了家族的声誉。谢安为之折服，在赞扬李弘度的同时，当然也教育了在座的谢玄和谢朗。事实证明，谢安这种清谈教育是有成效的，谢朗后来就成了一名善谈玄理的名士，他"善言玄理，文义艳发，名亚于玄"。

（四）培育"杂艺"之教

颜之推曾将诸如棋、琴、书、画及弹棋、樗蒲等，统称为"杂艺"。在六朝

---

① 房玄龄等：《晋书》卷79《谢安》。

时期的世家大族中，"杂艺"教育还是颇受重视的，谢氏家族也不例外。谢氏子弟在书法、围棋、音乐、文学等方面，皆代有才人，留下了许多令人称道的风流雅事。如谢安，在书法方面颇有造诣，《晋书》本传称其"善行书"。还有，谢灵运在书艺上也具有相当的水准。不过，他们皆取法王氏，缺乏真正独创性的贡献，因而在书法史上并无重要地位。谢氏家族在艺术方面真正具有自己独特的传统与贡献，并因此造就了谢氏在中国文化艺术史上地位的是音乐和山水文学。如谢鲲"能歌善鼓琴"。谢安也好音乐，《晋书》本传称其"性好音乐"。尤其是谢尚，"善音乐，博综众艺"①。一次桓温请谢尚弹琴，他有感于秋日的节气，即兴演奏了一曲《秋风》，唱出了"秋风意殊迫"的生命感受。谢安、谢尚二人所尚之乐，皆为俗乐，即抒情状物，表达个人情思的音乐，而非空洞无物的配合仪式的所谓雅乐。谢尚创作的《大道曲》，今收录在《乐府诗集》中，是模仿"委巷歌谣"的作品，也就是仿效吴地的民歌。谢尚又擅长舞蹈，且还能创作舞蹈。有一次，谢尚去拜访司徒王导，正好赶上王导家举办宴会，去了好多宾客。王导想让谢尚烘托一下气氛，便趁机说："闻君能作鸲鹆舞，一坐倾想，宁有此理不？"即听说你能跳鸲鹆舞，满座宾客渴望一睹风采，不知你可否满足众人意愿？谢尚毫不犹豫地说了一声"好"，"便著衣帻而舞，导令坐者抚掌击节，尚俯仰在中，傍若无人，其率诣如此"②。谢石也曾"因醉为委巷之歌"。这说明谢氏很注重学习吴地民间音乐文化。

延及南朝时期，谢氏子孙仍然传承着这一家族文化传统，多善歌舞。如《南史·谢裕》载谢裕之孙谢孺子，"多艺能，尤善声律"。且常与姑表兄、车骑将军王彧聚会于"宴桐台，孺子吹笙，或自起舞，既而叹曰：今日真使人飘摇有伊、洛间意"。由此可见谢氏之音乐是那么飘逸、高妙，使人的精神得到提升。

当然，相对于歌舞来说，谢氏家族在山水文学教育方面显得更有作为。这是因为两晋时期，在士人中流行的风尚之一，便是选择佳日，挑选胜地，聚集宴饮，吟诗作赋，以文学点缀他们风雅的生活，金谷园宴游与兰亭宴集便是此类活动的代表。于是，文学才能就成为名士必须具备的素质之一。长于文学的

---

① 房玄龄等：《晋书》卷 79《谢尚》。
② 房玄龄等：《晋书》卷 79《谢尚》。

谢安，自然将文学作为教育家族子弟的内容。有一年冬天，谢安与族人"又尝内集，俄而雪骤下"，谢安曰："何所似也？"谢安兄子谢朗曰："撒盐空中差可拟。"侄女谢道韫应声曰："未若柳絮因风起。"① 谢安甚悦，对才女谢道韫的回答较为满意。谢安平时就是通过这些交流活动，激发和培养家族子弟对周围事物的感受和想象能力，不仅提高了家族子弟的文学素养，提高了他们的文学艺术创造能力，也成就了文学史上谢道韫咏雪之美谈，并留下了"步障解围"的经典故事，也确立了谢玄在对"昔我往矣"四句鉴赏史上的开先地位而且对谢氏在东晋南朝文学界渐显峥嵘具有重要的意义。

谢氏家族擅长文学的传统在晋宋之际得到发扬光大，当时谢混为谢氏文学的一位重要代表。在谢混的影响下，谢氏子孙文学才能大进，名家辈出。特别是晋宋之际的谢灵运，博览群书，文章优美，在山水文学史上的地位似乎可与王羲之父子在书法史上的地位相比。谢瞻，6 岁能属文，所撰《紫石英赞》《果然诗》，为当时才士叹异。其他如谢惠连、谢微等，在南朝都是很有名的诗人，他们的文学活动，史籍记载甚多。如谢惠连，史载其：

> 年十岁能属文，族兄灵运加赏之，云："每有篇章，对惠连辄得佳语。"尝于永嘉西堂思诗，竟日不就，忽梦见惠连，即得"池塘生春草"，大以为工。常云："此语有神功，非吾语也。"②

从这段话里可以看出，谢惠连在 10 岁前是受过文学创作教育的，以致诗文俱佳，所创作的《雪赋》"以高丽见奇"。连族兄谢灵运都深受其感染，且赞美声不断，"见其新文，每曰'张华重生，不能易也'"。再如谢裕玄孙谢微，"好学善属文"。梁武帝让其"三刻成"之三十韵，谢微"二刻便就"。如史载其：

> 美风采，好学善属文，位兼中书舍人。与河东裴子野、沛国刘显同官友善。时魏中山王元略还北，梁武帝饯于武德殿，赋诗三十韵，限三刻成。微二刻便就，文甚美，帝再览焉。又为临汝侯献制《放生文》，亦见赏于世。③

谢氏族人之所以能在山水文学上获得较大成就，一个关键性的因素正在于

---

① 房玄龄等：《晋书》卷 96《列女》。
② 李延寿：《南史》卷 19《谢方明》。
③ 李延寿：《南史》卷 19《谢裕》。

较为自由的名士家风使谢氏子孙秉承了"纵情丘壑"、喜爱自然的基因。谢氏之"雅道相传"与江南风光相交融，孕育出了精美的山水文学。从这个意义上说，老庄心态是谢氏山水诗的灵魂，山水诗则成为谢氏家风的一种载体，传递着谢氏的家族精神。

总之，谢氏家族秉承了以往家族重教育的传统，同时也充分吸纳历史的经验和教训，与时俱进地对家族子弟实施多方面的教育，在内容上着重儒学、玄学以及吟诗赋文之教，在教育方式上侧重于因人因时因地，相机而教，因而成效斐然，为后世家族教育活动的开展提供了范例。

第三节　女子家庭教育活动

先秦时期就已将女子教育列入家庭教育的范畴，不仅关注女童教育，还重视对人妻、寡妇、人媳、人母等成年女子的教育，以至出现诸多聪明慧智、不求闻达的贤妻良母。秦汉时期，是儒家思想逐渐占统治地位的时期，秦尽管强调以法治国，但也未完全抛弃儒家的主张，如秦始皇曾多次强调女子应守贞洁，反对女子有越轨行为，虽停废了《周礼》中的许多规章条文，却将"贞节"提到了前所未有的重要位置，首开朝廷表彰贞妇的先河。至汉朝，随着"罢黜百家，独尊儒术"政策的逐步确立与实施，封建礼教逐渐定型和深入人心，针对女子的"三纲五常""三从四德"的观念得以形成，旨在强化这一伦理观念的女子教育活动获得一定程度的发展，出现了诸如班昭、蔡文姬等女中文豪。由于魏晋南北朝时期适逢政治纷乱，加上当时官学衰微、私学兴盛，女子教育也便日益受到重视，甚至有女子聚徒讲学的场景，出现了谢道韫等才女。总体而言，秦汉至魏晋南北朝时期女子家庭教育活动进入兴盛和活跃期，主要包括以下几个方面。

一、恪守贞节教育

秦朝首开表彰贞妇的先河，汉朝则以政府的名义大力褒奖贞节，刘向作

《列女传》，班昭作《女诫》，大肆宣传贞节教化，使得贞节观念深入人心，无不是家庭教育的结果，对此史书多有记载。

严可均《全后汉文》载有东汉黄门郎秦嘉之妻徐淑，秦嘉死后，徐淑的兄弟促使其改嫁，她却誓死不从，还教育兄弟应明事理，贞节自守之意溢于言表。如其所说：

> 列士有不移之志，贞女无回二之行。淑虽妇人，窃慕杀身成义，死而后已。凤遭祸罚，丧其所天。男弱未冠，女幼未笄，是以偃偃求生，将欲长育二子，上奉祖宗之嗣，下继祖祢之礼，然后观于黄泉，永无惭色。仁兄德弟，既不能厉高节于弱志，发明德于暗昧，许我他人，逼我于上，乃命中官人，讼之简书……①

范晔《后汉书》所置"列女传"载有许多守节之刚烈女性，如许升之妻吕氏、皇甫规之妻无名氏、阴瑜之妻荀氏等，为守节均付出了生命的代价。如史所载：

> 吴许升妻者，吕氏之女也，字荣……后郡遭寇贼，贼欲犯之，荣逾垣走，贼拔刀追之。贼曰："从我则生，不从我则死。"荣曰："义不以身受辱寇虏也！"遂杀之。是日疾风暴雨，雷电晦冥，贼惶惧叩头谢罪，乃殡葬之。

> 安定皇甫规妻者，不知何氏之女也。规初丧室家，后更娶之……及规卒时，妻年犹盛而容色美。后董卓为相国，承其名，聘以辂辂百乘，马二十匹，奴婢钱帛充路。妻乃轻服诣卓门，跪自陈请，辞甚酸怆。卓使傅奴悉拔刀围之，而谓曰："孤之威教，欲令四海风靡，何有不行于一妇人乎？"妻知不免，乃立骂卓曰："君羌胡之种，毒害天下，犹未足邪！妾之先人，清听奕世。皇甫氏文武之才，为汉忠臣。君亲非其趣使走吏乎？敢欲行非礼于尔君夫人邪！"卓乃引车庭中，以其头悬轭，鞭扑交下。妻谓持杖者曰："何不重乎？"速尽为惠。遂死车下。后人图画，号曰"礼宗"云。

> 南阳阴瑜妻者，颍川荀爽之女也，名采，字女荀。聪敏有才艺。年十七，适阴氏。十九产一女，而瑜卒。采时尚丰少，常虑为家所逼，自防御

---

① 严可均：《全后汉文》卷96《为誓书与兄弟》。

甚固。后同郡郭奕丧妻，爽以采许之，因诈称病笃，召采。既不得已而归，怀刃自誓。爽令傅婢执夺其刃，扶抱载之，犹忧致愤激，救卫甚严。女既到郭氏，乃伪为欢悦之色，谓左右曰：“我本立志与阴氏同穴，而不免逼迫，遂至于此，素情不遂，奈何？”乃命使建四灯，盛装饰，请奕入相见，共谈，言辞不辍。奕敬惮之，遂不敢逼，至曙而出。采因敕令左右办浴。既入室而掩户，权令侍人避之，以粉书扉上曰：“尸还阴。”“阴”字未及成，惧有来者，遂以衣带自缢。左右玩之不为意，比视，已绝，时人伤焉。

与汉朝相比，魏晋南北朝时期的女子贞节观念显得较为淡漠，女子改嫁、寡妇再嫁的现象较多，但女子贞节仍为整个社会所看重，在家庭教育中占据着十分重要的地位。阮籍曾提出用音乐教育来达到“男女不易其所”的目的，反对男女杂处。裴頠作《女史箴》，将女子贞操看得高于一切：

> 膏不厌鲜，女不厌清。玉不厌洁，兰不厌馨。尔形信直，影亦不曲。尔声信清，响亦不浊。绿衣虽多，无觉子色。邪径虽利，无尚不直。春华虽美，期于秋实。水璧虽泽，期于见日。浴者振衣，沐合弹冠。人知正服，莫知行端。服美动目，行美动神。天道佑顺，常无吉人。

皇甫谧的《列女传》中，亦记载了大量的有关女子贞节的事例。如三国时夏侯令的女儿嫁给曹文叔，不久曹亡，也没有留下儿子，于是她成为寡妇，父亲劝其改嫁，她不同意，割去两个耳朵以示抗争。后来父母见她生活无依无靠，再次动员她改嫁，她又割去鼻子，以示决心。安定女子张芝，年轻寡居，与两个嫂嫂一起被乱军抢去，她怕被污辱，就先杀了两个嫂嫂，然后准备自杀。幸亏当时乱军迅即溃败，她方被获救。

房玄龄在《晋书》的“列女”部分，也有太子妃王氏、许延之妻杜氏、卫敬瑜之妻王氏等多处关于守节方面的记载，史曰：

> 愍怀太子妃王氏，太尉衍女也，字惠风。贞婉有志节。太子既废居于金墉，衍请绝婚，惠风号哭而归，行路为之流涕。及刘曜陷洛阳，以惠风赐其将乔属，属将妻之。惠风拔剑距属曰：“吾太尉公女，皇太子妃，义不为逆胡所辱。”属遂害之。

> 许延妻杜氏，不知何许人也。延为益州别驾，为李骧所害。骧欲纳杜氏为妻，杜氏号哭守夫尸，骂骧曰：“汝辈逆贼无道，死有先后，宁当久

活！我杜家女，乞为贼妻也！"骧怒，遂害之。

霸城王整之姊嫁与卫敬瑜妻，年十六而敬瑜亡，父母舅姑咸欲嫁之，誓而不许，乃截耳置盘中为誓乃止。

李延寿在《北史·列女》中指出："盖妇人之德，虽在于温柔，立节垂名，咸资于贞烈。温柔仁之本也，贞烈义之资也。非温柔无以成其仁，非贞烈无以显其义。"也就是把"温柔""贞烈"看作女性的两大美德，要求女性能够做到"守约以居正，杀身以成仁"。于是，在"列女"部分，同样列举了诸多恪守贞节的典型事例，诸如：

荥阳京县人张洪祁妻刘氏者，年十七夫亡。遗腹生一子，三岁又没。其舅姑年老，朝夕奉养，率礼无违。兄矜其少寡，欲夺嫁之，刘自誓不许，以终其身。

陈留董景起妻张氏者，景起早亡，张时年十六，痛夫少丧，哀伤过礼，蔬食长斋。又无儿息，独守贞操，期以阖棺。乡曲高之，终见标异。

郑善果母崔氏者，清河人也。年十三，适荥阳郑诚，生善果。周末，诚讨尉迟迥，力战死于阵。母年二十而寡，父彦穆欲夺其志，母抱善果曰："妇人无再男子之义。且郑君虽死，幸有此儿，弃儿为不慈，背死夫为无礼。宁当割耳剪发，以明素心。违礼灭慈，非敢闻命。"

在宣扬女子恪守贞节的同时，还出现了要女子存性灭欲的宣传和说教。颜延之在《庭诰》中这样说道："欲者，性之烦浊，气之蒿蒸，故其为害，则熏心智，耗真情，伤人和，犯天性。"① 要求女子要养成丹石之性，控制自己的欲望。

除了这些士大夫们的宣扬介绍外，最高统治者也大力提倡贞洁观念。如北魏孝文帝元宏曾颁布《祀孔子庙禁妇女合杂诏》，认为男女合杂"致令祠典寝顿，礼章殄灭，遂使女巫妖觋，淫进非礼，杀生鼓舞；倡优媟狎，岂所以尊明神敬圣道者也"。要求凡祭祀孔子庙或制用酒脯"不听妇女合杂，以祈非望之福，犯者以违制论"②。把妇女看成是推行礼制的障碍，应该远离神圣的祭祀之地。高允在《矫颓俗疏》中建议婚娶时"妙先贞闲之女"③。至北齐时，则形成

---

① 沈约：《宋书》卷73《颜延之》。
② 魏收：《魏书》卷7上《高祖纪上》。
③ 魏收：《魏书》卷48《高允列传》。

了"一门女不再醮"的观念，明确反对寡妇再嫁，并强迫无子女的寡妇出家为尼。

二、亲老行孝教育

受举孝廉和九品中正制的影响及引领，孝行确能给个人和家族带来好的声望，因而亲老行孝之教由此受到世人的热捧。基于女子在社会生活中的地位，亲老行孝也便成为家庭女子教育的重要内容，以至在这一时期出现了许多孝女。《后汉书・列女传》就载有大量的女子践行孝道的典型事例，如孝女曹娥、叔先雄等，不惜舍弃生命而恪尽孝道。如史载：

> 孝女曹娥者，会稽上虞人也。父盱，能弦歌，为巫祝。汉安二年五月五日，于县江溯涛婆娑迎神，溺死，不得尸骸。娥年十四，乃沿江号哭，昼夜不绝声，旬有七日，遂投江而死。

> 孝女叔先雄者，犍为人也。父泥和，永建初为县功曹。县长遣泥和拜檄谒巴郡太守，乘船堕湍水物故，尸丧不归。雄感念怨痛，号泣昼夜，心不图存，常有自沉之计。所生男女二人，并数岁，雄乃各作囊，盛珠环以系儿，数为诀别之辞。家人每防闲之，经百许日后稍懈，雄因乘小船，于父堕处恸哭，遂自投水死。

而广汉学者姜诗之妻孝敬婆婆的事迹曾感动过赤眉军，后人以"涌泉跃鲤"编入二十四孝，如史所载：

> 诗事母至孝，妻奉顺尤笃。母好饮江水，水去舍六七里，妻常溯流而汲。后值风，不时得还，母渴，诗责而遣之。妻乃寄止邻居，昼夜纺绩，市珍羞，使邻母以意自遗其姑。如是者久之，姑怪问邻母，邻母具对。姑感惭呼还，恩养愈谨……姑嗜鱼鲙，又不能独食，夫妇常力作供鱼鲙，呼邻母共之。舍侧忽有涌泉，味如江水，每旦辄出双鲤鱼，常以共二母之膳。赤眉散贼经诗里，驰兵而过，曰："惊大孝必触鬼神。"时岁荒，贼乃遗诗米肉，受而埋之，比落蒙其安全。

汉以后的历朝史书上，也不乏关于女子亲老行孝的事迹。如《晋书・后妃上》载文明王皇后："年九岁，遇母疾，扶侍不舍左右，衣不解带者久之……后事舅姑尽妇道……及居父丧，身不胜衣，言与泪俱。"《晋书・列女》载郑袤之妻曹氏："事舅姑甚孝，躬纺绩之勤，以充奉养。至于叔妹群娣之间，尽其礼节，咸得欢心。"此外，《魏书·列女》也有关于女子居家行孝活动的记载，如赵郡太守李叔胤之女、范阳卢元礼之妻李氏，"性至孝，闻于州里。父卒，号恸几绝者数四，赖母崔氏慰勉之，得全。三年之中，形骸销瘠，非人扶不起……后元礼卒，李追亡抚存，礼无违者，事姑以孝谨著"。她的事迹传到了官府，"有司以状闻，诏追号贞孝女宗，易其里为孝德里，树李、卢二门，以惇风俗"。还有河东姚氏女姚女胜，"年六七岁，便有孝性，人言其父者，闻辄垂泣……母死，女胜年十五，哭泣不绝声，水浆不入口者数日，不胜哀，遂死"。时任太守崔游申，也为姚女胜的孝行所感动，于是"请为营墓立碑，自为制文，表其门间，比之曹娥，改其里曰上虞里"。

秦汉至魏晋南北朝时期之所以出现如此众多孝女典范，足以说明这一时期女子亲老行孝教育活动的效果是非常显著的，这是家庭内部长期熏染和教育的结果。

三、文史素养教育

在汉朝，一些官宦之家专门延请傅母和女师来对女子进行文史素养教育。如班昭在《女诫》序中这样说道："鄙人愚暗，受性不敏，蒙先君之余宠，赖母师之典训。"唐李贤注："母，傅母也；师，女师也。"可见班昭当时既有傅母，又有女师。一些女子通常亦由学识渊博的祖辈和父兄辈来担任教师，从而获得学问。如班昭的成才与父亲班彪和哥哥班固的影响和教育是分不开的。在父亲蔡邕的教导下，蔡文姬写出了《悲愤诗》两首，以及创作了著名的《胡笳十八拍》等。

汉朝也有许多名师硕儒在研究高深学问的同时，常常会在家里收徒讲学，一些女子便有机会成为正式学生或旁听生。如西汉的刘向，在研究《左传》的同时，也注意传播自己的研究所得，他经常号召自己的童仆、妻、子都来学习《左传》。东汉的郑玄，规定家里的奴婢都应读书，以致一些奴婢对《诗经》颇有见解。有一次，一个婢女惹怒了郑玄，郑玄处罚她时她还辩解，于是郑玄就叫人把她拖到泥水中罚站。另一个婢女看见后，为取笑她，便问道："胡为乎泥中？"她顺口答道："薄言往诉，逢彼之怒。"一问一答，所用都是《诗经》中的原文，且运用得十分贴切、俏皮，可见这两位婢女对《诗经》十分精通，达到融会贯通的程度了。还有，东汉功臣梁统的玄孙女梁妠，从小喜欢读书，家庭对她也十分重视，专门加以教诲，到 9 岁时就能背诵《论语》等经籍，且知书达理，略通人事后常常把《列女图》挂在房中，以先朝列女榜样自鉴。

　　魏晋南北朝时期同样重视对女子的文史素养教育，且成效显著。如《晋书·后妃上》载：文明王皇后"年八岁，诵《诗》《论》，尤善丧服。苟有文义，目所一见，必贯于心"。《晋书·列女》载："王浑妻钟氏……数岁能属文。及长，聪慧弘雅，博览记籍。"晋代书法家王凝之妻谢氏，字道韫，安西将军谢奕之女。由于谢道韫才华出众，因此深得叔父谢安的欣赏，经常对其进行指导。谢道韫的诗文写得很好，每有佳作，总要先请谢安过目指点。一天，谢道韫拿来一张诗笺，谢安接过一看，诗文的题目为《拟嵇中散咏松诗》：

> 遥望山上松，隆冬不能凋。
>
> 愿想游下憩，瞻彼万仞条。
>
> 腾跃未能升，顿足俟王乔。
>
> 时哉不我与，大运所飘飖！

　　谢安很看重嵇康（曾为中散大夫，故称嵇中散）的为人，对嵇康的诗也很熟悉，因此知道谢道韫所拟是嵇康的《游仙诗》，原诗也是以"遥望山上松"开头，中间有"愿想游其下"的句子。拟作与原作相比，主题思想全然不同，由对成仙飞升的向往变成对坚贞不屈者的仰慕，体现出谢道韫作为一个女子不同凡俗的志节。谢安不由得连连称好，只是心里不禁叹息，可惜谢道韫是个女孩子。接着，谢道韫问谢安："我这可算是'屋下架屋'?"原来，"屋下架屋"是谢安对当时魏晋模拟之风的一个尖锐批评。谢安作为当时的俊赏名士，对文学有其独到的见解和看法。如东汉班固作了篇《两都赋》，后来张衡拟之作《二京赋》，西晋左思又拟之作《三都赋》。经人作序吹嘘后，《三都赋》风靡一时，士子争相买纸传抄，以至于"洛阳纸贵"。其实在谢安看来，这些都是铺陈京都之盛，经过辗转模仿而写出的诗赋，可谓千人一腔，了无新意。头脑清醒的谢安对这股模拟之风非常反感，尖锐地批评说："不得尔，此是屋下架屋耳，事事拟学，而不免俭狭。"[1]"屋下架屋"四字可谓一针见血，切中要害。谢安对谢道韫

---

① 刘义庆：《世说新语·文学第四》。

说："你有己意，有真情，以后完全能独立创新，不复依傍。"事实证明，谢安的话对谢道韫起到了非常大的指导作用，使其受益终生。

《晋书·列女》还载有十六国时期宋氏受教、教子乃至于家办官学的事迹。说的是太常韦逞之母宋氏，"家世以儒学称"。宋氏年幼时母亲就去世了，由父亲担当起抚育她的重任，并授以《周官音义》，还对宋氏说："吾家世学《周官》，传业相继，此又周以所制，经纪典诰，百官品物，备于此矣。吾今无男可传，汝可受之，勿令经世。"当时，虽然天下丧乱，但宋氏依然讽诵不辍。在逃亡山东的路上，还"背负父所授书"。后定居在胶东，当时韦逞年小，"宋氏昼则樵采，夜则教逞，然纺绩无废"。后来，韦逞遂学成名立，仕于前秦王苻坚为太常。苻坚很重视教育，经常到太学听讲经书。有一次，他到太学"问博士经典，乃悯礼乐遗阙"。时任博士卢壶对苻坚说："废学既久，书传零落，此年缀撰，正经粗集，唯周官礼注未有其师。窥见太常韦逞母宋氏世学家女，传其父业，得《周官音义》，今年八十，视听无阙，自非此母无可以传授后生。"于是，苻坚令宋氏家立讲堂，"置生员百二十人，隔绛纱幔而受业，号宋氏为宣文君，赐侍婢十人。周官学复行于世，时称韦氏宋母焉"。宋氏在家办学授徒，可谓史书所载第一例，在一定程度上表明当时女子教育的显著成就。

此外，《魏书·李彪》载，李彪之女，幼而聪颖，李彪"教之书学，读诵经传"。由于才华卓著，被皇帝召去教其妹经史。"彪亡后，世宗闻其名，召为婕妤，以礼迎引。婕妤在宫，常教帝妹书，诵授经史。"①

四、顺柔端庄教育

《仪礼》中曾提出"妇人以顺从为务，贞懿为首"。可以说，"顺从"与贞节一样为女子所必备的一项重要品质。"三从"之中，从夫最为重要。班昭在《女诫·专心》篇中说："夫有再娶之义，妇无二适之文，故曰夫者天也；天固不可逃，夫故不可离也。行违神祇，天则罚之，礼义有愆，夫则薄之。"又"夫妇之好，终身不离"。在这里，夫妻关系相当于主仆关系，没有任何平等而言。卑弱的妻子受到任何的委屈和虐待都只有忍气吞声，甘愿为夫君的玩物。从家庭和

---

① 魏收：《魏书》卷62《李彪》。

睦与稳定角度上说，这是有一定作用的，因而班昭倡导的女子顺从教育，得到了后世家庭的效法和追捧。如东汉太守赵宣之妻杜泰姬，给家中诸女及儿媳立下顺从令，要她们遵从。令称：

吾之妊身，在乎正顺。及其生也，恩存于抚爱。其长之也，威仪以先后之，礼貌以左右之，恭敬以监临之，勤恪以劝之，孝顺以内之，忠信以发之。是以皆成，而无不善。汝曹庶几勿忘吾法也。①

西晋学者张华所著的《女史箴》，在一定程度上继承和发展了班昭的女子顺从观，提出"尚柔"之教，主张女子要善修其性，养成柔顺的天性。他指出：

妇德尚柔，含章贞吉；婉娈淑慎，正位居室。樊姬感庄，不食鲜禽；卫女矫桓，耳忘知音。志厉义高，二主易心；玄熊攀槛，冯媛趋进。夫岂无畏，知死不吝。班女有辞，割欢同辇；夫岂无怀，防微虑远。人咸知饰其容，而莫知饰其性。性之不饰，或愆礼正。出其言善，千里应之；苟违斯义，同衾亦疑。欢不可以黩，宠不可以专；专实生慢，爱极则迁。致盈必损，理固有然。

同时，上层统治者为了更好地维护统治，也极力宣扬柔顺教育，诸如北魏孝文帝在太和十一年（487 年）十月，曾诏令"党或里中，推贤而长者，教其里人父慈、子孝、兄友、弟顺、夫和、妻柔"②。这种由皇帝下诏要求对女子实行柔顺教育在历史上尚属首次，对当时女子家庭教育产生了重大影响。

当然，提倡柔顺之教也与一夫一妻多妾制的社会生活环境有关，因为在这种环境下，唯有多娶才能免除一个家庭断种绝脉之忧，否则"其妻无子而不娶妾，斯则自绝，无以血食祖、父，请科不孝之罪，离遣其妻"③。而男子多娶，必然会导致妻妾之间的妒忌，甚至有些妻子反对丈夫纳妾，很容易激化家庭内部矛盾，这使男性统治者们大为不满。诸如晋惠帝之贾皇后，竟"以戟掷孕妾，子随刃堕地"④。当时的贾皇后还是一个妃子，晋惠帝为此感到十分生气，欲将其废掉，后在充华赵粲（晋武帝司马炎的夫人）及大臣杨珧、荀勖的劝说下，才得以幸免。尤其是充华赵粲的"妒是妇人之情耳，长自当差"之语，道出了女性善妒的内心感受。于是以皇帝为首的男性统治者们便大肆对女子施行柔顺、

---

① 常璩：《华阳国志》卷 10 下《汉中士女》。
② 李延寿：《北史》卷 3《魏本纪》。
③ 魏收：《魏书》卷 18《太武五王》。
④ 房玄龄等：《晋书》卷 31《后妃上》。

宽容、"不妒"教育，希望女性要顺从丈夫的意愿。诸如宋明帝刘彧，为了整治嫉妒成性的妇女，曾下令大臣虞通之撰写《妒妇记》，专门收集古今妇女嫉妒的典型，作为反面教材来教育当时的女子。这种在家庭内盛行的强调妇女柔顺、容忍、放纵丈夫恶行的"不妒"教育，严重损害了女子在家庭中的地位，也加速了男子的堕落和腐化，产生了极其恶劣的影响。

关于端庄，主要是指女子的仪容大方得体，不过于修饰。诚如班昭所言"男以强为贵，女以弱为美"。要求女子保持衣服整洁干净，按时梳洗，清洁身体。同时，还兼顾到内在心灵之美。如蔡邕教育女儿蔡文姬，在梳妆打扮和讲究外表的同时，要注意加强品德修养，追求一种心灵之美，实现外表端庄和内心纯洁的和谐统一。他在《女训》中说：

> 心犹首面也，是以甚致饰焉。面一旦不修，则尘垢秽之；心一朝不思善，则邪恶入之。咸知饰其面，不修其心。夫面之不饰，愚者谓之丑；心之不修，贤者谓之恶。愚者谓之丑犹可，贤者谓之恶，将何容焉？故览照拭面则思其心之洁也，傅脂则思其心之软也，加粉则思其心之鲜也，泽发则思其心之顺也，用栉则思其心之理也，立髻则思其心之正也，摄鬓则思其心之整也。①

至三国时期，则有学者提倡"色美"，如荀彧之子、三国时学者荀粲，他提出"妇人德不足称，当以色为主"②的主张。唯美色至上的言论必然在社会上产生一种导向，引导女子以修饰为乐事。到魏晋南北朝时期更甚，因当时玄学思想盛行，战乱频仍，享乐主义思想在社会上盛行，男子对女子的审美意识增强，审美要求近于苛刻，士族阶层有一部分人主张女性的唯美主义标准，这深刻影响到当时的世风，妇容教育受到了人们的广泛关注。南朝陈学者徐陵在《玉台新咏》中收录有梁简文帝《美人晨妆诗》一首，诗中这样写道：

> 北窗向朝镜，锦帐夏斜萦。
>
> 娇羞不肯出，犹言妆未成。
>
> 散黛随眉广，燕脂逐脸生。
>
> 试将持出众，定得可怜名。

除此之外，还有大量描述女子风情艳饰和靓姿美色的句子，如"东邻巧笑，

① 李昉：《太平御览》卷459《人事部一百·鉴戒下》。
② 刘义庆：《世说新语·惑溺第三十五》。

来侍寝于更衣。西子微颦，得横陈于甲帐"；"反插金钿，横抽宝树。南部石黛，最发双蛾。北地燕脂，偏开两靥"；"惊栾冶袖，时飘韩掾之香。飞燕长裾，宜结陈王之珮"，等等。可见妇女对修饰的重视，尤其是诗中所及多成为当时家庭教育女子的教材和范例，病态的女性美在当时的家庭教育活动中占据了主要部分。

相比较而言，后宫中的女子更注重仪容的修饰和教育。秦时宫廷女子教育重视华丽妖艳之美，宫廷女子也很重视打扮自己。西汉时，宫廷女子十分注重妆饰美，宫廷流行妆饰术，用铅粉、水银、胭脂等饰物描眉、涂脸。东汉之后，人们逐渐重视朴素的美，班昭就主张"妇容，不必颜色美丽也"①，这对宫廷妇容教育产生了极大的影响，逐渐在宫廷中形成了以朴素为美的风气。像汉明帝刘庄皇后马氏衣着朴素，十分节俭，常常穿粗布衣裙。每逢朔望日，各位宫嫔美人朝见时，以为她所穿为新式的罗绮制成，但进前仔细一看，原来是自染自织的粗麻衣服，裙子也不加边饰。由于马氏的头发美而长，梳起来太费工夫，就在脑后梳了四个大髻，又把头发绕髻三圈，她的眉毛细长而黑，只有左眉角有小缺，便用眉笔补上。后来这种发式和点眉样式竟在洛阳流行起来，一些贵妇人都学皇后这样梳头和点眉，对女子的仪表教育起到了很好的引领作用。

在曹魏时期，宫廷内女子更注意修饰自己的言行举动。诸如曹操的宣卞皇后，"抚养诸子，有母仪之德"，常自警自己"但当以免无教导之过为幸耳"，她母仪甚精，曹操曾这样评价她说："怒不变容，喜不失节，故是最为难。"② 再如曹丕的甄皇后，史载："后自少至长，不好戏弄。年八岁，外有立骑马戏者，家人诸姊皆上阁观之，后独不行。诸姊怪问之，后答言：'此岂女人之所观邪？'"③

五、匡夫勤政教育

无论是庶民之家，抑或是官员甚至帝王之家，妻或妾的喜怒哀乐、言行举止，对男主人的学业、事业或治绩都会有很大的影响。因此，妻或妾的素养如何，对家庭的稳定和兴旺影响甚大。如官至司隶校尉的鲍宣，有一位贤妻叫桓少君，鲍宣曾经跟随桓少君的父亲求学，由于鲍宣学习特别勤奋，桓父便将桓

---

① 范晔：《后汉书》卷84《列女传》。
② 裴松之注：《三国志》卷5《魏书·后妃传》。
③ 裴松之注：《三国志》卷5《魏书·后妃传》。

少君许配给他，还陪送了非常丰厚的嫁妆。鲍宣目睹嫁妆，感到不安，于是便对桓少君说："少君生富骄，习美饰，而吾实贫贱，不敢当礼。"桓少君知书达理，安慰道："大人以先生修德守约，故使贱妾侍执巾栉。即奉承君子，唯命是从。"意思是，父亲看重你的品德和学业，所以才让我嫁给你，既然跟了你，那就尊重你的意见。于是，桓少君"乃悉归侍御服饰，更着短布裳，与宣共挽鹿车归乡里。拜姑礼毕，提瓮出汲，修行妇道，乡邦称之"①。

《后汉书·列女传》还载有一位列女赵阿，她"少习仪训，闲于妇道"，而其丈夫周郁则"骄淫轻躁，多行无礼"。周郁的父亲想让赵阿多管教一下周郁，于是对赵阿说："新妇贤者女，当以道匡夫。郁之不改，新妇过也。"在这里，周父提到贤惠女子出嫁后应该"以道匡夫"，说明当时女性在家庭中的地位还是比较高的。但同时，周父把儿子的过而不改视为"新妇过"，这让赵阿接受不了，虽然表面上默认了周父的交代，但私下却对身边的人说："我无樊、卫二姬之行，故君以责我。我言而不用，君必谓我不奉教令，则罪在我矣。若言而见用，是为子违父而从妇，则罪在彼矣。生如此，亦何聊哉！"赵阿因无法承受"郁之不改"的后果，于是选择了自杀，时人为之遗憾不已。

在帝王之家，皇后、嫔妃的素养水准不只影响帝王或皇族，甚至影响到社稷民生。因而，如何让皇后及嫔妃们能够提升素养，辅佐皇帝善政勤政，也是这一时期大臣们常思考的一个问题。刘向采摘自古以来史书上所记载的贤妃、贞妇、宠姬等资料，编辑成《列女传》一书。全书按女性的行为准则和给国家带来的治乱后果，分为母仪、贤明、仁智、贞顺、节义、辩通、孽嬖七卷。其中"仁智卷"，共收集 15 个列女故事。书成之后，刘向便呈送给汉成帝，同时还呈送了《列女颂图》，希望他能从中吸取经验教训，以维护刘氏政权。东晋画家顾恺之依据《列女传》画有《列女仁智图》，如图 6-1 所画为卫灵公的夫人南子。史学界对南子的评价是"美而淫"，《列女传》亦称其为"乱女"，看来似乎是个反面教材。而在顾恺之的画面中所显示的，并非是个负面的形象。卫灵公端坐于榻上，身向前倾，右手高高抬起，似乎是在向夫人讲述什么事情，而南子席地而跪，似在倾听卫灵公的讲说。既然放在"仁智"部分，说明无论是刘向，或者是顾恺之，对南子的治理能力还是给予肯定的，毕竟南子在稳定卫国局势上有一定的贡献。

---

① 范晔：《后汉书》卷 84《列女传》。

图 6-1　列女仁智图·灵公夫人

　　至西晋时，晋惠帝司马衷是历史上典型的昏庸无能皇帝，整日不理朝政，大权尽落皇后贾氏之手。贾氏又心狠手辣，荒淫无度，引起朝中众臣的不满。学者张华便收集历史上各代先贤圣女的事迹，写成《女史箴》，对贾氏及宫女以示劝诫和警示，希望他们能够像古代的先贤圣女那样来辅佐皇帝勤政。擅长人物画的顾恺之，同样根据《女史箴》而创作了《女史箴图》，共十二段，旨在对女性进行伦理道德说教，要求女性以历史人物为表率，言行举止均要"规规矩矩"。由于顾恺之熟悉宫廷生活，因此，画中的人物形象真实而生动，表现出古代宫廷妇女优美闲雅的风度和生活场面。

　　其中第四段如图 6-2 所示，所画两女相对妆容，插题箴文为："人咸知饰其容，而莫知饰其性。性之不饰，或愆礼正。斧之藻之，克念作圣。"

图 6-2　女史箴图局部（唐摹本）

　　第五段如图 6-3 所示，所画床帏间夫妇相背，男子揭帏作仓猝而起状，插题箴文："出其言善，千里应之。苟违斯义，同衾以疑。"

图 6-3　女史箴图局部（唐摹本）

第七段如图 6-4 所示，所画男女二人相向对立，男子对女子举手做相拒之势。插题箴文："欢不可以渎，宠不可以专。专实生慢，爱极则迁。致盈必损，理有固然。美者自美，翻以取尤。治容求好，君子所仇。结恩而绝，实此之由。"规劝女子不能刻意争宠，专宠必生傲慢。

图 6-4　女史箴图局部（唐摹本）

总之，这一时期的家庭（族）教育活动，史料记载相对先秦时期较为丰富，无论是文字记载，抑或是出土文物、存世书画，多能反映出家庭（族）教育活动的概貌，不仅皇族教育活动比较突出，名门望族的家庭教育活动更是活跃异常，女子家庭教育在内容与形式上有所推进，甚至是出现了女子办学授徒的行为，为隋唐时期家庭教育活动的延续发展提供了诸多生动的范例。

第七章
社会教育活动

　　重视社会教育是中国古代社会的一个重要特点。先秦时期就很重视以伦理为核心的社会教育活动，建立了合乎时需的礼乐制度。秦汉之际是中国统一中央集权制国家缔造之时，经历数百年的分裂割据及战乱，生产急需恢复，政治、文化、思想需要统一。如何使万民归服，如何使新的政权得以稳固，是秦汉政府不得不面对的亟待解决的问题。在这种背景下，社会教育活动自然受到高度重视。秦始皇统一中国之后，虽不重视学校教育，却重视社会教育，为达到这一目的，先后开展了一系列以"普施明法，经纬天下"为特点的社会教育活动，为此后汉朝社会教育活动的开展奠定了基础。

　　秦灭汉兴，汉朝一改秦朝的"以法治国"之策，实施以德治国，以孝立国，并于汉武帝时确立了"罢黜百家，独尊儒术"的文教政策。为导民以善，为"风流而令行"，为"章洪业"，汉朝开展了一系列以宣扬儒家思想为特点的诸多社会教育活动。

及至魏晋南北朝时期，虽然朝代更替频繁，社会动荡不安，但是各个政权为维护自己的统治，同样实施了形式多样的社会教育活动。尤其是道教、佛教的迅速传播，为传统社会教育活动更增添了新的内容与形式。

第一节　秦朝的社会教育活动

公元前221年秦的统一，使中国社会进入了中央集权制的封建王朝时期，社会教育活动随之进入了一个新的发展期。就整体而言，教育在秦朝并不被重视，如董仲舒所言：

> 圣王之治天下也，少则习之学，长则材诸位，爵禄以养其德，刑罚以威其恶，故民晓于礼谊而耻犯其上。武王行大谊，平残贼，周公作礼乐以文之，至于成康之隆，囹圄空虚四十余年，此亦教化之渐而仁谊之流，非独伤肌肤之效也。至秦则不然，师申、商之法，行韩非之说，憎帝王之道，以贪狼为俗，非有文德以教训于天下也。诛名而不察实，为善者不必免，而犯恶者未必刑也。是以百官皆饰虚辞而不顾实，外有事君之礼，内有背上之心；造伪饰诈，趣利无耻；又好用憯酷之吏，赋敛亡度，竭民财力，百姓散亡，不得从耕织之业，群盗并起。是以刑者甚众，死者相望，而奸不息，俗化使然也。①

尽管秦朝不重视"文德"教育，但为加强中央集权和维护国家政权的统一，还是开展了诸多"匡饬风俗"的社会教育活动，主要表现在以下几个方面。

一、"以吏为师"的普法教育

通过制定、宣讲法律以教化万民是秦朝社会教育活动的一个重要特点。远在秦朝建立之前，秦国就已形成以法治国的传统，即通过制定、实施严明的法

---

① 班固：《汉书》卷56《董仲舒传》。

制来治理国家。"以法为教"理论的开创者商鞅曾谈道:"制度时,则国俗可化,而民从制;治法明,则官无邪;国务一,则民应用。"①无论是"制度时"还是"治法明""国务一",其目的都在于规范民众的行为,严格对下属的管理,维护国家的统一。商鞅称"明教不变,而民知于民务,国无异俗"②。在商鞅看来,法制明确,并持之以恒,便可以实现国家的统一。法家集大成者韩非同样强调"以法为教",认为"明主之国,无书简之文,以法为教",唯有治国以法,教民以法,才能实现社会的稳定统一。

秦始皇统一六国后,虽然形式上实现了统一,但各地律令异法、衣冠异制、言语异声、文字异形的情况还是很普遍的,因而为加速社会的改制,实现"行同伦""黔首改化,远迩同度",秦始皇秉承了秦国以法治国、以法教民的传统,通过"作制明法"、实施并宣讲"明法"等活动来推进社会改革,以实现中央集权制国家的真正统一。

秦朝"作制明法"活动,在"睡虎地秦墓竹简"中得到了充分的反映。该批竹简反映了战国晚期到秦始皇时期的社会状况,内容广泛涉及当时的政治、经济、文化、军事等各方面,以法律和文书为主。单从"睡虎地秦墓竹简"中的《秦律十八种》来看,反映秦朝"作制明法"不仅内容涉及广泛,而且所制规则详明,对民众的生产、生活及社会管理都做了详细规定。《秦律十八种》所载内容涉及农业生产、手工业管理、官吏任免等方方面面的详细管理规则,如其中的《田律》《厩苑律》篇是关于农田水利、山林保护以及牛马饲养方面的法律;《仓律》《金布律》对国家粮食的贮存保管和发放、货币流通、市场交易等作了规定;《关市》是管理关卡和市场的法律;《徭律》和《司空律》是关于徭役征发、工程兴建、刑徒监管的法律;《工律》《工人程》《均工》三种系关于手工业管理的法律,对新工训练、劳动力折算及器物生产的标准化有详尽的规定;《置吏律》《军爵律》《效》和《内史杂》等,则是关于官吏任免、军爵赏赐以及官吏职务方面的法律;《传食律》介绍了关于各种官员、吏卒和有爵位的人因公出差或传送文书、命书,以及食宿驿站供给标准的法律;《行书》制定了传送文书的法规;《尉杂》则是关于廷尉职责总括的规定;《属邦》涉及了关于管理少

---

①《商君书·壹言第八》。
②《商君书·赏刑第十七》。

数民族事务的官府职责的法规等。从其律令的规定来看，涉及各行各业；而从其具体内容来看，也是规定详细，足以作为各类官员、民众言行的规范。

以秦简《为吏之道》为例，该篇对为官的道德素质作了要求：

> 必精洁正直，慎谨坚固，审悉毋私，微密纤察，安静毋苛，审当赏罚……宽俗忠信，和平毋怨，悔过勿重。兹下勿陵，敬上勿犯，听间勿塞。安乐必戒，毋行可悔，以忠为干，慎前虑后……毋喜富，毋恶贫。除害兴利，兹爱万姓。

此外，文中还正式提出官吏"五善""五失"的标准：

> 吏有五善：一曰中信敬上，二曰精廉勿谤，三曰举事审当，四曰喜为善行，五曰龚敬多让。

> 吏有五失：一曰夸以迣，二曰贵以大，三曰擅裚割，四曰犯上弗智害，五曰贱士而贵货贝。一曰见民倨傲，二曰不安其鼂，三曰居官善取，四曰受令不倓，五曰安家室忘官府。一曰不察所亲，二曰不智所使，三曰兴事不当，四曰善言隋行，五曰非上。①

详明的《为吏之道》对地方官吏道德素质提出了规范，同时也对其行使职责提出了明确要求，从而维护了有序的社会秩序。

"作制明法"，使得"治道运行，诸产得宜，皆有法式"，为人们"行同伦"提供了依据。当然，"作制明法"之外，实施、宣讲"明法"也是秦朝社会教育活动的一个重要方面。秦朝推行"以法为教""以吏为师"之制，严明的法律得以推广、实践，靠的是官员的相互学习以及上对下的宣讲。事实上，统一前的秦国就规定，朝廷和地方郡县都设主管法令的官吏，负责教人法令和解释法律。其他官吏和民众若想了解法令，都可向该官吏请教，其必须给以明确回答。秦朝奉行"以吏为师"的制度，使普通百姓没有机会直接学习法令，所以只能通过地方行政长官的宣讲来了解国法。如秦墓竹简《语书》就记载了秦朝南郡守腾发给本郡各县一篇道德文告。文告称：

> 古者，民各有乡俗，其所利及好恶不同，或不便于民，害于邦。是以圣王作为法度，以矫端民心，去其邪避，除其恶俗。法律未足，民多诈巧，

---

① 睡虎地秦墓竹简整理小组编：《睡虎地秦墓竹简》，文物出版社1978年版，第281—285页。

故后有间令下者。凡法律令者，以教道民，去其淫避，除其恶俗，而使之于为善殹。今法律令已具矣，而吏民莫用，乡俗淫失甚害于邦，不便于民。故腾为是而修法律令、田令及为间私方而下之，令吏明布，令吏民皆明智之，毋巨于罪。今法律令已布，闻吏民犯法为间私者不止，私好、乡俗之心不变，自从令、丞以下智而弗举论，是即明避主之明法殹，而养匿邪避之民。如此，则为人臣亦不忠矣。若弗智，是即不胜任、不智殹；智而弗敢论，是即不廉殹。此皆大罪殹。而令、丞弗明智，甚不便。今且令人案行之，举劾不从令者，致以律，论及令、丞。有且课县官，独多犯令而令、丞弗得者，以令、丞闻。以次传；别书江陵布，以垂行。①

通过文告内容，我们可以了解到：一是秦朝制定、宣讲明法之目的在于教导民众，革除恶俗，使民为善；二是法令一经制定后，主要通过逐级布告、宣讲传达给民众；三是各级行政长官负有宣讲并监督法令实施的职责。

社会习俗是一个地方长期以来文化和社会生活深厚积淀所形成的，改变绝非一朝一夕之举。秦统治当局也意识到了这一点，并不主张对"变民习俗"操之过急。云梦秦简中的《为吏之道》将"变民习俗"与"兴事不时，缓令急征，决狱不正，不精于材（财），法置以私"② 等重大陋政并列，当作为官的忌讳之事，主张移风易俗和其他政务一样，都要遵循法度，出于公心，恪守常规，循序渐进并坚持不懈。而且即便是教化已取得较大成就的地方，也要戒骄戒躁，继续努力。如《为吏之道》所言：

民之既教，上亦毋骄，孰道勿治，发正乱昭。安而行之，使民望之。道易车利，精而勿致，兴之必疾。夜以继日。观民之诈，罔服必固。地修城固，民心乃宁。百事既成，民心既宁，既毋后忧，从政之经。③

从"民心既宁，既毋后忧"可以看出，秦朝推行教化的目的还是在于得民心，以维护自己的统治。

秦朝统一六国，建立了中央集权的封建制国家，这当中"普施明法"起到了相当大的作用。但遗憾的是，由于"明法"很快走向"峻法"，加上"明法"

---

① 睡虎地秦墓竹简整理小组编：《睡虎地秦墓竹简》，文物出版社 1978 年版，第 13 页。
② 睡虎地秦墓竹简整理小组编：《睡虎地秦墓竹简》，文物出版社 1978 年版，第 286 页。
③ 睡虎地秦墓竹简整理小组编：《睡虎地秦墓竹简》，文物出版社 1978 年版，第 288 页。

不能得到很好的实施，使得秦朝最终成为自己"峻法"的牺牲品。

二、以"农工"为本的生产教育

农业"是整个古代世界的决定性的生产部门"，是人类自身赖以生存和发展的首要条件。重视农业生产是中国古代社会的一个重要特点。早在春秋时期，民间就有"王事靡监，不能蓺稷黍，父母何怙"的歌谣。秦孝公时任用商鞅，实行奖励耕战方针，推行一系列重农政策，规定"僇力本业，耕织致粟帛多者复其身。事末利及怠而贫者，举以为收孥"。秦始皇统一中国后，继承了前代的重农思想，强调以农业生产为本。公元前 219 年登琅邪，在刻石中强调："皇帝之功，勤劳本事，上农除末，黔首是富。"表明了国家重农思想的延续。公元前 215 年的刻石中，又再次提到："男乐其畴，女修其业，事各有序。惠被诸产，久并来田，莫不安所。""男乐其畴"强调农业生产，"女修其业"则体现了家庭纺织业的传承。

为保证农业生产的有序进行，秦朝对有关农田水利、山林保护、牛马饲养等方面都做了详细的规定。《秦律十八种》中的《田律》《厩律》规定：要及时报告降雨后农田受益面积和农作物遭受风、虫、水、旱等自然灾害的情况，不许任意砍伐山林，"居田舍者毋敢酤酒"，按受田之数缴纳刍槁，对牛马饲养好的奖励、坏的惩戒，等等。通过详明的法令以及奖勤罚惰活动来实现自己的生产教育之目的。以《秦律十八种》中《厩律》为例：

> 以四月、七月、十月、正膚田牛。卒岁，以正月大课之，最，赐田啬夫壶酉（酒）束脯，为旱（皂）者除一更，赐牛长者三旬；殿者，谇田啬夫，罚冗皂者二月。其以牛田，牛减絜，治（笞）主者寸十。[①]

意思是说，每年 4 月、7 月、10 月和正月评比耕牛。满一年举行大考核，成绩优秀的，赏赐田啬夫酒一壶、干肉 10 条，免除饲牛者一次更役，赏赐牛长资劳 30 天；成绩低劣的，则要申斥田啬夫，罚饲牛者资劳 2 个月。此外，如果用牛耕田，牛的腰围减瘦一寸，就要笞打主事者 10 下。

除传统的农业生产外，蔬菜、瓜果、树的种植也受到了重视。秦代曾在骊

---

① 睡虎地秦墓竹简整理小组编：《睡虎地秦墓竹简》，文物出版社 1978 年版，第 22 页。

山利用温泉热能"冬种瓜"。李斯在焚书之议中，提出"所不去者，医药卜筮种树之书"，由此可见，种植业在秦朝同样受到高度重视。秦朝律令中的《田律》专门对树木、植被保护，以及动物、鱼鳖的捕捉做了详细规定，称："春二月，毋敢伐材木山林及雍堤水。不夏月，毋敢夜草为灰，取生荔、麛鷇，毋毒鱼鳖，置阱网，到七月而纵之。"[1] 即春天 2 月，不准到山林中砍伐木材，不准堵塞水道。不到夏季，不准烧草作为肥料，不准采集刚发芽的植物，或捕捉幼兽、鸟卵和幼鸟，不准毒杀鱼鳖，不准设置捕捉鸟兽的陷阱和网罟，到 7 月方解除禁令。这些针对农业生产的条律不仅指导人民的生产，同时也约束了人们的不当行为，充分发挥了社会教育之功能。

除农业生产外，秦朝的手工业也得到了快速发展。丞相李斯在谏言中就明确提出"百姓当家则力农工"，将"工"和"农"提到了并重的地位。《秦律十八种》中的《工律》《工人程》《均工》对新工训练、劳动力折算及器物生产的标准化都做了详尽的规定。如《均工》中规定："新工初工事，一岁半红（功），其后岁赋红（功）与故等。工师善教之，故功一岁而成，新工二岁而成。能先期成学者谒上，上且有以赏之。盈期不成学者，籍书而上内史。"[2] 意思是说，秦朝新工匠开始工作，第一年要求达到规定产额的一半，第二年所收产品数额应与熟练工生产产品相等。工师要好好教导，熟练工一年所做的工，新工匠两年学成。能提前学成的，向上级报告，上级将有所奖励。期满仍不能学成的，记名报内史。

由于政府的倡导，秦朝的手工业得到了一定程度的发展。如秦灭魏之后，将善于冶铁的孔氏一族迁到相对稳定的后方南阳继续发展冶铁。孔氏在南阳"大鼓铸，规陂池，连车骑，游诸侯，因通商贾之利，有游闲公子之赐与名。然其赢得过当，愈于纤啬，家致富数千金，故南阳行贾尽法孔氏之雍容"[3]。此外，还有蜀地赵氏，也是因冶铁而富有，"铁山鼓铸，运筹策，倾滇蜀之民，富至僮千人。田池射猎之乐，拟于人君"[4]。

① 睡虎地秦墓竹简整理小组编：《睡虎地秦墓竹简》，文物出版社 1978 年版，第 20 页。
② 睡虎地秦墓竹简整理小组编：《睡虎地秦墓竹简》，文物出版社 1978 年版，第 22 页。
③ 司马迁：《史记》卷 129《货殖列传》。
④ 司马迁：《史记》卷 129《货殖列传》。

在政府的倡导以及严明的奖罚制度下，秦朝虽然短命，却也在一定程度上开展了一些生产教育活动，使先秦时期的一些传统得以传承和发展。

三、追求"端平法度"的民风教育

《尚书》中早就提出"天佑下民，作之君，作之师，惟其克相上帝，宠绥四方"的观点，强调君臣职责在于辅佐上天教化、治理百姓。秦朝是在武力征服六国基础上建立起来的统一政权，武力可以摧毁一个政权，但要收服其民心却并不那么容易。所以，秦始皇建立统一政权后，并没有忽视民风民俗的教育，采取了多种方式匡饬异俗，引导民风，其中就包括出巡六国旧地。他先后五次出巡，其中四次是巡行以东方六国旧地为主的郡县，一方面是要向民众彰显权威，另一方面则宣扬要"端平法度"，使"后嗣循业""垂著仪矩"。关于这点，不难从秦始皇后四次巡行时的刻石内容中反映出来。

秦始皇第二次巡行，于邹峄山刻石中的文辞称："皇帝临位，作制明法，臣下修饬……治道运行，诸产得宜，皆有法式……训经宣达，远近毕理，咸承圣志。贵贱分明，男女礼顺，慎遵职事。"① 从中可以看出，石刻有颂德之目的，但更重要的还在于要求民众不论尊卑，安守本分，谨遵秦朝法律制度，并希望国家所定之"明法""法式"能被永远秉承。在之后的琅邪刻石中，再次强调了"端平法度"乃"万物之纪"，"以明人事，合同父子"之策，也再次要求人们要安守本分，"尊卑贵贱，不逾次行"。除此之外，刻石内容还要求人们以善为本，"皆务贞良"，并做到"细大尽力""专务肃庄""端直敦忠，事业有常"。唯有如此，方可使国家"黔首安宁，不用兵革""六亲相保，终无寇贼""莫不受德，各安其宇"。②

秦始皇第三次巡行，于芝罘的刻石中再次颂其"普施明法，经纬天下，永为仪则"之功德，但其另一目的还在于要求六国民众改化旧俗，奉行国家的统一法度。刻石中"职臣遵分，各知所行"，"黔首改化，远迩同度"等语，明为颂德，实则是对人们言行举止的一种要求。

秦始皇第四次、第五次巡行，宣扬法度，规范人民之意图同样明显。第四

① 司马迁：《史记》卷1《秦始皇本纪》。
② 司马迁：《史记》卷1《秦始皇本纪》。

次刻石上之"垂著仪矩"明确昭示了刻石之目的。第五次刻石除强调人们当
"皆遵度轨""和安敦勉""莫不顺令""人乐同则"外，更对男女节操提出严格
要求。如："有子而嫁，倍死不贞"；"防隔内外，禁止淫泆，男女絜诚"；"夫为
寄猳，杀之无罪，男秉义程"；"妻为逃嫁，子不得母，咸化廉清"① 等。秦始皇
的巡行、刻石活动使国家的法令得到更广泛的传播，同时也间接促进了六国旧
地"黔首改化，远迩同度"的历史进程。

除秦始皇亲自巡行，"垂著仪矩"外，还通过法令对民风民俗进行约束。如
云梦秦简中的《为吏之道》就对先秦儒家的伦理规范进行了概括，并作为官员
恪守的准则，律令规定：

> 为人君则鬼（读为"怀"，柔和），为人臣则忠，为人父则兹（慈），为
> 人子则孝。能审行此，无官不治，无志不彻，为人上则明，为人下则圣
> （疑读为"听"）。君鬼臣忠，父兹（慈）子孝，政之本也。上明下圣，治之
> 纪也。

将建立君臣、父子、上下的关系准则作为治国行政的纲纪，对双方都提出了道
德规范的要求。

推行孝道，也是秦朝民风民俗教育的一项重要内容。秦简《封诊式》中记
载有父告子不孝，要求官方予以处罚，而官方立即将其子捉拿审理的事例。秦
始皇巡行峄山刻石中有"廿有六年，上荐高庙，孝道昌明"的文字，反映了秦
始皇在身体力行地宣扬孝道。

地方官吏是民风民俗教育活动的主要实施者，他们自身的素质、言行，对
民众有着重要的影响。秦始皇芝罘刻石中强调"职臣遵分，各知所行，事无嫌
疑"，琅邪刻石中要求"奸邪不容，皆务忠良，细大尽力，莫敢怠荒"，都充分
表现了政府对官员道德行为的约束。秦简《为吏之道》也详尽地对地方官员的
职分进行了规定，其中提到的"凡戾人，表以身，民将望表以戾真"，就是强调
改造他人须先以身作则，为人表率，这样民众就会仰慕表率，真心诚意地被
感化。

除上述法令法规的约束外，秦朝还设置了"三老"掌管教化，所谓"乡有

---

① 司马迁：《史记》卷1《秦始皇本纪》。

三老、有秩、啬夫、游徼。三老掌教化"。陈胜、吴广起义攻战陈地之后，曾"号令召三老、豪杰与皆来会计事"。汉高祖刘邦攻战关中第二年，便"举民年五十以上，有修行，能帅众为善，置以为三老，乡一人。择乡三老一人为县三老，与县令、丞、尉以事相教，复勿徭戍"。此举虽为汉高祖之行为，实为延续秦朝之旧制。从这个角度来看，秦朝三老已经开始发挥自己在基层民风民俗教育活动中的重要作用。

总之，秦朝推行普法、生产以及民风民俗等一系列教育活动，旨在维护社会的稳定。尽管因为苛政导致政权持续时间不长，但其对社会教育活动的重视还是值得肯定的。

第二节　汉朝的社会教育活动

汉代秦而立，秦朝的迅速灭亡自然引起汉初君臣的思考。陆贾、贾谊等深刻总结了秦朝灭亡的教训，并分别提出"治以道德为上，行以仁义为本"，以及"道德仁义，非礼不成"的教化观，使汉初的"无为而治"渗入了儒家"以德治国"的成分。汉武帝时，董仲舒在贤良对策中明确提出君王当"以教化为大务"，使社会教育受到前所未有的重视。而在董仲舒倡议下形成的"独尊儒术"文教政策，自然也成为社会教育的指导思想，促成了汉朝以宣扬儒家伦理为特点的社会教育活动。汉朝历时400余年，相对稳定的社会情形为社会教育活动的开展创造了条件，使汉朝出现了从中央到地方不同层次、形式多样的各类社会教育活动。在这里，仅就颇具特色的孝亲尊老、劝农桑以及民风民俗教育活动分述于后。

一、凸显人伦的孝亲尊老教育

孝亲尊老为"五伦"之首，也是中华民族的传统美德。早在上古时期，人们就已确立了孝亲尊老的观念。《诗经·小雅》中"如山如阜，如岗如陵……如南山之寿，如松柏之翠"，表明了对老人的尊崇之至。孔子"孝悌也者，其为仁之本与"，"君子务本，本立而道生"的思想更是对后世产生了重要影响。

汉朝继承了先秦孝亲尊老的思想，历任帝王都以不同形式倡导孝亲尊老，如汉文帝"贤圣仁孝闻于天下"；汉景帝"永思孝道"被称颂；汉武帝多次下诏赏赐老者，奖励孝悌；汉宣帝强调"道民以孝，则天下顺"；汉章帝称"孝悌，淑行也"；汉安帝、汉桓帝下诏"举至孝"。可以说，汉朝对孝道予以高度重视，形成了其孝亲尊老的传统，主要是通过以下几个方面的活动来实现的。

（一）国家颁行诏书以引导

据《汉书》《后汉书》记载，两汉时期各代帝王颁布的诏书中，多次强调孝亲尊老的重要性，并要求对老者、孝悌者给予物质、荣誉等多方面的奖励。汉高祖刘邦在给父亲上尊号"太上皇"的诏书中称："人之至亲，莫亲于父子，故父有天下传归于子，子有天下尊归于父，此人道之极也。"[1] 首开汉朝孝亲尊老之先河。汉文帝时，针对官吏以陈粟供养老者现象，特意颁布诏书强调："老者非帛不暖，非肉不饱。今岁首，不时使人存问长老，又无布帛酒肉之赐，将何以佐天下子孙孝养其亲？"[2] 对尊老的重要性进行了强调，不仅明确了汉朝教化的重要内容，同时也从政策层面把尊重老者和孝养长辈并列在一起，促成了汉朝孝亲尊老之传统。

汉文帝之后历代帝王的诏书中，多有对孝悌、老者的赏赐和奖励，体现了国家对孝亲尊老的积极倡导。如汉武帝初即位，就颁布诏书规定老者供养之事。其在诏书中称：

> 古之立孝，乡里以齿，朝廷以爵，扶世导民，莫善于德。然即于乡里先耆艾，奉高年，古之道也。今天下孝子顺孙愿自竭尽以承其亲，外迫公事，内乏资财，是以孝心阙焉，朕甚哀之。民年九十以上，已有受鬻法，为复子若孙，令得身帅妻妾遂其供养之事。[3]

汉宣帝时为使孝子孝孙得以奉养其亲，特意诏令免除孝子孝孙徭役。其诏书称："导民以孝，是天下顺。今百姓或遭衰绖凶灾，而吏繇事使不得葬，伤孝子之心，朕甚怜之。自今，诸有大父母、父母丧者勿繇事，使得收敛送终，尽

---

① 班固：《汉书》卷1《高帝纪》。
② 班固：《汉书》卷4《文帝纪》。
③ 班固：《汉书》卷6《武帝纪》。

其子道。"① 不仅如此，为倡导孝亲尊老，汉宣帝从法律上对父子犯罪、老者犯错给予了宽大处理。在对待父子的包庇罪方面，汉宣帝强调："父子之亲，夫妇之道，天性也。虽有患祸，犹蒙死而存之。诚爱结于心，仁厚之至也，岂能违之哉！"并规定"子首匿父母、妻匿夫、孙匿大父母，皆勿坐"。对于年八十以上老者犯错则规定"非诬告、杀伤人，佗皆勿坐"②。

（二）为政者亲为以示范

汉朝历代帝王和地方官员不仅颁行一些诏令或政令，还能以身作则或勤于政事，来引领全社会的孝亲尊老教育活动。

汉朝最高统治者普遍有典型的孝亲、尊老行为。汉高祖刘邦称帝后尊自己的父亲为"太上皇"，并将自己的成就归之于父亲的教训。其在诏书中称："前日天下大乱，兵革并起，万民苦殃，朕亲被坚执锐，自帅士卒，犯危难，平暴乱，立诸侯，偃兵息民，天下大安，此皆太公之教训也。诸王、通侯、将军、群卿、大夫已尊朕为皇帝，而太公未有号，今上尊太公曰太上皇。"③ 汉文帝刘恒，在母亲病卧三年的时间里侍候在旁，母亲所服汤药都亲口尝过后才放心让母亲服用，古代二十四孝中"亲尝汤药"故事的主人公就是他。汉景帝时，盛赞其父汉文帝"德厚侔天地，利泽施四海，靡不获福"，并为孝文皇帝庙制定《昭德》之舞，"以明休德"，并希望"祖宗之功德，施于万世，永永无穷"。之后，丞相王嘉等大臣又提议高皇帝庙为帝者太祖之庙，孝文皇帝庙为帝者太宗之庙，得到汉景帝的批准。并由此形成汉朝帝王敬奉列祖列宗的传统，在一定程度上为民间的敬祖起到了示范作用。汉宣帝时尊孝武庙为世宗庙，奏《盛德》《文始》《五行》之舞，天子世世献祭。即便是后来篡位的王莽，在生活中对父母及寡嫂也敬重有加，史称其："受《礼经》，师事沛郡陈参，勤身博学，被服如儒生。事母及寡嫂，养孤兄子，行甚敕备。又外交英俊，内事诸父，曲有礼意。阳朔中，世父大将军凤病，莽侍疾，亲尝药，乱首垢面，不解衣带连月。"④ 此外，汉朝皇帝中除了高祖刘邦和光武帝刘秀外，皆以"孝"为谥号，从一个

① 班固：《汉书》卷8《宣帝纪》。
② 班固：《汉书》卷8《宣帝纪》。
③ 班固：《汉书》卷1《高帝纪》。
④ 班固：《汉书》卷99上《王莽传》。

侧面反映了汉朝帝王对"孝"的重视。

国家政令要靠地方官吏落实，在这种情况下，地方官吏就成为孝亲尊老教育活动的主要实施者。而作为治理一方的官吏，他们自觉担负起了教导百姓的重任，以推行地方教化为己任，将孝亲尊老的观念潜移默化到了人们的日常生活之中，使之成为人们的普遍价值标准和行为准则。如西汉颍川太守韩延寿，一向认为"赏罚所以劝善禁恶，政之本也"。故其所至，必"表孝悌有行"，"又置正、五长，相率以孝悌，不得舍奸人"①。东汉南阳太守刘宽，"吏人有过，但用蒲鞭罚之，示辱而已，终不加苦……每行县止息亭传，辄引学官祭酒及处士诸生执经对讲，见父老慰以农里之言，少年勉以孝悌之训。人感德兴行，日有所化"②。

在实施教育活动的方式上，地方官吏亦各有不同。如颍川太守韩延寿，在教育民众方面，注重通过自身的反省来感化对方。《汉书》本传就记载了韩延寿对民众进行教育的一个案例：

> 入守左冯翊，满岁称职为真。岁余，不肯出行县。丞掾数白："宜循行郡中，览观民俗，考长吏治迹。"延寿曰："县皆有贤令长，督邮分明善恶于外，行县恐无所益，重为烦忧。"丞掾皆以为方春月，可一出劝耕桑。延寿不得已，行县至高陵，民有昆弟相与讼田自言，延寿大伤之，曰："幸得备位，为郡表率，不能宣明教化，至令民有骨肉争讼，既伤风化，重使贤长吏、啬夫、三老、孝弟受其耻，咎在冯翊，当先退。"是日，移病不听事，因入卧传舍，闭阁思过。一县莫知所为，令丞、啬夫、三老亦皆自系待罪。于是讼者宗族传相责让，此两昆弟深自悔，皆自髡肉袒谢，愿以田相移，终死不敢复争。延寿大喜，开阁延见，内酒肉与相对饮食，厉勉以意告乡部，有以表劝悔过从善之民。延寿乃起听事，劳谢令丞以下，引见尉荐。郡中歙然，莫不传相敕厉，不敢犯。延寿恩信周遍二十四县，莫复以辞讼自言者。推其至诚，吏民不忍欺绐。③

与韩延寿不同的是，东汉时蒲亭长仇览曾遇到母亲告儿子陈元不孝的案例。

---

① 班固：《汉书》卷76《赵尹韩张两王传》。
② 范晔：《后汉书》卷25《卓鲁魏刘列传》。
③ 班固：《汉书》卷76《赵尹韩张两王传》。

仇览接到陈元母亲的状子后，不是立即将陈元传唤过来升堂审问，而是一反常态，对陈母说："吾近日过舍，庐落整顿，耕耘以时。此非恶人，当是教化未至耻。母守寡养孤，苦身投老，奈何肆忿于一朝，欲致子以不义乎?"陈母听后，有些后悔，甚至"涕泣而去"。接着，仇览亲自到陈元家，"与其母子饮，因为节人伦孝行，譬以祸福之言"①。经过仇览的一番说教，陈元也改变了对母亲的态度，最终成为远近闻名的一大孝子。

(三) 设"三老"专掌教化

为"化民易俗"，使百姓"日迁善远罪而不自知"，国家还设置了专门执掌教化的官员"三老"。此官职最早设于秦，陈胜起义曾召集三老及地方豪杰议事。汉高祖刘邦占据关中时，着力举用三老。汉承秦制，同样以三老掌教化。据《汉书·百官》载："乡置有秩、三老、游徼……三老掌教化。凡有孝子顺孙、贞女义妇、让财救患及学士为民法式者，皆扁表其门，以兴善行。"

汉朝三老的选拔通常有比较严格的标准。如汉高祖二年（前205年）规定："举民年五十以上，有修行，能帅众为善，置以为三老，乡一人。择乡三老一人为县三老，与县令丞尉以事相教，复勿徭戍。"② 三老的人选不仅有年龄的限制，同时也有品行、名额的限制。如汉文帝前元十二年（前168年）诏曰："三老，众民之师也……以户口率置三老、孝悌、力田常员，令各率其意以道民焉。"③明定按照一定人口比例设置三老。由于三老年长位尊，德高望重，因此，他们具有较强的号召力，能领导民众向善，对于改善民风民俗起到了直接的促进作用。

三老不仅要"能帅众为善"，能为"众民之师"，还要协助地方长吏整治民风，维护社会治安。一些地方长吏，往往让德高望重的三老、父老介入其中，发挥他们在当地的教化作用。如尹赏任长安令时，其做法是：

乃部户曹掾史，与乡吏、亭长、里正、父老、伍人，杂举长安中轻薄少年恶子、无市籍商贩作务，而鲜衣凶服被铠扞刀兵者，悉籍记之，得数

① 范晔：《后汉书》卷76《循吏传》。
② 班固：《汉书》卷1上《高帝纪》。
③ 班固：《汉书》卷4《文帝纪》。

百人。赏一朝会长安吏，车数百辆，分行收捕，皆劾以为通行饮食群盗。①

由于父老了解当地情况，熟悉民情，让他们参与地方治理，针对性强，对维护社会秩序很容易见效。此外，三老有时也负责法律条令的传播。如黄霸任颍川太守时，其做法为：

> 为选择良吏，分部宣布诏令，令民咸知上意，使邮亭乡官皆畜鸡豚，以赡鳏寡贫穷者。然后为条教，置父老师帅伍长，班行之于民间，劝以为善防奸之意，及务耕桑，节用殖财，种树畜养，去食谷马。②

黄霸制定的"条教"正是通过父老、师帅、伍长传播给民众的，使"条教"得以家喻户晓。宋度为长沙太守期间，该地"人多以乏衣食，产乳不举。度让三老，禁民杀子，比年之间，养子者三千余人，男女皆以'宋'为名也"③。三老有时还参与地方词讼。如吴祐迁胶东相，"民有词讼，先令三老以孝悌喻解，祐身至闾里和之，吏民不忍欺"④。

由于三老在"帅众为善"方面发挥着重要作用，因而他们常常受到国家的奖赏。汉武帝时，曾赐"县三老、孝者帛，人五匹；乡三老、弟者、力田帛，人三匹"⑤。汉宣帝、汉元帝、汉光武帝、汉明帝等都曾颁发赏赐三老的诏令。如汉明帝时，下诏赐三老五更（指给明帝授《尚书》的三老李躬、五更桓荣）"皆以二千石禄养终厥身。其赐天下三老酒人一石，肉四十斤"⑥。设三老负责教化，加速了汉朝社会教育的进程。由于三老来自民间，身处民间，他们的加入，使汉朝社会教育得到了广泛的传播。而他们所起的表率、督导作用，也使民间教化得到了切实实施。

（四）对孝悌及老者给予奖赏

对孝悌和老者予以赏赐和奖励以引导民众的亲老行为，这是汉朝社会教育的一个重要特点。据《汉书》《后汉书》中记载，自西汉惠帝至东汉顺帝，全国性对孝悌褒奖、赐爵达 32 次，至于地方性的褒奖则更多。汉文帝登基第二年就

---

① 班固：《汉书》卷 90《酷吏传》。
② 班固：《汉书》卷 89《循吏传》。
③ 周天游著：《八家后汉书辑注》，上海古籍出版社 1986 年，第 227 页。
④ 周天游著：《八家后汉书辑注》，上海古籍出版社 1986 年，第 113 页。
⑤ 班固：《汉书》卷 6《武帝纪》。
⑥ 范晔：《后汉书》卷 2《显宗孝明帝纪》。

诏令县道，"年八十已上，赐每人月一石，肉二十斤，酒五斗。其九十已上，又赐帛人二匹，絮三斤"。汉文帝前元十二年（前168年），又派人赏赐三老、孝者每人布帛五匹。汉武帝时对老者、孝悌者不仅有物质的奖励，在"赐民爵"方面还规定"年八十复二算，九十复甲卒"①。

到东汉时期，对孝悌、老者的赏赐更为频繁。以孝明帝刘庄为例，中元二年（57年）"赐天下男子爵，人二级；三老、孝悌、力田人三级"；永平二年（59年）又行养老之礼，不仅赐三老李躬、五更桓荣以二千石禄养终厥身，同时还"赐天下三老酒人一石，肉四十斤"；永平三年（60年）"赐天下男子爵，人二级；三老、孝悌、力田人三级"②；永平十七年（74年）以"甘露仍降，树枝内附，芝草生殿前，神雀五色翔集京师"为由，"赐天下男子爵，人二级，三老、孝悌、力田人三级"③等。

汉朝对孝亲尊老的频频赏赐和奖励，极大地推动了民间孝亲尊老之风的形成。为保证帝王赏赐政令得到推行，汉朝还经常派员巡视地方，监督孝亲、尊老活动的开展。如汉文帝前元元年（前179年）年，要求"赐物及当禀鬻米者，长吏阅视，丞若尉致。不满九十，啬夫、令史致。二千石遣都吏循行，不称者督之"④；汉文帝前元十二年（前168年），又"遣谒者劳赐三老、孝者帛人五匹，悌者、力田二匹，廉吏二百石以上率百石者三匹。及问民所不便安，而以户口率置三老孝悌力田常员，令各率其意以道民焉"⑤。汉武帝时，出于"夫仁行而从善，义立则俗易"之考虑，特意遣博士六人分别循行天下，"存问鳏、寡、废、疾，无以自振业者贷与之。谕三老、孝悌以为民师，举独行之君子，征诣行在所"⑥等。

（五）确定孝亲尊老制度

为推动孝亲尊老教育，汉朝还制定了相应的规章制度。在孝亲方面，汉代察举制度中的举"孝廉"一科就充分发挥了导民孝亲的作用。从汉朝帝王在诏

① 班固：《汉书》卷6《武帝纪》。
② 范晔：《后汉书》卷2《显宗孝明帝纪》。
③ 范晔：《后汉书》卷2《显宗孝明帝纪》。
④ 班固：《汉书》卷4《文帝纪》。
⑤ 班固：《汉书》卷4《文帝纪》。
⑥ 班固：《汉书》卷6《武帝纪》。

令察举人才时的诏书中可以看出，他们借察举以助教化的目的很明确。如元朔
元年（前128年）十一月，汉武帝在诏书中称：

> 公卿大夫，所使总方略，一统类，广教化，美风俗也。夫本仁祖义，
> 褒德禄贤，劝善刑暴，五帝、三王所由昌也。朕夙兴夜寐，嘉与宇内之士
> 臻于斯路。故旅耆老，复孝敬，选豪俊，讲文学，稽参政事，祈进民心，
> 深诏执事，兴廉举孝，庶几成风，绍休圣绪……二千石官长纪纲人伦，将
> 何以佐朕烛幽隐，劝元元，厉蒸庶，崇乡党之训哉？且进贤受上赏，蔽贤
> 蒙显戮，古之道也。其与中二千石、礼官、博士议不举者罪。①

诏令明确指出，公卿大夫的职责在于"广教化，美风俗"，地方官员的重要
作用则在于"劝元元（指普通民众），厉蒸庶，崇乡党之训"。汉武帝下诏之后，
有司奏议中也提出："令二千石举孝廉，所以化元元，移风易俗也。"并建议
"不举孝，不奉诏，当以不敬论。不察廉，不胜任也，当免"②。汉宣帝地节三年
（前67年），诏令举孝悌时也称：

> 朕既不逮，导民不明，反侧晨兴，念虑万方，不忘元元。唯恐羞先帝
> 圣德，故并举贤良方正以亲万姓，历载臻兹，然而俗化阙焉。传曰："孝悌
> 也者，其为仁之本与！"其令郡国举孝、悌有行义闻于乡里者各一人。③

汉宣帝之所以举"孝悌"，原因在于"俗化阙焉"④。因而，希望借举"孝
悌"以化民风。孝廉是通过"乡闾评议"而产生的，最终要由三公九卿、郡国
守相等高层官吏推荐给朝廷。由于被推荐之人孝行是否卓著，行止是否廉明，
最初当是由乡里评议决定的，将推选对象置于广大民众的严密监督之下。这样，
老百姓就无形中形成了关于"孝行""廉洁"标准的自觉意识，起到了"彰显善
行，以厉风教"的导向作用，出现了诸如韦彪等远近闻名的大孝子，史载其：

> 孝行纯至，父母卒，哀毁三年，不出庐寝。服竟，羸瘠骨立异形，医
> 疗数年乃起。好学洽闻，雅称儒宗。建武末，举孝廉，除郎中，以病免，复
> 归教授。安贫乐道，恬于进趣，三辅诸儒莫不慕仰之。⑤

---

① 班固：《汉书》卷6《武帝纪》。
② 班固：《汉书》卷6《武帝纪》。
③ 班固：《汉书》卷8《宣帝纪》。
④ 班固：《汉书》卷8《宣帝纪》。
⑤ 范晔：《后汉书》卷26《伏侯宋蔡冯赵牟韦列传》。

到东汉时期，"举孝廉"颇受重视，其取士之多，成为东汉士人入仕的主要途径之一。宋人徐天麟曾指出："汉世诸科，虽以贤良方正为至重，而得人之盛，则莫如孝廉，斯以后世所不能及。"①

而汉朝的尊老养老制度则主要有赐高年王杖制、受鬻制、行养老礼制等。

赐高年王杖制度是两汉尊老养老制度的显著特点。王杖，杖首饰鸠，象征老人饮食如鸠不噎②，所以又称鸠杖。

图 7-1　日照海曲汉墓发掘出土的鸠杖首

《后汉书·礼仪中》中记载道："仲秋之月，县、道皆案户比民，年始七十者授之以王杖，铺之糜粥。八十、九十礼有加赐。王杖长九尺，端以鸠饰。鸠者，不噎之鸟也，欲老人不噎。"1983 年湖北张家山出土的汉简《二年律令》中也记载："大夫以上年七十，不更七十一，簪袅七十二，上造七十三，公士七十四，公卒、士五（伍）七十五，皆受仗（杖）。"③ 如图 7-1 所示，这是 2002 年在日照一座汉墓中出土的木质鸠杖首，鸠体丰满，嘴里衔着一件器皿，翅膀上的

图 7-2　成都汉墓拄杖老人画像石拓片

羽毛及眼神栩栩如生，说明该墓主人曾经是获赐鸠杖老人。图 7-2 则是在四川成都一座汉墓中出土的拄杖老人画像石拓片，老人似呈跪状，左手持杖，杖首鸠

① 徐天麟：《东汉会要》卷 26《选举下》。
② 关于鸠杖的寓意，除有"欲老人不噎"之意外，还有三层含义：一是"鸠"与"九"同音，"九"为个位数中最大者，又称为"天数"，意味着极大、极高与极多，故"鸠鸟"被看作吉祥之鸟。用此为标志赠与老人，有希望老人"九秩"（90 岁）长寿之喻。二是据《艺文类聚》记载：周朝罗氏"献鸠养老，汉无罗氏，故作鸠杖以扶老"。意思是鸠鸟肉营养丰富，西周时就有送鸠鸟给老人补养身体的习俗，汉朝以后，因为没有专门捕鸠鸟献给老人的罗氏了，就只好取鸠鸟长寿吉祥之意，在手杖之首饰以鸠鸟，送给老人以扶用。三是据《太平御览》所载："高祖与项羽战，败于京索，遁丛薄中。羽追求之，时鸠正鸣其上。追者以鸟在无人，遂得脱。后及即位，异此鸟，故作鸠杖，以赐老者。"可见，鸠鸟还是一种如意之鸟，可以助人渡过难关，以此期待老人事事顺心如意。
③ 朱红林著：《张家山汉简〈二年律令〉集释》，社会科学文献出版社 2005 年版，第 220 页。

形十分显眼，疑似是授杖时举止。

律令明确规定了符合一定年龄、爵位的老年人享有受杖的待遇。《二年律令》一般被认为是发布于西汉吕后二年（前 186 年）的诏令。而出土《二年律令》的墓主人棺中就发现了一根鸠杖，也正印证了汉朝存在赐高年王杖制度。此外，1959 年甘肃武威出土的"王杖十简"及 1981 年出土的《王杖诏书令册》等汉简也明确规定了王杖持有人享有的各项权利及其权利受到不法侵害时统治阶层的处罚措施等。

从以上出土汉简和文献记载可以归纳出，王杖主人所享有的特权主要有：可自由出入官府；可行驰于天子驰道之旁；做买卖可免收租税；享受的待遇与与六百石官吏相同；进入官庭之中不用小步疾走；犯有耐罪（剃去鬓须的刑罚）以上的罪，在被起诉之前，不可征召、侵害和侮辱他，否则以大逆不道罪论处。无论是官吏还是平民，有敢谩骂、殴打和侮辱王杖主人的，一律按大逆不道罪论处等。如据甘肃武威山汉墓出土竹简《王杖诏书令》记载，汝南一王姓男子殴打持杖老人，被判斩首弃尸于闹市；还有一位乡级的基层小官（系维持地方治安的官吏），因一位持杖老人有触犯法律的嫌疑，擅自扣留老人，虽然没有殴打行为，也处以斩首示众。

"受鬻法"是政府定期向达到法定年龄的老人发放粥米，用以熬粥养生的养老制度。该制度先秦时期已有记载。《礼记·月令第六》中称："（仲秋之月）养衰老，授几杖，行糜粥饮食。"汉朝建立后，为推行孝亲尊老之民风，恢复了先秦"受鬻法"。张家山汉简《二年律令·傅律》中规定："大夫以上（年）九十，不更九十一，簪袅九十二，上造九十三，公士九十四，公卒、士五（伍）九十五以上者，禀鬻米月一石。"① 可见，"受鬻法"是一项专门惠及 90 岁以上人群的尊老养老制度。《汉书》《后汉书》中都曾提到这一制度。《汉书·文帝纪》载："老者非帛不暖，非肉不饱。今岁首，不时使人存问长老，又无布帛酒肉之赐，将何以佐天下子孙孝养其亲？今闻吏禀当受鬻者，或以陈粟，岂称养老之意哉！具为令。"《汉书·武帝纪》也曾谈道："民年九十以上已有受鬻法，为复子若孙，令得身帅妻妾遂其供养之事。"

---

① 朱红林著：《张家山汉简〈二年律令〉集释》，社会科学文献出版社 2005 年版，第 220 页。

到东汉时期，"受鬻法"流变为"行糜粥制"。如《后汉书·章帝纪》载："秋，令是月养衰老，授几杖，行糜粥饮食。其赐高年二人共布帛各一匹，以为醴酪。"《后汉书·安帝纪》载："又《月令》：'仲秋养衰老，授几杖，行糜粥。'方今案比之时，郡县多不奉行，虽有糜粥，糠秕相半。长吏怠事，莫有躬亲，甚违诏书养老之意。其务崇仕恕，赈护寡独，称朕意焉。"

行养老礼始于汉明帝。汉明帝于永平二年（59年）十月，"幸辟雍，初行养老礼"①。养三老、五更的仪式为：

> 先吉日，司徒上太傅若讲师故三公人名，用其德行年者高者一人为老，次一人为更也。皆服都纻大袍单衣，皂缘领袖中衣，冠进贤，扶玉杖。五更一如之，不杖。皆斋于太学讲堂。其日，乘舆先到辟雍礼殿，御坐东厢，遣使者安车迎三老、五更。天子迎于门屏，交礼，道自阼阶，三老升自宾阶。至阶，天子揖如礼。三老升，东面，三公设几，九卿正履，天子亲袒割牲，执酱而馈，执爵而酳，祝鲠在前，祝饐在后。五更南面，公进供礼，亦如之。明日皆诣阙谢恩，以见礼遇大尊显故也。②

上述尊老养老制度均由国家制定并实施，不仅从制度方面，同时也从实际行动方面引导了民风。

此外，加强《孝经》的研读和民间普及是汉朝孝亲尊老教育活动的另一个重要方式。自汉昭帝始，《孝经》开始与《论语》《尚书》等经书并列讲授，之后又被列为七经之一，成为统治者必读的书籍，也成为学校讲授的重要内容和学生的必修课。到西汉末年，更是成为普及民间的启蒙读物。《四民月令》说："十一月，研水冻，命幼童读《孝经》《论语》篇章。"宋枭为凉州刺史时，亦"欲多写《孝经》，令家家习之"③。东汉明帝时，令武人也习《孝经》："自期门、羽林之士，悉令通《孝经》章句。"④ 学者荀爽称："汉制使天下诵《孝经》。"⑤ 这样，汉朝统治者依赖教育手段，使孝的观念渗透到人们的精神生活中。人们受血亲纽带的束缚，从而实现《孝经》所设计的"灾害不生，祸乱不作"的安

---

① 范晔：《后汉书》卷5《显宗孝明帝纪》。
② 范晔：《后汉书》卷4《礼仪上》。
③ 范晔：《后汉书》卷58《虞傅盖臧列传》。
④ 范晔：《后汉书》卷79《儒林列传》。
⑤ 范晔：《后汉书》卷62《荀韩钟陈列传》。

定局面。

(六) 为孝子立传

因汉朝统治者提倡孝道，以至民间孝子辈出。西汉经学家刘向通过收集整理有关资料，著成《孝子传》一书，后世盛传的"二十四孝"故事除取材于唐朝欧阳询主持编著的《艺文类聚》及北宋李昉等奉召编纂的《太平御览》等书籍外，更多的是来自刘向《孝子传》中的人物，其中出自汉朝的就有7位，分别是"亲尝汤药"的刘恒、"拾葚异器"的蔡顺、"涌泉跃鲤"的姜诗、"扇枕温衾"的黄香、"行佣供母"的江革、"刻木事亲"的丁兰和"卖身葬父"的董永。

当然，关于"二十四孝"的故事除上述版本外，还有墓葬雕绘本和敦煌遗书本。墓葬雕绘本是在甘肃境内已清理发掘的数十座宋金时期的墓葬中发现的，这些墓葬均有砖雕或彩绘的"二十四孝"人物故事，总计有30位孝子。敦煌遗书中的各类孝子传或与孝子有关的记载也很多，主要集中在《孝子传》《咏孝经诗》《古贤集》《搜神记》《故圆鉴大师二十四孝押座文》等文献之内，所记载的孝子故事与墓葬发现的基本相同，综合墓葬雕绘本和敦煌遗书本，发现与民间盛传的版本多有不同，其中出自汉朝的孝子多达12位，除刘恒、蔡顺、姜诗、江革、丁兰、董永（没有黄香的记载）6人外，还有6位孝子：

其一是"舍己救父"的淳于缇萦，其事迹《史记》《汉书》均有传。据史载：

> 淳于缇萦者，齐人也。父淳于意，为太仓令，生女五人，萦最小。父犯罪当刑，乃骂其女曰："生女不生男，缓急非有益也。"萦自伤涕泣，随父至长安，诣北阙上书曰："父为吏，齐中皆称廉平。今坐法当刑，妾伤死者不可复生，刑者不可复续，虽欲改过自新，其道无由。妾愿没为官奴，以赎父之刑，使得自新。"汉文帝怜悲其意，原其父罪。①

其二是"舍子救侄"的刘平，《后汉书》《东观汉纪》均有传，王莽时刘平任郡吏，守菑丘长，后举孝廉，拜济阳郡丞，九江郡全椒长。"更始时，天下乱，平弟仲为贼所杀。其后，贼复忽然而至，平扶侍其母，奔走逃难。仲遗腹女始一岁，平抱仲女而弃其子，母欲还取之，平不听，曰：'力不能两活，仲不

---

① 李昉：《太平御览》卷415《人事部五十六·孝女》。

可以绝类.'遂去不顾."①《东观汉纪》称其"以仁孝著闻"。

其三是"紫荆复萌"的田真兄弟。田真为西汉人,汉成帝时官至太中大夫。《太平御览》卷四二一载曰:

> 田真兄弟三人,家巨富,殊不睦。忽共议分财,金银珠物各以斛量,田业生赀平均如一。唯堂前一株紫荆树,花叶美茂,共议欲破为三,人各一分,待明就截之。尔夕,树即枯死,状火燃,叶萎枝摧,根茎焦焠。真至,携门而望之,大惊,谓语弟曰:"树木同株,闻当分析,所以焦焠,是人不如树木也。"因悲不自胜,便不复解树,树应声遂更青翠,华色繁美。兄弟相感,更合财产,遂成纯孝之门。

其四是舍己救弟的赵孝。《后汉书》有传,称其:

> 父普,王莽时为田禾将军,任孝为郎……及天下乱,人相食,孝弟礼为饿贼所得,孝闻之,即自缚诣贼,曰:"礼久饿羸瘦,不如孝肥饱。"贼大惊,并放之,谓曰:"可且归,更持米糒来。"孝求不能得,复往报贼,愿就亨。众异之,遂不害。乡常服其义。州郡辟召,进退必以礼。举孝廉,不应。永平中,辟太尉府,显宗素闻其行,诏拜谏议大夫,迁侍中,又迁长乐卫尉。②

其五是"号哭投江"的曹娥。《后汉书》有传,称:

> 孝女曹娥者,会稽上虞人也。父盱,能弦歌,为巫祝。汉安二年五月五日,于县江溯涛婆娑迎神,溺死,不得尸骸。娥年十四,乃沿江号哭,昼夜不绝声,旬有七日,遂投江而死。至元嘉元年,县长度尚改葬娥于江南道傍,为立碑焉。③

其六是"杀鸡供母"的茅生,茅生即茅容,《后汉书》有传,称其在40岁的时候,"耕于野,时与等辈避雨树下,众皆夷踞相对,容独危坐愈恭。林宗行见之而奇其异,遂与共言,因请寓宿。旦日,容杀鸡为馔,林宗谓为己设,既而以供其母,自以草蔬与客同饭"④。有"至孝"之称的太学生领袖郭林宗目睹这

---

① 李昉:《太平御览》卷512《宗亲部二·伯叔》。
② 范晔:《后汉书》卷39《刘赵淳于江刘周赵列传》。
③ 范晔:《后汉书》卷84《列女传》。
④ 范晔:《后汉书》卷68《郭符许列传》。

一切，甚是感动，起而拜之，且"劝令学，卒以成德"。

二、重农贵粟的劝农桑教育

在劝农桑教育方面，汉朝延续了秦朝"上农除末"的思想，以重农贵粟为基本国策。这项国策的确立不仅是对秦朝重农桑思想的延续，更是汉初社会现实提出的迫切要求。"汉兴，接秦之敝，诸侯并起，民失作业而大饥馑。凡米石五千，人相食，死者过半。"[1] 严峻的社会现实迫使汉初的统治者频下诏书，推行重农政策。汉高祖初定天下，即下诏令军队复员归农，令流民"各归其县，复故爵田宅"，奴婢恢复庶人之身，实行"与民休养生息"的政策。汉惠帝即位，不仅减免田租，并"举民孝悌、力田者复其身"。高皇后吕氏当政，"初置孝悌力田二千石者一人"。充分表明了汉统治者对发展农桑业的重视。汉文帝时，接受大臣晁错"方今之务，莫若使民务农而已矣。欲民务农，在于贵粟；贵粟之道，在于使民以粟为赏罚"[2] 的建议，多次下诏强调"农，天下之大本也"，"道民之路，在于务本"，并通过亲自率耕（皇后亲率蚕桑）、减免田租、驰山泽、奖励力田等多种方式鼓励农桑，可以说是正式确立了汉朝重农贵粟的劝民教化国策，之后这一国策在整个汉朝得以贯彻落实。

汉朝农桑教育活动的开展，首先是来自于最高统治者的积极推动。汉朝历代帝王都注重通过颁布诏书引导民众重视农桑，并通过帝王亲耕、皇后亲桑的方式为民表率。汉文帝在位时，采纳贾谊"今殴民而归之农，皆著于本，使天下各食其力，末技游食之民转而缘南亩，则畜积足而人乐其所"之建议，"始开籍田，躬耕以劝百姓"[3]，并先后多次颁布有关农桑方面的诏书，内容涉及强调农桑的重要性以及一些重要举措："农，天下之大本也"；帝王"率群臣农以劝之"；通过减免田租，鼓励民众从事农桑；奖励力田"令各率其意以道民"等。汉景帝继承汉文帝时的重农贵粟政策，同样以农为"天下之本也"，"令郡国务劝农桑"，并"造苑马以广用"，终致"娄敕有司以农为务，民遂乐业"。汉武帝一世，重农政策基本未变，尤其到汉武帝末年，他反省征伐对农业所带来的破

---

① 班固：《汉书》卷 24《食货志》。
② 班固：《汉书》卷 24《食货志》。
③ 班固：《汉书》卷 24《食货志》。

坏，便诏令称"方今之务，在于力农"，并大力推广农桑技术。即便是到了东汉时期，重农贵粟政策亦基本上未有改变。如汉明帝时，"朕亲耕藉田，以祈农事"。汉章帝时多次奖励力田，并强调："力田，勤劳也。国家甚休之。其赐帛人一匹，勉率农功。"① 到东汉最后一位皇帝汉献帝时，依然设置力田，并"赐天下男子爵，人一级，孝悌、力田二级"②。正是由于最高统治者的积极推动，农桑教育活动在汉朝受到高度重视。

概括汉朝在推动农桑教育活动方面采取的主要措施，主要包括帝亲耕、后亲桑为民表率；奖励力田，调动民众参与农桑的积极性；各级官吏勤于劝勉等。

帝王亲耕藉田的传统，不仅可告诫人君牢记祖先创业之艰难，民间稼穑之疾苦，而且也是封建统治集团劝农务本的特殊形式。在《汉书》《后汉书》中，有关帝王亲耕、皇后亲桑的记载非常多。自汉文帝"始开籍田，躬耕以劝百姓"③，之后帝王多有亲耕之举。如汉景帝曾发布诏书昭告："朕亲耕，后亲桑，以奉宗庙粢盛、祭服，为天下先。"④ 汉昭帝于始元元年（前86年）"耕于钩盾弄田"；始元六年（前81年）"耕于上林"⑤。汉明帝永平十三年（70年）二月，"帝耕于藉田。礼毕，赐观者食"⑥。汉章帝曾先后躬耕定陶、于怀等⑦。

《后汉书·礼仪上》还明确记载了汉朝帝王"亲耕藉田"活动的程序：

> 正月始耕。昼漏上水初纳，执事告祠先农，已享。耕时，有司请行事，就耕位，天子、三公、九卿、诸侯、百官以次耕。力田种各耰讫，有司告事毕。是月，令曰："郡国守相皆劝民始耕，如仪。诸行出入皆鸣钟，皆作乐。其有灾眚，有他故，若请雨、止雨，皆不鸣钟，不作乐。"

可知，帝王亲耕藉田时间是一年中的第一个月即正月，黎明时分开始。亲耕前，先举行祭祀先农活动，祭祀完毕后，方始开始耕田。参加亲耕的人员不仅有天子，也有各级官员。耕田结束后，国家开始下令各级行政官员劝勉民众进行农耕。在进行耕种当月，还禁止鼓乐等娱乐活动。到三月份，"皇后帅公卿

---

① 范晔：《后汉书》卷2《显宗孝明帝纪》。
② 范晔：《后汉书》卷9《孝献帝纪》。
③ 班固：《汉书》卷24《食货志》。
④ 班固：《汉书》卷5《景帝纪》。
⑤ 班固：《汉书》卷7《昭帝纪》。
⑥ 范晔：《后汉书》志第4《礼仪上》。
⑦ 范晔：《后汉书》卷3《肃宗孝章帝纪》。

诸侯夫人蚕。祠先蚕，礼以少牢"①。帝王亲耕，皇后亲桑，虽然只是形式，但是对于民众的影响却是切实的，而帝王亲耕的目的也就在于勉励民众重视农耕，同时也是为民众作出表率，使民众效仿。

奖励"力田"是汉朝推动农桑教育的另一重要举措。"力田"本义即努力耕田，泛指勤于农事。《战国策·秦策》中，吕不韦曾提到"今力田疾作，不得煖衣余食"②。这里"力田"即努力耕作之意。到汉朝，"力田"不仅泛指勤于农事，同时也成为乡官的特有称呼。"力田"的设置最早始于汉高后，高后元年（前187年）二月"初置孝悌力田二千石者一人"。汉文帝时"以户口率置三老、孝悌、力田常员，令各率其意以道民焉"，使"力田"成为常设乡官。"力田"的设置本身就是对民众进行农桑教育的一种引导，"率其意以道民"，而政府对"力田"经常性地奖励，又进一步加强了对民众开展农桑教育积极性的激励。从《汉书》《后汉书》的记载可以看出，两汉时期对"力田"的奖励几乎是常态的，除汉高祖、汉景帝时没有记载外，其他历任皇帝在位期间都有对"力田"的奖励。对力田的奖励主要以赐爵、布匹和粮食为主。如汉文帝就曾发布诏书赐"力田"布二匹，汉宣帝时曾诏令赐"力田"爵一级；汉章帝也多次赐爵和布匹。

汉朝中央设有大司农，掌钱谷金帛诸货币，其职责也包括劝勉农桑。如汉平帝元始元年（1年），就令大司农率众臣十三人，"人部一州，劝农桑"③。在地方有州郡、县乡、亭里等各级行政机构，设有刺史、太守（尹）、令（长）等各级地方官吏，这些地方官主治一方民众，在以农桑为本的两汉，劝勉农桑便成为地方官吏政务的一项重要内容。如西汉渤海郡太守龚遂到任后：

> 见齐俗奢侈，好末技，不田作，乃躬率以俭约，劝民务农桑。令口种一树榆，百本薤、五十本葱、一畦韭，家二母彘、五鸡。民有带持刀剑者，使卖剑买牛，卖刀买犊，曰："何为带牛佩犊！"春夏不得不趋田亩，秋冬课收敛，益蓄果实菱芡。劳来循行，郡中皆有蓄积，吏民皆富实。狱讼

① 范晔：《后汉书》志第4《礼仪上》。
② 刘向编：《战国策》卷7《秦五》。
③ 班固：《汉书》卷12《平帝纪》。

止息。①

西汉南阳太守召信臣：

> 为人勤力有方略，好为民兴利，务在富之。躬劝耕农，出入阡陌，止舍离乡亭，稀有安居时。行视郡中水泉，开通沟渎，起水门提阏凡数十处，以广溉灌，岁岁增加，多至三万顷。民得其利，蓄积有余。信臣为民作均水约束，刻石立于田畔，以防分争……其化大行，郡中莫不耕稼力田，百姓归之，户口增倍，盗贼狱讼衰止。②

东汉庐江太守王景到任时：

> 百姓不知牛耕，致地力有余而食常不足。郡界有楚相孙叔敖所起芍陂稻田。景乃驱率吏民，修起芜废，教用犁耕，由是垦辟倍多，境内丰给。遂铭石刻誓，令民知常禁。又训令蚕织，为作法制，皆著于乡亭，庐江传其文辞。③

从上述三例官员事迹可以看出，汉朝地方官吏在农桑教育方面担负着多方面的责任，不仅要向民众宣教国家的重农政策，同时还要从实际行动上教民如何种植作物，如何使用农具，以及修渠灌溉等。汉朝帝王时时督促地方官吏加强对民众的农桑教育，在一定程度上也强化了地方官吏对农桑教育的重视程度。如汉景帝时，"令郡国务劝农桑"④；汉成帝阳朔四年（前21年）颁布诏书称："夫《洪范》八政，以食为首，斯诚家给刑错之本也。先帝劭农，薄其租税，宠其强力，令与孝悌同科。间者，民弥惰怠，乡本者少，趋末者众，将何以矫之？方东作时，其令二千石勉劝农桑，出入阡陌，致劳来之。《书》不云乎？'服田力啬，乃亦有秋。'其勖之哉！"⑤汉章帝建初元年（76年）诏令："二千石勉劝农桑，弘致劳来。"⑥

两汉时期劝民农桑教育的主要内容，包括"顺时气"教育以及农业生产技术教育。在靠天吃饭的古代社会，谨守农时被认为是保障农业生产的重要条件。

---

① 班固：《汉书》卷89《循吏传》。
② 班固：《汉书》卷89《循吏传》。
③ 范晔：《后汉书》卷76《循吏传》。
④ 班固：《汉书》卷5《景帝纪》。
⑤ 班固：《汉书》卷10《成帝纪》。
⑥ 范晔：《后汉书》卷3《肃宗孝章帝纪》。

因而，从最高统治者到治理一方的地方官吏都注重对百姓开展"顺时气"教育。如汉元帝建昭五年（前34年）颁布诏书称："方春，农桑兴，百姓戮力自尽之时也，故是月劳农劝民，无使后时。今不良之吏，覆案小罪，征召证案，兴不急之事，以妨百姓，使失一时之作，亡终岁之功，公卿其明察申敕之。"① 汉明帝永平三年（60年）正月诏曰："夫春者，岁之始也。始得其正，则三时有成。比者水旱不节，边人食寡，政失于上，人受其咎，有司其勉顺时气，劝督农桑，去其螟蜮，以及蝥贼；详刑慎罚，明察单辞，夙夜匪懈，以称朕意。"② 两汉不仅要求官吏要勉励民众"顺时气"，同时也在法律法规制定上，避免春季杀生。如汉章帝元和三年（86年）诏称："方春，所过无得有所伐杀。车可以引避，引避之；骓马可辍解，辍解之。《诗》云：'敦彼行苇，牛羊勿践履。'《礼》，人君伐一草木不时，谓之不孝。俗知顺人，莫知顺天。其明称朕意。"③ 汉明帝永平四年（61年）再次诏曰："朕亲耕藉田，以祈农事。京师冬无宿雪，春不燠沐，烦劳群司，积精祷求。而比再得时雨，宿麦润泽。其赐公卿半奏。有司勉遵时政，务平刑罚。"④

两汉时期，农业生产技术得到了极大的提高，精耕细作和农业生产工具已经相当成熟。在土壤耕作方面，实验和推广了"代田法""区种法"以及保墒、施肥和改良土壤技术。农业生产工具方面则出现了大量铁制农具，如用于平整土地的耱、用于播种的耧车、用于灌溉的翻车等。农业生产技术的传播一方面靠的是年老一辈传授给年轻一代，另一方面则同样是依靠地方官吏的积极推广。如《汉书·食货志》就详细记载了汉武帝时搜粟都尉赵过所发明"代田法"的特点及传播过程：

> 过能为代田，一亩三甽。岁代处，故曰代田，古法也。后稷始甽田，以二耜为耦，广尺、深尺曰甽，长终亩。一亩三甽，一夫三百甽，而播种于甽中。苗生叶以上，稍耨陇草，因隤其土以附苗根。故其《诗》曰："或芸或芋，黍稷儗儗。"芸，除草也。芋，附根也。言苗稍壮，每耨辄附根。

---

① 班固：《汉书》卷9《元帝纪》。
② 范晔：《后汉书》卷2《显宗孝明皇帝纪》。
③ 范晔：《后汉书》卷3《肃宗孝章帝纪》。
④ 范晔：《后汉书》卷2《显宗孝明帝纪》。

比盛暑，陇尽而根深，能风与旱，故儳儳而盛也。其耕耘下种田器，皆有便巧。率十二夫为田一井一屋，故亩五顷，用耦犁，二牛三人，一岁之收常过缦田亩一斛以上，善者倍之。过使教田太常、三辅，大农置工巧奴与从事，为作田器。二千石遣令长、三老、力田及里父老善田者受田器，学耕种养苗状。民或苦少牛，亡以趋泽，故平都令光教过以人挽犁。过奏光以为丞，教民相与庸挽犁。率多人者田日三十亩，少者十三亩，以故田多垦辟。过试以离宫卒田其宫壖地，课得谷皆多旁田，亩一斛以上。令命家田三辅公田，又教边郡及居延城。是后边城、河东、弘农、三辅、太常民皆便代田，用力少而得谷多。①

从上述材料来看，赵过不仅在耕作方法上作了改进，同时改进了当时的耕作工具。在经过自己的实验后，令大农安排能工巧匠制作田器，并令地方亭长、三老、"力田"以及善于农事的老者学习耕种方法以及田器的使用，再由这些地方官吏传播给民众。赵过的"代田法"最初在关中推广，后又推广到边郡以及居延城。

三、旨在"基定"的民风教育

班固在《汉书·地理志》里谈道："凡民函五常之性，而其刚柔缓急，音声不同，系水土之风气，故谓之风；好恶取舍，动静亡常，随君上之情欲，故谓之俗。"② 也就是说，"风"是受自然条件而形成的习尚；"俗"是受社会环境而形成的习俗。汉代秦而起，而秦虽统一了六国，但由于国运短暂，其"行同伦"的设想并没有得到较好的实施，也正因此，汉朝各地风俗也有着较大差异。如天水、陇西、安定、北地、上郡、西河数郡，"民俗质木，不耻寇盗"；巴、蜀、广汉，"民食稻鱼，亡凶年忧，俗不愁苦，而轻易淫泆，柔弱褊厄"；河东郡"其民有先王遗教，君子深思，小人俭陋……皆思奢俭之中，念死生之虑"③。民风民俗虽然是非制度性的文化，对于社会具有的约束是非强制性的，但作为一种社会规范，对社会稳定还是有重要影响的。应劭在《风俗通义》序中就称：

---

① 班固：《汉书》卷 24《食货志》。
② 班固：《汉书》卷 28《地理志》。
③ 班固：《汉书》卷 28《地理志》。

"为政之要，辨风正俗，最其是也。"贾山在上汉文帝书中也称："风行俗成，万世之基定。"① 也正因为如此，汉朝历代帝王都重视民风民俗的教育。派专人到地方"览风俗"，成了汉朝的一项重要的社会教化活动。如汉武帝元狩六年（前117年），诏令"遣博士大等六人分循行天下，存问鳏寡废疾，无以自振业者贷与之。谕三老、孝悌以为民师，举独行之君子，征诣行在所。朕嘉贤者，乐知其人。广宣厥道，士有特招，使者之任也。详问隐处亡位及冤失职、奸猾为害、野荒治苛者，举奏。郡国有所以为便者，上丞相、御史以闻。"② 汉宣帝元康四年（前62年），诏"遣太中大夫强等十二人循行天下，存问鳏寡，览观风俗，察吏治得失，举茂材异伦之士"③。汉元帝建昭四年（前35年），诏曰："朕承先帝之休烈，夙夜栗栗，惧不克任。间者阴阳不调，五行失序，百姓饥馑。惟烝庶之失业，临遣谏大夫博士赏等二十一人循行天下，存问耆老、鳏寡孤独、乏困、失职之人，举茂材特立之士。相、将、九卿，其帅意毋怠，使朕获观教化之流焉。"④

　　汉朝疆土辽阔，各地民风民俗多有差别，地方官吏自然成为民风民俗教育的重要实施者。《后汉书·循吏传》便记载了诸如卫飒、任延、王景等多个这样的人物。

　　　　卫飒，字子产，河内修武人也。家贫好学问，随师无粮，常佣以自给。王莽时，仕郡历州宰。建武二年，辟大司徒邓禹府。举能案剧，除侍御史、襄城令。政有名迹，迁桂阳太守，郡与交州接境，颇染其俗，不知礼则。飒下车，修庠序之教，设婚姻之礼。期年间，邦俗从化。

　　　　任延，字长孙，南阳宛人也。建武初，延上书愿乞骸骨，归拜王庭。诏征为九真太守。光武引见，赐马杂缯，令妻子留洛阳。九真俗以射猎为业，不知牛耕，民常告籴交阯，每致困乏。延乃令铸作田器，教之垦辟。田畴岁岁开广，百姓充给。又骆越之民无嫁娶礼法，各因淫好，无适对匹，不识父子之性，夫妇之道。延乃移书属县，各使男年二十至五十，女年十

---

① 班固：《汉书》卷51《贾邹枚路传》。
② 班固：《汉书》卷6《武帝纪》。
③ 班固：《汉书》卷8《宣帝纪》。
④ 班固：《汉书》卷9《元帝纪》。

五至四十，皆以年齿相配。其贫无礼娉，令长吏以下各省俸禄以赈助之。同时相娶者二千余人。是岁风雨顺节，谷稼丰衍。其产子者，始知种姓。咸曰："使我有是子者，任君也。"多名子为"任"……河西旧少雨泽，乃为置水官吏，修理沟渠，皆蒙其利。又造立校官，自掾史子孙，皆令诣学受业，复其徭役。章句既通。悉显拔荣进之。郡遂有儒雅之士。

从上述活动可以看出，地方官吏在移风易俗方面发挥了重要作用。在教育内容上，多以儒家伦理、婚丧礼俗教育为主。在教育方式上则各有不同，有的通过自己的权威积极推行，明定制度，主动宣教。如王景在教育民众方面采取"驱率吏民"及"铭石刻誓，令民知常禁"的办法。有的注重通过自身言行，以"润物细无声"的方式潜移默化地影响民众，如任延为政，"皆聘请高行如董子仪、严子陵等，敬待以师友之礼。掾吏贫者，辄分俸禄以赈给之。省诸卒，令耕公田，以周穷急。每时行县，辄使慰勉孝子，就餐饭之"。当地有个叫龙丘苌的学者，隐居不仕，任延"功曹奉谒，修书记，致医药，吏使相望于道。积一岁，苌乃乘辇诣府门，愿得先死备录"。而有的则积极发挥学校的教化作用，引导民风，如卫飒为政则"修庠序之教，设婚姻之礼"。

从《汉书》《后汉书》中历代帝王所颁布的诏书来看，汉朝最高统治者在民风民俗教育方面强调比较多的就是躬行节俭教育。

汉朝节俭教育的提出，一方面是先秦节俭传统的传承，另一方面则是汉初社会经济凋敝提出的现实要求。节俭教育早在先秦时期，已经成为一项美德。《尚书·大禹谟》曾提出"克勤于邦，克俭于家"的观点。汉初社会"民失作业而大饥馑，凡米石五千，人相食，死者过半"，"自天子不能具醇驷，而将相或乘牛车"。① 不仅民众难以糊口，即便天子也难以找到四匹纯色的马，将相只能乘坐牛车。在这种情况下，汉初实行了奖耕织、减赋税政策。汉文帝即位，更"躬修俭节，思安百姓"，并发布诏书劝勉节俭，使节俭成为汉朝民风民俗教育活动的一项重要内容。不仅汉初帝王注重节俭，即便在西汉中期，节俭同样受到重视。东汉时期，经济渐露衰败之象，节俭也因之受到更多的关注。

汉朝发布诏书倡导节俭始于汉文帝。汉文帝奉行前代的黄老之治，秉持以

---

① 班固：《汉书》卷 24《食货志》。

德治民的思想，在制定政策时往往以民众利益为先。即位后便接纳贾谊"生之有时，而用之亡度，则物力必屈"① 的建议，躬行节俭。《汉书·文帝纪》称其：

> 即位二十三年，宫室、苑囿、车骑、服御无所增益。有不便，辄弛以利民。尝欲作露台，召匠计之，直百金。上曰："百金，中人十家之产也。吾奉先帝宫室，常恐羞之，何以台为！"身衣弋绨，所幸慎夫人衣不曳地，帷帐无文绣，以示敦朴，为天下先。治霸陵，皆瓦器，不得以金、银、铜、锡为饰，因其山，不起坟。

作为一国之君，汉文帝执政23年却没有扩建宫室，没有添置车骑，做露台考虑成本，自己的夫人衣服不曳地，居室帷帐没有任何装饰，修建陵墓不用奢侈品，这是非常难能可贵的。而汉文帝之所以如此，因其考虑的是民众的利益。帝王的言行无疑是对社会风俗的一种引导。正如董仲舒所言："人主以好恶喜怒变习俗。"班固在《汉书·食货志》中也称其："及孝文即位，躬修玄默，劝趣农桑，减省租赋……化行天下，告讦之俗易。吏安其官，民乐其业，畜积岁增，户口浸息。风流笃厚，禁罔疏阔。"

汉文帝躬行节俭不仅影响当时之风气，对后世的帝王也影响深远。汉武帝"不改文、景之恭俭以济斯民"②。汉哀帝强调"制节谨度以防奢淫，为政所先，百王不易之道也"③。光武帝在遗诏中称："朕无益百姓，皆如孝文皇帝制度，务从约省。刺史、二千石长吏皆无离城郭，无遣吏及因邮奏。"④

就汉朝劝节俭诏书内容来看，主要包括禁厚葬、务省约两个方面。汉朝帝王曾多次颁布诏书禁止厚葬。如汉光武帝建武七年（31年），发布诏书称："世以厚葬为德，薄终为鄙，至于富者奢僭，贫者单财，法令不能禁，礼义不能止，仓卒乃知其咎。其布告天下，令知忠臣、孝子、慈兄、悌弟薄葬送终之义。"⑤汉安帝同样多次"诏三公明申旧令，谨奢侈，无作浮巧之物，惮财厚葬"⑥。汉章帝时，即便出行，也诏令"动务省约"。诏曰："车驾行秋稼，观收获，因涉

---

① 班固：《汉书》卷24《食货志》。
② 班固：《汉书》卷6《武帝纪》。
③ 班固：《汉书》卷11《哀帝纪》。
④ 范晔：《后汉书》卷1《光武帝纪》。
⑤ 范晔：《后汉书》卷1《光武帝纪》。
⑥ 范晔：《后汉书》卷5《孝安帝纪》。

郡界，皆精骑轻行，无它辎重。不得辄修道桥，远离城郭，遣使逢迎，刺探起居，出入前后，以为烦扰。动务省约，但患不能脱粟瓢饮耳。所过欲令贫弱有利，无违诏书。"①

为引导民间薄葬之风，汉朝帝王中还出现不少薄葬之典型。汉文帝在遗诏中强调："朕闻之：盖天下万物之萌生，靡不有死。死者天地之理，物之自然，奚可甚哀！当今之世，咸嘉生而恶死，厚葬以破业，重服以伤生，吾甚不取。"并要求自己的丧葬"令天下吏民，令到出临三日，皆释服。无禁取妇、嫁女、祠祀、饮酒、食肉。自当给丧事服临者，皆无践。绖带无过三寸。无布车及兵器。无发民哭临宫殿中。殿中当临者，皆以旦夕各十五举音，礼皆罢。非旦夕临时，禁无得擅哭临。以下，服大红十五日，小红十四日，纤七日，释服。它不在令中者，皆以此令比类从事"②。东汉明帝，"遗诏无起寝庙，藏主于光烈皇后更衣别室。帝初作寿陵，制令流水而已，石椁广一丈二尺，长二丈五尺，无得起坟。万年之后，扫地而祭，杅水脯糒而已。过百日，唯四时设奠，置吏卒数人供给洒扫，勿开修道。敢有所兴作者，以擅议宗庙法从事"③。

在禁奢靡、务省约方面，汉朝帝王往往通过削减宫廷以及政府人员、简化政务、削减生活开支等方式为民表率。如汉宣帝时为促进农业生产，削减宫内人员，令其归农。诏书要求"其令太官损膳省宰，乐府减乐人，使归就农业"④。东汉桓帝永兴二年（154年），京师发生地震，桓帝认为"比者星辰谬越，坤灵震动，灾异之降，必不空发"，诏令："其舆服制度有逾侈长饰者，皆宜损省。郡县务存俭约，申明旧令，如永平故事。"⑤ 汉成帝要求列侯近臣，各自省改奢靡之风。诏书称：

> 圣王明礼制以序尊卑，异车服以章有德，虽有其财，而无其尊，不得逾制，故民兴行，上义而下利。方今世俗奢僭罔极，靡有厌足。公卿列侯亲属近臣，四方所则，未闻修身遵礼，同心忧国者也。或乃奢侈逸豫，务广第宅，治园池，多畜奴婢，被服绮縠，设钟鼓，备女乐，车服、嫁娶、

① 范晔：《后汉书》卷3《肃宗孝章帝纪》。
② 班固：《汉书》卷4《文帝纪》。
③ 范晔：《后汉书》卷2《显宗孝明帝纪》。
④ 班固：《汉书》卷8《宣帝纪》。
⑤ 范晔：《后汉书》卷7《孝桓帝纪》。

葬埋过制。吏民慕效，浸以成俗，而欲望百姓俭节，家给人足，岂不难哉！《诗》不云乎："赫赫师尹，民具尔瞻。"其申敕有司，以渐禁之。青、绿民所常服，且勿止。列侯近臣，各自省改。司隶校尉察不变者。①

还有，汉哀帝亦诏令，对各级官员的奢靡行为予以规范：

> 诸王、列侯得名田国中，列侯在长安及公主名田县道，关内侯、吏民名田，皆无得过三十顷。诸侯王奴婢二百人，列侯、公主百人，关内侯、吏民三十人。年六十以上，十岁以下，不在数中。贾人皆不得名田、为吏，犯者以律论。诸名田、畜、奴婢过品，皆没入县官。齐三服官、诸官织绮绣，难成，害女红之物，皆止，无作输。除任子令及诽谤诋欺法。掖庭宫人年三十以下，出嫁之。官奴婢五十以上，免为庶人。禁郡国无得献名兽。益吏三百石以下奉。察吏残贼酷虐者，以时退。有司无得举赦前往事。博士弟子父母死，予宁三年。②

另外，学校在民风民俗教育方面也发挥了重要作用。董仲舒在贤良三策中就曾谈道："凡以教化不立而万民不正也。夫万民之从利也，如水之走下，不以教化堤防之，不能止也……古之王者明于此，是故南面而治天下，莫不以教化为大务。立太学以教于国，设庠序以化于邑，渐民以仁，摩民以谊，节民以礼，故其刑罚甚轻而禁不犯者，教化行而习俗美也。"③ 董仲舒倡议"立太学""设庠序"的目的很明确，就是教化万民。汉武帝诏令中，也多次要求博士弟子发挥其教化职能。如汉武帝元朔五年（前124年），曾诏曰："盖闻导民以礼，风之以乐。今礼坏乐崩，朕甚闵焉。故详延天下方闻之士，咸荐诸朝。其令礼官劝学，讲议洽闻，举遗兴礼，以为天下先。太常其议予博士弟子，崇乡党之化，以厉贤材焉。"④ 从诏书可以看出，汉武帝兴学校，置博士弟子，用意在于"导民以礼，风之以乐"，并能够促进地方民风、风俗的转化。可以说，汉朝各级官学的社会教化色彩是非常突出的，前边官学部分均有述及，此不赘述。

总之，汉承秦而立，一方面秦朝的迅速灭亡让汉初统治者引以为戒，另一

---

① 班固：《汉书》卷10《成帝纪》。
② 班固：《汉书》卷11《哀帝纪》。
③ 班固：《汉书》卷56《董仲舒传》。
④ 班固：《汉书》卷6《武帝纪》。

方面汉初社会经济凋敝的严峻现实，都迫使汉朝统治者对社会教育给予高度重视。受国家"重农贵粟""与民休养生息""罢黜百家，独尊儒术"等政策的影响，汉朝形成了以孝亲尊老、重农桑、重节俭为特色的社会教育活动内容；在实施人员方面，形成了从中央到地方基层官吏多层负责的实施队伍；在实施的方式上，则丰富多样。汉朝社会教育活动已初具规模，并为后世社会教育活动的开展奠定了基础。

第三节　魏晋南北朝的社会教育活动

魏晋南北朝时期，王朝迭起，政权林立，社会动荡不安，社会教育活动因政局的影响而时兴时废。与此同时，汉朝儒学独尊的局面被打破，多种文化思想萌生与滋长，玄学一度成为"显学"，加之佛教、道教的蔚然兴起，使汉朝以来的社会教育活动内容、形式等均发生了较大的变动。概而言之，主要体现在崇儒、劝民农桑和整治民风民俗教育三个方面。

一、以伦理为核心的崇儒教育

进入魏晋南北朝时期，儒学逐渐式微，所谓"儒林之群，幽隐而不显"。但由于儒学的"忠君""孝亲"等伦理观念有利于国家的统一和社会的稳定，因而儒学尽管受到挑战和冲击，依然不失为魏晋南北朝时期赓续不断的思想主流。汉人建立的政权，秉持两汉传统，依旧建校设学，立五经博士，以儒家经典为官学中的主要教学内容；少数民族建立的政权为标榜自己的正统，为安抚人心及维护统治，也纷纷"传六经之习，行仁义之道"。在这一时期，以伦理为核心的崇儒教育活动主要有立学设教、祭奠先圣、礼敬儒者和老者、树立楷模等。

（一）立学设教以广宣教化

魏晋南北朝时期，虽然社会动荡不安，但无论是汉族政权还是少数民族政权，都或多或少地延续了汉朝以学校促社会教化的传统。曹魏时期，即便"重才不重德"的曹操，在称魏王时也慨叹道："丧乱已来，十有五年，后生者不见仁义礼让之风，吾甚伤之。"①曹操的慨叹反映了"仁义礼让之风"与建校设学的紧密联系。在曹操看来，学校不兴，乃是"后生者不见仁义礼让之风"的一个重要原因。正因为如此，曹操令各郡国设立地方官学，"选其乡之俊造而教学之"。刘备称帝后，也因"承丧乱历纪，学业衰废，乃鸠合典籍，沙汰众学，慈、潜并为学士，与孟光、来敏等典掌旧文"②。吴景帝孙休即位后，因"吏民颇以目前趋务，去本就末，不循古道"，于永安元年（258年）诏令设立学宫，置五经博士，期望"见之者乐其荣，闻之者羡其誉。以敦王化，以隆风俗"③。

两晋政权对"建国君民，教学为先"尤为重视。晋武帝即位后，不仅整顿魏国时所建太学，还为皇亲贵族子弟专设国子学，国子博士"皆取履行清淳，通明典义者，若散骑常侍、中书侍郎、太子中庶子以上，乃得召试"④，以使国子生能接受更优质的伦理教育。此外，晋武帝还时常到太学"行乡饮酒之礼"，对太常博士、太学生等赐"帛牛酒，各有差"。

十六国时期，北方迭起的绝大多数是少数民族政权。在入主中原前，他们大多过着游牧生活，文化发展远远落后于汉族。一方面为加速自己本民族文化的发展进程，另一方面为了拉拢汉族士人，维护自己政权的稳定，他们绝大部分都选择了崇儒兴学之路。如前赵国君刘曜为帝时："立太学于长乐宫东，小学于未央宫西，简百姓年二十五已下十三已上，神志可教者千五百人，选朝贤宿儒明经笃学以教之。"⑤石勒在建立后赵之前，就曾"立太学，简明经善书吏署为文学掾，选将佐子弟三百人教之"。此后，又设置宣文、宣教、崇儒、崇训十余小学于襄国四门，命"简将佐豪右子弟百余人以教之，且备击柝之卫"⑥。正式建立后赵后，石勒更是命令郡国设立学馆，还亲临学校考试学生，并"常令儒生读史书而听之"。前秦建立者符坚即位后，为改变"自永嘉之乱，庠序无闻"的状况，他广修学宫，遣令公卿已下子孙皆受业，还亲临太学，考学生经义优劣。于是，"人思劝励，号称多士，盗贼止息，请托路绝，田畴修辟，帑藏

---

① 裴松之注：《三国志》卷1《魏书・武帝纪》。
② 裴松之注：《三国志》卷42《蜀书・杜周杜许孟来尹李谯郤传》。
③ 裴松之注：《三国志》卷48《吴书・三嗣主传》。
④ 房玄龄等：《晋书》卷24《职官》。
⑤ 房玄龄等：《晋书》卷103《刘曜》。
⑥ 房玄龄等：《晋书》卷104《石勒上》。

充盈，典章法物靡不悉备"①。

北朝也主要为少数民族政权，与十六国一样积极吸收汉文化，多重视采纳、借鉴汉族的崇儒之传统，用儒家的纲常名教巩固自己的统治，借用学校来广施教化。如北魏道武帝拓跋珪，"初定中原，虽日不暇给，始建都邑，便以经术为先，立太学，置五经博士生员千有余人"②。北魏宣武帝元恪在位时，为振兴日渐衰败的官学，多次发布诏书，下令修缮学馆。如正始元年（504 年）下诏，令"有司依汉魏旧章，营缮国学"；正始四年（507 年）又再次诏令"有司准访前式，置国子，立太学，树小学于四门"，"播文教以怀远人"，"调礼学以旌俊造"；延昌元年（512 年）有鉴"虎闱阙唱演之音，四门绝讲诵之业。博士端然，虚禄岁弱；贵游之胄，叹同子衿"③，下令于是年冬季修复国子学，次年春季恢复太学、四门学等。

南朝皆为汉族政权，对利用学校实施社会教化也是不遗余力的。宋武帝刘裕就曾指出："古之建国，教学为先，弘风训世，莫尚于此；发蒙启滞，咸必由之。故爰自盛王，迄于近代，莫不敦崇学艺，修建庠序。"④ 正是本着"弘风训世"的目的，刘宋政权成立后，多次发布诏令，强调发展学校教育。宋武帝永初三年（422 年），刘裕即诏令"选备儒官，弘振国学"。宋文帝刘义隆在位时，也多次诏令建校设学，强调"本立化成，教学之为贵"，并要求"诏以三德，崇以四术，用能纳诸义方，致之轨度"⑤。宋文帝元嘉十九年（442 年），为解决"胄子始集，学业方兴"问题，特下令"于先庙地，特为营造，依旧给祠置令，四时飨祀"⑥。宋孝武帝在位时，有感"向风慕义，化民成俗，兹时笃矣"，特下令"来岁可修葺庠序，旌延国胄"⑦。南齐政权虽然国祚短暂，但同样将办学看作化育民众的重要举措。齐高帝建元四年（481 年），就曾诏曰："夫胶庠之典，彝伦攸先，所以招振才端，启发性绪，弘字黎氓，纳之轨义，是故五礼之迹可传，六乐之容不泯。"因此，要求有司"式遵前准，修建敦学，精选儒官，广延

---

① 房玄龄等：《晋书》卷 113《苻坚上》。
② 魏收：《魏书》卷 84《儒林》。
③ 魏收：《魏书》卷 8《世宗纪》。
④ 沈约：《宋书》卷 3《武帝下》。
⑤ 沈约：《宋书》卷 5《文帝》。
⑥ 沈约：《宋书》卷 5《文帝》。
⑦ 沈约：《宋书》卷 6《孝武帝》。

国胄。"① 梁武帝萧衍虽然晚年崇信佛教，但在早年对儒学的传播却也甚为留意。梁武帝即位后，"诏求硕学，治五礼，定六律，改斗历，正权衡"②，在恢复崇儒之风方面颇多行动。如天监四年（505 年），梁武帝诏令置五经博士各一人，广开馆宇，招纳后进。诏令下达后，又随即任命平原明山宾、吴兴沈峻、建平严植之、会稽贺蒨为博士，各主一馆。于是"怀经负笈者云会京师"，在社会上引导了一种向学的风气。

除中央政府重视崇儒教化外，地方也有热心儒学的官吏积极办学，期冀"训彝伦而来远人"。如三国时孙吴的顾邵，博览书传，好乐人伦，27 时岁任豫章太守。到任后"下车祀先贤徐孺子之墓，优待其后；禁其淫祀非礼之祭者。小吏有资质佳者，辄令就学，择其先进，擢置右职，举善以教，风化大行"③。东晋穆帝永和八年（352 年），征西将军庾亮有感"人情重交而轻财，好逸而恶劳。学业致苦，而禄答未厚，由捷径者多，故莫肯用心"。而当政者又"务目前之治，不能闲以典诰"，以至于"《诗》《书》荒尘，颂声寂漠"。因而，他在武昌开置学官，并亲自教导民众。并命令参佐大将子弟全部入学，自家子弟亦令受业。此外，还聘任博学识义、通涉文学经纶者担任教师职务，并恢复儒林祭酒制度，给予祭酒优厚的待遇。此外，庾亮还制作了礼器俎豆之类，用以行大射之礼。庾亮去世后，其创办的学校教育也随之荒废。像庾亮这样的兴学，在东晋时期并不多，社会上更多的是"户咏恬旷之辞，家画老庄之像"④。

（二）选拔奖励通经之士以倡导尊儒之风

通过选拔、奖励等措施引导崇儒之风是魏晋南北朝时期崇儒活动的另外一项内容。曹魏政权建立后，为选拔人才制定了"九品中正制"，虽因强调门第而受到批评，但纵观曹魏时期的政策会发现，曹魏选拔人才更注重"以经取士"。如魏文帝曹丕在黄初三年（222 年）明定选拔标准为"儒通经术，吏达文法"。诏曰："今之计、孝，古之贡士也。十室之邑，必有忠信，若限年然后取士，是吕尚、周晋不显于前世也。其令郡国所选，勿拘老幼。儒通经术，吏达文法，

① 萧子显：《南齐书》卷 2《高帝下》。
② 姚思廉：《梁书》卷 48《儒林》。
③ 裴松之注：《三国志》卷 52《吴书·张顾诸葛步传》。
④ 沈约：《宋书》卷 14《礼一》。

到皆试用。"① 魏明帝曹睿更明确提出"贡士以经学为先"。太和四年（230 年）春二月，魏明帝再次诏曰：

> 世之质文，随教而变。兵乱以来，经学废绝，后生进趣，不由典谟。岂训导未洽，将进用者不以德显乎？其郎吏学通一经，才任牧民，博士课试，擢其高第者，亟用。其浮华不务道本者，皆罢退之。②

在这里，"学通一经"便可参加考核，反映了曹魏政权对人才的迫切需求，同时也体现了曹魏对经学之重视。

晋武帝司马炎在做相国时，根据儒家纲常名教拟定了"一曰忠恪匡躬，二曰孝敬尽礼，三曰友于兄弟，四曰洁身劳谦，五曰信义可复，六曰学以为己"③的六条标准，令诸郡中正按此标准举荐怀才不遇之士，无形中也影响着人们的价值取向。

南北朝统治者为倡导儒学，各政权都注重选拔汇通儒经、品行优秀之人。如宋文帝刘义隆于元嘉十二年（435 年）下诏，鉴于"遗才在野，管库虚朝"的状况，要求属下"夫举尔所知，宣尼之笃训，贡士任官，先代之成准。便可宣敕内外，各有荐举。当依方铨引，以观厥用"④。宋武帝刘骏于大明六年（462年），下令褒奖有识之士，规定"其有怀真抱素，志行清白，恬退自守，不交当世，或识通古今，才经军国，奉公廉直，高誉在民，具以名奏"⑤ 等。

（三）祭奠先圣以立人伦楷模

祭奠先圣同样是宣扬儒家思想的社会教育活动之一。在曹魏统治者看来，孔子可谓"命世之大圣，亿载之师表"，祭奠先圣孔子乃"崇礼报功，盛德百世"之举。因而，要求"邑百户，奉孔子祀"，并封孔子之后孔羡为宗圣侯。曹丕执政时，还特意修复山东孔庙，并派专人守护。齐王曹芳当政时，"讲《礼记》通，使太常以太牢祀孔子于辟雍，以颜渊配"⑥。修建孔庙，祭祀孔子，赏赐孔子之后，这一系列活动，用意都在于在社会上树立人伦楷模，倡导崇儒、

---

① 裴松之注：《三国志》卷 2《魏书·文帝纪》。
② 裴松之注：《三国志》卷 3《魏书·明帝纪》。
③ 房玄龄等：《晋书》卷 3《武帝》。
④ 沈约：《宋书》卷 5《文帝》。
⑤ 沈约：《宋书》卷 6《孝武帝》。
⑥ 裴松之注：《三国志》卷 4《魏书·三少帝纪》。

尊儒之风。

北朝统治者同样借祭孔以灌输尊儒及伦理观念,以北魏孝文帝时期为著。孝文帝认为孔子"禀达圣之姿,体生知之量,穷理尽性,道光四海"。然而,尊孔祭孔之传统风俗的破坏,是导致"礼章殄灭""女巫妖觋,淫进非礼,杀生鼓舞,倡优媟狎"① 等道德败坏现象产生的原因。因此,孝文帝多次下诏,修复孔庙,恢复祭孔之礼,并亲自参加或要求地方开展祭奠先圣孔子、颜渊的活动。如孝文帝于延兴二年(472年)就发布诏令,对祭奠孔子之礼加以规范,不仅要求祭奠孔子之礼当"牺牲粢盛,务尽丰洁",还要求祭奠时要"临事致敬,令肃如也";对于民间的祭奠活动,则加以约束,祭品要止于"酒脯",不得"听妇女合杂,以祈非望之福"。这些活动的规定,一方面在于引导自上而下的崇儒之风,另一方面则在规范祭孔之礼。除对祭孔、祭颜氏之礼加以约束、规定外,孝文帝还在京师建立了孔子庙,将孔子称号由"宣尼"改为"文圣尼父",又"亲祠孔子庙",任用孔子、颜渊后代为官,诏选诸孔宗子一人封崇圣侯,邑一百户,"以奉孔子之祀"等。孝明帝不仅发布诏书,强调"有司可豫缮国学,图饰圣贤,置官简牲,择吉备礼",还亲自到国子学讲《孝经》以及"祠孔子,以颜渊配",以实际行动倡导尊儒尊孔之风。

南朝汉政权虽然更迭频繁,也不时有祭奠先圣之活动。刘宋政权为倡导崇儒之风,派遣专人负责打扫先圣孔子之墓,并"四时飨祀"。宋元嘉年间,还要求官学在授课之前,要先释奠先圣先师,并配以礼乐、祭品和释菜。齐武帝在位时,下诏宣称:"宣尼诞敷文德,峻极自天,发辉七代,陶钧万品,英风独举,素王谁匹!功隐于当年,道深于日月。"因此,号令天下"量给祭秩,礼同诸侯。奉圣之爵,以时绍继"②。齐明帝时,针对孔庙"顷岁以来,祀典陵替,俎豆寂寥,牲奠莫举"的状况,下诏要求"式循旧典,详复祭秩,使牢饩备礼,钦飨兼申"。在齐明帝看来,"仲尼明圣在躬,允光上哲,弘厥雅道",因而,恢复祭奠先圣孔子的活动,有助于"大训生民,师范百王,轨仪千载"③。梁武帝

---

① 魏收:《魏书》卷7下《高祖纪下》。
② 萧子显:《南齐书》卷3《武帝》。
③ 萧子显:《南齐书》卷6《明帝》。

在位时，更是"亲屈舆驾，释奠于先师先圣，申之以宴语，劳之以束帛"①。

(四) 提倡孝亲尊老以纯人伦之美

汉朝孝亲尊老教育活动在魏晋南北朝时期同样得到了传承，政府或通过颁布诏令，或通过奖励孝悌，或通过亲自践行，开展了多种形式的孝亲尊老教育活动。

1. 颁布诏书倡导孝道

由帝王颁布诏书乃是这一时期重要的社会教育活动方式之一，也是向民众灌输家庭伦理观念以及敬老爱老意识的主要举措。诏书的内容多是引导世人如何孝敬老人、如何为老人守丧以及一些奖惩措施等。魏文帝时曾多次诏令奖励孝悌。晋武帝时，不仅"初令二千石得终三年丧"，而且规定"听士卒遭父母丧者，非在疆场，皆得奔赴"②。除通过要求官吏、将士为父母守丧倡导孝道外，晋武帝时还注重在三载一巡行的视察活动中倡导"孝道"，如泰始四年（268 年）诏令称：

> 郡国守相，三载一巡行属县……见长吏，观风俗，协礼律，考度量，存问耆老，亲见百年。录囚徒，理冤枉，详察政刑得失，知百姓所患苦。无有远近，便若朕亲临之。敦喻五教，劝务农功，勉励学者，思勤正典，无为百家庸末，致远必泥。士庶有好学笃道，孝悌忠信，清白异行者，举而进之；有不孝敬于父母，不长悌于族党，悖礼弃常，不率法令者，纠而罪之……扬清激浊，举善弹违，此朕所以垂拱总纲，责成于良二千石也。龄戏戒哉！③

在这里，晋武帝提出凡"孝悌忠信，清白异行者，举而进之"，"不孝敬于父母，不长悌于族党，悖礼弃常，不率法令者，纠而罪之"等，都反映了政府对传统"孝道"的恪守。北魏孝文帝时亦曾诏令，要在民闲时积极开展教化活动，其中一项重要内容就是"教其里人父慈、子孝、兄友、弟顺、夫和、妻柔"④。北魏孝明帝时则发布诏令，要求地方官员对"孝子、顺孙、义夫、节妇，

---

① 姚思廉：《梁书》卷 48《儒林》。
② 房玄龄等：《晋书》卷 3《武帝》。
③ 房玄龄等：《晋书》卷 3《武帝》。
④ 魏收：《魏书》卷 7 下《高祖纪下》。

表其门闾，以彰厥美"①。南朝的梁武帝还恢复了举荐孝悌的传统，对有孝悌之功名的经常给予赏赐，以引导民风。如梁武帝天监十四年（515 年）就曾诏令："下远近，博采英异。若有确然乡党，独行州闾，肥遁丘园，不求闻达，藏器待时，未加收采；或贤良方正、孝悌力田，并即腾奏，具以名上。当擢彼周行，试以邦邑，庶百司咸事，兆民无隐。"②梁武帝对此举的目的表达很明确，就是在于"弘宣德教"。

值得一提的是，魏晋南北朝时期多数帝王如东晋穆帝、简文帝，南朝宋前废帝、齐武帝等都曾亲讲《孝经》，倡导孝亲之风气。

2. 旌表门闾以奖善举

旌表门闾同样是这一时期开展孝道教育活动的方式之一，用意在于"敦兹风教"。如梁武帝在位时，多次对地方上有孝行的人给予旌表。如"宣城宛陵有女子与母同床寝，母为猛虎所搏，女号叫拿虎，虎毛尽落，行十数里，虎乃弃之。女抱母还，犹有气，经时乃绝"。经地方官员上报后，梁武帝特下诏"旌其门闾"③。除此之外，南朝因孝行受到旌表乃至被授以官职的还有沈崇傃、荀匠、庾黔娄、吉翂、甄恬等十余人。在这种情况下，南朝时期出现了"纯孝""至孝"等名称，专门褒奖孝子。而对于民间孝子，政府经常"表其门闾"或直接以"孝子"题名墓碑，通过如此种种颂扬孝行的措施，标榜树立各个层面的"孝"的榜样，从而对世人进行"孝"的感化。不仅如此，许多因"孝"被举荐为官者，上任后自然就成为孝道的传播者和贯彻者，他们不仅褒奖孝行，而且还言传身教，把"孝"贯彻于实政当中。这对于淳化社会风俗无疑有一定的促进作用。而这种表彰也确实起到了化民成俗的效果。如梁朝的吉翂，年 11 岁就因孝行闻名乡闾，15 岁又因代父受过，被"举充纯孝之选"，17 岁时被任命为地方主簿，出任万年县地方官时"摄官期月，风化大行"④。官至安南行参军的甄恬，"孝行殊异，声著邦壤，敦风厉俗，弘益兹多"⑤。

尤其是，元代学人编录的古代 24 位孝子中有 8 位都出自魏晋南北朝时期，

---

① 魏收：《魏书》卷 9《肃宗纪》。
② 姚思廉：《梁书》卷 2《武帝中》。
③ 姚思廉：《梁书》卷 47《孝行》。
④ 姚思廉：《梁书》卷 47《孝行》。
⑤ 姚思廉：《梁书》卷 47《孝行》。

他们分别是：三国时"怀橘遗亲"的陆绩和"哭竹生笋"的孟宗，魏晋之际"闻雷泣墓"的王裒和"卧冰求鲤"的王祥，晋代"埋儿奉母"的郭巨、"恣蚊饱血"的吴猛和"扼虎救父"的杨香，南朝齐时"尝粪忧心"的庾黔娄等。而且在一些墓葬中还发现了这一时期的孝子画像。如图 7-3 所示，郭巨埋儿彩色画像砖是 1958 年在河南邓县学庄村的一座南朝墓中发现的，系陶质，长 33.8 厘米，宽 19 厘米，厚 6 厘米。画面内容为"郭巨埋儿得金"的故事，彩色是用多种颜色填涂而成的，所绘制的树木郁郁葱葱，郭巨位于画面左侧作挖土状，其衣服是由部分红色和绿色绘成的，衣衫飘飘，很有动感。画面右侧郭巨的妻子怀抱幼儿，其衣服由红绿两色构成，衣带上飘，生动逼真，看上去艳丽夺目。夫妻两者中间有一釜黄金，上有红色"金壹釜"三字，且字呈反写状。

图 7-3　郭巨埋儿彩色画像砖（现存于河南博物院）

而甘肃境内已清理发掘的数十座宋金时期的墓葬中，均有砖雕或彩绘的"二十四孝"人物故事，但与元代学人编录的二十四孝稍有出入，计有孝子 30个。其中，魏晋南北朝时期的孝子，除王祥、郭巨、陆绩、孟宗、杨香、王裒外，又有晋代"辞征孝亲"的李密、"孝母勤廉"的陶侃、"哭泽生堇"的刘殷和"伯瑜泣杖"的韩伯，北朝"替父从军"的花木兰，南朝"代父受刑"的吉翂等 6 人。与元本"二十四孝"相比较而言，不仅内容丰富，且更贴近民众的生活，更具孝的内涵，也更有可操作性。诸如西晋的李密，父亲早亡，母亲改嫁，由祖母刘氏亲自抚养。他为人正直，颇有才干。曾仕蜀汉为郎，蜀亡以后，晋武帝司马炎征召李密为太子洗马。他上表陈情，以祖母年老无人供养，辞不从命。他在《陈情表》中称：

伏惟圣朝以孝治天下，凡在故老，犹蒙矜恤，况臣孤苦厄羸之极。且

臣少仕伪朝，历职郎署，本图宦达，不矜名节。今臣亡国贱俘，至微至陋，
猥蒙拔擢，宠命殊私，岂敢盘桓，有所希冀！但以刘日薄西山，气息奄奄，
人命危浅，朝不虑夕。臣无祖母，无以至今日；祖母无臣，无以终余年。
母孙二人，更相为命，是以私情区区不敢弃远。臣密今年四十有四，祖母
刘今年九十有六，是臣尽节于陛下之日长，而报养刘之日短也。乌鸟私情，
愿乞终养。①

这番话说得司马炎感慨道："士之有名，不虚然哉！"于是停召其入朝为官，
待其祖母病故后方出来为官，出任太子洗马，官至汉中太守。

3. 礼敬老者以引领敬老

礼敬老者，即通过赏赐老者、行养老之礼，来倡导尊老养老之风。如魏明
帝巡行时，"所过存问高年鳏寡孤独，赐谷帛"②。高贵乡公曹髦执政时，强调
"养老兴教，三代所以树风化垂不朽也，必有三老、五更以崇至敬，乞言纳诲，
著在惇史，然后六合承流，下观而化"③，并任命关内侯王祥为"三老"，关内侯
郑小同为"五更"，以"树风化"。

北朝时，无论是国家赏赐老人的频率还是力度，都远超过其他朝代。单以
北魏孝文帝为例，其在位时开展的尊老、敬老活动主要有：明定老者待遇，规
定百岁以上老者给予县令待遇，90 岁以上老者赏赐爵位三级，80 岁以上老者赏
赐爵位二级，70 岁以上老者赏赐爵位一级；规定老人年 80 岁以上，可有一个孩
子不从役；对于"力田孝悌、才器有益于时、信义著于乡闾者"，要求具列名上
报，并给予一定奖励；赏赐高年、孝悌、力田布帛；亲见高年，问所疾苦等。
如：北魏孝文帝太和十八年（494 年）十一月，诏令冀、定二州之民："百年以
上假以县令，九十以上赐爵三级，八十以上赐爵二级，七十以上赐爵一级；鳏
寡孤独不能自存者，赐以谷帛；孝义廉贞、文武应求者具以名闻。"④ 之后，又
先后诏令郢、豫、徐、相等州，给予老者等同冀、定两州的待遇。太和二十年
（496 年）正月，诏令畿内 70 岁以上老者赴京师，以便行养老之礼；同年三月，

---

① 房玄龄等：《晋书》卷 88《孝友》。
② 裴松之注：《三国志》卷 3《魏书·明帝纪》。
③ 裴松之注：《三国志》卷 4《魏书·三少帝纪》。
④ 魏收：《魏书》卷 7 下《高祖纪下》。

孝文帝于华林园宴请群臣及国老、庶老，并规定："国老黄耇以上，假中散大夫、郡守；耆年以上，假给事中、县令；庶老，直假郡县。各赐鸠杖、衣裳。"① 月末，又诏令诸州中正，"各举其乡之民望，年五十以上守素衡门者，授以令长"②。太和二十一年（497 年）四月，孝文帝"亲见高年，问所疾苦"；同年五月诏令雍州士人，"百年以上假华郡太守，九十以上假荒郡，八十以上假华县令，七十以上假荒县；庶老以年各减一等，七十以上赐爵三级"③，等等。

除孝文帝外，北朝其他帝王对老人也非常关注。如魏孝明帝神龟元年（518 年）正月，诏令："京畿百年以上给大郡板，九十以上给小郡板，八十以上给大县板，七十以上给小县板；诸州百姓，百岁以上给小郡板，九十以上给小县板，八十以上给中县板；鳏寡孤独不能自存者，赐粟五斛、帛二匹。"④ 这里的"郡板""县板"，即郡太守、县令之意，也就是要授予不同年龄老人以荣誉官职，并将名字书写在板上，如同后世的委任状。北周孝闵帝元年（557 年）亦诏令："若有年八十已上，所在就加礼饩。"⑤ 北周武帝宇文邕于保定三年（563 年）四月莅临太学，立太傅、燕国公于谨为"三老"，还亲自为于谨设宴举行"三老"之礼，并趁机询问治国之术。

南朝赏赐老者，倡导尊老之风活动同样较为频繁。以刘宋政权为例，宋文帝、宋孝武帝、宋明帝及后废帝执政时，都曾颁布诏令赏赐"孤老、六疾不能自存者"。如宋文帝执政时期，先后五次颁布诏令赏赐孤老。元嘉二十六年（449 年），还特意"遣使巡行百姓，问所疾苦。孤老、鳏寡、六疾不能自存者，人赐谷五斛"⑥。宋孝武帝继位后，同样秉承了赏赐孤老的传统，多次对"高年、鳏寡、孤幼、六疾不能自存"者予以赏赐。孝建元年（454 年），还一并赏赐"孝子、顺孙、义夫、节妇粟帛各有差"⑦。宋明帝在位时间虽短，也派遣大臣"巡方问俗，弘政所先"，并下令"广求民瘼，考守宰之良，采衡闾之善"，"鳏寡孤独，癃残六疾，不能自存者，郡县优量赈给"；"贞妇孝子，高行力田，许

---

① 魏收：《魏书》卷 7 下《高祖纪下》。
② 魏收：《魏书》卷 7 下《高祖纪下》。
③ 魏收：《魏书》卷 7 下《高祖纪下》。
④ 魏收：《魏书》卷 9《肃宗纪》。
⑤ 令狐德等：《周书》卷 3《孝闵》。
⑥ 沈约：《宋书》卷 5《文帝》。
⑦ 沈约：《宋书》卷 6《孝武帝》。

悉条奏"①。后废帝刘昱虽系"穷凶极暴"之人，但登基也不忘"为父后及三老、孝悌、力田者爵二级；鳏寡孤独笃癃不能自存者，谷五斛；年八十以上，加帛一匹"②。南齐政权虽然国祚短暂，但同样有赏赐孤老的活动。如齐武帝永明十年（492年），下诏赐"孤老六疾，人谷五斛"③。永明十一年（493年），立皇太孙昭业、太孙妃何氏时，又下诏"赐天下为父后者爵一级，孝子、顺孙、义夫、节妇粟帛各有差"④。齐明帝建武元年（494年）立皇太子时，同样赐天下为父后者爵一级，孝子、顺孙、义夫、节妇普加甄赐明扬。

二、以农为本的劝农桑教育

劝农桑教育活动在魏晋南北朝时期虽然不如两汉时期频繁，却也从未中断过，以农为本依然是这一时期社会经济的一个重要特点，其教育活动主要是通过颁布诏书、帝王或官员亲耕等方式来进行的。

（一）颁布诏书以劝民农桑

颁布诏书，劝民农桑，这是帝王常行的一种教育活动方式，历代皆有。诏书的内容，主要是强调农桑之重要，以及对地方官员的要求，因而对地方官员做好农桑事务是很好的引领。如三国时孙吴永安二年（259年）三月，景帝孙休发布劝农教化诏书，借用管子"仓廪实而知礼节，衣食足而知荣辱"的观点，告知民众"夫一夫不耕，有受其饥，一妇不织，有受其寒；饥寒并至而民不为非者，未之有也"。为此，提出"必须农桑"，要求属下"广开田业，轻其赋税，差科强赢，课其田亩，务令优均，官私得所，使家给户赡，足相供养，则爱身重命，不犯科法，然后刑罚不用，风俗可整"⑤。

晋武帝即位后重视劝农教化，泰始四年（268年）六月，鉴于"人穷匮，农事荒，奸盗起，刑狱烦，下陵上替，礼义不兴"的情况，下诏提出要"劝务农功"。是年十二月，又颁布五条诏书于郡国，其中第二条就是"勤百姓"，也就是要充分调动百姓务农桑的积极性。次年正月，晋武帝又"申戒郡国计吏守相

① 沈约：《宋书》卷8《明帝》。
② 沈约：《宋书》卷9《后废帝》。
③ 萧子显：《南齐书》卷3《武帝》。
④ 萧子显：《南齐书》卷3《武帝》。
⑤ 裴松之注：《三国志》卷48《吴书·孙休传》。

令长，务尽地利，禁游食商贩"。可见，晋武帝为鼓励农桑，不惜压抑商业的发展。

十六国时期的前秦丞相王猛，秉承苻坚的旨意，努力做到"劝课农桑"，于是"兵强国富，垂及升平"①。

南朝统治者对农业的发展更为重视，诸如：宋文帝刘义隆于元嘉八年（431年）六月，下劝农桑诏，认为"自顷农桑惰业，游食者众，荒莱不辟，督课无闻。一时水旱，便有罄匮，苟不深存务本，丰给靡因"。对此，要求地方官员要"宜思奖训，导以良规……咸使肆力，地无遗利，耕蚕树艺，各尽其力。若有力田殊众，岁竟条名列上"②。元嘉二十一年（444年）七月，宋文帝再次下诏，要求诸州郡"尽勤地利，劝导播殖，蚕桑麻苎，各尽其方，不得但奉行公文而已"③。宋孝武帝刘骏于孝建元年（454年）下诏，提出："首食尚农，经邦本务……凡诸守莅亲民之官，可详申旧条，勤尽地利。力田善蓄者，在所具以名闻。"④ 齐明帝萧鸾于建武二年（495年）正月下诏，提出"食为民天""蚕实生本"的治国理念，要求各级官员"宜严课农桑，罔令游惰，揆景肆力，必穷地利，固修堤防，考校殿最"⑤。陈文帝陈蒨深谙守业之道，即位后不断发布劝农诏书。如天嘉元年（560年）三月诏令"守宰明加劝课，务急农桑"；八月再次诏令地方官"劝课"，等等。可以说，劝民农桑是南朝各代帝王普遍关注的一项政务。

北朝执政者亦承继汉族政权劝民农桑的传统，如北齐文宣帝高洋于天保元年（550年）八月，曾下诏要求各级官员"专意农桑，勤心劝课，广收天地之利，以备水旱之灾"⑥。苏绰为北周文帝宇文泰创制的《六条诏书》中，第三条为"尽地利"，要求实施劝农教化，还要求在"三农之隙，及阴雨之暇，又当教民种桑、植果，艺其菜蔬，修其园圃，畜育鸡豚，以备生生之资，以供养老之具"⑦。在这里，提出了教化的具体内容，不仅是农桑种植，还有家畜养殖，目

---

① 房玄龄等：《晋书》卷114《苻坚下》。
② 沈约：《宋书》卷5《文帝》。
③ 沈约：《宋书》卷5《文帝》。
④ 沈约：《宋书》卷6《孝武帝》。
⑤ 萧子显：《南齐书》卷6《明帝》。
⑥ 李百药：《北齐书》卷4《文宣》。
⑦ 令狐德等：《周书》卷23《苏绰》。

的在于备足生活资料，以防灾荒，甚至还兼有"养老"的意义。建德四年（575年），宇文邕又诏令劝农教化，要求"刺史守令，宜亲劝农，百司分番，躬自率导。事非机要，并停至秋。鳏寡孤独不能自存者，所在量加赈恤"①。

（二）帝后耕桑以示范天下

按古代礼制，帝王亲耕，皇后亲桑，合乎封建社会男耕女织的生活场景。帝王和皇后无非是做个示范给世人看，以此证明对农桑的重视，也号召世人要勤于农桑。

承继前代帝王劝农亲耕的传统，这一时期帝王亲耕也是在春耕开始的时候进行的，还要举行仪式或典礼，象征着春耕的开始。据《晋书》载，"魏之三祖，亦皆亲耕藉田"。也就是说，太祖曹操、高祖曹丕和烈祖曹睿祖孙三代，都亲耕过。如魏明帝于太和元年（227年）二月"耕于籍田"；太和五年（231年）正月又"耕于籍田"。

晋武帝泰始四年（268年），有司奏"耕祠先农"。晋武帝司马炎准许，令有司具体办理，且下诏曰：

> 夫国之大事，在祀与农。是以古之圣王，躬耕帝藉，以供郊庙之粢盛，且以训化天下。近世以来，耕藉止于数步之中，空有慕古之名，曾无供祀训农之实，而有百官车徒之费。今修千亩之制，当与群公卿士躬稼穑之艰难，以率先天下。主者详具其制，下河南，处田地于东郊之南，洛水之北。若无官田，随宜使换，而不得侵人也。②

在一切准备停当后，晋武帝便"乘舆御木辂以耕，以太牢祀先农"。随后，晋武帝还于太始八年（272年）、太始十年（274年）"耕于藉田"。

十六国时期的石季龙，于永和三年（347年）"亲耕藉田于其桑梓苑"；苻坚亦"亲耕藉田"。

南朝时诸多帝王都亲耕过，如宋文帝元嘉二十年（443年），刘义隆准备亲耕，但籍田礼仪久废，不知所措，于是令何承天撰定仪注。恰好何承天所主持的史学馆中，有一位叫山谦之的史学生，已私下收集到很多材料。经何承天整理上奏后，宋文帝便下诏曰：

---

① 令狐德等：《周书》卷6《武帝下》。
② 房玄龄等：《晋书》卷19《礼上》。

国以民为本，民以食为天。一夫辍耕，饥者必及。仓廪既实，礼节以兴。自顷在所贫耗，家无宿积，阴阳暂偏，则人怀愁垫；年或不稔，而病乏比室。诚由政德未孚，以臻斯弊，抑亦耕桑未广，地利多遗。宰守微化导之方，氓庶忘勤分之义。永言弘济，明发载怀。虽制令亟下，终莫惩劝，而坐望滋殖，庸可致乎！有司其班宣旧条，务尽敦课。游食之徒，咸令附业。考核勤惰，行其诛赏；观察能殿，严加黜陟。古者从时脉土，以训农功，躬耕帝籍，敬供粢盛。仰瞻前王，思遵令典，便可量处千亩，考卜元辰。朕当亲率百辟，致礼郊甸。庶几诚素，奖被斯民。①

在这里，宋文帝提出了"国以民为本，民以食为天"的执政理念，作为统治者如不关注农桑，那是说不过去的。于是，他让属下"斟酌众条，造定图注"，也就是拟定了一个详细的帝王亲耕方案。次年春，举行隆重的亲耕仪式。

第一步，立春前九日布置相关事宜，由"尚书宣摄内外，各使随局从事"。主要是会同司空、大农、京尹、令、尉，于皇宫之东南偏东八里处"整制千亩，开阡陌"，并设置"先农坛于中阡西陌南，御耕坛于中阡东陌北"。

第二步，亲耕前一日布置耕坛及献种，即"设青幕于耕坛之上，皇后帅六宫之人出种稑之种，付籍田令"。"稑"即为早种晚熟的谷物，由皇后率六宫直接交付给籍田令。

第三步，择日亲耕，亲耕当日，首先是"太祝以一太牢告祠先农，悉如祠帝社之仪"。然后，宋文帝车队前往籍田。有意思的是，除"三台武卫不耕，不改服章"外，其余装饰及服饰均着青色，如"御乘耕根三盖车，驾苍驷，青旗，著通天冠，青帻，朝服青衮，带佩苍玉。蕃王以下至六百石皆衣青"等，有万物复苏之意。宋文帝车驾到籍田后，侍中跪奏："尊降车。"在先农坛前停留片刻，大司农跪奏："先农已享，请皇帝亲耕。"太史令亦高呼："皇帝亲耕。"接下来，宋文帝开始"三推三反"，即扶耕犁在籍田上往返三次。然后是"群臣以次耕，王公诸侯五推五反，孤卿大夫七推七反，士九推九反"。剩下没有耕种完的土地，则交由籍田令负责，由其率其属下耕种，完工后礼毕。②

宋文帝不仅自己亲耕，还要求地方诸州郡也行籍田之礼，所谓"乃班下州

---

① 沈约：《宋书》卷14《礼一》。
② 沈约：《宋书》卷14《礼一》。

郡县，悉备其礼焉"，较之前代这确实是一个突破。之后的南朝帝王均有亲耕之举，如宋孝武帝，大明四年（460年）正月"车驾躬耕藉田，大赦天下"。宋明帝于泰始五年（469年）正月"车驾躬耕藉田"等。南齐武帝萧赜于永明四年（486年）"车驾籍田"，且下诏表明自己亲耕的初衷，称："夫耕籍所以表敬，亲载所以率民。朕景行前规，躬执良耜，千畛咸事，六稼可期，教义克宣，诚感兼畅。"① 梁武帝萧衍于普通二年（521年），下诏声称要"躬执耒耜，尽力致敬"；普通四年（523年），他便"躬耕籍田"，并再次下诏申明亲耕的意义，称"夫耕籍之义大矣哉！粢盛由之而兴，礼节因之以著，古者哲王咸用此作"②。

北朝统治者的亲耕活动也有一定程度的开展，最早始于北魏道武帝拓跋珪，其于天兴三年（400年）"始躬耕籍田，祭先农，用羊一"。不像南方统治者那样用太牢礼节祭祀先农，而只是用一只羊来祭祀先农，说明当时还没有摆脱游牧生活的影响，农业还处在从属的地位，但毕竟有"躬耕籍田，祭先农"之举，对引导本族从游牧经济向农业经济过渡起到了很好的感召作用。至北齐时，亲耕活动礼仪有一些变化：一是作祠坛于陌南阡西，设御耕坛于阡东陌北；二是由大司农以太牢祀先农，并"进種悬之种"；三是耕作过程，除帝王"三推三反"外，其余官员按品第耕籍，如"一品五推五反，二品七推七反，三品九推九反"，剩下的土地，由藉田令"帅其属以牛耕，终千亩"；四是亲耕之后，帝王不是立即回宫，而是到籍田的便殿里"更衣飨宴"，即举办宴会，以示庆贺。这一切，说明北齐的亲耕礼仪与南朝没有太大的差别，且农业的地位不断上升，对劝民耕作有较大的促进作用。此后，北齐的文宣王，北周的孝闵帝、明帝、武帝等均"亲耕籍田"。尤其是周武帝宇文邕，史载其亲耕活动就有四次，于此可见其对劝农耕作的重视程度。

相对于帝王劝农亲耕而言，皇后劝农亲桑是做给天下女性看的一项教育活动，在帝王亲耕之后进行，这在魏晋南北朝时期也比较普遍。

早在魏文帝黄初七年（226年）正月，曹丕就"命中宫蚕于北郊，依周典也"。晋武帝司马炎太康六年（285年），散骑常侍华峤鉴于"蚕礼尚缺"，上奏称："先王之制，天子诸侯亲耕藉田千亩，后夫人躬蚕桑。今陛下以圣明至仁，修先王之绪，皇后体资生之德，合配乾之义，而坤道未光，蚕礼尚缺。以为宜依古式，备斯盛典。"① 即要求依照古制，筹备皇后劝民亲桑仪式。司马炎觉得很有道理，便下诏强调皇后亲桑的目的在于"以备祭服，所以聿遵孝敬，明教示训也"。然在"藉田有制，而蚕礼不修"的情况下，他要求"宜修礼以示四海"。至于如何修亲桑之礼，诏书明确提出要"详依古典，及近代故事，以参今宜"，并令侍中成粲草定其仪。次年便举行亲桑盛典，具体实施情况类似于帝王亲耕。

第一步，择地在皇宫西郊，建蚕坛、帷宫、蚕室、桑林等主要设施。

第二步，取列侯之妻六人为"蚕母"，负责蚕桑管理。

第三步，择吉日亲桑。是日，太祝令先以太牢祭祀。然后是皇后一行来到桑坛。如史载："择吉日，皇后著十二笄步摇，依汉魏故事，衣青衣，乘油画云母安车，驾六騩马。女尚书著貂蝉佩玺陪乘，载筐钩。公主、三夫人、九嫔、世妇、诸太妃、太夫人及县乡君、郡公侯特进夫人、外世妇、命妇皆步摇，衣青，各载筐钩从蚕。"皇后来到桑坛升坛，公主以下陪列坛东。接着，"皇后东面躬桑，采三条，诸妃公主各采五条，县乡君以下各采九条，悉以桑授蚕母，还蚕室"。

第四步，仪式结束后，"皇后还便坐，公主以下乃就位，设飨宴，赐绢各有差"②。

晋之后的各代帝王之妻，多有亲桑活动，如十六国时期的石季龙之妻杜氏，于永和三年（347 年）"祠先蚕于近郊"。苻坚之妻苟氏亦"亲蚕于近郊"。南朝宋孝武帝皇后，于大明四年（460 年）三月"亲桑于西郊"。北魏宣武帝之妻，于正始四年（507 年）三月"先蚕于北郊"，等等。

(三) 明定规程以奖勤罚懒

为鼓励民众勤耕亲桑，各朝统治者都制定有奖罚措施，概而言之，主要有：

一是对耕作表现突出的给予"赐爵"或重用的奖励，表现懈怠的给予严罚。早在魏文帝时就有赏赐"孝悌力田"的做法。十六国时期的慕容皝即位后，提

---

① 房玄龄等：《晋书》卷 19《礼上》。
② 房玄龄等：《晋书》卷 19《礼上》。

出要使"力田者受旌显之赏,惰农者有不齿之罚"①。前秦王苻坚即位后,遣使巡察四方,凡有"义烈力田者,皆令具条以闻"。同时,对那些"孝悌力田者,皆旌表之。于是……田畴修辟,帑藏充盈,典章法物靡不悉备"②。后赵王石勒称帝后,积极鼓励百姓发展农业生产,"以右常侍霍皓为劝课大夫,与典农使者朱表、典劝都尉陆充等循行州郡,核定户籍,劝课农桑。农桑最修者赐五大夫"③。

南朝宋孝武帝于大明四年(460年)正月,规定"力田之民,随才叙用"。宋明帝于泰始元年(465年),在诏书中称,凡"高行力田,许悉条奏"。即凡是务耕有成就的,都要将其事迹整理上报,以便择机录用。泰始元年(469年),宋明帝又下诏"赐力田爵一级"。南朝齐永明三年(485年),齐武帝在诏书中称:"若耕蚕殊众,足厉浮堕者,所在即便列奏。其违方骄矜,佚事妨农,亦以名闻。将明赏罚,以劝勤怠。"④ 次年,齐明帝再次下诏,提出"孝悌力田,详授爵位"。齐明帝也于建武二年(495年)正月下诏,提出"宜严课农桑……若耕蚕殊众,具以名闻;游怠害业,即便列奏"⑤。梁武帝时亦多次诏令"孝悌力田赐爵一级"等。

北朝也有嘉奖孝悌力田的举措,如北魏孝文帝延兴三年(473年),"赐高年孝悌力田布帛"等。

二是对有意耕种,却没有粮种的,则予以"贷给"。诸如:宋孝武帝于大明四年(460年)正月,下诏要求"百姓乏粮种,随宜贷给"。宋后废帝元徽四年(476年)正月诏令"贷贫民粮种"。南朝齐永明四年(486年),齐明帝在诏书中提出,"凡欲附农而粮种阙乏者,并加给贷,务在优厚"⑥。梁武帝于普通四年(523年),亦诏曰:"若欲附农,而粮种有乏,亦加贷恤,每使优遍。"⑦

三是对劝教有力的地方官员,也给予一定的奖励,如宋孝武帝于大明四年(460年),诏令"吏宣劝有章者,详加褒进"等。

---

① 房玄龄等:《晋书》卷109《慕容皝》。
② 房玄龄等:《晋书》卷113《苻坚上》。
③ 房玄龄等:《晋书》卷105《石勒下》。
④ 萧子显:《南齐书》卷3《武帝》。
⑤ 萧子显:《南齐书》卷6《明帝》。
⑥ 萧子显:《南齐书》卷3《武帝》。
⑦ 姚思廉:《梁书》卷3《武帝下》。

三、"远迩同风"的民俗教育

相对秦汉而言，魏晋南北朝时期的社会状况更为复杂，从统一到分裂，从南方汉族政权到北方少数民族政权，从独尊儒术到儒释道三教对峙等，由于各种政治、地理、文化等客观因素的影响和制约，致使各朝代、各地域之间，在服饰、饮食、居处、节令、婚姻、丧葬、鬼神崇拜等方面均有较大的差异，但也存在浮诞、奢侈、愚昧等不良倾向。对此，各朝统治者在承认并尊重地区差异的前提下，通过颁布政令、派员巡视及为官者以身作则等教育活动方式，对民众加以感化和引导，旨在"远迩同风"，以期社会的稳定和发展。

（一）用政令规范风俗

用颁行政令或诏令的方式来推行民风民俗教育活动，这也是对秦汉社会教育活动传统的弘扬。如三国时的蜀国，后主刘禅虽软弱无能，但有诸葛亮的极力辅佐，"立法施度……科教严明，赏罚必信，无恶不惩，无善不显"。其教化的结果是："吏不容奸，人怀自厉，道不拾遗，强不侵弱，风化肃然。"① 孙权称帝后，为引导民众向善，便于永安元年（258年）即诏令"以敦王化，以隆风俗"②。

晋武帝司马炎于泰始元年（265年）下诏"大弘俭约"，要求"省郡国御调，禁乐府靡丽百戏之伎及雕文游畋之具"，也就是反对奢靡之风，提倡节约。十六国时期的前燕王慕容廆，就"酒色便佞"之风指出："酒色便佞，乱德之甚也，不可以不戒。"③ 并且著《家令》数千言以申其旨，以此教化皇子要远离酒色，同时对天下好酒色之人也是一个警告。南凉国君秃发利鹿孤，鉴于当时社会上风俗凋敝问题，曾对属下说："吾无经济之才，忝承业统，自负乘在位，三载于兹。虽夙夜惟寅，思弘道化，而刑政未能允中，风俗尚多凋弊……岂所任非才，将吾不明所致也？二三君子其极言无讳，吾将览焉。"对此，时任祠部郎中的史暠，借用孔子"不学礼，无以立"的思想，从教育引导入手，向秃发利鹿孤建议："宜建学校，开庠序，选者德硕儒以训胄子。"秃发利鹿孤觉得很有道理，

---

① 裴松之注：《三国志》卷35《蜀书·诸葛亮传》。
② 裴松之注：《三国志》卷48《吴书·三嗣主传》。
③ 房玄龄等：《晋书》卷108《慕容廆》。

于是就以田玄冲、赵诞为博士祭酒，以教胄子。①

为加快汉化进程，北魏统治者也重视"整齐风俗"事务。如北魏太武帝拓跋焘曾下诏禁止私立学校，要求王公以下至于卿士的子弟皆入太学学习，百工及仆役的子弟要跟从其父兄学习，以免受到社会上不良因素的影响。如果敢有私自入私立学校读书的，"师身死，主人门诛"②。这种做法自然有些极端，既压制私学的发展，又不能从根本上解决问题，好在实施的时间并不长。

相比之下，南朝统治者对民风民俗教育更为重视，代有政令出台。如宋武帝刘裕在永初三年（422年）下诏，指出"弘风训世""发蒙启滞"必须以"教学为先"，也就是把学校教育作为整治民风民俗的主要手段，所谓"弘风训世，莫尚于此；发蒙启滞，咸必由之"。宋孝武帝刘骏即位后，极力推行节约教化，大兴简朴之风。并于元嘉三十年（453年）接连下诏，要求"王公卿士，凡有嘉谋善政，可以维风训俗，咸达乃诚，无或依隐称"。并诏称："凡用非军国，宜悉停功。可省细作并尚方，雕文靡巧，金银涂饰，事不关实，严为之禁。供御服膳，减除游侈。水陆捕采，各顺时日。官私交市，务令优衷。其江海田池公家规固者，详所开弛。贵戚竞利，悉皆禁绝。"③ 南齐政权虽然国祚短暂，但同样将办学看作"化民成俗"的重要手段。齐高帝建元四年（481年）就曾下诏，指出如欲"远迩同风，华夷慕义"，必须"式遵前准，修建教学，精选儒官，广延国胄"④。梁武帝萧衍称帝后，多次下诏，希望通过"设教"来达到移风易俗及安定天下之目的，如在天监十五年（516年）正月下诏称："观时设教，王政所先，兼而利之，实惟务本，移风致治，咸由此作。"⑤ 而一向"恭俭以御身，勤劳以济物"的陈文帝陈蒨，鉴于"移风之道未弘，习俗之患犹在"及南梁奢侈亡国的教训，于天嘉元年（560年）八月下诏"淳风"，要求"维雕镂淫饰，非兵器及国容所须，金银珠玉，衣服杂玩，悉皆禁断"⑥。

（二）为政者以身作则

言教不如身教有说服力，统治者深谙此道，无论是帝王抑或是地方官员，

---

① 房玄龄等：《晋书》卷126《秃发利鹿孤》。
② 魏收：《魏书》卷4下《世祖纪下》。
③ 沈约：《宋书》卷6《孝武帝》。
④ 萧子显：《南齐书》卷2《高帝下》。
⑤ 姚思廉：《梁书》卷2《武帝中》。
⑥ 姚思廉：《陈书》卷3《世祖》。

多能通过自己的实际行为，通过为民办实事，来感化民众，以推进民风民俗的改变。如曹魏官员苏则任金城太守时，"是时丧乱之后，吏民流散饥穷，户口损耗，则抚循之甚谨。外招怀羌胡，得其牛羊，以养贫老。与民分粮而食，旬月之间，流民皆归，得数千家。乃明为禁令，有干犯者辄戮，其从教者必赏。亲自教民耕种，其岁大丰收，由是归附者日多"①。苏则的"明为禁令""从教者必赏""亲自教民耕种"，可以说都是地方官教化民众、改变民风民俗的重要方式。毛玠在任东曹掾时，"其所举用，皆清正之士，虽于时有盛名而行不由本者，终莫得进。务以俭率人，由是天下之士莫不以廉节自励，虽贵宠之臣，舆服不敢过度"②。毛玠身体力行，促成了"天下之士莫不以廉节自励，虽贵宠之臣，舆服不敢过度"的社会风气。再如，杜畿任汉中府丞时，"民尝辞讼，有相告者，畿亲见为陈大义，遣令归谛思之，若意有所不尽，更来诣府"。杜畿一心为民的行为感化了乡民，以至于乡邑父老自相责怒曰："有君如此，奈何不从其教？"而郡县也从此"少有辞讼"。

在孙吴官吏中也不乏更化民风民俗之人。如顾邵任豫章太守时，"禁其淫祀非礼之祭者"，且对民众"举善以教，风化大行"③。太傅程秉博通五经，就婚姻大事问题，曾教导太子孙登说："婚姻人伦之始，王教之基，是以圣王重之，所以率先众庶，风化天下，故诗美关雎，以为称首。愿太子尊礼教于闺房，存周南之所咏，则道化隆于上，颂声作于下矣。"④ 意即孙登自身当谨遵礼教，如此方能化民成俗。

西晋官员窦允，本"出自寒门，清尚自修"。在郡主簿、浩亹长的位上，"勤于为政，劝课田蚕，平均调役，百姓赖之"。后迁谒者，晋武帝司马炎专门下诏表彰他的勤政之绩，诏曰："当官者能洁身修己，然后在公之节乃全。身善有章，虽贱必赏，此兴化立教之务也。谒者窦允前为浩亹长，以修勤清白见称河右。是辈当擢用，使立行者有所劝。主者详复参访，有以旌表之。"后拜临水令后，窦允仍"克己厉俗，改修政事，士庶悦服，咸歌咏之"⑤。

---

① 裴松之注：《三国志》卷 16《魏书·任苏杜郑仓传》。
② 裴松之注：《三国志》卷 12《蜀书·崔毛徐何邢鲍司马传》。
③ 裴松之注：《三国志》卷 52《吴书·张顾诸葛步传》。
④ 裴松之注：《三国志》卷 53《吴书·张严程阚薛传》。
⑤ 房玄龄等：《晋书》卷 90《良吏》。

　　还有十六国时期的后秦王姚兴，既下书"禁百姓造锦绣及淫祀"，又率先垂范"俭约，车马无金玉之饰，自下化之，莫不敦尚清素"①。北周武帝宇文邕，在继位后的第二年，即保定二年（562 年）十月，诏令"宣明教化"从自身节俭开始。他首先表明自己的职责，称"树之元首，君临海内，本乎宣明教化，亭毒黔黎"，何况作为帝王，如"无圣人之德，而嗜欲过之，何以克厌众心"。正因为这样，他觉得"岂唯尊贵其身，侈富其位"。于是，鉴于当时"巨寇未平，军戎费广，百姓空虚，与谁为足"的情况，他率先提出从自身做起，削减自己的开销费用，"凡是供朕衣服饮食，四时所须，爰及宫内调度，朕今手自减削"②。言辞恳切，让人感动，更为天下民众勤俭持家带了个好头。再如南朝梁时大臣王神念，"少好儒术，尤明内典"。为官后，所到州郡必禁淫祠。"时青州东北有石鹿山临海，先有神庙袄巫，欺惑百姓，远近祈祷，靡费极多"。王神念到青州后，"便令毁撤，风俗遂改"③。

　　尤其是南朝的梁武帝萧衍，在生活简约方面做得最为出色。当大臣贺琛目睹地方时政颓废，便向萧衍力陈时政四事，其中第二件事说的是风俗问题："今天下宰守，所以皆尚贪残，罕有廉白者，良由风俗侈靡使之然也。欲使人守廉隅，吏尚清白，安可得邪？今诚宜严为禁制，导之以节俭，贬黜雕饰，纠奏浮华，使众皆知变其耳目，改其好恶，则易于反掌。"萧衍得知有如此情形，十分恼怒，又称赞贺琛之言"大善"，然后对贺琛及诸大臣说起自己简居生活，称自己："于居处不过一床之地，雕饰之物不入于宫，此亦人所共知。受生不饮酒，受生不好音声，所以朝中曲宴未尝奏乐……"并要求属下要遵循孔子"其身正，不令而行；其身不正，虽令不从"的教导，以身示范，取信于天下。

（三）派员巡视以化导

　　要使民众养成良好的风俗习惯，仅仅靠诏令及为官者的以身示范还不够，还需要对地方官员及民众的言行加以监督和纠错，对此，中央派员到各地巡视也是民风民俗教育活动的重要组成部分。巡视的结果，既可以为政府决策提供依据，也会成为一些官员升降的证据。

---

① 房玄龄等：《晋书》卷 117《姚兴上》。
② 令狐德棻等：《周书》卷 5《武帝上》。
③ 李延寿：《南史》卷 63《王神念》。

魏晋南北朝时期的各个朝代，几乎都有派员巡视各地风俗的做法。如孙吴永安四年（261 年）五月，吴帝孙休"遣光禄大夫周奕、石伟巡行风俗，察将吏清浊，民所疾苦，为黜陟之诏"①。晋武帝泰始二年（266 年）正月，"遣兼侍中侯史光等持节四方，循省风俗，除禳祝之不在祀典者"。泰始四年（268 年）六月又诏令："郡国守相，三载一巡行属县，必以春，此古者所以述职宣风展义也。见长吏，观风俗，协礼律，考度量，存问耆老……士庶有好学笃道，孝悌忠信，清白异行者，举而进之；有不孝敬于父母，不长悌于族党，悖礼弃常，不率法令者，纠而罪之。"② 十六国时期的北燕文成帝冯跋，太平元年（409 年）即位后，便"分遣使者巡行郡国，观察风俗"③。北魏派员巡视活动十分活跃，据《魏书》载，道武帝天兴三年（400 年）正月"命诸官循行州郡，观风俗，察举不法"；太平真君元年（440 年）正月太武帝"分遣侍臣巡行州郡，观察风俗，问人疾苦"；正光元年（520 年）正月孝明帝"诏尚书长孙承业巡抚北蕃，观察风俗"等。南朝刘宋时期对派员巡视风俗也很重视，元嘉三十年（453 年）六月，宋孝武帝曾下诏称"万邦风政，人治之本"，于是要求"分遣大使巡省方俗"，不久又"遣兼散骑常侍乐询等十五人巡行风俗"等。④

总之，尽管魏晋南北朝时期朝代更替比较频繁，在一定程度上会影响到民风民俗的改变，但由于各个朝代自上而下的努力，在对民众的伦理、农桑及民风民俗教育方面，既传承了秦汉的一些做法，又有一些改进和发展，还是可圈可点的。

第四节　汉魏至南北朝的佛道教育活动

佛教自东汉传入中国，经南北朝时期的发展，上层及民间普遍信崇，隋以后开始"独立门户"，走上中国本土化发展的道路。可以说，汉魏至南北朝这段

---

① 裴松之注：《三国志》卷 48《吴书·三嗣主传》。
② 房玄龄等：《晋书》卷 3《武帝》。
③ 房玄龄等：《晋书》卷 125《冯跋》。
④ 沈约：《宋书》卷 6《孝武帝》。

时间是佛教发展的一个关键期，虽间或受到挫折，但发展势头趋向稳定。而道教，自东汉成为一种宗教，至南北朝时期，在教义、仪式、教阶等方面经过改造与发展，使之具有广泛的社会基础。这样，在儒学发展繁荣不衰的情况下，又出现了几与之抗衡的佛道二教。于是，儒、佛、道三方在斗争中不断相互吸纳和融合，不仅孕育出灿烂的隋唐文化，还为宋明理学的形成和发展奠定了基础。尤其是佛、道两教在发展的起步阶段，并在与儒学的抗衡中，通过一系列的教育活动来传播教义、壮大实力，在中国教育活动史上留下了灿烂的一页。

一、弘扬佛法的佛教教育

东汉时的佛教，主要是以翻译经书、介绍教义为主，尚未成为民众的一种信仰。至魏晋南北朝时期，由于战乱频稔，士族之间相互倾轧。在这一政权林立、改朝换代频繁的时期，利用佛教来控制民众信仰的帝王有之，厌恶纷争、遁入佛门寻求清净的豪门士族有之，更有大量为寻求庇护加入佛门的民众。总体而言，佛教在魏晋南北朝时期得到了迅速的发展。由于佛教强调因果报应、戒贪嗔痴、隐恶扬善，因而，佛教的诸多活动本就带有社会教化的性质。这一时期以宣扬佛教为核心的社会教育活动，主要有著述、编译经书以及修建佛寺、设坛讲经等。

（一）译、著经书

译经、著经活动是佛教传播的主要方式之一，同时其本身也是一种教化活动。

事实上，佛典翻译事业在佛教一传入中国时既已开始。在东汉明帝时，是由官方组织高僧所进行的书面系统翻译。据史书记载，永平七年（64年），汉明帝刘庄有天晚上做了个梦，梦见在西方有一位金色皮肤的人。第二天，汉明帝就召来大臣询问梦中所见之事的凶吉，一文官傅毅说西方有佛，一定是梦见佛了。于是，汉明帝

图 7-4　白马驮经图（台北故宫博物院藏）

即刻派使臣蔡愔、秦景等出使西域拜求佛法。两年之后，两位使者携同竺法兰、迦叶摩腾两位西域高僧一道，返回都城洛阳。与他们一起回来的，还有一匹驮载着佛经、佛像的白马。汉明帝不仅躬亲迎奉，还于永平十一年（68 年）敕令在洛阳雍门外建僧院，为铭记白马驮经之功，故名该僧院为白马寺。明代画家丁云鹏根据史书所载而作《白马驮经图》，如图 7-4 所示，因为要突出白马驮经之功，故白马驮着经书，处在画面的中心位置，周围的人物除了四位当差的在用心保护着经书之外，还有三位显然是使者和高僧，其中两位身披袈裟、手持禅杖者当是高僧，另一位是汉朝使臣，三人似乎在边走边聊，呈现出一幅动态的说经场景。

而对白马驮载而来的经书，首先要做的自然就是翻译。在汉朝，对翻译佛经贡献大者当首推安息国太子安世高，他在汉桓帝建和二年（148 年）来到都城洛阳，一住就是 20 多年。当时，他看到许多佛教的信奉者总是把佛教当成一种神仙方术，进而焚香膜拜，祈求长生。对此，安世高认为应当让民众了解真正的佛教，于是便萌发了译述佛经的宏愿。至于他翻译了多少部经书，史料记载不尽一致。晋朝释道安编纂的《经录》一书，列举见过的安世高所译经书共 35 种 41 卷。梁朝僧祐的《出三藏记集》里，则称安世高译经为 34 种 40 卷。现存于世的有 22 部 26 卷，主要是小乘佛经，诸如《安般守意经》《阴持入经》《八正道经》《禅行法想经》《道地经》《阿毗昙五法经》等。他还从诸多经书中，摘出要点编成"经抄本"，全面介绍小乘教的教义和修行方法，扩大了佛教的影响。可以说，他是中国佛教史上第一位译经师，从此中国才开始有佛学。几乎与此同时，月氏国僧人支娄迦谶也在汉桓帝永康元年（167 年）来到洛阳，翻译出大乘经典《道行般若经》《般舟经》《首楞严经》等十余部，成为中国佛教史上翻译大乘经典的第一人，后来"般若"学不仅为统治者所接受，而且深入民间，成为魏晋南北朝时的显学。

魏晋南北朝时期的译、著经书活动大约可以分为两个阶段：一是三国时期，主要以编译经书为主，编译者多为外来高僧，但参译人少，翻译质量有限，译著活动处在初期发展阶段；二是两晋、南北朝时期，编译、著述经书活动并行，中外高僧均有参加，整体呈现出蓬勃发展的态势。

据《高僧传》的统计，三国时期主要的经书编译者有昙柯迦罗、康僧会、支谦等人。从这些僧人的活动来看，无论是他们译经的目的，还是经书产生的影响，都不可否认他们的译著经书活动有明显的教化性质。

昙柯迦罗，天竺人，三国魏嘉平中来到洛阳，当时魏国虽然已经有佛教的传播，但是"道风讹替，亦有众僧未禀归戒，正以剪落殊俗耳"。昙柯迦罗因而设立斋戒忏悔的礼仪，开展各种佛教法事。"迦罗既至，大行佛法。"当时有几位僧人共同请昙柯迦罗翻译戒律方面经典，昙柯迦罗翻译出了《僧祇戒心》，权供日常之用，进而请来印度僧人建立僧人受戒的规则和仪式，"中夏戒律，始自于此"①。

康僧会，原籍康居，世居天竺，吴赤乌十年（247 年）到达建邺，在为其所建的建初寺，他先后翻译了《阿难念弥》《镜面王》《梵皇经》等，编写了《小品》《六度集》《杂譬喻》等，"妙得经体，文义允正"。又注释了《安般守意》《法镜》《道树》等三经，"辞趣雅便，义旨微密，并见于世"。此外，他还传授了《泥洹经》的梵呗之声，"清靡哀亮，一代模式"②。

支谦，原籍月支，其祖在汉灵帝时归汉。东汉末年，支谦避乱至吴，为孙权所闻，拜为博士。据《太平广记》载：

> 谦以大教虽行，而经多梵文，未尽翻译。己妙善方言，方欲集众本，译为汉文。从吴黄武元年至建兴中，所出《维摩》《大般若》《泥洹》《法句》《瑞应》《本起》等四十九经，曲得圣仪，辞旨文雅。又依《无量寿中本起》，制菩萨连句梵呗三契，并注《了本先死经》等，皆行于世。③

可见，从吴黄武元年（222 年）至建兴中，支谦还将《维摩》《大般若》《泥洹》《法句》《瑞应》《本起》等四十九经翻译成汉文，皆刊行于世。其所著《大明度无极经》认为，佛教的根本目的，在于深入世间，解救众生，所以修道成佛不一定落发出家，只要深得佛教义理，居士也能出俗超凡，在享受"资财无量"的世俗生活乐趣中，就能达到涅槃解脱的境界。因为佛国与世间，无二无别，离开世间的佛国是不存在的。"如来种"存在于"尘劳"（烦恼）之中，离开"尘劳"，也就无所谓"如来"。此经在魏晋南北朝的士族阶层中大受欢迎。

---

① 释慧皎：《高僧传》卷 1《昙柯迦罗》。
② 释慧皎：《高僧传》卷 1《康僧会》。
③ 李昉：《太平广记》卷 87《异僧一·康僧会》。

此外，其改订的《法句经》同样流传很广。

随着佛教的发展，两晋、南北朝时期的译、著经书的活动也随之增多。这一时期，中外僧人一方面继续从印度引入佛教经典，对其进行整理、翻译；另一方面则在对佛教进行解说、分析的基础上形成了自己的理解，编著了一批带有中国本土特色的佛教典籍。这一时期的译、著经书活动，同样带有鲜明的教化特色，竺法护、鸠摩罗什、释法显等成就最大。

竺法护，又称竺昙摩罗刹，原籍月支，世居敦煌郡，8 岁出家。"天性纯懿，操行精苦，笃志好学。"晋武帝时到京都，当时京都虽然寺庙、佛像颇有规模，但是《方等涅洹经》等大乘经典一直深藏在外国未能行于汉地。竺法护"慨然发愤，志弘大道"，跟随其师到西域，游历各国，带回大量梵文经典，从敦煌到长安，一路上传布翻译。竺法护终身致力于翻译经书，"孜孜所务，唯以弘通为业"。《高僧传》评价说："经法所以广流中华者，护之力也。"

鸠摩罗什，西域龟兹国（今新疆库车县）人。7 岁出家，20 岁时便发愿弘道。当时其母亲问："《方等》深教，应大阐真丹，传之东土，惟尔之力。但于自身无利，其可如何？"鸠摩罗什回答其母曰："大士之道，利彼望躯。若必使大化流传，能洗悟曚俗，虽复身当炉镬，苦而无恨。"[1] 后秦弘始三年（401年），应姚兴之请到达长安。在通览群经过程中，发现误译颇多，与原本不符，于是对旧有经书进行了校对、修订。此外，他翻译了《大品经》《小品经》《金刚般若》《法华》等 30 余部 300 余卷经书。其所译经书，文辞流畅，并能发扬阐述精微的旨趣，因而受到众多僧俗的敬仰，乃至"四方义士，万里必集，盛业久大，于今式仰"。

释法显，平阳武阳人，3 岁被家人送到寺庙，度为沙弥。青年时期，慨叹经书错误、缺漏太多，决心寻找探求。东晋隆安三年（399 年），西行到印度寻求经典，历经艰险，经历三十余国。在天竺国，每得经典，则请托商人代运回汉地。回国后，先后译出《摩诃僧祇律》《方等泥洹经》《杂阿毗昙经》等。并在译出经书后，"流布教化，咸使见闻"[2]。

魏晋南北朝时期的译、著经书活动，已经不再仅仅是僧人自发的个体活动，

---

① 释慧皎：《高僧传》卷 2《鸠摩罗什》。
② 释慧皎：《高僧传》卷 3《释法显》。

由于一些帝王将相的支持，该项活动有的演变成了一种大规模的译、著活动。如天竺僧人康僧会在三国时到达东吴都城建业，受到孙权的接见。和孙权的交流中，康僧会施展异术，使孙权心生信服，并为其修建了建初寺。在建初寺，康僧会翻译了众多经书，并对《安般守意》《法镜》《道树》等经进行了注解。由于康僧会的积极传播，"由是江左大法遂兴"[1]。前秦太守赵正笃信佛法，曾邀请道安等人，集合了众多的佛教教义之学的僧侣，恭请外来僧人昙摩难提翻译经书。翻译过程中，"佛念传译，慧嵩笔受，自夏迄秋，绵涉两载，文字方具"[2]。鸠摩罗什在中国的译经活动是受到后秦国君姚兴之请。鸠摩罗什到达后秦国都时，姚兴特意将其安排在西明阁及逍遥园（今长安户县草堂寺）翻译经书，并派遣八百余沙门听从鸠摩罗什的调用，协助鸠摩罗什翻译、校订经书。姚兴本人也亲自加入了翻译、校对经书活动之中。"什持胡本，兴持旧经，以相雠校，其新文异旧者，义皆圆通，众心惬伏，莫不欣赞。"[3] 此外，姚兴有感"佛道冲邃，其行唯善，信为出苦之良津，御世之洪则"，于是编著了《通世三论》，向世人昭示因果循环的道理。姚兴之书，在社会产生广泛影响，"王公以下，并钦赞厥风"。姚兴手下大将军姚显、左将军姚嵩同样信奉佛法，多次请求鸠摩罗什在长安大寺讲解新译经书，一定程度上也推动了鸠摩罗什的翻译活动。

（二）课读、宣讲经书

课读、宣讲经书是佛教活动的重要方式，更是佛教从翻译经书走向教义普及、从经本走向日常生活、从皇室豪门走向普通民众的重要标志。

早在东汉时期，个别地方就开始出现苗头。如图7-5所示，这是一幅东汉时的印染布供奉菩萨像残片，1959年出土于新疆民丰县，纵48厘米，横89厘米。所供养菩萨半身微侧，右手执杯，线条有轻重虚实之变

图7-5　东汉印染布供奉菩萨像
（新疆维吾尔自治区博物馆藏）

---

① 释慧皎：《高僧传》卷1《康僧会》。
② 释慧皎：《高僧传》卷1《赵正》。
③ 释慧皎：《高僧传》卷2《鸠摩罗什》。

化，造型较完美。既是中国已知最早的棉织物，又是较早的一幅佛教图画。既然是供奉，又发现于民间，还是棉织物，说明东汉时在新疆一带，佛教有了一定程度的传播和民众基础。

至魏晋南北朝时期，课读、宣讲经书活动十分活跃。知名僧侣徒众动辄数千、数百，每逢重要的宣经之日，听众更是"轩盖盈衢""肩随踵接"。从他们所组织参与的课读、宣讲经书活动可以看出，其影响甚为广泛，对佛理的传播亦至为深远。如西晋僧人竺僧辅，"道震伊洛"。东晋僧人释昙徽，未及而立之年，便能讲说，"每法轮一转，则黑白奔波"。南朝时刘宋僧人释法宗，善吟诵《法华》《维摩》经，经常登台讽咏，《高僧传》称其"响闻四远，士庶禀其归戒者三千余人"，以至于不得不扩大其居所，成为寺庙；求那跋摩于宋文帝元嘉八年（431年）到达建业，被赐住祇洹寺，当时"王公英彦，莫不宗奉"。及至求那跋摩讲经之时，"轩盖盈衢，观瞩往还，肩随踵接"；西域人畺良耶舍，宋文帝元嘉十九年（442年），游历四川一带，"处处弘道，禅学成群"①。南朝齐时僧人释僧远，31岁时于青州孙秦寺南面讲说，"言论清畅，风容秀整，坐者四百余人，莫不悦服"②。南朝梁时京师招提寺僧人释慧集，"每一开讲，负衾千人"；上定林寺僧人释法通，年12岁出家，游学三藏，未及成年已登台讲说，且"学徒云集，千里必集"。后到上定林寺，"希风影附者，复盈山室。齐竟陵文宣王、丞相文献王皆纡贵慕德，亲承顶礼。陈郡谢举、吴国陆杲、寻阳张孝秀，并策步山门，禀其戒法，白黑弟子千余人"③。

尤其是东晋的释道安、支遁、慧远和南朝梁的慧皎，不仅宣讲经书，还著书立说，纷纷为佛门辩护，留下诸多宝贵的佛教资料。

释道安，常山扶柳（今河北冀县）人，望族出身。7岁上学，学习《诗》《书》《易》《礼记》《春秋》等儒家书籍。12岁出家为僧，悉读《辩意经》《成具光明经》及受"具足戒"（僧侣的最高戒律）。后拜师于佛图澄，并奔波于河北、山西、河南、湖北和陕西等地传授佛法。鉴于自汉魏以降，从印度传来的经书众多，然传经人的姓名、年代则很少有人考证，于是，释道安便广泛搜集材料，

---

① 释慧皎：《高僧传》卷3《畺良耶舍》。
② 释慧皎：《高僧传》卷8《释僧远》。
③ 释慧皎：《高僧传》卷8《释法通》。

编纂经书的总集名目，标明传经人的情况、排列年代时序等，结集为《经录》一书，使众经有所依据，成为佛教传承的一部重要参考书目，各地学佛者也便纷纷前来拜师学习。同时，释道安根据当时流行的的佛教学说，对《般若道行》《密迹》及《安般》等佛教经典加以注释。因其注释时，能实事求是，认真对待每一字句，因而解决了诸多疑难问题，还挖掘出许多内在含义，使得每部经书的内容更加准确和明晓。尤其是释道安亲自为僧尼制定《僧尼轨范》《僧法宪章》等条例，《僧尼轨范》或称《安法师法集旧制三科》，主要有三个方面的内容：一是行香定座上经上讲之法；二是日常六时，行道饮食唱之法；三是布萨、差使悔过之法。对僧尼的日常活动予以规范，成为当时及后世寺院模仿的蓝本。晋孝武帝司马曜因钦佩释道安的德行，下诏授予释道安与王公相同的待遇，称其"器识伦通，风韵标朗，居道训俗，徽绩兼著。岂直规济当今，方乃陶津来世。俸给一同王公，物出所在"。前秦宣昭皇帝苻坚南攻襄阳，俘获释道安与朱序，对手下人说："朕以十万之师取襄阳，唯得一人半。""安公一人，习凿齿半人也。"[①] 从司马曜及苻坚对待释道安的态度，不难看出释道安在当时的社会影响力。

支遁，又支道林，俗姓关氏，陈留（今河南开封）人，一说河东林虑（今河南林县）人。其家族世代奉佛，故自幼对佛理有所领悟。25 岁时出家为僧，至建康（今南京市）讲经，好谈玄理，与谢安、王羲之等交游甚密。当时，他对庄子的《逍遥游》有特殊的爱好，曾在建康的白马寺与刘系之等学者辩论过人性与逍遥问题，反对"适性"就是"逍遥"的说法，认为"适性"必须以社会道德为前提。事后便为《逍遥游》作注，将自己的独到见解融入注中。与此同时，般若学者纷纷就"本体"与"现象"的关系提出自己的观点，因此而形成不同的学派。最有代表性的是释道安等人的"本无宗"论和支敏度等人的"心无宗"论，支遁对此并不认可，于是撰《大小品对比要钞》《即色游玄论》《释即色本无义》等佛教论著来阐释自己的主张，在批判继承的基础上形成与二者鼎足的第三大学派，学者称之为"即色宗"。晋康帝建元元年（343 年）左右，支遁离开建康，先后至吴郡（今江苏苏州）立支山寺，至剡县（今浙江嵊县）

---

① 释慧皎：《高僧传》卷 5《释道安》。

立栖光寺。尤其是在剡县时，与名僧竺法深、于法开、于道邃、竺法崇、竺法虔等及名士王羲之、谢安、孙绰、李充、许询等常有来往，对禅法有了新的认识，于是为《安般守意经》《本起四禅经》等作注，其坐禅养生的意愿在注中得以充分体现。尤其值得一提的是，支遁还为寺僧制定了行为规范《众僧集议节度》，就内容和体例而言，对释道安的《僧尼轨范》多有借鉴。

慧远，俗姓贾，雁门楼烦（今山西原平）人，净土宗始祖。出身于书香世家，自幼资质聪颖，勤思敏学，曾随舅父游学许昌、洛阳等地，博涉儒学，旁通老庄。21 岁时，前往太行山聆听释道安讲《般若经》，深感"儒道九流学说，皆如糠秕"，于是弃儒道而从佛，随从道安法师修行。24 岁时，开始升座讲经说法。晋孝武帝太元四年（379 年），慧远南下途中，栖居庐山的龙泉精舍，与刘遗民等同修净土。不久，江州刺史桓伊筹资建造庐山东林寺，以为道场，支持慧远修身弘道、著书立说。晋安帝元兴初年（402 年），当朝某些官员提出沙门应礼拜帝王，执政后的桓玄也致书慧远，征询对沙门不敬王者的看法。于是，慧远撰写《沙门不敬王者论》五篇："一论家，二论出家，三论出求宗不顺化，四论体不兼应，五论形尽神不灭。着是五论，以明出家之法，不合同俗以致敬于王者。"① 即以阐述僧人不礼拜帝王的道理。他说：

> 出家者，能遁世以求其志，变俗以达其道。变俗，则服章不得与世典同礼；遁世，则宜高尚其迹。夫然者，故能拯溺俗于沉流，拔幽根于重劫，远通三乘之津，广开人天之路。如令一夫全德，则道洽六亲，泽流天下，虽不处王侯之位，固已协契皇极，在宥生民矣。是故内乖天属之重而不违其孝，外阙奉王之恭而不失其敬也。

为令世人具敬僧之心，亦令僧人自尊自强，他严正声称："袈裟非朝宗之服，钵盂非廊庙之器，沙门尘外之人，不应致敬王者。"② 文章问世后，产生较大影响，迫使桓玄下诏书确立僧人不礼敬帝王的条制，自此便成为佛教界的规约。同时，慧远在庐山为寺僧制定有《社寺节度》《外寺僧节度》《比丘尼节度》等寺规，蕴含丰富的僧尼教育理论。

慧皎，会稽上虞（今浙江上虞）人。出家后博通佛教经律，先后住会稽嘉

---

① 李昉：《太平御览》卷 655《释部三·僧》。
② 释慧皎：《沙门不敬王者论》，载释僧祐的《弘明集》卷 5。

祥寺、宏普寺讲经传法，潜心著述。他对佛教最大的贡献是撰写了传世之作《高僧传》。他在宏普寺博览所藏经书时，对当时梁僧宝唱所撰《名僧传》颇存疑义。于是，他广泛搜集前人资料，依据史籍、地志、僧传，诸如梁释惠敏的《高僧传》、刘义庆的《宣验记》以及陶潜的《搜神录》等，博采众家之长。对此，他在"序"中称："尝以暇日，遍览群作，辄搜检杂录数十余家，及晋、宋、齐、梁春秋书史，秦、赵、燕、凉荒朝伪历，地理杂篇，孤文片记。并博咨故老，广访先达，校其有无，取其同异。"慧皎对僧人的选择也是经过一番考虑的，认为应该把高僧和名僧分开来看。他说："名者，实之宾也。若实行潜光，则高丽不名；寡德适时，则名而不高。名而不高，本非所托；高而不名，则备今录。"① 经过充分的准备和研究，终于梁天监十八年（519 年）撰成《高僧传》14 卷。可以说，这部书为佛教史学界留下了自汉明帝以来 400 余年间数百名僧人翔实的活动资料，所创僧传体例也为梁以后僧传所传承，诸如唐代道宣的《续高僧传》、宋代赞宁的《宋高僧传》、明代如惺的《大明高僧传》等，体例与《高僧传》大致相同，合称《四朝高僧传》。尤其是对研究佛教教育活动史而言，更是不可多得的第一手资料。

图 7-6　达摩在河南嵩山面壁之处　　　图 7-7　明代和尚风颠所画达摩面壁像

　　菩提达摩，天竺人，中国禅宗的始祖，南朝梁武帝时通过海上"丝绸之路"到达广州。梁武帝信佛，达摩特意至南朝都城建业拜会梁武帝，因面谈不契，遂一苇渡江，北上北魏都城洛阳，后卓锡嵩山少林寺，选了个天然石洞（如图

---

① 释慧皎：《高僧传·序》。

7-6）作为他修性坐禅的地方。在这个石洞里，整日面对石壁，盘膝静坐，不说法，不持律，双眼闭目，五心朝天，在"明心见性"上下功夫，在思想深处苦心修行（如图 7-7 所示）。这样，入定，开定，日复一日，年复一年。在此面壁九年，当他离开石洞的时候，据说坐禅时面对的那块石头上竟留下了一个达摩面壁姿态的形象，衣裳褶纹隐约可见，宛如一幅淡色的水墨画像，人们把这块石头称之为"达摩面壁影石"。

值得注意的是，帝王将相或亲自组织课读、讲经活动，或直接参与听讲，虽现场受益面小，但影响更为深远，对整个社会的尊佛活动都有着重要的引领作用，在一定程度上大大推动了课读、讲经活动的发展。如东晋时的晋哀帝崇信佛教，多次征召高僧讲经。据《高僧传》载："哀帝好重佛法，频遣两使殷勤征请。潜以诏旨之重，暂游宫阙，即于御筵开讲《大品》。上及朝士并称善焉。"① 此后，哀帝又诏请支遁至京"讲《道行般若》，白黑钦崇，朝野悦服"；诏另一学者于法开"乃出京讲《放光经》"等。简文帝司马昱，少时喜"清虚寡欲，尤善玄言"，但即位后则信奉佛教，对高僧竺法汰甚是敬重，请其讲《放光般若经》，甚至"开题大会，帝亲临幸，王侯公卿莫不毕集"②。晋孝武帝即位不久，不仅召请高僧竺法义"出都讲说"，还"立精舍于殿内，引诸沙门以居之"③，甚至从高僧支昙籥受五戒，"敬以师礼"。晋安帝司马德宗即位当年，即隆安元年（397 年），外来僧人僧伽提婆游历京师，"晋朝王公及风流名士，莫不造席致敬"。东亭侯王珣延请僧伽提婆于其舍讲经，"名僧毕集"。僧伽提婆讲经时，"宗致既精，词旨明析，振发义理，众咸悦悟"④。

南朝各代帝王的讲经说法活动更为兴盛。宋武帝刘裕在出兵后秦时，就曾带高僧慧严同行，随时受教。元嘉十二年（435 年），宋文帝刘义隆与朝臣何尚之等公开讨论佛教，甚至对何尚之说："释门有卿，亦犹孔氏之有季路。"⑤ 梁武帝萧衍早年信道，晚年却笃信佛教，不仅宣示佛教为正法，要"皈依佛教"，还

---

① 释慧皎：《高僧传》卷 5《竺道潜》。
② 释慧皎：《高僧传》卷 5《竺法汰》。
③ 房玄龄等：《晋书》卷 9《孝武帝》。
④ 释慧皎：《高僧传》卷 1《僧伽提婆》。
⑤ 僧祐：《弘明集》卷 11《何令尚之答宋文皇帝赞扬佛教事》。

不断规劝公卿百官"宜反伪就真，舍邪入正"①。萧衍还多次舍身佛门，到同泰寺"升法座""设法会"，与众僧讲《大般若涅盘经》《摩诃般若波罗蜜经》《金字摩诃波若经》及《金字三慧经》等。同时，萧衍又制作佛乐，称之为"正乐"。《隋书·音乐志上》称其"既笃敬佛法，又制《善哉》《大乐》《大欢》《天道》《仙道》《神王》《龙王》《灭过恶》《除爱水》《断若轮》等十篇，名为正乐，皆述佛法"。受梁武帝的影响，陈武帝陈霸先也如法炮制，舍身大庄严寺，参与或主持大型法会，还亲撰《无碍会舍身忏文》《妙法莲华经忏文》《金光明忏文》《大通方广忏文》《虚空藏菩萨忏文》《方等陀罗尼斋忏文》《药师斋忏文》《娑罗斋忏文》等忏文。

北朝帝王也多将佛教作为社会教育的一种手段，北魏太武帝拓跋焘亦曾"归宗佛法，敬重沙门"。他不但"尤精释义"，且多次到佛寺求法。其子宣武帝元恪同样"尤长释氏之义，每至讲论，连夜忘疲"②。北齐文宣帝高洋常到佛寺坐禅讲经，为不被打搅，诏令"唯军国大政奏闻"。其弟武成帝高湛，案头常备佛经《大品般若》，还经常邀请沙门慧藏入宫讲《华严经》。周武帝宇文邕，从天和至建德的十多年内，多次召集儒佛道人士举行御前大辩论，还"亲御法座讲说"。通过反复辩论，明确了儒佛道三者的顺序，天和四年（569年）是"以儒教为先，佛教为后，道教最上"，建德二年（573年）的辩论则变为"以儒教为先，道教为次，佛教为后"。虽然佛教始终是位居第三，但通过辩论，使得佛教能够与儒学相提并论，比因为个人喜好而推崇佛教更富政治色彩。

（三）造佛建寺

佛像、寺庙不仅是佛教文化的载体，也是僧徒学习交流的场所。佛教寺庙的修建，对周围民众产生一种潜移默化的影响。

三国时期关于修建寺庙的记载，主要有吴地建初寺的修建。相传康僧会曾利用佛舍利显神异，说动吴帝孙权为其建立佛寺，号"建初寺"，这是有史记载江南建寺之始。佛教史籍都将康僧会的传教活动作为江南佛教的开端。《高僧传》称："时，吴地初染大法，风化未全，僧会欲使道振江左，兴立图寺，乃杖锡东游，以吴赤乌十年，初达建业，营立茅茨，设像行道。"康僧会设立佛像的

---

① 释道宣：《广弘明集》卷4《舍事李老道法诏》。
② 魏收：《魏书》卷8《世宗纪》。

用意很明显，即希望江南地区佛教能够得到振兴。用他自己的话说："夫塔寺之兴，以表遗化也。"但在吴末帝孙皓即位后，曾想将佛寺与淫祠一起废掉，称："若其义教贞正，与圣典相应者，当存奉其道。如其无实，皆悉焚之。"群臣得知，皆以为不可，在派遣张昱"诣寺诘会"无果的情况下，孙皓便"大集朝贤，以车马迎会"。辩论时，孙皓首先发问："佛教所明，善恶报应，何者是耶？"康僧会糅合佛、儒对曰："夫明主以孝慈训世，则赤乌翔而老人见；仁德育物，则醴泉涌而嘉苗出。善既有瑞，恶亦如之。故为恶于隐，鬼得而诛之，为恶于显，人得而诛之。《易》称'积善余庆'。《诗》咏'求福不回'。虽儒典之格言，即佛教之明训。"孙皓接着发问："若然，则周孔已明，何用佛教？"康僧会曰："周孔所言，略示近迹，至于释教，则备极幽微。故行恶则有地狱长苦，修善则有天宫永乐。举兹以明劝沮，不亦大哉？"康僧会沉着应战，对答如流，且无破绽，致使孙皓"无以折其言"①。这番讨论和对话之后，孙皓放弃了废弃佛寺之念，这对晋以后的尊佛及大肆建造佛寺奠定了一定的政治和社会基础。

两晋至南北朝时期，相比译著经书及课读、宣讲经书活动，造佛建寺和政府的支持关系更为紧密。不仅帝王因自身的喜好而率先建造佛寺，还鼓励民间建造佛寺。如梁武帝诏令建造佛寺。北魏文成帝即位后，亦曾命各州郡县造寺，允许百姓出家，等等②。因而，这一时期的造佛建寺活动也大为活跃，寺院、僧尼的数字激增。以南朝为例：宋有寺庙1913所，僧尼36000人；齐有寺庙2015所，僧尼32500人；梁有寺庙2846所，僧尼82700人；陈有寺庙1232所，僧尼32000人③。北朝虽然有两次灭佛事件，但总的说来，佛教依然兴盛。据统计，魏（包括东魏、西魏）时皇帝造寺47所，王公贵族造寺839所，百姓造寺30000余所，全国有僧尼200万人；北齐时皇室立寺43所，邺都有寺约4000所，全国有僧尼200多万人，其中邺都有僧尼80000人，以至"僧尼溢满诸州，冬夏供施，行道不绝"④；北周也有寺931所⑤。

在建造佛寺的同时，也开始了另外一项巨大的佛教普及活动工程，即开凿

① 李昉：《太平广记》卷87《异僧一·康僧会》。
② 任继愈主编：《中国佛教史》第3卷，中国社会科学出版社1988年版，第62页。
③ 任继愈主编：《中国佛教史》第3卷，中国社会科学出版社1988年版，第9页。
④ 释道宣：《广弘明集》卷4《叙齐高祖废道法事》。
⑤ 任继愈主编：《中国佛教史》第3卷，中国社会科学出版社1988年版，第46页。

石窟。石窟本是印度的一种佛教建筑形式。因为佛教提倡遁世隐修，因此僧侣们选择崇山峻岭的幽僻之地开凿石窟，以为修行之用。在印度，石窟的格局大抵是以一间方厅为核心，周围是一圈柱子，三面凿几间"修行"用的小禅室，窟外为柱廊。中国的石窟最初是仿印度石窟的形式开凿的，多建在中国北方的黄河流域。敦煌、云冈和龙门三大石窟都是在魏晋南北朝时期开始开凿的。

敦煌石窟开凿于十六国时期。前秦苻坚建元二年（366 年），有沙门乐尊者行至此处，见鸣沙山上金光万道，状有千佛，于是萌发开凿之心，后经历代续断，遂成佛门圣地。现存石窟 492 洞，其中魏窟 32 洞。

云冈石窟始凿于北魏兴安二年（453 年），大部分完成于北魏迁都洛阳之前（494 年），凿像工程则一直延续到北魏正光年间（520 年～525 年）。尤其是这些佛像与乐伎刻像明显地显露出波斯色彩，说明是在中国传统雕刻艺术的基础上，充分吸取和融合印度犍陀罗艺术及波斯艺术精华所进行创造性劳动的结晶，也是中国古代人民与其他国家友好往来的历史见证。

龙门石窟始开凿于北魏孝文帝迁都洛阳（494 年）前后，历经东西魏、北齐、北周，直到隋唐至宋朝等，现存石窟 1300 多个，佛洞、佛龛 2345 个，佛塔50 多座，佛像 10 万多尊。其中魏窟都在龙门山上，开凿有古阳洞、宾阳洞、药方洞和莲花洞等石窟，大佛姿态也由云冈石窟的雄健可畏转变为龙门石窟的温和可亲。

值得注意的是，石窟艺术与佛教是密切联系的。在这些石窟群中，遗存到今天的北朝时期的雕像，主要是释迦和菩萨等单独的形象，其次则多是佛本生、佛本行（即如何苦行、忍辱、寻求解脱）等故事画像，且都是通过具体人的生活形象而创造出来的。如敦煌石窟中的本生故事，就有割肉救鸽、舍身饲虎、九色鹿舍己救人等。如图 7-8，为敦煌第 275 窟北凉时的毗楞竭梨王本生图。佛教的"本

图 7-8　毗楞竭梨王本生图

生"意即前生，描绘的是毗愣竭梨王求妙法心切，毅然同意让人在自己身上钉

千钉的故事，渲染了他以超人的忍耐力承受痛苦的情景，痛哭的家眷也增加了悲剧的气氛。据传，这位毗楞竭梨王就是释迦牟尼的前生。可见，石窟艺术所反映出来的，不仅仅是佛教的旨意和发展过程，而且对民众更是一种无声的教化。

二、求道成仙的道教教育

早在战国时代，便孕育出原始道教。当时，楚地崇巫术，重淫祀，中原一代则盛行神仙方术，原始儒学中的"敬天命"思想，都是道教的思想渊源。至汉朝，黄老思想、谶纬神学，又起着推波助澜的作用。到汉末，民间道教已具规模。魏晋南北朝时期，道教在教义、仪式、教阶等方面经过改造、发展而系统化，同时，道教广泛吸收儒、佛思想，迎合统治阶级之需要，故影响力加大，不仅普及于民间，而且逐步走向上层，成为统治阶级治国安民、移风易俗、实施教化的辅助工具。这一时期，道教以宣扬求道成仙为核心的社会教育活动，主要有撰注经书、建造道观和神像以及制定教规等几个方面，与佛教的社会教育活动方式基本一致，只是各有所重而已。

（一）撰注经书

撰注经书是道教宣扬自己思想、理论的一个重要途径，也是道教社会教育活动的一个重要方式。其中，东汉的张道陵、晋朝的葛洪、南朝的陆修静及弟子陶弘景、北朝的寇谦之的撰注成就为最大。

道教创始人张道陵，或称张陵，字辅汉，东汉沛国丰邑（今江苏丰县）人。八世祖张良功成身退，随赤松子学辟谷，导引轻身之术。父亲张大顺亦好神仙之术，自称"桐柏真人"，希望儿子将来能追随先祖，远离尘世，登陵成仙。可见其家世对张道陵影响甚深。张道陵自幼聪慧过人，7岁始读儒经，于天文、地理无不通晓。后赴洛阳，就读当时的最高学府太学，"博综五经"①。汉明帝永平二年（59年），察举为贤良方正"极言直谏科"，授予巴郡江州（今重庆市）令。虽为官却志在修道，不久便隐居在洛阳的北邙山上，潜心研读《道德经》《河图》《洛书》以及谶纬之学，三年后始得《黄帝九鼎丹法》，其道术日益完善。

① 张君房：《云笈七签》卷109《纪传部传七·张道陵》。

汉章帝建初五年（80年），章帝在京城主持白虎观会议，试图以谶纬证五经。听说北邙山有张道陵在修炼，便征之为经学博士，但张道陵无心辅佐汉室，便避而不就。汉和帝永元四年（92年），朝廷又征召他为太傅，封冀县侯，均被婉拒。为避开俗务嘈杂和骚扰，张道陵决意离开洛阳而云游名山大川，访求仙术。历经桐柏太平山、乐平云子峰、江西龙虎山、河南嵩山、四川阳平山后，隐居在四川的鹤鸣山（亦即鹄鸣山）中，与弟子王长、赵升等一起修炼龙虎大丹，三年而为真人。不久，又经神人指点，修成最高道术。因其在民间不断地除病救人，故而前来拜师者众多，张道陵就将追随者组织起来，且制订律令，有严密的组织和管理，以教给信徒道理，劝其向善行善，渐渐形成道教团体，张道陵本人也就成为名副其实的道教祖师。因其规定入教者需交五斗米，因此他创立的道教被称为"五斗米教"。又因张道陵被尊为替天行道之师即"天师"，故"五斗米教"又被称为"天师教"。

正是在鹤鸣山修炼期间，张道陵完成了他的一系列道教著述。据《太平广记》载，张道陵"与弟子入蜀，住鹄鸣山，著作道书二十四篇，乃精思炼志"[①]。实际上不止这些，他还著有《老子想尔注》《黄书》《道书》以及《二十四图》等。其中最为经典的是《老子想尔注》，又名《老君道德经想尔训》，发挥老子"道"的思想，以"道"为最高信仰，宣称"道"是有意志、有人格的最高神灵，人君用"道"来治国则国太平，循"道"而爱民则民寿考，人法"道"则可"佐国扶命，养育群生"。原书两卷，已亡佚。20世纪初，在敦煌发现六朝残抄本一件，其内容相当于原书上卷第3～37章。今人饶宗颐根据敦煌抄本，撰有《老子想尔注校笺》一书，是研究早期道教教育活动的重要资料。另据张君房《云笈七签》载，道教另一部重要经典《太平洞极经》，传说是在汉顺帝汉安元年（142年）由太上老君亲授给张道陵，再由张道陵传承下来，也是研究道教教育活动的重要资料。

葛洪，字稚川，自号抱朴子，晋丹阳句容（今江苏句容）人。从祖葛玄为三国时方士，自号"葛仙公"。父亲葛悌先仕于吴，后仕于晋，迁邵陵太守，故葛洪自幼便受到良好的家庭教育。13岁时父亲病逝，从此家道中落。《晋书》

---

① 李昉：《太平广记》卷8《神仙八·张道陵》。

称："少好学，家贫，躬自伐薪以贸纸笔，夜辄写书诵习，遂以儒学知名。"① 16 岁始读《孝经》《论语》《诗》《易》等儒家经典，"时或寻书问义，不远数千里崎岖冒涉，期于必得，遂究览典籍，尤好神仙导养之法"②。于是，跟随从祖之弟子郑隐学得炼丹秘术。西晋太安二年（303年），大都督任命葛洪为将兵都尉，因镇压起义军有功而迁伏波将军。之后投戈释甲，绝弃世务，锐意于服食养性、修习玄静，遂师事海南太守鲍靓（字太玄），继修道术。"洪传玄业，兼综练医术，凡所著撰，皆精核是非，而才章富赡。"③ 可见，多年的艰苦求学为其著述活动奠定了良好基础。西晋建兴四年（316年），葛洪回归故里。在东晋时期，开国统治者念其旧功，赐爵关内侯，食句容二百邑。东晋咸和初召补州主簿，转司徒掾，迁咨议参军，旋荐为散骑常侍、领大著作，葛洪皆固辞不就。不久南下至广州，为刺史邓岳所留，止于罗浮山炼丹，优游闲养，著作不辍，直至去世。其代表性著作主要有《抱朴子》《神仙传》《隐逸传》《肘后备急方》及《西京杂记》等。

《抱朴子》分内、外两篇，内篇细分为20篇目，不仅全面总结了晋以前的神仙理论及神仙方术，包括守一、行气、导引和房中术等，同时又将神仙方术与儒家的纲常名教结合起来，强调欲求仙者当以忠孝、和顺、仁信为本，"若德行不修，而但务方术，皆不得长生也"。尤其是他把这种纲常名教与道教的戒律融为一体，要求信徒严格遵守，如此才能"受福于天，所作必成，求仙可冀也"。外篇细分为50篇目，主要谈论儒家的治术，主张治乱世应用重刑，提倡严刑峻法。

《神仙传》共10卷，记录了一些名士成长及著述讲学的经历。葛洪弟子滕升曾发问："古人之仙者，岂有其人乎?"葛洪说："秦阮仓所记，有数百人。刘向所纂，又七十一人。"于是，葛洪就"录集古之仙者，以传真识之士"④。据史载，南朝的陶弘景"年十岁，得葛洪《神仙传》，昼夜研寻，便有养生之志"⑤。

《肘后备急方》是葛洪的一部医学教育著作，他主张道士应兼修医术，为向

① 房玄龄等：《晋书》卷72《葛洪》。
② 房玄龄等：《晋书》卷72《葛洪》。
③ 房玄龄等：《晋书》卷72《葛洪》。
④ 晁公武：《郡斋读书志》卷8《传记类》。
⑤ 姚思廉：《梁书》卷51《陶弘景》。

道士及民众普及医学知识，他把自己在行医、游历的过程中收集和筛选出来的大量救急用的方子汇集成书。他尤其强调灸法的使用，用浅显易懂的语言讲解各种灸法，即便是不懂得针灸的人也能操作治病。所以名为"肘后"，即常备在身边的意思。他还撰有《金匮药方》百卷，也是一部非常实用的医学书籍，自称"众急之病，无不毕备。家有此方，可不用医"。

《西京杂记》2 卷，其写作的初衷，正如葛洪在初序中所说："洪家有刘子骏《汉书》百卷，乃当时欲撰史录事，而未得缔思，无前后之次，杂记而已。从学者始甲乙之，终癸为十卷。以其书校班史，殆全取刘书耳。所余二万许言，乃钞撮之。析二篇以裨《汉书》之阙，犹存甲乙衰次。"① 可以说，书中记述的是西京（今西安）各阶层的世风民俗，对了解当时的社会教化情况很有帮助。

陆修静，字元德，号简寂。为早期《道藏》的编撰者，也是南朝道教斋戒与仪范的订立者。平素喜游天下，遍访道书典籍，尽得道教经典《上清经》《灵宝经》与《三皇经》。宋文帝元嘉十四年（437 年），即着手刊正《灵宝经》，针对当时《灵宝经》错乱糅杂，使后来学者难辨真伪，"视听者疑惑，修味者闷烦"的情况，对之进行了整理考证，编成了《灵宝经目》一书，从而大大地推动了灵宝派的发展。宋孝武帝大明五年（461 年）陆修静来到江西庐山金鸡峰下，创办简寂观。在此，他采药炼丹，研修道教宗义，尤其是致力于道教经典的搜集、整理，并加以分类，列为洞真、洞玄、洞律三部，合称"三洞经书"，并撰写了《三洞经书目录》，这是最早的道藏书目著作。

陶弘景，字通明，号华阳居士，南朝丹阳秣陵（今江苏南京）人，道教茅山派代表人物之一。《梁书》称其："幼有异操。年十岁，得葛洪《神仙传》，昼夜研寻，便有养生之志……读书万余卷。善琴棋，工草隶。未弱冠，齐高帝作相，引为诸王侍读，除奉朝请。虽在朱门，闭影不交外物，唯以披阅为务。朝仪故事，多取决焉。"② 虽有"山中宰相"之称，但他并不看好已获得的功名利禄，于齐武帝永明十年（492 年）上书辞呈，隐居于江苏句容的句曲山（即茅山）华阳洞，从孙游岳受符图经法，成为一名道士，并遍历名山，寻访仙药。因其"性好著述"，闲暇之余撰写出大量道教著作，并对天文历算、地理方物、

---

① 晁公武：《郡斋读书志》卷 6《杂史类》。
② 姚思廉：《梁书》卷 51《陶弘景》。

医药养生、金丹冶炼诸方面也都有所涉及，其中与教育相关的著述有：

《本草经集注》7 卷。陶弘景对古代的《神农本草经》加以系统整理，增补魏晋间名医所用新药 365 种，使该书所载药物达到 730 种，尤其是首创以玉石、草木、虫、兽、果、菜和米食七种药物分类法，成为后世对药物加以分类的标准，沿用至今。他对每种药物的性味、产地、采集、形态、鉴别、药用等也都严加考证和论述，对医学发展和医学教育有着重要影响。还需要指出的是，他在整理《神农本草经》时尊重原著，既不乱涂乱改，也不信口雌黄。对所补充的 365 种新药，他均用黑色字来书写，原著用红色字来表示，所以有"本草赤字""本草黑字"之称，这种严谨认真的治学态度为后学所传承。

《真诰》10 卷。东晋以来，杨羲及许谧、许翙等人所撰《上清经秘诀》在江东一带广为流传，但多有散失及伪谬。南朝宋齐时道士顾欢，曾对旧籍进行过搜集和整理，撰成《真迹经》，但仍有不少缺陷。于是，陶弘景以顾欢《真迹经》为蓝本，参考自己搜访所得资料，加以增删，改写成《真诰》一书，书中涉及大量道教人物、神话故事、仙宫鬼神名称以及具体修行方术等，实为早期道教上清派教义及道教历史研究的集大成者

《登真隐诀》24 卷。这是一部抄录《上清经》中有关方术秘诀、专论上清派养生登仙之术的重要著作，实际上也是对东晋以来上清派思神内视及导引、按摩等内修养生之术的总结性著作。

除此之外，陶弘景还撰有《学苑》100 卷、《孝经》及《论语》序注 12 卷、《三礼序》1 卷、注《尚书》及《毛诗传》1 卷、《老子内外集》4 卷、《抱朴子注》20 卷、《员仪集要》3 卷、《答谢中书书》及《养性延命录》2 卷等。他在《答谢中书书》所描绘的"山川之美"部分曾选入初中语文课本。《养性延命录》是为总结道教在养神、炼形方面的修炼经验而写，强调养神当"少思寡欲"，炼形则要"饮食有节，起居有度"，如此方能延年益寿。

寇谦之，名谦，字辅真，祖籍上谷昌平（今属北京），后迁居冯翊万年（今陕西临潼）。他是北朝道教的代表人物，南北朝新天师道（也称"北天师道"）的改革者。他少奉五斗米道，修张鲁之术，服食饵药，历年无效。后随"仙人"成公兴入华山采食药物不复饥，继又跟随成公兴赴嵩山修道多年，同时招收弟子，讲经施术，弘扬道教，声名渐著。北魏神瑞二年（415 年），自称太上老君

亲临嵩山授予他"天师之位",赐《云中音诵新科之戒》20卷,传授导引服气口诀诸法,并令他"清整道教,除去三张伪法(三张指张道陵、张衡与张鲁祖孙三人,五斗米教的创立者),租米钱税及男女合气之术",专以礼度为首,而加之以服食闭炼。北魏泰常八年(423年),又自称老子玄孙李谱文降临嵩山,亲授《录图真经》60余卷,赐以劾召鬼神与金丹等秘法,并嘱其辅佐北方"太平真君"(即北魏太武帝拓跋焘)。于是,北魏太武帝始光元年(424年),他献道书于太武帝,提倡改革道教,主张去除三张伪法。他在充分吸取儒家五常(父义,母慈,兄友,弟恭,子孝)观念及儒释礼仪规诫的基础上,重新制订乐章,建立诵戒新法,撰写《老君音诵诫经》20卷,用忠、孝等儒家思想作为道士的行为准则,为后世道教斋仪奠定了基础,世称"北天师道",更将其称为"寇天师"。太延六年(440年),太武帝听从寇谦之的进言,改年号为太平真君,还亲至道坛受箓,成为道士皇帝,并封寇谦之为国师,北天师道由此在北方大盛起来。

(二)建造道观及神像

道教是多神崇拜的宗教,原始道教以老子的《道德经》为主要经典。汉朝尊老子为教主,并神化为"三清"①尊神中的"道德天尊",仅次于"三清"的是"四御",即玉皇大帝、太皇大帝、天皇大帝、土皇大地。下面是日、月、星神及四方之神(青龙、朱雀、玄武、白虎)。除此之外,还有雷公、雨神、风伯、山神等原始自然神,以及民众日常生活中所涉及的灶神、土地神、财神、门神、火神等,组成一个包容天地、囊括阴阳、层次分明、等级森严的神谱。在道教看来,人们的一切视听言动,均有神明照看,因此不能得罪。特别是操生杀大权的"地府判官",从人的生死、奸逆、忠孝、欺盗到私自堕胎等都要管。

造神之后,便开始修建道观,供奉神像,事实上等于把人们置于众神的眼前,让人们无不起肃静之心、警怵之心,进而激发人们的虔诚敬畏心理。东汉时,道教学派创始人的传道之地均成为道教的发源地之一。如顺帝汉安二年(143年),五斗米道创立者张道陵来到四川青城山,结茅传道,后世建为道教圣

① 道教中的"三清",即玉清、上清和太清,乃道教诸天界中最高者。玉清之主为元始天尊,上清之主为灵宝天尊,太清之主为太上老君,号称"三清道祖"。

地。东汉末年，天师道第四代天师张盛，弃官自汉中还居江西龙虎山，就第一代天师张道陵的草堂为居，每年以三元日（正月十五、七月十五、十月十五）登坛传箓，四方从学者千余人，龙虎山也由此成为道教圣地。

至南北朝时期，无论是官方还是民间，建造道观甚是普遍，所谓"馆舍盈于山薮……黄服之徒，数过于正户"①。如北魏太武帝拓跋焘，在其继位的始光元年（424 年），赐给道士寇谦之土地以建新的天师道场，后称"北天师道"。太平真君三年（442 年），拓跋焘还亲"至道坛，亲受符箓，备法驾，旗帜尽青"②。北周建德三年（574 年），周武帝宇文邕在田谷之左建通道观，选择通道高士为通道观学士，入选的有严达、王延、苏道标、程法明、周化生、王真微、史道乐、于长文、张法成、伏道崇等十名高道，号称"田谷十老"，具体负责整理道书、编纂道经等事宜。

相比之下，南朝兴建道观的热度远胜于北朝，这既与帝王的兴趣有关，也与道士的积极传播和信道民众日益增多息息相关。如刘宋时的道士陆修静，原本在庐山修行，所建道观即后来的简寂观。宋孝武帝刘骏慕其名，便在京师为其建崇虚馆，欲以"稽古化俗"，还在浙江绍兴为孔灵产建怀仙馆。南齐永明二年（484 年），齐武帝萧赜诏建兴世馆，令道士孙颖达入主传道等；齐武帝时太守王亮为李景游所建栖真馆等。据陈国符《道藏源流考》所辑《道学传》佚文作粗略统计，南朝有史可考的道观有 47 个。另据《茅山志》卷一五《采真游篇》所载，被称为道观、精舍的有 68 个。从数目上讲，虽然比之佛寺少了许多，但其功能比较完善。据《道藏》载，当时道观内的设施比较齐全，诸如与供奉相关的有天尊殿、烧香院，与讲经说法相关的有天尊讲经堂、说法院，与藏经相关的有经楼、写经坊、校经堂、演经堂、熏经堂，与受道行道相关的有受道院、精思院、寻真台、炼气台、祈真台、升遐院、玄坛，与日常生活相关的有师房、斋堂、斋厨、浴室、净人坊、骡马坊、车牛坊、宿客坊、十方客坊、合药台。另外，还有一些辅助性设施，诸如钟阁、步廊、轩廊、门楼、门屋、碾硙坊等，可谓一应俱全，极大地方便了道士及道民的日常活动。

① 释道宣：《广弘明集》卷 24《问沙汰释老诏》。
② 魏收：《魏书》卷 4 下《世祖纪下》。

（三）颁行教规

道教在创立之初就有明确戒规，用以约束信道民众的行为。如五斗米道的创建者张道陵，"学道鹄鸣山中，造作道书以惑百姓，从受道者出五斗米"。张道陵的孙子张鲁秉承祖父旨意，以"鬼道"教民，且严明教规，且以教代政。如史所载：

> 鲁遂据汉中，以鬼道教民，自号"师君"。其来学道者，初皆名"鬼卒"。受本道已信，号"祭酒"。各领部众，多者为治头大祭酒。皆教以诚信不欺诈，有病自首其过，大都与黄巾相似。诸祭酒皆作义舍，如今之亭传。又置义米肉，县于义舍，行路者量腹取足；若过多，鬼道辄病之。犯法者，三原，然后乃行刑。不置长吏，皆以祭酒为治，民夷便乐之。①

道教学者寇谦之为约束教徒，也曾重建教仪戒律，仪式有奉道受戒仪式、宥过祈请仪式、求愿所行仪式、为死亡的人祈请仪式以及消除疾病祈祷仪式等。道戒有"行无为，行柔弱，行守雌，勿先行"，"戒勿费精气"，"戒勿忘道法"等。也有从儒家搬来的纲常名教，如"不得违戾父母师长，反叛不教"，"不得叛逆君王，谋害国家"等。

再如，陆修静对南天师道所进行了改良，有鉴于当时道教在组织形式上发生了较大变化，主要表现是祭酒制的衰落和道官制度的兴起。祭酒制度为早期五斗米道之旧制，基本特征是"立治置职"，道官祭酒"领户化民"，实行政教合一统治。为规范道官祭酒与道民的统属关系，天师道制定了三会日、宅录和缴纳命信等制度。规定在三会之日，道民必须到本师治所参加宣教活动，登记检查"宅录命籍"，听道官宣布科禁，考校功过。道官凭此向天曹启告，请天神守宅之官保护道民家人安全，禳灾却祸。但自魏初天师道北迁至晋宋之际，出现了组织混乱、科律废弛的不良局面。诸如许多道民在三会之日不赴师治参加集会、不报户籍、不交租米命信等。一些道官更是为所欲为，"身无戒律，不顺教令，越科破禁，轻道贱法。恣贪欲之性，而耽酒食，背盟威清约之正教，向邪僻祅巫之倒法，把持刀笔，游走村里"②。祭酒制度的腐朽败落，使其失去了"清约治民"及使"道化宣流，家国太平"的作用。在这种情况下，陆修静提出

---

① 裴松之注：《三国志》卷8《魏书·二公孙陶四张传》。
② 陆修静：《道藏》第24册《道门科略》。

一套整顿和改革的措施，主要有两点：

一是禁止道官自行署职，实行按级晋升的制度。他认为，普通民众须有功德，才能受箓为道民；道民受箓之后，有功者才能升迁。从受十将军箓依次升至受五十将军箓，再从箓吏依次晋升散气道士、别治道官、下治道官、配治道官，以及下、中、上八治道官。其最高者，即"能明炼道气，救济一切，消灭鬼气，使万姓归伏"的道师，才能拜署上八治中的阳平、鹿堂、鹤鸣三治道职。强调"采求道官，勿以人负官，勿以官负人"的组织措施。为健全三会日制度，陆修静重申，三会日"民各投集本治，师当改治录籍，落死上生，隐实口数，正定名簿。三宣五令，令民知法。其日天官地神咸会师治，对校文书。师民皆当清静肃然，不得饮酒食肉，哗言笑。会竟，民还家，当以闻科禁威仪，教敕大小，务共奉行"①。同时，他还针对"宅录"制度严重混乱的状况，规定每年三会日之最后一日，作为登记、审核宅录的最后期限。其日，每个道民都须亲至本师治所，由本师给以注籍，以便道官"领户化民"。

二是制定道教斋仪。陆修静认为"斋直是求道之本"，主张"身为杀盗淫动，故役之以礼拜；口有恶言，绮妄两舌，故课之以诵经；心有贪欲嗔恚之念，故使之以思神。用此三法，洗心净行，心行精至，斋之义也"。于是，他在总结前代斋仪的基础上，制定了"九斋十二法"的斋醮体系，并撰述一系列斋戒仪范之书，诸如《太上洞玄灵宝授度仪》《洞玄灵宝斋说光烛戒罚灯祝愿仪》《无上黄箓大斋成立仪》等。经过陆修静的整顿和改革，使得当时南方道教的教育活动步入规范化和制度化轨道。

可见，无论是佛教还是道教，无论是外来宗教还是原生性宗教，无论是官方推崇还是民间信仰，在其起始阶段，都将翻译及撰注经书作为社会教育活动的第一步来实施，旨在建构适合中国社会及民众需要的教义及教仪，然后择圣地建造佛寺和道观，供奉教主及经书，并作为教民活动及社会性传播的主要场所。尤其是还不断完善斋仪和教规，以规范教民的言行举止，使其向善行善。这一切，对一般民众而言，也是一种无形的感化。不过，有些愚昧性的说教，亦会使人更无知、更愚昧。如人生病之后，太平道者的做法是："师持九节杖为

---

① 陆修静：《道藏》第 24 册《道门科略》。

符祝，教病人叩头思过，因以符水饮之，得病或日浅而愈者，则云此人信道，其或不愈，则为不信道。"五斗米道则是："书病人姓名，说服罪之意。作三通，其一上之天，著山上，其一埋之地，其一沉之水，谓之三官手书。使病者家出米五斗以为常，故号曰五斗米师。"① 这种做法，名曰让人求生，实则危及性命，自然是不可取的。

总之，秦汉至魏晋南北朝时期的社会教育活动，虽然显得比较松散，但其施教活动场所多，受益面广，感染力强，这是学校和家庭教育活动所无法超越的。所取得的成效，主要得利于：一是社会变革的需求，秦以后的中央集权制需要政治思想的统一，需要伦理及行为规范的统一。无论是秦朝的法治，抑或是汉武帝之后的儒治，都在极力通过社会教化活动来传播官方的意识形态和价值观念。二是帝王的躬行及引领，帝王的言行在巨大程度上体现着国家的意志，其发布的诏书相当于政府的"红头文件"，其巡视天下、祭天祭孔、亲佛崇道或者是躬耕劝农，对天下民众都有一种示范作用。三是地方官员能秉承帝王旨意，在整治民风民俗、孝亲务农等问题上不遗余力，社会教育活动一般也开展得比较好。如汉初大臣文翁，任蜀郡太守时着重更化民风民俗，大力发展教育事业，蜀郡"由是大化，蜀地学于京师者比齐鲁焉……文翁终于蜀，吏民为立祠堂，岁时祭祀不绝。至今巴蜀好文雅，文翁之化也"②。另就佛教发展的势头以及石窟开凿的规模来说，也足以说明一切。当然其中也存在诸多缺憾，文中亦有提及，兹不赘述。

---

① 裴松之注：《三国志》卷8《魏书·二公孙陶四张传》。
② 班固：《汉书》卷89《循吏》。

第八章

少数民族的教育活动

　　秦汉魏晋南北朝时期的少数民族教育活动主要是围绕"汉化"这一主线展开的。这期间，无论是北方的匈奴、鲜卑、羯、氐、羌，还是南方的蛮、俚、僚等族，都是在与汉文化不断冲突和融合的背景下展开教化活动的。这些少数民族的"汉化"过程一般要通过以下两种途径来进行：一是由少数民族统治者采用汉族的教育组织形式来推广儒学，从而以强力推动各少数民族文化发生质的变化。汉国刘渊、前赵刘曜、后赵石勒、前秦苻坚和苻融、后秦姚苌和姚襄、北魏孝文帝、南越冼夫人等在这方面都做出很多努力，颇有成效。这些少数民族的杰出代表一般都具备较深的汉文化修养，这使得他们能站在时代的前沿思考本民族的生存与发展问题，他们深知推广汉族先进文化对巩固统治的重要性，通过重用汉族士大夫、倡兴文教、推行社会教化等方式，使儒家文化成功地渗透到社会生活的各个方面。二是移民或内迁的少数民族居民与汉人交错杂居，通过"语习中夏"，最终潜移默化地接受儒家文化。这两种途径都和民族间深层次的教育与文化交流密切相连。其间，北齐等国在教育上虽出现过"胡化"逆流，但在汉文化的强大渗透下，这种努力终归是徒劳的。

第一节　北方少数民族的教育活动

北方少数民族包括匈奴、鲜卑、羯、氐、羌等族，这些民族虽然文化比较落后，但随着各族军事力量的不断壮大，两汉时就通过归附、和亲、战争等方式与中原政权频繁接触。到魏晋南北朝时期，各族趁内地混乱之际，纷纷入主中原，各自建立政权，史称"五胡十六国"。少数民族的上层统治者感受到儒家文化的先进性后，开始接受汉文化并运用政权的力量在境内强力推行，通过兴文教、易风俗，北方少数民族汉化程度不断加深，并最终融入汉文化系统。

一、统治者自身的汉化教育

在各少数民族同汉族的交往与融合过程中，少数民族上层贵族自身的素质起着十分重要的作用，统治者汉化程度越深，对教育就会越重视。他们往往通过留质、游学中原、聘请儒生士大夫等方式来提高自己的汉文化修养，从而更好地引导和推动本民族的汉文化传播。下面以民族为个案，以展现各少数民族统治者自身"汉化"教育活动的情形。

（一）匈奴族的教育

匈奴是北方少数民族中最早与中原汉族政权往来的民族。两汉时，匈奴通过战争、和亲等方式在与汉政权不断的交往过程中，逐渐意识到本族文化与中原先进文化的差距，并开始模仿、学习汉文化。如由于与汉政权有过和亲的历史，匈奴后人便堂而皇之地"冒姓刘氏"，由此可以看出匈奴人对汉文化的仰慕。而匈奴休屠王降汉后，其后裔竟有一些人开始学习儒家文化并成就不凡。如其子金日磾"容貌甚严""甚有法度"，得到汉武帝的喜爱，汉武帝让他"出则乘骖，入侍左右"，十分宠信。又如其曾孙金涉"明经俭节，诸儒称之"；金钦"举明经"，"得以通经术"，并成为平帝幼年时的师友①，证明他的儒学造诣颇深。

到十六国时期，匈奴上层贵族大都能通过游学或延请汉族儒士等方式接受汉文化教育。如汉的建立者刘渊，年幼好学，曾拜上党名士崔游为师，在崔游的悉心教导下，"习《毛诗》《京氏易》《马氏尚书》，尤好《春秋左氏传》《孙吴兵法》，略皆诵之，《史》《汉》、诸子，无不综览"。他通过努力研读儒家文化，不但满腹经纶，还颇有见识，甚至能臧否历史人物。他曾批评过汉高祖、汉文帝的几个名臣，说："吾每观书传，常鄙随陆无武，绛灌无文。道由人弘，一物之不知者，固君子之所耻也。二生遇高皇而不能建封侯之业，两公属太宗而不能开庠序之美，惜哉！"② 评论精当，发人深省，可见其汉文化修养之深。

前赵的建立者、刘渊的族子刘曜，"少孤，见养于元海。幼而聪慧，有奇度……读书志于广览，不精思章句，善属文，工草隶"。他志向高远，常常把自己比作乐毅、萧何、曹参，并豪言："永明、世祖、魏武之流，何数公足道哉！"③

而北凉的建立者沮渠蒙逊，幼时就十分好学，"博涉群史，颇晓天文，雄杰有英略，滑稽善权变"④。同时，他还能灵活地运用所学知识聚拢人心。有一年春季大旱，他曾下罪己诏，在诏书中，他引经据典曰："《书》不云乎：'百姓有过，罪予一人。'"并大赦天下。此举受到普遍赞扬。另外，他还求贤若渴，平酒泉后，他得到了"博通经史"的名士宋繇，欣喜若狂曰："孤不喜克李歆，欣得宋繇耳。"⑤ 这类体恤百姓、礼遇士人的举动为他赢得了人心，受到部众及贤士的拥戴，终成大业。

（二）鲜卑族的教育

鲜卑是从汉末消失的东胡族分化而来，秦汉时依附于匈奴，北匈奴西迁后，进入匈奴故地，合匈奴留下的余众 10 万人，日益强盛。檀石槐为首领时，鲜卑组成了强大的军政联合体，兵力一度达到 10 余万人。檀石槐死后，鲜卑族分化

① 班固：《汉书》卷 68《金日磾传》。
② 房玄龄等：《晋书》卷 101《刘元海》。
③ 房玄龄等：《晋书》卷 103《刘曜》。
④ 房玄龄等：《晋书》卷 129《沮渠蒙逊》。
⑤ 魏收：《魏书》卷 52《宋繇》。

为慕容、秃发、拓跋等部，他们在魏晋南北朝时期相继建立起南凉、南燕、前燕、后燕、西秦、北魏等政权。隋唐统一全国后，鲜卑作为一个独立民族在历史上逐渐消失了，部众绝大部分融入汉民族，一部分与契丹族汇合。

1. 慕容鲜卑

自"迁邑于辽东北"后，慕容鲜卑就开始接受汉文化，"渐慕诸夏之风"①。十六国时期，前燕建立者慕容皝之父慕容廆"雄杰有大度"，史籍虽未详细记载他学习汉文化的事迹，但从发生在他身上的几件事可以推测其具备较高的汉文化修养：一是年少时他曾去拜见安北将军张华。张华素有知人之鉴，与慕容廆交谈后赞叹不已，对慕容廆说："君至长必为命世之器，匡难济时者也。"② 还将自己的帽子送给慕容廆，两人结为忘年之交。二是慕容廆遣使请求归附西晋，晋武帝司马炎对此举十分赞赏，封慕容廆为鲜卑都督。由于此前与东夷校尉何龛在战争中结下仇怨，他又身着汉族士人服饰，到东夷府拜访谢罪，何龛却列兵相见。慕容廆见此状，遂改服戎衣入府。有人问他其中的原因，他说："主人不以礼，宾复何为哉！"何龛闻后，惭愧不已，对慕容廆愈加敬畏，不敢怠慢。三是慕容廆与其兄吐谷浑因小事决裂，吐谷浑负气率部出走，慕容廆常常"追思之，作《阿干之歌》，岁暮穷思，常歌之"③。《阿干之歌》是一组大型的音乐歌舞，它是中国古代少数民族在音乐舞蹈上的杰出创作。④ 由此可以看出慕容廆在音乐方面亦有深厚造诣。慕容廆谈吐不俗，熟知汉族礼节，从而得到安北将军张华的赞叹和东夷校尉何龛的敬重。不仅如此，他还颇通音律，能自创民歌，这都反映了慕容廆的汉文化修养。

慕容廆的继承者慕容皝自幼"束脩受业"，拜硕儒刘赞为师，史载其：

> 尚经学，善天文……赐其大臣子弟为官学生者号高门生，立东庠于旧宫，以行乡射之礼，每月临观，考试优劣。皝雅好文籍，勤于讲授，学徒甚盛，至千余人。亲造《太上章》以代《急就》，又著《典诫》十五篇，以教胄子。⑤

---

① 房玄龄等：《晋书》卷 108《慕容廆》。
② 房玄龄等：《晋书》卷 108《慕容廆》。
③ 房玄龄等：《晋书》卷 97《四夷》。
④ 吕一飞著：《胡族习俗与隋唐风韵》，书目文献出版社 1994 年版，第 161 页。
⑤ 房玄龄等：《晋书》卷 109《慕容皝》。

可见，在汉文化的熏陶下，慕容皝颇有大儒风范，他积极督促贵族子弟读书向学，亲自编写两部适合自己民族子弟学习的教材《太上章》《典诫》，以代替不合时宜的《急就章》，政事之暇还亲自到东庠官学教授生徒。

建立后燕的慕容垂，"少岐嶷有器度"，对儒学颇有心得。一次跟随哥哥慕容俊南下攻占后赵幽州，慕容俊欲坑杀俘获的大批降卒，慕容垂立即谏阻曰："吊伐之义，先代常典。今方平中原，宜绥怀以德，坑戮之刑不可为王师之先声。"① 慕容垂不杀降卒的举动体现了儒家"民为贵"的思想，也在当地为其赢得了人心。其他如慕容垂的后继者慕容宝，"砥砺自修，敦崇儒学，工谈论，善属文"②。南燕创立者慕容德，"姿貌雄伟，额有日角偃月重文。博观群书，性清慎，多才艺"③，等等。

由上可见，慕容氏上层贵族大都能积极主动接受汉文化的熏陶，且成效显著。

2. 秃发鲜卑

南凉的建立者秃发贵族也很重视对汉文化的学习与吸收。如其第三任君主秃发傉檀的汉文化水平就十分深厚，他不但通晓中原历史，而且有儒者的修养和胸襟。后秦姚兴曾打算吞并南凉，一次，姚兴派遣尚书郎韦宗出使南凉，以探虚实。傉檀"与宗论六国纵横之规，三家战争之略，远言天命废兴，近陈人事成败，机变无穷，辞致清辩"。所谈话题涉猎广泛，引经据典，言辞清雅。韦宗大为折服，出而叹曰：

> 命世大才、经纶名教者，不必华宗夏士；拨烦理乱、澄气济世者，亦未必《八索》《九丘》。五经之外，冠冕之表，复自有人。车骑神机秀发，信一代之伟人，由余、日磾岂足为多也！④

韦宗回长安后，力劝姚兴打消吞并的念头："傉檀权诈多方，凭山河之固，未可图也。"作为少数民族贵族，傉檀不仅使韦宗这样的关陇大族大为叹服，同时还消弭了一场原本极有可能爆发的战争，避免了生灵涂炭，是其具备的深厚

---

① 房玄龄等：《晋书》卷 123《慕容垂》。
② 房玄龄等：《晋书》卷 124《慕容宝》。
③ 房玄龄等：《晋书》卷 127《慕容德》。
④ 房玄龄等：《晋书》卷 126《秃发傉檀》。

汉文化修养所致。秃发傉檀之子秃发归的汉文化水平也很高。他 13 岁时，"命为高殿赋，下笔即成，影不移漏。傉檀览而善之，拟之于曹子建"①。

秃发氏贵族的汉文化修养及对汉文化教育的重视，推动了南凉境内的汉文化传播，效果十分显著。正如后秦韦宗所赞："凉州虽残弊之后，风化未颓。"②

3. 拓跋鲜卑

拓跋氏是鲜卑族中比较落后的一支，史籍中有明确记载拓跋氏学习汉文化的事迹是在十六国前秦时期。前秦灭代国后，把代国（拓跋初期政权，北魏前身）首领涉翼犍俘获至长安。他认为，"涉翼犍荒俗，未参仁义，令入太学习礼"。一次，符坚到太学视察时，特意召涉翼犍。如史所载：

> 坚尝之太学，召涉翼犍问曰："中国以学养性，而人寿考，漠北啖牛羊而人不寿，何也？"翼犍不能答。又问："卿种人有堪将者，可召为国家用。"对曰："漠北人能捕六畜，善驰走，逐水草而已，何堪为将！"又问："好学否？"对曰："若不好学，陛下用教臣何为？"坚善其答。③

涉翼犍通过在太学的学习，深深体会到本族文化与汉文化的差距，由于勤奋好学，他具备了一定的汉文化知识，最终得到儒学造诣颇深的符坚的赞扬。

拓跋氏复国后，其统治者都很重视汉文化的学习。如拓跋晃 5 岁时，就已经"明慧强识，闻则不忘。及长，好读经史，皆通大义"④。而孝文帝元宏则是拓跋氏贵族中汉文化修养最深的一个，史称其：

> 雅好读书，手不释卷。《五经》之义，览之便讲，学不师受，探其精奥。史传百家，无不该涉。善谈庄老，尤精释义。才藻富赡，好为文章，诗赋铭颂，任兴而作。有大文笔，马上口授，及其成也，不改一字。自太和十年已后诏册，皆帝之文也。⑤

从以上记载，可以看出孝文帝本身就是一个典型的博学硕儒。一次，孝文帝在去视察代都的路上，途经上党铜鞮山，抬头望见路旁有十数棵枝繁叶茂的大松树，诗兴大发，"遂行而赋诗"，并对随行的"博综经史，雅好属文"的彭

---

① 李昉：《太平御览》卷 587《文部三》。
② 房玄龄等：《晋书》卷 126《秃发傉檀》。
③ 房玄龄等：《晋书》卷 113《符坚》。
④ 魏收：《魏书》卷 4 下《世祖纪下》。
⑤ 魏收：《魏书》卷 7 下《高祖纪下》。

城王元勰说："吾始作此诗，虽不七步，亦不言远。"① 孝文帝对"涉猎典章，关历词翰"的学者，"莫不縻以好爵"。孝文帝时期儒学、史学、文学等全面发展，社会风气"斯文郁然，比隆周汉"②。

(三) 羯族的教育

羯族源于小月支，秦汉时期曾依附于匈奴，魏晋时散居在上党郡，与汉人杂处，从事农业生产，社会文化落后，一直受汉族地主奴役，被汉人蔑称为"羯胡"，直到羯人石勒建立后赵后才逐渐摆脱这种落后局面。

石勒出身贫贱，幼时没有机会读书，是十六国中少有的不识字的君主，但他"天资英达""雅好文学"，对汉文化的重视和学习丝毫不逊于其他少数民族。即使在行军打仗之余，他也常令征聘在身边的汉族士人儒者为他讲读史书，以资借鉴。一次，他让人为其读《汉书》，"闻郦食其劝立六国后，大惊曰：'此法当失，何得遂成天下！'至留侯谏，乃曰：'赖有此耳。'其如此"③。这说明他特别注重总结汉族的历史经验教训，并有自己独到的见解，以至于"每以其意论古帝王善恶，朝贤儒士听者莫不归美焉"④。

石虎继位后，虽统治残暴，但仍颇慕经学，恢复了九品中正制，并于郡国立五经博士，还派国子博士去洛阳写经。史家对其评价相对中肯，称："袭冠带，释介胄，开庠序，邻敌惧威而献款，绝域承风而纳贡，则古之为国，曷以加诸！虽曰凶残，亦一时杰也。"⑤

(四) 氐族的教育

氐人与汉人的交往有着悠久的历史，至少可追溯到西汉时期。自汉武帝设立武都郡后，许多氐人被迫离开了家乡。一部分氐人从此"与中国杂居"，"其自相号曰'盍稚'，各有王侯，多受中国封拜"，"多知中国语"。⑥ 在汉文化的影响下，氐人的社会经济发展很快。十六国时期，氐人建立的政权有前秦、成汉和后凉。此时，氐族已是"五胡"中汉化最深的一个少数民族。尤其是前秦，

---

① 魏收：《魏书》卷 21 下《彭城王》。
② 魏收：《魏书》卷 84《儒林》。
③ 房玄龄等：《晋书》卷 105《石勒下》。
④ 房玄龄等：《晋书》卷 105《石勒下》。
⑤ 房玄龄等：《晋书》卷 107《石季龙下》。
⑥ 裴松之注：《三国志》卷 30《魏书·乌丸鲜卑东夷传》。

在苻坚的治理下，不仅统一了从八王之乱以来就一直混乱着的北方，教育上也呈现出了短暂的繁荣。

苻坚从小对汉文化就表现出浓厚的兴趣。8 岁时，他就主动向父亲苻洪提出"请师就家学"。苻洪既意外又欣喜，叹曰："汝戎狄异类，世知饮酒，今乃求学邪！"① 于是立即为其聘请了家庭教师。在汉文化的熏陶下，苻坚对汉文化有自己独到的见解。一次，他率领群臣南游霸陵，兴致之余问群臣曰："汉祖起自布衣，廓平四海，佐命功臣孰为首乎？"大臣权翼进曰："《汉书》以萧、曹为功臣之冠。"苻坚则不同意这种观点，他说："汉祖与项羽争天下，困于京索之间，身被七十余创，通中六七，父母妻子为楚所囚。平城之下，七日不火食，赖陈平之谋，太上、妻子克全，免匈奴之祸。二相何得独高也！虽有人狗之喻，岂黄中之言乎！"② 可以说，苻坚总结得相当客观。由于苻坚拥有醇厚的儒者气质和杰出的治国才能，以王猛为代表的大批汉族儒生士人争相奔投并与其意气相投，这也成为前秦统一北方和教育短暂繁荣的重要因素。苻坚的继任者苻丕"少而聪慧好学，博综经史"③，才干亦十分出众，深得苻坚的器重与喜爱。

氐族贵族中另外一个重要人物是后凉的建立者吕光，史书记载他"不乐读书，唯好鹰马"，但事实上情况不全是这样的。如太元八年（383 年），苻坚派吕光率部出征西域，"王侯降者三十余国。光入其城，大飨将士，赋诗言志。见其宫室壮丽，命参军京兆段业著《龟兹宫赋》以讥之"④。能赋诗言志，可以看出他的汉文化还是有一定功底的。

（五）羌族的教育

羌人与汉人交往甚早，可追溯至东汉中叶。十六国时期，羌人姚苌建立了后秦政权。羌族中的上层贵族也非常重视对汉文化的学习和吸收，如姚苌的长子姚兴素喜儒学，在镇守长安时，"与其中舍人梁喜、洗马范勖等讲论经籍，不以兵难废业，时人咸化之"⑤。在他的影响和感召下，姜龛、淳于岐、郭高等名士硕儒，陆续来到长安，"各门徒数百，教授长安，诸生自远而至者万数千人"。

---

① 房玄龄等：《晋书》卷 113《苻坚上》。
② 房玄龄等：《晋书》卷 114《苻坚下》。
③ 房玄龄等：《晋书》卷 115《苻丕》。
④ 房玄龄等：《晋书》卷 122《吕光》。
⑤ 房玄龄等：《晋书》卷 117《姚兴上》。

姚兴每天一处理完政事，就立即"引竞等于东堂，讲论道艺，错综名理"①，可见他对汉文化的痴迷程度。后秦最终出现了"学者咸劝，儒风盛焉"的重教局面。

又如姚兴的后继人姚泓，"博学善谈论，尤好诗咏"，做太子时曾"受经于太学博士淳于岐"。一次，恩师淳于岐生病卧床不起，姚泓听说后，立即匆忙赶去，"亲诣省疾，拜于床下"。姚泓这种尊师重道的行为，在当时引起了不小的社会震动，在他的带动下，举国上下都形成了尊师重学的良好风气，"自是公侯见师傅皆拜焉"②。

二、少数民族的学校教育

两汉时期，各少数民族基本处于原始游牧文化阶段，除了日常的生活、生产及军事技能的教育外，几乎没有关于学校教育活动的记载。一直到十六国时期，由于与中原文化的频繁接触，史籍中关于少数民族学校教育活动的记载逐渐丰富起来。十六国和北朝的学校教育同汉化教育联系密切，因此上层统治者的汉化程度的高低就成了学校教育活跃与否的关键因素。汉化程度较高的统治者均懂得在本国实施教育、教化对稳固统治的重要性，对教育较为重视。这一时期，由于各少数民族政权国祚较短，再加连年征战，他们的学校教育时兴时废，持续性几乎被经常打乱，但是以儒学为核心的学校教育从未断绝，无论各少数民族政权或汉人建立的国家，均视之为教化的重心，这对推动民族融合有着巨大的历史意义。

少数民族学校的设立多模仿中原政权。如前赵刘曜即位后，"立太学于长乐宫东，小学于未央宫西，简百姓年二十五已下十三已上，神志可教者千五百人，选朝贤宿儒明经笃学以教之"③。由于前赵政权是以匈奴为主体，通过征服关、陇地区氐、羌等少数民族政权而建立的，因此前赵境内不仅有匈奴人，氐、羌等少数民族及汉族的人口数量亦不在少数，因此，在全国范围内选拔的这 1500人中，胡人及汉人子弟都应包括其中。此外，刘曜有时还会亲临太学，对太学

---

① 房玄龄等：《晋书》卷 117《姚兴上》。
② 房玄龄等：《晋书》卷 119《姚泓》。
③ 房玄龄等：《晋书》卷 103《刘曜》。

生进行考核，"引试学生之上第者拜郎中"。成绩名列前茅的学生可以做官，可见他十分注重把学校教育和人才选拔紧密结合，这对学生的学业进步有很大的激励作用。

后赵的官学在十六国中是比较发达的，且有许多创新之处。石勒即位后第二年就模仿汉人建立太学，除此之外，他还"增置宣文、宣教、崇儒、崇训十余小学于襄国四门，简将佐豪右子弟百余人以教之，且备击柝之卫"①。可见，后赵不仅重视太学，还十分重视贵族子弟的童蒙教育，在中央设立了10多所小学，说明石勒在学校教育方面是有一定战略眼光的。教育内容不仅有儒家经典，还注重军事教育和"尚武"传统。同时，石勒也经常亲临大小学考诸生经义，并按掌握经学程度的高低给予赏赐。这使得后赵的官学教育取得了一定的成效，如后赵石虎时期仍沿置大小学博士、助教，"以吏部选举斥外耆德，而势门童幼多为美官"②。这说明后赵所置小学真正起到了发蒙羯族贵族子弟的良好效果。后赵还首创考试制度。史载：

> 以牙门将王波为记室参军，典定九流，始立秀、孝试经之制。命郡国立学官，每郡置博士祭酒二人，弟子百五十人，三考修成，显升台府。于是擢拜太学生五人为佐著作郎，录述时事。③

石勒在每郡都设立学官，负责管理当地的教育事业。并设立地方官学，每郡招收各族子弟150人，要经过三次考试才能修业成功，这一举措为国家培养和储备了大量人才，同时对隋朝的科举制度的创立奠定了重要基础，在这一点上，石勒不愧为先驱者。此外，后赵还推行分科教学制度，注重专科教育。这些制度和举措在中国教育史上都具有重要意义。后赵政权在石勒、石虎的暴政下依然能雄踞中原30多年，学校教育确实发挥了重要作用。

前燕慕容氏也积极设立官学来加强对胄子及贵族子弟的教育，任用平原刘赞等一批汉族士人充任学官，设官学"东庠"，并要求其太子慕容儁"率国胄束脩受业焉"。慕容廆一处理完政事就会到学校"亲临听之"，在他的督促与参与

---

① 房玄龄等：《晋书》卷104《石勒上》。
② 房玄龄等：《晋书》卷106《石季龙上》。
③ 房玄龄等：《晋书》卷105《石勒下》。

下，前燕的官学教育成就显著，社会风俗也开始变化，"路有颂声，礼让兴矣"①。

前秦在苻坚统治时期学校教育也有较快发展，"论诸国在教育方面较有建树者，前秦可当其首"②。苻坚自幼就开始学习汉族文化，熟读儒家经典，汉化程度很深。为扭转氐人迷信武力、轻视文化知识的落后观念，在王猛等汉族贤士的辅助下，他积极恢复太学和地方各级学校，招聘满腹经纶的学者执教，尤其重视本族贵族子弟的教育，"行礼于辟雍，祀先师孔子，其太子及公侯卿大夫士之元子，皆束脩释奠焉"③。不仅如此，他还要求公卿以下的子孙亦必须入学读书。并规定俸禄百石以上的官吏，必须"学通一经，才成一艺"。如果不通一经一艺，则一律罢官为民。苻坚每月到太学一次，考问诸生经义，品评优劣，勉励他们刻苦学习，并挑选品学兼优的学生到各级权力机构任职。如有一次，苻坚又临太学"考学生经义，上第擢叙者八十三人"④。一次录用 83 人，可见太学培养出的少数民族人才之多以及苻坚对人才的重视程度。值得注意的是，苻坚不仅建太学使胄子及公侯卿大夫子弟接受汉化教育，还对氐族武将子弟、宫女、阉人进行经学教育，"中外四禁、二卫、四军长上将士，皆令修学。课后宫，置典学，立内司，以授于掖庭，选阉人及女隶有聪识者署博士以授经"⑤，使氐人受教育的阶层大大扩展。史书赞颂苻坚兴学：

> 自永嘉之乱，庠序无闻，及坚之僭，颇留心儒学，王猛整齐风俗，政理称举，学校渐兴。关陇清晏，百姓丰乐。自长安至于诸州，皆夹路树槐柳。二十里一亭，四十里一驿，旅行者取给于途，工商贸贩于道。百姓歌之曰："长安大街，夹树杨槐。下走朱轮，上有鸾栖。英彦云集，诲我萌黎。"⑥

其中虽有一些溢美之词，但大体上还是符合史实的。

后秦的学校教育也颇值得一书。晋太元十一年（386 年）姚苌在长安称帝

---

① 房玄龄等：《晋书》卷 108《慕容廆》。
② 杨承彬著：《秦汉魏晋南北朝教育制度》，商务印书馆（台湾）1978 年版，第 204 页。
③ 房玄龄等：《晋书》卷 113《苻坚上》。
④ 房玄龄等：《晋书》卷 113《苻坚上》。
⑤ 房玄龄等：《晋书》卷 113《苻坚上》。
⑥ 房玄龄等：《晋书》卷 113《苻坚上》。

后，不久就创立了太学。其子姚兴即位后更加重视官学建设，在听政之暇，引姜龛等名儒到具有官学性质的东堂"讲论道艺，错综名理"①。不仅如此，他还对他国慕名而来的名士硕儒待遇隆重，下诏要求边关守军允许他们自由出入国境："诸生谘访道艺，修已厉身，往来出入，勿拘常限。"② 这一举措对后秦具有重要意义，不仅网罗了国外大量的人才，还推动了长安兴儒之风。姚兴根据这些人的实际情况量才录用，如"京兆杜瑾、冯翊吉默、始平周宝等上陈时事"，得到姚兴的称赞，"皆擢处美官"。同时，他还允许一部分博学鸿儒如天水的姜龛及东平的淳于岐、冯翊的郭高等，在京城长安授徒讲学，长安文风蔚起，儒学空前兴盛："各门徒数百，教授长安，诸生自远而至者万数千人……于是，学者咸劝，儒风盛焉。"③ 此时，长安作为后秦都城，羌人云集，在这些学者的熏陶下，羌人加快了汉化的进程。另外，从"兴令郡国各岁贡清行孝廉"来推测，后秦的地方官学也应推行得颇有成效。

北魏亦非常重视本民族的学校教育。太武帝拓跋焘曾于太平真君五年（444年）下诏曰："自王公已下至于卿士，其子息皆诣太学。其百工伎巧、驺卒子息，当习其父兄所业，不听私立学校。违者师身死，主人门诛。"④ 诏令王公卿士子弟必须到太学进修儒学，并以禁止私学传播的方式来提高太学地位。其实，北魏太学一开始就规模很大，如史载："太祖初定中原，虽日不暇给，始建都邑，便以经术为先。立太学，置五经博士生员千有余人。天兴二年春，增国子太学生员至三千。"⑤ 值得一提的是，北魏还首创皇宗学，用以提高拓跋氏子孙的汉文化水平，"太和中，改中书学为国子学，建明堂、辟雍，尊三老五更，又开皇子之学"⑥。众多的贵胄子弟接受了汉化教育，反过来又积极支持北魏的汉化改革，加速了北魏封建化的进程。

总之，在汉族儒士与儒化了的少数民族上层统治者的作用下，北方少数民族对儒学的重视尤胜魏晋南朝，学校教育也发展迅速，正如南朝名臣陈庆之所

---

① 房玄龄等：《晋书》卷 117《姚兴上》。
② 房玄龄等：《晋书》卷 117《姚兴上》。
③ 房玄龄等：《晋书》卷 117《姚兴上》。
④ 魏收：《魏书》卷 4《世祖纪下》。
⑤ 魏收：《魏书》卷 84《儒林》。
⑥ 魏收：《魏书》卷 84《儒林》。

云：“自晋宋以来，号洛阳为荒土，此中谓长江以北尽是夷狄，昨至洛阳，始知衣冠士族并在中原，礼仪繁盛，人物殷阜。”[1]

三、少数民族的风俗教化

秦汉时北方各少数民族都过着“逐水草迁徙”的游牧生活，文化落后，甚至“毋文书，以言语为约束”[2]。在通过战争、和亲、归附等方式与中原政权的不断交往中，少数民族统治者逐渐意识到学习汉文化的重要性。尤其到了魏晋南北朝时期，胡人纷纷入主中原，为了稳固统治，抛弃落后的游牧生产方式以适应新的农业文明的生态环境是他们首当其冲的急务，这一点几乎成为各少数民族上层贵族的共识。因此，他们都能自觉、主动地接受中原地区先进的文化，许多人还在经学、史学、文学等方面具备较高的修养，这一点在前一部分已详述，兹不赘言。

少数民族统治者汉化程度越深，就越意识到在本民族推行全面汉化、移除落后的“胡风国俗”的重要性，他们在大批中原避难而来的汉族儒士的协助和推动下，在各自的政权里倡兴文教，打击固守旧文化的保守贵族势力，逐渐改变了部分原来的游牧习俗，同时各少数民族的一些优秀传统也为汉文化增添了新鲜血液。以汉文化为主导，胡汉文化在碰撞激荡之中交融、升华，最终融入中华民族传统文化的血液里。

（一）强化“贞节”观念，革除婚姻旧俗

“贞节”观念一直是汉族儒家伦理道德中的核心内容之一。秦汉魏晋南北朝时，各少数民族的贞节观本就十分淡薄，“女儿自言好，故入郎君怀”[3]。但在汉文化的影响及统治阶级的提倡下，儒家文化中的“贞节”观念逐渐开始影响胡人的文化心理。贞操观念在少数民族政权中被统治者不断强化，并被社会广泛接受。如前秦君主苻坚的生母很年轻时就守寡，曾和将军李威有染，这件事被史官记载下来。苻坚在一次翻阅起居注及史官著作的时候看到了对此事的记载，据称其：“惭怒，乃焚其书，大检史官，将加其罪。著作郎赵泉、车敬等已死，

---

① 杨炫之著：《洛阳伽蓝记》，中华书局 1963 年版，第 108 页。
② 司马迁：《史记》卷 110《匈奴列传》。
③ 郭茂倩：《乐府诗集》卷 25《幽州马客吟歌辞》。

乃止。"① 可见，汉化程度很深的苻坚对其母亲的不贞行为感到十分羞愤，迁怒于史官，得知记载此事的两位史官已死，方才罢休。

"有才慧，善书史，能鼓琴"的段丰妻鲜卑慕容氏，为十六国时期南燕主慕容德的女儿。由于丈夫段丰被人诬杀而守寡，父亲一直逼迫其改嫁，慕容氏坚决不从，并对身边的侍婢说："我闻忠臣不事二君，贞女不更二夫。段氏既遭无辜，已不能同死，岂复有心于重行哉！今主上不顾礼义嫁我，若不从，则违严君之命矣。"② 其口吻全无胡气，倒似出自汉家贞烈女子之口。后来为不违父命，慕容氏违心答应改嫁，但在迎亲的当天自缢而死，死前仍"言笑自若"。她的事迹在社会上引起极大轰动。下葬之日，男女老少数万人自发从全国各地前来祭奠，莫不扼腕叹息。由此可以看出当时汉文化中的贞节观念在少数民族民众中的认同程度。

婚俗是一个民族文化特征的主要表现之一，其中蕴含着深刻的社会、经济、文化内涵。在各少数民族旧有婚俗中，男女双方比较自由，不需要"父母之命、媒妁之约"，只要两情相悦，先私通，再结为夫妻的现象普遍存在，"嫁娶皆先私通，略将女去，或半岁百日，然后遣媒人送马牛羊，以为聘娶之礼"③。但随着北方少数民族政权内汉化程度的不断加深，男婚女嫁需奉"父母之命"的观念逐渐得到推广和认可。北朝乐府诗："问女何所思，问女何所忆，阿婆许嫁女，今年无消息。"④ 则生动地体现了这种观念在民间的普及程度。

同时，各少数民族婚姻中还普遍存在"妻后母、报寡嫂"的习俗，又称"收继婚"，即寡居的妇人可由其夫的直系男性亲属收继为婚。如匈奴族"父死，妻其后母；兄死，尽取其妻妻之"⑤；鲜卑族"其俗妻后母，报寡嫂"⑥；羌人则"父没则妻后母，兄亡则纳嫠嫂"⑦。都充分说明了这一点。历史上著名的"昭君出塞"的故事就真实地反映了这一习俗：汉元帝竟宁元年（前33年），应匈奴和亲的要求，汉元帝把宫女王昭君以公主的身份嫁给匈奴呼韩邪单于，由于昭君

---

① 房玄龄等：《晋书》卷113《苻坚上》。
② 房玄龄等：《晋书》卷96《列女》。
③ 裴松之注：《三国志》卷30《魏书·乌丸鲜卑东夷传》。
④ 郭茂倩：《乐府诗集》卷25《折杨柳枝歌》。
⑤ 司马迁：《史记》卷110《匈奴列传》。
⑥ 范晔：《后汉书》卷90《乌丸鲜卑列传》。
⑦ 范晔：《后汉书》卷87《西羌列传》。

容颜绝丽，仪态大方，通情识理，深得单于钟爱，并为其生下一子。两年后，呼韩邪单于去世，其长子复株累单于继位。按匈奴"妻后母"的习俗，"欲妻之"，作为深受汉文化熏陶的汉"良家子"，昭君既有丧夫之痛，又不能接受这样的胡族陋俗，因此拒绝再嫁，并向汉政府"上书求归"。新即位的汉成帝为了社稷的安全不允许昭君返回中原，"敕令从胡俗，遂复为后单于阏氏焉"①。昭君孤苦无依，只能委身于复株累单于，后来又为其生下二女。

但是随着匈奴、鲜卑、羯、氐、羌等少数民族陆续内迁并与汉人交错杂居，中原汉人的婚姻习俗开始迅速影响胡人，加上少数民族统治阶级对"妻母报嫂"的明令禁止，收继婚逐渐被各少数民族革除。如石勒顺应历史潮流，明令禁止收继婚："下书禁国人（羯人）不听报嫂及在丧婚娶。"② 又如刘渊死后，其第四子刘聪继位，见其后母单氏"姿色绝丽，聪蒸焉"。这也符合匈奴"妻后母"的习俗，但单氏亲生子又却觉得十分羞愧，"屡以为言"，经常指责其母不该再嫁，单氏竟"惭恚而死"。刘聪很宠爱单氏，"悲悼无已"。"后知其故，义之宠因此渐衰，然犹追念单氏，未便黜废。又尊母为皇太后。"③ 这一事例生动地说明汉人伦理观念已深深地影响着胡人各族。

(二)"尚武"传统的坚守与时代更新

胡人出于游牧生活及军事掠夺的需要，普遍重视军事技能教育，逐渐形成"尚武"传统。他们从幼童开始就进行严格的骑射训练："儿能骑羊，引弓射鸟鼠；少长则射狐兔，用以食。士力能弯弓，尽为甲骑。"④ 强大的军事力量也是"五胡"纷纷入主中原的关键因素，少数民族统治者都深知这一点。因此，无论他们在汉化的道路上走得多远，都未曾丢掉这一传统。羯人一向以勇武著称，如石勒"壮健有胆力，雄武好骑射"⑤。其子石虎，"捷便弓马，勇冠当时"⑥。氐人符生，"力举千斤，雄勇好杀，手格猛兽，及走奔马，击刺骑射，冠绝一时"⑦。

---

① 范晔：《后汉书》卷89《南匈奴列传》。
② 房玄龄等：《晋书》卷105《石勒下》。
③ 房玄龄等：《晋书》卷102《刘聪》。
④ 司马迁：《史记》卷110《匈奴列传》。
⑤ 房玄龄等：《晋书》卷104《石勒上》。
⑥ 房玄龄等：《晋书》卷106《石季龙上》。
⑦ 房玄龄等：《晋书》卷112《符生》。

　　这一时期少数民族上层贵族中间，涌现出了众多文武兼备之才，如匈奴统治者刘渊，年少时不仅习遍儒家经典，还"学武事，妙绝于众，猿臂善射，膂力过人"①。他认为，只有文武全才的人才配称为"君子"。氐人苻融也极具代表性。苻融为前秦君主苻坚堂弟，史载他"少而岐嶷凤成，魁伟美姿度"，熟读经书，"耳闻则诵，过目不忘，时人拟之王粲"。他还下笔成章，"尝著《浮图赋》，壮丽清赡，世咸珍之"。20多岁时苻融就表现出卓越的治国才能，为朝野所瞩目。同时，他在尚武传统的熏陶下练就满身武艺，"膂力雄勇，骑射击刺，百夫之敌也"②。北魏孝文帝亦一向以儒雅著称，但据史载，其武功造诣也颇为不凡："少而善射，有膂力。年十余岁，能以指弹碎羊膊骨。及射禽兽，莫不随所志毙之。"③ 10多岁就能以一指之力弹碎坚硬的羊骨，虽有一定的夸张成分，也反映了以孝文帝为代表的少数民族统治者对"尚武"传统的坚守与身体力行，对国人所起到的引领与示范作用亦是十分巨大的。在大力推行汉化的同时，他还下诏提醒国人要居安思危，莫忘"尚武"传统：

　　　　天下虽平，忘战者殆；不教民战，可谓弃之。是以周立司马之官，汉置将军之职，皆所以辅文强武，威肃四方者矣。国家虽崇文以怀九服，修武以宁八荒，然于习武之方，犹为未尽。④

　　在残酷的军事斗争中，胡人逐渐意识到仅仅拥有军事实力是远远不够的，军事韬略在战争中的作用同样重要。于是他们纷纷向汉人学习先进的军事理论，尤其是孙吴兵法，以图在军事上占据主动地位。如前赵皇帝刘曜，"雄武过人，铁厚一寸，射而洞之，于时号为神射。尤好兵书，略皆暗诵"⑤。一寸厚的铁片，竟能一箭射穿，可见其武术之精湛。但他并不满足于此，还遍习兵书，成为文韬武略俱精的一代雄才。后赵皇帝石勒，在教育其次子石宏时，发现他只对儒学有兴趣，不甚喜武，"受经于杜嘏，诵律于续咸"。石勒就语重心长地对他说："今世非承平，不可专以文业。"于是，石勒精心挑选名师教授其武功韬略，"使

　　① 房玄龄等：《晋书》卷101《刘元海》。
　　② 房玄龄等：《晋书》卷114《苻坚下》。
　　③ 魏收：《魏书》卷7《高祖纪下》。
　　④ 魏收：《魏书》卷7《高祖纪下》。
　　⑤ 房玄龄等：《晋书》卷103《刘曜》。

刘征、任播授以兵书，王阳教之击刺"①。石宏最终文武双全，成为父亲的得力助手。北魏皇家贵族子弟（拓跋）可悉陵勇冠三军，颇受世祖拓跋焘的喜爱。在17岁时，世祖偕同他外出打猎，路遇一猛虎，"陵遂空手搏之以献"，拓跋焘并没有夸奖他，而是提醒他不可逞匹夫之勇："汝才力绝人，当为国立事，勿如此也。"可悉陵深以为然，此后不断加强军事谋略的学习。后来他又跟随拓跋焘征伐凉州，在战斗中勇不可当，与敌大将"相击，两槊皆折。陵抽箭射之，坠马。陵恐其救至，未及拔剑，以刀子戾其颈，使身首异处"②。同时，他还以出色的军事才能协助拓跋焘大破北凉，为北魏统一北方做出了贡献。既懂得为国效力，又有勇有谋，可悉陵最终得到了世祖拓跋焘的赞扬和奖掖，"拜都幢将，封暨阳子。卒于中军都将"③。

　　值得注意的是，这一时期少数民族的"尚武"传统在女性中也较为常见。如前秦皇帝苻登与后秦统治者姚苌之间长期处于敌对状态，互相攻伐，兵戈不息。苻登妻毛氏"壮勇善骑射"，一次姚苌偷袭苻登营垒得手，毛氏临危不惧，"弯弓跨马，率壮士数百人，与苌交战，杀伤甚众"，最终由于寡不敌众，被姚苌擒获。姚苌爱惜其人才，欲纳其为妻，遭到毛氏严词拒绝，"苌怒，杀之"④。毛氏虽然最终悲壮死去，但其在战争中所表现出的巾帼不让须眉的大将风度令人击节。北魏名将、氐人杨大眼之妻潘氏，"善骑射"，主动到军营中协助丈夫处理军务。"至攻战游猎之际，潘亦戎装，齐镳并驱"，指挥若定。在军营中二人也同坐幕下，面对众多军将僚佐，潘氏谈笑自若。杨大眼常常自得地对身边兵将夸耀："此潘将军也。"⑤ 北齐神武帝高欢的两位夫人蠕蠕公主与尔朱氏都骁勇善射，英姿飒爽。高欢带领尔朱氏前去迎娶蠕蠕公主，蠕蠕公主有心在高欢面前炫耀一下武功，"引角弓仰射翔鸿，应弦而落"，尔朱氏也不示弱，"引长弓斜射飞鸟，亦一发而中"。高欢目睹这一幕后欣喜若狂："我此二妇，并堪击贼！"⑥ 还有，北朝民歌《木兰诗》中描述代父从军的花木兰形象就是少数民族

---

① 房玄龄等：《晋书》卷105《石勒下》。
② 魏收：《魏书》卷15《昭成子孙》。
③ 魏收：《魏书》卷15《昭成子孙》。
④ 房玄龄等：《晋书》卷96《列女》。
⑤ 李延寿：《北史》卷37《杨大眼》。
⑥ 李延寿：《北史》卷14《后妃下》。

女性"尚武"传统的社会缩影。

　　野蛮但充满勃勃生机的"尚武"精神对中原儒家文化带来了巨大的影响和冲击，最终"将一股豪强侠爽之气注入作为农业民族的汉文化系统内，起到一种'补强剂''复壮剂'的功用"①。

　　（三）从原始多神教到汉化佛教的信仰抉择

　　汉民族很早就认为"国之大事在祀与戎"②，把信仰与祭祀天地、祖宗、神灵提高到关系国家前途命运的高度。北方各少数民族比汉人更加敬天畏天，信仰原始的多神宗教，因此他们对祭祀的重视程度丝毫不亚于汉民族。他们对神灵的信仰与祭祀活动，都带有浓郁的草原民族文化气息。史载："匈奴俗，岁有三龙祠，常以正月、五月、九月戊日祭天神。南单于既内附，兼祠汉帝。"③ 匈奴祭祀祖先、鬼神、天神曰"龙祠"，出于敬畏，匈奴人甚至把汉武帝也作为祭祀的对象。鲜卑人同样信奉多神教："敬鬼神，祠天地日月、星辰、山川，及先大人有健名者，亦同祠以牛羊，祠毕皆烧之，饮食必先祭。"④ 到了北魏时期，祭祀的种类甚至超过千种，以至于孝文帝不胜其烦，下诏曰："国家自先朝以来，飨祀诸神，凡有一千二百余处。今欲减省群祀，务从简约。"⑤ 氐、羌两族亦是多神教信仰，由于民间祭祀神灵过多，后秦君主姚兴不得不严格规定祭祀诸神的数量，把不合规定的祭祀称为"淫祀"，"下书禁百姓造锦绣及淫祀"⑥。

　　在各民族多神教的信仰、祭祀中，巫师尤其是女巫扮演着沟通人神的重要角色。如北魏孝文帝以前，鲜卑在重要的政治、宗教事务中多见女巫的身影，如史称"立天神四十所，岁二祭，亦以八月、十月。神尊者以马，次以牛，小以羊，皆女巫行事。"⑦ 在祭天时，女巫"执鼓""升坛""摇鼓"，然后"帝拜，若肃拜，百官内外尽拜。祀讫，复拜"⑧。就整个祭祀过程，女巫都是高高在上，帝王和文武百官都要匍匐在她的脚下。

① 冯天瑜等著：《中华文化史》，上海人民出版社 2005 年版，第 456 页。
②《左传·成公十三年》。
③ 范晔：《后汉书》卷 89《南匈奴列传》。
④ 裴松之注：《三国志》卷 30《魏书·乌丸鲜卑东夷传》。
⑤ 魏收：《魏书》卷 108《礼四之一》。
⑥ 房玄龄等：《晋书》卷 117《姚兴上》。
⑦ 魏收：《魏书》卷 108《礼四之一》。
⑧ 魏收：《魏书》卷 108《礼四之一》。

在日常生活中，女巫也无处不在。如曹魏嘉平年间，匈奴左部帅刘豹（刘渊之父）之妻呼延氏到龙门祈子，见"一大鱼，顶有二角"，在祭祀的地方不断跳跃，"久之乃去"。这时身边跟来的巫觋们亦十分惊异，她们异口同声说是"嘉祥"之兆，刘豹及妻呼延氏均深信不疑，认为这是"吉征"，以后肯定"有贵子孙"①。

女巫们还善于利用在少数民族政权中的特殊地位来影响社会风气，左右帝王决策，有个别人甚至还能以此谋得官职。如汉贰师将军李广利投降匈奴后，得到单于的器重，"以女妻之"，尊宠远在汉另一降臣卫律之上。卫律因此十分嫉妒。一年以后，单于的母亲阏氏生病，卫律勾结宫中女巫，让其谎称病因是由于已死去的"先单于"在发怒。因"先单于"过去出兵伐汉时曾败在李广利手下，常发誓"得贰师以社"，现在李广利既在匈奴，何不杀了他祭神？单于对巫师的话信以为真，"遂屠贰师"，用以祭神。李广利在高呼"我死必灭匈奴"的怨恨中结束了自己可悲。② 从这件事，我们可以看出女巫的言行对国家政治的巨大影响。而汉武帝征和年间，贰师将军李广利在追击匈奴时，途经漠北范夫人城，而范夫人是一个"能胡诅者"，即是一个胡巫。从此城以其名命名来推测，该女巫很可能曾在此地主持过军政事务。③

在多神教的背景下，祭祀是如此之多，女巫的数量亦越来越多，社会地位不断提高，她们大多靠"假称鬼神、妄说吉凶"来左右政治及文化教育，这不仅不利于皇权的加强，还会给社会造成极大的混乱。这一现象逐渐引起各族统治者的重视并加以禁止。如孝文帝在太和九年（485 年）下诏曰："巫觋假称神鬼，妄说吉凶，及委巷诸卜非坟典所载者，严加禁断。"④ 不仅如此，北方少数民族统治者经过思考与比较，不约而同地对佛教产生了浓厚兴趣，开始大力提倡，并得到少数民族各阶层的热烈响应。

佛教入华大约是在西汉末年，史书明确记载却是东汉明帝时。自传入中土以来，已适应中华文化的生态环境而最终"中国化"的佛教，在少数民族的多

---

① 房玄龄等：《晋书》卷 101《刘元海》。
② 班固：《汉书》卷 94 上《匈奴传》。
③ 班固：《汉书》卷 94 上《匈奴传》。
④ 魏收：《魏书》卷 7 上《高祖纪上》。

神教的原始崇拜面前，无论从理论和形式来说都具有无可比拟的优越性，因此深得少数民族诸帝及上层贵族的赞赏。同时，由于佛教是外来宗教，因此通过武力入主中原的胡人对它有一种天然的文化认同感，正如石虎所言："佛是戎神，所应兼奉。"① 更重要的是，"佛教对胡族统治者的意义还在于，佛教是一种超乎民族差异的宗教，它可以把贵族、王公、庶民、奴隶，不拘是中原出身还是北族出身，都通过积善听佛、祈求祥福安泰粘合在一起，进而巩固自身统治"②。于是，胡族统治者纷纷抑制本族宗教，推崇佛教，为佛教在少数民族的迅速推广做出了贡献。

佛教在少数民族兴盛过程中，石勒、石虎、姚兴、苻坚、孝文帝等帝王发挥了重要作用。后赵石勒、石虎推崇佛教的一个重要因素就是受高僧佛图澄的影响。史载佛图澄："少学道，妙通玄术。永嘉四年，来适洛阳，自云百有余岁，常服气自养，能积日不食……每夜读书。"③ 当时洛阳境内兵戈不息，"乃潜草野以观变"。当看到"石勒屯兵葛陂，专行杀戮，沙门遇害者其众"时，为制止石勒继续杀害沙门弟子，他适时出现在石勒军中，并用智慧获得石勒的倚重。石虎执政时更加"倾心事澄"，"有重于勒"，甚至给予佛图澄以国师待遇："朝会之日，引之升殿，常侍以下悉助举舆，太子诸公扶翼而上，主者唱大和尚，众坐皆起，以彰其尊。"④ 这极大地方便了他对佛教的传播，以至于"百姓因澄故多奉佛，皆营造寺庙，相竞出家"。佛教俨然成为后赵的国教。

后秦君主姚兴亦是佛教的积极倡导者，他专门建立一个大型讲经场所"逍遥园"，一有空就带领众多沙门弟子到"逍遥园"内的"澄玄堂"听高僧鸠摩罗什宣讲佛经。而鸠摩罗什不仅学问高深，还"通辩夏言"，"达东西方言"，他在道肜、道树、僧睿、僧肇、昙顺等弟子的帮助下，对佛教经籍做了重新修订，最终考校出"诸经并诸论三百余卷"。更难能可贵的是，他在考校过程中还根据中国文化的实际情况"托意于佛道"，结果"公卿已下莫不钦附，沙门自远而至者五千余人。起浮图于永贵里，立波若台于中宫，沙门坐禅者恒有千数"。通过

---

① 房玄龄等：《晋书》卷95《艺术》。
② 冯天瑜等著：《中华文化史》，上海人民出版社2005年版，第436页。
③ 房玄龄等：《晋书》卷95《艺术》。
④ 房玄龄等：《晋书》卷95《艺术》。

姚兴和鸠摩罗什的共同努力，佛教在羯人信仰中逐渐占据主导地位，"州郡化之，事佛者十室而九矣"①。

前秦君主苻坚同样崇佛，在其境内，高僧释道安对佛教的传播做出了重要贡献。释道安乃佛图澄高徒，出身于中原儒学世家，因家道中落，出家拜佛图澄为师，后因悟性高而得到佛图澄的器重。由于释道安学识广博，不仅在佛学方面受到僧俗大众及各族统治者的敬重，在政治上还被许多统治者认为是辅政良才。苻坚久闻其名，常叹曰："襄阳有释道安，是神器，方欲致之，以辅朕躬。"为把释道安招致麾下，苻坚处心积虑，不惜派重兵攻破襄阳，终得释道安。苻坚喜出望外，对左仆射权翼说："朕不以珠玉为珍，但用贤哲为宝。今以十万之师攻襄阳，唯得一人。"② 得意之情，溢于言表。无论在朝还是出游，皆命"沙门道安同辇"，并对诸臣曰："安公道冥至境，德为时尊。朕举天下之重，未足以易之。非公与辇之荣，此乃朕之显也。"③ 可见苻坚对释道安之尊崇。由于释道安博学多识，苻坚还敕其学士称号，"内外有疑，皆师于安"，释道安借此在长安聚"僧众数千，大弘法化"。前秦因释道安而举国佞佛，所谓"学不师安，义不中难（学问经不起质疑问难）"④。

北魏在太宗拓跋嗣时就开始用佛教引导民风。史载其"崇佛法，京邑四方，建立图像，令沙门敷导民俗"⑤。世祖拓跋焘亦"归宗佛法，敬重沙门"，孝文帝诏令建佛寺，为僧人剃度，还亲自宣讲佛义："度良家男女为僧尼者百有余人，帝为剃发，施以僧服……又幸永宁寺设会，行道听讲，命中、秘二省与僧徒讨论佛义。"⑥ 可以说，在历代帝王的支持下，佛教在北魏末最终达到顶峰："佛经流通，大集中国，凡有四百一十五部，合一千九百一十九卷……僧尼大众二百万矣，其寺三万有余。"⑦

有学者认为，北朝"僧尼人口占总人口的十分之一，超过了历代僧尼人数所占总人口数的比例，这就表明，当时佛教在人民中传播之广、影响之大是空

---

① 房玄龄等：《晋书》卷117《姚兴上》。
② 释慧皎：《高僧传》卷5《释道安传》。
③ 房玄龄等：《晋书》卷114《苻坚下》。
④ 释慧皎：《高僧传》卷5《释道安传》。
⑤ 魏收：《魏书》卷114《释老十》。
⑥ 魏收：《魏书》卷114《释老十》。
⑦ 魏收：《魏书》卷114《释老十》。

前绝后的"①。

佛教之所以在北方各少数民族迅速被推广，除了本土化、少数民族统治者对佛教的文化认同等原因外，它本身具有的强大教化力量亦不容忽视。在这一点上，冯友兰一语中的：

> 在中国历史中，从汉魏以来，逐渐出现了所谓儒释道三教，这里所谓教，是所谓教育或教化之教，不是宗教之教，教育或教化之教是中国原有名词，宗教之教是从西方传来的外国名词。教育或教化之教和宗教之教，在小节上可能互相穿插，但在大体上两者的界限是很清楚的。②

这段话明确指出了佛教来到中国后，其宗教意义渐被忽略，而教化意义不断彰显，正如高僧释道安所称："不依国主，则法事难立，又教化之体，宜令广布。"③ 佛教宣传的"因果报应"说、"轮回"说等为"生命譬如朝露"的普通百姓提供了精神上的安身立命之处，胡汉统治阶级正是看到这一点才都把它作为教化百姓的有力工具的。

第二节　南方少数民族的教育活动

南方少数民族包括蛮、俚、僚等族，作为被统治者，他们不像北方少数民族那样依靠强大的军事力量建立了一系列政权，并依靠政府强力推行汉化教育，而是主要通过与中原政权的不断交往中主动或被动地接受汉文化，通过不断地"语习中夏"，最终潜移默化地接受了儒家文化。因此，他们的汉化"具有更多的自然同化性质"，加上历代统治阶级大都对他们采取歧视的民族政策，因此，各族在文化教育方面的发展极不平衡。虽然如此，仍有一些开明的帝王或官吏对南方少数民族的教育与教化比较重视，同时这些少数民族中也涌现出了一些典型代表，在他们的共同努力下，俚、僚等族在文化教育方面都有所发展，尤

① 朱大渭等著：《魏晋南北朝社会生活史》，中国社会科学出版社1998年版，第304页。
② 冯友兰著：《中国哲学史新编》（中），人民出版社1998年版，第508页。
③ 释慧皎：《高僧传》卷5《释道安传》。

其是蜀郡、岭南等少数民族集中居住区的经济、文化发展比较迅速。在文翁、司马相如以及冼夫人的影响和带领下，倡兴文教，教化民众，团结各族，维护祖国统一，最终取得了显著成效，使南方各少数民族和北方一样也逐渐融入中原汉民族文化系统之内。下面以文翁在蜀郡兴学、司马相如对西南夷的教育以及冼夫人对蛮、俚等族的教化等为典型事例，来展示一下南方少数民族的教育活动及其影响。

一、文翁对蜀郡少数民族的教育

中原汉文化在两汉时期已逐渐影响到南方各少数民族，这中间一些担任边远地区郡守县令的循吏起了重要作用，"循吏不但逐渐把（儒教）大传统注入中国民间，而且也曾努力将中国的生活方式传播到边疆地区和少数民族的社会，因而不断地扩大了中国文化的影响范围"①。这些具有儒家气质的地方长官，坚守"儒者在本朝则美政，在下位则美俗"的社会理想，积极倡兴文教，注重落后地区的社会教化，为少数民族融入中华民族大家庭做出了积极的贡献。西汉蜀守文翁就是其中的佼佼者。

文翁为庐江舒县（今安徽舒城县）人，自幼好学，尤通《春秋》，后以察举入仕，汉景帝末年被任命为蜀郡太守。他"仁爱好教化"，由于蜀郡是少数民族的集中聚居区，为了改变本地"辟陋有蛮夷风"的现象，下决心以创办地方官学为主要方式进行社会教化，并采取了许多有力的措施。

第一，在基层少数民族官员中挑选一部分可塑之才到太学进修学业。推行教化最大的瓶颈是人才的缺乏，由于蜀郡文化落后，很难在当地找到得力的助手协助自己实现教化理想，文翁于是果断地做出决定，"选郡县小吏开敏有材者张叔等十余人"到长安太学进修儒业，还让其中一部分人学习律令，以便推行政令。同时，他为了给这批人创造良好的学习环境，还下令"减省少府用度，买刀布蜀物，赍计吏以遗博士"，派地方官员带着蜀地特产前去看望太学的五经博士，期望他们能像对待其他太学生一样平等对待蜀地派去的官吏，并严格要求。这一举措颇有成效，经过几年的刻苦学习，这些边陲小吏均学成归来，文

---

① 余英时著：《士与中国文化》，上海人民出版社 1987 版，第 193 页。

翁对他们极为重视，不仅使其做学官教授学生，还把他们都放在重要职位上来帮助自己推行教化，这批人中间后来甚至有官"至郡守刺史者"①。

第二，首创地方官学。文翁通过派员到太学进修提高等方式解决了师资问题后，开始在成都创建官学，由于没有现成的经验可资借鉴，他只能自己摸索办学方法和规律。首先，他下令"招下县子弟以为学官弟子"，并免除在读学生的赋役，使其读书没有后顾之忧，学有所成者"高者以补郡县吏，次为孝悌力田"，入官学读书既能免除赋役，又可以推荐做官、光宗耀祖，这对蜀郡内社会各阶层都极具吸引力，于是"县邑吏民见而荣之，数年，争欲为学官弟子，富人至出钱以求之"②。

第三，积极实施少数民族地区的蒙童及女子教育。文翁在办学过程中尤为可贵的是，他不仅重视男子经学教育，还注意到童蒙教育和女子教育。他"常选学官僮子，使在便坐受事"，招收儿童入官学并要求他们在一边旁听学官授课。同时，"每出行县，益从学官诸生明经饬行者与俱，使传教令，出入闺阁"，文翁巡视各地时常常带领一批优秀的生员子弟，让他们在实践中学习教化、为政之道，同时允许他们"出入闺阁"，把自己在学校所学的文化知识向家中女子传授。

文翁办学在中国教育史上具有重要意义，这不仅仅表现在他是中国古代地方官学创办的肇始者之一，更重要的是在以他为代表的循吏们的推动下，中原儒家文化开始迅速传入南方少数民族地区，改变了当地的"蛮夷之风"，加速了西南各少数民族汉化的进程，在这一点上，怎样评价其作用都不过分。同时，文翁在办教育上注重师资的培养、重视教育经费的投入、重视学行结合的教育实践以及注意童蒙与女子教育等举措，在那个时代尤显得难能可贵。经过文翁数年的苦心经营，蜀郡的地方官学成就斐然，蜀地"由是大化，蜀地学于京师者比齐鲁焉"，文翁也因此名动朝野，他后来终老于蜀郡，为当地的教育事业鞠躬尽瘁。当地百姓为纪念他的功绩，"吏民为立祠堂，岁时祭祀不绝。在他的影响和带动下，其他各郡也纷纷仿建地方学校，"至武帝时，乃令天下郡国皆立学

---

① 班固：《汉书》卷89《循吏传》。
② 班固：《汉书》卷89《循吏传》。

校官，自文翁为之始云"①。

二、司马相如对西南夷的教育

司马相如，字长卿，蜀郡成都人，小名犬子，后来因倾慕蔺相如之为人而改名为司马相如。作为西汉卓越的辞赋大家，被班固赞誉为"蔚为辞宗，赋颂之首"②。景帝时任武骑常侍，但并不得志。武帝也好辞赋，在同乡狗监（系主管皇帝猎犬之官职）杨得意的推荐下被武帝召见，即兴作传世名作《上林赋》，得到武帝的喜爱与信任。司马相如不仅在文学方面才华横溢，在政治上也颇有建树，武帝时期曾两次奉使西南夷，作《喻巴蜀檄》与《难蜀父老》，教化当地民众，最终协助西汉政府使西南夷的夜郎、滇、邛都、冉、白马等少数民族成功归附。在此期间，他还重视本地教育，设学授徒，培养人才，为祖国西南部的开发做出了重要的贡献。

（一）用真诚安抚民心

秦汉时期，在四川西南部、甘肃南部、云贵一带居住的少数民族被统称为西南夷，这些地区发展十分不平衡，有些定居从事农业生产，有些半农半牧，甚至以渔猎为生。秦朝时该地区已经受中央政府管辖，"秦时尝破，略通五尺道，诸此国颇置吏焉"③，并与巴蜀地区有一定的商业往来。西汉初期，由于汉统治者把精力主要放在平定内乱以及北击匈奴上，因此无暇顾及西南夷地区，导致这里的管理暂时出现真空。汉武帝时期，内忧外患逐渐解除，志在四方而又好大喜功的汉武帝自然把注意力投向西南夷。恰在此时，出使南越的大将唐蒙向汉武帝上书，提出开发西南夷的主张：

> 南越王黄屋左纛，地东西万余里，名为外臣，实一州主也。今以长沙、豫章往，水道多绝，难行。窃闻夜郎所有精兵，可得十余万，浮船牂柯江，出其不意，此制越一奇也。诚以汉之疆，巴蜀之饶，通夜郎道，为置吏，易甚。④

---

① 班固：《汉书》卷89《循吏传》。
② 班固：《汉书》卷100下《叙传》。
③ 班固：《汉书》卷95《西南夷两粤朝鲜传》。
④ 司马迁：《史记》卷116《西南夷列传》。

唐蒙借助开发西南夷从而控制南越的建议深得汉武帝的赞许，"乃拜蒙为郎中将，将千人，食重万余人，从巴蜀筰关入，遂见夜郎侯多同。蒙厚赐，喻以威德，约为置吏，使其子为令"①。但是，唐蒙在开发策略上出现了两个重大失误：其一，大量役使本地民众，没有做好安抚工作。"发巴、蜀吏卒千人，郡又多为发转漕万余人"，引起了当地人的强烈不满。其二，在和平时期却按军法处决了民夫的首领"渠率"，结果导致"巴、蜀民大惊恐"②，更加激化了民族矛盾。消息传到京城，汉武帝十分震怒，"乃遣相如责唐蒙等，因谕告巴、蜀民以非上意"③。司马相如就是在这样的背景下临危受命，出使西南夷。

汉武帝派司马相如前往巴蜀是有深意的，一是因为相如本身为蜀人，从小耳濡目染，对西南巴蜀地区的社会文化、风土人情十分熟悉；二是他在巴蜀地区知名度很高，并且支持开发西南夷。为平息民众的怨气，相如根据调查情况专门写了一篇《喻巴蜀檄文》。在这篇檄文中，首先赞颂了武帝开拓疆土的伟绩，指出开发"西南夷"是"存抚天下，集安中国"的需要，所以西汉政府派唐蒙"发巴蜀士民各五百人，以奉币帛，卫使者不然，靡有兵革之事、战斗之患"是正确的。他着重安抚巴蜀民心，认为唐蒙在巴蜀滥用民力、惊扰本地有负圣意，并代表朝廷表示歉意。接着话锋一转，教育巴蜀民众要以大局为重，对照边郡将士赴汤蹈火、报效国家的行为，巴蜀士卒的私自逃亡也是不对的，这种情况出现的原因是"父兄之教不先，子弟之率不谨也；寡廉鲜耻，而俗不长厚也"。因此，他督促本地"三老"等要加强对民众的教化，让他们明白开发"西南夷"的重要性，从而支持国家的大政方针。由于司马相如处理"唐蒙事件"措施得当，事端很快得到了平息，唐蒙也将功赎罪，打通了通往夜郎的道路，"皆如南夷，为置一都尉，十余县，属蜀"④。开通西南夷取得了阶段性成功。

随后，在汉武帝的支持下，唐蒙开始了更大规模的开通西南夷道路的行动，又征发了巴郡、蜀郡、广汉郡的士卒数万人参加筑路，由于工程十分艰巨，历

① 司马迁：《史记》卷116《西南夷列传》。
② 班固：《汉书》卷57下《司马相如传》。
③ 班固：《汉书》卷57下《司马相如传》。
④ 司马迁：《史记》卷116《西南夷列传》。

时达两年之久，道路仍未修成，并消耗了大量的人力、财力，所以巴蜀民众中一些有声望之人公开质疑筑路的必要性。甚至丞相公孙弘都表示反对，"数言西南夷害，可且罢，专力事匈奴"。面对阻力，汉武帝征求了对西南地区相当熟悉的司马相如的意见，相如力主继续开通西南夷，并提出独到的见解："邛、筰、冉、駹者近蜀，道亦易通，秦时尝通为郡县，至汉兴而罢。今诚复通，为置郡县，愈于南夷。"① 他的主张更加坚定了汉武帝的决心，于是派遣司马相如以中郎将的身份再次出使巴蜀，并为他"建节"，置副使。司马相如针对"蜀长老多言通西南夷之不为用，大臣亦以为然"的情况，写下了《难蜀父老》一文，对巴蜀父老进行说服教育，也是对朝臣中反对筑路者的有力回击。他首先让巴蜀民众明白通"西南夷"是"非常之人"所建之"非常之功"，接着又详细列举了汉武帝的文治武功以及开发西南夷的重要性，通西南夷虽然一时耗费民力物力，但却是德化四方、泽被后世的功绩。经过他这一番解释，巴蜀父老最终认识到通"西南夷"的必要性，表示"百姓虽怠，请以身先之"，转而拥护汉武帝开发西南夷的决定。

依靠自己卓越的外交能力，加上巴蜀民众的支持，司马相如两次出使都获得成功，他在蜀地的声望也与日俱增："至蜀，太守以下郊迎，县令负弩矢先驱，蜀人以为宠。"② 司马相如在巴蜀的教化活动不仅增强了西南夷对汉政府的认同，促进了民族融合，还解除了西汉政府在西南边境的威胁，巩固了西汉大一统局面。

（二）收徒讲学以兴教化

司马相如对西南少数民族的贡献还表现在他的教育活动上。在秦汉时代，巴蜀地区的文学传统一直都比较浓厚，如《汉书·地理志》曰："文翁为蜀守，教民读书法令，未能笃信道德，反以好文刺讥。"这说明，文翁虽然遣送张叔等人从博士受经，并大力传播儒家文化，蜀人却有自己的文化传统，未能笃信儒家学说，却酷爱文学。这种现象背后的原因已被学者蒙文通解释得非常清楚：

> 秦之迁民皆居蜀，像吕不韦、嫪毐的数千舍人，其中一部分显然是知识分子。如吕不韦的三千舍人，共同协助吕不韦撰写《吕氏春秋》，这些人

---

① 班固：《汉书》卷57下《司马相如传》。
② 班固：《汉书》卷57下《司马相如传》。

中有许多文学造诣很高。像这样迁的人，除此二家的舍人外，当然还有很多，是可以想象的。①

司马相如生活在这样的文化氛围里，有如此高的文学修养并不偶然。同时，据《汉书·司马相如传》记载，司马相如"家贫无以自业"，但"少时好读书"，"既学，慕蔺相如之为人"。依此推测，司马相如年少时应受过当地私学的熏陶，私学的施教者颇通经史，以至于把蔺相如的形象成功地播种到司马相如幼小的心灵里。只是史书记载过于简略，我们无法得知更详细的情况。在学有所成后，司马相如又通过"游宦京师诸侯"而名声大振，"以文辞显于世"。

司马相如秉承了蜀地私学授徒的传统，积极向巴蜀好学之士传授文学知识。巴蜀之地的读书人也纷纷"慕循其迹"，在他的教育与影响下，蜀地人才辈出，"有王褒、严遵、扬雄之徒，文章冠天下"。甚至文翁兴学后，也积极聘请司马相如为官学的辞赋老师："文翁倡其教，相如为之师。"② 同时，司马相如还积极向蜀郡以外的少数民族地区传播文化。据记载，"牂柯（夜郎国地名）名士"盛览曾慕名求学于司马相如，虚心向其请教辞赋的创作心得。司马相如用形象生动的语言启发盛览："合纂组以成文，列锦绣以为质，一经一纬，一宫一商，此赋之迹也。赋家之心，包括宇宙，总揽人物，斯得之于内，不可得而传。"③ 盛览在司马相如的教诲下，通过自己的领悟，最终明白了写赋的真谛，创作了《合组歌》《列锦赋》等作品。他回到牂柯后又积极从事教育工作，"归以授其乡"，传授文学知识，促进了当地文化教育的发展与繁荣。

如果说文翁兴学促进了中原儒家文化在蜀地的传播，司马相如的私学授徒活动则进一步推动了文学传统在西南地区的发扬光大，值得注意的是司马相如的教育活动不仅仅限于巴蜀地区，事实上受益地区更为广泛，二人相互辉映，共同推动了西南少数民族地区文化教育事业的发展。

三、冼夫人对蛮、俚等族的教育

冼夫人，名英，生于梁武帝天监十一年（512 年），南北朝时高凉郡南越俚

---

① 蒙文通著：《巴蜀古史论述》，四川人民出版社 1981 年版，第 96—97 页。
② 班固：《汉书》卷 28 下《地理志下》。
③ 葛洪：《西京杂记》卷 2。

人。史载她善"抚循部众","能行军用师，压服诸越","世为南越首领，部落
十余万家"，后嫁给高梁太守冯宝。南北朝时期南越境内主要有蛮、俚、僚等少
数民族，这一地区在秦汉时一直归附于中原政权，秦在这里"置桂林、南海、
象郡，以谪徙民，与越杂处十三岁"①。但由于秦短命，且与南越各族之间征伐
不断，文化交流并不频繁。直到汉武帝平南越后，南越文化才真正开始与汉文
化融合。但到了魏晋南北朝时期，由于战乱频仍，汉族统治阶级对岭南的治理
已有心无力，冼夫人就是在这种背景下担任南越首领的。她顺应历史潮流，以
国家大局为重，一生都在努力维护国家统一和民族团结，因此，深得南越各族
的拥戴以及梁、陈、隋等中原政权的认可，她是中国古代少数民族中罕见的巾
帼英雄。

（一）颁行政令以团结境内各族

作为善"抚循部众"的少数民族杰出人物，冼夫人深知用政令来约束教化
部众的重要意义。因此，她为推行中原汉族政权的法令不遗余力。如与高梁太
守冯宝结为夫妻后，为了帮助因为是"他乡羁旅"而在本地"号令不行"的丈
夫推行政令，便"诫约本宗"以服从政令。又常常协助丈夫断决案件，秉公无
私，高梁郡于是"政令有序，人莫敢违"。她对本族部众要求尤严，不仅"诫约
本宗，使从民礼"，还经常告诫"亲族为善"，"由是信义结于本乡"②。

冼夫人非常重视南越各族之间的团结，他的哥哥冼挺任南梁州刺史时，自
恃为本地豪强，经常侵犯邻郡，"岭表苦之"，经过冼夫人多方规劝，冼挺最终
改变了态度，各族互相之间解仇息兵，百姓也开始安居乐业。陈永定二年（558
年），由于丈夫冯宝去世，岭南群龙无首，境内大乱。冼夫人强忍悲痛，凭借自
己往日树立起的威望，劝服、团结百越各族，接替丈夫治理岭南，最终使社会
安定了下来，"数州晏然"。由于处事公平得当，冼夫人深得境内俚、僚各族拥
戴，以至海南一千多洞俚人也不远千里前来归附于她。经过冼夫人的苦心经营，
岭南各族逐渐安定下来，各族友好关系也得到了维系与发展。

（二）惩恶扬善以维系祖国统一

冼夫人平时经常训导子孙"敦崇礼教，遵奉朝化"，教育民众要维护国家统

---

① 司马迁：《史记》卷113《南越列传》。
② 魏徵等：《隋书》卷80《烈女》。

一，反对背叛中央、分裂国家，表现出很高的爱国情操。如梁末侯景之乱，高州刺史李迁仕暗通侯景谋反，并派使者召会冯宝，企图联合冯宝一起谋反。冼夫人洞悉了李迁仕的伎俩，告诫冯宝说："刺史无故不合召太守，必欲诈君共为反耳。"见冯宝不信，冼夫人就为丈夫深入分析了当时的形势："刺史被召援台，乃称有疾，铸兵聚众，而后唤君。今者若往，必留质，追君兵众。此意可见，愿且无行，以观其势。"[1]

几天后，李迁仕果然反叛，派大将杜平虏领兵北上，与梁都督陈霸先大战于灨石。冼夫人闻讯后心生一计，假装代替丈夫前去高州城拜会李迁仕，商谈如何联合发兵，"将千余人，步担杂物"，暗藏利刃。见到李迁仕后，送上厚礼，言语谦卑，李迁仕十分得意，毫无防范，冼夫人率随从忽然对高州城发动进攻。由于大兵北上，城防空虚，冼夫人轻而易举地拿下高州城，李迁仕猝不及防，败逃宁都。冼夫人乘胜率部与陈霸先会师，并击杀了杜平虏，最终协助陈霸先平定了侯景之乱。岭南也在这次战乱中得以保全。

冼夫人历经梁、陈、隋三朝约80年，其军事、教化活动广及南越10余州。她生逢乱世，身为南越首领，拥有较强的军事实力和极高的个人威望，"数郡共奉夫人，号为圣母，保境安民"，完全具备割据称雄的条件，但她却能顺应历史潮流，始终致力于国家统一和民族团结。她一生不遗余力地协助朝廷剪除地方割据势力，惩治贪官污吏，革除社会陋习，加速了俚族汉化的进程。梁、陈、隋三代，蛮、俚、僚能与汉族长期友好相处，冼夫人居功至伟。《隋书》称其："南蛮杂类，与华人错居……曰俚，曰僚……稍属于中国，皆列为郡县，同之齐人，不复详载。大业中，南荒朝贡者十余国，其事迹多湮灭而无闻。今所存录，四国而已。"[2] 这段话表明，经过冼夫人等人的治理与教化，至隋朝时，蛮、俚等族基本上融合于汉民族。

总而言之，在"汉化"教育的推动下，各少数民族原来落后的习俗被革除了，大批普通民众也获得受教育的机会，汉族先进的儒家文化逐渐普及到各族民众。但是，少数民族文化绝非简单机械地加入汉文化，它以其固有的特质对汉文化系统加以冲击、改造，成为其有机组成部分。如粗朴但充满勃勃生机的

---

① 魏徵等：《隋书》卷80《烈女》。
② 魏徵等：《隋书》卷82《南蛮》。

北族精神，给温润雅致却因束缚于传统而冷漠僵硬的汉文化注入一股新鲜血液，正如北魏名儒崔浩所言："漠北淳朴之人，南入中地，变风易俗，化洽四海。"① 随着各少数民族"汉化"进程的日益加深以及多民族文化之间的不断交融整合，隋唐以后，南北诸少数民族最终消融于以汉族为核心的民族熔炉，族名也逐渐在史籍中消失，但它们曾为中国教育活动的发展所做出的积极贡献却永载史册。

① 魏收：《魏书》卷35《崔浩》。

结　语

有道是，教育活动史研究必须要回到历史的现场，因为历史事件及人物的言行与当时的社会背景存在着密切而又复杂的关系，只有亲临现场，才有"可能全面地了解所有当事人全部有关言行，并将各种不同的记录相互印证，从而揭示言行的所以然，才有可能整体把握错综复杂的历史事实，通过人物心路历程之真逐渐接近历史真相"①。

为此，在秦汉及魏晋南北朝教育活动资料非常零碎且有限的情况下，我们尽可能地去挖掘、梳理符合当时历史情节的教育活动场景。曾经的披览与三思，曾经的交流与碰撞，曾经的肯定与否定，曾经的汗水与执着，也确实带来不少意外的收获。值落笔之际再回首，细心品味各个章节的文字表述，便会深深地感受到每一王朝、每一时代教育活动的气场和魅力所在，无论是教育活动的内容或形式，还是教育活动的深度与广度；无论是崇儒文教政策的持续，还是官学、私学制度的沿袭；无论是引领教育的人才选拔活动，还是安定社会的伦理教化活动；无论是在相对稳定的两汉时期，还是在政权频繁交替的魏晋南北朝等，都有可圈可点之处，也都彰显出教育传统的代代相传之特质。如果用"青山依旧在，几度夕阳红"这句诗来形容这一时期疆域的延续、教育文化的传承与创新是最为贴切不过的了。尤其是，这一时期的教育活动传统对隋唐以后各朝各代各层次教育活动的有效进行影响极为深远。

第一，从单一走向多元，为后世各层次教育活动注入生机与活力。先秦时期的诸子百家多以治国保民相标榜，历史唯独选择了法家，秦王朝首次确立了官方意识形态"独尊法术"，即将法家思想确定为治国的指导思想，在建立了统一的封建大帝国之后，又首次明确颁行旨在国家统一的文教政策，且普遍实施

---

① 桑兵：《从眼光向下回到历史现场——社会学人类学对近代中国史学的影响》，载《中国社会科学》2005年第1期。

以"法治"为主导的社会化教育活动。虽然一味强制推行的法治教化未能使大秦帝国长治久安，虽然"禁私学"及"以吏为师"政策遏制了教育活动的多元化，虽然学者对其暴政和坑儒之举多有诟病，但却开启了后世颁行文教政策的先例。在一定程度上讲，没有秦朝的"独尊法术"，就不会有汉朝的"独尊儒术"乃至唐朝的"重振儒术"政策的出台。

汉朝统治者并没有步秦朝"独尊法术"之后尘，而是在充分吸取秦朝灭亡教训的基础上，经过一番"黄老之治"之后，依然选择了适于治天下的儒学而推出了"独尊儒术"之国策，由此确立了自汉以后至唐、宋、元、明、清等王朝文教政策的"崇儒"基调。不过，汉朝所独尊的"儒术"并非纯粹是先秦时期的、原汁原味的儒学，而是杂糅了法家的治国之道，所谓"以霸王道杂之"，其基本特点即"外儒内法"，这在一定程度上打开了思想多元的路径。受此影响，教育活动也由秦朝的禁锢和划一逐渐转向开放和多元，诸如开办最高学府太学及各类地方官学，诸如鼓励私人办学和讲学，诸如对家庭及女子教育的关注，诸如置孝廉、秀才等察举科目来引领世人读书向善，诸如各层面经学教育活动的开展、分化与统一，诸如自上而下的督学及敬老教化活动等，无不彰显出教育的活力及价值趋向，其教育活动传统及经验也无不为汉以后历代王朝所借鉴。当然，谈及汉朝教育活动的辉煌，绝不能忽视秦朝的奠基之功，没有秦朝短暂的起步，就不会有汉朝数百年的辉煌。正因为这样，史学界才会将"秦汉"并称，就像将"隋唐"并称一样重要。

至魏晋及南朝时的汉族政权，虽然王朝更替频繁，战乱不息，但仍然承袭汉朝的教育活动传统，只是"儒术"不再独尊，且又经受来自玄学以及佛道的巨大冲击，在一番阵痛与艰难选择之后，统治者便主以"儒术"而兼用佛道，这一包含多元文化要素的治国之策，自然为隋唐以后的统治者所传承。受此影响，各朝的教育活动虽时断时续，但较之秦汉而言又有所进步和创新，如西晋时太学之外的国子教育，如南朝刘宋时儒学、玄学、史学和文学的分科教育，如魏晋及刘宋时医学、律学、书学的专科教育，如各朝名士隐逸的私人办学及讲学活动，如各朝皇族、望族、庶族家庭的家学传承，如晋以后佛道界生生不息的宗教教化，以及魏晋时九品官人制度引领下的社会伦理教化活动等，无不让人耳目一新。点点浪花终汇成滔滔江水，直将隋唐时期的教育活动推向鼎盛。

有趣的是，自西晋末年的"衣冠南渡"，教育活动的中心由黄河流域转向长江流域，经东晋及宋、齐、梁、陈四朝的发展，再加上之前东吴的奠基，致使南方以建业为中心的各层次教育活动水平远远超过了北方，形成了常为史学界啧啧称赞的"六朝文化"。而隋唐帝国的再建，又使教育活动的中心由长江流域转向北方以长安、洛阳为中心的黄河流域。因此，唐代诗人韦庄才发出了"江雨霏霏江草齐，六朝如梦鸟空啼。无情最是台城柳，依旧烟笼十里堤"的感慨。

值得注意的是，在汉朝儒学"独尊"之时，正是佛教西来和道教兴起之际，佛教和道教并未因儒学的"独尊"而遭受打压或遏制，反而彼此相安无事。魏晋以降，儒学面对来自玄学、佛教、道教的碰撞和冲击，在艰难的博弈中，儒学虽失去"独尊"，却仍占据主流，且始终主导着当时的各层次教育活动，同时又能与佛、道教育活动一起共享一片蓝天，不能不说是儒学的包容性所致，自然成为这一时期教育活动多元化的一个主要标志。更难能可贵的是，儒学自身强大的生命力以及对佛道文化的积极吸纳，经过隋唐时期的积淀和酝酿，至宋初破茧化蝶为新儒学即理学，不仅宣告了一种新的学术思想体系的诞生，同时也启航了以书院为主阵地的理学教育活动。

第二，从"评"定走向"考"定，为后世开科取士奠基。汉朝和曹魏时分别实施了两次重大的人才选拔活动改革，催生出察举制和九品中正制两项重要的人才选拔制度。虽然学界对察举活动中"举秀才不知书，察孝廉父别居"以及九品官人活动中"上品无寒门，下品无士族"等问题多有放大批判与否定。事实上，任何一项制度都不是完美无缺的，在没有比其更合理的制度出台之前，其存在相对又是合理的，是社会需求的结果和历史的必然选择，在实施过程中出现一些问题是很自然的事情，应该放在当时的历史背景中去评判，无须用今日之眼光和理念去苛求古人与古制。历史事实也表明，统治者也在不断地修补各项制度中存在的漏洞，诸如察举时加入考试元素、九品官人时标准的细化等，这一切都为隋朝专凭试卷的科举制问世奠定了良好的政策和实践基础。

第三，由保守走向开放，为后世少数民族汉化教育活动提供先例。这一时期出现的十六国及北朝各朝基本上是少数民族政权，他们都不同程度地认同汉文化教育，因而汉文化并未因其取代中原汉族政权而消亡断绝。实际上，正是在各民族文化教育的接触、碰撞、交流和融合中，汉文化教育传统得以传承和弘扬。尤其是北魏，系历史上第一个入主中原后建立起来的少数民族政权，因鲜卑族自身文化教育的落后，出于对中原汉族进行统治的需要，北魏皇族致力于汉化教育，无论是对崇儒重教活动传统的恪守，抑或是对本民族自身汉化教育的改弦更张；无论是官学、私学的办理，抑或是家庭（族）教育的实施；无论是借用察举、九品官人之制引导士人行道利世，抑或是利用佛道教化民众一心向善等，都充分显示出少数民族一种开放的心态以及汉化教育活动的张力。特别是，这一汉化教育活动不仅促进了民族及民族文化的融合，更为后世契丹族、女真族、蒙古族及满族等少数民族政权入主中原提供了治国和实施各类教育活动的范例。

第四，由输入走向输出，启动中外文化教育交流活动的历史进程。所谓输入性的教育活动交流主要是印度佛教的传入和社会化，佛教自东汉传入中国，通过中外僧人的一系列译经布道活动，使得佛教逐渐融入中国的社会生活，甚至在一定程度上改变着中国民众的心理结构和生活状态。尤其是，能够为汉以后直至清末历朝统治者所接纳，并一直影响着中国的政治生活，从而构成安邦治国之策的一大文化元素。

然而，相对于西方宗教一统下的学校教育活动或周边国家来说，中国的教育活动无论是制度化水平还是所呈现的实际效果，都是遥遥领先的，单"从中西选拔制度本身看，中国两汉时期的察举和征辟、魏晋南北朝的九品中正制可说是世界上最早且较完备的人才选拔制度，相对欧洲封建社会以世袭制为主的人才选拔而言，这不失为一大进步"[①]。因而，自秦汉始，中国的教育活动传统率先开始对周边一些国家产生积极的影响。如朝鲜半岛上的高句丽、百济、新罗三国，在与中国朝贡通商的同时，也积极学习汉文化。尤其是高句丽，在前秦王符坚所派使者的帮助下，于公元372年创办太学，向其贵族子弟传授中国的《五经》《三国志》《春秋》等经典内容。百济不仅采用刘宋时的历法及汉族的婚娶礼仪，还通过五经博士王仁，携带《论语》《千字文》等儒家经典于公元285年南渡日本，于是儒学开始在日本传播和发展等。与此同时，日本也开始广泛使用汉字，开始学习和借鉴汉族的先进文化教育。可以说，当时中国教育活

----

① 张瑞璠、王承绪主编：《中外教育比较史纲》（古代卷），山东教育出版社2001年版，第383页。

动传统对周边国家的影响都是输出性的，并且为隋唐时期的频繁往来和大规模的文化教育输出及交流奠定了基础，尤其是"对日本的古代文化产生了极为重大的影响"①。

值得一提的是，对秦汉及魏晋南北朝时期教育活动的研究仅仅是一个开始，故而也存在诸多不可避免的缺憾，诸如对教育者和受教育者的家庭背景、婚姻生活、人生轨迹及性格特点等缺乏深度分析，对名师巨儒的教育观形成过程及著述活动没有专门论及，对名门望族家庭教育活动案例的挖掘十分有限，对平民家庭的教育活动情况更少有触及，教育活动传统对周边国家的影响以及中外教育交流活动也没有进行专门的挖掘，等等，因而难以"窥一斑而见全豹"。不过，这也正是今后研究中所要努力的一个方向。"路漫漫其修远兮，吾将上下而求索！"

---

① ［日］川本芳昭著，余晓潮译：《中国的历史：中华的崩溃与扩大·魏晋南北朝》，广西师范大学出版社2014年版，第7页。

参考文献

一、古籍

[1] 班固. 汉书. 北京：中华书局，1983.

[2] 常璩. 华阳国志. 上海：上海古籍出版社，1987.

[3] 杜佑. 通典. 杭州：浙江古籍出版社，2000.

[4] 范晔. 后汉书. 北京：中华书局，1962.

[5] 房玄龄，等. 晋书. 北京：中华书局，1974.

[6] 葛洪. 西京杂记. 北京：中华书局，1985.

[7] 韩非. 韩非子. 上海：上海古籍出版社，2007.

[8] 慧皎. 高僧传. 影印本. 北京：中华书局，1992.

[9] 纪昀. 四库全书总目提要. 影印本. 北京：中华书局，1965.

[10] 李百药. 北齐书. 北京：中华书局，1984.

[11] 李昉. 太平御览. 影印本. 北京：中华书局，1959.

[12] 李昉. 太平广记. 北京：中华书局，1996.

[13] 李林甫，等. 唐六典. 北京：中华书局，1992.

[14] 李善注. 文选. 北京：中华书局，1977.

[15] 李延寿. 南史. 北京：中华书局，1975.

[16] 李延寿. 北史. 北京：中华书局，1974.

[17] 令狐德，等. 周书. 北京：中华书局，1987.

[18] 刘安. 淮南子. 北京：中华书局，2012.

[19] 刘义庆. 世说新语. 上海：上海古籍出版社，1984.

[20] 刘珍. 东观汉纪. 郑州：中州古籍出版社，1987.

[21] 刘知几. 史通. 上海：上海古籍出版社，1978.

[22] 吕不韦. 吕氏春秋. 北京：中华书局，2011.

[23] 马端临. 文献通考. 北京：中华书局，1986.

[24] 欧阳询. 艺文类聚. 上海：上海古籍出版社，1982.

[25] 裴松之注. 三国志. 天津：天津古籍出版社，2009.

[26] 僧祐. 弘明集. 影印本. 上海：上海古籍出版社，1991.

[27] 商鞅. 商君书. 北京：中华书局，1974.

[28] 沈约. 宋书. 北京：中华书局，1974.

[29] 魏征. 隋书. 北京：中华书局，1973.

[30] 释道宣. 广弘明集. 影印本. 上海：上海古籍出版社，1991.

[31] 司马迁. 史记. 北京：中华书局，1983.

[32] 孙星衍. 问字堂集. 石印本. 清光绪十七年.

[33] 唐晏. 两汉三国学案. 北京：中华书局，1986.

[34] 王充. 论衡. 长沙：岳麓出版社，2006.

[35] 萧子显. 南齐书. 北京：中华书局，1974.

[36] 徐天麟. 西汉会要. 台北：世界书局，1963.

[37] 徐天麟. 东汉会要. 台北：九思出版社，1979.

[38] 严可均. 全上古三代秦汉三国六朝文. 北京：中华书局，1995.

[39] 姚思廉. 梁书. 北京：中华书局，1983.

[40] 姚思廉. 陈书. 北京：中华书局，1983.

[41] 袁宏. 后汉纪. 北京：中华书局，1974.

[42] 赵翼. 二十二史札记. 北京：中华书局，2001.

[43] 朱铭盘. 南朝宋会要. 上海：上海古籍出版社，1984.

[44] 朱铭盘. 南朝齐会要. 上海：上海古籍出版社，1984.

[45] 朱铭盘. 南朝梁会要. 上海：上海古籍出版社，1984.

[46] 朱铭盘. 南朝陈会要. 上海：上海古籍出版社，1984.

二、资料

[1] 程舜英. 两汉教育制度史料. 北京：北京师范大学出版社，1983.

[2] 高文. 汉碑集释. 开封：河南大学出版社，1985.

[3] 顾明远. 教育大辞典. 上海：上海教育出版社，1992.

[4] 马秋帆. 魏晋南北朝教育论著选. 北京：人民教育出版社，1988.

[5] 睡虎地秦墓竹简整理小组. 睡虎地秦墓竹简. 北京：文物出版社，1978.

[6] 熊承涤. 秦汉教育论著选. 北京：人民教育出版社，1987.

[7] 杨学为. 中国考试制度史资料选编. 合肥：黄山书社，1992.

[8] 中国道教协会. 道教史资料. 上海：上海古籍出版社，1991.

[9] 朱红林. 张家山汉简《二年律令》集释. 北京：社会科学文献出版社，2005.

三、著作

[1] 安作璋，熊铁基. 秦汉官制史稿（上、下）. 济南：齐鲁书社，1985.

[2] 丁钢. 中国佛教教育. 成都：四川教育出版社，1988.

[3] 杜学元. 中国女子教育通史. 贵阳：贵州教育出版社，1995.

[4] 范文澜. 中国通史简编. 北京：人民出版社，1964.

[5] 方立天. 魏晋南北朝佛教论丛. 北京：中华书局，1982.

[6] 冯天瑜等. 中华文化史. 上海：上海人民出版社，2005.

[7] 冯友兰. 中国哲学史新编. 北京：人民出版社，1998.

[8] 费成康. 中国的家法族规. 上海：上海社会科学出版社，1998.

[9] 顾树森. 中国历代教育制度. 南京：江苏人民出版社，1981.

[10] 侯外庐. 中国思想通史. 北京：人民出版社，1998.

[11] 韩国磐. 魏晋南北朝史纲. 北京：人民出版社，1983.

[12] 黄书光. 中国社会教化的传统与变革. 济南：山东教育出版社，2005.

[13] 翦伯赞. 中国史纲要. 北京：人民出版社，1983.

[14] 翦伯赞. 秦汉史. 北京：北京大学出版社，1999.

[15] 姜维公. 汉代学制研究. 北京：中国文史出版社，2005.

[16] 刘汝霖. 汉晋学术编年. 北京：中华书局，1987.

[17] 刘志远等. 四川汉代画像砖与汉代社会. 北京：文物出版社，1983.

[18] 刘泽华. 士人与社会. 天津：天津人民出版社，1992.

[19] 李国钧，王炳照. 中国教育制度通史. 济南：山东教育出版社，2000.

[20] 吕思勉. 秦汉史. 上海：上海古籍出版社，1983.

[21] 吕思勉. 两晋南北朝史. 上海：上海古籍出版社，1983.

[22] 吕一飞. 胡族习俗与隋唐风韵. 北京：书目文献出版社，1994.

[23] 吕振羽. 简明中国通史. 北京：人民出版社，1955.

[24] 马镛. 中国古代教育文献概要. 上海：上海古籍出版社，2003.

[25] 马镛. 中国家庭教育史. 长沙：湖南教育出版社，1997.

[26] 毛礼锐，沈灌群. 中国教育通史. 济南：山东教育出版社，1986.

[27] 毛礼锐，邵鹤亭，瞿菊农. 中国古代教育史. 北京：人民教育出版社，1979.

[28] 蒙文通. 巴蜀古史论述. 成都：四川人民出版社，1981.

[29] 皮锡瑞. 经学历史. 北京：中华书局，1989.

[30] 任继愈. 中国佛教史. 北京：中国社会科学出版社，1988.

[31] 孙培青. 中国教育管理史. 北京：人民教育出版社，1996.

[32] 孙毓棠. 孙毓棠学术论文集. 北京：中华书局，1995.

[33] 汤志均. 西汉经学与政治. 上海：上海古籍出版社，1994.

[34] 田昌五，等. 秦汉史. 北京：人民出版社，1993.

[35] 万绳楠. 魏晋南北朝文化史. 合肥：黄山书社，1989.

[36] 王国维. 观堂集林. 北京：中华书局，1959.

[37] 吴树平. 秦汉文献研究. 济南：齐鲁书社，1988.

[38] 萧华荣. 华丽家族——六朝陈郡谢氏家传. 北京：三联书店，1999.

[39] 熊承涤. 中国古代学校教材研究. 北京：人民教育出版社，1996.

[40] 熊贤君. 中国教育行政史. 武汉：华中理工大学出版社，1996.

[41] 许辉，李天石. 六朝文化概论. 南京：南京出版社，2003.

[42] 阎步克. 阎步克自选集. 桂林：广西师范大学出版，1997.

[43] 杨承彬. 秦汉魏晋南北朝教育制度. 台北：商务印书馆，1978.

[44] 杨鸿年. 汉魏制度丛考. 武汉：武汉大学出版社，1985.

[45] 杨荣春. 中国封建社会教育史. 广州：广东人民出版社，1985.

[46] 杨炫之. 洛阳伽蓝记. 北京：中华书局，1963.

[47] 俞启定. 先秦两汉儒家教育. 济南：齐鲁书社，1987.

[48] 余英时. 士与中国文化. 上海：上海人民出版社，1987.

[49] 张传玺. 秦汉问题研究. 北京：北京大学出版社，1995.

[50] 张惠芬等. 中国古代教化史. 西安：陕西教育出版社，2009.

[51] 周洪宇. 学术新域与范式转换：教育活动史研究引论. 武汉：华中科技大学出版社，2011.

[52] 周洪宇. 教育活动史研究与教育史学科建设. 济南：山东教育出版社，2011.

[53] 周予同. 中国学校制度. 上海：商务印书馆，1931.

[54] 朱大渭. 魏晋南北朝社会生活史. 北京：中国社会科学出版社，1998.

[55] 朱绍侯. 中国古代史. 福州：福建人民出版社，1997.

[56] ［日］川本芳昭. 中国的历史：中华的崩溃与扩大·魏晋南北朝. 余晓潮译. 桂林：广西师范大学出版社，2014.

[57] ［日］鹤间和幸. 中国的历史：始皇帝的遗产·秦汉帝国. 马彪译. 桂林：广西师范大学出版社，2014.

扫一扫 加微信　　　山东教育出版社网站